万国通史

THE HISTORY OF WORLD

THE HISTORY OF RUSSIA

# 俄罗斯通史

（1917—1991）

闻 一／著

上海社会科学院出版社
SHANGHAI ACADEMY OF SOCIAL SCIENCES PRESS

上海文化发展基金会图书出版专项基金资助项目

# 序　言

20世纪伊始,第一次世界大战后的俄国十月革命以其爆发的突然性和影响的深远性令世界震惊,而20世纪将逝21世纪来临前的苏联败亡又以其解体的瞬息骤降和后果的变幻莫测让全球动荡。一个国家在不到百年的时间里发生如此巨大、如此深刻的变化,尤其这一变化是以世界上第一个社会主义国家的兴起和沉降为主要标志的,这在世界历史上是前无先例的。20世纪也就因为这种起始和将逝而成为世界历史进程中独特的里程碑,它会让我们这代人和我们之后的一代又一代人持续不断地对这震惊和动荡的岁月回忆、议论、思索,会让人们或伏案沉思,下笔千言,或慷慨悲歌,击节长叹……

对苏联这个世界上第一个社会主义国家的解说最初是由苏联人自己作出的。那本《联共(布)党史简明教程》成了对这个国家最权威的,因而也是唯一的解说。尽管大千世界里有着对苏联历史进程的多种多样、多色彩、多元论的记述,而对于我们中国人来说,在相当长的时间里,对苏联的认识和对苏联历史的解读的唯一源泉就是这本《联共(布)党史简明教程》。在那个"以苏联为师"、"向苏联一边倒"的火红年代,这是一种经典的革命解读,是一种区分革命和反革命的标志。当然,随着苏联的解体,一系列当年被《联共(布)党史简明教程》隐去的历史,被社会主义神圣光环所遮掩的历史,在世人面前显露了真实的面貌。因此,人们对《联共(布)党史简明教程》的存疑就出现了并随着苏联解体以及其后这个国家的历史进程而增多和深化。

在当今的俄罗斯,对于苏联历史的解读和对于苏联解体的总结,论著连篇,观点百出。在数以百千计的,并且结论如水火般相异的论著中,却有两个几乎相同的特点:一是都以苏联解密档案为其基础,尽管不同的人会对相同的档案作出不同的解说,尽管会对同一问题运用不同的档案资料加以分析;二是都以对斯大林的评价为核心作为标志来评价苏联的整个历史进程,反对斯大林者,把苏联历史说得一团糟,拥护斯大林者,把苏联历史说得美妙无比。不过,所有这些论著对于中国读者来说还是几乎远不可及的东西,没有多少人能去接触到它们,更不用说去认真地阅读了。

在这个新时代,我们自己对苏联史的解读和对苏联解体的分析也进入了一个新时期,并随之出现了新的趋势。这新趋势的特点有如下几点:一是,根据我们所能接触到和利用到的苏联解密档案写出了相当数量的专题论文和专题论著,一些多卷本的《苏联史》也在写作和出版过程之中;二是,对俄罗斯当今解密和出版的苏联档案加以引进并解读,而这种引进和解读使更多的读者对苏联的历史真相有了深层次的了解;三是,翻译出版了一两本《苏联史》或者叫《二十世纪俄国史》的论著,但在这种引进出版物中却带有引进出版者自身的强烈政治色彩。和俄罗斯的情况几乎一样(只不过我们的这种对立色彩更浓烈一些),我们的苏联史研究者和翻译工作者在引进和利用俄罗斯的论著时也有这样的趋势:赞成斯大林路线者,引进和利用的大多是俄罗斯赞成斯大林路线者的论著,批评斯大林路线者,引进和利用的大多是俄罗斯批评斯大林路线者的论著。然而,把某种版本的论著看作是俄罗斯当今惟一的、统一的,甚至是官方的对苏联史和苏联解体的解读和看法,这显然是有误差的,或者说是有某种偏见的。

更为令人关注的是,我国目前还没有一本我国苏联史研究者个人的、表述自己意见和成果的一卷本《苏联史》。这种情况是与我们有如此众多的研究者和读者都对苏联有着特殊关注这种情况不相符合的。对于绝大多数人来讲,即使他们对苏联史有着浓厚的兴趣,他们也不可能去博览群书,也不可能埋头于浩瀚的文字中去寻求他们需要的答案。我们生活在一个急速变化的时代,一个急思、急辨、急解的岁月之中,因此,一本书的作用要远比多卷本书的作用来得更直接、更实际、更有效。我之所以强调"一卷本"《苏联史》,是因为我有种切身的体会。近年来,我在一些大学讲授苏联史和俄罗斯当代问题,我所碰到的最特出的问题是,听讲者对苏联历史的了解少得可怜。例如,谈十月革命,只知道列宁和斯大林,而列宁和斯大林干什么却不知道。如果说,十月革命中还有个不应被忘却的人——托洛茨基,那就得从头讲起。所以,听讲者和他们的老师都常常感叹:"要有一本苏联史就好了!"最近连续3年,我在中国青年政治学院开了两门课程——《历史进程中的俄罗斯文化》和《当代俄罗斯》。听讲者人众,但也碰到类似的问题。什么人?什么事?为什么?怎么来的?结果怎样?一连串的问题接踵而至。所以,学生们常问:"能有一本苏联史的参考书吗?"

于是,能有一本一卷本的苏联史的想法就越来越经常地萦绕于我的心头。终于有一天,当我自认为可以来写一本一卷本的苏联史时,我首先开始思考的一个问题是:我能不能按照我过去自己读过、利用过和写过的苏联史的写法来写我的一卷本苏联史。考虑再三,我认为不行。原因很简单,一是,曾经有过的苏联史大都是"指令计划"的结果,都是主编制下的"集体创作",作者们陈述的不一定是自己的意见,但一定要传达自上而下的既定观点。二是,因此,历史的陈述不是以事实为主线,而是以论述为主线,以论带史,以论代史。人们之所以需要历史,是因为需要既定的结论,或者说所需要的是符合某些政策的理论。三是,历史舞台上的中心人物不是那些曾经活跃在这个舞台上的人物,而是被精选出来的人物,是那些得到陈述历史的人所承认和肯定的人物,而那些不被承认和肯定的人物则被注销于正史之外。历史成了不是历史事件和历史人物的历史,历史成了一张张宣传画,一连串的鼓动口号。

因此,我想,首先,这个一卷本苏联史应该写出我所了解的苏联历史、我对苏联进程的看法、我几十年来在苏联历史研究上的成果与心得。总之,我想写我自己想说的话、自己在思考的问题和自己已经得出的某些结论。其次,我历来有个想法,所谓历史首先就是人和事,所谓历史学,首先不是理论,而是史实。没有人和事件,就没有历史;没有史实,所有的理论都会苍白无力。再次,对历史的陈述不能做"八股"文章,不能采用"结论在先＋实例补充＋语录引用＋尾声套话"的模式。历史的鲜活就在于历史人物的鲜活和历史事件的鲜活,在于历史本身的鲜活。

因为是一卷本苏联史,所以不可能将苏联74年进程中的所有事件和所有人物都罗列出来,因此必须摘其要者,所谓要者,就是这些事件和人物是陈述历史时必不可少的。而这些事件就有"光明面"和"阴暗面",而人物就有领袖和英雄与敌人和坏蛋之别。由于只写"光明面"、领袖和英雄,忌讳"阴暗面"、敌人和坏蛋,苏联历史就显得单薄、支离破碎,甚至矫揉造作,从而使"光明面"不见其耀眼的光芒,领袖和英雄不见其睿智和伟大。因此,二分法而非单打一成了这本一卷本苏联史的主要写作方法。

历史本身就是五光十色、精彩绝伦的进程。枯燥两字是永远和历史绝缘的。恢复历史本身的色彩和精彩应是每个为历史作传的人该做的事。而74年苏联历史的色彩和精彩在世界现代史上也是少见的。因此,"八股"文章和套话不可能使这74年的历史有色彩和精彩。我在这本一卷本苏联史中追求的是怎样把话说得让读者明白、易懂并感兴趣。至于说,读者能对书中的文字表示欣赏,那就不是我所奢望的了。

所有这一切都决定了我这本一卷本苏联史的写作方法和全书的结构:一是全书以陈述历史事实为主线,当年的事件是怎样的,就怎样陈述。原本和真实是追求的惟一目的。在陈述中基本上不表述我对这些事件和人物的肯定或否定的评价。而在每章的篇末附加了一个"作者点评",在这个点评里,我就该章的某个问题表述我个人的看法,作为与读者在某种程度上的一个交流。点评的文字有长有短,但大都在1 500字左右。正文的文字也是有长又短,没有了那种按章、按节、按目平均文字的痕迹。

二是,将过去由于种种原因被隐去、被忽略的事件和人物恢复了过来。在过去漫长的岁月中,这些事件和人物被隐去和被忽略正是因为它们和他们的重要性。比如说,苏联土地上的民族问题、社会主义建设中日积月累的问题、领导人权力过度集中所带来的危害、苏联生活的真实状况,等等。

三是,全书以俄罗斯解密的苏联档案作为思考和写作的基础。最近十几年来,我有幸有不少机会接触到苏联解密档案。最早是我和沈志华先生在我工作的中国社会科学院世界历史研究所立了一个《苏联解密档案》的课题项目,我们曾两次去俄罗斯收集这些档案,回国后组织翻译(这个原本是所的项目,后来因为种种难以解释的原因转成了中国社会科学院的项目,一系列领导人成了这个项目的负责人,我旋即退出了这个项目)。尽管如此,我个人对苏联解密档案的追索和查询却从此没有中断过,这也成了我今日能写成这本一卷本苏联史的最坚实的基础。

虽然有上述追求,我自己也是尽力要写得富有色彩和精彩,但我毕竟如一些评者所说的是"学院派"出身,以及其他种种政治、社会原因,所以我仍不能完全摆脱习惯的"八股"文章之风,还不能自由地去体现这种色彩和精彩。所以,当这本书即将付印,我重读书稿时,有时也不免为书中的新旧杂陈、色彩与灰暗的并列,精彩与平庸的较劲而汗颜。因此,我想说的是,这毕竟是一本我个人的俄罗斯通史——苏联史,它的不完善、缺点误差肯定是会有的。哪个学者敢说自己的著作没有任何"硬伤"呢?我更不敢说。但愿识者、长者、智者匡正之。

我的这本书是写给我的学生、读者看的,是我完成的对他们写一本一卷本苏联史的许诺。我希望他们能从我这本书中对逝去的苏联有个较为完整的了解和认识。年轻人对俄罗斯这个国家的过去,对苏联有个较为清楚的了解,这对于我国和俄罗斯的战略伙伴协作关系,对于中俄两国世代的友好交往有着极其深远的影响。我的这本书只是对这个伟业的一点几乎微不足道的工作。我的这本书也是写给我的同行们的,他们会从这本书中找到自己思考和创作的闪光之点,当然,也毋庸置疑地会找到与我争辩的材料,如果为真理而能平等地对簿于学堂之上,宽容地争端于纸墨笔砚之间,这对于一个学者是最幸福不过的事了。我希望着,我也期待着。

由于本书篇幅所限,我没有像一般论著那样详细地作引文的注释,只是将我引用过的档案资料集、文集和论著的目录列述于书末。我历来有一种看法,那就是无论巨著还是短篇都没有必要连篇累牍地作引文的注释。现在,无论是学者,还是读者都没有那么多的时间去读那些中外文混杂的注。说来也羞愧,我自己就不大去读这些注,我也从不以这些注来评说这些文章和专著的高质量或低水平。现在,有些论著的注释比论著本身还要长,让人看来不免有夸耀知识渊博和阅读过众之嫌。不过,这些话可能触犯了某些神圣的法则和权威了。不过,我在这里还是要对我在本书中使用过资料的有关作者和编辑者表示诚挚的谢意。我是站在这些大家的肩上不绝往上攀登的后来者。

《俄罗斯通史(1917—1991)》只是《俄罗斯通史》的一部分,当还应有《俄罗斯通史(远古至1917)》和《俄罗斯通史(1991—2011)》部分。我努力着,我期望着有一天也能与读者见面。最后,我想说的是,我这本《俄罗斯通史》是我一人的力量完成的,我实在是希望能有更多的学者也来独立完成更多的学术著作。我们不应听一个声音,还应听多种声音。只有个人创作的繁荣,才会有集体创作的辉煌与传世。但愿如此!

闻 一

2013年3月于北京南横陋室

# 目录

1 序言

## 第一章　罗曼诺夫王朝的覆灭

1　一、大雪封路粮断绝，尼古拉二世和罗将柯，罢工和镇压
3　二、国家杜马临时委员会，工兵代表苏维埃，兵谏和沙皇退位
6　三、临时政府成立，沙皇一家被拘禁，两个政权并存，列宁回国
10　四、临时联合政府，打倒10个资本家部长，克伦斯基下令镇压
14　作者点评

## 第二章　十月革命

17　一、最后的临时政府，科尔尼洛夫"逼宫"，苏维埃的布尔什维克化
20　二、布尔什维克必须夺权，第三届临时联合政府，"两个知名的布尔什维克"
23　三、克伦斯基负隅顽抗，攻打冬宫之路，十月革命的胜利
28　四、工农临时政府的成立，自上而下的政权
30　五、克伦斯基的逃亡，政权正处在火山上
31　作者点评

## 第三章　苏维埃政权的最初年代

35　一、监督和计算，怠工和镇压
35　二、反对苏维埃政权力量的集结，改组政府
37　三、解散立宪会议，里托夫斯克-布列斯特和谈
39　四、迁都莫斯科，俄国社会民主工党（布）改名
44　五、国内战争，红色恐怖，决定性的1919年，苏俄—波兰战争
47　作者点评
54

## 第四章　国内战争时期的经济政策和"战时共产主义"

57　一、最高国民经济委员会，工业的国有化
57　二、"将苏维埃共和国变为军营"，百万大军要武器
60

三、斯大林南下征粮，"社会主义祖国在危急中"，武装征粮
四、难忘的1919年，余粮征集，"红军供应"
五、"赤卫队进攻"，一长制，统一分配，"战时共产主义"
六、不同的声音，政教分离，为俄罗斯革命竖立纪念碑
作者点评

## 第五章　转向新经济政策

一、国家利益至上，余粮征集的实质，苏维埃俄国再次面临危机
二、"安东诺夫匪帮"，坦波夫农民起义，图哈切夫斯基镇压
三、水兵发难，"喀琅施塔得叛乱"，图哈切夫斯基再披挂，乌赫塔集中营
四、俄共（布）十大，改行实物税，3月21日法令
五、新经济政策，租让，私营商业，拉帕洛协定
六、高尔基、美国和饥荒，没收教会财产
七、书籍审查，"工会问题"的争论，驱逐知识分子，新的书记处
八、斯大林的"自治化"计划，列宁坚持要"平等联盟"，苏联的成立
作者点评

## 第六章　直接工业化时期

一、最后的列宁，列宁墓，为权力开始争斗
二、销售危机，振兴军工，难忘的1924年
三、德国人帮助建工厂，斯大林最初的想法
四、"新反对派"，改名为"联共（布）"，"高速和加速"的胜利
五、"打击季诺维也夫集团"，解除车臣、印古什和塔吉斯坦武装
六、动员经济，第一个五年计划，"我们的控制数字很紧"
七、"C—30"计划，"贡赋"，"托季联盟"，托洛茨基被逐出境
八、远离莫斯科的地方，白海—波罗的海运河，凭证供应制
九、第二个五年计划，斯达汉诺夫运动
作者点评

## 第七章　农业全盘集体化时期

一、来自农村的信件,到"土地科去",专家的意见

二、收购危机,"带有习惯性征粮粗话的大行动",斯大林去西伯利亚

三、沙赫特事件,斯大林和布哈林,1928年7月

四、对富农的剥夺,全盘集体化,《大转变的一年》

五、把富农作为一个阶级来消灭,3%—5%的平均数

六、"特殊移民村",集体农庄,歉收,保卫国家财产

七、瓦维洛夫和李森科

作者点评

## 第八章　30年代:苏联建成社会主义

一、劳改营,"工业党",阿利卢耶娃自杀及其他

二、基洛夫被暗杀

三、日丹诺夫,卡冈诺维奇,莫洛托夫,叶若夫,斯大林的光荣

四、减轻刑罚,改造莫斯科,歌舞升平,苏联建成社会主义

五、亚戈达和叶若夫,斯大林和奥尔忠尼启则,"大清洗"

作者点评

## 第九章　卫国战争

一、苏德互不侵犯条约,波罗的海三国并入苏联,苏芬战争

二、波兰战俘,卡廷森林,从西部边界移民

三、40年代初的苏联经济、军事和领导人,边界陈兵

四、1941年6月22日,疏散,斯大林广播演说,苏联战俘

五、英雄卓娅,莫斯科遭轰炸,"潘菲洛夫战士",战时经济

六、血战斯大林格勒,库尔斯克坦克大战,列宁格勒被围900天

七、恢复军衔,宗教,民族,潜在的"第五纵队"

八、跨出国界,丘吉尔的密函,雅尔塔会议,攻克柏林,胜利

作者点评

## 第十章　战后苏联

一、战后初年，改组，经济转轨，斯大林"个人崇拜"的膨胀
二、原子弹和火箭武器的研制，"卡拉什尼科夫"自动射击武器
三、对德国的争夺，富尔敦的"铁幕"，马歇尔计划，两个阵营，"冷战"
四、经济：回到战前轨道，1946—1947年大饥荒，发行新卢布
五、集体农庄，又一次迁移，赫鲁晓夫的上升
六、《星》和《列宁格勒》，"荣誉法庭"，"克—罗"制剂，防止渗透
七、将军们，李森科和日丹诺夫，列宁格勒反党集团，最后的案件
八、第四个五年计划，苏共第十九次代表大会——沿着既定路线前进

作者点评

## 第十一章　赫鲁晓夫执政时期

一、斯大林的弥留时分
二、贝利亚采取行动
三、对贝利亚的反击
四、马林科夫的施政纲领，为"列宁格勒反党集团案"平反，马林科夫下台
五、苏共二十大，"秘密报告"，格鲁吉亚事件，"特殊移民"的回归，馈赠克里米亚
六、波兹南事件，匈牙利事件，对日关系正常化，裁军
七、"解冻"和法捷耶夫自杀，《日瓦戈医生》，最后一个"反党集团"，朱可夫的失败
八、垦荒和农业拖拉机站，工业生产和改革，"工业党"和"农业党"
九、柏林墙的建成，提高物价，新切尔卡斯克事件，用导弹再决雌雄

作者点评

## 第十二章　从勃列日涅夫到安德罗波夫

一、赫鲁晓夫退休，苏共中央10月全会，勃列日涅夫执政

二、集体领导,改革的回归,经济改革,苏共二十三大

三、奖章和荣誉,盛世和异见,意识形态问题,斯维特兰娜·阿利卢耶娃案件

四、杜布切克执政,"布拉格之春",苏联出兵捷克斯洛伐克

五、苏联人民的反映,未经检查的出版物,萨哈罗夫和索尔仁尼琴

六、苏联和美国的争夺与缓和:"援助",越南战争,和平共处

七、苏共二十四大,"发达社会主义",身兼二职,1977年宪法

八、阿富汗——可能的"盟国",艰难的决策,兵发喀布尔

九、勃列日涅夫的遗产,艰难的15个月,安德罗波夫去世

作者点评

# 第十三章　最后的戈尔巴乔夫,最后的苏联

一、契尔年科去世,1985年3月11日

二、4月中央全会,"加速发展"战略,重组领导班子

三、反酗酒斗争,苏共二十七大,切尔诺贝利核发电站事故

四、改革,公开性,批评"禁区",叶利钦开始较量

五、平反,国营企业法,戈尔巴乔夫与世界,《改革与新思维》

六、民族纷争之火:哈萨克,纳戈尔诺—卡拉巴赫

七、安德烈耶娃和改革,第十九次全苏党代会,苏联第一次人民代表大会

八、经济危机,民族危机,兵撤阿富汗

九、新思维在行动,立陶宛脱离苏联,俄罗斯联邦第一次人民代表大会

十、全民公决,"8·19"事件,新奥加廖沃会谈,苏联解体

作者点评

参考资料

跋

# 第一章 罗曼诺夫王朝的覆灭

## 一、大雪封路粮断绝,尼古拉二世和罗将柯,罢工和镇压

俄国的历史进入了1917年。

多年的战争使俄国疲惫不堪,而战场上的节节败退又把俄国一步步地推向灾难的深渊:物价飞涨、粮食供应日趋紧张,沙皇宫廷内部动荡不安,社会躁动,人心思变。俄国处于双重、交织的矛盾冲突之中。从执政当局来说,尼古拉二世和以马·弗·罗将柯为主席的国家杜马间的矛盾日趋激化。杜马要求解散现有的内阁,让"国家信任的政府"执政,而实际上也就是要求沙皇将权力交出来。尼古拉二世自然不会应允。作为对国家杜马施加压力的反应,尼古拉二世表示要解散国家杜马。而就整个社会而言,沙皇及其政府又和杜马一起日益成为各阶层群众,尤其是工人群众和革命党派势不两立的对立物。粮食的严重短缺是导致这种对抗白炽化的主要原因。1916年年底至1917年年初,彼得格勒的情况严重到了极点:粮食的总储备减少至45.9%,2月中旬,只剩下了20天的存粮。莫斯科和彼得格勒先后实行粮食凭证供应,每人每天的定量限定为1俄磅(409.5克),社会不满情绪达到了急变的程度。彼得格勒"首都社会安全和秩序保卫局"在1月19日的一份报告中说:"已经不正常的政治状况正在日益变得不正常和紧张,整个社会都在渴求摆脱这种状态的出路。"

2月18日,一场暴风雪连续几天里中断了尼古拉铁路的运行,彼得格勒的粮食供应断绝。工人罢工、街头抗议示威迅猛发展。在瞬息万变的局势中,彼得格勒最大的企业——普梯洛夫工厂的约3万名工人集会,并宣布总罢工。

与此同时,各个革命组织也开始加强自己的反政府的宣传和活动。普梯洛夫工厂的大罢工成了俄国事态急变的决定性因素,局势急转直下。2月19日,国家杜马主席罗将柯亲自去彼得格勒郊区的沙皇村向尼古拉二世报告首都的局势,并向沙皇提出了警告。他说,如果沙皇解散杜马,革命必将爆发,那时,"革命将推翻您,您也将不再能称王称帝"。尼古拉二世回答说:"那就求上帝帮助吧!"罗将柯再次警告说:"上帝什么也做不了,您和您的政府把一切都搞糟了,革命是不可避免的了。"

沙皇的身边有一批掌握实权的军人,如内务大臣普罗托波波夫、陆军大臣别利亚耶夫和彼得格勒卫戍司令哈巴罗夫将军。他们极力主张对集会示威群众进行镇压,并且总是向沙皇保证:"民众的骚乱不会超出正常的可控制的范围。"但是,也有一些军人,如代参谋总长米·瓦·阿列克谢耶夫将军就十分明晰局势的极端危险性。对于沙皇的坚持镇压立场,他向沙皇进言说:"陛下,您在有意为自己准备绞架。请不要忘记那些乌合之众是不会讲礼貌的。"然而,沙皇并没有听取他的意见,坚持下令进行镇压。

22日,沙皇与罗将柯意见不合,随即拂袖离开沙皇村,去了大本营的所在地——莫吉廖夫。也就在同一天,普梯洛夫工厂被勒令关闭,13 000名工人失业。第二天,23日,正是新历的3月8日,当时叫"国际女工日"。彼得格勒的工业区——维堡区的约7万名工人走上街头,要求结束战争,抗议物价飞涨和粮食短缺。彼得格勒其他区的工人起而响应,到25日,罢工的人数达到了25万(占了彼得格勒产业工人的总数的60%)。工人们举着自制的红旗,高呼"面包!""打倒战争!""打倒独裁统治!"的口号,向市中心集中,涅瓦大街上出现了集会和游行。这时,彼得格勒卫戍司令哈巴罗夫将军对罢工工人发出警告:必须在28日回到工厂工作。他同时将12 000名士兵调进彼得格勒,沿街设防,把守住了涅瓦河上的一切河口通道。工人们更为愤怒了,集会和示威在瞬间扩展至全城,推倒电车、抢劫商店、袭击警察的事到处发生。人群中喊出了反对战争,要求面包的口号。

25日晚,哈巴罗夫将军、陆军大臣别列耶夫和内务大臣普罗托波波夫联名发电报,向沙皇所在的大本营报告说,工人们的这些街头行动是由于粮食短缺而引起的,正在采取措施将人群驱散。当晚10时,沙皇签发了一份给哈巴罗夫将军的电报:"我命令一定要在明天结束首都的无秩序状态。"26日,哈巴罗夫下令向游行队伍开枪,打死数十人,并逮捕了171名示威的带头人。布尔什维克彼得格勒委员会的全体成员几乎均遭逮捕。因为这一天是星期日,在经过短瞬的沉寂后,午后工人们重新走上街头,示威者喊出了"打倒战争!""打倒沙皇!""要求面包!"的口号,并且攻占弹药库,夺取枪支弹药,从监狱中释放犯人。于是,群众骚乱几乎就在瞬间转变为更具政治性质的示威和抗议,二月由骚乱转为革命——一场终将结束沙皇统治的二月革命。

在此情况下,罗将柯又给沙皇发电报,全文是:"局势严重。首都一片无政府状态。政府失去一切活动能力。粮食和燃料运输瘫痪。社会不满在增长。街上出现了混乱的枪击。各部队相互开火。必须立即责成得到国家信任的人组成新政府。绝不能拖延。任何拖延就如同死亡。我祈求上帝,在这一时刻罪责不要落到帝王的头上。"但是,沙皇仍然不以为然,他称罗将柯为"爱说胡话的胖子",没有给予回答,仍然命令军队开往彼得格勒进行镇压。沙皇本人及其政府与国家杜马及罗将柯的矛盾激化。内阁总理大臣哥利岑公爵给罗将柯发去了早就准备好的沙皇的命令,要他在2月27日至4月初中断国家杜马的工作。

随后,有两件事决定了罗曼诺夫王朝的命运。一是,2月26日,被哈巴罗夫将军派去镇压示威者的沃伦斯克团近卫后备营第四连的士兵枪杀指挥官,转到示威者方面来。27日,另一支部队——普列奥布拉任斯基团的几个后备营也转到示威者方面来了。随即,彼得格勒的其他驻军也纷纷倒戈。当晚,约有3万名士兵来到杜马的所在地——塔夫利达宫,要求组织新政府。工人们欢迎士兵的倒戈,呼吁他们去占领政府机构和监狱,释放犯人。不久,示威者和士兵就占领了彼得格勒最大的监狱——"克列斯特"监狱,释放了包括政治犯和刑事犯在内的约2 000名犯人。另一是,罗将柯仍然不断给沙皇施加压力,要求授权给他组织新政府。28日,受沙皇之命准备率军开赴彼得格勒进行镇压的阿列克谢耶夫将军突然转向罗将柯的立场,他从大本营向尼古拉二世提出了请求沙皇准予组织"责任政府"的坚决要求。

## 二、国家杜马临时委员会,工兵代表苏维埃,兵谏和沙皇退位

因此,这时实际上在俄国有两个并行的进程,一是示威的工人和倒戈的士兵的抗议行动愈益激烈,他们的反对战争,反对饥饿的行动最终演变为不同程度上的反对沙皇专制制度的政治要求——模仿1905年的模式,建立苏维埃。二是以罗将柯为首的杜马议员、将军和沙皇的亲臣则试图以尼古拉二世退位

为条件,在另立新政府的情况下,阻缓革命进程,延续罗曼诺夫王朝的统治。这两个过程处于并行状态,哪一个过程都无法阻挡另一过程的行进。在这两个过程的较量中,速度在起着重要的作用,所以双方都在力争首先达到自己的目的。

国家杜马临时委员会

从27日早晨起,杜马就一直在开会讨论如何解决问题。这时,不断有持枪的士兵和示威者走近会议大厅,局势一触即发。最终,杜马的代表选举出了"恢复首都秩序和与各机构及人士联络国家杜马临时委员会"(简称"国家杜马临时委员会")。委员会由罗将柯担任主席,其成员有瓦·维·叔尔金、立宪民主党领导人巴·尼·米留可夫、第四届国家杜马孟什维克党团领导人尼·谢·齐赫泽和社会革命党人亚·费·克伦斯基等人。这个临时委员会立刻着手办的事就是让尼古拉二世退位。他们的计划是:尼古拉二世逊位给儿子阿列克谢·尼古拉耶维奇,由米哈伊尔·亚历山德罗维奇大公摄政。军方为了向沙皇施加压力,阿列克谢耶夫将军还向所有的战线和舰队指挥官发去电报,向他们说明,惟有尼古拉二世退位才是继续战争和维护皇室的惟一出路,并要他们力谏尼古拉退位。当晚10时,罗将柯宣布接管政府权力并着手建立新政府。

就在同一天,即2月27日,在塔夫利达宫开会,讨论成立彼得格勒工人代表苏维埃临时执行委员会。当晚,工兵代表苏维埃成立,执行委员会由15人组成,其中13人为社会革命党人和孟什维克,2人是布尔什维克。孟什维克齐赫泽为主席,克伦斯基和孟什维克马·伊·斯柯别列夫为副主席。布尔什维克的亚·加·施略普尼科夫为执行委员会委员。委员会决定齐赫泽和克伦斯基参加国家杜马临时委员会。执行委员会讨论的主要问题是城市的粮食状况,认为粮食状况还远不是灾难性的,所谓粮食危机将会导致推翻沙皇专制制度的缘由是不现实的。这一切表明,这个工人苏维埃这时并没有将推翻沙皇

## 第一章 罗曼诺夫王朝的覆灭

制度视为刻不容缓的己任。会上,还成立了3个委员会:粮食委员会、军事委员会和文献委员会。

于是,在2月27日这一天,同时出现的国家杜马临时委员会和彼得格勒工兵苏维埃成了握有相当于政府权力的并列机构,并且都在塔夫利达宫行使自己的权力。

但是,二月革命的进程并没有停止下来。苏维埃的军事委员会和杜马临时委员会的军事委员会在组成上有着人员的交错,因此它们在行动上保持着一致性和协调性。在军事委员会的指挥下,工人和士兵继续攻占政府的各个据点,彼得格勒卫戍部队的士兵纷纷转到革命方面来,到28日中午,他们已经全部倒戈。哈巴罗夫将军不得不向大本营报告:"整个城市都被革命政权所掌握。"

3月1日,尼古拉二世派遣尼·伊·伊万诺夫将军率领讨伐部队回彼得格勒,并决定自己也返回彼得格勒的沙皇村,但他的列车行至中途时,得知在前面的车站有革命部队把守,准备将他逮捕。尼古拉二世不得不转向北方战线司令部所在地——普斯科夫。3月1日,他到达那里。而就在这个3月1日,尼古拉二世的亲臣和将军不断宣布转向革命方面,最后是伊万诺夫将军宣布将军队撤至离沙皇村50—70公里的地方。这给了尼古拉二世致命一击,末代沙皇陷于众叛亲离的尴尬局面之中。

3月1日,苏维埃执行委员会代表团和杜马临时委员会举行谈判,最后达成了成立临时政府的协议。苏维埃执行委员会的代表宣布,他们同意将政权转归即将成立的临时政府,自己不参加临时政府,但提出了进行政治改革的纲领。几乎在同时,彼得格勒苏维埃临时执行委员举行会议,发布了第一号命令,其中最主要的一点,就是要彼得格勒军区部队,从连队起,都要选出士兵和水兵委员会,武装部队应置于该委员会的控制之下。部队的行动都要听命于苏维埃的命令,而不是杜马临时委员会。这一命令实际上是要使部队处于苏维埃的控制之下。而国家杜马临时委员会也于3月1日发布类似于命令的告俄国人民书,声称它"将承担起恢复政府和社会秩序的责任"。

各战线和舰队的指挥官对阿列克谢耶夫将军的询问电报纷纷作出回答。他们都向尼古拉二世进言,要他"为了祖国和王朝"退位。只有两名指挥官表示支持尼古拉二世,而黑海舰队的指挥官拉·格·科尔尼洛夫海军上将没有回电。这时,尼古拉二世也接到了皇后亚历山德拉·费奥多罗夫娜的电报,她对他说:此时此刻"让步是必须的"。尼古拉二世本不准备退位,但是罗将柯再次声明,尼古拉二世必须退位,让位给其子阿列克谢·尼古拉耶维奇,并在其未成年前由尼古拉二世的弟弟米哈伊尔·亚历山德罗维奇摄政。杜马委员会派出十月党的领导人亚·伊·古契柯夫和叔尔金去见尼古拉二世。尼古拉二世不得不同意退位,但他的退位诏书写明,由于阿列克谢患有遗传血液疾病,所以他以自己和儿子的名义,直接把皇位让给他弟弟米哈伊尔·亚历山德罗维奇。尼古拉二世是在专列上把退位诏书交给杜马的两位代表的。这时正是俄罗斯的严冬季节,天冷得很,而尼古拉二世的心中却更为寒冷,他在1917年3月2日的日记中这样写道:"每个人都发来了回电。核心内容是,为了挽救俄国和保持前线部队的安定,我必须退位。我同意了……凌晨1点,我带着一颗因痛苦而沉重的心离开了普斯科夫。我周围到处都是背叛、懦弱和欺骗!"这就是俄国末代沙皇在退位时的哀怨之声。当然,这时,他还不会想到他的命运比杜马应允的和他所期待的要更惨,他还认为罗曼诺夫王朝会继续下去。

当古契柯夫和叔尔金将沙皇退位诏书带回彼得格勒后,立即遭到杜马委员会和苏维埃委员会的大多数成员的反对,群众更是对维持罗曼诺夫家族统治的退位和接位的安排十分不满。所以,当3月4日,尼古拉二世的退位诏书和米哈伊尔大公的拒绝接受皇位的声明同时公布时,俄国的政治进程就进入了一个新阶段。

### 三、临时政府成立,沙皇一家被拘禁,两个政权并存,列宁回国

1917年3月3日,临时政府宣告成立。总理兼内务部长是立宪民主党人格·叶·李沃夫公爵,任命他为内阁首脑是尼古拉退位时提出的要求。外交部长是立宪民主党人米留可夫,陆海军部长是十月党人古契柯夫,交通部长是立宪民主党人尼·维·涅克拉索夫,工商部长是自由保皇党人、俄国最大的纺织厂厂主亚·伊·柯诺瓦洛夫,财政部长是大企业家、俄国最大的糖厂主米·伊·捷列申科,教育部长是立宪民族党人亚·阿·曼努伊洛夫,东正教行政总署总监是社会民主党人瓦·李·李沃夫,农业部长是立宪民主党人安·伊·盛加略夫,司法部长是克伦斯基。就党派而言,临时政府10名成员中,4人是立宪民主党人,1人是十月党人,1人是自由保皇党人,因此,临时政府实际上是立宪民主党人和十月党人的联合政府。

临时政府的成立标志着二月革命的胜利。在临时政府中起决定性作用的是立宪民主党,其次是十月党。布尔什维克的领导人列宁这时在国外,去国已

经 10 年。在国内负责和列宁联系的是在彼得格勒的布尔什维克中央俄罗斯局,主要负责人是施略普尼可夫。列宁从 1916 年夏天起就多次严令他不得与任何党派联系与合作。因此,施略普尼可夫在二月革命的进程中实际上采取了与临时政府不合作的态度。1917 年年初,列宁还认为俄国短期内,甚至在他这一辈都不会发生革命,所以,当二月革命发生后,远在苏黎世的列宁曾把它说成是英法帝国主义分子的阴谋。其他的政党,如社会革命党、劳动派,还有孟什维克都认为俄国还没有革命的形势,将会有一个很长的反动时期,因此需要观望和等待。他们也都拒绝参加临时政府,结果是,克伦斯基成了临时政府中惟一的苏维埃的代表。

二月革命基本上是一场不流血的、推翻沙皇制度的革命,伤亡总人数在 1 400 名左右(死亡的约占 1/10)。

临时政府在 3 月 3 日的宣言中声称,立即在俄国实行全面的政治大赦,实行言论、出版、结社、集会和罢工的自由,取消一切阶级的、民族的和宗教的限制,立即筹备在普选基础上的立宪会议的选举,而这个立宪会议将决定国家的统治形式和国家的宪法,废除旧的警察,代之以"人民警察",它将服从于地方自治机构,将寺院、国家和地主的土地分给农民。这一宣言还特别强调,参加过革命行动的部队继续保持武装,不调出彼得格勒。

3 月 4 日,临时政府举行第一次会议,宣布自 1906 年 4 月 23 日以来的国家基本法无效,暂停第四届国家杜马和国务委员会的立法职能。临时政府成为国家的最高权力和执法机构,一切法令均有临时政府颁布执行。

3 月 4 日,米留可夫召见外国使节,向他们宣布俄罗斯的旧制度"在人民的进攻下已经无可挽回地崩溃",临时政府已经组成,承认沙皇政府的一切外债。随后不久,美国率先承认了临时政府。

临时政府的成立不仅意味着罗曼诺夫王朝的崩溃,而且也意味着俄国出现了两个政权并存的局面。因为临时政府成立后,苏维埃并没有将

退位后的尼古拉二世和 3 个女儿

政权转归临时政府。双方都在尽力实行自己的权力和扩大自己的权力。临时政府和苏维埃彼得格勒执行委员会这两个同时并存的政权在一系列问题上有着深刻分歧。其中之一,也是分歧较大的问题,就是如何处理尼古拉二世。临时政府的第一次内阁会议就决定将尼古拉二世及其家人驱逐出俄国边界,送往英国。而彼得格勒苏维埃执行委员会在3月3日也立即作出了自己的决定:逮捕沙皇及其家属,使之处于革命军队的监视之中。就在这时,新任的彼得格勒军区司令员拉·格·科尔尼洛夫逮捕了皇后亚历山德拉·费奥多罗夫娜和皇子及公主们,并将他们拘禁于沙皇村中。从这时起,两个政权为沙皇及其家庭的未来命运进行了激烈的斗争。苏维埃委员会不断要求逮捕沙皇,而临时政府却一直想法在保护他。临时政府被迫在3月7日作出了剥夺尼古拉二世及其配偶自由的决定。同一天,作为临时政府司法部长的克伦斯基在莫斯科苏维埃发表讲演时说:"现在尼古拉二世在我手中,在总检察长手中了!我要告诉你们,同志们,俄国革命开始了,没有流一滴血,我将不允许再发生任何流血事件。我决不会成为俄国革命的马拉。但是尼古拉二世将在最短的时间内,在我亲自监督下,被送到港口,从那里离开,乘船前往英国。"克伦斯基的这一番话引起了苏维埃的强烈抗议,他们不许将沙皇放出俄国,要求逮捕他。克伦斯基没有办法,只好将尼古拉二世送到沙皇村保护起来。

3—6月是临时政府行使国家权力的最重要的月份。3月5日,李沃夫公爵通电地方,建立新政府的自上而下的权力机构,用"省专员"制来代替沙皇时期的省长制,任命的专员大多是临时政府的主力党派——立宪民主党和十月党的成员。与此同时,彼得格勒苏维埃也往各部队和战线委派自己的专员——军事委员,尽管他们在名义上要听命于临时政府。取消了旧的警察机构,组建了由各阶层居民代表组成的新的警察机构。解除了沙皇时期的检察官和法官,任命了忠于临时政府的新检察官和法官。

各地的军队纷纷骚乱,擅自逮捕、监禁和处死沙皇时期的军官。这股浪潮席卷波罗的海舰队和黑海舰队,时任黑海舰队司令员的亚·瓦·高尔察克海军上将在这种骚乱中不得不仓皇逃离黑海舰队的驻扎地塞瓦斯托波尔。在此情况下,临时政府将大批依然忠于沙皇的军官解职,代之以年轻的指挥员。

临时政府还颁布命令,使工人建立的工厂委员会合法,准予结社和集会自由,但是没有解决8小时工作制的问题。3月9日,临时政府颁布法令,规定如果农民参与"土地骚乱"将要负刑事责任。12日和16日,又颁布法令,将皇室土地和领地收归国有,但却明令规定,国家将负责向地主赔偿因"民众骚乱"而受的损失。此外,临时政府没有解决将寺院和地主庄园的土地分给农民的问题。3月17日,临时政府准予波兰有作为国家分离出去的权利。

与此同时,苏维埃委员会也在逐步扩大自己的权力范围,在俄国的广大地区内继续发动工人罢工,建立起同类性质的工兵苏维埃。出现了两大社会政治组织:一是士兵委员会;另一是工厂委员会。在工厂企业里,除了工厂委员会外,还成立了工会。工会的领导人是孟什维克,工厂委员会的领导是布尔什维克。苏维埃还在各工厂里组建了"红色近卫军",以代替政府要求组织的"人民警察"。1917年5月,举行了全俄工厂委员会第一次会议。同一月,全俄农民代表大会召开,选举出了"全俄农民代表苏维埃"。6月,第一次全俄工兵代表大会召开,选举出了"苏维埃中央执行委员会"。至此,除了临时政府外,在俄国的土地上,苏维埃实际执掌着很大一部分权力,两个政权并存的局面更为深化。

农村里的农民的自发骚乱仍在继续。农民们自发起来夺取地主的土地,他们宣布他们有权无偿地和永远地占用地主的土地。3月17日,乌法省的一个地主给临时政府发了一份电报,内容反映了当时农村的实际情况:"我的庄园遭洗劫,粮食、食物的储存、种子、良种马、牲畜、猪、家禽、农机、工具,全部财产都被洗劫,房屋被烧毁。损失惨重。"

总之,俄国土地上的混乱情况并没有因临时政府的建立而缓减,反而在加剧。土地问题没有解决,粮食的短缺变得更为严重起来。临时政府不得不在3月25日宣布采取非常措施——实行粮食垄断政策。这一政策的趋向就是限制商贸机构的采购活动,粮食由国家机构来垄断采购和供应,因而,它受到了工商部长捷列申科的强烈反对。这使临时政府内部产生分歧,面临危机。沙皇退位,但是战争没有结束,而临时政府决定继续将战争进行下去的决策更使这种危机深化和尖锐化。

这期间,在沙皇时期非法的党派组织全部合法化,布尔什维克也开始公开进行活动。这时,在彼得格勒,布尔什维克约有2 500人,在全俄各地约有2 300人。在二月革命期间,布尔什维克的主要领导人不是被流放西伯利亚(如加米涅夫和斯大林),就是逃亡在国外(如列宁)。当时,在彼得格勒的集会和游行示威中,只有加里宁和莫洛托夫在活动。在政党活动合法化的浪潮下,流亡国外的各个党派的负责人纷纷回国。3月中旬,前国家杜马社会民主党团主席伊·格·策烈铁里回到彼得格勒,3月31日,格·瓦·普列汉诺夫回国。布尔什维克党人列·波·加米涅夫和约·维·斯大林于3月中旬回到彼得格勒。列宁和布尔什维克中央委员会的几名委员于4月3日乘火车,经德国、瑞士和芬兰回到彼得格勒。

布尔什维克重要领导人列宁的回国,以及他急剧改变对临时政府的政策,这就加深了临时政府所面临的危机。

4月4日,列宁在塔夫利达宫对苏维埃的布尔什维克代表发表了讲话。列宁是从结束战争这个总的角度来谈问题的,因此他特别强调了下述几点:一是必须结束战争,而"要结束战争,就非推翻资本不可";二是他把临时政府的建立看成是"革命的第一阶段",而在第一阶段中是"政权落到了资产阶级手中",现在形势的特点就是要从第一阶段转到第二阶段,就是"使政权转到无产阶级和贫苦农民手中";三是在第一阶段中,政权落到资产阶级手中是"由于无产阶级的觉悟和组织程度不够"。列宁讲话的全部目的就是"不给临时政府任何支持",不要议会制共和国,而要苏维埃共和国。布尔什维克党内对列宁的这一讲话普遍感到吃惊,就连加米涅夫和主持《真理报》工作的斯大林都无法理解。斯大林甚至说,列宁的讲话"只是个提纲,并没有事实"。但是,在全俄第七次代表会议上,多数人支持列宁的建议。随着布尔什维克活动的加强,党员的人数到7月就超过了20万人。

## 四、临时联合政府,打倒10个资本家部长,克伦斯基下令镇压

而就在这时,临时政府却频繁和协约国的代表联系,就继续进行战争的问题进行商讨。4月18日,米留可夫向协约国大使发出一份照会,宣称将与协约国一起将战争进行到胜利。照会强调,在二月变革之后,俄国在整个协约国的共同斗争中的作用绝不能有丝毫的削弱,"完全相反,由于意识到所有人和每个人的共同的社会职责,将世界战争进行到决定性胜利的全民的意志是更强化了"。当夜,彼得格勒苏维埃执行委员会举行了一夜的会议,商讨对策。4月20日,大批工人走上街头,其中约有35 000名武装的士兵和水兵,抗议临时政府的继续战争的政策。示威者在临时政府所在地——玛利亚宫前的广场集会,高呼"米留可夫下台!""打倒米留可夫!"的口号。

这一事件导致了临时政府危机。李沃夫公爵、克伦斯基和捷列申科都认为苏维埃已经强大到不能忽视的地步,和苏维埃组成联合政府是摆脱危机的惟一出路。临时政府和苏维埃双方进行了激烈的斗争,在协商会议上,李沃夫

## 第一章 罗曼诺夫王朝的覆灭

公爵表示临时政府准备辞职,并将权力交给苏维埃。但是,苏维埃代表却表示信任政府,只是坚持要求米留柯夫辞职。事情发展到科尔尼洛夫又调兵遣将进行镇压的地步,最后临时政府和苏维埃执行委员会几经谈判,在对外政策、军队民主化、与经济破坏作斗争、劳工、土地政策和召开立宪会议等方面取得了相近的意见后,双方同意组织临时联合政府。4月25日,科尔尼洛夫辞职,接着是古契柯夫和米留可夫辞职。5月5日,第一届临时联合政府成立。其人员组成是:总理兼内务部长是李沃夫公爵,陆海军部长是克伦斯基,外交部长是捷列申科,财政部长是盛加略夫,邮电部长是孟什维克策烈铁里,劳动部长是孟什维克斯柯别列夫,粮食部长是人民社会党人彼舍霍诺夫,司法部长是劳动派成员巴·尼·彼列维尔泽夫,农业部长是社会革命党人维·米·切尔诺夫。总司令阿列克谢耶夫被解职,新司令是亚·亚·布鲁西洛夫将军。

克伦斯基

临时联合政府是一个各党派妥协的产物,这并不意味着所有的政党都毫无保留地支持联合政府。而布尔什维克则强烈反对联合政府的方针,列宁则公开指责联合政府,说"同资本家妥协拯救不了和德国以及其他国家一样处于死亡边缘的俄国,拯救不了受战争折磨的人民。只有使全部国家政权直接归大多数人掌握,才能拯救全体人民"。列宁还把参加临时联合政府的其他党派的领导人称为"切尔诺夫之流"、"策烈铁里之流",说"社会党人部长们将只会用自己的名字去掩盖掠夺和侵略行径,而且已经在掩盖了","资本家、地主和社会党人组成的临时政府现在并不想把土地交给人民,而且还在鼓吹进攻,我们的政府为什么决定支持它呢?"列宁的决策是:"全部政权归工兵苏维埃!决不信任资本家政府!"

临时政府的危机并没有真正解决。一是,苏维埃执行委员会继续不断加强自己的活动,力图建立自己的全俄执行机构。在地方机构中,两个政权的现象依然存在。二是,布尔什维克坚决反对苏维埃执行委员会中孟什维克和社会革命党人参加政府的行为,尤其是列宁坚持"全部政权归苏维埃"的纲领。但是,它的力量不足,尤其在农民中间更是薄弱。三是,临时政府着手进行城市和地区的杜马选举,也实际上是在与苏维埃对抗。

1917年的5月底6月初,举行了地区杜马选举。结果是孟什维克和社会革命党人占50％,立宪民主党人和其他资产阶级组织占17％,布尔什维克占20％。6月3—24日,召开了全俄工兵苏维埃第一次代表大会。孟什维克、社会革命党人和布尔什维克都有代表参加,但布尔什维克的代表只占总人数的8％。在会议的领导层中,孟什维克和社会革命党人为主。临时政府的部长们列席了会议。大会主要争论的是有关战争、土地和民族的问题。一种态度是,支持临时政府的政策,反对将政权归苏维埃所有,另一种态度是不给临时政府以任何支持,全部政权苏维埃。克伦斯基、斯柯别列夫等认为,只有临时政府能够保证"革命民主"的利益。策烈铁里说得更为明确:"现在,在俄国没有一个政党会说:把政权交到我们手里吧,你们走开,我们到你们的位置上来。"列宁当即从座位上说:"有的!任何一个政党都不会拒绝这样做,我们的政党也不会拒绝这样做:它每一分钟都在准备夺取全部政权。"所以,6月4日,列宁在大会的发言中,重申了不信任临时政府和"惟一的政权属于工兵代表苏维埃"的观点。列宁抨击说:"掌握政权的仍旧是原来那个阶级。现在实行的政治并不是民主政治。"列宁在讲话中宣告了苏维埃要掌权并且一定要夺取权力,他强调:"现在,世界上只有一个国家能够以阶级的规模、通过反对资本家而不是经过流血的革命来采取停止帝国主义战争的步骤。这样的国家只有一个,那就是俄国。只要工兵代表苏维埃存在,俄国就始终是这样的国家。苏维埃不可能同普通类型的临时政府长期共存。"列宁的讲话在嘘声和赞同声同起的状态中结束,他的意见最后被大会所否决。在选出的全俄苏维埃中央执行委员会中,尽管列宁被选为中央执行委员会委员,但布尔什维克的委员人数只占7％。

大会进行期间,彼得格勒的局势再度紧张,士兵和工人的游行示威不断。布尔什维克党人决定组织一次大规模的游行示威,反对联合临时政府,准备的条幅是:"打倒10个资本家部长!"、"全部政权归苏维埃!"、"不许和威廉单独缔结和约,不许和英法资本家缔结秘密条约!"但是,大会主席团决议禁止布尔什维克党人所准备的示威。但是,6月18日,当50万人齐集战神广场向烈士墓献花圈时,布尔什维克党人打出了"打倒10个资本家部长!""打倒战争!"和"全部政权归苏维埃!"的标语,抗议示威终于爆发。第二天,策烈铁里在大会上宣布,俄国军队在西南前线发动了进攻。这就使群众和临时政府间的矛盾急剧尖锐起来。6月24日,大会表示对临时联合政府的信任并选举出苏维埃中央执行委员会。

但是,前线的战事很快失败,消息传来,7月2日夜,立宪民主党人部长曼努依洛夫、沙霍夫斯科伊和盛加略夫辞职。于是,出现了第二次临时政府危机。3日,士兵们游行。4日,街上的游行示威群众达到了50万之众。游行队伍还来到布尔什维克党中央的所在地——克舍辛斯卡娅的别墅,列宁出来会见了示威者并讲了话。他说,他病了,不能讲得太久,但他希望示威者手中标语牌的口号——"全部政权归苏维埃"得以实现。此外,54个企业的90名代表以及大量的示威者来到塔夫利达宫的苏维埃中央执行委员会要求它夺取政府的全部权力,中央执行委员会应允召开第二次代表大会来决定这一问题。7月5日,发表于《真理报》的列宁的文章借用法国作家拉·封丹的一句著名寓言"你把本性赶出门外,它会从窗口飞进来",来讽刺临时政府的反动本性不可更移,并再次提出"全部政权归苏维埃",他说:"经过推动和飞跃,一定会使我党早已提出的政权转归苏维埃的口号得到实现。"

从6月中旬起,作为陆海军部长,克伦斯基就去了西南前线巡视。7月6日,他返回彼得格勒,召集部长们商讨局势。7月8日,李沃夫公爵提出辞职,克伦斯基被选为政府总理。新总理克伦斯基签署的第一份决议,就是下令以"祖国叛徒和参与7月游行示威"的罪名逮捕列宁和季诺维也夫,解除闹事的部队的武装并将俄国在西南线的军事失利归罪于布尔什维克的宣传鼓动。克伦斯基还应允加速改革、重议战事和于9月17日召开立宪会议。随后,政府动用士官生和哥萨克镇压游行示威,宣布彼得格勒戒严。《真理报》被查封,布尔什维克党中央所在地——克舍辛斯卡娅别墅、布尔什维克的军事机构和彼得格勒委员会均遭捣毁。托洛茨基、加米涅夫和卢那察尔斯基等人遭逮捕,列宁和季诺维也夫转入地下活动。

7月9日,苏维埃中央执行委员会宣布支持临时政府,说它是"拯救革命的政府"。临时政府接着成立专门的委员会来调查这次游行示威,恢复死刑,惩处那些走上街头的部队,任命持强硬手段的科尔尼洛夫将军为彼得格勒卫戍司令。24日,第二届联合临时政府宣告成立,克伦斯基为总理兼陆军部长,涅克拉索夫为副总理兼财政部长,捷列申科为外交部长,切尔诺夫为农业部长,社会革命党人、全俄农民中央执行委员会主席尼·德·阿夫克森齐耶夫为内务部长,孟什维克斯科别列夫为劳动部长,人民社会党人亚·谢·扎鲁德尼为司法部长,立宪民主党人谢·谢·奥尔登堡院士为人民教育部长,孟什维克阿·姆·尼基金为邮电部长,彼舍霍诺夫为粮食部长,人民社会党人谢·尼·

普罗科波维奇为工商部长,立宪民主党人帕·帕·尤烈涅夫为交通部长,自由保皇党人伊·尼·叶费列莫夫为国家救济部长,立宪民主党人费·费·科科什金为国家总监,立宪民主党人安·弗·卡尔达舍夫为东正教行政总署总监。

第二届联合临时政府的成立表明苏维埃中央执行委员会已经失去任何独立性,成为依附于临时政府权力的一部分。从二月存在到此时的两个政权并存的局面结束,同时也表明,克伦斯基已经成为一个握有重权的关键人物,成了沙皇尼古拉二世、保皇派人士、立宪民主党人、社会革命党人和孟什维克寄予希望的人。就在李沃夫公爵辞职的那一天,7月8日,尼古拉二世在日记中写下了这样的话:"政府人员有了变化:李沃夫公爵辞职,克伦斯基将担任内阁首相,并将兼任陆海军部长,同时还接管商工部。这个人在他现任的岗位上发挥了积极的作用;他的权力越大,事情就会越好。"第二次联合临时政府成立后,7月25日,他又写道:"成立了以克伦斯基为首的新的临时政府。我们看看他是不是干得更好。当前最首要的就是要加强军队的纪律性,提高士气,让俄国国内有点秩序!"而克伦斯基本人也加强与退位沙皇的联系,甚至在尼古拉二世被迁往西伯利亚时,克伦斯基都是亲自来安排的。这一切使尼古拉二世对前途充满了希望,他在日记中写道:"克伦斯基终于露面了,他说我们可以出发了。太阳,正在冉冉升起,景色很美……"

## 作者点评:

斯大林亲自主持编写的《联共(布)党史简明教程》中把"二月革命"说成是布尔什维克党领导的。它这样写道:"当时负责领导布尔什维克党实际工作的,是设在彼得格勒的以莫洛托夫为首的我党中央局。2月26日(3月11日),中央局发表宣言,号召继续进行反对沙皇专制制度的武装斗争,号召成立临时革命政府。"但是,现在的档案资料表明这种描述是不符合实际情况的。其一,这时,布尔什维克党在彼得格勒设有彼得格勒委员会,其主要负责人是施略普尼科夫。这个委员会也叫布尔什维克中央的俄罗斯局,但是没有档案表明,这个委员会、这个俄罗斯局就是党的中央局。施略普尼科夫负责与流亡国外的列宁联系,从1916年夏天起,列宁就曾多次严厉禁止他与其他的社会主义政党进行合作。其二,布尔什维克党的主要负责人此时都不在彼得格勒。列宁已经去国10年,加米涅夫、季诺维也夫、斯大林等人不是被流放就是处于地下状态。托洛茨基也远在国外。同时,他们根本没有预料到短期内会发生革命。因此,彼得格勒委员会不可能以布尔什维克党中央的名义发表号召进行革命和成立临时政府的宣言。其三是,这时的布尔什维克的人数很少,在工人群众中,尤其在农民中的影响还很弱,它本身的思想和组织还没有成熟和严密到能去领导一场革命运动。

过去的史书都说,1917年2月沙皇制度的被推翻是一场资产阶级革命,而革命的结果是政权落到了资产阶级的手上。其实,这句话是非常矛盾的,既然是场资产阶级革命,那革命的果实自然得由资产阶级来享受。除非你说这场革命原本不是资产阶级革命,那才会得出革命的成果——政权落到资产阶级的手上。"落到"这样的话也是事出有因的,其根据显然就是列宁1917年4月4日在出席全俄工兵苏维埃会议的布尔什维克代表会议上的报告,即人们通常所称的《四月提纲》。研究者常常以《四月提纲》为根据,提出了两个观点:一是,二月革命是场资产阶级革命;二是,全部政权归苏维埃。

其实,列宁并没有把二月革命称之为"资产阶级革命"。他只是说,这是"革命的第一阶段"。综观列宁讲话的全文,他显然是把这场革命看作是本应由无产阶级来领导、来享受革命成果——来掌权的革命。政权所以落到了资产阶级手中,就是因为布尔什维克犯了错误。为什么没有掌权?他说:"问题在于无产阶级的觉悟和组织程度不够。"列宁尽管提到,在这场革命中资产阶级是自觉的和有准备的,但他还是把这个政府称为是"受资产阶级影响"的政府,是"资本家政府"。所以,列宁给布尔什维克党提出的任务"是从革命的第一阶段向第二阶段过渡","第二阶段应当使政权转到无产阶级和贫苦农民手中"。列宁认为,"工人代表苏维埃是惟一可能的政府","工人代表苏维埃是革命政府的惟一可能的形式"。最后,他得出了"全部国家政权归工人代表苏维埃的必要性"。

既然是革命的第一阶段和第二阶段,那就显然指的是一场革命。如果把第一阶段说成是"资产阶级革命",把第二阶段说成是"无产阶级革命",那不有点有悖于列宁本人当时的观点吗?

其次,全部政权归苏维埃的口号也并没有在这一时期得到正确性的验证。因为这个纲领在当时就是无法实现的。一是因为临时政府还得到工人的信任和支持;二是苏维埃并不掌握在布尔什维克的手上,甚至它在其中的势力和影响还都是很弱的;三是尽管存在着两个政权并存的局面,但实际上由于组成人员上的交错和行动上的协调,临时政府和苏维埃又常常在实践中体现为是一个政权;四是苏维埃的发展,尤其是在农村的发展具有很大的自发性质,常常是一哄而起的;五是布尔什维克党无论在政党的争斗还是在国家的政治生活中都还处于微弱的不利地位。在这种情况下,全部政权归苏维埃的口号就变成了无休止的街头游行示威、自发的、甚至无政府状态的抗议和骚乱。这种自发的,甚至无政府的状态最后所导致的冲突和结果是完全不符合"全部政权归苏维埃"这个口号的。这一时期,列宁本人在对待临时政府态度上的动荡不定以及策略上的急速变化也证明了这一点。

1917年的"二月革命"是个很奇特的现象。它的奇特在很大程度上是由群众,尤其是工人和士兵的自发骚乱所决定的。他们对战争的不满,对粮食严重匮乏的不满,对灾难和贫苦生活的不满最后导致了对沙皇政府、沙皇专制制度的不满。由于这种不满导致了保皇党人也不得不以另择新君的办法来延缓罗曼诺夫王朝的命运,由于这种不满立宪民主党人也不得不放弃自己原先的君主立宪的主张改行共和,由于这种不满社会革命党人和孟什维克等也不得不时刻为自己的党派利益来利用无政府主义的思潮和行动,即使是布尔什维克也不得不时常受这种自发骚乱和无政府状态的影响和作用。在"二月革命"进程中,参与其中的党派、组织和人士的作用往往是被动的,是受这种无政府主义的不满浪潮所控制的。就本质而言,俄国历史的进程这时是受这种无政府主义不满浪潮所制约的。而这种无政府主义的浪潮在俄国有着很深的历史根源和文化背景,所以在这种历史根源和文化背景下出现的推翻沙皇制度的进程具有俄国本身的独特性,是不能完全用世界历史进程中的那种资产阶级革命的统一模式来加以阐述的。这种无政府主义浪潮在俄国未来的历史进程中还会出现,还会在历史关键时刻产生重大的作用。所以,认识"二月革命"的这种奇特性对于认识其后的俄国历史进程是十分重要的。

二月革命的历史功绩就在于推翻了沙皇的专制统治,使罗曼诺夫王朝覆灭。二月革命还为布尔什维克党在俄国登上历史舞台和掌权准备了条件。有人习惯说,历史选择了列宁,选择了布尔什维克。但是,不如说,在1917年2月至7月的关键时刻,是列宁、布尔什维克机敏地选择了历史,利用了历史提供的无与伦比、不再可以重复的机遇。

当然,《联共(布)党史简明教程》中把二月革命说成是布尔什维克党领导的也是有源可寻的,因为,列宁在1918年3月俄共(布)第七次(紧急)代表大会的政治报告中就说过:"二月革命最初获得胜利的原因,就在于当时跟着无产阶级走的不仅有农民群众,而且还有资产阶级。因此我们轻而易举地战胜了沙皇制度,达到了我们在1905年没有能够达到的目的。"

# 第二章 十月革命

## 一、最后的临时政府,科尔尼洛夫"逼宫", 苏维埃的布尔什维克化

**1917**年7月26日,布尔什维克党——俄国社会民主工党(布)第六次代表大会在彼得格勒召开。列宁没有出席这次会议,但是他给大会的信件中,强调:革命的和平发展时期已经结束,不和平的时期,搏斗和爆发的时期已经到来。现在无产阶级只有通过新的革命道路才可以把政权夺到自己的手里。因此,列宁建议取消"全部政权归苏维埃"的口号,代之以"夺取政权"的口号。主持这次大会的是斯大林、雅·米·斯维尔德洛夫和伊·捷·斯米尔加等人。大会赞同了列宁的意见,但是在斯大林的报告中并没有明确提出"夺取政权"的纲领和具体步骤。布尔什维克党的力量迅速增强,克伦斯基政府濒于新的危机边缘,故未能查禁这次大会。

然而,临时政府还在最后履行认为是属于自己的职责。8月12—15日,临时政府在莫斯科召开国务会议。在2 500名代表中,苏维埃的代表只有229名(农民苏维埃中央执行委员会129名,工兵苏维埃中央执行委员会100名)。布尔什维克决定抵制国务会议,因为它认为这次会议是临时政府的"反革命阴谋"。它诉诸的手段就是发动群众罢工。所以,当克伦斯基在会上宣称,要用"铁血"手段来镇压反对政府的来自左右派的"任何反革命"企图后,莫斯科就发生了约40万人的罢工:工厂、电厂停止生产,商店关门,有轨电车不开动,莫斯科几乎变成了一座死城。接着,在会上,最高总司令科尔尼洛夫首起发难,顿河哥萨克首领卡列金将军,以及米留可夫、叔尔金和大银行家利亚布申斯基都支持科尔尼洛夫,要求采取极端手段镇压罢工,并取消苏维埃、军队中的社会

组织和在前线恢复死刑,整顿前线和后方的秩序,阻止革命的进一步发展。

克伦斯基为了稳定局势,派瓦·尼·李沃夫去大本营莫吉廖夫与科尔尼洛夫谈判。但李沃夫带回的却是科尔尼洛夫给克伦斯基的最后通牒:克伦斯基辞职,总理由科尔尼洛夫担任并由他来组织政府,但克伦斯基可以留在政府中任教育部长。克伦斯基自然不会接受这一通牒,科尔尼洛夫也不退让,拒绝各党派的调解。8月25日,科尔尼洛夫下令给克雷莫夫将军,说彼得格勒发生骚动,要他率自己的军队和另一支哥萨克部队从莫吉廖夫的大本营出发,去占领彼得格勒,解散中央执行委员会和彼得格勒苏维埃,逮捕社会主义政党的领导人,对彼得格勒实行军管和戒严。

克伦斯基在沙皇的书房里

科尔尼洛夫还不仅于此,他还想"挟天子以令诸侯",演出了一场"逼宫戏":要克伦斯基到他军中来,应允保证克伦斯基的安全。但是,克伦斯基拒绝了这一要求。8月27日,克伦斯基命令科尔尼洛夫将指挥权交给参谋长,自己到彼得格勒来。科尔尼洛夫拒绝了这一要求,向克伦斯基提出了"最后通牒":"您到我的大本营来吧,我发誓保证您的自由和安全,您和我一起来考虑组成一个人民防卫政府。"28日,临时政府发表了《告全体公民书》,指责科尔尼洛夫阴谋夺权,解除了他的总司令职务。但是,科尔尼洛夫不予理睬,令克雷莫夫将军继续率军队向彼得格勒进发。克伦斯基向苏维埃求助。

俄国面临着的不仅是一场新的政府危机,也是一场新的社会动荡和危机。这时,几乎所有的政治力量、所有的党派都联合起来反对"科尔尼洛夫叛乱"。苏维埃中央执行委员会发表《告被科尔尼洛夫蒙骗的士兵书》,要他们认清科尔尼洛夫是在试图"推翻革命的政府"并"逮捕敬爱的军队领袖克伦斯基"。布尔什维克也发表了《告彼得格勒全体劳动人民、全体工人和士兵书》,它强调了临时政府软弱,无力镇压科尔尼洛夫叛乱,只有革命才能拯救国家。8月30

日,克雷莫夫的军队被阻挡在离彼得格勒50—70公里的地方,他们被告知,彼得格勒平安无事,他们是受骗了。军心顿时涣散,克雷莫夫只好宣布服从临时政府的领导,科尔尼洛夫叛乱随之被平息。在和克伦斯基谈话并遭到指责后,克雷莫夫开枪自杀。科尔尼洛夫本人和他的僚属——邓尼金将军等随即被逮捕。

8月30日,克伦斯基自任总司令。9月1日,临时政府公布了一份决议,宣称科尔尼洛夫将军的叛乱已经被镇压下去,并且说:"临时政府宣称,管理俄罗斯国家的国家制度是共和制,并宣布为俄罗斯共和国。"随之成立了"五人内阁",也称为"执政内阁"。这五人是:克伦斯基、捷列申科、陆军部长亚·伊·维尔霍夫斯基、海军部长季·尼·维尔捷列夫斯基和内务部长尼基京。

但是,五人执政内阁在群众所迫切关心的战争、和平、土地、面包等问题上并没有采取什么新的断然措施,经济情况继续恶化,起义和骚乱仍然此起彼伏。群众对政府的信任程度在急剧下降,越来越趋向于用变更政权的方法来变更现实状况。这时,布尔什维克党加强了自己在苏维埃和群众中的活动。8月31日,彼得格勒苏维埃通过了布尔什维克中央提出的《关于政权》的决议。原有的主席团为了表示抗议,宣布退出,布尔什维克随之成为苏维埃中的多数。9月9日,进行选举,托洛茨基被选为彼得格勒苏维埃主席。9月19日,莫斯科苏维埃中布尔什维克也成为多数,选举布尔什维克巴·诺根为主席。接着,俄罗斯欧洲部分的80个城市和工业中心的苏维埃都表示支持彼得格勒苏维埃的立场,并模仿它的办法改选苏维埃的领导,结果在各地的苏维埃中都是布尔什维克占多数。于是,苏维埃开始转向,出现了一个苏维埃布尔什维克化的进程。

9月1日,身处赫尔辛基的列宁写成《论妥协》,并派专差送往彼得格勒。他提出了妥协政策,说:"现在俄国革命发生了一个十分急剧、十分奇特的转变,使我们能够以政党的资格建议实行自愿的妥协。当然,这不是向资产阶级,不是向我们直接的主要的阶级敌人建议,而是向我们最接近的政敌,向'居领导地位的'小资产阶级民主派政党即社会革命党和孟什维克建议。"妥协的目的是什么呢?列宁解释说:"从我们方面来说,妥协就是回到七月前的要求:全部政权归苏维埃,成立一个对苏维埃负责的由社会革命党人和孟什维克组成的政府。"处于彼得格勒的布尔什维克党中央的其他领导人接受了列宁的建议,再次提出"全部政权归苏维埃"的斗争纲领是惟一的选择。从9月17日起,重新打出了"全部政权归苏维埃"的口号。

## 二、布尔什维克必须夺权,第三届临时联合政府,"两个知名的布尔什维克"

但是,社会革命党人及孟什维克拒绝布尔什维克的这种妥协。列宁随即作出了另外的决策:布尔什维克面临着实际掌握国家政权的机会,应当起义和夺权。9月14日,他连续给中央写来两封信——《布尔什维克必须夺取政权》和《马克思主义和起义》。列宁写道:"布尔什维克在两个首都的工农代表苏维埃中取得多数之后,可以而且应当夺取国家政权。说可以,是因为两个首都人民中革命分子这个活跃的多数足以带动群众,战胜敌人的反抗,打垮敌人;夺取政权并且保持政权,是因为布尔什维克通过立即提议缔结民主和约,马上把土地交给农民,恢复受到克伦斯基糟蹋和破坏的民主机构和自由,一定能建立谁也推翻不了的政府。"列宁强调将起义提上布尔什维克的议事日程,他说:"起义要获得胜利,就不应当依靠密谋,也不是靠一个党,而是靠先进的阶级。此其一。起义应当依靠人民的革命高潮。此其二。起义应当依靠革命发展进程中的转折点,即人民先进队伍中的积极性表现得最高,敌人队伍中以及软弱的、三心二意的、不坚定的革命朋友队伍中的动摇表现得最厉害的时机。此其三。"列宁还认为,起义是一种艺术,要周密考虑,"既然这些条件已经具备,那么不愿像对待艺术那样对待起义,就是背叛马克思主义,背叛革命"。

半个月中,列宁从"全部政权归苏维埃"到"布尔什维克必须夺取政权"的急剧转变在党中央引起了争议。为此,在整个9月份,布尔什维克党内为此进行了激烈的辩论和斗争,一方是列宁,另一方是加米涅夫、季诺维也夫、托洛茨基、斯大林、布哈林和诺根,也就是说几乎是整个党中央。当列宁处于少数地位时,他曾以退出中央委员会来迫使布尔什维克中央接受自己的起义和夺权的意见。

而这时,五人执政内阁为摆脱危机,采取了召开接纳各党各派建立另一个民主政府的"全俄民主会议"。布尔什维克党在加米涅夫、李可夫和诺根的坚持下决定参加"全俄民主会议"。9月25日,新政府,即第三届联合临时政府成立。共有17人组成,其中孟什维克4人,立宪民主党人4人,社会革命党1人,其他为无党派人士。总理是克伦斯基,副总理兼工商部长是立宪民主党人柯诺瓦诺夫,外交部长是捷列申柯,司法部长是律师、孟什维克弗·恩·马利扬托维奇,国家救济部长是立宪民主党人尼·米·基什金,交通部长是亚·

弗·利维罗夫斯基,财政部长是立宪民主党人米·弗·别尔纳茨基,劳动部长是孟什维克库·安·格沃兹杰夫,国家总监是斯·亚·斯米尔诺夫,临时政府经济委员会主席是斯·尼·特列亚季科夫。10月2日,政府改名为"俄罗斯共和国临时会议",亦称为"预备国会",但它议而不决,无所事事。

10月初,列宁回到彼得格勒。10月10日,列宁参加了俄国社会民主工党(布)中央委员会会议。党中央以10票赞成、2票(季诺维也夫和加米涅夫)反对通过了一份决议,指出"武装起义是不可避免的,并且业已完全成熟"。其理由有三:一是劳动人民和士兵的不满、革命热情和决心已经达到了最强的程度;二是,俄国的政权只有布尔什维克才能掌握,其他任何力量都掌握不了;三是,在整个欧洲,全世界社会主义革命的情绪在滋长。决议建议党的所有组织都来讨论和决定有关起义的一切准备事项。为了准备起义,会上还成立了中央政治局,由列宁、季诺维也夫、托洛茨基、斯大林、索柯里尼科夫、布勃诺夫等人组成。

也是在10月初,德国人占领了里加湾的一些岛屿。彼得格勒苏维埃以承担保卫彼得格勒防卫的名义,成立了彼得格勒防务委员会,其中主要的成员是布尔什维克,委员会由彼得格勒苏维埃主席托洛茨基领导。10月16日,彼得格勒苏维埃确认了军事革命委员会的成立。

加米涅夫和季诺维也夫继续反对起义。由于和列宁在起义问题上的分歧,加米涅夫和季诺维也夫声明退出中央委员会。这时,关于布尔什维克即将发动起义的流言传遍彼得格勒。17日,高尔基主持的《新生活报》发表的一篇巴扎罗夫的报道证实了这种流言,它说市内正在流传着加米涅夫和季诺维也夫反对起义的一份传单。18日,该报以访谈的名义发表了加米涅夫的一项声明,全文如下:

> 弗·巴扎罗夫昨天的文章提到了以两个知名的布尔什维克的名义发出的一份反对发起行动的传单。尤·加米涅夫就此宣布:鉴于发起行动的问题在加紧讨论,我和季诺维也夫同志给在彼得格勒、莫斯科和芬兰的我们党的各大组织写了一封信,信中表示坚决反对我们党在最近期间主动发起任何武装行动。应当说,我并不知道我们党有什么定于某某时间举行某某行动的决议。党的这样的决议是没有的。大家懂得,在目前的革命形势下,并不是搞什么类似'武装游行示威'的事情的问题。问题只能是武装夺取政权,而对无产阶级负有责任的人不会不懂得,只有清楚明确地给自己提出了武装起义的任务,才能举行某种群众性'行动'。不仅

仅我和季诺维也夫同志,并且还有许多从事实际工作的同志都认为,在目前,在现在的社会力量的对比下,撇开苏维埃代表大会,在苏维埃代表大会召开的前几天,主动发起武装起义,是一种不能允许的、对无产阶级和革命极端危险的步骤。

任何一个党,尤其是我们这个越来越集中着群众希望和信任的党,决不会不力图掌握政权,通过国家政权的手段实现自己的纲领。任何一个革命的党,尤其是我们党,无产阶级、城乡贫民的党,决不会也无权利放弃起义,起誓永不起义。举行起义来反对祸国的政权,是劳动群众的不可剥夺的权利,而在某种时刻也是那些得到群众信任的政党的神圣义务。但是,按照马克思主义的说法,起义是艺术。正因为如此,我们认为,现在,在目前形势下,我们有责任反对一切主动发起武装起义的企图,因为这种起义是注定要失败的,会给党、给无产阶级、给革命的命运带来极其严重的后果。把一切都押在近日发起行动这张牌上,这就是采取绝望的举动。而我们党是强有力的,是有远大前途的,决不会采取这种绝望的举动。

这封信引起列宁极大的愤怒。鉴于党中央最高领导人之间的意见分歧以及就是否起义问题尚未能达成统一的决定,10月18日,列宁直接向布尔什维克党员呼吁,他在"给布尔什维克党党员的信"中把加米涅夫和季诺维也夫的信骂为是"前所未闻的工贼行为"。列宁写道:"真是难以想象!党内都知道,党从9月份起就在讨论起义问题,谁也没听说这两个人中间有谁写过一封信或一篇东西!现在可以说到了苏维埃代表大会的前夕,这两个著名的布尔什维克却出来反对多数,显然也反对中央委员会。这一点没有说明,但这样对事业危害更大,因为含沙射影更加危险。"列宁的愤怒几乎是难以抑制的:"过去我同这两个从前的同志关系很密切,如果我因此犹豫不决,不去谴责他们,那我认为这是自己的耻辱。我直率地说,我不再把他们两个当作同志了,我将据理力争,要求中央和代表大会把他们两人开除出党。"

10月19日,列宁又给布尔什维克党——俄国社会民主工党(布)写信,坚决要求中央立即作出如下决定:"中央委员会认为季诺维也夫和加米涅夫在非党报纸上发表声明,是彻头彻尾的工贼行为,因此把他们两人开除出党。"

10月20日,俄国社会民主工党(布)讨论列宁的这封信件,会上坚决支持列宁开除加米涅夫和季诺维也夫的是捷尔任斯基,但多数中央委员不同意这种做法。斯维尔德诺夫认为,中央委员会无开除出党的权利。斯大林认为,将他们开除出党并不是办法,现在需要保持党的统一。他提议责令这两个同志服从,但把他们留在中央委员会里。随后斯大林迫使季诺维也夫写了一份声明,登在由自己任主编的党的中央报纸《工人之路》上。该声明强调,他和加米涅夫与列宁没有深刻分歧。斯大林还特别说明,党中央的委员们基本是"志同道合者"。

## 三、克伦斯基负隅顽抗,攻打冬宫之路,十月革命的胜利

事实上,这时在彼得格勒,已在广为传播布尔什维克要举行武装起义,只是不知道确切的日期。克伦斯基政府也在作应付的准备。10月17日,克伦斯基召开阁员开会讨论局势,试图调集力量来预防和镇压起义。参加会议的有接替齐赫泽任职的孟什维克著名领导人费多尔·伊里奇·唐恩,捷列申科和陆军部长维尔霍夫斯基等人。唐恩要求克伦斯基立即宣布将土地交给农民并开始和谈。陆军部长维尔霍夫斯基在会上无可奈何地说:"工人苏维埃中是布尔什维克的天下,已经没有力量来驱散他们。我已经不能向临时政府提供实际的力量,因此我请求辞职。"内阁中的其他成员也相当悲观,认为没有可能继续掌握政权了。但克伦斯基并不想交出政权,对于维尔霍夫斯基的悲观给予了惩罚——令他"因健康原因退休"。克伦斯基拒绝了一切缓冲和拖延的措施,坚决表示:"我现在要让所有的人都走上街来,那我就好把他们镇压下去!"于是,他下令将彼得格勒郊区的士官生火速调进彼得格勒,并令3个可萨克军团处于作战状态,加强了政府机构和冬宫的保卫。但这时,克伦斯基所拥有的军事力量不足万人。

10月20日,军事革命委员会向驻守彼得格勒的各部队、舰队、工厂和武器弹药仓库派出了自己的政治委员,要他们承认和接受苏维埃的命令。10月21日,军事革命委员会向彼得格勒卫戍部队派出了自己的军事委员,并命令各部队只能听命于军事革命委员会及其代表。到23日,大部分部队同意服从军事革命委员会的指挥,部分部队处于中立状态。布尔什维克还着手重组工人赤卫队,瞬间其人数达到了15 000人左右。拥有15万士兵的卫戍部队转到苏维埃方面来,这对苏维埃力量的增强起了决定性的作用。也就在这一天,彼得格勒爆发大规模游行示威,出现了数百个集会,工人和士兵表示只要一声令下,就将去保卫苏维埃。

但是,临时政府继续调集力量,克伦斯基严令部队不得服从苏维埃的命

冬宫里最后的临时政府成员

令。24日清晨6时,克伦斯基派出士官生部队占领了布尔什维克的报纸《工人之路》的印刷厂,同时下令逮捕军事革命委员会的成员,准备进攻军事革命委员会的所在地——斯莫尔尼宫。布尔什维克中央在斯莫尔尼宫召开紧急会议,一面组织部队去印刷厂解围,一面赶印一份《工人之路》报,重新提出了"全部政权归苏维埃"的口号,呼吁工人、农民、士兵"从科尔尼洛夫分子手中夺权并把它交给苏维埃"。24日上午,士官生对印刷厂的进攻很快被击退。这时,列宁仍在秘密居住地点,所以正在斯莫尔尼宫的托洛茨基、斯维尔德洛夫、捷尔任斯基、布勃诺夫、加米涅夫和米柳亭等11名中央委员开会布置起义事项,并发表《第一号书面命令》,要求彼得格勒卫成部队、波罗的海舰队和各工厂的赤卫队做好起义的准备。

同一天上午,克伦斯基向预备国会发表演说,要求国会支持政府镇压布尔什维克起义的行动。演说后,他就回到了冬宫的办公室,连下数令,要求军队服从政府的命令,驱逐政治委员,派兵到冬宫来保卫临时政府。而在冬宫的外面,由军事革命委员会委员安东诺夫-奥弗申柯和丘德诺夫斯基等率领的赤卫队所进行的起义实际上在以一种几乎是和平的方式进行。越来越多的工厂、企业、机关和军官学校被赤卫队所占领,由于士兵支持苏维埃,这些占领行动很顺利。起义者逼近冬宫,但是一些车站、桥梁、重要的据点还没有占领。尤其是冬宫附近的皇宫大桥和尼古拉大桥还控制在支持临时政府的军队手中。

这时,在斯莫尔尼宫主持起义工作的托洛茨基和其他中央委员主张先召开第二次苏维埃代表大会,然后再推翻临时政府,因为在他们看来,起义进行得如此顺利,临时政府已经成为瓮中之鳖,只要苏维埃一声通牒,它就会乖乖投降。但是,在某个秘密地点的列宁却很焦急。他认为,"情况已经万分危急","政府已经摇摇欲坠。必须不惜一切代价彻底击溃它!"他说,这种击溃是任何会议,即使是苏维埃代表大会也是办不到的,只有武装起来的群众的斗争才能解决。因此,列宁提出了要求:"无论如何必须在今天晚上,今天夜里逮捕政府成员,解除士官生的武装(如果他们抵抗,就击败他们)。"他反复重申:"不能等待了!等待会丧失一切!"

列宁的这封信不是写给在斯莫尔尼宫中的中央委员——军事委员会的委员们的,而是写给各级党组织的,他在信中说得很清楚,要求这些领导人"到布尔什维克的中央委员会去,坚决要求:无论如何不能让克伦斯基一伙人手中的政权保留到25日,一定要在今天晚上或者夜里解决问题"。

托洛茨基等人很快同意了列宁的看法,24日,列宁随即来到了斯莫尔尼宫。斯大林也在这一天的晚上,从《工人之路》报来到斯莫尔尼宫。25日清晨,军事革命委员会给波罗的海舰队发出密电:"发章程来",即要求派兵支援。波罗的海舰队中央委员会主席、布尔什维克德宾科将由4艘驱逐舰组成的舰船派往彼得格勒。上午9时前后,赤卫队已经占领了尼古拉大桥、波罗的海车站、中央发电站和电话总局等,兵临冬宫墙下。于是,上午10时,军事革命委员会就发表了《致俄罗斯公民书》,全文如下:"临时政府已经被推翻。国家政权业已经转到彼得格勒工兵代表苏维埃的机关,即领导彼得格勒无产阶级和卫戍部队的军事革命委员会的手中。立即提出民主的和约,废除地主所有制,实行工人监督生产,成立苏维埃政府,人民为之奋斗的这一切事业都有了保证。工人、士兵、农民的革命万岁!彼得格勒工兵代表苏维埃军事革命委员会1917年10月25日上午10时。"

但这时,冬宫实际上未被攻打下来。下午1时,玛利亚宫才被赤卫队占领,预备国会被驱散。为了攻打冬宫,军事革命委员会成立了一个专门的指挥部。它由彼得沃伊斯基、布勃诺夫、安东诺夫—奥弗申柯、丘德诺夫斯基和叶利梅耶夫组成。

下午2时35分,托洛茨基在苏维埃的紧急会议上说:"冬宫的命运就将在最近的几分钟内解决。"革命者希望在夺下冬宫的时刻,召开第二次全俄苏维埃代表大会,在会上由列宁宣布社会主义革命的胜利。原决定大会在下午3时开幕,但由于冬宫未能攻克,开幕的时间一推再推。下午3时30分,"阿芙乐尔"号巡洋舰停泊在冬宫对面的涅瓦河中,离尼古拉大桥不远。实际上,这时整个彼得格勒除了冬宫、皇宫广场和伊萨克教堂广场,已经控制在起义者的手中。

攻打冬宫的指挥部在25日晚6时30分向临时政府发出了最后通牒,要它在20分钟内投降,并解除固守冬宫者的武器,否则就要从彼得—保罗要塞和停泊在涅瓦河的军舰上开炮攻击。但临时政府拒绝了这一最后通牒,20分钟早就过去了,但指挥部并没有向冬宫发起攻击。一方面,这时围在冬宫边上的虽有许多人,但不都是赤卫队和苏维埃的士兵,相当多的人是围观者,其中还有不少的无业游民、无政府主义者,甚至醉鬼。另一方面,临时政府还没有失去最后的希望,它正在等待前线来的士兵支援和寻求国家杜马的支持,所以它还在组织力量进行抵抗。这时,固守冬宫的主要是士官生部队和一支由妇女营临时组成的突击营。临时政府甚至在晚上9时还发出了向居民呼吁的无线电报,表示决不屈服于炮击的威胁,并声称它只能把权力移交给立宪会议。

最后守卫冬宫的女兵

但是,克伦斯基知道大势已去,在25日中午12时乘自己的美国牌照敞篷汽车离开了冬宫,经皇宫广场,穿越总参谋部的拱门,前往北方战线指挥部,声称是要从那里开始向彼得格勒的军事行动。在他的车前面为他开道的是美国武官的车子,上面插着美国国旗。而现在留在冬宫中的临时政府的部长们已经没有了首领,他们从晚上7时齐集开会,在科诺瓦洛夫的主持下商讨对策。

约在晚上9时40分,涅瓦河对岸的彼得—保罗要塞的大炮向冬宫开炮,"阿芙乐尔"号巡洋舰也向冬宫发了一炮,因为发射的是空炮弹,所以这种炮击实质上对事件的进程没有起到决定性的作用。赤卫队和士兵的第一次攻击并没有成功。临时政府通过电报局发出了一份通报,其中说:"对冬宫的第一次进攻在晚10时被击退。情况良好,冬宫遭到了射击,但都是步枪,没有什么危害。看来,敌人不强。"晚10时40分,第二次全俄苏维埃代表大会宣布开幕。会上,列宁连续给攻打冬宫的指挥部写去了好几张便条,要他们迅速攻下冬宫。大概也就在这时,苏维埃士兵再度向冬宫发起冲击。又经过好几个小时,苏维埃的士兵才从广场进入了院子、从院子进入皇宫的内门,沿着各个楼梯和走廊进入了冬宫。当指挥部的负责人之一安东诺夫-奥弗申柯闯进临时政府部长们所在的房间,对他们说:"我以军事革命委员会的名义向你们、临时政府的部长们宣布,你们被捕了!"这时时钟正指着26日凌晨2时10分。这些部长们没有反抗,但他们还是作了某种表示。一个部长说:"临时政府的部长们屈从于暴力并投降,为的是避免流血。"另一个人说:"我们不是投降,只是屈从于暴力,可你们别忘了,你们罪恶的事业还没有获得最终的胜利。"然而,无论部长们怎样的发泄和谩骂,历史的车轮已经是不可逆转的了。

如果从晚上10时算起,这攻打冬宫的进程持续了4个多小时,但几乎无甚伤亡,最后以赤卫队和工兵苏维埃的胜利而结束。全俄苏维埃代表大会第二次代表大会是在25日晚10时35分,在斯莫尔尼宫的典礼大厅召开的。26日清晨5时,在全俄工兵代表苏维埃第二次代表大会上,卢那察尔斯基宣读了由列宁起草的《告工人、士兵和农民书》:

> 全俄工兵代表苏维埃第二次代表大会开幕了。绝大多数苏维埃都派出代表参加这次代表大会。很多农民苏维埃的代表也出席了代表大会。妥协派把持的中央执行委员会的权力结束了。根据绝大多数工人、士兵和农民的意志,依靠彼得格勒工人和卫戍部队所举行的胜利起义,代表大会已经把政权掌握在自己手里。
>
> 临时政府已经被推翻。临时政府的大多数成员已经被逮捕。
>
> 苏维埃政权将向各国人民提议立即缔结民主和约,立即在各条战线上停战。苏维埃政权将保证把地主、皇族和寺院的土地无偿地交给农民委员会处置;将使军队彻底民主化,以维护士兵的权利;将规定工人监督生产;将保证按时召开立宪会议;将设法把粮食运往城市,把生活必需品运往农村;将保证俄国境内各民族都享有真正的自决权。
>
> 代表大会决定:全部地方政权一律转归当地的工兵农代表苏维埃,各地苏维埃应负责保证真正的革命秩序。
>
> 代表大会号召前线士兵要警惕沉着。苏维埃代表大会坚信,在新政府向各国人民直接提出的民主和约尚未缔结以前,革命军队定能捍卫革命,使其不受帝国主义的任何侵犯。新政府将采取一切措施,实行向有产阶级征税和课税的果断政策,以保证供给革命军队一切必需品,并改善士兵家属的生活。

克伦斯基和卡列金等科尔尼洛夫分子正试图调军队到彼得格勒来。有几支克伦斯基用欺骗手段调动的部队已经站到起义的人民这一边来了。

士兵们,积极反抗科尔尼洛夫分子克伦斯基!提高警惕!

铁路员工们,使克伦斯基派到彼得格勒来的所有军车都停下来!

士兵们,工人们,职员们,革命的运动和民主和约的命运完全掌握在你们的手里!

革命万岁!

全俄工兵代表苏维埃代表大会<br>农民苏维埃代表

这份告工人、士兵和农民书既宣告了夺权的胜利,同时也反映了新生的苏维埃政权所面临的极为困难处境,但是,临时政府的大幕毕竟落下了,无产阶级掌权时代的大幕毕竟开启了。因此,1917年10月25日(公历11月7日。当时俄历与公历相差13天。自此至1918年2月14日,本书所用日期均为俄历。),这个攻打冬宫的成功和标志着政权转变的第二次苏维埃代表大会召开的日子就成了一个伟大的日子——"十月革命"被永远地载入了史册。

虽然,在十月革命的最后的关键时刻,以起义的方式攻打冬宫,解散了临时政府,但它的主要过程是以彼得格勒工兵苏维埃的转向布尔什维克而完成的。因此,从总体上说,这是一场没有怎么流血的革命。全部死亡的人数只有46人,伤的是50人,大大少于二月革命中的1 360人左右的伤亡人数。

### 四、工农临时政府的成立,自上而下的政权

10月26日晚上9时,第二次苏维埃代表大会继续开会。列宁实际上以政府首脑的名义在会上宣读了《和平法令》和《土地法令》草案,并作了相应的报告。他承认政府是"革命所建立的、依靠工农代表苏维埃的工农政府",是"俄国工农临时政府",其任务就是立即缔结"没有兼并(即不侵占别国领土,不强制归并别的民族)没有赔款的和约"。列宁还承认,在当前情况下,绝不能再拖延土地问题的解决,应当把土地还给农民。这个"还给"的具体内容是:没收地主、皇族、寺院和教会的土地和一切财产,废除土地私有制,土地归国家所有,在各种条件下可以将土地分给农民。列宁宣布,《和平法令》和《土地法令》都是临时法律,"应在立宪会议召开以前,尽可能立即实行"。

大会很快通过了这两个法令,但大会随后在组建新政府的问题上发生了分歧。全俄苏维埃中其他党派的代表提出,应组建一个包括苏维埃中所有党派在内的"人数相等的社会主义政府"。列宁拒绝了这一建议,会议就政府的组建问题进行了长达2个小时的激烈辩论,结果,没有能达成一致的意见。随后,布尔什维克单独组建了只有布尔什维克参加的一党执政的政府,并发表了公告。全文如下:

> 全俄工农兵代表苏维埃代表大会决定:成立工农临时政府,在立宪会议召开以前管理国家,临时政府定名为人民委员会。设立各种委员会,主持国家生活各部门的事务,其成员应与工人、水兵、士兵、农民和职员等群众组织紧密团结,保证实行代表大会所宣布的纲领。政权属于由这些委员会主席组成的会议,即人民委员会。
> 监督和撤换各人民委员的权利,属于全俄工农兵代表苏维埃代表大会及其中央执行委员会。现在的人民委员由下列人员组成:
> 人民委员会主席:弗拉基米尔·乌里扬诺夫(列宁);
> 内务人民委员:阿·伊·李可夫;
> 农业人民委员:弗·巴·米柳亭;
> 劳动人民委员:亚·加·施略普尼柯夫;
> 陆海军人民委员会,其成员是:弗·亚·奥弗申柯(安东诺夫),尼·瓦·克雷连柯和帕·叶·德宾科;
> 工商业人民委员:维·巴·诺根;
> 国民教育人民委员:阿·瓦·卢那察尔斯基;
> 财政人民委员:伊·伊·斯克沃尔佐夫(斯捷潘诺夫);
> 外交人民委员:列·达·勃朗施坦(托洛茨基);
> 司法人民委员:格·伊·奥波科夫(洛莫夫);
> 粮食人民委员:伊·阿·泰奥多罗维奇;
> 邮电人民委员:尼·巴·阿维洛夫(格列博夫);
> 民族事务委员会主席:约·维·朱加施维里(斯大林)。
> 铁道委员人选暂缺。

但大会选出的全俄中央执行委员会(全俄工农兵代表苏维埃代表大会休会期间的权力执行机构),虽然布尔什维克占大多数,但也包括了左派社会革命党人、孟什维克国际主义分子、乌克兰社会主义者和社会革命党最高纲领派分子。执委会主席是加米涅夫。大会还通过了逮捕克伦斯基和取消死刑的决议,通过了对各省和县的指令,要求它们取消临时政府的官吏,代之以苏维埃政权。

人类历史上以布尔什维克党领导的无产阶级专政的国家就这样诞生了。但是,国家中央政权的诞生并不意味着无产阶级的政权在全国的建立和政权的巩固。于是,从这次代表大会后,在俄国就出现了一个自上而下的政权建立的过程。这一过程在全国范围内基本上同样是以政权转为苏维埃的和平方式进行的,只有几个城市出现了武装斗争的局面。而在莫斯科则是以武装起义的方式夺取权力的,这场斗争从10月25日开始,到11月3日赤卫队和士兵攻进克里姆林宫结束,所持续的时间比彼得格勒起义的时间要长得多。但是,布尔什维克在莫斯科的掌权却是非常关键的,它大大巩固了彼得格勒苏维埃的政权。这种自上而下的政权的转变在全国范围持续了将近3个月的时间,但是它的推进又是和克伦斯基及部分军队对布尔什维克政权的反攻错综复杂地联系在一起的。

## 五、克伦斯基的逃亡,政权正处在火山上

10月26日,克伦斯基跑到了北方战线司令部的所在地——普斯科夫。他当即以最高总司令的名义下令,要求各条战线立即进行反对苏维埃的斗争,并亲自率军向彼得格勒进攻。10月27日,克拉斯诺夫将军的哥萨克骑兵团攻占了彼得格勒近郊的加特契纳,28日占领了"沙皇村"。这种局面使新生的苏维埃政权——人民委员会面临一场政府危机。

一方面是彼得格勒爆发了大规模的反对苏维埃政权的骚乱。10月26日,社会革命党人阿克森齐也夫、郭茨和切尔诺夫等人组成"拯救祖国和革命委员会",在和克伦斯基联系与配合的同时,积极在城里策划士官生的叛乱。外面有克伦斯基军队的进攻,城里有士官生的叛乱,局势十分危急。列宁负责对城里士官生叛乱的镇压,托洛茨基忙于对城外克拉斯诺夫军队的反击。城里的骚乱于29日被镇压下去,而城外克拉斯诺夫军队的进攻也被打退。克伦斯基闻讯后,于11月1日,宣布辞去总理职务,任命参谋总长杜鹤宁为军队最高统帅。而克伦斯基本人,在经过"一番荒唐的改装"后,从加特契纳逃跑了。从1917年2月到10月,他执政8个月,成了俄国历史上的匆匆而过的人物。

另一方面,全俄铁路工会执委会起来反对布尔什维克的一党政府。10月

29日，它向布尔什维克党中央提出最后通牒，要求组成一个由各党各派参加的"人民议会"，新政府的首脑将由阿克森齐也夫或者切尔诺夫担任，列宁和托洛茨基不得参加新政府，否则将举行铁路大罢工。布尔什维克党中央在11月2日的中央会议上，加米涅夫、季诺维也夫、李可夫、米柳亭、诺根同意和全俄铁路工会妥协，成立联合政府。由加米涅夫领导的代表团和全俄铁路工会执委会进行了谈判，并达成了组建联合政府的初步方案。

列宁对此勃然大怒，因为他本想以和全俄铁路工会执委会的谈判来争取军事行动的时间。他说："谈判本来应该成为军事行动的外交掩护。"列宁对全俄铁路工会执委会的根本立场是："全俄铁路工会执行委员会没有参加苏维埃，也不能让它参加"，"这个执委会明天就要被下层用革命手段推翻"。列宁坚决反对和全俄铁路工会执委会这样的党派组成联合政府，如果这样做"不仅等于背弃苏维埃，而且等于完全背弃民主制"。托洛茨基赞同列宁的意见，因此布尔什维克党从执政伊始就出现了党内的不同意见派，列宁把它称为"少数派"、"中央内部形成的反对派"。11月3日，布尔什维克中央委员会给"少数派"最后通牒，要求他们遵守党的纪律，服从"多数派"的决议，并要作出书面保证。

"少数派"拒绝这样做。11月4日，加米涅夫、季诺维也夫、李可夫、诺根和米柳亭宣布退出中央委员会，李可夫、诺根、米柳亭和泰奥多罗维奇宣布退出政府。11月8日，解除加米涅夫全俄工兵苏维埃中央执行委员会主席的职务，代之以斯维尔德洛夫。11月9日，解除最高总司令杜鹤宁的职务，代之以克雷连科。同时采取断然措施，对政府——人民委员会进行改组：一批支持列宁政策的人（彼得罗夫斯基、施利希特尔、斯图契卡、布龙斯基等）成为新的人民委员。还专门成立了铁道人民委员会，加强了对铁路工会和组织的管理和控制。鉴于经济的危机状态尚未有所改善，饥饿和贫穷仍在发展，又增添了处理此等事务的国家救济人民委员部。

人民委员会的政府危机到此得到一定程度的解决，但是，正如列宁自己所说的："政权正处在火山上。根据许多迹象，我们可以揣测到，地层下的巨大活动正在人们的内心深处进行着。我们已经感到空中雷电密集。我们知道它必将爆发为一场冲掉一切污秽的大雷雨。但是我们不能预言这场雷雨在哪一天下，在几点钟下。"

## 作者点评：

从俄历二月到十月，在8个月的时间里，布尔什维克党迅速强大起来并最后夺得了政权。这几乎是个跃进的过程,这个过程既有其自身的发展规律,又有客观的机遇性。总的一句话是,布尔什维克党是在符合民情、顺乎民意、得乎民心的情况下取得政权的。临时政府一直没有真正解决群众迫切要求解决的和平、土地和面包的问题,只是空洞允诺一切都会在立宪会议召开时来加以解决。其后,它又对群众的抗议、骚乱、罢工、游行采取"铁与血"的镇压手段,试图通过军队的武力来解决问题。这不仅未能使动荡的社会稳定下来,而且使临时政府内部不断出现危机。临时政府的资产阶级本性和它行动上的软弱造成了一种丧失其自身的政权而被另一种政权来替代的机遇。与此同时,其他的希冀夺得权力的政党也忙于在临时政府内部的争斗和人事的更迭。他们所关心的并不是去解决群众迫切要求解决的问题,而是自己的权力,自己在政府内部的位置问题。这种情况也造就了一个空间,在这个空间里一个关心民意的政党在瞬间就可能脱颖而出,成为执政党。而战争的继续,它所造成的死亡、饥荒、军心的不稳、社会动荡和经济危机在进一步加深,这就造成了一个夺取政权的极佳时机,一个千年不遇的变革的大环境。

关于这个机遇问题,列宁后来在俄共(布)第七次(紧急)代表大会上作过生动的说明:"在十月的时候,我们恰好碰上了这样一个时机,我国革命恰好碰上了一个幸运的时机(这令人难以置信,但确实就是这样),当时绝大多数帝国主义国家都遭受了空前的灾难,千百万人的生命遭到毁灭;战争所引起的空前灾难使各国人民吃尽了苦头;战争已经进入第四个年头,各交战国都陷入了绝境,处于进退维谷的境地;客观形势提出了这样的问题:陷于这种境地的各国人民还能继续打下去吗?只是由于我国革命碰上了一个幸运的时机,即两大强盗集团,无论哪一个都不能马上向对方猛扑过去,也不能立即联合起来对付我们;我们的革命只是由于能够利用并且利用了国际政治和经济方面的这个时机,才在欧俄实现了光辉的胜利进军……"

而这时,布尔什维克党却作了顺天应时的变化。一是,它的所有负责人都集中到了一起,并且放弃了(或者暂缓了)多年来理论上的争议,埋头于实际工作,集中全力争取群众,首先是工兵群众。这使布尔什维克党在组织上迅速发展并强大起来。二是,工作的重点是放在实际地将苏维埃中的权力转到布尔什维克方面来,通过工兵群众来争得苏维埃的多数,并以苏维埃作为夺权的基础和手段。三是,将群众自发的、无政府主义的骚乱为自己所用,引导到解决和平、土地、面包问题上来。从而,使为布尔什维克党所控制的罢工示威成为对临时政府和苏维埃施加最强大压力的行动。四是,在关键时刻,布尔什维克

## 第二章 十月革命

党及时地、迅速地调整了自己的政策。在这方面,列宁的作用是无可替代的。尤其是他的审时度势,断然决策,保证了布尔什维克党能及时夺权并取得夺权的胜利。他对克伦斯基和叛乱军队的坚决镇压、对党内少数派意见的断然否决、对布尔什维克在苏维埃内、在政府内的绝对领导作用的强调和行动,都在关键时刻起了关键作用。

列宁对现实的灵敏反应和他的适应客观情况的迅速决策是十月革命取得胜利的根本保证。因此,可以说,布尔什维克在十月的夺取胜利实际上是列宁灵活改变决策和采取相应行动的胜利。人们常常在十月革命的经济基础是否成熟这一问题上纠缠不休,有人说十月革命时俄国的经济还没有发展到资本主义阶段,这个阶段还没有成熟到爆发社会主义革命的地步。也有人说,十月革命是必然的一场社会主义革命。但是,综观历史的发展,经济条件的是否成熟并不完全是决定一场革命是否爆发的最后决定因素。常常有这样的情况:局势发展的机遇性因素会在关键时刻起到决定性作用。这种因素在十月革命时就表现为俄国民众的心意和愿望,就表现为对这种民意和愿望的态度和随之采取的相应行动。顺乎这种心意和愿望,即使经济条件不完全成熟,也能取得政权,革命也能成功。因此,十月革命实际上在更大程度上是俄国民意和愿望的胜利。以当时最迫切的两个问题为例,列宁自己就曾作过最精彩的论述。他说:"绝大多数的农民、士兵和工人都拥护和平政策。这不是布尔什维克的政策,而且根本不是'政党的'政策,而是工人、士兵和农民的政策,是大多数人民的政策。我们不是在实行布尔什维克的纲领,我们在土地问题上的纲领也完全取自农民的委托书。"正是基于这一点,列宁才敢说:"我毫不怀疑,在任何工人和士兵的集会上,十分之九的人会拥护我们。"所以,从这方面说,布尔什维克在十月夺权的胜利是合乎民意和愿望的胜利,这就体现了这场革命的历史必然性。

但是,布尔什维克的夺权也存在自己的问题。一是,在夺权时,布尔什维克党并没有自己的军队。当时,它所依靠的主要武装力量是波罗的海的水兵和舰队以及由各工厂临时组织起来的"赤卫队"。前者的转向布尔什维克是由于战争及其引起的军心不稳,而后者则是因为饥荒、贫穷和社会动乱。这两种力量都天生具备自发和无政府主义的倾向,具有盲目的"进攻性"和"破坏性",而不具备无产阶级政党所要求的纪律严明的社会主义性质。因此,布尔什维克在夺取政权时,极大地借助了俄国社会下层的力量,尤其是水兵和工人的力量。列宁在中央处于少数地位时,常常说这样的话:"不行的话,我就去找水兵!""找水兵"既是一种力量的显示,但同时也是一种力量不足的象征。在十月革命时不得不借助于"水兵"的这种现象,在苏维埃政权以后的岁月中也就不得不经常承担由此而引起的种种麻烦和后果。二是,布尔什维克掌权的苏维埃最薄弱的地方是农村。一方面,布尔什维克在农村所做的工作远远薄弱于在城市工人和水兵中的工作,另一方面,布尔什维克在夺权前对俄国农村的实际情况研究得很不够,甚至都没有能提出一个自己的农村、农民、农业经济的政策。它在夺权后所宣布的土地法令还只局限于将土地收归国有和有限制地将土地分配给农民这方面。而且,布尔什维克的权力尚未能真正下达到农村,实际的将土地收归国有的进程在许多地方表现为自发的、无政府主义的行动。那种一哄而起的性质常常引起布尔什维克并不再希望发生的骚乱。此外,社会革命党对农民的影响也在动摇着农民对布尔什维克政权的支持。三是,布尔什维克党内意见的分歧是在夺权政权这个大目标下弥合的,并没有真正消除。通过中央决议和党的纪律的办法来解决分歧的做法在十月革命的进程中起到了遏止分歧扩大的作用,但是也给布尔什维克党在未来岁月中解决党内分歧和不同意见留下了"模式"。

# 第三章 苏维埃政权的最初年代

## 一、监督和计算，怠工和镇压

　　**就**在夺权的第二天，即1917年10月26日，列宁就提出了"工人监督"的问题。这是他整顿政治和经济秩序，进行建国活动的最基本想法。他在起草的《工人监督条例草案》中明确指出，要"在一切有全国意义的企业里"实行工人监督。什么叫"有全国意义的企业"？他的解释是："凡是为国防服务以及与生产人民大众生活必需品有关的企业，都是具有全国意义的企业。"而在实际的指标上，这种具有全国意义的企业就是：人数不少于5人，年周转额不少于1万卢布的一切工业、商业、银行、农业等企业。这种监督是全面的和普遍的："对一切产品和原材料的供应、储藏和买卖事宜应实行工人监督。"而实行工人监督的方法就是由选出的工人代表监督，企业主必须服从。而监督的实质就是计算，计算现有的、库存的、可能利用的和生产的粮食、工业品、物资和各种储备，防止和绝对禁止停工。

　　这时，列宁把苏维埃政权的一切希望都寄托在工人身上，无论是武装斗争的胜利，还是粮食和物资的供应，工人都是有办法解决的。1917年10月31日，列宁在彼得格勒卫戍部队的代表会议上说："你们应当同工人打成一片，资产阶级至今一直不能正常供应的东西，他们都能供应你们。"鉴于对工人的最大希望，他甚至提出"实行普遍的人民武装，取消常备军"。11月4日，列宁再一次呼吁实行这种监督和计算："让工人着手在自己的工厂建立工人监督吧，让他们用工业品来供应农村，换取粮食吧。每一件产品，每一俄磅粮食都应当计算到，因为社会主义首先就是计算。"

　　但是，局势并不像列宁所估计的那样乐观，似乎布尔什维克一掌了权，就什么问题都可以解决了：面包会有，工业产品会有，秩序会有。实际上，夺权时的混乱局面和无政府状态仍在发展。攻打冬宫时，冲进去的人很多，弄不清谁是赤卫队和士兵，谁是混进来的闲杂人员。就在临时政府的部长们被押往彼得-保罗要塞的途中，冬宫的各个厅殿遭到了严重破坏和洗劫。临时政府所在的各个房间的家具和摆设都被拆散打散，珍贵的典籍散落得到处都是，各处的小型金银珍宝和皇家首饰被抢夺一空。抢夺的人员中士兵和水兵占多数。这些人都来自农村，对沙皇和临时政府有着本能的仇恨和剥夺意识。他们认为他们既然打倒了沙皇，赶走了克伦斯基，这宫中的财宝就该是属于他们了。而军事革命委员会这时的全部注意力都放在快速占领冬宫上，没有想到如何保留这座宫殿和对士兵进行纪律的约束（事后，冬宫历史艺术委员会会同彼得格勒工兵苏维埃的两名代表对冬宫被抢夺的情况进行了实地调查，结果证实了这种不应该发生的事和冬宫所遭受的严重损失。大量的财宝流失，其价值约在200万—300万卢布之巨）。现在，这种以"破坏旧的一切"为标志的混乱仍在继续，并且随着经济情况的恶化在发展。

其次，苏维埃政权面临的另一个严重和紧迫问题依然是粮食。粮食的匮乏状态已经演变成蔓延很广的饥荒，10月份采购上来的粮食只有预定额的33.5%。军队的粮食供应急剧下降到不足需要额的1/4。而在彼得格勒，存粮数只有全城人一天所需量的60%。因此，许多人不得不为粮食而奔走，上集市，向投机商人购买，或者下农村，用口袋背粮食。随之，旷工、误工、劳动纪律松弛的现象到处发生，再度出现自发的罢工和其他不满行动。人民委员会的工作人员在接管旧的政府机构时，遭遇到了极大的抵制，大量的人员不愿为苏维埃政权工作，政府机构中也出现了严重的罢工现象。

所以，列宁在11月5的《告人民书》中承认了这些"直接间接地阻挠革命"的事情，把这一切称之为"破坏"。他对人民呼吁说："你们要对生产和产品计算实行最严格的监督，把一切胆敢危害人民事业的分子抓起来，交付人民革命法庭审判，不管这种危害的表现形式如何，是暗中破坏（损坏、阻碍、搞垮）生产、隐瞒存粮和产品、阻挠粮食运输，还是扰乱铁路运输和邮电业务，总之是千方百计地抗拒伟大的和平事业、把土地交给农民的事业以及保证对产品的生产和分配实行工人监督的事业。"11月9日，列宁以人民委员会主席的身份在给军事革命委员会的命令中，进一步承认，"战争和管理不当引起的粮食恐慌已经严重到了极点"，要它采取最坚决的措施，来铲除投机倒把、暗中破坏、隐瞒存粮、恶意积压货物等现象。列宁强调："凡犯有这类罪行的人，应当依照军事革命委员会的专门决定立即逮捕,并在送交军事革命法庭审判以前拘留在喀琅施塔得的监狱里。"在这里,列宁首次将监督和计算与怠工和镇压联系在了一起。

然而,迫在眉睫的战争与和平的问题以及各地反对苏维埃政权的存在和发展使列宁决意执行的监督和计算的过程不得不放慢了速度。

## 二、反对苏维埃政权力量的集结,改组政府

苏维埃政权的建立遭到了失去权力的一切阶级的强烈反抗,这些阶级的代表人物竭尽一切力量试图夺回政权。这时,苏俄实际上存在两个中心,一个是彼得格勒的人民委员会,正在为巩固自己的权力而艰苦斗争,它所能调动和指挥的部队只有彼得格勒的卫戍部队和波罗的海舰队的水兵,而且还达不到完全控制的地步。另一个是位于莫吉廖夫的大本营,它实际上是继续战争的指挥部,几乎所有的陆军部队仍在听大本营的命令。从名义上看,大本营应该听从人民委员会的命令,人民委员会也撤去了杜鹤宁的总司令,任命了克雷连柯为新的总司令。但是,杜鹤宁并没有认输,他在积极纠集力量准备再次向彼得格勒发动进攻。11月20日,他下令释放了关押在大本营南部城市贝霍夫监狱中的科尔尼洛夫、邓尼金和卢科姆斯基。

就在同一天,杜鹤宁的行动被莫吉廖夫的军事革命委员会所击败,他被抓获,随即在车站被一群士兵打死。此时,由克雷连柯任总司令、邦契—布卢耶维奇为总参谋长的大本营才由苏维埃政权所控制。但是,被杜鹤宁释放的科尔尼洛夫、邓尼金和卢科姆斯基将军却在当夜去了卡列金将军的哥萨克部队的所在地——诺沃切尔卡斯克(现在的诺沃沙赫金斯克)。这时,沙皇政府和克伦斯基政府里的头面人物和将军们也纷纷来到卡列金的驻地。先后来到的有罗将柯、叔尔金和阿历克谢耶夫将军等。诺沃切尔卡斯克成了"科尔尼洛夫分子"再度聚首的地方,他们曾经宣称他们的事业是"白色的",他们忠于白色,是因为在他们看来白色是"国家牢固法制"的象征。

在阿历克谢耶夫将军的鼓动与支持下,在诺沃切尔卡斯克成立了"白色志愿军"。总司令是科尔尼洛夫,总参谋长是卢科姆斯基。随即成立了"全俄政府"——"顿河国民会议"。政府的三首脑是阿历克谢耶夫、科尔尼洛夫和卡列金。12月2日,卡列金的军队攻占顿河—罗斯托夫后,这个政府也迁到了那里,并且向南部的察里津、阿斯特拉罕、萨马拉,中部的下诺夫哥罗德、喀山以

及西伯利亚的一些城市派出了自己的代表。于是,这个俄罗斯南部的、濒临亚速海的地区就成了"白军"反对苏维埃政权的重要基地。

此外,在乌拉尔的南部和中部地区,还有杜托夫等的哥萨克部队在活动,并且在想法集结更多的反对布尔什维克政权的部队。此时此刻,在远离彼得格勒的地方,局势在向不利于苏维埃政权的方向急速发展。

而在彼得格勒,军事革命委员会和苏维埃中央执行委员会的内部仍然在为是建立布尔什维克一党执政的政府还是多党联合政府而争斗。列宁对于要和布尔什维克党分享权力的此类要求一贯主张坚决打击和进行镇压。立宪民主党人、社会革命党人和孟什维克再度要求组织联合政府,他们的172名代表在11月28日以"保卫立宪会议"的名义组织了游行示威,会后进入塔夫利达宫,试图召开立宪会议。当晚10时30分,列宁下令镇压,命令全文如下:"作为人民公敌的政党立宪民主党的领导机关成员必须逮捕,并送交革命法庭审判。鉴于立宪民主党同科尔尼洛夫-卡列金进行的反革命内战有联系,责成地方苏维埃对该党加以特别管制。本法令自签署之时起生效。人民委员会主席弗·乌里扬诺夫(列宁)1917年11月28日晚10时30分于彼得格勒。"

此时,布尔什维克夺权时所许诺的《土地法令》和《和平法令》仍是纸面上的东西。不仅其他的政党借此进行反对布尔什维克党的活动,而且工农群众因此而产生的不满情绪也在滋长,并不时地表现在罢工、游行和示威上,而且有进一步扩大的趋势。12月6日,列宁在人民委员会的会议上,把这些罢工、游行和示威统统称之为反革命和怠工,威胁到苏维埃政权的存亡,要求人民委员会采取措施,与之作坚决斗争。12月7日,捷尔任斯基在会上作了报告,呼吁对反革命和怠工进行镇压。他表示了对此贡献自己力量的决心:"现在的斗争是肉搏战,是生死斗争——生死未定!所以,我建议组织对反革命活动家的革命的镇压!"

1917年12月,人民委员会决议成立"全俄肃清反革命、投机和怠工非常委员会"(简称"全俄肃反委员会",即"契卡"),由捷尔任斯基任主席。列宁亲自起草了一个同反革命分子和怠工分子作斗争的法令,其中写到:"资产阶级正在进行极其疯狂的罪恶活动,收买社会渣滓和堕落分子,纠集他们去制造大暴行,拥护资产阶级的人,特别是高级职员、银行官吏等等正在实行怠工,组织罢工,来破坏政府为实现社会主义改造而采取的各种措施。他们甚至对粮食工作也实行怠工,使千百万人面临饥饿的威胁。必须采取紧急措施同反革命分子和怠工分子作斗争。"到1918年年中,在全俄40个省、365个县中有了"契卡"组织。"契卡"拥有搜查、侦讯以及对于被指控为是间谍和反革命的人有就地枪决的大权。

在此前后的一段时期,布尔什维克党和左派社会革命党的关系发生了变化。11月15日,全俄工兵代表苏维埃中央执行委员会和全俄农民代表苏维埃执委会达成联合协议,左派社会革命党人表示支持苏维埃政权。为了迅速结束战争,为了稳定彼得格勒的政权,为了能开始全国范围内的监督和计算工作,人民委员会决定对左派社会革命党人作出某种让步,接受他们参加政府。12月10日,左派社会革命党领导人施泰因贝尔格为司法人民委员,左派社会革命党中央委员普罗相为邮电人民委员,农业人民委员为左派社会革命党中央委员科列加也夫。还专为左派社会革命党人增设几个人民委员部:左派社会革命党中央委员特鲁托夫斯基为地方自治人民委员部人民委员,左派社会革命党中央委员卡列林为国家财产人民委员部人民委员,左派社会革命党中央委员阿尔加索夫为不管人民委员部人民委员。在1918年1月,又增加了布里连托夫为人民委员。随后,一批社会革命党人参加了中央机构、军队,甚至"全俄肃反委员会"的工作。

## 三、解散立宪会议,里托夫斯克-布列斯特和谈

在临时政府执政期间,克伦斯基曾多次推迟立宪会议的召开,为此列宁曾多次猛烈抨击临时政府。在1917年10月25日(11月7日)的《告工人、士兵和农民书》中,新生的苏维埃政府再次宣告:"将保证按时召开立宪会议。"1917年11月12日,举行立宪会议选举,结果获得多数票的是社会革命党人——40%,布尔什维克只获得约23%的选票,处于失败的状态。尽管如此,立宪会议还是定于1917年11月28日召开。但是,28日这天,立宪会议没有召开,人民委员会决议将立宪会议的开幕时间推至1918年1月5日。28日,立宪民主党人和右派社会革命党人在彼得格勒的塔夫利达宫前游行示威,对布尔什维克政府推延立宪会议的召开表示抗议。人民委员会下令镇压,禁止立宪民主党的活动,并逮捕该党的领导人。

1917年12月6日,列宁以人民委员会主席的名义发表了关于召开立宪会议的声明:"主要由于前全俄选举委员会的过错,立宪会议的选举拖延了下来,加之反革命集团组织了立宪会议特别委员会同苏维埃政权建立的人民委员会对抗,因此到处都在传说,立宪会议绝不会按照目前组成的情况召开。人民委

员会认为必须声明,农工兵代表苏维埃的敌人恶意散布的这些传闻纯属谣言。根据苏维埃中央执行委员会批准的人民委员会的法令,立宪会议的代表只要有半数即400名按照规定到达塔夫利达宫办公室报到,立宪会议即可召开。"

同一天,列宁在起草的《全俄农民代表苏维埃第二次代表大会告农民书》中,直接向农民呼吁:"让每个村庄都从立宪会议中召回那些没有公开声明和没有利用行动证明自己完全承认这些决定的社会革命党代表或农民苏维埃和农民机关的代表吧。"实际上,列宁是寄希望于各地农村将参加立宪会议的代表召回去,使到达塔夫利达宫报到的代表不足400人。这样就可不召开立宪会议了。

12月11日,列宁在《关于立宪会议的提纲》中,明确表示对立宪会议选举结果的不满意,他指责:立宪会议的选举结果没有"正确表达人民的意志",从而产生了危机。他认为解决这一危机只有两种办法:一是改选立宪会议的代表,立宪会议无条件地承认苏维埃政权;另一是,"如果没有这些条件,因立宪会议而产生的危机便只有用革命手段才能解决。这就是说,苏维埃政权要采取最有力、最迅速、最坚决的革命手段来反对立宪民主党人和卡列金分子的反革命势力,而不管他们用什么口号和机构(即便是用立宪会议代表的资格)作掩护。凡试图在这场斗争中束缚苏维埃政权手脚的行动都是帮助反革命的行为"。

1918年1月6日,全俄苏维埃中央执行委员会通过法令,解散立宪会议。在会议上,列宁发表了讲话,他说解散立宪会议是"执行了人民的意志——人民要求全部政权归苏维埃",他还将来到准备召开立宪会议的塔夫利达宫比喻为是"好像置身于死尸和木乃伊中间"。他还对布尔什维克党人过去支持召开立宪会议作出了如下解释:"谁要是说我们以前拥护过立宪会议而现在却把它'驱散',那他就是没有一点头脑,只会说一些漂亮的空话。因为过去,同沙皇制度和克伦斯基的共和国相比较,立宪会议在我们看来,要比那些臭名昭彰的政府机关好,但是,随着苏维埃的出现,这种革命的全民组织当然无可比拟地高出世界上的任何议会。"

1月10日召开的第三次全俄苏维埃代表大会成了苏维埃政权的"立宪会议"。会议通过了《被剥削劳动人民权利宣言》,宣布俄国为"俄罗斯社会主义联邦苏维埃共和国",简称"俄罗斯联邦",将"工农临时政府"改名为"俄罗斯苏维埃共和国工农政府"。18日,这次代表大会颁布法令,取消苏维埃政权法律、法令和决定中一切有关立宪会议的内容。

## 第三章 ● 苏维埃政权的最初年代

但是,迅速结束战争依然是新生的苏维埃政权的摆脱困境的惟一出路。一开始,苏维埃政府建议所有交战国停战,进行和平谈判。这时,任代理最高总司令职务的尼古拉·尼古拉耶维奇·杜鹤宁将军受派和敌军司令部就和谈问题进行接触。但杜鹤宁并不承认苏维埃政府的最高权威,人民委员会以他不执行和德国人立即进行和谈为由,撤销了他的代总司令职务,任命尼古拉·瓦西里耶维奇·克雷连柯为总司令。对杜鹤宁的撤职,1917年11月10日,列宁在全俄中央执行委员会上称杜鹤宁是"违背人民意志、与革命为敌的人",并说:"我们对杜鹤宁说,我们要求他立即开始停战谈判,仅此而已。我们没有给杜鹤宁签订停战协定的权利。不仅签订停战协定的问题不在杜鹤宁的职权范围以内,就是他在停战谈判方面采取的每一个步骤,也要受人民委员的监督。"11月20日,杜鹤宁在释放了关押在贝霍夫城的科尔尼洛夫、邓尼金和其他"科尔尼洛夫分子",准备离城而去时,被前来的水兵打死。

1917年11月8日,外交人民委员托洛茨基向英、美、法、意等国家发去了停战、和谈内容的照会。但是,这些国家拒绝和谈,苏维埃政府不得不单独和德国(包括奥匈帝国、保加利亚和土耳其)进行谈判。11月20日,以军事革命委员会委员越飞为首的苏维埃代表团和以东线参谋长霍夫曼将军为首的德国代表团在边界城市——布列斯特—里托夫斯克开始和谈。苏维埃政府提出德国不把军队调到西线和意大利战线等要求,但德国的答复含糊其词,谈判中断。11月22日,列宁在全俄海军第一次代表大会上声称:"这不是我们的过错",表示将把和谈进行下去。11月27日,列宁还草拟了和谈纲要,规定谈判的基本原则是"没有兼并和赔款"。

中断后的和谈于12月9日重新开始。苏维埃政府代表团仍由越飞领导,而德国代表团团长换了外交部长屈尔曼,奥匈帝国代表团团长是外交部长切尔宁伯爵。但是,双方对"不兼并和不赔款"的理解和解释是不一样的,谈判再次搁浅。12月26日,由托洛茨基领导的代表团和德国代表团重开和谈。就在第一次

托洛茨基(后)参加布列斯特和谈

会议上,屈尔曼宣布不同意苏维埃政府的和平方案。1月5日,霍夫曼提出了后来被称之为"霍夫曼线"的领土要求:要求将波兰、立陶宛以及拉脱维亚的部分领土(约15万平方公里)转给德国,并要求总数约为30亿卢布的赔款。列宁知道后,认为这是德方的"最后通牒"。他说:"这个最后通牒就是或者继续进行战争,或者签订兼并性和约,也就是说和约的条件是我们放弃我们所占领的一切土地,德国人则继续保持他们所占领的土地。"列宁立即在直通电话中,要求托洛茨基"把和谈中断一下,立即到彼得格勒来"。

这时,就是否缔结和约问题,布尔什维克党内发生严重分歧。1918年1月8日和11日,布尔什维克中央连续召开会议讨论。会上基本是有三种意见:一是列宁赞成并要求立即签订单独的兼并性和约;二是布哈林要求对德进行革命战争;三是托洛茨基认为在目前情况下进行革命战争是不能的事,惟一能使苏维埃俄国在全世界面前保持道义纯洁性的办法,就是"停止战争,但不签订和约,复员军队"[这一提法,后来在斯大林主持编撰的《联共(布)党史简明教程》中被简化为"不战不和"]。布哈林寄希望于"国际革命",他认为签订和约就是出卖欧洲革命,丧失了国际起义的机会。斯大林基本赞成列宁的立场,他认为进行革命战争就是帮助了帝国主义。季诺维也夫则反对缔结和约,他认为这会加强德国的沙文主义并导致苏维埃社会主义共和国的死亡。但是,在11日的会议上,多数中央委员支持托洛茨基的主张。因此,列宁在会议上的讲话中大声疾呼要求立即签订和约,他警告说:"在我国,十分健康的婴儿——社会主义共和国已经诞生,如果进行战争,我们就会使这个婴儿送命","我们现在不得不签订的和约无疑是一个耻辱的和约,但是如果进行战争,我们的政府就会被推翻,而和约将由另一个政府来签订"。列宁同时承认:"当然,我们是在右转弯,转这个弯需要走过非常肮脏的牲畜栏,但是我们必须这样做。假如德国人开始进攻,那我们就不得不签订任何一种和约,那个时候签订的和约当然会更糟糕。为了拯救社会主义共和国,30亿赔款不算是过高的代价。"

但是,中央并没有接受列宁的意见,而列宁的话却不幸言中。此后一个多月的谈判中,谈谈停停,俄方试图拖延谈判,来争取时间,但德方的态度却越来越强硬。2月10日,在托洛茨基于会上宣布拒绝在割地条约上签字和全面复员俄国军队后,德方也宣布从18日起,两国恢复战争状态。3月18日中午12时,德军开始全线进攻。对于这种进攻,苏维埃政府是没有预料到的。19日,列宁承认是无力抵抗百万大军的进攻的,他立即命令"能抵抗的地方必须抵抗，沿途必须把一切都毁掉，连一块面包都不留"，同时要求立即缔结和约。21日，德国向苏维埃政府提出了更加苛刻的和约条件：割让更多的土地给德国、苏维埃军队撤出乌克兰和芬兰以及复员军队等，并限定在48小时内答复。

1918年2月21日下午12时20分，列宁在打给布尔什维克党的各级组织的电话中断然提出："革命在危急中。"随后，人民委员会通过了列宁撰写的《社会主义祖国在危急中！》的法令，其中提到，"苏维埃社会主义共和国处在万分危急中"，德国的目的就是要扼杀俄罗斯和乌克兰的工人和农民，要把土地归还地主，工厂归还银行家，政权恢复君主制。该命令所强调的是"全国所有一切人力物力全部用于革命的国防事业"这个主旨。

前线战事吃紧，苏维埃共和国面临生死存亡关头。2月23日，德国军队打到了雷瓦尔（塔林旧称）、普斯科夫和波洛茨克城下。德方提出了更加苛刻的和约条件，并要求苏维埃政府要在48小时内答复。2月23日，俄国社会民主工党（布）中央开会讨论是否接受德国的最后通牒问题，会上多数人仍然反对签订和约，连斯大林也说可以不签订和约。列宁坚持必须立即签订和约，为此他甚至提出："革命的空谈政策必须结束。如果这种政策现在还继续下去，我将退出政府和中央委员会。"托洛茨基声明，他反对签订和约，并且由于不同意列宁的意见，要辞去外交人民委员的职务。布哈林、乌里茨基和洛莫夫指责列宁的辞职声明是"最后通牒"。列宁回答说："我提出最后通牒是万不得已的。我们的中央委员在谈论国际性的国内战争，那是一种嘲弄。国内战争在俄国有，但是在德国还没有。我们的鼓动工作还要继续进行。我们不是用空话，而是用革命在进行鼓动。这还要继续进行。斯大林说可以不签订和约，那是不对的。必须签字接受这些条件，如果你们不签字接受这些条件，那么三个星期之后你们就得在苏维埃政权的死刑判决书上签字。这些条件动摇不了苏维埃政权。我丝毫也不怀疑。我提出最后通牒不是为了撤回它。我不愿听革命空话。德国的革命还没有成熟。这需要几个月的时间。应该接受条件。如果以后还有新的最后通牒，那将是在新形势下提出来的。"

这在会上引起轩然大波，斯大林问："弗拉基米尔·伊里奇！您辞职是否意味着事实上退党？"列宁坚定地回答说："退出中央委员会并不意味着退党。"在当晚举行的全俄中央执行委员会布尔什维克党团和社会革命党党团联席会议上，列宁再次呼吁立即缔结和约，因为现在"应该确认抵抗德国人是根本不可能的"，"因此我们最好的出路就是要赢得时间"。

经过激烈的争辩后,在中央委员会上以7票赞成,4票反对,4票弃权的结果通过了立即缔结和约的决议。其后,洛莫夫问:"您准不准许暗地里或公开地鼓动反对签订和约?"列宁明确回答:"准许。"随即,布尔什维克党内的、被称之为"左派共产主义者"的布哈林、洛莫夫、布勃诺夫、皮达可夫、雅可夫列娃和乌里茨基宣布辞去一切职务,保留在党内外进行鼓动的充分自由。一时会场秩序大乱,斯维尔德洛夫只好动议:"在代表大会召开之前,中央委员都得留在原来的岗位上,但可以在党内进行自己的鼓动。"24日凌晨,全俄中央执行委员会通过了立即缔结和约的决议。

布列斯特和谈会场

3月1日,再开和谈。3月3日,在布列斯特-里托夫斯克签订了和约,被称为"布列斯特和约"。代表苏维埃政府签字的是索柯里尼科夫、契切林、彼得罗夫斯基和卡拉罕,四盟国代表是:德国的屈尔曼和霍夫曼,奥匈帝国的切尔宁,保加利亚代表托舍夫和土耳其代表哈基帕夏。这个条约使苏维埃俄国失去了包括波兰、立陶宛、白俄罗斯和拉脱维亚部分地区的约100万平方公里的土地,苏俄军队要撤出拉脱维亚、爱沙尼亚、乌克兰和芬兰,阿尔达甘、卡尔斯和巴统转交给土耳其。3月6—8日,俄共(布)第七次(紧急)代表大会经过激烈的讨论后,同意批准条约。3月14日,第四次全俄苏维埃非常代表大会批准了和约。3月26日,德国皇帝威廉二世批准了条约。对于苏维埃政府来讲,"布列斯特和约"是一个屈辱性的和约,但是这个和约使苏维埃政权赢得了时间,苏维埃政权有了生存、发展和获取未来胜利的机遇。

### 四、迁都莫斯科,俄国社会民主工党(布)改名

在准备签订布列斯特和约时,列宁痛感没有自己的军队的危险性。他说:"我们现在不能用战争回答敌人,那是因为没有力量。"为了掌握这种力量,需

要建立自己的军队,因此需要时间。列宁责成托洛茨基组建红军。1917年年底,组建起了第一批"社会主义军队"。列宁在欢送他们的大会上表达了通过他们建立起一支"强大的革命军"的愿望。1918年1月2日,陆军人民委员会颁布了《创建社会主义军队的条例》,1月15日和29日,先后颁布了在志愿原则基础上创建工农红军和红海军的命令。2月23日,德军进攻普斯科夫,这支新组成的志愿军队顽强攻打,并夺回了普斯科夫。这一局部的、短暂的胜利使23日成为苏维埃政权一个辉煌的日子——红军建军节。

但是,这支军队还不足以拯救危急中的苏维埃政权。2月26日,人民委员会通过决议,将政府机关迁往莫斯科。决议规定了4点:一是选定莫斯科为政府所在地;二是每个部门只准撤走中央行政机构的极少数领导人,至多不得超过20—30人(加上家属);三是无论如何要立即搬走国家银行、黄金和国家有价证券印刷厂;四是开始疏散莫斯科的贵重物品。

政府的搬迁工作是由中央执行委员会主席斯维尔德洛夫负责的,他率领的工作组先期到达莫斯科。3月4日,斯维尔德洛夫召开紧急会议讨论是否应该将政府搬进克里姆林宫的事宜。存在着三种意见:一是认为克里姆林宫是中央政府最适宜的所在地,因为这里是真正的市中心,有很强的防卫工事,最适宜于防守;二是认为克里姆林宫是俄罗斯东正教的中心,如果政府设在那里,势必要关闭它,这将使莫斯科人、俄罗斯人的宗教感情受到伤害;三是认为克里姆林宫是沙皇专制者盘踞过的地方,苏维埃的中央政府根本就不应该设在里面。著名史学家波克罗夫斯基的论证起了决定性的作用,他说克里姆林宫历来不仅是宗教中心,而且也是政治中心,因此保存好克里姆林宫的历史面貌,用它来作为政府的所在地还是可行的。斯维尔德洛夫同意克里姆林宫的选址,他说:"如果我们禁止信教者进入克里姆林宫,在莫斯科也还有足够的教堂可供信教者使用。同时,我们应该看到,在社会主义革命的进程中,将会使劳动人民摆脱教堂和宗教的影响,而且这个过程定会大大加快。因此,无产阶级的利益高于一切,只能把中央政府搬进克里姆林宫。"于是,搬迁工作以极快的速度进行,与此同时,也开始了一个摧毁教堂,使劳动人民与教堂和宗教分离的过程。

3月11日夜间,列宁率同政府成员乘专列来到了莫斯科的克里姆林宫。同一天,莫斯科电台向全世界发出通告:"联邦苏维埃共和国政府、人民委员会和国家最高政权机构——工人、士兵、农民和哥萨克代表苏维埃中央执行委员会已经到达莫斯科。联络地点是:莫斯科,克里姆林宫。"3月13日起,苏维埃政府开始在克里姆林宫办公。

1918年3月,举行俄共(布)第七次(紧急)代表大会。会上,决定将俄国布尔什维克社会民主工党改名为俄国共产党,并加上括号注明"布尔什维克",即简称为"俄共(布)"。列宁提出去掉"社会民主党"一词,因为"这个名称在科学上是不正确的"。列宁特别指出,附上布尔什维克这个词是必要的,"因为'布尔什维克'这个词不仅在俄国政治生活中,而且在一切注视俄国整个事态发展的外国报刊上都得到了公认"。列宁还强调两点,一是共产党奋斗的目的是要建立共产主义社会,而"共产主义社会不仅仅限于剥夺工厂、土地和生产资料,不仅仅限于严格地计算和监督产品的生产和分配,并且要更进一步实行各尽所能、按需分配的原则。因此,共产党这个名称在科学上是惟一正确的"。二是所有欧洲国家的社会党都成了社会主义革命运动的真正障碍,因此果断地断绝与这些党的关系,更改党的名称将大大有利于争取各国劳动群众的同情和支持。

在这次代表大会上,列宁特别强调了"暴力"的问题。他认为,暴力将是苏维埃政权的一个特征,用列宁的话来说就是:"暴力必将伴随整个资本主义的彻底崩溃和社会主义社会的诞生。而这种暴力将构成世界历史的一个时期,一个充满着各式各样战争的整个时代,其中包括帝国主义战争,内战,两者相互交织的战争,民族战争,即受帝国主义者以及在大规模国家资本主义、军事托拉斯和辛迪加时期必然结成这种或那种联盟的帝国主义列强压迫的民族的解放战争。这个时代,这个发生大崩溃、动辄诉诸武力、充满危机的时代已经开始了。"

也是在这次大会上,列宁声称,"内战已经成为事实","内战已经开始了"。对于这场战争的胜利,列宁不寄希望于国际革命,因为"国际革命必然会到来,但是目前还没有成熟"。他希望用苏维埃政府自己的力量,来进行这场同帝国主义的冲突。对于那些期望德国革命的胜利并由此而终结这种同帝国主义的冲突的人们,列宁给予了辛辣的讽刺:国际革命"目前还只是个非常动听、非常美妙的童话。我很了解,爱听美妙的童话是儿童的天性。但是请问,相信童话是一个严肃的革命者的天性吗?任何童话中都包括着现实的因素:如果你给孩子们讲童话,里面的鸡儿猫儿不讲人的话,孩子们对你所讲的童话就不会发生兴趣。同样,如果向人民说,在德国内战一定会到来,并且担保国际革命将代替同帝国主义的冲突,那么,人民会说你们在欺骗他们。"

## 五、国内战争,红色恐怖,决定性的 1919 年,苏俄—波兰战争

这场从十月革命后实际上就开始的国内战争首先是从顿河地区发起的。在 1917 年 12 月初,卡列金在顿河地区成立了名为"顿河国民会议"的"全俄政府"后,反叛的哥萨克军队和被杜鹤宁释放后跑到这里来的科尔尼洛夫将军领导的志愿军成为苏维埃政府的最初的内战对手。但是,由于卡列金是为了顿河地区的独立,科尔尼洛夫是为了建立一个"统一的全俄政府",因此双方意见分歧,在作战行动上自为号令。所以,他们很快就被红军所击溃。卡列金在兵败后自杀,而科尔尼洛夫也在 1918 年 4 月率军攻打叶卡捷林诺达尔时被炮弹炸死,随后阿列克谢耶夫也死去,志愿军由邓尼金将军指挥。到 1918 年 1 月,邓尼金的军队在控制了顿河地区的库班和北高加索后,宣布自己是"俄国南方武装力量总司令"。

苏维埃政权之初的国内战争从 1918 年春天持续到 1920 年,在战争的整个过程中,反苏维埃政权力量的军事行动、外国的武装干涉和农民的骚乱是错综复杂地交织在一起的。这时,战争主要是在三条战线上进行的。第一条战线是北方战线。1918 年 3 月上旬,英国和法国的部队先后乘巡洋舰在北部的摩尔曼斯克港登陆,开始了帝国主义国家对苏维埃政权的武装干涉行动。5 月,美国士兵和其他一些国家的士兵也在这里登陆。

第二条战线是东方战线。4 月 5 日,日本军队借口自己的商人被杀,在东部海港符拉迪沃斯托克登陆,随后英国军队也在此登陆。在武装干涉者的支持下,管理中东铁路的霍尔瓦托夫将军在哈尔滨组成政府,自称"俄罗斯临时最高执政",并移驻符拉迪沃斯托克。1918 年 1 月,在西伯利亚有人数为 45 000 人的捷克斯洛伐克军团,他们归属法国统帅部指挥。按照苏维埃政府和协约国的协议,这个军团应经远东撤回到法国去。但是,当地红军试图解除这个军团的武装,于是军团在去符拉迪沃斯托克的途中发动了反对苏维埃政权的叛乱。从 5 月 25—26 日夜间起,该军团部队控制了从俄国中部平扎至远东符拉迪沃斯托克的西伯利亚大铁路,占领了包括托木斯克、车里亚宾斯克、平扎和萨马拉在内的一系列西西伯利亚的城市。捷克斯洛伐克军团的叛乱严重影响了苏维埃政府的局势,到 7 月初,反对苏维埃政府的叛乱和骚乱蔓延至伏尔加河的中下游的城市:雅罗斯拉夫尔、雷宾斯克、木罗姆和萨马拉等地。

第三条战线是南方战线。4月13日,科尔尼洛夫将军在叶卡捷林诺达尔城下被炮弹炸死后,他的军队由邓尼金将军接替指挥。4月17日,在诺沃切尔卡斯克,曾在彼得格勒城下被捕获过的克拉斯诺夫将军组成了顿河哥萨克军。邓尼金和克拉斯诺夫联合起来,向库班进军。德国军队攻占克里米亚,进抵黑海舰队的驻地——塞瓦斯托波尔。

1918年7月2日,协约国最高委员会决定大规模武装干涉苏俄。从远东的符拉迪沃斯托克、北部的摩尔曼斯克、阿尔罕格尔斯克,日本、英国、法国和美国的军队大举武装干涉苏维埃俄国。而在南方,英国和土耳其军队占领了巴库。苏维埃俄国面临生死存亡的境地。

与此同时,苏维埃政府按照《土地社会化基本法》在农村进行分地工作。进行重分的土地不仅有地主和寺院的,而且还有大量的属于富裕农民的土地(约5 000万公顷,占富裕农民土地总数的60%以上),甚至还有部分中农的土地也被拿来重分,这就造成了重分土地中的不满情绪和对抗行为。为了重分土地,还在农村组织了贫农委员会,这就使农村的基层政权组织——苏维埃流于形式,实际上也就在农村形成了贫农委员会和苏维埃两个政权的存在。这种混乱的局面使国内战争的局势更为严重。

列宁承认局势十分危险,他说:"德国要扼杀我们,日本向我们进攻。"5月8日,陆海军事务人民委员托洛茨基命令建立"全俄总司令部"。5月29日,全俄中央执行委员会决定,取消志愿兵役,恢复强制兵役制。7月,在第五次全俄苏维埃代表大会上,还通过了吸收旧军官入伍的决议。8月19日,人民委员会颁布法令,联合所有的武装力量,使之置于军事人民委员部的统一领导之下。这一系列措施使苏维埃政府的军队迅速增加(到1918年年底,军队人数达到了72.5万人),但是,在1918年夏秋之交,局势变得更为严峻。全国3/4的国土被国内外武装所占领,主要的粮食、燃料和原材料产地均丧失。全国生产军事装备的5 400家工厂中有3 500家位于敌人的占领区中。11月,高尔察克在鄂木斯克自称"俄罗斯最高执政"。

而在莫斯科和彼得格勒则发生了一系列暗杀事件:7月6日,德国驻莫斯科大使米尔巴赫被暗杀。8月30日,彼得格勒"契卡"负责人乌里茨基被杀。列宁在莫斯科米赫尔逊工厂演讲后遭枪击。为了对付这种内外受敌的局面,苏维埃政府采取了极为严厉的镇压措施和军事行动。在此背景下,作为对一系列暗杀事件的回应,苏维埃政府采取了强硬措施:左派社会革命党因"叛乱"罪名遭镇压。一件最具有象征意义的事件是枪杀沙皇尼古拉二世一家。

## 第三章 苏维埃政权的最初年代

在1918年春国内局势极为危险的时刻,沙皇一家被从托博尔斯克市转移到了叶卡捷林堡,幽禁在商人伊帕季耶夫家中。1918年7月6—17日夜间,沙皇尼古拉二世及其一家被枪杀在地下室中,尸体被运至城郊的一处矿井中焚毁并灭迹。当时任叶卡捷林堡州苏维埃主席的贝科夫记述了执行死刑时的情况:"人们要罗曼诺夫家族的所有成员从他们居住的楼上到一楼下的半地下室来。约在晚上10时,罗曼诺夫全家,即前沙皇尼古拉·亚历山德洛维奇,其妻子亚历山德拉·费奥多罗夫娜,他们的儿子阿历克谢,女儿们,家庭医生鲍特金,皇子的仆人和留在皇室身边的过去的仆人,他们都穿着睡觉前穿的衣服下到了地下室。命令他们朝地下室的一面墙站立。乌拉尔苏维埃的正式代表,看守这所房子的长官宣读了死刑判决书,随后补充说,不要存任何希望,等待他们的只有死亡。突然的宣告令犯人们目瞪口呆,只有沙皇来得及说了句话:'难道真的谁也不想来救我们吗……'随后,他们被用手枪枪杀。约夜里1时,死刑犯的尸体被运送到离上伊塞茨克工厂和帕尔金诺村不远的森林中的一个荒僻的地方,准备第二天在那里焚烧。顺便说一下,尽管死刑是在市中心执行的,但是谁也没有听到枪声。所以听不到枪声,是因为有一辆载重汽车的发动机一直在发动,它是在执行死刑期间开到这所房子面前的。甚至连外面卫队的卫兵都什么也没有发现,其后两天他们还像往常一样在那里巡逻。"

7月17日,乌拉尔苏维埃州执行委员会主席别洛波罗多夫就沙皇一家的被杀,给人民委员会秘书哥尔布诺夫发去一封密码电报:"请转告斯维尔德洛夫,全家遭遇了和头儿一样的命运。官方的说法是,家属在撤离时死亡。"7月18日,在人民委员会的例行会议上,斯维尔德洛夫在会上宣告:"我们得到报告,在叶卡捷林堡根据州苏维埃的决定,尼古拉二世被处死。尼古拉想逃跑。捷克斯洛伐克军团正在接近这座城市。全俄中央执行委员会主席团决定赞同这一措施。"随后,该次会议通过了相关决议。在尼古拉二世一家被杀后的第六天,乌拉尔州苏维埃主席团公布了下述决议,全文如下:"鉴于捷克斯洛伐克匪帮正在威胁红色乌拉尔的首府叶卡捷林堡;鉴于当过皇帝的刽子手可能逃脱人民的审判(刚刚发现了白匪军企图抢走罗曼诺夫全家的阴谋),州苏维埃主席团为了执行人民的意志决议如下:枪决前沙皇尼古拉·罗曼诺夫,他对人民犯了无数的血腥罪行。州苏维埃主席团的这一决议已经于16—17日夜间执行。罗曼诺夫的家属已经从叶卡捷林堡转移至另一个更为可靠的地方。"

1918年9月2日,全俄中央执行委员会通过了《将苏维埃共和国变为军营》的决议。9月4日,枪决了被指控为暗杀列宁的卡普兰。9月5日,人民委员会通过了《关于红色恐怖》的决议,决定枪杀参与阴谋和骚乱的一切人员并将苏维埃政权的敌人关押于集中营。在苏维埃俄国的土地上,红色恐怖以"剑与火"的声威全力推进。

9月6日,成立以陆海军事务人民委员托洛茨基为首的"共和国革命军事委员会"。设立了共和国武装部队总司令的职位,由远东线司令员瓦采齐斯担任。革命军事委员会还调整了各个战线的指挥官,苏维埃军队的发展和进军遏止了国内外敌人的进攻并收复了一些失地。在辛比尔斯克被收复后,列宁极其兴奋地给负责此次行动的第一集团军发去电报说:"我的故乡辛比尔斯克的收复,是包扎我的伤口的一条最有效最理想的绷带。我顿时觉得精神,力量骤增。"

1918年秋,第一次世界大战结束。11月12日,协约国最高委员会决定进一步武装干涉苏维埃俄国。第二天,全俄中央执行委员会通过决议,宣布废除布列斯特—立托夫斯克和约。11月18日,高尔察克在鄂木斯克宣布自己是"俄罗斯国家的最高执政"和"最高统帅"。1919年初春协约国干涉军队和高尔察克、邓尼金及尤登尼奇的军队联合起来,向苏维埃军队发起强大进攻。东线,红军与高尔察克的部队进行激战。北线,尤登尼奇指挥的军队向彼得格勒进发。高尔察克试图和尤登尼奇的军队联合起来,随即任命尤登尼奇为俄罗斯西北白军指挥官。尤登尼奇的军队朝彼得格勒气势汹汹而来。列宁在4月10日呼吁支援东线,要求彼得格勒的工人为全国作出榜样。最后,彼得格勒保卫战取得胜利,协约国组织的第一次联合进攻以失败而告终。6月,美国和其他国家相继从俄罗斯北部撤出自己的军队。

1919年成为苏维埃俄国国内战争决定性的一年。1919年夏天,南方的邓尼金在英美的财力、物力和军事装备的支持下,向苏维埃俄国的军队发起进攻。邓尼金一度夺得黑海沿岸和南部的许多城市,并和乌克兰的彼得留拉率领的军队组合在一起,占领了基辅,并向莫斯科逼进。在这期间,托洛茨基亲自到南线视察,了解红军溃败的原因,并向列宁作了汇报。一是,邓尼金的军队太强大;二是红军中的逃兵大量出现,用列宁的话来说,就是"农民千方百计地逃避征兵,躲进森林,沦为绿匪,对其他事情一概不管";三是,在南方地区,尤其在乌克兰,游击习气的发展,"每一队农民都拿起武器,推选自己的阿塔曼或'父亲',在当地建立政权。他们根本不把中央政权放在眼里,每一个父亲都认为自己是当地的阿塔曼,认为自己可以解决乌克兰的一切问题,用不着考虑中央采取的措施。"7月上旬,俄共(布)中央召开一系列会议讨论局势,得出的结论是:"苏维埃共和国已在敌人包围之中。它应当不是在口头上而是在实际

## 第三章 苏维埃政权的最初年代

上成为一个统一的军营。"列宁号召"大家都去同邓尼金作斗争！"俄共（布）中央随即在动员群众、处置逃兵、征召党员入伍、调整前线的军事指挥官等方面做了一系列工作。

从9月中旬到12月中旬，红军挺进550公里，解放了被邓尼金军队控制的543 000平方公里的土地。邓尼金的军队中有61 000人被红军俘虏，他的进攻被击溃，残部逃至黑海沿岸地区。与此同时，红军在北线将尤登尼奇的军队赶到了爱沙尼亚境内，在东线继续追击高尔察克军队。1920年1月4日，高尔察克宣布将自己的"最高执政"让给邓尼金。7日，红军攻占克拉斯诺雅尔斯克。15日，高尔察克在伊尔库茨克附近的一个小车站（印诺肯齐耶夫斯克）被捕。2月7日，伊尔库茨克军事革命委员会通过决议，将高尔察克枪毙。

邓尼金继任"最高执政"后，将军们并不承认他的权威，尤其是弗兰格尔将军。1920年4月初，邓尼金在自己的军事委员会会议上说："领袖和军队之间的联系已经垮掉。我已经没有力量来指挥军队。我建议军事委员会选出一个合适的人来，我将把政权和指挥权移交给他。"4月4日，邓尼金将权力移交给弗兰格尔，自己则跑到国外去了。

在这期间，苏维埃俄国和波兰因边界和领土问题进行了一场战争。由于"布列斯特和约"，波兰丧失了对西乌克兰和西白俄罗斯的控制权。于1918年11月执掌了波兰国家最高权力的皮尔苏茨基十分不满意大国的这种安排。1920年4月17日，皮尔苏茨基下令进军基辅，并宣布承认彼得留拉领导的"乌克兰最高政权"。这激怒了列宁，他指责波兰的军事行动是在法国、英国和整个协约国的操纵下"扼杀苏维埃俄国的新的尝试"。他这样说："波兰的进攻是当年要把整个国际资产阶级联合起来的那个旧计划的残片。"4月29日的中央政治局会议不仅向工人和士兵，而且向所有的俄罗斯公民呼吁：绝不允许波兰地主将自己的意志强加于俄罗斯人民。列宁断言："只要我们集

皮尔苏茨基(中)在视察军队

中了一切力量并且作出了一切牺牲,毫无疑问,这一次我们也一定会取得胜利。"于是,苏俄红军兵发西线,苏俄—波兰战争爆发。为了这场战争,那些被视为"敌对力量"的沙俄军官重新披挂上阵,走上了苏波战争的前线。时年27岁的图哈切夫斯基将军此时正"赋闲"在家,有他给革命军事委员会主席托洛茨基的信件为证:"恳请您帮助我摆脱失业的处境。我在西南方面军司令部闲待了近3个星期,而无事可做已有2个月。我既不能搞清迟迟不作安排的原因,又得不到新的任命。我在将近2年的时间里指挥过各个集团军,如果多少有一点功劳的话,那么请让我在实际工作中发挥自己的作用,如果在前线无法安排,就请安排在运输部门或是军事人民委员部工作。"于是,他适逢其时,担当了苏俄—波兰战争前线的指挥员。

5月6日,波兰军队攻占了基辅。苏维埃俄国的西南方面军遭受了重大损失。也就在这时,斯大林奉命来到西南前线。5月23日,俄共(布)中央发表《波兰战线和我们的任务》,提出和波兰的战争是目前党的中心任务,并向波兰人民呼吁:变自己的国家为社会主义共和国。

7月,苏俄的军队在图哈切夫斯基将军的指挥下节节胜利,最后集结于俄波边境。也就在这时,协约国出面调停。7月12日,英国外交大臣寇松照会苏维埃政府,要求停止对波兰的进攻并和弗兰格尔进行和谈。照会中提出了苏俄—波兰战争的一条临时停火线:从北部的格罗德诺往比亚韦斯托克的东部,经布列斯特-里托夫斯克,再沿布格河南下,至索科维-普热梅希尔,向前延伸至喀尔巴阡山北麓,附带条件是将加利西亚割让给苏维埃俄国。这就是后来被称为"寇松线"的"西乌克兰和西白俄罗斯"边界线。

但是,7月17日,苏维埃政府拒绝了这一建议,认为乘胜越过波兰的边境是苏维埃的利益所在,是俄罗斯的无产阶级应承担的国际主义义务。在下令兵发波兰的同时,组建了一个长期生活在俄国的波兰人马尔赫列夫斯基为首的"波兰革命军事委员会",以便红军攻下华沙后,该委员会能立即行使波兰国家的最高权力。早在1920年7月2日,图哈切夫斯基发布命令:"我们的刀尖上携带着给劳动人类的幸福与和平。向西前进!向华沙!向柏林!"苏俄军队终于逼近华沙,以为可一举夺城。然而,这一次却没有像列宁所许诺的那样取得胜利,而是苏俄军队最终兵败华沙城下。

苏维埃政府不得不和波兰政府进行和谈。而事实上,双方都借和谈来争取新的时机,以便达到自己的目的。苏俄与波兰的和谈于8月中旬开始在白俄罗斯的明斯克进行,但是,以图哈切夫斯基和斯米尔加为首的西方面军革命军事委员会却不耐烦这种谈判。8月20日,他们在签署的第1847号命令中说,波兰和谈代表团完全由间谍和反间谍人员组成,和约只能在"白色波兰的废墟上"签订。俄共(布)中央政治局随即作出决定,取消了这份命令:"最严厉谴责图哈切夫斯基同志和斯米尔加同志的行为,因为他们擅自发布了一项极不妥当的命令,破坏了党和政府的政策。"

对于和谈,列宁不仅不认为是苏维埃政府的失败,而且认为是一种战略和策略上的胜利。9月22日,他在俄共(布)第九次代表大会的政治报告中这样说:"但是,由此而形成的极其困难的局面,决不表明我们已经完全失败。我们使那些认为我们软弱无力的外交家的盘算完全落空,我们证明了波兰不能战胜我们,而我们无论过去或现在都不难战胜波兰。其次,即使现在我们也还占领着他们上百俄里的地区。最后,我军向华沙的挺进对西欧和整个世界形势都产生了极大的影响,从而打乱了相互争斗着的国内外政治力量原有的对比关系","对欧洲的特别是德国的革命运动产生了极大的影响"。列宁形象地说:"我军逼近华沙城下,整个德国都沸腾起来了。"这时,苏维埃政府还在准备和波兰的"冬季战局"。列宁说:"如果我们注定要打这场冬季战局,那么,尽管我们已经十分疲惫,但是我们无疑一定会胜利的。"

1920年10月,苏波战争的结果是苏维埃俄国不得不接受了《里加和约》。10月12日,在拉脱维亚的里加,俄罗斯社会主义联邦苏维埃共和国、乌克兰社会主义苏维埃共和国与波兰开始另一轮和谈,并就和约文本达成了协议。1921年3月18日,《里加和约》正式签订。根据这一条约,苏波的边界将以"寇松线"来划分,并且还要将"寇松线"以东13.5万平方公里的土地割让给波兰,即西乌克兰和西白俄罗斯划归波兰。从此,在其后将近20年的时间里,西乌克兰和西白俄罗斯归属波兰管辖。条约还规定,苏维埃政府将沙皇政府从波兰抢走的文物珍品归还波兰,并在一年内向波兰支付3 000万金卢布。

对这个和约,列宁在1920年10月15日一次讲话中认为和约的签订是苏维埃的胜利,他说:"可是我们签订了和约,条件却比较有利。这又一次向大家证明,苏维埃政权建议缔结和约时所说的话和所作的声明,必须认真对待,否则就会出现这样的情况:我们提出了对我们比较不利的和约,而结果却签订了对我们比较有利的和约。"

在进行与波兰的战争时,弗兰格尔从克里米亚发起进攻,进军乌克兰的顿巴斯地区。苏俄-波兰战争结束后,红军集中主力和弗兰格尔作战,弗兰格尔的进攻也最后被击退。1920年11月13日,红军攻占克里米亚的辛菲罗波尔。

14日,弗兰格尔乘法国船只逃离辛菲罗波尔。17日,红军攻占雅尔塔,弗兰格尔的残部从克里米亚逃往土耳其。至此,国内战争事实上基本结束。

在国内战争期间,苏维埃政权在全国各地真正确立起来,一系列民族地区也先后建立了苏维埃政权。1920年4月6日,在西伯利亚建立了远东共和国。4月28日,成立了阿塞拜疆苏维埃共和国。9月,成立了布哈尔人民苏维埃共和国。12月2日,成立了亚美尼亚苏维埃共和国。1921年3月,成立了格鲁吉亚苏维埃共和国。

## 作者点评:

结束战争和进行战争是苏维埃政权初年的决定一切的活动。对于列宁来讲,无论是结束战争,还是进行战争都是为了赢得时间,巩固苏维埃政权。暂时的受辱,暂时的忍气吞声,暂时的后退,都是为了苏维埃政权的强大,都是为了未来的胜利,都是为了更长久的荣誉和辉煌。

布列斯特和约是列宁结束战争的典型做法。签订和约是一种结束战争的手段,而和约本身并不是签约的目的。所以说和约并不是目的,首先是因为列宁把和约视为获得喘息的惟一机会,而这时苏维埃俄国的惟一出路就是喘息。有喘息,就有生的希望,就有存在下去的希望,就有发展的希望。列宁嘲笑那种临死还手握利剑、高喊战争才是光荣的小贵族姿态。他说:"我们要设法抓住时机","哪怕是一天的喘息时机也要争取"。喘息,战争,再喘息,再战争,历史就是这样发展的。

所以说和约并不是目的,还在于列宁并没有把和约视为一定非要执行的东西。签订和约是为了苏维埃国家的生存,因此和约可以视苏维埃政权的需要或执行或废弃。一旦苏维埃国家的元气得以恢复,喘息的时机就将结束,和约就将被废除,这是一个历史发展规律。对于列宁来说,任何条约都是由于斗争暂时停止和力量对比关系的变化而造成的,有几天后就被撕毁的和约,有一月后就被撕毁的和约,有几个月中一反再反的和约,也有长达数年的和约。

列宁把获得喘息的时机看作是苏维埃政权所面临的最严重的、最刻不容缓的问题。其原因有三,一是列宁有一种现实紧迫感。这时,无论是国家还是群众,都没有能力进行战争,这是一个痛苦的、生死攸关的真相。要有勇气面对痛苦的现实,要把真相告诉群众。面对真相,要采取与实际相适应的策略和措施,要讲人话。这个人话,被列宁形容得惟妙惟肖:"如果你给孩子们讲童话,里面的鸡儿猫儿不说人的话,孩子们对你所讲的童话就不会发生兴趣。"布尔什维克不敢向人民讲真相,面对残酷的现实不去讲人话,就会一败涂地,成为敌人的牺牲品。二是列宁有一种历史感。历史上有过一个民族和国家为了自己的生存而被迫签订屈辱和约的先例,拿破仑就曾迫使德国人签订过极其屈辱的蒂尔西特和约。苏维埃政府和德国签订屈辱的布列斯特和约是完全处于战略和政治上的要求,失败的时候签订条约是积聚力量的手段。三是列宁有一种责任感。他认为,争取喘息机会,保卫苏维埃政权,就是对各国无产阶级革命事业的最大支持。他的这种责任感就归结为:"现在,对社会主义事业来说,再没有也不可能有比俄国苏维埃政权的崩溃更大的打击了。"

列宁的这句话是十分有意思的:"和平是战争的喘息时机,战争是获得某种更好一点或者更坏一点的和平的手段。"随之爆发的国内战争和协约国的武装干涉使苏维埃俄国获得了更好一点的和平环境。首先,国内战争和外国武装干涉才是俄国无产阶级和资产阶级的真正的较量,一场生死较量。布尔什维克在1917年十月的夺权,虽有其他种种不可变因素,但机遇却起了很重要的作用。虽然这个机遇性被历来的政治家和史学家所忽略或故意忽视,但是列宁本人对这个机遇性却是很重视的。列宁自己说过:"在十月的时候,我们恰好碰上了这样一个时机,我国革命恰好碰上了一个幸运的时机(这令人难以相信,但确实就是这样)。"这个时机就是"帝国主义顾不上我们。我们似乎也顾不上帝国主义"。而布尔什维克所"遇到的是渺小的、微不足道的(从世界帝国主义的角度来看)敌人:有点白痴的罗曼诺夫、吹牛大王克伦斯基、士官生和中产阶级匪帮"。后来,苏维埃政权在各地的建立也是高呼着"乌拉"进行的,这也正如列宁自己所说的,只不过是把"苏维埃工会"的牌子换成了"苏维埃政权"的牌子。因此,国内战争实际上才是苏维埃政权在全国真正确立的过程——在血与火的过程中确立起来的。布尔什维克是在战争中真正掌握全国的权力的,战争造就了苏维埃政权。其次,从十月起义到布列斯特和约的签订,列宁总是从少数走向多数的,总是从少有权威到大有权威的。当列宁处于少数地位时,他总是提出"我去找水兵","我要退出中央委员会"这样的话,而他这样的话却总能震慑周围的人,让自己的意见被大家所接受。列宁靠的是什么?靠的是不断的、不厌其烦地解释和说服,靠的是每次事件后实际的证实,靠的是他随机应变的决策和能力。

苏维埃政权初年的情况是瞬息万变的,一成不变的政策是适应不了局势的发展的。革命需要随机应变,战争需要随机应变,而在这时随机应变就集中表现为:善于退却,争取喘息机会。所以,列宁说:"签订和约完全是一种灵活的随机应变。"所以,列宁说:"利用喘息时机随机应变,实行退却。"所以,列宁说:"因此,在这场新战争中,应该而且也必须善于随机应变。"列宁从少数到多数,从少有权威到大有权威,就是随机应变的结果。因此,国内战争造就了列宁的绝对权威,随机应变造就了列宁的无可动摇的领袖地位。

苏俄—波兰战争是国内战争中的特例。关于这个问题,也许值得说几句。无论从波兰还是从苏俄方面来讲,苏波战争的爆发都有一大堆理由,但是实质都是为了解决边界问题,即争夺"西乌克兰和西白俄罗斯"这片领土。就波兰而言,是为了"民族的独立和自由",就苏俄而言,是为了无产阶级革命和国际主义的利益。然而,在他们各自打出的旗号中,有一种旗号却是共同的,那就是波兰的"大波兰主义"和苏俄的"大俄罗斯主义"。皮尔苏茨基之意并不完全在这"东部边界",他要建立一个"大波兰国",而苏俄也只是要把这"西部边界"当成一道坚实的壁垒和防线,进,可以将无产阶级革命推进到欧洲去,退,可以挡资产阶级风暴于国门之外。就像这时托洛茨基写给中央的密电上所说的,至少"在这种情况下,与西部边境毗邻的各自卫小国可以暂时为我们构筑一道'屏障'"。由此,也许可以看出,是一种民族沙文主义酝酿并诱发了这场战争。也许还可以看出,民族沙文主义是不分大国小国的,民族激情和爱国主义一旦越过了界限,就会成为民族沙文主义。

至于苏俄的兵败也有一系列因素,但其中最令人深思的是苏俄的领导人犯了两个致命性错误。一是他们把俄国革命的前途寄托于世界革命,认为越过了波兰,前面就是德国、法国和整个欧洲;只要拿下了波兰,无产阶级革命在欧洲的胜利就是指日可待的事;二是他们进而认为,苏俄既然代表无产阶级的利益,既然高举的是国际主义的旗子,那自己的军队就一定会受到波兰人民的欢迎和支持。然而,当苏俄红军一进入波兰的领土,他们就被当地居民视为入侵者,到处受到阻击,这就像不久前皮尔苏茨基的军队进入乌克兰,以为当地人民一定会把他们作为解放者来欢迎,而结果是适得其反一样。在苏俄—波兰战争爆发以前,托洛茨基已经敏锐地感到苏俄推行的世界革命政策遭到了重创,向列宁建议改弦更张。1918年8月5日,他在给俄共(布)中央的密电中承认,"不管怎么说,欧洲革命似乎是推迟了","现在形势发生了急剧变化,对于这一事实必须有清醒的认识"。因此,他建议把俄国革命的方向转向亚洲,"考虑有必要推动亚洲革命"。列宁的决策也在酝酿着变化。但是,"大波兰民族沙文主义"的进攻,引发起苏俄以民族沙文主义对民族沙文主义的热潮,同时又再次燃起了他们对欧洲无产阶级革命的希望之火。

# 第四章 国内战争时期的经济政策和"战时共产主义"

## 一、最高国民经济委员会,工业的国有化

早在1917年11月27日,人民委员会就开始讨论国家的经济政策问题。列宁就提出了一系列迫切需要解决的问题,其中最主要的是:银行国有化、强迫辛迪加化、国家垄断对外贸易、采取革命措施使工厂转向有益的生产、工业国有化、用强迫参加消费合作社的办法使消费集中以及粮食问题。这个简单的经济措施纲要的特点是:强迫性、革命性和国家垄断性。为此,12月2日,人民委员会颁布法令组建了负责这些工作的经济领导机构——最高国民经济委员会。第一任主席由瓦列里安·瓦列里安诺维奇·奥波连斯基(即,恩·奥新斯基)担任。

列宁特别强调这个组织的革命性和战斗性。他说:"不能把最高国民经济委员会变成议会,它应当是在经济上同资本家和地主作斗争的战斗机关。"列宁设想对经济的管理工作归根结底也是一场战争。1918年1月,列宁在全俄工兵农代表苏维埃第三次代表大会上说过这样的话:"我们已经开始并且正在进行反对剥削者的战争。我们愈是直截了当地说出这一点,这个战争就结束得愈快,一切被剥削劳动群众就会愈迅速地了解我们,了解苏维埃政权正在完成一项真正与全体劳动者有切身关系的事业。"

最高国民经济委员会建立后的主要工作,一是将十月革命前原有的军事工业生产和管理机构加以改组和整顿,使其能保证军队对武器和弹药的需要。二是将军事工业生产和整个国民经济的生产结合成一个整体,亦即将军事生产纳入和平生产的轨道。在最高国民经济委员会下成立了"复员委员会",所

有的军事工业委员会归属复员委员会的管辖。

  1918年4月13日,最高国民经济委员会第二任主席弗拉基米尔·巴甫洛维奇·米柳亭签署决议,组建人民工业委员会,以代替军事工业委员会。这份决议指出新机构的职能是:"1. 根据陆军和海军人民委员的建议,复员和合理利用陆军和海军的财产;2. 对各工厂的财产加以管理;3. 促进从技术和经济方面对重新组建的革命军提供服务的支持;4. 逐步消除自行活动的部门,因为根据和中央人民工业委员会的协商,最高国民经济委员会的这些部门已被认为不再归人民工业委员会管辖。在此情况下,所有相应的工作和部门均转给国民经济委员会的有关部局。"

  苏维埃政府希望通过这样的改组,能使军事工业的生产在整个工业的恢复与兴起中得以开始生产部队所需要的武器和弹药。但是,事实上尽管有最高国民经济委员会及其地方机构,而相当一部分军事工业工厂仍由各主管人民委员部管辖,最高国民经济委员会只不过是个空架子。此外,国家正在全力进行工业企业的国有化工作。

  在列宁看来,社会主义是使劳动者摆脱苦役生活的唯一出路,而"第一步,就是没收地主的土地,实行工人监督,把银行收归国有。下一步便是把工厂收归国有,强迫全体居民加入消费合作社(这种合作社同时又是产品销售合作社),以及由国家垄断粮食和其他必需品的贸易"。所以,根据1917年12月14日的银行国有化法令就首先实行了银行国有化。而银行国有化法令就充分体现了列宁所说的革命性和剥夺性:一切股份企业为国家财产,一切富有阶级的工作和资产都得受工人监督,实行普遍劳动义务制,首先是富有阶级的普遍劳动义务制,全国国民都必须加入消费合作社,坚决镇压怠工者、罢工者和违法者这些"人民公敌"。接着在1918年年初,公布了关于消费公社的法令,规定"消费合作社一律国有化,并且必须无一例外地接受当地的全体居民入社",将居民的购买和消费统管起来,禁止私自买卖和运输。

  1918年4月,实行外贸国有化。1918年5月,将一些私人工厂企业国有化。这最初的国有化进程具有对私人工厂主的惩罚性质。工业的国有化几乎是和银行的国有化同时进行的。银行的国有化是通过由武装起来的工人和农民加以占领的方式实现的,而工业的国有化就是没收工厂。所以,列宁在1918年年初就极其高兴地说:"土地、银行、工厂已经变成全体人民的财产了!大家亲自来计算和监督产品的生产和分配吧,这是走向社会主义胜利道路,社会主义胜利的保障,战胜一切剥削和一切贫困的保障!"这时的工业国有化在政治

## 第四章　国内战争时期的经济政策和"战时共产主义"

上就是实现无产阶级专政,在经济上就是进行计算和监督,其目的就是按国家硬性指标生产产品,产品交由国家统一分配。

在实现工厂企业国有化的进程中,1918年4月,一家工业联合企业的经理美舍尔斯基提出了建立全国性股份公司的建议,即把生产机车、车辆、船舶、钢轨和重型机械设备的企业联合成一个全国性托拉斯,国家的股份占1/3。这个被称为"美舍尔斯基的方案"最终被最高国民经济委员会所拒绝,该企业被国有化。对此,列宁提出,必须立即彻底完成工业化,绝不允许将国有化的工业企业据为本单位、本工厂的财产。对于已经发生的此类情况,列宁要求采取坚决措施加以制止,并称其为"对国有企业采取工团主义的和混乱的做法"。5月17日,在莫斯科召开了国有化企业代表会议,会上详细讨论了金属工厂企业国有化的方案和具体做法。列宁向大会保证"人民委员会在最近几天内将会通过实行国有化的法令"。

就像十月夺权那样,彼得格勒的普梯洛夫工厂是最早实行企业国有化的企业,接着是电气照明公司等大型企业。随后,国有化就扩展至乌克兰的煤矿和大型企业以及乌拉尔地区的金属加工业、采矿企业。到1918年上半年,国有化的工厂企业就达到了2 000多家。夏天,由于国内战争,情况急转直下。接受军事订货的5 400家企业中有3 500家位于敌占区。因此,集中工厂的生产能力,并将它们置于最高国民经济委员会的直接控制下,来为战争服务就成了刻不容缓的事。于是加速了工厂企业的国有化进程。

1918年5月下旬,在全俄国民经济委员会第一次代表大会上,讨论了《国有化企业管理条例》。《条例》确定了国有化企业的领导人基本上由最高国民经济委员会及其区域委员会来任命的管理体制,这极大地加强了国有化企业的集中领导。大会还作出决议,要求加速国有化,将国有化从个别企业扩展至各个工业部门,首先是金属加工和机器制造工业、化学工业、石油工业和纺织工业。对于这种国有化,列宁特别强调集中。6月2日,他说:"共产主义要求全国大生产的最高度的集中",要求通过全俄中心来直接管辖该部门的一切企业。他说,没有这种集中,剥夺了全俄中心的这种权力,"那就是地方主义的无政府工团主义,而不是共产主义"。6月28日,人民委员会颁布了全国大工业国有化法令,宣布各部门的大型工业、私人铁路、地方公用事业和食品工业的某些部门收归国有。到1918年秋天,就有了9 542家国有化企业。所以,1918年12月底举行的全俄国民经济委员会第二次会议便宣布"工业国有化已基本完成"。

## 二、"将苏维埃共和国变为军营",百万大军要武器

大量的国有化工厂由工人占领并管理,但是,由于缺乏经验、技术和人才,特别是原材料的供应,许多工业企业陷于停工,甚至倒闭的状态。而这时,内战在扩大,苏维埃政府不得不在多条战线上作战。苏维埃俄国面临十分危险的局势,1918年9月4日,工农红军和哥萨克代表苏维埃中央执行委员会公布了"将苏维埃共和国变为军营"的决议。该决议全文如下:

在直接面对试图窒息苏维埃共和国并将其尸体肢解的帝国主义掠夺者、直接面对资产阶级举起的背叛黄旗、出卖了工农国家的外国帝国主义的豺狼的时刻,工人、农民、红军和哥萨克代表苏维埃共和国决议:将苏维埃共和国变为军营。

所有战线和共和国的所有军事机构均由一个总司令的革命军事委员会领导。社会主义共和国的一切力量和财物均用于反对强暴者的武装斗争的神圣事业。所有的公民,不管他们的职业和年龄,均应绝对履行苏维埃政权托付给他们的保卫国家的义务。

得到全体劳动人民支持的工农红军必将粉碎和击溃盘踞在苏维埃共和国土地上的帝国主义掠夺者。

征兵站的门口

全俄中央执行委员会决议将本决定通知到最广泛的工农群众,责成所有村的、乡的和城市苏维埃、所有苏维埃机构将其张贴于显眼的地方。

一致同意任命托洛茨基同志为革命军事委员会主席。瓦采齐斯同志为所有战线的总司令。其后,选举出一个三人委员会:格高希

## 第四章 国内战争时期的经济政策和"战时共产主义"

泽、维塞洛夫斯基和诺根同志,责成该委员会在中央执行委员会下次会议前提交出一份关于确定各个军事部队和各个人的识别标志的相应草案。

自从1918年7月实行普遍义务兵役制以后,军队的人数迅速扩大。国内战争开始时,军队的人数约为30万人,而一年后扩大至300万人,再一年后猛增至500万人。武器和弹药成为各条战线急需的供应,各方面军司令长官纷纷向中央发来电报,要求武器和弹药。这在1918年9月26日托洛茨基以革命军事委员会主席给人民委员会主席列宁、最高国民经济委员会主席团委员克拉辛和副军事人民委员斯克良斯基的电报中表述得很简洁和迫切:"必须由克拉辛主持召开所有供给管理局负责人的会议,来弄清楚军用物资的现有量和立即使军工厂开工的必要性。尤其是,军需管理局在抱怨灾难性的局面。"

为此,成立了"红军供应特别委员会",由列昂尼德·波里索维奇·克拉辛任主席。1918年11月2日,列宁以人民委员会主席的名义签发了改善红军军事物资供应的决议。其中指出,授权该委员会可以全权处理对军队供应的一切事宜:生产、调拨、运输、储藏、核算等,并有权将军事工业和非军事工业协调起来,用于对红军供应的生产。同一天,红军供应特别委员会作出了关于扩大生产枪炮弹药措施的决议。该决议指出:"将列举在10月24日炮兵管理总局局长提交的870号中的部分订货转交给那些准予完全或者部分恢复现有暂停订货生产的工厂。"列在这分决议中的工厂,有刚刚国有化的私人工厂和工厂协会:普梯洛大工厂协会、涅瓦造船厂协会、土拉铸铁厂协会、多布良斯克工厂(生产3英寸的野战榴霰弹);莫斯科军事工业股份公司、俄罗斯机械工厂股份协会、俄法工厂协会、布良斯克工厂协会(生产用于1909年型榴弹炮的爆破弹);奥布霍夫斯克海事工厂、奥洛涅茨矿业工厂(生产1909年型榴弹炮的炮弹);土拉轧钢和弹药制造厂(生产弹筒),等等。这份决议还给这些工厂提供了经费上的特惠:"准予给上述一、二款所列工厂提供无需保障的预付款,条件是工厂要提出相应的申请,并且其数额不得超过订货价值的30%。"

在特别委员会的具体工作下,有些复员的工厂又开始恢复军工生产,一系列的非军事工厂大量接受军事订货。在整个国内战争期间,日益强化和集中的军工生产是由红军供应特别委员会来负责的,并且直接向革命军事委员会主席托洛茨基报告进展情况。特别委员会派出的特别代表遍及所有的生产军事物资的工厂。这种特别代表的派出成为当时促进生产率提高的主要甚至是惟一的手段。1918年年底至1919年第一季度,克拉辛在发给托洛茨基的电报中多次提到这一问题。1918年11月29日，克拉辛给托洛茨基发去的电报是这样写的："在所有开工工厂内弹药和枪支的生产都在地方特派员、米哈伊洛夫、我本人以及整个委员会的不间断地、警惕地监督之下。采取了一切可能的措施来保持和提高生产率。生产率在不断地提高，但当然还不是两倍、三倍那样的速度。在目前设备的情况下，生产率的这种增长是不可想象的，并且总的来说，在枪械厂和机械厂也没有这样的增长，这些工厂的生产率的增长也许会在不几周内有两倍、三倍的增长。"

红军供应特别委员会的工作事实上开始了整个工业转向军事工业生产的历史进程，也开始了苏维埃历史上以"特别委员会"或"特别代表"和命令手段来处理紧急事务、将军工生产视为重点并提供优先发展机遇的时代。到国内战争行将结束时，所有的军工生产都转为最高国民经济委员会来管辖，建立了各种总管理局，苏维埃俄国的国民经济中的军工生产系统已经几乎完全确立并且其比例逐年增长。在此期间，托洛茨基还向最高国民经济委员会提出了在乌拉尔建设第二个军工基地的问题。1919年8月14日，托洛茨基给自己的副手斯克良斯基和这时接任最高国民经济委员会主席的李可夫直线通话："李可夫。请将我的关于在乌拉尔建设第二个工业基地必要性的报告转呈中央。主要的问题是：工人被不必要的职业上的动员彻底地分散各处。明显要采取反措施，将工人们送回各个工厂。可以采取下述方法行动：1. 您制定一个广泛的军事采购计划，为此选择一定的工厂，计算各类工人的需要量；责成工会用强制的手段，比如战时动员，搞到这些工人，并且有权甚至通过与军事部门达成协议的方法，从作战部队中挑选必需的工作人员；2. 中心的问题是弹药和步枪。由于有大量的弹药储备，我们南方战线的状况现在是完全有保证的。"在这次通话中托洛茨基还谈到了生产坦克的问题："尽管已经在加紧生产小坦克和轻型坦克，而我认为必须生产重型坦克，虽然这种坦克的生产在一年内不会开始。"

1920年1月，最高国民经济委员会炮兵工厂总管理局列出了一份军工生产的最主要的工厂，总计为九大类。第一类是生产步枪、机枪和手枪的工厂：土拉枪支厂、伊热夫斯克枪支和铸钢厂、谢斯特罗列茨克枪支厂和科夫罗夫机枪制造厂。第二类是生产7.62毫米口径步枪子弹的工厂：辛比尔斯克弹药工厂、波多尔斯克弹药工厂、土拉弹药工厂、卢甘斯克弹药工厂、莫斯科霰弹铸造及弹药工厂和西乌拉尔工厂。第三类是生产光学仪器的工厂：波多尔斯克光学仪器厂等。第四类是生产雷管、爆炸物、雷管套管和引火剂的工厂：彼得格勒制管工厂、萨马拉制管工厂和平扎制管工厂。第五类是生产火药的工厂：奥赫金斯克火药工厂、喀山火药工厂、坦波夫火药工厂和绍斯特卡火药工厂。第六类是生产步枪和手枪等用的雷管的工厂：奥赫金斯克爆炸物工厂、萨马拉爆炸物工厂、绍斯特卡工厂和特罗伊茨克炮弹厂。第七类是生产各种口径的炮弹的工厂：土拉第一枪支厂、伊热夫斯克枪支和铸钢厂、科夫罗夫机枪制造厂和辛比尔斯克弹药工厂。第八类是生产爆炸物的工厂：萨马拉爆炸物工厂、下诺夫哥罗德爆炸物工厂和莫斯科雷管厂等。第九类是生产炮兵部队所需各种材料的工厂：这些工厂遍布彼得格勒、布良斯克、下诺夫哥罗德、莫斯科及莫斯科州、坦波夫、卡卢加和伏尔加河中游的雪兹兰和萨拉托夫地区。

所有这些工厂不仅支撑了国内战争的需要，而且成了苏维埃国家以重工业为中心的（后来转为优先发展重工业——军事国防工业的）国民经济发展的最初的骨架和基础。

## 三、斯大林南下征粮，"社会主义祖国在危急中"，武装征粮

粮食的短缺和极度匮乏成为正在进行国内战争的苏维埃政权的最大的生死威胁。前线士兵们的供应常常面临断缺的危险，而为前线生产武器弹药的工厂中的工人和职员的粮食供应也少得微乎其微。此外，各条战线的指挥员相互间并不团结，因此他们常常借粮食问题引发军事指挥等各方面的矛盾与争端。为了保证前线作战将士的需要和稳定军心，在列宁主持下，向各条战线派出了专门解决粮食问题和整顿军纪军风的数量庞大的特派员（政治委员）队伍。

斯大林被派往南方的察里津战线，给他的具体任务是领导南方的征粮工作。这种征粮工作实际上是用工业用品和卢布换取农民手中的粮食，但进展情况并不好。1918年6月22日，斯大林在给列宁和托洛茨基的信中写道："粮食事务正走上正轨，如果多运一些印花布和小面额纸币（不要大于500卢布），事情就会更好。"但是，实际上的征粮情况，斯大林本人也不清楚，7月17日，他给当时中央驻南方的特别政治委员奥尔忠尼启则写信："请收集一些有关粮食装运数量的情况，第一，正在运输中的，第二，在各征集点上的，立即告知。"因此，斯大林所谓"粮食事务正走上正轨"的话，显然是应付上面的官僚主义文章。察里津一线的供应越来越糟，1918年9月27日，斯大林在给列宁的信中火气大发："事情竟然到了这种地步：察里津仓库里的所有储备品都已用尽，

而莫斯科两个星期以来没有运来任何东西。一点东西(哪怕是一颗子弹、一发炮弹)也没有运来。这是某种犯罪性的掉以轻心,简直就是背叛行为。如果这样下去,我们无疑将输掉南方的这场战争。"

斯大林进而干预南方战线的军事事务,他在7月11日发给托洛茨基和列宁的电报中作出了如下解释:"所有这一切,以及南方(我管辖的范围)的粮食问题成了军事问题这一事实,迫使我不得不干涉司令部的工作。我已不想多说,由于北高加索军区的各司令部在供给事务上明显的敷衍塞责,各条战线和各地段司令部的代表团要求我进行干预。我向司令部派去了3位同志(根据当地人们的建议)。按我的要求,其中一人任命为军事监察处主任(鲁希莫维奇),其余两位为助理(瓦季姆和巴尔霍缅科)。"斯大林还保证:"与此同时,很清楚,我本人要对所有上级机关承担责任。"

斯大林还要求中央、上级和他进行直接的联系。7月17日,他在给奥尔忠尼启则的信中写道:"你们那里有大功率电台,你们最好能和察里津建立正常联系,察里津有接收电台。您为什么不利用这一途径呢?"9月17日,南方战线革命军事委员会成立,斯大林成为委员之一。他驻扎于察里津,对南方战线的军事行动进行监察和干预。为此,托洛茨基于10月3日,给斯大林电报:"我命令斯大林立即根据政治委员不得干预作战事务的原则组建南方战线革命军事委员会。司令部设在科兹洛夫。如果24小时内不执行这一命令,我将不得不采取严厉措施。"斯大林接电后十分恼火,当日就给列宁发信告状:"总的来说问题在于,托洛茨基不用假嗓子就唱不了歌,不大喊大叫装腔作势就不会行动。而如果这没有危害我们的共同的事业的话,我对此是不会有任何反对的。因此,我请求及时地(还为时不晚)遏制一下托洛茨基,让他守规矩,否则我担心,如果托洛茨基继续发布那些狂妄的命令,把整个战线的工作交给那些完全靠不住的资产阶级的所谓专家手中,将造成军队和指挥人员之间的不和,彻底断送南方战线。"斯大林还写道:"我已经不想说,昨天刚刚入党的托洛茨基竟然拼命地教我学习党的纪律,但他显然忘记了,党的纪律不是反映在形式上的命令之中,党的纪律首先反映在无产阶级的阶级利益之中。我不是吵闹和丑剧的爱好者。但我感觉到,如果现在不给托洛茨基头上戴上一个笼头,他就将用他那种'左的'和'红色的'纪律毁掉我们的整个军队,而真正守纪律的同志是憎恶这种纪律的。因此,现在应该(还为时不晚)制止托洛茨基,让他遵守纪律。"斯大林并联合伏罗希洛夫,给中央施加压力。托洛茨基接电后,立即和斯大林通话,命令察里津不能单独行动。10月4日,托洛茨基给列宁和斯维尔德洛夫发去电报："我坚决主张召回斯大林。察里津前线尽管兵力充足,但情况很糟。伏罗希洛夫能指挥一个团,不能指挥5万人的集团军。"列宁和中央没有对托洛茨基采取斯大林所要求的措施,但是,斯大林和托洛茨基之间矛盾和摩擦在整个国内战争期间愈益发展,斯大林所谓的给托洛茨基"戴上笼头"的说法为托洛茨基日后身受的人为"丑剧"——悲惨命运埋下了伏笔。

这种粮食的严重短缺和随之而来的粮食危机打乱了列宁的部署和人民委员会一系列法令的执行。早在1918年1月,当彼得格勒粮食的供应成饥荒趋势时,列宁就说过,这是彼得格勒工人毫无作为的情况造成的,不是没有粮食,而是没有人去搜查。他强调:"必须采取措施,把彼得格勒有的东西都找出来",并要求所有的人都去搜查粮食,不去搜查的人就收回"面包配给证"。列宁认为,粮食的短缺是投机分子和富裕的居民造成的,"对于投机倒把分子不采取就地枪决的恐怖手段,我们就会一事无成","至于富裕的居民,应当3天不配给粮食,因为他们都有存粮和其他食品,并且可以用高价向投机商人购买"。

因此,为用搜查的办法来解决粮食问题,人民委员会决定组织由士兵和工人组成的检查队,其任务是:监督粮食的征集、运输和缴送,采取最严厉的措施打击投机倒把分子和征收余粮。这种最严厉的措施包括"对于当场捕获的和罪证确凿的投机倒把分子,检查队可以就地枪决"。1918年2月21日,人民委员会在《社会主义祖国在危急中》的补充法令中,明确规定:"隐匿存粮者也枪决。"

1918年5月上旬,人民委员会连续作出了一系列决议,将解决粮食危机的办法从粮食专卖转为粮食垄断。5月9日,人民委员会通过了一项《关于粮食人民委员的特别权力的法令》。这一法令一方面确认了粮食垄断和硬性价格的不可动摇,规定必须和粮食投机商人进行无情的斗争,要求每一个粮食拥有者要在一周内交出全部余粮(余粮的标准是:除去种子和个人按定额至新收获前的需要量),对不交出余粮者将采取严厉措施;另一方面把执行粮食垄断的大权交给了粮食人民委员部,使其成为拥有生杀予夺大权,并对人民委员会和全俄中央执行委员会直接负责的特殊部门。列宁特别强调了这一法令的基本思想是:"要摆脱饥荒,必须向囤积余粮的农民资产阶级和其他资产阶级展开无情的恐怖的斗争",明确指出这个农民资产阶级就是"富农",而无情的恐怖斗争就是:"凡有余粮而不把余粮运到收粮站者一律宣布为人民的敌人,判处10年以上徒刑,没收全部财产,永远驱逐出村社。"这时,在列宁的眼里,"凡是隐藏一普特余粮的人,凡是使国家损失一普特燃料的人,都是最大的罪犯",主张组织伟大的"十字军讨伐"来反对投机商和富农,来解决粮食问题。

到了5月下旬,列宁的态度就更为强硬起来。他要求把军事人民委员部改为军事粮食人民委员部,集中9/10的力量来改编军队,此外还要动员军队,去进行一场争夺粮食的战争,为期3个月,在此期间在全国范围内实行军事管制。列宁还坚决反对各单位,各地方单独收购粮食,提出了建立工人征粮队的建议。他要求"从每1 000名职工中挑选出若干优秀的和忠诚的人参加征粮队"。列宁对工人的号召是"为了获得粮食,为了反对投机商,反对富农,恢复秩序,进行一次十字军讨伐吧"。

征粮队即将出发

1918年5月27日,全俄中央执行委员会通过了在地方粮食机构下建立工人武装征粮队的法令。第一支工人征粮队是在6月初由彼得格勒的500名工人组成的,其他各地先后效仿,到秋天就有约3万名城市工人参加了征粮工作队。粮食特别人民委员施利赫特尔亲自率领一支征粮队(苏维埃俄国最早的专业征粮工作队)在5月中旬到辛比尔斯克省,按照国家分配应征收的余粮指标,进行试点征粮工作。但这支征粮队遇到的困难和阻力愈来愈大,征收上来的粮食很少。

列宁不得不在5月16日又签署了人民委员会的一项法令,赋予施利赫特尔更大的权力:他不仅可以将不执行征粮队命令的地方负责人逮捕和送交法庭,而且可以动用地方军队去征集余粮。5月27日,全俄中央执行委员会通过了在地方粮食机构下建立武装征粮队的法令。于是,各个大工厂和苏维埃都组织起武装征粮队下乡。征粮队的任务名义上是用固定价格购粮和征收富农的粮食,但实际上是不惜一切手段征收一切粮食。所以,6月20日,列宁在莫斯科的工人大会上说:"征粮队的任务是帮助收集富农的粮食,而不是在农村抢劫一切。"他呼吁,不要让浑水摸鱼的流氓和骗子、意志薄弱的工人钻进征粮队,"宁可少派一些人,但一定要派合适的人"。

征粮队武装征集粮食主要是为了各条战线的需要。为此,还在1918年11月30日建立了一个新的权力机构——以列宁为首的工农国防委员会(简称国防委员会,1920年4月改名为劳动和国防委员会,一直存在到1941年)。在这个委员会和列宁的亲自领导下,征粮队的数量迅速扩大,武装征粮工作如火如荼地进行。到1918年11月,征粮队的人数就达72 000人。在1918年12月30日至1919年1月6日召开的全俄粮食工作会议上,全面肯定了这种动用军队的余粮征集办法。1919年1月11日,列宁签署了由粮食人民委员部提交的、以人民委员会的名义颁布的《关于在产粮省份中征集应归国家支配的粮食和饲料》的法令。这一法令后来被称为余粮征集制法令,它除了重申对粮食和粮食产品的国家垄断外,特别指出要在产量省份的农民中间摊派他们应该交给国家的最低限度的粮食,即农民必须上缴全部余粮。自此,在全国范围内陆续实行余粮征集制(西伯利亚在1920年6月1日由人民委员会通过专门决议实行,土耳克斯坦在1920年11月,外高加索迟至1921年年初)。

## 四、难忘的1919年,余粮征集,"红军供应"

1919年是个非常的年份。邓尼金、高尔察克和多国的武装干涉把俄罗斯搅得天昏地暗。饥荒遍地,瘟疫流行,俄罗斯人处于政治、经济和西伯利亚寒流所组成的旋涡之中。

这一年一开始,就在莫斯科、彼得格勒和一系列工业城市实行凭证供应制。居民凭证供应的粮食和工业品达到了33种,面包、肉、牛奶、香烟、鞋、棉布等全部凭证供应。几乎是采购不到任何的粮食,粮食供应短缺,城市面包的供应不得不分为四类:重要工种的工人是第一类,每个月的面包定量是25磅;第二类是不太重要的工种的工人和职员,每月18磅;第三类是工厂主、不动产的所有者,每月12磅;第四类是红军士兵,在前线的一天2磅,在后方的一天一磅。

但是,这样的定量标准也很难维持下去,国家不得不加强在农村的粮食征集工作。1919年1月,国家颁布了余粮征集制法令——《关于在产粮省份中征集应归国家支配的粮食和饲料》的法令。这项法令是针对农村和农民的,规定农民必须按照国家规定的硬性价格和摊派的数量将全部剩余粮食和饲料交售给国家,征集制按照富农多征、中农少征、贫农不征的原则进行,征集由国家统一进行,严格禁止私人买卖。这是一种以余粮征集为名义的粮食国家垄断政

余粮征集站

策。列宁在1919年2月写的《俄共(布)纲领草案》中,把国家对粮食的垄断和征集余粮决策定为一种长期的方针。他说:"在粮食政策方面,俄共坚持要巩固和发展国家垄断。"虽然他承认有时不得不利用合作社、私商或商业职员,但他强调:"国家决不会因为这种让步而放弃实行垄断的意向。在一个小农经济的国家中,实行国家垄断是很困难的,需要进行长期的工作和一系列过渡措施的试验,目的是通过各种不同的途径普遍地组织生产消费公社并正确地发挥它们的作用,把一切余粮交给国家。"

尽管动用了武装部队和大量的人员,征粮工作进展得很不符合决策人的预想。为了首先满足军工厂的粮食需要,列宁再次往各地派出了各种特别委员来检查和推进粮食的征集和供应工作。1919年8月31日,被派往共和国各个弹药工厂和土拉枪支厂的特别军事政治委员基里尔·尼基托维奇·奥尔洛夫在给列宁的报告中,提到了辛比尔斯克弹药厂的粮食问题和解决办法:"为了改善粮食问题,在省粮食委员会的卡冈诺维奇和布柳哈诺夫同志到来后,经过协商,将辛比尔斯克弹药厂归属省粮食委员会负责,已经向那里派出了两名代表。布柳哈诺夫同志应允采取最坚决的措施来解决辛比尔斯克弹药厂的粮食供应。此外,在萨马拉省粮食委员会有相当多的食品,它可以通过自己较有力的组织工作,来及时解决弹药厂的供应问题。"这份报告还提到了该地的消费合作社、日用品的供应和社会情况:"在工厂里有两个合作社,是辛比尔斯克市城市合作社的分社。按其组成和质量它就是一具活僵尸,没有主动性,没有活力,不能应变。例如,合作社老让工人排长队领取面包,这在工人中间引起误解、争斗、暗藏的敌意,甚至酝酿着无法避免的冲突。如果要预先阻止这种冲突和消灭排长队现象,就得将合作社老的人员遣散,向其输入新的有组织能力的优秀的工人力量,并设置一系列零售点,进而消灭排队现象和工人们的不满。一项采购食品的计划已经交办。顺便说一下,我要求通过李可夫同志给工人们提供鞋子和布匹,因为在这方面他们感到严重短缺:大多数妇女光着脚去工作,她们中有很大的比例正是由于割伤和烫伤而无法去工作。需要加快生产鞋子和布匹。"

在短期内,余粮征集制取得了十分明显的效果,征集到的粮食数量迅猛增加。列宁对此十分高兴。1919年12月2日,他在俄共(布)八大的政治报告中说道:"余粮收集制应当是我们工作的基础。粮食问题是一切问题的基础。"他甚至得出这样的结论:"余粮收集制一定要贯彻到底。只有在我们解决了这一任务,有了社会主义的基础以后,我们才能在这个社会主义的基础上建立起富丽堂皇的社会主义大厦来。"这时,在列宁的眼里,持有余粮的人是和投机商人剥削者同一个概念的。他总是说"不让那些握有余粮的人有机可乘","我们关于农民经济的法令基本上是正确的,我们没有理由放弃其中任何一个法令或者对任何一个法令感到后悔"。

1919年12月9日,全俄第七次苏维埃代表大会作出决议:"必须把现在应用于采购粮食和肉类的国家粮食征收制扩大到马铃薯,而且根据需要再扩大到所有的农产品。"12月30日,人民委员会关于采购原料指示的决定草案中明确指出:"要更严格更全面地贯彻征收原则。"由此,余粮收集制扩展到整个农业领域,成了苏维埃国家领导人解决粮食和农业问题的根本途径,成为国内战争时期,不仅是支撑战争,而且是建设社会主义——"战时共产主义"的一种重要原则和方法。

但是,武装征粮首先是为了保证各条战线士兵的需要,而几乎无余力顾及城市及工厂的粮食供应。负责生产枪支弹药的各个工厂纷纷提出必须保证并增加工人们的粮食供应,否则无法保证生产的效率和如期完成生产任务。因此,从1919年春季起,国防委员会就不断颁布法令,将这些工厂工人的粮食供应标准转为红军的供应标准。1919年3月17日,国防委员会作出《关于将101个工厂的工人转为军队食品供应》的决议,其中写道:"将上述所列工厂名单中的工人转为军事经济管理局下的供应。所谓食品供应指的是面包和蔬菜的供应,其他东西这些工厂的工人们仍按一般规定领取。"根据这一决议所定的"工人红军供应标准"是:每人每月最大定额是14公斤面包,1.5公斤大麦米,3.5公斤蔬菜,0.6公斤糖,1.1公斤盐渍青鱼和各种油。其后,转为红军供应的工厂数不断增加,1919年9月1日和24日,国防委员会决议先后将伊热夫斯克枪支和铸钢厂、波多尔斯克弹药工厂,1920年9月,人民委员会决议将摩尔曼斯克的有些企业转为红军供应。关于这种"转供"的情况和问题,1920年1月1日,炮兵工厂总管理局的一份报告中有着详细的说明:土拉第一枪支制造厂——"11月、12月,工厂的工人得到了差不多全部的红军供应。此外,曾经答应工人们,以1.5普特的面粉来替代两周的假期,但是这一份额至今尚未兑现;工人们正为这些允诺兑现而奔走"。伊热夫斯克枪支和铸钢厂——"工厂的工人们从1919年9月转为红军供应,即使按照地方标准粮食方面的困难也是不应该有的"。辛比尔斯克弹药厂——"在粮食方面,较之其他工厂,我厂有着较好的条件,在享受红军供应后,不再提出特殊的请求"。

部分军工厂工人转为红军供应这一事实一方面表明,国家的粮食愈来愈少,供应愈来愈紧张,即使是转为红军供应的工厂也常常得不到及时的供应。在上述总管理局的报告中也提到这方面的情况:土拉弹药厂——"尽管斩钉截铁地答应要按后方红军标准供应工人,但是按期发放的只有面包,而其他东西只得到标准的25%"。另一方面表明,这种"转供"是作为对工厂提高生产率的一种刺激手段来加以利用的。在上述同一份报告中提到,科夫罗夫机枪厂"在11月15日被列为粮食特供单位。给工人们发放的是1普特面粉和60佐洛特尼克蔬菜(俄国的重量单位,约为4.26克——作者注)。根据对我厂进行过调查的特别委员会10月28日签署的决议,只有在工厂全部开工生产时,才能将工人转为红军供应"。最后,还表明,这种不得已而采取的"特供方式"正在急剧地拉大这种特供和居民普通供应之间的差距。

## 五、"赤卫队进攻",一长制,统一分配,"战时共产主义"

与此同时,工业领域里的"赤卫队进攻"同样热火朝天。国有化的进程席卷了所有的中型企业,在1920年年初,中型企业实现了国有化。到了1920年的秋天,迅猛的国有化进程涉及了一部分小企业——有一名雇工的企业约3 500个,有两名雇工的约3 500个,有3—5名雇工的约4 900个,有6—10名雇工的约3 700个。1920年11月29日,最高国民经济委员会颁布了将小型企业收归国有的法令,将全部企业由国家包下来,为国家的任务进行生产。

这时,工业的国有化进程是和工业的军事化进程密切联系在一起的。1/3以上的国有化大企业直属国家最高国民经济委员会领导和管理,主要从事于军火和军事物资的生产。国有化企业的生产实际上是一种军事动员生产,根

## 第四章 ● 国内战争时期的经济政策和"战时共产主义"

据国家计划进行生产的企业在1918年为1 500个,而在1920年就增加到2 500个。除了专门的军工企业外,大批的金属和机器制造工业、煤矿、纺织、制服等企业都成了事实上的军工生产工厂。为此,在原材料和产品的供应和销售方面实行严格的计划控制。所有的军工企业全部集中由国家直接管理和监控。工业企业集中全部力量生产军火和军事物资时,就开始形成一种初步的军事工业生产系统。到国内战争的结束阶段,军事工业已经成为一个特别的生产部门,直接隶属于最高国民经济委员会军事工业总管理局,其中有火炮工厂中央管理局,联合航空工厂总管理局等。到1921年1月1日,军事工业总管理局下属就有62家企业,约13万名工人。这些企业成了未来苏联以军事工业为主体的重工业的基础和骨干。

  国内战争是无情的,列宁对军工生产的要求也是无情的。他早就要求大企业无条件地服从统一的意志,强调在遵守劳动的铁的纪律的同时,要无条件服从拥有独裁权力的苏维埃领导者个人的意志。1920年3月31日,他在俄共(布)第九次代表大会上更是强化了这种服从。他说:"苏维埃社会主义民主制同个人管理和独裁毫不抵触,阶级的意志有时是由独裁者来实现的,他一个人有时可以做更多的事情,而且一个人行事往往是更为必要的。"他说:"独裁权力和个人管理同社会主义民主制并不矛盾",他还说:"共产党和苏维埃政权的全部注意力现在都集中在和平经济建设问题上,独裁问题上和个人管理问题上。"所以,列宁对反对个人管理,反对总管理局和一长制的任何提议,说这些已被中央执行委员会加以肯定的做法和制度遭到怀疑是"令人痛心的事实"。所以,这次代表大会作出了在全国推行完全的、绝对的一长制的决议。到1920年年底,全国80％以上的企业都实行了一长制。

  "彻底完成工业和交换的国有化"是列宁的基本想法。这种交换国有化是要通过消费合作社的国有化来进行的。而列宁所主张的消费合作社的国有化实际上是一种"消费国有化",即将所有公民的所有消费都由国家包下来。在余粮征集制的执行和军工生产迅猛扩大的进程中,消费的国有化也在跳着假面舞会。这种国有化体现为,一是有组织地分配产品,就是不通过任何中间渠道,不通过任何商业机构,由国家来向居民直接分配农产品和工业必需品。1919年3月,党的八大通过的党纲里明确规定:"苏维埃政权现时的任务是坚定不移地继续在全国范围内用有计划有组织的产品分配来代替贸易,目的是把全体居民组织到统一的消费公社网中,这种公社能把整个分配机构严格地集中起来,最迅速,最有计划,最节省,用最少的劳动来分配一切必需品。"

这是一种极端严格意义上的统一分配,最早实行这种统一分配的只是粮食和饲料,后来是肉类和土豆,最后扩大到几乎一切生活必需品上。这种分配标准是维持一个人生存最低限度的需要。每人每天的粮食定量,在产粮省份是一磅半左右(但国家只能供应50%左右),在缺粮省份(包括莫斯科)是一磅多一点(国家平均只能供应40%左右)。从1919年中旬开始,人民委员会颁布一系列法令和规定,从照明,供水,煤气,房租,电报电话直至因公出差的以及工人上下班和就餐的费用,都由国家来支付。同时,取消以货币来结算,改用统一的划拨清算办法。国家对居民的分配关系表现为"实发所需",一切物品,粮食,生活必需品,燃料,甚至一切公用事业费用都免费。1920年5月26日,最高国民经济委员会甚至还公布了一个配给标准,规定每个工人和职员每月可得到1磅咖啡,1磅半糖,3磅淀粉类食品,2磅点心制品,750支香烟,10盒火柴(此外,每年还供应7.5—10阿尔申棉布)。物价的飞涨使货币贬值到了没有任何意义的地步。

在这种分配制度下,不仅货币、而且银行和贸易都失去了实际的意义和作用。1920年1月,国民经济委员会决定用实物结算来代替货币结算,随后人民委员会就颁布了撤销银行的法令。经济关系的实物化就愈来愈强化,而经济关系的实物化就主要表现在工农业产品的交换和工资的发放上。工资按照平均主义原则,以实物来发放,实物在工资中所占的比例越来越大。农产品只能由国家来征收,并以向农民提供远远不等价的工业品作补偿。完全禁止集市买卖,取缔私商和私人贸易。1920年9月,莫斯科最大的集市——苏哈列夫卡市场被取缔,随后全国各地的集市买卖都被查禁。城市居民不得不悄悄去农村用口袋背粮食回来,于是"背口袋"活动盛行起来,"背口袋的人"成了当时最受欢迎的人。一开始,这种背口袋的行为曾得到李可夫的支持,并制定了背口袋的限额数量:每个"背口袋的人"每次背进城里的粮食和食品的限量是:不得超过8公斤食品(其中包括不得超过4公斤烤面包),2公斤肉,0.8公斤油。在整个国内战争期间,供应城市的粮食约有一半是由"背口袋的人"运进城里的。但是,这一政策随后被否决,政府机构组织各种征粮队,在车站、码头、路口进行搜查和拦击,严厉打击走私、贩运和背口袋的活动。

所有这一切都造成了企业中劳动纪律的松弛,最终出现了无产阶级非无产阶级化的最严重时期。国家不得不实行所有有劳动能力者的普遍劳动义务制和劳动军事化,规定从16—50岁的有劳动能力的人都得从事"社会有益劳动"。在这种情况下,加强了违反纪律现象的惩处和镇压。在1919年年底,这种普遍劳动义务制就体现为"共产主义星期六"。列宁这样说:"从经济方面来说,星期六义务劳动是必要的,它能使苏维埃共和国摆脱经济破坏并开始实现社会主义。"1920年1月29日,人民委员会正式颁布了《关于普遍劳动义务制》的法令,规定所有居民都要参加义务劳动,不劳动者将交付革命法庭审判。2月5日,又成立了以全俄肃反委员会主席捷尔任斯基为主席的全国普遍劳动义务制总委员会。普遍劳动义务制就从最早的对有产者的强制转为对所有居民的强制,劳动义务制成了普遍的劳动强迫制度。

供应上的绝对统一,分配上的绝对统一,管理上的绝对集中,思想上的绝对集中,行动上的绝对命令,执行上的绝对无情,这一系列逐步执行并最后形成一个完整系统的措施,就是"战时共产主义"体制。这个"战时共产主义"体制在粮食极度匮乏、工厂几乎瘫痪、社会处于饥荒和动荡状态下,保证了前线士兵和作战的需要,并最终使苏维埃俄国赢得了国内战争的胜利。但是,由于这个"战时共产主义"针对的主要是农村、农业和农民,是用剥夺的而不是生产的办法取得"余粮"的,农村的"余粮"很快告竭,在一时的粮食征集量增加之后,就是不可遏制的下降,1920—1921年的只有2亿普特(3.35亿公担)。农业生产遭到灾难性破坏,1920年农产品的总产值只有1913年的65%,农村有2000公顷土地荒芜。国家再次发生了更为严重的物资短缺现象,粮食、衣服、鞋靴、肥皂、盐、火柴、煤油等一切生活必需品都短缺,城市居民每天的粮食供应量下降到100克。1920—1921年的歉收和饥荒使这局势进一步恶化,苏维埃俄国再次面临危机的深渊。

## 六、不同的声音,政教分离,为俄罗斯革命竖立纪念碑

对于这种"战时共产主义"政策及其所造成的严重经济和政治困境,不断有人提出异议。曾任临时政府邮电部副部长的历史学家尼古拉·罗日科夫是其中的一位。1919年1月11日,他给列宁写了如下的信件:

> 弗拉基米尔·伊里奇,我给您写这封信并非因为希望您倾听并理解我的意见,而是因为看到我感到绝望的形势而无法沉默,应当尽一切可能,作一番甚至无望的尝试。苏维埃俄国的经济状况,尤其是粮食状况,已经糟到了无以复加的地步,而且还在日益恶化。可怕的末日大灾难正在迫近。现在我不从一般经济方面谈大灾难的原因,倘若您希望听的话,我可以专门谈这个问题,我暂时只谈粮食问题。粮食状况非常严峻,例如,

彼得格勒半数居民注定要饿死。在这种情况下,即使任何武装干涉和白卫军不直接威胁您,您的政权也保不住。您对拦击部队的威胁无济于事:全国一片无政府状态,人们不畏惧您,也不听您摆布。即使听您摆布,问题也不在这里,问题在于您的粮食政策是在不切实际的基础上制订的。倘若政府能向居民供应足够数量的粮食的话,谁还会反对国家对最重要的生活必需品的贸易实行垄断?但是,这显然不可能。这一点您现在办不到。不要拿自己的生死存亡冒险,不要让自己对明显无望的事情承担责任。

保留您的供应机构,继续利用它们,但是不要对任何一种食品的贸易(即使是粮食贸易)都实行垄断。尽您的能力供应,但是允许完全自由的贸易,强制性地要求各地苏维埃机构取消一切输入输出的禁令,撤销所有的拦击部队,必要的话甚至用武力撤销。没有私人贸易主动性的协助,无论是您还是任何别的人都无法应付不可避免的灾难。如果您不做这件事,那么您的敌人会做。在20世纪,无法把一个国家变成由封闭的地方市场组成的混合体。这在我们的中世纪(那时在目前的苏维埃俄国范围内的居民不到现在的1/20)是自然的。但现在这样做极其荒唐。我与您的分歧太大了。也许,甚至很可能无法相互理解。不过,我认为局面到了只有您的个人专制才能力挽狂澜、从反革命专制者手中夺回政权的地步,但是反革命专制者不会像仍在荒唐般地没收农民土地的沙皇将军和立宪民主党人那般愚蠢。暂时还没有这样聪明的专制者。不过会有的:乱世出枭雄。必须把专制权力从他们手中夺过来。这一点现在只有您能够做得到,您有这样的威望和能量。必须刻不容缓地去做这件事,首先从最尖锐的粮食问题着手。否则,死路一条。但是,当然不能仅限于此。必须本着社会主义的目标,重新制定整个经济政策。而为此又需要专制。让苏维埃代表大会授予您非常权力吧。正是为"此",首先需要经济方面的非常权力,然后是与此相关的所有其他政策方面的非常权力。如果你愿意,这个问题我下次再谈。是否必要,由您定夺。我觉得我这封堂吉诃德式的信似乎是可笑的。致以敬礼。倘若如此,就让它成为第一封信也是最后一封信吧。

列宁给罗日科夫回了信,坚持了自己的政策立场,并对形势作出了不同的分析:

尼古拉·亚历山大罗维奇!很高兴收到您的信,并非因为内容,而是

## 第四章 ● 国内战争时期的经济政策和"战时共产主义"

由于为苏维埃工作的共同的实际基础,我希望建立密切的关系。

形势不是绝望,而只是困难。由于在南部和东部战胜了反革命分子,改善粮食状况现在大有希望。应当考虑的不是贸易自由,经济工作者应当明白,在必需品极其匮乏的情况下,贸易自由无异于疯狂野蛮的投机,无异于富人战胜穷人。不应搞贸易自由,向后退,而应当通过(改善)国家垄断,继续向社会主义前进。转折是困难的,但绝望是不能容忍的,也是不明智的。如果党外知识分子和接近党的知识分子不是讨论自由贸易,而是组成各种紧急小组或者联合会,在粮食问题上提供全面帮助,他们就会非常有助于事业,他们就会缓解饥荒。关于"个人专制",请原谅我的表述,完全是废话。国家机器已经非常强大,有些地方已经(过分)强大,在这种情况下,"个人专制"(根本)不能实现,试图搞"个人专制"只会造成危害。

知识分子中的转折开始了。德国的国内战争以及苏维埃政权反对"普遍的、直接的、平等的、秘密的"选举的斗争,即反对反革命立宪会议的斗争——德国的这场斗争给了而且还会给甚至最顽固的知识分子以深刻的印象。旁观者看得更清。Nul n'est prophete en son paye(预言家在自己的国家不灵验)。而在我们俄国,人们曾经认为,这不过是布尔什维主义的"野蛮而已",而现在,历史表明,这是资产阶级民主和资产阶级议会制的世界性大崩溃,无论在哪个国家没有国内战争就不会有进步。情愿者命运引着走,不情愿者命运拖着走:知识分子将不得不转到帮助工人的立场上来,即站到苏维埃的立场上来。我想,到那个时候,知识分子的各种团体、组织、委员会、自由联合会和大大小小的小组就会雨后春笋般地涌现出来,要求在最困难的粮食工作和运输工作岗位上忘我地工作。那样的话,我们分娩的痛苦就会减少几个月,就会减轻。尽管分娩非常痛苦,但它是一件大快人心而且富有生命力的事情。顺致问候。

但是,历史的进程既不像罗日科夫所判断的那样毁灭和绝望,也不如列宁所断言的那样是一件大快人心而且富有生命力的事情。随着"战时共产主义"的凯歌式推进,随着苏维埃在各个地区的建立,随着"贫农委员会"的撤销,随着孟什维克和左派社会革命党人被赶出地方苏维埃,以捷尔任斯基为首的"契卡"加强了反对革命之敌的"红色恐怖"政策,相当数量的知识分子被作为孟什维克、左派社会革命党和立宪民主党人的余孽和代言人遭到了逮捕和镇压。高尔基为此在1919年不断地给列宁和捷尔任斯基写信,对此进行谴责并要求释放被

捕的人。1919年9、10月间,在给列宁的信中,高尔基的语调是近乎愤怒的:

> 我的先生,总该弄清楚当政客的知识分子与国内有学识的科学家之间的区别,总该画一条线……是的,我缺乏自持力,但我并不失明,我——不是政治家,但我——并不愚蠢,政治家却往往显得愚蠢。我知道您习惯于"诉诸群众",而个人在您看来是小事一桩。在我看来,梅契尼可夫、巴甫洛夫、费奥多罗夫——是世界上最有天才的科学家,是世界的智者,你们这些政治家们是形而上学者,而我则是缺乏自持力的艺术家,但和你们相比,我更是一个唯理论者。俄国缺少智者,我们这里有才华的人很少,骗子、恶棍、冒险家却太多,太多!我们的这场革命要进行几十年,能充分理智而有力地领导革命的力量在哪里呢?工人阶级在逐步消失。而农民呢?至今他们还没有干社会主义革命,您认为他们会干成吗?"信者得福,在世上感到温暖",而我不相信庄稼汉,认为他们是工人和文化的不可调和的敌人。现在有学问的人对我们来说应该比任何时候都宝贵,正是这样的人,也只有这样的人才能以新的智能使国家富裕起来,使国家发达起来,在人类理性与僵死物质斗争的所有领域里为我们培育出必需的技术人员大军。

高尔基还对人文科学家讲了一些特别的话:

> 对人文科学家持不信任甚至怀疑的态度,可以理解,但是我认为,对掌握有用知识的人的这种态度是野蛮人、蠢人的态度,对革命事业是极其有害的。这是一场社会革命,因此要重新评价一切有价值的东西——就算是吧,我懂!但是,我的先生,有用知识的价值对您这位马克思主义者来说,应当是不容置疑的,所以您应当懂得,应当明白,恰恰是有用的知识过去是、现在是、将来也必定是最革命的力量;只有用这方面的才智才能把人们的愿望和需求组织起来,不断加以扩大,从而有力地推动人们前进。这才是事业。然而把吃不饱肚子的老科学家塞进监狱,去挨那些沉湎于自己的权势而发呆的白痴们的拳头,要把他们赶尽杀绝——这不叫事业,而是野蛮行为。

高尔基在给捷尔任斯基的信中也直言申诉:"有关这方面的情况我已给弗·伊·列宁写了一封信,我想,他会把这封信的内容告诉您的。如果他没有告诉您,那么现在由我来告诉您,我认为逮捕这些人是野蛮行为,是残害国家精英,我在信的结尾声称,苏维埃政权正在激起我对它的反感。"

列宁在接到高尔基的申诉后,曾亲自过问。他在给高尔基的一封信中写道:"我们中央委员会已决定委派加米涅夫和布哈林去审查亲立宪民主党的资产阶级知识分子被捕案并释放可以释放的人。因为我们清楚,这方面也发生过一些错误",但列宁同样强调:"总的说来,逮捕立宪民主党人(和亲立宪民主党分子)这个措施是必要的和正确的。"

在"战时共产主义"时期,东正教和对东正教的信仰也受到了严控和打击。自从彼得大帝废除了东正教的大牧首制后,俄罗斯在200年中不再有大牧首。1905年年初,尼古拉二世曾想恢复大牧首制,以加强和巩固面临暴风雨的沙皇统治。他曾对彼得堡的都主教安东尼说过:"我得出结论,时机已经成熟,如今的俄国正在经历新的混沌岁月,因此无论是对于教会还是国家,大牧首都是必需的。"尼古拉二世甚至想自己担当大牧首之职,把皇位让给儿子,由皇后和兄弟米哈伊尔摄政。但是,尼古拉二世在位时没有来得及恢复大牧首制,而临时政府却继续了他的未竟事业,成立了"地区主教会议",着手大牧首制的恢复工作。但是,布尔什维克的十月革命打乱了这一进程。

就在苏维埃政权建立的同时,地区主教会议决定恢复大牧首制,并推举莫斯科都主教吉洪为"俄国东正教莫斯科和全俄大牧首"。吉洪在就任大牧首的讲话中说:"我们的祖国正在经受极度繁重的战争和毁灭性动荡的折磨。"1917年11月3日,莫斯科克里姆林宫被苏维埃占领后,吉洪就率领教会人员去察看了教堂和圣物遭毁的情况。1918年1月1日,吉洪在基督救世主大教堂作新年祈祷。他在祈祷中,将二月革命和十月革命与巴比伦的毁灭相比,他说:"我们的建设者只是想用自己的改革和法令施恩于不幸的俄罗斯人民和世界,来为自己赢得名声。"他向执政者呼吁:"停止你们的血腥镇压。你们所做的一切不仅是残酷的,而且是真正的魔鬼的事情,为了这种事,你们死后将在阴间遭遇地狱之火,在今生人世遭到子孙后代的诅咒。"

大牧首制的重建和吉洪大牧首对时局的看法意味着俄国的东正教在试图干涉国家的政治生活、对抗苏维埃政权。苏维埃政权对此作出了极其强烈的反应。1918年1月28日,人民委员会颁布了教会和国家、教会和学校分离的法令——《关于信仰自由、教会和宗教组织》的法令。这个法令从法律上结束了在俄国存在了几百年的教会参与政治、教会和国家政权密切合作的关系。根据这一法令,教会不得干预政治,教会的活动要受到限制,教会不得在学校中进行教学和让人们信教。这个法令还不承认教会和教堂拥有的财产,"任何教会的、宗教的团体都无权拥有财产。它们没有法人的权利"。为了贯彻这个法令,还在司法人民委员部专门成立了"贯彻政教分离法令委员会"。1918年5月29日,司法人民委员部还发出通知,要求各个苏维埃机构中都要建立"特别局",其任务是"有专门的机关或专人处理有关清理国家和宗教组织之间关系的事务"。这一事务就是关闭寺院和教堂,查抄和剥夺寺院和教堂的财产,剥夺神职人员政治权利,或者将一些神职人员作为反对苏维埃政权的反革命被遣送到集中营去。1918年11月18日,在奥格涅茨教区亚历山大·斯维尔斯基修道院关于修士被捕、财产被没收致司法人民委员部的文书中有对这种清理行动的记载:"一伙30人的红军战士,其中包括政委……跑遍了修道院院长室、司库走廊和修道士楼房里的所有修道小屋及工作室、财会室和仓库,抢光了珍贵的东西,取下了圣像上的银饰,把茶叶、糖和食品统统都拿走了。在修道院院长室里,他们把所有贵重的东西、衣服、被单,还有茶炊、茶具都抢走,值钱的、贵重的东西归自己,不太值钱的则留给地方贫农委员会。"

1919年2月22日,莫斯科省兹维尼哥罗德司法管理处清理科在向上级苏维埃的有关贯彻政教分离法令的报告中也记述了这样的清理行动:"在贯彻人民委员会关于教会与国家、教会与学校分离的法令中,做了以下工作:教会所有的财产,无论是各个乡的,还是沃斯克列先斯克市的和修道院的,都进行登记,并首先移交教区团体,而修道院的财产则转交宗教促进团体……对一所名叫新耶路撒冷的地方修道院,连同所有财产和人员,整个进行了登记和查封。当地的保障机构在那里建立了养老院和托儿所,把以前主教的住房给养老院和托儿所使用……所有财产和贵重物品都清点登记拿走,清单寄到县工农兵代表苏维埃,这些东西都留着,一直等着中央下达命令。对僧侣们,都让他们工作,和所有的资本家一样,也要进行登记,没有发生撤去本人教职的情况。"

布列斯特和约签署后东正教教会表示反对,大牧首吉洪发表了告人民书,其中写道:"这个以俄国人民名义签署的和约不会导致人民的兄弟和睦而居。和约中没有安宁与和解的保证,其中只是播下了仇恨和仇视人类的种子,其中只有新的战争和使全世界变为灰烬的幼芽。"但是,随着国内战争的激化,政教分离法令的执行也愈来愈激化。一系列教堂被宣布收归国有,有更多的神职人员被枪决。而这时,沙皇家族受到了毁灭性打击。1918年7月17日,尼古拉二世及其全家在他们被迁移的地点——叶卡捷琳娜堡,被当地苏维埃秘密枪杀,捷尔任斯基领导的全俄肃反委员会和中央政府很快承认了这次枪杀的合法性。其后,沙皇家族的其他成员(包括尼古拉二世的兄弟米哈伊尔等)先后被枪杀。吉洪把沙皇的被杀称之为"可怕的事件",表示强烈抗议,他说:"哪怕因此我们被称为反革命,哪怕因此我们被关进监狱,哪怕因此我们被枪毙。"

1918年10月13日,吉洪写信给人民委员会说:"你们掌握了政权并呼吁人民信任你们,可你们给了人民什么样的承诺又怎样去履行这些承诺的?实际上,你们给人民的是石块而不是面包,是蛇而不是鱼。你们承诺给予人民一个'没有兼并和没有赔款'的和约,结果却是不堪忍受的流血的战争。"吉洪的言行使列宁和托洛茨基都非常愤怒,但又不便公开声张。1918年11月24日夜间,吉洪被全俄肃反委员会下令软禁在家中。

莫斯科的苏维埃政权建立后,鉴于克里姆林宫遭到相当程度的破坏,市苏维埃决定对克里姆林宫进行维修和保护。为此,还成立了一个由17人组成的"保护艺术品和文物委员会"。这个委员会还制定了一个大规模维修和保护古建筑和文物的计划。1918年年初,人民委员会还为此拨过相当一笔经费,但是,政策很快发生了变化。这显然和列宁本人的看法有关。列宁十分痛恶沙皇制度,他不想让体现这个制度的任何东西继续存在于苏维埃政权之下。列宁说过这样的话:"除了个别的历史古迹,现有城市的所有部分都应当推倒重建。"而当时的教育人民委员卢那察尔斯基的具体建议则加快了这一行动的步伐。1918年4月4日,卢那察尔斯基建议列宁搞一个声势浩大的"纪念碑宣传",在各处建立纪念碑、纪念像和刷上各种标语,以宣传社会主义革命及其"太阳国"般的光辉未来。列宁当即同意这一建议。人民委员会于1918年4月12日颁布了《推倒为沙皇及其奴仆树立的纪念碑和制定俄罗斯革命纪念碑的方案》的法令。法令规定要将广场和街道上为沙皇及其奴仆而建的、没有历史和艺术价值的纪念碑统统移走,并组建一个特别委员会来制定该推倒的和该新建的纪念碑的名单。根据这一法令和列宁本人的具体指示,克里姆林宫中和莫斯科的一系列纪念碑和纪念像被推倒移走,随之许多寺院和教堂的圣像和建筑物被毁。5月1日,列宁和斯维尔德洛夫等领导人亲自参加了在克里姆林宫中推倒谢尔盖·阿历克山大洛维奇大公被杀纪念碑的活动。此后,克里姆林宫中的亚历山大二世纪念碑和基督救世主大教堂旁的亚历山大三世纪念碑等相继被推倒。

5月9日,莫斯科爆发了信教者的游行,对苏维埃政府的宗教政策表示抗议,要求恢复被毁的教堂建筑。40万人朝红场的尼古拉门涌去,再次被教会选为大牧首的吉洪在红场会见了游行者。而这时,红场上正在举行"5·1"节集会。列宁和其他领导人目睹了这一景象,不得不采取紧急措施以缓和社会舆论。一方面关闭红场,不再允许在红场举行宗教游行;红场将只作为举行国家重要仪式的场所和名人墓地;另一方面,加快了新纪念碑的建立工作,同时在纪念碑名单中增加了一些文化和艺术名人。10月7日,第一座新纪念碑——拉季舍夫纪念碑树立在凯旋广场上。在克里姆林宫旁的亚历山大花园中建起了"为劳动人民自由而斗争的杰出思想家和活动家"的方尖纪念碑。11月7日,列宁和苏维埃政府的一些领导人亲自参加了在红场上的"为争取和平与各族人民的兄弟情谊而牺牲者"的纪念牌和大剧院广场上的"马克思和恩格斯纪念碑"的揭幕仪式。

纪念碑的建立和揭幕仪式实际上是一种新的战斗动员,是将俄国的胜利寄希望于未来的世界革命。列宁在"为争取和平与各族人民的兄弟情谊而牺牲者"纪念碑的揭幕仪式上说:"让我们在纪念十月革命烈士的时候在他们的纪念碑前宣誓:我们要踏着他们的足迹前进,学习他们的大无畏精神和英雄主义。要把他们的口号变成我们的口号,变成全世界起义工人的口号。这个口号就是:'不胜利,毋宁死'。"而在"马克思和恩格斯纪念碑"的揭幕仪式上,列宁说:"愿一个个马克思恩格斯纪念碑都来提醒千百万工人和农民:我们在斗争中不是孤立的。更先进的国家的工人正挺身奋起同我们并肩奋斗。在我们和他们的面前还有艰苦的战斗。通过共同的斗争,我们一定会粉碎资本的压迫,最终赢得社会主义!"在1918年的5月,尽管苏维埃政府对教会和信教者作出了一定的让步,但是以革命的方式改变人们的世界观的过程仍然在加速进行。除了纪念碑外,在几乎所有的公用建筑物的墙壁上都刷上了标语。政治宣传画、招贴画、领袖肖像画和街头装饰画成为这一时期的典型特征,马雅可夫斯基主持的"罗斯塔之窗"就是这种文化艺术的集中体现。

在文化、艺术和教育领域中,苏维埃政府坚持了一条原则:砸烂旧的一切,在空地上新建社会主义的大厦。旧的艺术、学术机构被解散,新的艺术、学术机构相继建立,在1918年间,先后组建了社会主义科学院、最高国民经济委员会中的科学技术部,恢复了莫斯科和彼得格勒的音乐厅、剧院的演出,将摄影和电影的生产和营业企业归属教育人民委员部领导,为宣传共产主义思想服务,从1920年起,这些企业受党中央的鼓动宣传部领导和监督。

## 作者点评:

在国内战争时期,俄共(布)并没有一个明确的社会主义建设计划。对于党内的持有不同意见的人们来说,他们只有一点是共同的,那就是对欧洲革命、世界革命的希望。这时,列宁说过:"在完全摆脱资本主义并开始向社会主

## 第四章 ● 国内战争时期的经济政策和"战时共产主义"

义过渡的道路上,我们刚刚迈出了最初的几步。我们不知道,而且也不可能知道,过渡到社会主义还要经过多少阶段。这取决于具有相当规模的欧洲社会主义革命何时开始,取决于它轻易地,迅速地还是缓慢地战胜自己的敌人,走上社会主义发展的康庄大道。"

就列宁个人而言,他对国家的管理工作从一开始就有几点是极其明确的:一是银行和工业的国有化;二是建立消费合作社和交换的国有化;三是普遍的劳动义务制。而实现这一切的主要方法是强制,先是强制性计算和监督,后是用铁的手腕,用红色恐怖来达到的垄断和专政。列宁的这些基本想法后来被写进他的《苏维埃政权的当前任务》之中。列宁把管理国家的任务归结为是纯粹经济的任务,经济改造任务。列宁强调两点:一是对产品生产和分配的计算和监督;二是提高劳动生产率。此外,列宁详细解释了劳动义务制,指出"对俄国的工人和贫苦农民来说,劳动义务制应当是首先和主要地使富裕的和有产的阶级承担自己的社会勤务。我们应当从富人开始实行劳动义务制"。所谓计算和监督实质上主要是对有产者手里的财富和货币进行监督,在其后再进而"对大多数劳动者即工人和农民实施相应的原则"。

因此,《苏维埃政权的当前任务》并不是建设社会主义的具体计划,而是列宁所提出、后来被俄共(布)中央接受了的建设一个新国家的最初设想。而在国内战争时期逐步实行的那些后来被称为"战时共产主义"的措施实质上正是列宁在《苏维埃政权的当前任务》中的设想的付诸实施。

实现国有化是列宁的根本想法,所谓工业的国有化,那就是工厂归国家所有了,由工人自己来管理了,就会生产出国家所需要的产品来。他的另一种想法是,工厂企业的国有化将会使资产阶级分子和有产阶级分子购买工厂以及类似的大型生产资料的可能性愈来愈小。因此,这种国有化在很大程度上是出于无产阶级专政的考虑。工业的国有化实际上就是将私人企业剥夺、没收、征用和管制。所以,这就决定了在国家工业政策方面,是领导者的独裁意志起主导作用,是工业生产的军工化和国家经济的军事化,是随之而来的国民经济发展的"战时共产主义"性质。从物质到思想,一切领域的国有化是"战时共产主义"最基本的特征。因此,仅仅把工业国有化、总管理局制和企业管理的一长制说成是"战时共产主义"的基本特征,这是不确切的。

在粮食和农业领域的国有化中,列宁始终是把斗争的矛头指向农村的富农的。他把粮食的短缺、粮食采购量的下降、城市的饥荒、苏维埃政权的不稳定统统都归罪于富农的反抗。列宁不承认农民这个概念,只承认富农、中农和贫农。因此,对富农的进攻,对他们采取铁的手腕,对他们进行镇压就是解决粮食问题的关键,是使国家摆脱危机的必由之路。他把富农归结为小商品生产,归结为资本主义得以保留和重新复活起来,同共产主义进行极其残酷斗争的土壤。在这时,国家和富农的斗争主要表现为国家统一分配和反对国家统一分配的斗争。余粮征集制的实质就是一场对"富农"的斗争,一种广义上的对俄国农村农民的战争。所以,列宁欣喜地从执行余粮征集制所征集到的粮食和所进行的统一分配中得出了"共产主义战胜资本主义在我国是有保证的"这样的结论。

在对"战时共产主义"的阐述中,人们几乎忽略了意识形态"国有化"这个问题。意识形态"国有化"是个精神问题,它涉及人们的信仰、传统、习俗、道德、文化等诸多方面的统一和集中。其中一个最主要的问题是东正教。东正教是俄罗斯人近千年的思想归属,他们将自己的信仰、习俗、文化、礼仪、道德、传统都融于教会和教堂,他们和东正教是难解难分的。对于俄罗斯人来说,东正教既是宗教又不完全是宗教。国内战争期间,执政者认为,东正教是一种欺骗和罪恶,只有割断了与东正教的联系,才能割断与旧世界的联系。于是,在政教分离的进程中,就全力摧毁教堂、没收教堂和教会的财产、熔铸金银法器、放逐和镇压神职人员,禁止人们信仰东正教。捷尔任斯基这样的革命者相信,推倒了教堂,人们就会走上无神论的道路,共产主义思想就能发扬光大。在"战时共产主义"时期形成的这种不砸烂旧传统、旧文化,就不能建设新传统、新文化,不砸烂旧基础,就无法建设新的高楼大厦的思想和行动,在苏维埃国家其后几十年的历史进程中都在不断起作用。

"战时共产主义"是个极其复杂的历史现象,它是由许多因素错综复杂地联系在一起的。它对历史的功绩和反动是不能用几句话来表述的。但是,有一点却是很明显的,那就是包括列宁在内的俄共(布)领导人和群众都曾对这个"战时共产主义"寄予了真正的社会主义,甚至共产主义的希望。历来,人们在对"战时共产主义"的批评中,常常用了"直接过渡"这个词,可是,当我们今天来重新认识这一历史现象时,我们在列宁这一时期的讲话和文章中,在俄共(布)党的法令和文件中,却没有发现把这许多措施明确写为是向共产主义直接过渡的手段。因此,我们只能说"战时共产主义"现象只是当时俄共(布)领导人对俄国共产主义的一种朦胧想法和狂热追求的一种体现,而这种体现由于战争的胜利和经济的艰难而一度变得十分的膨胀和泡沫色彩般的鲜艳。此外,过去有人认为,造成这种不正常现象的是群众的狂热和像布哈林这样的领导人的"左派共产主义"思想的影响和鼓动。这种判断和结论显然也是不正确的。

# 第五章 转向新经济政策

## 一、国家利益至上,余粮征集的实质,
## 苏维埃俄国再次面临危机

**1920**年,曾经任苏维埃政府第一任农业人民委员和第一支征粮队队长的施利赫特尔兼任黑土产粮区坦波夫省的执行委员会主席。8月8日,他在省粮食工作会议上承认,余粮征集的惟一目的是向国家缴送摊派的粮食。他明确提出了"国家利益至上"这个原则,他说:"对于不得不在征集中上缴粮食的地方居民来说,无论余粮征集制的条件是如何沉重,毕竟在总体上还是国家利益,社会主义革命利益是首位的,是压倒一切的,它高于对其他一切问题的考虑。"他还认为坦波夫省粮食征集工作的首要成绩,就是"在富农分子的队伍中制造了紊乱",并且提出粮食征集工作的下一步刻不容缓的任务就是打击富农,用他的话来说,这就是"要狠狠地挤压富农,要让他们对省粮食委员会的命令不仅感到愤怒、激动和屈辱,而且认为非执行不可,是不可避免的"。

施利赫特尔还对粮食工作者说,他这是传达不久前在莫斯科召开的全俄第二次粮食工作会议的精神。施利赫特尔的话展示了余粮征集制的实质,同时也承认了余粮征集的极为困难的处境。余粮征集制本是为解决粮食问题而实行的,但这一措施执行的结果却使国家的粮食供应越来越紧张,国家的粮源越来越枯竭,城市里几乎到了粮尽食绝的地步。

余粮征集制并不是恢复和发展农业生产的措施。它只是一种用行政命令和军事手段来强行再分配农村的存粮的措施。这种存粮又常常是农民用以维持自己生存和生计的惟一手段,可在苏维埃政权的一切法令里,这种存粮都被统统说成是"余粮"——多余的粮食。当时,在相当多数的农民家里都有存粮,

但这存粮并不是余粮。真正有超过自己的生存和生计所需的余粮的农民是有的,但他们的成分相当复杂,可政府在执行余粮征集制的过程中却把所有有余粮(包括存粮)的农民都视为富农,并宣称不上缴余粮的人都是反抗苏维埃政权的人民的敌人。这时,苏维埃政权没有一项法令是促进农业生产的恢复和发展的,而余粮征集制日趋激烈的执行使农业生产遭到了严重的破坏:土地荒芜,耕种面积逐年减少,牲畜被大量地宰杀,农业人口大量地外流。当农村中的存粮和余粮被征集得越来越少时,国家就自然越来越感到粮食的匮乏。这种无异于杀鸡取卵的政策只能把国家推向绝境。

余粮征集制主要是在流通领域中进行的,其目的是防止和杜绝农民手中的粮食在国家的"粮食垄断"之外流向市场和城市。因此,在余粮征集制上所反映出来的斗争首先并主要是国家的粮食垄断政策(或者说是粮食专政)和农民的粮食非垄断、反垄断(或者说是反粮食专政)的意识、情绪和行为的斗争。当时的征粮队实际上叫作"拦阻队",它们大多位于铁路车站、水运码头和公路线上,拦阻(实际上是强行征收)"背口袋的人"携带的粮食。这些"背口袋的人"有真正的农民,有投机的和不完全是为投机的商人,也有城市里下到农村来找粮过日子的工人和其他城市居民。余粮征集制所征集到的粮食大多是从"背口袋的人"手中获得的,仅仅1918年的6、7月份,就从这些人那里剥夺了200万普特的面粉。国家对"背口袋的人"的处置是极为严厉的:剥夺自由,判10年以上徒刑,强迫劳改和没收财产。但"背口袋的人"的活动却无法禁止得了,拦阻队在铁路上查得严,他们就走水路,就通过各种途径把粮食背到市场和城市里去。所以,余粮征集制的斗争实质上是禁止粮食的自由贸易和实际上的粮食自由贸易之间的一场真正的战争。

国家征集到的余粮主要用于战争,小部分用于大城市里国防工厂工人的需要。国家对居民的口粮规定了由国家供应的最低定量标准,但却只能供应其中的一小部分。居民的口粮大部分要靠那些"背口袋的人"来供应。从1918年年末到1919年,"背口袋的人"对城市和工人居民点的粮食供应在产粮省份占总量的58%,在缺粮省份占总量的65.2%。国家对"背口袋的人"的惩罚性措施实质上切断了居民的大部分粮食来源,不得不使城市居民,进而使城市工业处于粮荒之中。因此,形成了一个独特的局面:在征集余粮最多最激烈的地区,比如乌克兰南部地区、乌拉尔地区、西西伯利亚地区和其他一些产量省份,农民对苏维埃政权最不满,所表现出的反抗最激烈也最有组织。

对于这种余粮征集制和它产生的越来越严重的后果,布尔什维克党内是有分歧的,而且分歧越来越大、越激烈。1920年1月下旬召开的全俄国民经济委员会第三次代表大会上,在最高国民经济委员会最高运输委员会工作的拉林建议取消余粮征集制,代之以粮食税。列宁否决了这一建议,他认为余粮征集制是最主要的工作,"只要偏离这项工作,稍微分散精力,就会极严重地危害以至葬送我们的事业"。他寄希望于"劳动军","把劳动军建立起来,把工农的全部力量动员起来,我们就能完成我们的基本任务"。3月,托洛茨基在中央全会上建议:取消余粮征集,改行粮食税,实行商品交换,保证对农民生活必需品的供应,发展集体农业。他的意见没有被中央所接受。

但是,事实上,即使在内战最激烈的时期,也有些地方没有执行余粮征集制。比如,在南部的察里津和中部的卡卢加一带,那里的苏维埃没有剥夺"背口袋的人"和禁止粮食的自由贸易,而是向他们征收赋税,并将所获得的钱财和粮食支援战争和挨饿的居民。当然,中央政府不承认这样的行动是正确的,认为这是社会革命党人的反动。从1918年8、9月份起,关于城市里没有粮食,国家征收不到粮食和群众情绪越来越不满的报告不断从各省送到中央。除了农民的骚动和起义外,特维尔、梁赞、伊万诺沃-沃兹涅先斯克和科斯特罗马这样一些大省份的工人开始集会,要求政府取消粮食专政。这时,在中央决策层也不是没有异议,主管经济工作的李可夫、拉林等人较早地接触到了这方面的材料,感到了危机,于是向中央建议,放松余粮征集制。于是,粮食人民委员瞿鲁巴同意实行一种较为宽松的措施——"一个半普特行动",即给"背口袋的人"发给到产粮区去的铁路特许通行证,但只准许一次性地背运一个半普特的粮食。这个行动执行的时间很短,但在它实施时,私人背进莫斯科和彼得格勒的粮食比粮食人民委员部计划采购的多一倍以上。这一行动在1918年10月被禁止。因此,在1919年和1920年年初,国家的粮食征收政策实际上存在着矛盾的两个方面,一是不断强化余粮征集制,另一方面又不得不在粮食和政治危机尖锐的地区,实际上作出某种让步——准予"一个半普特"行动这样的措施执行。

然而,从总的方面来说,余粮征集制的执行是日趋激烈和强化的,苏维埃俄国面临着新的、深刻的经济、政治和社会危机。

## 二、"安东诺夫匪帮",坦波夫农民起义, 图哈切夫斯基镇压

在整个"战时共产主义"时期,为了保证粮食的征集、运输和调拨,还成立

了第一劳动军委员会,试图用军事手段来解决粮食问题。第一劳动军委员会由托洛茨基任主席,皮达可夫任副主席。托洛茨基曾多次向列宁建议赋予劳动军委员会以更大的权力,并从粮食人民委员部和农业人民委员部向该委员会派出拥有全权的代表。1920年2月19日,托洛茨基在致斯克良斯基并转列宁的信中写道:"请您考虑:孟什维克舍尔非常想参加劳动军的工作。他熟悉使用军事力量完成劳动任务,是一位负责的工作人员。"在托洛茨基这一时期的一系列信件中,他寄希望的"使用军事力量完成劳动任务"就是实施"军事管制"。

但是,因粮食而出现的问题管不胜管,各地农民的暴动也此起彼伏。1920年春天,喀山省和乌法省的农民起来反对余粮征集制。3月2日,俄共中央书记克列斯廷斯基给托洛茨基的信中写道:"喀山省和乌法省的穆斯林农民的暴动越演越烈。别伊别伊被暴动者占领。他们对乌法省的其他县构成威胁,力图打入巴什基尔部队并鼓动这些部队跟他们走。"同一天,当地领导人、巴什基尔苏维埃共和国主席瓦利多夫给托洛茨基电报,声称农民的暴动是因为"人们由于巴什基尔农业区的富农很不愿意提供粮食而死于饥饿和伤寒病。巴什基尔的红军战士主要来自那些地区,他们清楚同富农斗争的目的"。

在顿河、库班、乌克兰等产粮区和西西伯利亚地区频频发生农民抗拒余粮征集的骚乱。组织者和领导者都是苏维埃政权机构中的工作人员或是部队的指战员。骚乱的情况在乌克兰尤为严重。1920年4月26日,托洛茨基在致列宁的信中说:"乌克兰的局势应予以特别关注。土匪活动十分猖獗。加里西亚的两个旅暴动,枪口对准了我们。"

在俄罗斯中部产粮区的坦波夫省是施利赫特尔坐镇的实行余粮征集制的"模范地区",所以在这里余粮的征集和对富农的剥夺就极为激烈和无情,而农民的不满情绪也就极为激烈和声势浩大。从1919年年初起,坦波夫省的基尔萨诺夫斯克县、涅克拉索夫乡和科兹洛夫县的农民就因对抗余粮征集而发生了骚乱。所有的骚乱都源自对农业特别税和武装征粮队工作的不满。涅克拉索夫乡在向县苏维埃的报告中这样写:"群众中的不满尤其表现在落到不富裕阶级的农民身上的无力承担的特别税上,因为在这个乡特别冒尖的富裕农民数量少,乡的多数人都是劳动人民。"1919年10月19日,在基尔萨诺夫斯克县负责工作人员的会议上,第一次提到"和安东诺夫匪帮作斗争"的问题。这次会议的记录上写道:"安东诺夫匪帮恐吓居民并杀害我们优秀的同志。时至今日,县党委会不能开展自己的政治工作,军事委员会不能对公民进行动员,县

## 第五章 转向新经济政策

粮食委员会不能没收多余的粮食。因此无论如何要采取措施和安东诺夫匪帮作斗争。"

亚历山大·斯捷潘诺维奇·安东诺夫是坦波夫省基尔萨诺夫斯克县警察局长,他对余粮征集制表示不满并组织了"战斗队",他的行动被当时的省委说成是"匪帮活动"。1920年2月中旬,省委在向中央的通报中说,除了富农、投机者和神父们的反对苏维埃政权的"绿色运动"外,还有

坦波夫省农民交余粮

右派社会革命党人安东诺夫的匪帮活动,并且认为这是右派社会革命党人的叛乱,"安东诺夫匪帮从位于坦波夫省的立宪会议的委员——右派社会革命党人涅姆季诺夫和阿尔罕格尔斯基那里接受指示。这个匪帮的计划是广泛的,甚至试图进攻坦波夫城。匪帮躲藏在森林和富农中间。以前派出的部队都未能将其消灭。"安东诺夫很快作出了回答,他在给基尔萨诺夫斯克任警察局长的信中为自己辩护说:"这是在劳动农民和具有自由思想的全俄罗斯面前给我和我的同志们抹黑。"他说:"只有旧时代的可耻的官僚们才配得上这可耻的无赖行径。"他申辩说:被指责为匪帮的"这些人不仅自己不可能去干这种可耻的事,并且不会允许他人去这样胡作非为"。

1920年,全俄的播种面积大为减缩,只有1916年播种面积的1/4,而农作物的产量只有1913年的约一半。在坦波夫省,一个农户只有2.8俄亩土地,而在1918年是4.3俄亩。1920年下半年,城市产业工人的口粮为每天2/3磅,其他居民为1/3磅。1921年1月22日,人民委员会颁布法令将工人的配给量减少至1/3磅。而在农村,余粮征集反而加速进行,农民的不满情绪到了一触即发的程度。与此同时,坦波夫省向征粮队无条件地上缴了作为"余粮"的2 750万普特的粮食和1 900万普特的土豆,农民的不满和骚动遍及整个坦波夫省。对于"绿色运动"和安东诺夫这样的骚乱,中央政府主张坚决镇压,由全俄肃反委员会采取"剑与火"的行动。1920年8月,列宁在给斯克良斯基的

便条中写道:"真是绝妙的计划。请你和捷尔任斯基一起完成它。我们将冒充'绿色分子'(以后我们把责任推给他们)挺进10—20俄里,把富农、神父、地主处决掉。悬赏:处决一个赏10万卢布。"

  夏天,出现严重的旱灾,农民的暴动席卷整个坦波夫省。安东诺夫在对红军士兵的文告中说:"我们解放的钟声已经敲响。为了将祖国从红色刽子手中拯救出来,我开始指挥坦波夫城的民兵,就像当年米宁和波扎尔斯基在下诺夫哥罗德齐集大军。现在,有12万人的军队归我指挥。下面是我的命令:不管有多大的困难,你们应该立即出发,来和我的民兵会合。到我这里来,到坦波夫来!"安东诺夫的举兵,在附近地区很快得到了农民的支持。坦波夫省的这次暴动在长时间内、在广阔地区存在和发展起来。

  到了1921年年初,饥荒就遍及22个省,饥民数达到2 330万人。粮食的情况成了灾难性的,在产粮区,每个农民平均每年只有17普特粮食,而在缺粮区只有9普特。在乌克兰和乌拉尔地区,由于大批士兵复员返乡,他们纷纷参与了农村中抵制和抵抗余粮征集制的行动。列宁把他们的活动称之为"盗匪活动",他说:"几万、几十万士兵早已只习惯于打仗,把打仗几乎当成了唯一的职业,现在在复员回到家乡,他们一贫如洗,生活艰难,自己的劳动用不上,结果我们被卷进了一场新形式的战争,新类型的战争。这种形式的战争简言就是盗匪活动。"而在西伯利亚地区,余粮征集到了没有武器就寸步难行的地步,农民的不满导致了"西伯利亚农民联盟"这样有影响的组织的出现和多方活动,并最终爆发了大规模的农民起义。他们甚至切断了西伯利亚大铁路,使征粮队征集到的粮食无法运到欧俄地区去。列宁也感到了震惊,他把西伯利亚地区农民的起义比做是"不是一场可以估计兵力的战争"。

  在这种情况下,坦波夫省的农民暴动发展到了很大的规模。1920年秋季到1921年年初,一方面是安东诺夫加速了自己部队的行动;另一方面是零散的农民骚动联合成了受社会革命党人很大影响的"劳动农民联盟"这样的直接对抗苏维埃政权的力量。安东诺夫虽然自称是"独立的社会革命党人",但他的军事行动却不受社会革命党中央的控制。坦波夫的社会革命党领导人尤·波德别利斯基就称安东诺夫的活动是"没有口号,没有思想,没有纲领的无望的游击习气"。社会革命党中央要他服从中央的策略,要他放弃恐怖行动,转而采取灵活的、和平的政治斗争。安东诺夫表面上应允,但实际上仍然自行其是。因此,"安东诺夫匪帮"和"劳动农民联盟"并不完全是一回事。在坦波夫地区,实际上存在两股农民运动,两股对抗苏维埃的势力。安东诺夫的活动具

## 第五章 转向新经济政策

有更朴素的农民要求,直接反映了现实的尖锐矛盾和对切身利益的关注。1921年2月初,一个叫"小列夫"的写的一份《告红军士兵书》就反映了这种情况:"红军士兵兄弟们!你们好好想一想,你们是在和谁作战?这不是匪帮,而是农民的起义。我们为了将公民从公社中解放出来而起义。红军士兵们,我们向你们伸出兄弟的手。让我们一起进行斗争。一起抛掉痛苦并好好地安排自己的生活。共产党人犹大让我们相互争斗。我们开始相互残杀。唉!他们让我们白流了多少血,而我们宽恕他们的行为!停手吧,为什么要兄弟相残?我们想重新过好的生活。贫穷迫使我们战斗。而你们,我们的兄弟,却要镇压起义。红军士兵兄弟们,你们要背道而驰,放下武器。你们要知道,这是人民在起义。你们在那里应该帮助我们这些游击队员,而不要来灭火。让起义的烈焰更炽烈地燃烧起来。人民在奋起拯救自己。这场大火预示着美好的生活。只有在这场令人厌烦的战争结束时,你们中的每一个人才能有事干。我们所有的人将各自回到自己的家里去。工业将很快发展起来。而妨碍这一切的正是公社分子,他们激起农民的仇恨,扒光所有的粮仓,他们把人民变成游击队员。你们已经厌烦战斗,是共产党人动员你们来的。他们给了你们武器并派你们来残杀自己的兄弟。那些同情游击队员,从来也不向他们射击的人,应该向游击队交出武器。而开枪的人,就是敌人,游击队员将杀死他们。我们的红军士兵兄弟万岁!所有农民的联盟万岁!我们的领袖安东诺夫万岁!"

而"劳动农民联盟"却有着明显的社会革命党人的影响。这个"联盟"在其纲领中说:"劳动农民联盟的首当其冲的任务就是推翻共产党 布尔什维克党人的政权,这个政权已经将国家推至贫穷、死亡和耻辱的边缘。"为了争取农民对它的支持,该联盟在关于区委员会工作的指令中规定:"完全取消凭证供应制。"这个联盟有自己的由8个军组成的人民起义军,有作战总部,有自己的司令员——皮·托克马科夫。起义军指挥人员的任命制和红军是一样的,也像红军那样把政治工作看得很重。1921年1—2月间,"劳动农民联盟"和人民起义军以"在斗争中你将得到自己的权利!"为总标题,散发了《致农民和工人书》、《致工人书》和《致被动员的红军士兵书》。这些呼吁书提出了明确的反对和打倒共产党人的口号,在《致被动员的红军士兵书》里这样写:"让我们和你们愤怒的声音汇成一个共同的呼喊:'共产党人去死吧,劳动农民和反对共产党人强暴者的所有被压迫人民的总武装起义万岁!'。"

坦波夫的农民起义有成为全国起义和暴动的中心的趋势,这不能不引起列宁和中央政府的密切关注。一个共同的结论是:把"安东诺夫匪帮"和"劳动农民联盟"看成是一回事,把坦波夫地区的农民起义都归结为是"安东诺夫匪帮"的骚乱。随即成立了一个专门委员会,来研究镇压"安东诺夫匪帮"不力和拖延的原因。不久,该委员会的主席卡麦隆在报告中在承认镇压的军事力量不足后,强调了粮食问题:"坦波夫省的粮食状况一方面由于严重干旱、播种不足和歉收促使群众对苏维埃政权的粮食政策产生了不满。另一方面部队和总部对粮食供应的急需不允许征粮工作有丝毫放松,只能遵照总部的命令在不满情绪和反抗行为滋长的情况下,加强征粮工作,这也削弱了反暴乱的力量,使暴乱活动得到了明显的扩大和深入","而苏维埃政权在这里是有名无实,未能取得大多数农民的支持"。坦波夫省肃反委员会主席认为农民起义的主要根源和原因有三点,"粮食运动的开展,总的经济条件和反对共产党的敌人、切尔诺夫派的右派社会革命党人的鼓动工作"。

1921年2月1日,俄共(布)中央政治局开会,出席会议的有列宁、布哈林、斯大林、克列斯廷斯基、普列奥布拉任斯基、鲁祖塔克、加米涅夫和安德烈耶夫。会上,奉列宁之命前往坦波夫省参加省第十次党代表会议并进行视察的布哈林作了报告,他详细说明了那里的农民的情绪和社会动荡,要求采取措施缓和农民的负担。会议就布哈林的报告作出两方面的决议,一是指令粮食人民委员瞿鲁巴,"要对特别是农民因歉收而遭罪和在粮食方面有着特殊需要的地区的余粮征集执行情况予以最认真的关注。同时,承认有必要采取措施来减轻这些省份中农民的粮食负担,尤其是组织公共饮食的其他一系列措施";二是"责成组织局会同全俄中央委员会主席团立即派出一个全俄中央委员会的委员会到坦波夫去进行政治领导并帮助与农民起义作斗争的同志们,也为了在从起义者手中解放的地区进行政治清理"。这次政治局会议还听取了在大饥荒出现后所组织的"对因饥荒而遭受困苦的农民提供援助问题委员会"的报告,会议就此也作出决议,责成瞿鲁巴和列扎瓦迅速起草减轻农民负担的文件,责成布哈林、普列奥布拉任斯基和加米涅夫起草由加里宁签署的全俄中央执行委员会告坦波夫省农民书。这次会议后,组成了以安东诺夫-奥弗申科为首的全权委员会,并很快将安东诺夫-奥弗申科调往坦波夫省。

1921年2月9日,这份告农民书最后以坦波夫省执行委员会和省党委员会的名义公布:"农民同志们!鉴于现在已有可能开始从南方和西伯利亚获得一些粮食,根据省党委的报告,考虑到坦波夫省农民现在所处艰难境遇的重负并考虑到大部分余粮的征集已经完成,仍在一些富农手中的剩余粮食已是相对微不足道的了,因此粮食人民委员部决议:停止在坦波夫省进一步征集余粮。省党委和省工农和红军士兵苏维埃执行委员会极其高兴地接受粮食人民委员部的这一指令,并且现在就已经给各县粮食人民委员部作出指示,要他们立即按照停止征集余粮和撤消所有征粮队的通知办事。农民同志们!你们遭遇了前所未闻的困难,但却光荣地履行了对工农国家的伟大义务。现在,工农国家,你们的祖国,你们所选择的政权应该对你们百倍地回报。也是根据省党委的建议,省执行委员会决议:对农村居民实行优先供应,同时为了加强这方面的工作,已经向中央政府请求扩大物质信贷。农民同志们!只要能够向你们提供帮助的,苏维埃政权就将帮助一切。而为了更好地听取你们的请求和需要,在全省范围内正在组织广泛的无党派代表会议,我们邀请你们派自己的代表去参加。勇敢地、坦诚地说出你们的需求和欺侮你们的人。苏维埃政权能够保卫你们。农民同志们!战争已经结束,余粮征集已经完成——现在应该像一个和睦的家庭那样去准备春播运动!让一切敢于将农民和这一和平劳动隔离开的人见鬼去吧!苏维埃政权将无情地击毁他们!农民同志们,去劳动,去和平生活,去春播吧!"

这一告农民书虽然没有真正指出余粮征集制所造成的恶果,但是毕竟宣告了要在坦波夫省结束余粮的征集。

然而,对安东诺夫及其他农民起义的镇压并没有停止。1921年3月3日,安东诺夫-奥弗申科在向中央的报告中确认坦波夫省的农民起义是社会革命党所操纵和领导的,要求进行坚决的镇压,他写道:和匪帮运动进行斗争的"基本思想是——通过一系列措施(清洗苏维埃机构,广泛地进行公开审判等)来使农民基本群众对抗社会革命党人匪帮分子。无情地连根铲除社会革命党组织并通过确立诚实的苏维埃政权、坚定的秩序、对农民所提要求的明确性、计划性和合理性来逐步加强在农民中的影响"。随之,全权委员会在坦波夫地区实行清剿、戒严等军事行动,参与工作的还有全俄肃反委员会的工作队。1921年3月16日,全俄肃反委员会军事管理局的负责人亨利希·亚哥达就领导了对尔季舍沃村的戒严工作。经过清剿,坦波夫省的农民军的力量受到一定的打击,其司令员托克马科夫被击毙。1921年3月29日,工农红军参谋总部和革命军事委员会就共和国土地上起义运动一事写出报告,其中指出:"到上述时间,安东诺夫匪帮的总人数为1万人和数量不多的机枪。"在清剿中,"安东诺夫本人在我们装甲列车的猛烈炮火下,带着约100名匪徒和一门大炮逃向南方,进入拉姆赞湖区"。在坦波夫省委书记致捷尔任斯基的报告中写明:"现在安东诺夫的部队有7 000名士兵,两门大炮,20—25支机枪,而且,其部队基本上显然已不是从前的绿色青年，而是老兵（来自复员的士兵），身经百战，了解国内战争的一切特点。"

1921年3月20日，安东诺夫-奥弗申科签署《就自动投诚认罪告匪帮团伙参与者书》、《告被拉进匪帮团伙的农民书》等命令，限定匪帮团伙要在3月21日至4月5日的期限内投诚认罪，"在此期间内自愿携带武器到红军部队某个司令部的人，将得到宽恕并放其回家，只要他不是逃兵。逃兵去红军，但是他不会遭到任何惩罚。团伙的头目和教唆者如果自愿投诚，将可免除最高惩罚，不被枪决"。但是，投诚者不多。自1921年4月15日起，坦波夫省军队司令员帕夫罗夫和安东诺夫-奥弗申科先后因投诚期已过，下达了严厉的命令，帕夫罗夫的命令是："自愿投诚期已过。所有依然留在匪帮队伍中的人是不可悔改的强盗——工农的最凶恶的敌人，因此我命令：1. 消灭所有手执武器的匪徒。2. 确认所有的头目和在匪帮团队中担任指挥职务的人，直至排长，都不受法律的保护。3. 逮捕所有因被怀疑参与和与匪帮分子合作的人，并将他们随同材料转交军队特别部。"在安东诺夫-奥弗申科的命令中，也改变了对投诚者的态度："红军部队已经接到命令，要立即全部消灭匪帮团伙。对任何一个安东诺夫分子，即使是以前携带武器自愿向苏维埃政权投诚者，也只考虑对他不采用最高惩罚，但是要判刑。"

1921年4月26日，列宁向副陆海军事务人民委员、共和国革命军事委员会副主席斯克良斯基征求意见："我认为需要派遣图哈切夫斯基去镇压坦波夫起义。最近，那里的情况没有改善，有些地方甚至更坏。这项任命将取得较大的政治效果。尤其是在国外。您的意见？"第二天，政治局会议决定派遣图哈切夫斯基去坦波夫，并限定他在1个月内消灭安东诺夫匪帮。图哈切夫斯基到任后，立即采取了严厉的镇压措施。他于5月12日给坦波夫省军队签发了一份命令，除了重申安东诺夫-奥弗申科命令中的有关投诚等的措施外，特别规定了"扣押人质"的措施。命令要求："3. 不投诚的匪帮分子的家属要坚决予以逮捕，而他们的财产要没收，并将其根据全俄中央执行委员会全权委员会补充下发的特殊指令，在忠于苏维埃政权的农民中间分配。4. 被逮捕的家属，如果匪帮分子仍不投诚仍不缴械，则发配往俄罗斯联邦共和国的边缘地区。"5月15日，他还下令，在战斗地区组建"三人侦讯委员会"，来审理有关匪帮的案件。

6月11日，以全俄中央执行委员会特命全权委员会的名义（由安东诺夫-奥弗申科、图哈切夫斯基、坦波夫省执行委员会主席拉夫罗夫和省委书记瓦西里耶夫联合签署）发布了第171号命令，命令全文如下：

## 第五章 转向新经济政策

从6月1日起开始的对匪帮活动的坚决斗争正在使地区迅速平息下来。苏维埃政权在有序地恢复,劳动农民正在转向和平和安定的劳动。安东诺夫匪帮已被我军的坚定的行动所击溃、打垮并正在被逐个捕获。为了彻底铲除社会革命党匪帮的根子和对先前发布的命令加以补充,全俄执行委员会全权委员会命令:1. 拒绝报出自己名字的公民一律不经审判就地枪决。2. 对那些隐匿武器的村庄,县政治委员会或者区政治委员会有权宣布判决,剥夺人质并在他们不交出武器时枪毙他们。3. 在发现隐匿武器时,可不经审判就地枪决家庭中的年长者。4. 隐匿匪徒的家庭应予逮捕并从省里流放出去,剥夺其财产,家庭中的长者不经审判枪决。5. 隐匿匪徒的家庭成员或者财产的家庭,视如匪徒,该家庭的长者不经审判就地枪决。6. 匪徒家庭逃跑,其财产在忠于苏维埃政权的农民中间分配,而留下的房屋烧毁或者拆除。7. 本命令应严厉和无情地执行。

第二天,即6月12日,图哈切夫斯基和其参谋长卡库林联合签署了一份对起义者使用窒息性毒气的命令:

被击溃的匪帮残余分子和从恢复了苏维埃政权的村庄逃出去的某些匪徒正在森林里集结并从那里向和平居民进行突袭。为了对森林进行清除,我命令:1. 用窒息性毒气对隐藏匪徒的森林进行清剿,要进行准确计算,以便使窒息性毒气完全扩散至整个森林,消灭隐匿其中的一切匪徒。2. 炮兵视察员应立即使所需数量的毒气罐和所需专家到位。3. 各战区首长应坚决地和有力地执行本命令。4. 报告措施执行的情况。

经过49天的清剿,7月16日,图哈切夫斯基向列宁汇报了坦波夫省的情况,指出清剿的成果是:"坦波夫省的农民起义被消灭了。劳动农民联盟被粉碎了。苏维埃政权在各地恢复。到7月11日,21 000名匪徒只剩下了1 200名骑兵,有大批匪首被歼灭。"他同时承认坦波夫省农民起义的主要原因是"对余粮征集制的不满以及在地方上拙笨地,甚至是极为残酷地执行余粮征集"。

但是,第171号命令和图哈切夫斯基采取的严厉措施遭到了包括李可夫、托洛茨基和布哈林在内的政治局成员的强烈反对。在7月16日的中央政治局会议上,李可夫提出了这一问题,最后的决定是列宁的批示:"将李可夫提出的问题交由托洛茨基同志参加的与匪帮活动作斗争委员会研究,责成该委员会通过一致同意下的最终解决方案。"1921年7月18日,李可夫又给托洛茨基写信,要求取消171号命令,并从坦波夫省召回安东诺夫-奥弗申科和图哈切夫斯基。19日,托洛茨基主持召开了与匪帮活动作斗争委员会,作出了取消第171号命令和召回图哈切夫斯基和安东诺夫-奥弗申科的决定。

安东诺夫匪帮和坦波夫省的农民起义最终还是被镇压了下去。约在1922年6月间,安东诺夫本人和他的亲弟弟季米特里·安东诺夫最后也在离他们起事地点不远的一个小村庄被肃反委员会所逮捕和处死。尽管如此,坦波夫省和整个俄罗斯的粮食、农民和农业问题并没有得到根本性的解决。

### 三、水兵发难,"喀琅施塔得叛乱",图哈切夫斯基再披挂,乌赫塔集中营

由于粮食的严重匮乏,苏维埃政府不得不在1921年2月初下令削减彼得格勒、莫斯科的粮食定额,在工人中间减少粮食供应。这在工厂工人中间引起巨大的不满。1921年2月中旬,彼得格勒肃反委员会在一份报告中这样写:"2月上半月在许多工厂中多次发生罢工。1. 2月9日彼得格勒电车库工人开始罢工。于次日12时以后才恢复工作,参加罢工的工人共计1 037人。原因是没有按时供应面包。2. 2月9日波罗的海造船厂开始罢工,于2月11日结束,参加罢工的工人人数达到3 700人。原因是粮食供应减少。"莫斯科肃反委员会也向捷尔任斯基报告:"在贯彻对莫斯科一些企业实施均衡定额供应的总方针时,包括对位于哈莫夫基尼的有国家采购订单的工厂减少了1.5俄磅的份额供应。由于这个原因上述工厂在群众集会后于上星期六停止工作。星期天的工作只有共产党员和青年联盟的成员来干。"因粮食问题而发生的罢工随即蔓延到其他的城市。2月24日,为了应对即将于次日可能发生的工厂工人大罢工,俄共(布)彼得格勒委员会执行委员会作出决定:"在各区组织成立三人小组,应由地方官员、民兵组织中的共产党员指挥官以及司令部核心人物组成。各省也应成立这样的三人小组,由共产党省委书记、执委会主席以及省军事委员会主席组成。总部应当在接到本命令后立即开始工作,并迅速恢复中央同各行政区的联系。应以执委会的名义宣布戒严,本指令下达后军事委员会也应发布命令,从公告实际发布的那一时刻起就进入戒严状态。"

2月28日,俄共(布)中央政治局会议决定成立莫斯科市国防委员会,任命托洛茨基为主席。同一天,全俄肃反委员会下达了"在最短时间内粉碎反苏维

埃政的机关"的命令,认定"社会革命党分子和孟什维克分子利用因生活条件恶化而自然产生的不满,力图号召进行旨在反对苏维埃政权和俄共的罢工运动,并使这一运动具有组织性和全国性"。命令要求将所有无政府主义者、社会革命党分子和孟什维克从苏维埃机关,特别是从地方自治机关、粮食机关和配给机关中清除出去,禁止在工厂工作和号召罢工、演讲、游行示威的积极的社会革命党分子、孟什维克和无政府主义者的活动。

在十月革命中发挥过巨大作用的波罗的海舰队中的不满情绪也在增长。在彼得格勒北部的海军基地喀琅施塔得要塞,约有2万名水兵,他们来自农村,了解农村的真实情况,对余粮征集制所产生的严重后果和农民遭受残酷镇压的情况十分清楚,农民的起义和暴动影响到了他们的情绪和士气。水兵们对彼得格勒工厂工人的罢工以及他们的遭镇压表示了极大的关注和同情。2月25日,"彼得罗巴甫洛夫斯克"战列舰选出由7名水兵组成的代表团,去彼得格勒的工厂慰问工人,对他们表示支持。2月27日,这个代表团向自己的舰队报告了彼得格勒工厂发生骚乱的情况和原因。28日,"彼得罗巴甫洛夫斯克"号战列舰通过了13点决议。2月28日,"塞瓦斯托波尔"号战列舰的水兵和多数俄共(布)党员表示赞同这一决议。2月28日,季诺维也夫给列宁发了一份密码电报:"喀琅施塔得两艘最大的军舰'塞瓦斯托波尔'号和'彼得罗巴甫洛夫斯克'号通过了社会革命党黑帮分子关于提出24小时最后通牒的决议。在彼得格勒居民中的工人的局势原先就非常令人不安。大工厂都在停工。估计社会革命党已决定加速事件的发展。"

3月1日,驻喀琅施塔得第1、第2战列舰队(即"塞瓦斯托波尔"号和"彼得罗巴甫洛夫斯克"号战列舰)召开全体人员大会,通过了以13点内容为基础的15点决议:

> 在舰队派员至彼得格勒了解彼得格勒局势,并听取了全体船员派出的代表的报告后,作出如下决议:1. 鉴于现苏维埃不能代表工人和农民的意志,应立刻通过不记名投票重新选举苏维埃,在选举前应对全体工人和农民进行公平的预备宣传。2. 对工人、农民、无政府主义者、左翼社会党派实行言论和出版自由。3. 实行工会和农民联盟集会自由。4. 最迟在1921年3月10日前召开彼得格勒市、喀琅施塔得市和彼得格勒省的工人、红军战士和水兵的无党派会议。5. 释放社会党的所有政治关押犯以及与工农活动有关的所有在押的工人、农民、红军战士和水兵。6. 选

举复查监狱和集中营在押犯案件的委员会。7. 撤消各类政治部门,因为任何一个党都不能享有宣传自己思想的特权和从国家领取用于此目的的资金。代之应建立由当地选举的文化教育委员会,由国家拨给其资金。8. 立刻撤出所有拦击队。9. 对全体劳动者均等供应口粮,有害健康的车间除外。10. 在所有部队中撤消共产党员战斗队,在各工厂亦撤掉共产党员担任的各种值勤。如需这些值勤和战斗队,可以指定部队中的连队担任,工厂应由工人们酌定。11. 应给农民在自己的土地上耕作的全权,因为他们希望这样,并希望以自力而不是雇佣劳动力来喂养和使用牲畜。12. 我们请求所有部队及军校的委员同志们赞同我们的决议。13. 我们要求,所有决议广泛在报刊公布。14. 应确立巡回执行部,监督执行。15. 允许以自力进行手工业生产。本决议舰队全会一致通过,两票弃权。

舰队会议主席 佩特里琴科 书记 佩列佩尔金。

随即成立了以佩特里琴科为首的"喀琅施塔得临时革命委员会"。3月2日,该委员会发布告要塞和喀琅施塔得市居民书,声称:"将城市和要塞的全部权力转交临时革命委员会",表明:"临时革命委员会为不流一滴血,决定采取非常措施,在城市、要塞和炮台建立革命秩序",并向居民呼吁不要放下手中的工作,"为秩序、和平、忍耐,为全体劳动人民谋利益的新的诚实的社会主义建设而努力吧"。

波罗的海舰队和水兵是布尔什维克十月革命的依靠和决定性力量,托洛茨基曾称他们是"革命共和国的光荣",这个舰队和广大水兵的反叛是不可接受和不可容忍的。因此,苏维埃政权立即作出最强烈的反应。第二天,即3月2日,列宁和托洛茨基联合签署了劳动国防委员会的号召书,宣布喀琅施塔得起义是"叛乱"、"骚动",是旧俄将军科兹洛夫斯基领导的:"旧俄将军科兹洛夫斯基同三个军官,名字尚不清楚,以叛乱者的身份公开发表演说。在他们的领导下逮捕了波罗的海舰队政委库济明、喀琅施塔得委员会主席瓦西里耶夫和其他一些重要人物。这样,这几天事件的实情就看得很清楚了。这次在社会党分子后面站着的是沙皇将领。"劳动国防委员会决定:宣布旧俄将领科兹洛夫斯基不受法律保护;在彼得格勒市和彼得格勒省实行戒严;彼得格勒防区的全部政权转给彼得格勒市国防委员会。同一天,以季诺维也夫为首的彼得格勒国防委员会发布命令,实行戒严,"采取一切措施维护彼得格勒市和彼得格勒省范围内的严格的革命秩序","对不执行上述命令的犯罪分子应按戒严法予以查办。如若在街上有人群聚集，部队可动用武器。如有抵抗者——就地枪决"。

3月4日，喀琅施塔得临时革命委员会发出战斗命令。革命委员会主席在给"塞瓦斯托波尔"号战列舰的命令中说："决定性的时刻到来了。命运本身让我们去反对那个3年来利用你们的名义，夺取你们的生命，剥夺你们的福利，洗劫你们的村庄，将数万俄罗斯人投入监狱和处决，掠夺了二月革命的成果，剥夺了所有自由的政权……从我们的军舰上只有两条路：一条通向光明的未来，通向美好的命运、自由和真理；另一条则通向奴役，从未有过的奴役。在这一正到来的斗争的决定性时刻，请你们中的每一个人集聚起自己全部的勇敢、全部的坚强和意志力，毫无畏惧和动摇地去完成良知和对家乡、对我们共同的祖国俄罗斯的爱所赋予的使命……斗争已经开始。没有退却，也不可能有退却。"绝大多数喀琅施塔得的俄共（布）党员都站在临时革命委员会一边，他们组织了喀琅施塔得俄共组织临时局。3月4日，该临时局发表了一份模棱两可的呼吁书，它一方面要共产党员"不要去相信那些无稽的谣言，这明显是由那些企图引起流血事件的挑拨离间者制造的谎言，说什么负责的共产党员被枪杀，共产党准备武装进攻喀琅施塔得"；另一方面，又"号召所有的党员坚守岗位，不要对临时革命委员会采取的措施，不要对它进行任何的阻挠"。

3月5日，托洛茨基亲自来到彼得格勒，下达了攻打喀琅施塔得的命令。同一天，彼得格勒军区司令发布第616号命令，发布了托洛茨基的命令：为镇压喀琅施塔得起义，组建第七集团军，由图哈切夫斯基任总指挥，彼得格勒军区的所有部队和所有指挥员都得听命于图哈切夫斯基。同一天，图哈切夫斯基将军在镇压了坦波夫省农民起义之后，再次披挂上阵，负责行使重建的第七集团军的指挥权，部署对喀琅施塔得叛乱进行镇压。下午2时，托洛茨基、红军总司令谢·加米涅夫和图哈切夫斯基以及参谋长列别捷夫联合签署了给喀琅施塔得军民的公告："工农政府决定：立即使喀琅施塔得和叛变的舰艇归苏维埃共和国管辖。为此命令：所有反社会主义祖国之手应立即放下武器。解除固执己见者的武装并转交苏维埃政权处理。立即释放被捕的政委和政权的其他代表。只有完全投降者可视作对苏维埃政权的无条件投降。同时指令，要不惜一切用武力击溃兵变和兵变者。使和平居民突然遭到灾难的责任应完全算在白卫军兵变者的头上。这是最后一次真正的通告。"

3月7日，彼得格勒军区报告：3月7日6时35分，开始向喀琅施塔得射击。同一天，俄国社会民主工党（孟什维克）彼得格勒委员会发表《停止杀人》

的公告,其中说:"自己是属于工人政党的共产党员却用大炮向喀琅施塔得的水兵、工人射击。我们不清楚喀琅施塔得事件的细节。但我们知道,喀琅施塔得要求自由重新选举苏维埃,要求释放因工人运动被捕的社会主义者、无党派工人、红军和水兵,要求于3月10日召开工人、红军、水兵的无党派代表大会,以讨论摆脱苏维埃俄国所处的严重局势。工人政权应当查明喀琅施塔得事件的真正原因,应当在全体工人阶级面前,与喀琅施塔得工人和水兵进行公开的谈判。但他们却不这样,而是宣布戒严,提出要求投降的最后通牒,并开始向工人和水兵开火。"该委员会在《对诽谤者的回答》的传单中,为自己进行辩护:"布尔什维克用自己虚假的、诽谤的宣传这一惯用的手法把我党(孟什维克)当做替罪羊。孟什维克协助武装干涉,孟什维克唆使农民起义。官僚主义的笔调日复一日地这样写着,竭尽全力'讨好''自己的主人','诚实'地赚得一份口粮……布尔什维克和针对我党的造谣集团是不会成功的……如果政府用逮捕工人代表来答复彼得格勒、莫斯科工人改变政策的要求,如果用重炮齐射来回答喀琅施塔得水兵、驻防军自由改选苏维埃的要求,这不是我们的错。"

3月8日,俄共(布)第十次代表大会开幕。列宁在政治报告中这样解释喀琅施塔得事件:"我还没有得到喀琅施塔得方面的最新消息,但是我可以肯定,这一场很快就显露出我们所熟悉的白卫将军们身影的暴动,在最近几天内甚至几个小时内就会被平定。"但是,喀琅施塔得的水兵进行了顽强的抵抗。喀琅施塔得临时革命委员会向彼得格勒和全国发出呼吁,请求支援。他们在呼吁书中说:"喀琅施塔得的全部权力都掌握在革命水兵、红军士兵和工人的手中,决不是在以某个科兹洛夫斯基为首的白卫军的手中"。在向工人、红军和水兵的呼吁书中,他们进一步解释说:"我们,喀琅施塔得人,早在3月2日就摆脱了共产党万恶的压制,并举起了第三次劳动者革命的红色旗子。红军、水兵和工人们,革命的喀琅施塔得向你们发出号召。我们知道,你们感到困惑是因为他们没有讲发生在我们这里的实情,在这里我们都准备为解放工农的崇高事业献出生命。他们所有的人都相信,我们后面有白军将领和神甫。为了永远结束这些谎言,我们向你们通报,临时革命委员会是由以下15个成员组成的。"呼吁书接着列举了以文书、水兵、话务员、工人为主组成的临时革命委员会。在给铁路职工的呼吁书中,重列了他们的要求,这些要求比最初的13点有两点重大变动,一是删除了"对工人、农民、无政府主义者、左翼社会党派实行言论和出版自由"这样的话,只谈对"诚实工人"的自由;二是增强了取消共产党的特权和苏维埃政权的"暴政"的要求,如"查封所有的契卡","取缔共产党人的所有特权","撤消政治组织这些暴君们的特务组织","立即以不记名投票重新选举所有的苏维埃和政府,使俄罗斯工人和农民能有自己的政权"等等。3月14日,《临时革命委员会消息报》上出现《"政权归苏维埃,不归党"》的文章,这被认为这是红色喀琅施塔得起义者旗帜上的口号。

对喀琅施塔得的进攻遭遇到了强大火力的对抗,久攻不下,远不是列宁所乐观预计的"在最近几天甚至几个小时内就会平定"。3月14日,北方集团军司令下达了强攻喀琅施塔得的命令,其中说:"在夺取要塞时应严厉镇压兵变者,处决那里的士兵不要有丝毫怜悯","在喀琅施塔得的巷战中部队应紧密作战,在每个连队都应有熟知城市街道分布的人。应消灭一切武装力量,不要太在意俘虏,不要惊动房间里的士兵。"15日,图哈切夫斯基呼吁部队,要以"夺取车里雅宾斯克和鄂木斯克,攻占华沙"的英雄精神,"前进!向喀琅施塔得叛徒进攻!"17日4时50分,他下达了南方和北方集团军向喀琅施塔得发起强攻的命令:"我命令,应果断地扩大第一次强攻的战果,为此:第一,北方集团军司令应暂时限于消极反对托特列边和克拉斯诺阿尔梅伊要塞的行动,重点打击喀琅施塔得城的西北部,以协助南方集团军。第二,南方集团军司令今天应最终占领城市,并在其中实行铁的纪律。占领城市后用快速打击控制科特林岛和里夫炮台的其他部队。第三,协同作战充分利用炮兵部队,进行城市中的巷战。第四,炮监应下令不晚于明天用窒息性毒气和有毒气体的炸弹向'彼得罗巴甫洛夫斯克'和'托瓦斯托波尔'发起进攻。第五,集团军司令应调整好从陆地到岛上的可靠交通,并保证在岛上自己部队儿大的炮弹和粮食供应。第六,炮监应下令准备对托特列边和克拉斯诺阿尔梅伊要塞(康斯坦丁和米柳京的大陆部分)、被占领的要塞和托特列边岛发起炮火攻击。第七,要表现出最大的力量、速度和坚定。第八,得到此命令的时间编号0558号。"第十次代表大会的约300名代表参加了平定喀琅施塔得暴动的军事行动,其中有十月革命和国内战争中的一些著名军事将领,如伏罗希洛夫、德宾科和布勃诺夫等。

经过一天多的战斗,喀琅施塔得才被攻占。18日8时40分,南方集团军参谋部报告:"整个喀琅施塔得被英勇的红军占领了。兵变者决定破坏'彼得罗巴甫洛夫斯克'号和'塞瓦斯托波尔'号,但海军予以反对,不允许这形同犯罪的行为发生。战列舰向我方派来了军使,要求投降,谈判正在进行。兵变者革命委员会已逃往芬兰。"平定的结果是,约2 000名水兵被捕,以临时革命委员会主席佩特里琴科和喀琅施塔得要塞防卫司令为首的约4 000人逃往芬兰。

佩特里琴科等临时革命委员会成员后被捕,遭到审讯,他们否认了对他们进行起诉的理由——反对苏维埃政权。为了处置被逮捕的水兵,列宁建议将他们安置到克里米亚和高加索,但是捷尔任斯基认为,"应当把他们集中于北方的某个地方"。受捷尔任斯基委托办理此事的亚戈达选定了科米自治共和国伊热马河边乌赫塔。4月27日,俄共(布)中央政治局决定,"委托捷尔任斯基同志在部门项目下安排建立一个乌赫塔集中营,关押流放者",喀琅施塔得的叛乱水兵将在这个惩戒营分散安置。最后,约有6 000多名叛乱者和因喀琅施塔得事件而受牵连的人被关押于此。

随后,在喀琅施塔得对党员进行重新登记。为了证实喀琅施塔得叛乱是左派社会革命党人操纵和领导的,4月18日,全俄肃反委员会给芬兰特别部发去如下电报:"'统一'紧急电告,有没有确切的资料可以证明左派社会革命党在喀琅施塔得事件中起了领导作用。公告需要你们所拥有的确切资料才能确定。收到电报后请确定并上报资料。"23日,芬兰边界特别部回电说没有,电文是:"没有查到左派社会革命党在喀琅施塔得事件中起领导作用的材料。佩特里琴科是兵变的正式领导者,关于他,《喀琅施塔得临时革命委员会消息报》的前工作人员罗马诺夫有点印象,说他好像是左派社会革命党。革命委员会的成员中有两名是孟什维克,一名是人民社会主义者,其余的人党籍不明。"全俄肃反委员会也立即开始了全国范围内的党政军社会机构的清查、清洗反革命分子的工作,捷尔任斯基在呈报中央的工作计划中写道:"根据全俄肃反委员会的意见,必须开展消灭这些集团的群众性战役。同时,必须取缔支持因不满而发生的反革命骚动和反苏维埃体制的起义(比如喀琅施塔得)的所有团体,并逮捕社会革命党——极端主义分子党的每个人。在进行战役的同时,为了隔离这些团体,必须关闭他们合法刊物的机关。"

在整个第十次代表大会开会期间进行的平定喀琅施塔得叛乱的行动,却很少在大会上通报。俄共(布)中央显然是想竭力缩小这一事件的影响。1921年3月15日,列宁在对《纽约先驱报》记者的谈话中说:"喀琅施塔得暴动确实是一个微不足道的事件,它对于苏维埃政权的威胁比爱尔兰军队对于不列颠帝国的威胁小得多。"不过,列宁对喀琅施塔得水兵要建立自由选举的苏维埃,却进行了猛烈的抨击:"在俄国只可能有两种政府:沙皇政府或苏维埃政府","现在除了那些将军和官僚,没有人能替代布尔什维克,而那些人早已表明是无能为力的。国外有人夸大喀琅施塔得暴动的作用并予以支援,这是因为世界分裂成了两个阵营:资本主义外国和共产主义俄国"。

## 四、俄共(布)十大,改行实物税,3月21日法令

俄共(布)第十次代表大会于1921年3月8—16日召开。3月8日,列宁在俄共(布)第十次代表大会的政治报告中承认犯了一个又一个的错误,错误是造成危机的根本原因,而歉收使这些错误造成的危机更加严重了。他还承认,农民经济发生了危机,而解决危机还得靠农民经济。于是,他向代表们报告,中央已经决定以实物税来代替余粮征集制。列宁这时对改变粮食政策,以粮食税代替余粮征收制的解释是,粮食税"不但要从保证国家方面着眼,而且要从保证小农户方面着眼",而余粮征收制只是单纯从国家方面着眼的。实施粮食税是不仅要向农民征购粮食,而且要给"小农许多刺激,推动他们来扩大生产,增加播种面积",其根本目的就是要调整好工农这两个主要阶级之间的关系。粮食税并没有取消粮食垄断,并没有开放粮食的自由流通和粮食的

农民改交粮食税

商品市场。对列宁来说,粮食税是一项更能为农民所接受的经济政策。

3月15日,列宁在大会上就以实物税代替余粮收集制作了一个专门的报告。在这一报告中,对于坦波夫省的农民起义,列宁几乎没有就这一严重事件和改行粮食税政策联系起来,他只是用另一种措辞说:"农民对于我们和他们之间所建立的这种形式的关系是不满意的,他们不要这种形式的关系并且不愿意再这样生活下去。这是不容置疑的。他们的这种愿望已经表达得很明确了。"列宁对俄国农民的看法发生了重大的变化,承认了中农的利益,承认了小农发展的必要,承认了对富农作出妥协的必要,承认了过渡时期,并承认在这个过渡时期里,在农民占大多数的国家里,必须会采取从经济上满足农民要

求的办法,采取尽量多的措施来改善农民的经济状况。但列宁也强调,粮食税是一种解决迫在眉睫的政治和经济危机的紧急措施,是缓解政府和群众间紧张的关系,使农民松一口气,鼓励他们扩大播种面积的措施,是可以惟一将国家拯救出深渊的小农业发展的非常措施。

列宁强调改行实物税,"首先主要是一个政治问题",他想要解决的首先主要是个理论上的问题。列宁提出了满足农民、中农的要求的问题。满足的条件有两条,一是要有一定的流转自由;二是需要弄到商品和产品。至于具体该如何执行实物税,列宁和俄共(布)中央现时并没有明确的计划或者方案。所以,列宁说:"我们还没有接触有关细节的工作",实物税的"数字还没有确定,而且也无法确定"。

列宁要求将十大上通过的改行实物税的方案在各地试点。恰恰是坦波夫地区,首先进行了这样的试点。1921年3月19日,在列宁、托洛茨基、加米涅夫、斯大林、莫洛托夫、捷尔任斯基和奥新斯基参加的中央全会上,批准了全俄中央执行委员会的一份文告——《俄罗斯社会主义苏维埃共和国致农民宣言》,其中首次实用了"粮食税"一词。文告中说:"现在,全俄中央执行委员会和人民委员会决议取消余粮征集制,代之以对农产品征收实物税",实物税"应在春播前确定,以便每个农民都能事先计算出他应该向国家交纳多少粮食和有多少由其全权掌握",农民有权将剩余的粮食去交换食品和农具,可以用这些剩余粮食"在地方市场和集市上去交换他所需要的食品"。文告还向农民允诺:"农民们应当明白,这项措施是临时性质的。这是可怕的贫穷和与国外贸易的无望才使苏维埃政权以税的形式,即无偿地收取部分农业产品。随着我国工业的逐步恢复(其成就将决定农业的命运),随着国外商品的输入以换取我国的原料,从农民身上征收的实物税的税额将减少。将来在社会主义经济建设中,我们将取得这样的成就:对每一普特农民的粮食,苏维埃国家将给以等值的和农村需要的产品。"

1921年3月21日,全俄中央执行委员会通过了《关于以实物税代替粮食和原料征集制》的法令。其主要内容是:(1)粮食税税额应比余粮征集制时低,并且随着运输业和工业的逐步恢复,还要不断降低;(2)粮食税额应根据农户的具体情况确定,对贫苦农户可以减免,对恢复农业生产得力的农户以减税作为奖励手段;(3)税额要在春耕前公布,以刺激农民提高农业产量;(4)农民有权支配纳税后的余粮,用来交换必要的物资,但交换只能在地方范围内。这次全会还作出了《关于保证农村居民正确的和稳定的使用土地》的决议,禁止频繁地重分土地和任意侵占耕地,保证农民正常地经营土地。从此,以减轻农民负担,刺激农业生产,扩大耕地为主要目的的粮食税付诸实施。

28日,人民委员会颁布两项法令:《关于1921—1922年粮食实物税的总额》和《关于在已完成征集制的省份进行自由交换和买卖农产品》。法令规定,1921—1922年的粮食税总额为2.4亿普特(比原定的余粮征集额减少近一半),准予在完成1920年余粮征集的44个省份中,撤消所有的武装征粮队,粮食和饲料可以自由交换和买卖。中央的这些措施在动乱的坦波夫省具有更宽容的性质,安东诺夫-奥弗申科和坦波夫省执行委员会主席拉夫罗夫于3月29日发布了《关于准许自由出售农产品告全省农民书》,其中有四点:一是准予在各省,包括在坦波夫省自由交换、出售和购买粮食制品、谷物、饲料和种子;二是准予为了上述目的在各省的兽力车运输;三是撤除各地、各交通路口和铁路上的拦阻队;四是种子采购和分配的部分不变,对于因出售种子而没有播种土地的农民将追究刑事责任。

一个月后,列宁在《论粮食税》一文中,在承认了经济的五种成分和强调了国家资本主义的作用后,进一步准确地解释了粮食税是怎么回事。他说,无产阶级国家正确的粮食政策就是能用农民所必需的工业品去换取粮食,而苏维埃政权成立以来没有做到,所以,"粮食税就是向这种粮食政策的过渡","粮食税是从战时共产主义到正常的社会主义产品交换的过渡","过渡的一种形式"。但在这里,列宁仍然高度强调"流转就是贸易自由,就是资本主义"。

## 五、新经济政策,租让,私营商业,拉帕洛协定

改行实物税在党内和社会上遭遇到了很大的阻力。像粮食人民委员瞿鲁巴这样的高层领导都不能完全理解,所以在实物税的征收过程中,频频出现以余粮征集制的手段和方法,来征收实物税的情况。企业和工厂工人的消极反应也在蔓延,说新政策是给农民,而不是给工人好处。4月10日,时任东南边疆区经济委员会主席的别洛博罗多夫在给列宁的信中,汇报了斯塔夫罗波尔省的粮食情况:"在新的庄稼收获前,我们应在东南地区用摊派的方法征集1 000万普特粮食(而不是无法征集的6 500万普特)。因为在全俄中央执行委员会和人民委员会的告农民书中讲道:'从现在开始取消摊派制',而我们将这种摊派称为'任务单'。现在还很难确定,这个'任务单'能不能实现,尽管斯塔夫罗波尔代表大会已接受了在斯塔夫罗波尔省完成500万普特的建议。"5月

11日,奥新斯基给中央的一封信也反映:"各地方对因用粮食税代替余粮征集制而推行的农村新政策还掌握得很不够。还没有充分领会新方针的精神实质。有些人认为,我们正逐步退到资产阶级关系的道路,相反,另一些人则认为这是预先采取的装样子的政治措施(例如,耶列茨基机关的一个负责工作人员微笑着悄悄问我:'秋天将会恢复余粮征集制吗?')。"

1921年5月下旬,俄共(布)第十次全国代表会议提前召开,主要讨论国家的经济政策和粮食税问题。会上,列宁也着重在这方面作了解释:"开发资源,建立社会主义社会的真正的和惟一的基础只有一个,这就是大工业。如果没有资本主义的大工厂,没有高度发达的大工业,那就根本谈不上社会主义,而对于一个农民国家来说就更是如此。"列宁的结论是:"我们实行这种政策,是为了获得重建大工业所需的粮食储备,为了使工人阶级不再遇到大工业(即使是我国的、同先进国家比较起来小得可怜的大工业)不应有的停工,为了使无产者在寻求生活资料时不必去采取非无产阶级的、投机倒把的、小资产阶级的方式,因为这种方式对于我们是一种经济上最大的危险。"

正是在这次代表会议上,列宁第一次使用了新经济政策这个名称。也就是说列宁这时才把包括粮食税和其他各项措施在内的经济措施看成是一个完整的经济政策。他指出,这项新政策的核心就是"在工人阶级和农民之间建立经济上的联盟"。这时列宁承认,余粮征收制使小农没有了正常的经济基础,从而使国家失去了正常的经济基础。关于流转自由,即贸易自由,列宁的观点也发生了某种变化。他虽然依然认为这种流转是资本主义的,他所说的商品交换依然是传统意义上的产品交换,但他却开始呼吁不要害怕这种自由,把给予某种程度的自由提高到党的任务的重要地位上来了。他说:"另一个任务就是尽量实现农民的流转自由和尽量发展小工业,给在小私有制和小

新经济政策时期的街景

商业的基础上生长起来的资本主义一点自由。不要害怕这种资本主义,因为它对我们一点也不可怕"。

这次会议通过了《关于新经济政策问题的决议》,其中写道:"当前的基本政治任务是使党和苏维埃的全体工作人员充分领会和确切执行新经济政策。党认为这是一个要在若干年内长期实行的政策,要求一切工作人员极其仔细和认真地加以执行。"根据这份决议,新经济政策包括了:粮食税、商品交换、合作社、租让和出租、加强日用必需品和农民日用品的生产、扩大大企业独立自主精神方面的政策。

会后,人民委员会成立了由布留哈诺夫、米柳亭、施米特和拉林等人组成的委员会,负责专门编制可供在国内换取工业品的工业品目录,并很快在全国范围内进行商品交换。但是,由于负责商品交换的消费合作社力量十分薄弱、工业品价格的高涨和农业的严重减产,这种商品交换以失败而告终。列宁说:"所谓失败了,是说它变成了商品买卖。"

新经济政策的实施使苏维埃俄国的经济情况有了很大的好转。一切都是从农业开始的。粮食税使农民获得了发展农业生产的某种可能,而1921年12月的俄共(布)第十一次全国代表会议确定了新的土地政策,第九次全俄苏维埃代表大会通过了关于农业问题的决议,规定了在保持土地国有化的条件下,农民在一定时期内使用土地的权利,并有选择土地使用形式的自由。1922年5月,全俄中央执行委员会通过了《土地劳动使用法》,规定土地可以出租和在农业中使用雇佣劳动。同年10月30日,全俄中央执行委员会又通过了《土地法典》,延长了农民的土地使用期和放松了使用雇佣劳动的范围。在这一系列政策下,农业获得很快的发展,各阶层农户的实际耕地不断增加,尤以中等规模的农户的增长速度最快,致使全国耕地面积迅速扩大;各阶层农户拥有耕畜的情况有明显改善,从1923年起,无耕畜户的比例开始减少;随着粮食总产量的增加,商品粮的比例也在不断增加,中农所提供的商品粮的比例愈来愈大;各类

新经济政策时期著名的招贴画:
新经济政策的俄国一定会变成社会主义的俄国

农户的收入都有所增加,支付能力也不断提高,农民用于购买农机具的支出逐年增加。在农村中出现了一个各阶层农民向普遍富裕道路发展的上升过程。

为了活跃商业,推动商品流转,促进贸易的发展,国家采取了一系列措施促进私商的发展:一、组织工业托拉斯和辛迪加,其产品通过私商来销售。二、在国营商业机构周转不灵的情况下,国家的相当一部分销售和采购工作由私商来完成。三、在最高国民经济委员会下成立中央商业局和商业调节管理局,加强对私商的调节和管理。此外,国家还在信贷和税收政策上,对私商提供方便和优惠。结果,私营商业获得了直线上升的发展。这种发展使粮食、原材料和燃料等一些极为紧迫的问题得到了改善和缓和,一度处于危机边缘的城乡关系、工农关系趋于稳定,从私商那里征收的营业税和所得税大幅度增加,为国家的社会主义建设积累了一定的资金。对此情况,列宁欣喜地说:"我国的商业活动已经使我们得到了一些资本。诚然,目前还是很少的,才2 000万金卢布多一点。但总算有了一个开端,我们的商业使我们得到了资金,我们可以用来发展重工业。"

早在改行粮食税前,苏维埃政府就开始了大企业的租让政策。1921年2月1日,人民委员会通过了关于租让问题的决定,计划将格罗兹尼、巴库等地的油田和最好的森林资源租让给外国资本。列宁对于租让政策所寄予的希望很大,他在那篇著名的关于以实物税代替余粮征集制的报告中说过这样一段话:"在一个经济遭到空前破坏的国家里,在一个破产农民占人口绝大多数的国家里,如果没有资本的帮助,要保持无产阶级政权是不可能的——自然,由于这种帮助,资本是会向我们索取百分之百的利息的。"这里的"资本的帮助"与其说是寄希望于实物税,不如说是寄更大的希望于租让制。粮食税实施后,苏维埃政府加强了这方面的工作。

1921年4月11日,列宁对租让企业的10条原则作出解释。租让的根本目的是吸引外资和国外的技术力量,来发展经济,保证苏维埃俄国能建立起自己的大工业——重工业。租让法案通过后,苏维埃俄国开始了多方面的租让谈判和实践。5月27日,人民委员会颁布法令废除了1920年11月的工业企业国有化法令,7月5日,

新经济政策时期的小酒馆(画作)

又通过了《工业出租最高国民经济委员会所属企业的程序》的法令,接着在8月9日颁布了《关于贯彻新经济政策原则的法令》。所有这些法令和指令都一再重申,国家不再管理全部的工业企业,只管理一定数量的最重要和最大规模的企业,其余的企业均可出租给合作社、联合体或者私人经营。到1923年7月1日,出租企业的数量达到了5 000家,工人数为8万人左右。这些出租企业多是生产粮食制品和生活必需品的中小工厂。租让和出租政策的实施保证国家能集中力量,去管理4 500家重要的企业,促进了这些工厂开工率迅速上升,工业产量增加,并进而成为未来重工业的基础。另一方面保证了人民对粮食制品和生活必需品的需求和流转的正常运行,并部分解决了失业问题。

新经济政策的实施使苏维埃俄国的危机局势得以缓解,并且有了突破资本主义国家经济封锁的可能性。1922年4月10日,由外交人民委员契切林率领,包括克拉辛、李维诺夫、越飞和拉柯夫斯基在内的代表团参加了在热那亚召开的国际经济会议。尽管在会议的40天中,苏维埃俄国没有和任何一个国家签订一个协议,但是,契切林却在会议上宣布了苏维埃俄国的和平外交政策——和平共处和普遍裁军政策。用契切林的话来说:"在当前这个时代,衰老的社会制度和新生的社会制度并存是可能的,体现这两种截然不同的所有制之间的经济合作,对于世界经济复兴是绝对必要的。"苏维埃俄国以一种强硬的,不妥协的姿态第一次正式出现在国际外交舞台上。但是,4月16日,苏俄代表团和德国代表团在热那亚的郊区拉帕洛进行了谈判,最后签订了《德国和俄罗斯苏维埃联邦社会主义共和国协定》。根据这一协定,德俄双放都放弃在战争期间所造成的损失,互不赔款,以最惠国待遇来发展相互的贸易和经济关系。这个被称之为《拉帕洛条约》的协定使苏维埃俄国在被包围的森严壁垒中找到了生存和发展下去的缝隙。

## 六、高尔基、美国和饥荒,没收教会财产

1921年7月18日和21日,全俄中央执行委员会决议成立了以加里宁为首的中央赈济饥民委员会,但是它的工作是秘而不宣的。

1921年夏收季节,在伏尔加河流域和乌克兰南部地区发生严重旱灾后,高尔基向西方进步力量发出呼吁,要求给苏俄饥民以救援。6月中下旬,他和曾任临时政府粮食部长的谢尔盖·普罗柯波维奇及其合作者叶卡捷林娜·库斯科娃建议政府成立赈济饥民社会委员会。6月29日,俄共(布)中央政治局会

议决定,"原则上同意高尔基的建议","成立一个委员会,成员由中央按照高尔基的名单拟定的人选组成,并增补施略普尼科夫为委员会委员。任命加米涅夫同志为委员会主席,李可夫同志为副主席"。7月21日,组成了以普罗柯波维奇、库斯科娃和曾担任临时政府救济部长的尼·基什金为主要成员的"全俄赈济饥民委员会"——在当时中央政治领导人中间简称为"普罗库基什委员会"。

该委员会要求出国访问,募集粮食和捐款。8月18日,中央政治局和全俄中央执行委员会都否决了这一要求。理由如全俄中央执行委员会决议所说:"鉴于苏维埃政府已经在与一些欧洲国家以及诸如胡佛组织和国际红十字会等慈善团体进行谈判,认为代表团立即出国已无必要,那样会分散力量并使之丢失俄国国内目前紧迫的实际工作。"决议认为,应该将这个委员会的人员派往受灾地区参加粮食的发放等工作,并且指示,如果这些人不愿意去,那就要通过权力机关将这些委员"指派到这些饥荒地区去"。高尔基等人对此表示异议,8月26日,全俄赈济饥民委员会向全俄中央执行委员会递交了自己的决定:"代表团如不在国外开展工作,委员会就无法进行富有成效的活动,因为委员会的特派员受托在各地(无论是发生饥荒的省份,还是收成好的省份)进行的活动均已证实:没有来自国外的迅速援助,根本不可能向饥民提供切实的帮助。"次日,该委员会被解散,普罗柯波维奇、库斯科娃和基什金等委员被捕。10月20日,中央政治局决议:"建议温什利赫特同志(时任全俄肃反委员会副主席——作者注)在两周内将被捕的前赈济饥民委员会委员流放至一个不太远的城市。"

由胡佛任署长的美国救济总署对高尔基的呼吁作出反应,7月26日在给高尔基的回信中,答应可以向100万儿童提供食品,但条件是必须释放被苏维埃政府关押的美国人。8月1日,中央政治局同意进行谈判。1921年8月10—20日,苏俄的全权代表马·李维诺夫和美国救济总署全权代表布朗在里加进行谈判,最后达成了接受美国救济总署援助的协议。美国将派员前来苏俄,负责具体的救济事务,苏维埃政府将保证这些人员的多方面的自由;苏维埃政府将释放被关押的美国人。美国的救济工作由美国救济总署俄国分部主任威·哈斯克尔负责。美国救济总署的援助包括两部分,一部分是救济总署、国会、美国红十字会以及一些宗教团体的拨款或捐赠,另一部分是由苏维埃政府用黄金支付。关于前者,有66.75万吨粮食,5.52万吨牛奶,糖油可可等2.81万吨,药品0.54万吨。关于后者,1921年12月19日,胡佛建议,由美方出资2 000万美元购买粮食和种子,条件是苏维埃政府必须在从1922年1月开始的3个月里通过胡佛的组织也购买1 000万美元的粮食和种子。列宁当天就让莫洛托夫接受这一建议,12月22日中央政治局作出同意的决议。根据胡佛的同一份报告,到1922年7月为止,苏维埃政府为此支付的黄金为11.433百万美元。1923年6月,美国救济总署的工作撤销,14日,斯大林签署了中央政治局的决议:"同意加米涅夫与美国救济署代表签署撤销协议,注销苏联与美国救济署之间的一切相互账款,双方欠款无偿勾销,同时苏联政府答应不在苏联领土上向美救济署提出要求。"

从俄共(布)第十次代表大会后开始的没收教会财产的运动秘密地加速进行,到1922年年初,就具有了大规模的性质。没收名义上是继续执行政教分离的政策,但实际上是为了从教会剥夺黄金和珍宝来购买急需的粮食和种子,来应付苏维埃俄国面临的极端深重的经济危机。1922年1月30日,托洛茨基在给列宁的信中这样写道:"没收这些机构的珍宝是一项目前正在从各个方面进行政治准备的特殊任务。这一行动能搞到多少珍宝,任何人都无法推测。"2月23日,全俄中央执行委员会颁布了强行剥夺教会和教堂珍宝用于灾民的法令——《关于没收由教徒集团所掌管的教会珍宝的办法》。随之,没收教会黄金和珍宝的行动混乱无序,但却是更猛烈地横扫各个地区和教堂。2月25日,处于软禁中的吉洪大牧首致函加里宁表示抗议,他说:"我们被指责为'对黄金贪得无厌'。然而,我们原封不动地保存的是从远古时代留传给我们的有着珍贵意义或历史意义的教会宝物,我们希望为未来岁月而保存它们。相反,凡不具重要意义的东西,则马上让教士们拿出来帮助饥饿者,例如那些只有物质价值的贵重物品。"

3月11日,托洛茨基在给列宁的信中承认"没收莫斯科教会珍宝的工作混乱极了",他建议,"有必要在莫斯科成立一个秘密的突击工作委员会"。苏维埃政权的剥夺和教会的反对终于在伊万诺沃—沃兹涅辛斯克省的舒雅城酿成了流血事件。据当时的省委书记报告:"3月15日,在舒雅城因没收教会贵重物品,在神甫、保皇派和社会革命党人的影响下,情绪激动的人群攻击民警局和一排红军战士。部分红军战士被游行群众解除了武装。在机枪和步枪射击中,部分特种任务部队和146团的红军战士们驱散了人群,结果5人被打死,15人受伤住院。"3月16日,中央政治局发出电报:"没收教会珍宝的组织工作尚未准备好,至少在某些地方应暂缓进行。"

3月19日,列宁通过莫洛托夫给所有中央政治局委员一份密件,其中表明了他对"舒雅事件"的态度和需要采取的措施。他将吉洪的信件和行动称为是非法的,是"黑帮神职人员"蓄意制造的反对苏维埃政权的行动,主张坚决进行镇压。他写道:"正是现在,并且只是在现在,在饥荒的地方,当人在吃人,路上倒卧着即使不是以成千也是以成百计的饿殍时,我们才有可能(因此也就必须)以最猛烈的和最无情的力量来剥夺教会的珍宝,并且不会在任何抵抗的压力下停顿下来。正是现在,并且只是在现在,大多数农民才会或者是支持我们,或者是无论如何也不会去坚决支持一小撮黑帮神职人员和反动的城市小市民,这些人正在试图以暴力反对苏维埃的法令。我们无论如何都要以最坚决的和最快的手段来剥夺教会的珍宝,并用这些珍宝来充作我们的基金,其数目可达数亿金卢布。没有这些珍宝,总的说来,任何的国家工作,就局部而言,任何的经济建设,任何的对我们立场的捍卫,尤其是在热那亚,都完全是不可想象的。我们无论如何都必须掌握几亿金卢布(也许有几十亿金卢布)的基金。而这一点只有现在才能做到。各种考虑都表明,以后我们再也不会做到这一点了,因为除了极为严重的饥荒,任何别的因素都不会使广大农民群众产生同情我们的情绪,或者至少不会使这些群众在没收珍宝的斗争胜利必然属于我们时保持中立。"所以,列宁的最后结论是:"我们正是应该在现在对黑帮神职人员发动最坚决和最无情的战斗,残酷地镇压他们的反抗,要让他们在今后数十年中也忘不了。"在信中,列宁还指示:"已经用政治局名义发出的关于暂停没收珍宝的电报不应取消。这封电报对我们有利,因为可以使敌人产生一个印象,似乎我们还在犹豫,似乎他们把我们吓唬住了。"

3月22日,俄共(中央)政治局确认逮捕吉洪大牧首是必须的。3月23日,中央书记莫洛托夫签署要各地成立"领导没收教会贵重产物的秘密委员会"的密电。3月28日,国家政治保卫局向吉洪大牧首发出正式的书面警告,指责他是对抗国家没收教会财产的主使,是国家最不共戴天的敌人。3月30日,政治局又通过了粉碎教会组织的决定:解散东正教最高会议,逮捕吉洪,交付法庭审判。随之,对教会珍宝的没收在全国范围内开展。到1922年7月,被没收的东正教教会的珍宝的数量是很大的:黄金26普特38磅,白银21 137普特11磅,其他贵金属82普特10磅,钻石和金刚钻33 456颗,总重量1 313克拉,珍珠72 383颗,总重量1普特29磅,银币价值19 064卢布,金币价值1 595卢布,镶嵌有各种宝石的物件29普特24磅。在没收过程中,大量的神职人员遭到监禁或枪杀。被逮捕的吉洪大牧首被关押在莫斯科顿斯科伊修道院,在此期间,政府先后成立了反宗教委员会和教会与国家分离委员会,来深入进行反宗教的斗争。其斗争的主要方式,就是利用、扶植和组织东正教中的"革新派"。1922年10月31日,教会与国家分离委员会作出这样的决议——"可把希望寄托于'新生教会',使它与左派团体联合起来","以突击方式撤销吉洪派主教"。1923年5月8日,革新派教会的主教和地区主教会议剥夺了他的教职、称号和僧侣身份,还给他一个世俗称呼:"别拉文公民。"此后吉洪受到审讯,同年6月16日,报刊上公布了吉洪大牧首致俄罗斯联邦最高法庭的声明,其中说:"在承认法庭根据在上述起诉书中所指出的刑法典中反苏活动条文而追究我责任的决定的正确性的同时,我对在这些过失中反对国家制度表示后悔,并要求最高法庭改变对我的隔离措施,也就是解除对我的监禁。与此同时,我向最高法庭声明,我从现在起不再是苏维埃政权的敌人。我彻底地和坚决地与国外的和国内的保皇党—白匪反革命断绝往来。"1925年在东正教的报喜节那一天,吉洪死于狱中。

## 七、书籍审查,"工会问题"的争论,驱逐知识分子,新的书记处

新经济政策所产生的经济领域的宽松和发展导致了人们思想上的宽松和活跃。结社成为一种普遍的现象。独立的作家、诗人和画家的团体相继出现。在各个省城也出现了许多哲学、历史和心理学协会。大量的在国内战争期间逃到国外的知识分子纷纷回来。未经国家允许的报刊、杂志和书籍也大量出现。结果,思想领域的问题变得难以控制,于是中央政府逐步加强了对出版物的监控。1921年8月1日,主持人民委员会日常工作的小人民委员会讨论了检查制度,决议共和国革命军事委员会会同全俄肃反委员会和司法人民委员部对"不应宣扬"的著作进行"军事检查"。8月7日,列宁亲自审查了《农民经济》一书。他在致农业人民委员部和国家出版总局的信中很气愤地说:"将近400页的书根本没有提及苏维埃制度及其政策,没有谈我们的向社会主义过渡的法律和措施。准予出版这本书的人要不是傻瓜,要不就是恶毒的怠工者。我要求进行调查并将编辑和准予此书出版的所有人员的名单都告诉我。"12月12日,在人民委员会颁布的《关于私营出版社》的法令中,重申了任何一本书都必须经过事先的审查并获得出版的许可,"未经许可出版的书籍予以没收,送交国家出版总局处理,并应对其出版者追究刑事责任"。1922年6月6日,为了统一审查制度,建立了"书籍和出版事务管理总局",对书籍的出版制度、程序和不得出版的书籍作了明确的规定。

在此情况下,私营出版社实际上受到了极为严格的限制。1921年5月期

间,私营的"格尔热宾出版社"的活动受到质疑。这个在高尔基支持下成立的私营出版社,曾被国家出版社授权在国外出版俄国需要的俄文版书籍和订购需要的书籍。该出版社在近两年的活动中,将一些西方最新的出版物引进了俄国。这种情况正如高尔基所说的:"经过坚持不懈的努力,我们终于使俄国科学图书市场摆脱了德国出版社和出版物的影响。"但是,这种思想上、意识形态上对西方的开放在中央领导人中间引起不安。在对这个出版社"投机倒把"的指控下,国家对它实行严格的限制,直至禁止它的活动。1921年10月,人民委员会通过新的决定:只能在俄罗斯境内出版所需要的书籍。俄罗斯联邦国家出版社在书籍的审查、出版制度中起着特殊的、关键的作用,它最终控制着任何一本书籍的是否能够问世。高尔基愤慨地对列宁说:"国家出版社成了众人议论的话题,人们大声疾呼,这个机构必须改组,必须撤掉魏斯(时任国家出版社代理社长——作者注),撤换那些对出版工作一窍不通、被魏斯牵着鼻子走的人。"

对东正教的无情剥夺,对思想、言论与出版物的严格控制是与党内领导人的分歧以及解决这些分歧的进程密切联系在一起的。这种分歧实际上涉及对"战时共产主义"的认识和评价、新经济政策的制定和执行、从军事进攻转向和平建设的手段和方法、外交路线(尤其是热那亚会议)等一系列问题。这在1920年、1921年之交就集中表现为有关工会问题的争论。国内战争结束时,托洛茨基的权力和威信大增,1921年3月,他有了个新职务——代理交通运输人民委员部委员,9月,他担任运输工会中央委员会主席,运输工会中央委员会主张非常措施和军事工作方法。在1920年11月初的全俄工会第五次会议上,出现了有关工会工作方法的争议。列宁主张改变工会所惯用的行政命令和军事的方法,实行民主的方法以适应新的形势。托洛茨基不同意,他认为要做的是在工会中实行严格的纪律,对工会进行"整刷",用他的话说,就是"拧紧螺母"和变工会为国家机构的助手,实现"工会国家化"。

在实际活动中,全俄工会和最高国民经济委员会的活动发生冲突,并且有扩大之势。全俄工会中俄共党团在全俄工会第五次会议上通过了一份决议,表达出了对最高国民经济委员会的明显不满和欲取而代之的倾向。决议写道:"最高国民经济委员会工作不力的主要原因是它脱离了工会组织,而且可以清楚地看到国民经济委员会整整一系列领导人和组织故意不理会工会的倾向","经济机构经常性的报告制度,把一些重要的、原则性的问题提交工会组织讨论对恢复工人群众组织和经济机关之间的信任是绝对必要的"。这些原则性的问题包括：管理工业机构的建立、经济计划的制定和实施、劳动力的组织和调配、工会建立专门的工业管理机构等。这份决议引起了最高国民经济委员会主席团的严重不满，他们给中央写信提出抗议："在俄共党团作出这样一个决议后，最高国民经济委员会主席团认为必须申明，目前的主席团组成无法再继续工作下去了，因此请求中央委员会解除主席团的职务。"

到1921年年初，在工会问题上，党内领导人分成了几派。除了托洛茨基外，一派是萨普隆诺夫和奥新斯基等人的"民主集中派"。一派是施略普尼柯夫和柯伦泰等人的"工人反对派"，他们基本倾向于国家的工会化，尤其是后者主张将管理经济的一切权力都交给工会。还有一派是布哈林、拉林和普列奥勃拉任斯基等人，这一派处于各派的中间，自称要起缓冲作用，因而被称为"缓冲派"。列宁这一派包括斯大林、季诺维也夫、加米涅夫、鲁祖塔克等10人。列宁认为，党必须坚持对工会的领导，对全部经济工作的领导，离开了这一点就是抹杀了党存在的必要性。但是，总而言之，关于工会的争论实际上只有两派，一派坚持党在工会和一切工作中的领导作用，强调集中，另一派要求工会的自由，进而要求党内能有派别活动的自由。

1921年1月中旬，列宁提出托洛茨基等人的活动超出了争论的范围，是在进行派别活动。他说："如果没有这一行动，托洛茨基同志的错误（提出错误的提纲）不过是个很小的错误，像这样的小错误，所有的中央委员都犯过。"列宁把这种派别活动称为"党内危机"。1月18日，俄共（布）中央设立的由10人（列宁、谢尔盖耶夫、季诺维也夫、加里宁、加米涅夫、彼得罗夫斯基、斯大林、托姆斯基、鲁祖塔克和洛佐夫斯基）组成的工会问题委员会在《真理报》上公布了《俄共第十次代表大会工业工会的作用和任务问题的决议草案》，也称《10人提纲》。1月29日，托洛茨基在《真理报》上发表《有分歧，但何必引起混乱？》，指责列宁在工会问题的争论中引起混乱。

所以，在3月8日召开的俄共（布）第十次代表大会上，关于工会问题的争论实际上成了大会的主要议题。列宁在俄共（布）第十次代表大会的报告中说："争论的局面变得极其危险，简直构成了对无产阶级专政的威胁。"列宁在关于工会问题的讲话中，指责"托洛茨基和运输工会中央理事会犯了政治错误，因为他们提出了而且完全不正确地提出了'整刷'问题"。他还警告说："谁要为这个错误辩解，那就会造成政治上的危险。"正因为如此，列宁在大会上对"工人反对派"和"民主集中派"的批评也是不留情面的。他把"工人反对派"的口号说成是和小资产阶级的、无政府主义的反革命思想和口号是相联系的。

对"工人反对派"的代表人物柯伦泰等,列宁更是抨击有加:"你们承认你们是反对派。你们带着柯伦泰同志的题为《工人反对派》的小册子来参加党的代表大会。你们把这本小册子的最后校样付印时,就已经知道发生了喀琅施塔得事件,知道小资产阶级反革命势力异常猖獗。在这种时候,你们竟然自称'工人反对派'!你们不了解,你们这样做要负重大的责任,你们严重地破坏了统一!你们到底为了什么?我们要质问你们,要考考你们。"列宁呼吁结束有关工会问题的辩论:"同志们,现在不应当有反对派,现在不是时候!不管怎么说,现在需要的是步枪,而不是反对派。"列宁的结论是:"党必须团结,党内不容许有反对派存在。"

最后,大会通过了《关于党的统一》的决议。决议要求"保持党的队伍的统一和团结,保证党员之间的完全信任,保证在工作中真正齐心协力,真正体现无产阶级先锋队的意志的统一","在同派别活动进行实际斗争中,每一个党组织必须密切注意,决不允许发表任何派别言论",解散一切派别,凡不执行这一决议者,立即无条件开除出党。这份决议还严格规定了对党内高级领导人的处置办法:"代表大会授权中央委员会,在遇到违反纪律、恢复或进行派别活动的情况时,可以采取党内一切处分办法,直到开除出党;而对中央委员则可把他们降为候补中央委员,甚至采取极端措施,把他开除出党"。

第十次代表大会后,托洛茨基在党的中央机构中失去了权威和重要的影响,托洛茨基的支持者,如克列斯廷斯基、普列奥布拉任斯基和谢烈布里亚科夫不再是中央委员会委员。

此后,进行了清党工作。在1921年8月15日至12月31日的期间,总共有159 355人被清除出党,占党员总数的24.1%。其中,自愿退党的占3.1%,因滥用职权的占87%,因举行宗教结婚仪式的占3.9%,有反革命目的、混入党内的占3.7%,不过组织生活的占1.8%。

在经过了1921—1922年的高校改革——取消高等学校的自治后,1922年的上半年,知识分子和知识分子思潮及行动极为活跃。从下半年开始,政府加强了对知识分子的控制。1922年7月8日至8月7日,在莫斯科进行了对右派社会革命党人的审判活动。在此期间,彼得格勒市和莫斯科市开始了大规模的行政驱逐的工作。首批被逐的都是知识分子,在彼得格勒有51人,在莫斯科有67人,这些名单都是由加米涅夫、库尔斯基和温什利赫特签署的。具体执行驱逐任务的是国家政治保卫局副局长亚戈达。被驱逐的人为作家、记者、教授和学者,其被驱逐的理由多是参与或与立宪民主党、社会革命党的活动有牵连、宣传唯心主义和宗教哲学、为君主制辩护等。8月,全俄中央执行委员会颁布了《关于行政驱逐的决定》,规定"对参与反革命活动的人员实行隔离",即"以行政方式驱逐出境或者流放到俄罗斯联邦境内的指定地点"。该命令写明,驱逐名单由内务人民委员部代表和司法人民委员部代表确定,报由全俄中央执行委员会主席团批准。对于被驱逐者的惩罚是:"行政驱逐期间不超过3年","被驱逐的人员在驱逐期间剥夺选举权和被选举权","被驱逐到某一地区的人员由当地的国家政治保卫局机构监督,并由其决定被驱逐人员在流放区的居住地","从流放地或在流放途中逃跑,由法庭按刑法第95条惩处"。这一法令实为其后苏联数十年中控制、驱逐、流放、镇压知识分子及一切反对派的肇始。

该令颁布后,又有大量知识分子被驱逐,其中著名的有俄罗斯的哲学家尼古拉·亚历山大罗维奇·别尔嘉耶夫。他在8月17日被捕后受到审讯,他在供述中宣扬了自己的基本哲学观点:"根据自己的信念,我不能赞成阶级观点,并一视同仁地认为,不论是贵族的意识形态,还是农民的意识形态、无产阶级的意识形态、资产阶级的意识形态,都是狭隘、局限而自私的。我赞成人和人类的观点,所有阶级和政党的眼界都应提高到这个高度。至于我个人的意识形态,我认为是贵族阶级的,这不是指字面意义而言,而是指建立最优秀、最聪明、最有才干、最有教养、最高尚的人的统治而言。我认为民主政治是错误的,因为它主张多数人的统治。"两天后,国家政治保卫局保密四科就作出了驱逐别尔嘉耶夫的结论:"从十月革命起到目前为止的5年里,他不仅一直对俄罗斯工农政权不满,没有停止过自己的反苏活动,而且利用目前俄罗斯苏维埃社会主义联邦共和国的外交困难,加紧了反革命活动",为防范别尔嘉耶夫今后继续进行反苏维埃活动,"应将其无限期驱逐出俄罗斯苏维埃社会主义联邦共和国"。8月21日,国家政治保卫局局务会议通过决议:"根据2月6日《国家政治保卫局条例》'e'条第2款驱逐出俄罗斯苏维埃社会主义联邦共和国。"别尔嘉耶夫也很识趣,他在审讯时主动表示要自费出国,所以他在被国家政治保卫局假释7天,"安排其私人事务和交代工作"后,永远地离开了俄罗斯。

1922年3月27日—4月2日,召开了俄共(布)第十一次代表大会,这是列宁出席的最后一次代表大会。组建了新的中央政治局:列宁、斯大林、托洛茨基、季诺维也夫、李可夫、托姆斯基、莫洛托夫、加里宁。斯大林被推举为俄共(布)中央委员会总书记,大会后,即4月4日,组建了三人中央书记处——斯大林、莫洛托夫和瓦列利安·弗拉基米尔·古比雪夫。斯大林着手更换地方上的党组织书记,使他们直接听命于中央组指部,通过莫洛托夫的组织工作和古比雪夫的监察检查工作,逐步建立起领导工作中的"书记责任制"——下级党组织书记服从上级党组织书记,全党服从中央总书记。而在俄共(布)的历史上也实际从此出现了一个新的——"总书记"的时期。

## 八、斯大林的"自治化"计划,列宁坚持要"平等联盟",苏联的成立

十月革命后,在《俄国各族人民权利宣言》和《被剥削劳动人民权利宣言》的影响下,民族分离权、自治和自决的浪潮席卷各地。在各个民族地区成立了一系列民族苏维埃共和国。除了俄罗斯外,1917年12月25日,乌克兰苏维埃社会主义共和国成立。1918年11月29日,爱沙尼亚苏维埃社会主义共和国成立。1918年12月,立陶宛苏维埃社会主义共和国和拉脱维亚苏维埃社会主义共和国成立。1919年1月1日,白俄罗斯苏维埃社会主义共和国成立。1920年4月28日,阿塞拜疆苏维埃社会主义共和国成立。1921年2月25日,格鲁吉亚苏维埃社会主义共和国成立。

与此并行的是各地民族自治州的建立,这一进程首先始于民族众多和问题复杂的俄罗斯南部和西伯利亚地区,而这一过程在俄罗斯的南部地区尤为错综复杂。1921年3月,布哈拉苏维埃共和国成立,5月并入格鲁吉亚苏维埃社会主义共和国。阿布哈兹苏维埃社会主义共和国也在3月成立,年底也并入格鲁吉亚。4月,土耳其斯坦苏维埃社会主义自治共和国成立,10月,克里米亚苏维埃社会主义自治共和国成立。1922年3月,阿塞拜疆、亚美尼亚和格鲁吉亚三苏维埃共和国联合组成外高加索联邦。

鉴于国内战争的需要,俄罗斯联邦和这些共和国建立了愈来愈密切的军事和经济联系。进入新经济政策时期后,各共和国之间的关税边界消失,在外交政策上也开始统一步伐,司法、审判、刑事侦查和侦察系统也在合并和统一。因此,各苏维埃共和国在政治上、外交上和经济上的统一就被提上了议事日程,也就成为俄共(布)党迫切需要达到的重要目标。1921年3月,在俄共(布)第十次代表大会的《关于党在民族问题方面的当前任务》中明确提出了建立"苏维埃共和国联邦"的问题。决议认为只有建立这样的联邦才是生存、发展和免遭帝国主义奴役和民族压迫的惟一出路。

建立这样一个联邦的过程是从起草新宪法开始的。1922年8月,俄共

(布)中央成立了一个专门委员会——"俄罗斯联邦与独立共和国关系问题委员会",由斯大林负责,其成员基本上是中央组织局的人马:莫洛托夫、格里高利·康斯坦丁诺维奇·奥尔忠尼启则、米亚尼斯拉夫等。8月11日,这个委员会以"委员会成员斯大林"的名义提出了《关于俄罗斯苏维埃社会主义联邦与各独立共和国的相互关系》的决议草案。其中第一条就说:"认为乌克兰、白俄罗斯、阿塞拜疆、格鲁吉亚、亚美尼亚这几个独立的苏维埃共和国正式加入俄罗斯苏维埃社会主义联邦共和国是适宜的。"草案还提出,将俄罗斯联邦现有的政权机构——全俄中央执行委员会、人民委员会、劳动与国防委员会的职权范围扩大到各独立共和国去。这个草案的核心是各独立共和国在"自治"的基础上加入俄罗斯联邦,所以就被各共和国称为"自治化"计划。

这一草案分发到各共和国后,乌克兰和白俄罗斯党中央书记德·曼努伊尔斯基和博古茨基很快就同意了这个"自治化"计划,而在外高加索边疆区情况就有些复杂:9月1日,阿塞拜疆共产党中央委员会书记谢尔盖·米洛诺维奇·基洛夫马上同意。亚美尼亚党中央犹豫不决。格鲁吉亚党中央明确表示了异议。9月15日,格鲁吉亚共产党中央委员会以多数票决定:"认为斯大林同志的提纲所建议的各独立共和国以自治化形式实现统一为时过早。我们认为,在经济上统一力量和统一政策是必要的,但要保留独立的全部属性。"当时,兼任俄共(布)中央高加索局主席、外高加索边疆区党委第一书记的奥尔忠尼启则不得不求助于亚美尼亚中央委员会书记卢卡申。他在从格鲁吉亚首府梯弗里斯写给卢卡申的信中说:"这里的中央委员会看来会争吵不休。需要亚美尼亚中央委员会的支持。如果不能召开全体会议,则最好能(必须)在星期六晚上以前,由主席团和负责同志做出决定。"第二天,卢卡申在未经召开中央会议前就给奥尔忠尼启则回电:"亚美尼亚共产党中央委员会和亚美尼亚共产党埃里温市委员会全体会议以及负责人会议一致表明,赞同关于各苏维埃共和国相互政治经济关系问题的提纲。并且已经作出某种合理的决议。"

"自治化"计划的起草和向各共和国征求意见的工作,是在斯大林亲自掌握和领导下的中央组织局负责的。正在莫斯科郊区哥尔克村疗养的列宁在得知斯大林的"自治化"计划后,于9月22日给斯大林写信,要他就这一问题向自己汇报,并指责乌克兰中央书记是假冒的民族主义者。当天,斯大林就给列宁回信,把俄罗斯联邦的前途说成是只有两条:"要么真正独立",也就是说没有中央的干预,各独立共和国不执行俄罗斯中央的决定,"要么把各苏维埃共和国统一成一个经济整体",也就是说允许中央干预,将俄罗斯中央的权力扩大到各独立共和国去。斯大林在这封信中强调了"中央干预",强烈反对各共和国"不与俄共中央打招呼就决定",就自行其是。他对"自治化"计划的实质说得十分清楚:"如果我们现在不用形式上的(同时也是实际的)自治取代形式上的(名义上的)独立,那么,一年之后,维护各苏维埃共和国的实际统一将无比困难。"

中央组织局在23、24日紧急召开各独立共和国代表参加的会议后,于24日通过了《关于俄罗斯联邦与独立共和国相互关系决议的最终文本》。与草案相比,作了某些修改,一是,第一条改为:"认为乌克兰、白俄罗斯、阿塞拜疆、格鲁吉亚、亚美尼亚各苏维埃共和国与俄罗斯联邦之间缔结关于它们正式加入俄罗斯联邦的条约是适宜的"。二是,强化了中央的干预,在第3条中规定:在各共和国机构与中央机构合并的同时,"俄罗斯相应的人民委员部则在各共和国驻有自己的全权代表和规模不大的机构"。

1922年9月25日,列宁得知了这个方案后,甚为不安。9月26日,列宁和斯大林在哥尔克村进行了长谈。列宁对方案提出批评。列宁认为,斯大林计划中有两个重大倾向,一是联邦的主体是俄罗斯联邦,其他的共和国是加入,俄罗斯联邦和其他共和国在事实上是不平等的。二是没有规定民族的自愿原则,体现了一种大俄罗斯沙文主义。因此,他要求将"加入"改为"联合",即各共和国"同俄罗斯社会主义联邦苏维埃共和国一起正式联合成欧洲和亚洲苏维埃共和国联盟",并建议重新成立一个"全联盟中央执行委员会",而不是利用俄罗斯的全俄中央执行委员会。在这次谈话后,列宁给加米涅夫写了一封信并抄送政治局全体委员,他强调:"我们承认自己同乌克兰苏维埃社会主义共和国以及其他共和国是平等的,将同他们一起平等地加入新的联盟,新的联邦,即'欧洲和亚洲苏维埃共和国联盟'。"他还写道:"重要的是,我们不去助长'独立分子',也不取消他们的独立性,而是再建一层新楼——平等的共和国联邦。"其后一连5天,列宁为此对宪法起草委员会的成员以及来自高加索地区的代表做工作,强调建立"平等的共和国联邦"的重要性。

列宁和斯大林的分歧是极为明显的,列宁要求的是建立一个新的平等的联盟,各共和国都有相同的权利,而斯大林要求的是建立一个隶属于俄罗斯联邦的联盟,俄罗斯对各共和国有干预权和决定权。斯大林最终只同意将"加入"改为"联合",而对列宁的其他建议,斯大林在给加米涅夫的信中,则称为是"不适宜,至少为时过早",甚至讥讽为"列宁同志的民族自由主义"。在9月28日的中央政治局会议上,当加米涅夫告诉斯大林:"伊里奇准备为捍卫独立而战"时,斯大林在便条上写道:"我认为,反对伊里奇需要坚定性。如果两个格鲁吉亚孟什维克影响格鲁吉亚的共产党人,而后者影响伊里奇,试问,这就是其中的'独立性'吗?"便条上记录下了他们最后的对话:"加米涅夫:'我想,既然弗拉基米尔·伊里奇坚持,抗拒会更坏'。斯大林:'我不知道,让他瞧着办吧。'"

10月6日,列宁在给加米涅夫的便条上写道:"要绝对坚持联盟中央执行委员会中由俄罗斯人、乌克兰人、格鲁吉亚人等轮流担任主席。绝对!"但是,列宁虽然名义上仍是党和国家的最高领导,然而,实际权力已经归属斯大林,随后的联盟进程已经不是列宁所能左右的了。12月16日,俄共(布)中央政治局通过了《欧亚苏维埃社会主义共和国联盟成立条约》和《欧亚苏维埃社会主义共和国联盟成立宣言》。

12月23日,全俄第十次苏维埃代表大会召开,26日通过了《关于建立苏维埃社会主义共和国联盟的决议》,决定由俄罗斯、乌克兰、外高加索、白俄罗斯共和国联合成苏维埃社会主义共和国联盟——苏联。1922年12月30日,苏联苏维埃第一次代表大会在莫斯科召开,宣布了苏联的成立。斯大林在会上作了有关苏联成立的报告,大会基本通过了《苏维埃社会主义共和国联盟成立宣言》和《苏维埃社会主义共和国联盟成立条约》。条约规定联盟的最高权力机构是苏维埃代表大会,最高执行机构是联盟中央执行委员会。条约还规定,各共和国为加盟共和国,每个加盟共和国都有自由退出联盟的权利,加盟共和国的公民都拥有苏联国籍。在联盟中央执行委员会第一次会议上选出4人为主席:加里宁代表俄罗斯,彼得罗夫斯基代表乌克兰,切尔维雅科夫代表白俄罗斯,纳利马诺夫代表外高加索联邦。随之成立的联盟政府——苏联人民委员会由列宁任主席,副主席是:加米涅夫、奥拉赫拉什维利、李可夫、瞿鲁巴、邱巴尔。人民委员会下设人民委员部:外交人民委员部(人民委员契切林)、陆海军人民委员部(人民委员托洛茨基)、对外贸易人民委员部(人民委员克拉辛)、交通人民委员部(人民委员捷尔任斯基)、邮电人民委员部(人民委员斯米尔诺夫)、工农检查人民委员部(人民委员古比雪夫)、劳动人民委员部(人民委员布留哈诺夫)、财政人民委员部(人民委员索柯里尼柯夫)。

斯大林没有担任政府职务,专门从事党的工作。列宁名义上是人民委员会的主席,但他重病在身,实际上不能视事。在苏联宣布成立后的第二天,他仍然对联盟成立进程中所出现的"自治化"倾向和大俄罗斯沙文主义表示忧虑。他在这一天口授的《关于民族或"自治化"问题》一文中说:"我觉得很对不起俄国工人,因为我没有十分坚决十分果断地过问有名的'自治化'问题,其正式的说法似应叫做苏维埃社会主义共和国联盟问题。"他对联盟成立条约提出了尖锐的批评:"我们用来替自己辩护的'退出联盟的自由'只是一纸空文,它不能够保护俄国境内的异族人,使他们不受典型的俄罗斯官僚这样的真正俄罗斯人,大俄罗斯沙文主义者,实质上是恶棍和暴徒的侵害。"

  列宁的愤怒基于奥尔忠尼启则动手打了格鲁吉亚领导人卡巴希泽一记耳光,用大俄罗斯民族沙文主义来处理格鲁吉亚事务。借此,列宁对斯大林的"自治化"计划再度提出指责:"可见,整个这个'自治化'的想法是根本不对的,是根本不合时宜的。据说需要统一机关。但是,这种主张来自何处呢?还不是来自俄罗斯机关本身,而这种机关,正如我在前面的一篇日记里已经指出的,是我们从沙皇制度那里接受过来的,不过稍微涂了一点苏维埃色彩罢了。毫无疑问,应当等到我们能够说,我们可以保证有真正是自己机关的时候,再采取这种措施。现在我们应当老实说,正好相反,我们称为自己机关的那个机关,实际上是和我们完全格格不入的,它是资产阶级和沙皇制度的大杂烩,在没有其他国家帮助,又忙'军务'和同饥荒斗争的情况下,根本不可能在5年内把它改造过来。"他说:"我想,斯大林的急躁和喜欢采取行政措施以及他对有名的'社会民族主义'的仇恨,在这件事情上起了决定性的作用。愤怒通常在政治上总是起极坏的作用。"他还写明:"俄罗斯化的异族人在表现真正俄罗斯人的情绪方面总是做得过火。"因此,列宁要求处分奥尔忠尼启则,"以儆效尤","应当使斯大林和捷尔任斯基对这一真正大俄罗斯民族主义的运动负政治上的责任。"

  然而,时过境迁,列宁已经无能为力了。由斯大林主持起草的苏联宪法于1923年6月6日在全苏中央执行委员会通过,1924年1月31日,这部苏联的第一部宪法由苏联第二次苏维埃代表大会通过,而这时列宁已经去世10天了。

## 作者点评:

  不少人说,新经济政策就是社会主义,它将永恒地执行下去。可是,列宁本人究竟是怎样说的呢?

  列宁的过人之处就在于他永远不停留在一项政策上。对于他来说,政策始终是达到目的的手段,为了达到巩固苏维埃国家和向社会主义过渡,任何一项政策都可以视实际情况而变更、中断、停止或最后舍弃。在实施新经济政策之前,列宁只谈从资本主义向共产主义的过渡,而不谈从资本主义向社会主义的过渡。而到1921年10月时,他就承认在这种过渡中还需要"过渡阶段","为了作好向共产主义过渡的准备(通过多年的工作来准备),需要经过国家资本主义和社会主义这些过渡阶段"。也正是在这时,他对战时共产主义错误的认识有了重要的变化,第一次明确提出这种错误就表现为"决定直接过渡到共产主义的生产和分配"。列宁提到,在十月革命后他曾指出计算和监督就是一个社会主义的过渡过程,就是一个漫长而复杂的过渡,没有这种计算和监督,"要从资本主义社会走上接近共产主义社会的任何一条道路"都是不可能的。列宁把"战时共产主义"当成一种向共产主义直接过渡的错误来加以批判,在他的认识里,新经济政策首先是一项纠正"战时共产主义"错误的政策,正如他自己所说的:"我们现在正用'新经济政策'来纠正我们的许多错误。"纠正错误的唯一结论就是"我们不应该指望直接采用共产主义的过渡办法"。

1922年3—4月,列宁在俄共(布)第十一次代表大会上再一次阐述了这一政策的要点,这也是他最后一次系统地表明对新经济政策的看法,实际上是他对新经济政策的一种总结。列宁确认了下述几点:在俄罗斯当前的形势下通过新的途径来建设社会主义经济已经是绝对必要的事了。但布尔什维克党现在已经"有找到这种途径的惟一办法,这就是实行新经济政策"。在这里,列宁的逻辑思维是非常清楚的,建设社会主义和建设社会主义经济基础是同一个概念,新经济政策并不是这种"真正的途径",而是"找到这种途径的惟一方法"。历来的研究者都忽略了列宁的这句话,把建设社会主义经济,建设社会主义经济基础的真正途径等同于新经济政策。为什么新经济政策会成为找到这种途径的惟一方法?列宁说,是因为这种政策能检验布尔什维克党人是否真正做到了同农民经济的结合。而这种同农民经济的结合对苏维埃政权是生死攸关的事,按照新的方式建设新经济,就能建成这种结合,而新经济政策提供了这种方法。至于新经济政策的前途如何,列宁的态度是谨慎的:"我们还应该弄清楚,新经济政策在多大程度上能做到既建立这种经济,又不破坏我们在不熟练的情况下开始建设的东西。"

虽然新经济政策是这样一种惟一的方法,但在新经济政策的实施中,随着小农经济的成长,俄国的资本主义也发展了起来,苏维埃政府尚没有本领将国家资本主义纳入所设想的范围。所以,列宁认为,无产阶级将不可避免地要"同从小农经济中成长起来的,得到小农经济支持的俄国资本主义"进行斗争。他还将这种斗争称为"最后的斗争"。他说:"这里在不久的将来就会有斗争,准确时间不能确定。这里将进行'最后的斗争',没有任何道路——政治的或其他的道路可以绕行。"

列宁还把新经济政策视为一种对小农经济和资本主义让步的政策,退却的政策。所以要这种让步和退却全是为了大农业,大工业,真正社会主义的发展。他认为,新经济政策对小农经济和资本主义所作出的让步和退却已经到了极限了,再也不能让步和退却了,因为这一政策的实施已经超出了布尔什维克党人所能控制的范围。列宁是这样表述自己的思想的:"我们已经可以停止而且正在停止我们所开始的退却。够了。我们非常清楚地看到并且毫不隐瞒,新经济政策是一种退却,我们走得比我们能够控制的远了一些,但斗争的逻辑就是这样。"当然,这种停止退却并不是要停止执行新经济政策。新经济政策的主要原则和主要措施还是要继续执行下去的,因为已经找到了方法,必须为同小农经济的真正结合踏实地工作,但在原则问题上不能再后退了。所以,列宁说:"应该在这个意义上来谈停止退却。"所以,他这才说:"因此新经济政策仍然是当前主要的,迫切的,囊括一切的口号。"

但是,列宁的思路并没有停止下来。1922年4月2日,他在俄共(布)第十一次代表大会的闭幕词中依然把新经济政策比作退却,但他强调说:"现在我们已经作出决定,认为退却已经结束。这就是说,现在要按新方式来提出我们政策的全部任务了。"什么是"按新方式"?列宁没有作出明确的解释,但是有一点却是很明确的,那就是对列宁来讲,新经济政策并不是永恒的。

有些研究者把新经济政策阐述成是一项无所不包的、完善的建设社会主义的计划或蓝图。这显然是不确切的。列宁本人从来就没有把新经济政策看作是这样一种计划或蓝图。对他来说,新经济政策是建设社会主义前期的政策,是为向社会主义过渡打基础的政策,而不是社会主义本身的政策。至少有下述几点可以说明这个问题:第一,新经济政策只是向社会主义过渡时期的政策,但这个过渡时期是很长的。它将在这个很长的过渡时期内长期地执行下去。这个范围是很明确的,不能把这个长期扩展到社会主义建设的那个长期中去。第二,新经济政策实质上是一种改良主义的政策,这正如列宁自己所说的:"所谓改良主义的办法,就是不摧毁旧的社会经济结构——商业,小经济,小企业,资本主义,而是活跃商业,小企业,资本主义,审慎地逐渐地掌握它们,或者说,做到有可能只在使它们活跃起来的范围内对它们实行国家调节"。第三,在讲述新经济政策是一项退却政策时,列宁反复强调这种退却是一种不得已而为之的行为,其目的是为了"在日后最终转入进攻"。此外,在作这种解

## 第五章 转向新经济政策

释时,他总是要说到"眼下还不能直接过渡到社会主义建设"。可见,列宁并没有把新经济政策看成是建设社会主义本身的政策,而只是退却时期的政策,在转为进攻之前的过渡时期的政策。第四,新经济政策作为一项经济政策并不是全面的,完善的,至少列宁并没有正确解决商业这个问题,他始终只是把商业当成国家调节和限制资本主义的手段,一种工农经济的结合点。列宁并不认为在建设社会主义时,商业还会存在,还能起作用。第五,新经济政策只是一项经济政策,并没有从根本上涉及国家建设的其他方面,比如说文化、出版、艺术,以及党政建设。一些研究者认为,在列宁时期存在一种文化上的、艺术上的,甚至党政建设方面的新经济政策,这是不切合实际的。第六,即使在执行新经济政策时,列宁也没有放弃使用强制甚至暴力的手段,并且始终认为这些手段是经济方法得以顺利实施的保证。

总之,新经济政策作为一项从战争的、镇压的手段向和平的、经济的方法过渡的政策,作为一项找到建设社会主义、建设社会主义经济真正途径的惟一方法在内战结束后起到了非常大的作用。它使国家平稳地转向了经济的恢复和建设,使苏维埃政权和国家得到了巩固,并且在一系列有关社会主义的概念上令后代人重新思考问题,所有这一切都对列宁逝世后的苏联漫长的社会主义进程起到了深刻的和深远的影响。但这一切并不等于说,列宁实施新经济政策就为未来的苏联,甚至为未来的世界勾画了社会主义建设的蓝图或计划。

列宁在俄共(布)第十一次代表大会上曾经说过,虽然新经济政策已经执行了,虽然我们已经按新方式开始建设新经济了,"但这并不是说,我们要固执己见,认为我们既然无所畏惧地开始了新经济的建设,那就非这样干下去不可。这有什么根据呢?没有任何根据"。当我们今天重新评价新经济政策时,也许,这些话是很值得研究者的思考的。

# 第六章 直接工业化时期

## 一、最后的列宁,列宁墓,为权力开始争斗

**1922** 年冬天,列宁生病。他开始做两件事:一是安排中央政治局和政府的人事;二是思考一些重大的、迫切的问题。从 12 月 4 日到 12 月底,他连续写信或口授电话,对政治局、人民委员会、劳动国防委员会、最高国民经济委员会和国家计划委员会的人事作出安排。这些安排显然是考虑到了党内已经出现的分歧和领导人之间的矛盾与争斗。他想预防这些分歧的进一步扩大,尽力避免矛盾与争斗的激烈化。因此,在这种安排中,列宁强调了领导人之间的分工、协调、平衡和团结。12 月 23 日,列宁在病情恶化的情况下,口授了给俄共(布)第十二次代表大会的信,提出要对"我们的政治制度作一系列变动",要增加中央委员的人数。他说,这样做了,"因某种不慎而造成分裂的危险性就愈小"。他还对现有的中央领导人作出了评价,尤其对斯大林和托洛茨基两人作了详细的分析。他写道:"斯大林同志当了总书记,掌握了无限的权力,他能不能十分谨慎地使用这一权力,我没有把握。另一方面,托洛茨基同志,正像他在交通人民委员部问题上反对中央的斗争所证明的那样,不仅具有杰出的才能。他个人大概是现在的中央委员会中最有才能的人,但是他又过分自信,过分热中于事情的纯粹行政方面。现时中央两位杰出领袖的这两种特点会出人意料地导致分裂,如果我们党不采取措施防止,那么分裂是会突然来临的。"

在新经济政策实施的过程中,究竟是实行对外贸易垄断,还是实行体现为关税政策的自由贸易制存在着很大的争议,也可以说,在这个问题上,俄共(布)党内出现严重分歧。斯大林和布哈林在 1922 年 10 月都主张取消贸易垄断制,布哈林还就此给中央写过一封维护关税政策的信件。同月 6 日,在中央

全会上作出了关于削弱对外贸易垄断的决定。托洛茨基支持继续执行垄断政策。1922年12月12日,他在写给列宁的信中说:"保持和加强对外贸易垄断制是一件绝对必要的事。"列宁在回信中要求托洛茨基代他在中央全会上为垄断制进行辩护。列宁维护对外贸易垄断制的立场十分坚决:"无论如何,我认为这一问题具有高度原则意义,如果得不到全会的同意,我将把问题提到代表大会上去。而在此之前向即将召开的苏维埃代表大会的俄共党团宣布目前的分歧。"他还对托洛茨基说:"在这个问题上摇摆不定会给我们造成前所未有的危害,而反对的理由无非是指责办事机构不完善。而在我们这里办事机构不完善到处都很突出,由于办事机构不完善就取消垄断,岂不等于把小孩和水一起从澡盆里泼出去。"1922年12月13日,列宁口授给斯大林的电话,强烈指责关税政策,批评"布哈林关于关税政策的一切议论,实际上无非是使俄国工业完全失去保护,在一层薄薄的面纱的掩盖下改行自由贸易制"。他还指责布哈林保护投机商和"耐普曼"分子。而斯大林顺时应变,他在12月15日给中央委员们写信说:"我有责任声明,收回我两月前书面通知中央委员们的反对贸易垄断的意见。"

列宁由于重病不能亲自参加即将召开的中央全会,所以他把捍卫垄断制的全部希望都寄托在托洛茨基的身上,在这个问题上,他们成了结盟者。列宁对托洛茨基说:"万一我们的决定通不过,我们就向苏维埃代表大会党团声明,并宣布将问题提交党代表大会。那时请通知我,我也将寄去自己的声明。"当他得知,下一次中央全会有可能不讨论对外贸易垄断制问题时,他又给托洛茨基写信:"一劳永逸地解决这个问题是绝对必要的。如果有人担心这个问题会使我感到不安,甚至会使我的健康状况受到影响,我认为这是完全不正确的,因为拖而不决将使我们在一个根本问题上的政策完全稳定不下来,这就更会使我一万倍地感到不安。"1922年12月18日的中央全会还是撤销了十月全会的决定,承认了加强对外贸易垄断的必要性。

在生命的最后日子里,列宁还考虑了俄罗斯民族和其他少数民族的关系、国家机构的改革、文化教育问题和合作社问题,等等。其中考虑得比较多的问题是社会主义和过渡。列宁认为,这方面最关键的问题是工人阶级、苏维埃政权和农民的关系,因而强调了合作社的作用。他提出了"合作社的发展也就等于社会主义的发展"这个论断。但是,列宁也明确说明,合作社并不等于就是社会主义,合作社只是能使农民过渡到新制度的"简便易行和容易接受的方法",尽管已是建成社会主义社会所必需而且足够的一切,但"这还不是建成社会主义"。

  不过,列宁的这些思考都是病榻上的思考了,他已经离执政活动,离党的领导,离生活现实越来越远了。无论是对可能发生的党的分裂,还是对一些重大的决策,他都无回天之力了。当他于1924年1月21日,在莫斯科郊区的哥尔克村溘然长逝时,他也就把自己的权力,把那些没有详细解释、没有论证和实践的思考统统留给了他的后人,任凭他们去争执、争论和评说。列宁逝世后,中央政治局的组成是:季诺维也夫、斯大林、托洛茨基、加米涅夫、李可夫、托姆斯基和布哈林,候补委员是加里宁、莫洛托夫和鲁祖塔克。掌握实权的组织局由斯大林、莫洛托夫、鲁祖塔克、捷尔任斯基、李可夫、托姆斯基组成。斯大林为总书记,书记处书记为莫洛托夫和鲁祖塔克。中央监察委员会主席为古比雪夫。加米涅夫兼任共产国际执行委员会主席和劳动国防委员会主席。李可夫为人民委员会主席。托姆斯基为总工会主席。托洛茨基仍为革命军事委员会主席和陆海军事务人民委员。布哈林为《真理报》总编,从1924年起为《布尔什维克》杂志总编。捷尔任斯基为最高国民经济委员会主席,同时负责国家政治总局(1922年2月全俄肃反委员会改组为国家政治局,简称"格普乌",1923年11月,再改组为国家政治保卫总局,简称"奥格布")的工作。

  列宁逝世后,1月25日,俄共(布)中央作出决定,要当时的著名建筑师休谢夫在红场上建造"列宁墓"。27日,木头的"列宁墓"建成,列宁遗体被迁放到这"陵墓"里供人瞻仰。1924年8月1日,列宁遗体经防腐处理后,"陵墓"重新开放,休谢夫奉命开始建造石头陵墓,以永远供奉列宁(红场上的"列宁墓"于1930年建成)。随后,斯大林在苏联苏维埃第二次代表大会上作了情绪激昂的"宣誓"讲话,表示要永远忠于列宁,要永远执行列宁的遗嘱。从此,在苏联的土地上就开始了一个斯大林是列宁的最忠实的、唯一的继承人的时代,而在这种宣传和气氛中,列宁的一切:他的思想、纸片和遗体都变得神圣不可侵犯。

  列宁生前所预测并担心的党内高级领导人之间的分歧很快就显现了出来。托洛茨基指责斯大林:"最近两年来,组织局、书记处和政治局实际上越过有关主管部门,甚至背着它们频繁地对一些问题,例如军事问题,作出决定(频繁裁减军队而不是考虑周到的有计划的裁减,这导致了极度的混乱及物资和粮食供应的开支急剧增加;在预算方面也有这样的现象,类似现象还出现在人员的任命上……)。"这时,国家机关实际上存在两套班子,就政权机构而言,有人民委员会和劳动国防委员会的并列,就经济机构而言,有最高国民经济委员会和国家计划委员会的分权。斯大林主张合并劳动国防委员会,保留最高国民经济委员会和国家计划委员会,由托洛茨基任人民委员会副主席,兼管最高国民经济委员会的工作。托洛茨基主张精简人民委员会和劳动国防委员会机构,反对设置过多的副主席职务和他们兼管多项工作。托洛茨基称斯大林的这种"兼管"安排是想设"保护人",1923年1月15日,托洛茨基在给中央政治局的信中这样写:"专门'保护人'的角色只会造成责任的分散,在最需要最应该明确的部门中造成不明确和混乱。我们需要正常地实际地协调各经济主管部门的工作,根本不需要分别对其中的每个部门实行双层领导。"在列宁逝世前一天,托洛茨基又给全体中央委员写信,反对斯大林的"改组",他写道:"所以,几乎每个人都做几项工作,而同一项工作又分给了好几个人去做。这样做的结果当然不是节省人力,相反是浪费人力。在我们这里,兼职通常在任何部门都没有好结果。"

## 二、销售危机,振兴军工,难忘的1924年

列宁的新经济政策正在实践中悄然发生重大变化。为了刺激工业,尤其是大工业的发展,政府要求工业企业实行经济核算,计算利润。随着工厂和工业企业辛迪加的提高产品价格,流通渠道的工业品价格也猛涨。但是,农产品的价格却被压得很低。与此同时,国家积极推行限制私营工商业的政策,致使流转渠道大大缩减。1923年夏季开始出现"销售危机"——工农业产品价格的"剪刀差"危机,即工业品的价格过高,而农产品的价格过低。这种危机在10月份达到高峰时期。农民因而不愿向政府出售自己的农产品,或者是储藏起来,或者是卖给私商。政府不得不采取了提高农产品价格、减轻农民的税务负担、扩大对农民的信贷、以更多的力量来发展轻工业、实行货币改革等措施来消除危机。在政府以极大的投资比例来发展大工业的情况下,农业和轻工业发展的迟缓是个必然的产物。而"销售危机"并不完全是个价格危机,它是工农业恢复和发展上速度与比例失调,是生产、销售、劳动力安排等方面失控的综合表现。因此,在上述措施中,货币的改革成了消除"销售危机"的重要因素。1922年年底,发行"切尔文"卢布替换苏维埃纸币。一个切尔文卢布等于流通的苏维埃纸币10卢布,切尔文的含金值是7.742 34克。随后又发行了铜币和银币,苏维埃纸币停止流通,这才抑制住通货膨胀。

但是,1924年是个旱灾严重的年份,其结果是农业大幅度减产,农民大量流入城市,工业随之萎缩,失业人数猛增。1924年1月的俄共(布)第十三次代

表会议和5月的第十三次代表大会都对此作出反应,认为解决的办法是必须排挤和消灭私人中间商。因之,排挤和消灭私商的措施逐步加强和扩大。直到1925年4月,俄共(布)中央全会才承认这种排挤和消灭私商的措施是"战时共产主义"的残余,于是决定实行"从去年的限制转到灵活的国家经济调整"的策略。但是,领导人从这种危机和随之而来的调整中得出的根本结论却是,必须加速发展大工业——以金属工业、机器制造工业为主的大工业。这时担任最高国民经济委员会主席的捷尔任斯基就说得十分明白:"这意味着,工业和交通运输没有成为决定我国力量和实力的直接物质基础,因而,为我们全党所通过的弗拉基米尔·伊里奇关于工农结合问题的指示没有执行得了。"为了这个体现苏维埃国家的"力量和实力的直接的物质基础"——直接工业化和农业集体化就成了不可更改的顽强趋势,而新经济政策的转向就是必然的事了。

1924年也是个好年份。这一年,苏联被一系列国家所承认。英国、意大利、奥地利、挪威、希腊、瑞典、丹麦、法国、中国、日本、阿尔巴尼亚等国先后与苏联建立了外交关系。苏维埃国家面临着一个十分难得的和平建设的机遇,但是,一方面是国家领导人没有也不可能忘却逝去不久的和可能爆发的新战争,另一方面是,处于复员时期的军队和军事工业的领导人却始终从战争总有一天会爆发的立场考虑问题,他们对军队的大量复员持有异议,并不断向中央提出要增加军事拨款,要恢复和增强军事工业的意见与要求。军事工业总管理局局长伊万·斯米尔诺夫是其中的一个代表人物。1923年2月27日,他在写给中央政治局的信中称苏维埃国家的军事工业处境艰难,说:"摆脱我国军事工业软弱无力状态的惟一出路,就是集中精力和资源立即振兴军事工业工厂,即以新的机床和设备取代破损的机床和设备,并积累资金用于生产动员需要规模的原料的生产。"因此,他建议在1923年度一定要生产出25万支步枪(预算价为8 000万金卢布)。他的建议不仅被革命军事委员会接受,而且被扩大为31.2万支(预算价为9 500万金卢布)。

1923年6月5日,斯米尔诺夫又写信坚持不能再裁减兵员,要求军队的兵员必须保持准备打仗的60万人,再少是绝对不行的。他还建议扩大军工生产:"就像战时的军队要保持60万红军士兵那样,62家军工工厂也是这种规模的保卫国家的工业核心。军事工业工厂要大幅度提高生产率,与此同时,应该组织和扩大其他的工厂来生产炮弹和炮车,等等。"在这种情况下,加快了空军和海军的兴建,为组织生产船只,决议采取了将彼得格勒的"波罗的海工厂"和"普梯洛夫造船厂"合并,将莫斯科和俄罗斯各地的工厂联合起来生产汽车、坦克和装甲车等措施。这时出现的汽车生产联合军工企业就有"措加斯"(国营汽车工厂中央管理局)、"波加尔斯"(彼得格勒国营汽车工厂联合体)、生产装甲车的"装甲工业"等。

　　来自各部队、军事部门领导人的扩大军工生产的意见也对苏维埃国家军工生产的发展和扩大起了十分重要的作用。1924年4月12日,党中央监察委员会海军监察局局长谢尔盖·古谢夫就在一份报告中明确提出:"到目前为止,我们的海军战略观点还受到沙皇国家给我们留下的遗产(现有的战舰)的限制——这份遗产尽管对我们无比珍贵,但明显是不够的,而舰队的传统也是沙皇的海军专家们留给我们的。这些观点有着强烈的'路标'转换派的烙印——试图将黑海和波罗的海变为俄罗斯的内海。由于我们极端缺少资金去创建和保持一支庞大的海军,这样的海洋政策就自然在苏维埃通行无阻。"他对海军严重担忧,引用了海军人民委员部的材料:"到1929年服役期满,我们不会再有一艘潜艇,到1931年——没有一艘驱逐舰,到1932年——没有一艘战列舰。黑海上的4艘最新(1921—1923年)装备的潜艇在1934—1938年将服役期满。所有这些期限一过,尽管这些舰船还可以航行,但是由于不可克服的技术原因,它们将失去战斗质量,在一段时期内只能完成次要的和辅助的任务(主要是和平性质的,例如作为教练船舰)。"

　　军队和军事部门领导人的远见显然强化了中央加强军工生产的决策立场。因此,1924年成了个难忘的特殊年份,正是从这一年起,苏联开始全方位发展军事工业,大幅度增加对军事工业的拨款。早在1923年10月,国防委员会就指令军事工业管理总局"最大限度地在军事和民用工厂扩大武器装备的生产",以供空军和炮兵部队之用。1924年1月11日,中央政治局进一步要求扩大军工生产。经过最高国民经济委员会、国家计划委员会、财政人民委员部和1923年12月13日由中央政治局决议为军工拨款特别组建的"国防需求外汇拨款委员会"(主席为加米涅夫,成员有国家计划委员会主席瞿鲁巴、俄罗斯国家计划委员会主席克尔日扎诺夫斯基和副财政人民委员布柳哈诺夫)协调,最后确定1923/1934年度的国防预算拨款总额为25 363 732切尔文金卢布,其中用于"普通支出部分",即用于军事人民委员部中的"普通支出"为569 209金卢布,海军人民委员部中的"普通支出"为1 202 242金卢布;用于"特别支出部分",即用于军事人民委员部中的"特别支出"为12 012 281金卢布,用于军事工业总管理局的为11 580 000金卢布。

　　为了适应军事工业的发展和扩大,成立了"军事订货委员会",还在国家计划委员会中成立了"军事局"。1924年5月17日,军事订货委员会主席波格丹诺夫给革命军事委员会主席托洛茨基一份绝密信件,要求领导机构要作好国家应付战争的准备并提出了备战的一些原则,他强调:"在战争时期所建立的机构在国家转向和平时不应完全取消,而应改组和减缩为较小规模的机构,但是不能减弱其职能。"

在1924年,航空工业、造船工业、军火工业获得前所未有的发展。在苏联惟一的镭矿储藏地——费尔干纳州的秋亚—姆云斯克加速镭的开采、加工和利用。国家计划委员会开始组织化学国防工业的生产——毒气和防毒器具的生产,以备战可能发生的"毒气战"。1924年5月19日,克尔日扎诺夫斯基在一份组织化学国防工业的报告中写明:"此类物质应包括焦炭苯工业产品,砷,氮,磷以及煤的衍生干蒸馏产品和溴酸盐。"在军工生产发展和扩大的进程中,还出现了由官方组织的社会组织——如"化学国防和工业之友志愿协会"和"空军之友志愿协会"这样的组织。它们的任务就是在青年中间积极开展有关化学工业、航空工业等的活动,宣传和鼓动这些工业的重要意义。克尔日扎诺夫斯基在其报告中也提到这种协会的任务:"'化学之友协会'类型的官方社会组织应该只局限于,1. 收集用于毒气战和准备毒气战的资金。2. 对于那些加工用于生产毒气、爆炸物和防毒气原料的普通工业的部门表示支持。3. 组织收集和保存某些特定的防毒物资。"所有这一切,组织上的、生产上的、舆论上的、社会上的对军工生产的认定和支持就成为不久即将开始的斯大林直接工业化的先决条件和基础。

1924年年中,国家计划委员会在编制1924/1925年的国防预算时,采取了两种设想为基础。这两种设想是:"1. 战争在两年后来到并将持续两年的时间。2. 战争5年后来到并将也是持续两年的时间。"因此,计划中应考虑下述两点:"1. 对战争到来之前的军事工业的拨款应保持在目前这样一个规模。2. 军事工业应该在战争前时期开发出自己的、设备技术条件许可的、最大的生产率。"显然,无论哪种考虑都是以战争的不可避免的爆发为前提的,因此,1924年的国防预算和整个国民经济预算的考虑与制定都是一种备战的预算、为备战而动员的预算。事实上,1924年成为海军、空军、化学武器、新武器研制进程中标志性的一年,这种军事工业的优先、快速发展决定了斯大林直接工业化的备战和动员的实质。

尽管军事工业总管理局等单位已经在全力加速军事工业的发展,"奥格普"仍然不满意军事工业总局的工作,指责其有平行主义、官僚主义,管理下的工厂并没有全负荷运转、管理不力,"没有应付战争行动出现时的发展计划并且没有集中生产武器,这些都对苏联国防能力造成了威胁状态"。所以,"奥格普"建议对军事工业总管理局进行改组,取消平行主义,将军工生产集中于数量不多的优秀工厂,让它们大负荷工作,其他的工厂转交给有关托拉斯,但要保持这些工厂的动员状态,等等。

## 三、德国人帮助建工厂,斯大林最初的想法

在苏联和他国的关系中,苏联和德国的关系发展得更好。在签订了《拉巴洛条约》后,德国和苏维埃俄国之间的贸易和经济关系就迅速发展起来,其中最主要的就是德国帮助苏维埃俄国发展工业,首先是发展军事工业。德国人开始在莫斯科的近郊制造飞机,开办飞行员训练中心;在中亚地区建造生产大炮的工厂。德国向苏俄派出了2000名工程师和技术人员,苏维埃俄国的军事人员到德国去接受训练。到1924年,1921年秋天组建的俄德合资企业——"工业企业发展协会"(简称"格福",其职能是:德方从技术和经济上促进苏维埃俄国领土上的军工生产)就成为苏联发展军工生产的一家大企业。1924年6月,它接收了特别订货委员会生产40万发炮弹(价值1 800万金卢布)的订货。6月9日,又在这一"合作"中,将另一家俄德合资企业——"贝尔索里"囊括了进来。该委员会还邀请"贝尔索里"参加其他的军工生产:"1. 邀请4名德国专家参与空军的工作。2. 和德国人一起进行航空利用化学的试验。"

1925年,德意志银行向苏联提供1亿马克的贷款,用以支付其在德国的订货货款。10月间,苏德又先后签订了经济贸易条约。苏联从德国获得了大量的经济援助,德国技术人员也大批涌进苏联。直到1927年,德国的资金和技术人员在苏联的工业建设中一直起着极为重要的作用。

德国人帮助建设的工厂和企业显然是苏联工业化的缘起,是斯大林执行工业化政策的基础。当然,苏联的工业化问题并不是斯大林首先提出来的。列宁生前制定并执行的全俄电气化计划就是一种"工业化"的雏形,他改行新经济政策的主要动因也是要为发展苏俄的大工业积累资金。关于如何积累发展大工业的资金,以及采用何种速度来实现国家的工业化,俄共(布)的领导人之间一直是有不同意见的。从很大的程度上来说,"战时共产主义"和新经济政策之争也是有关积累工业资金、工业发展速度之争。列宁的结论是,在一个小农占国家人口的绝大多数,并且在很长时间内会是一个农业国的俄国,直接

依靠国有化的途径,以工业来为工业的发展积累资金是行不通的,只有促使商品的流转,振兴农业,才能为工业的发展迅速积累资金,才能为工业自身的积累创造条件,因此这一过程不能是跃进式的,不能是一蹴而就的。列宁的这一结论一度成为党的政策,并为所有的领导人所接受(至少是在公开的场合里)。但在列宁逝世后,有关发展工业的资金的积累和工业发展速度之争又重新爆发。

在1924年间,这种争论就表现为是剥夺农民,还是把农民作为建设社会主义的平等伙伴之争。但是,在这一年,在党政领导人中间还没有谁明确提出过"工业化"的问题。托洛茨基谈到的是"发展工业的问题"及其速度问题。他认为:"工业作为社会主义专政的基础依赖于农民经济。不过这一理想是相互的。反之,农民经济也依赖于工业。在这两个组成部分之中,工业是较为能动的(向前运动的、推动的)因素。"关于速度,他说:"不言而明,工业的发展速度不取决于我们的美好愿望。这存在客观的制约:农民经济的水平、工业本身的装备、流通资金、国家的文化水平,等等。试图人为地跨越这种制约,当然会遭受严酷的报复。"托洛茨基的一切思想被季诺维也夫批评为是"托洛茨基主义"。而斯大林谈的是"列宁主义",是"组织社会主义的生产任务",他认为,为了最终解决这个任务,即"为了获得社会主义的最终胜利,为了组织社会主义生产,单靠一个国家的努力,特别是像俄国这样一个农民国家的努力就不够了——为了达到这个目的,就必须有几个先进国家中无产者的共同努力。"在工业建设、速度和资金问题上,斯大林表现得比较谨慎。

到了1925年,随着经济的好转,随着国家的重要工业(当时,实际上就是军事工业)已经基本上恢复到战前的水平,加强和扩大工业建设就愈益从理论问题变成了现实问题,从而就被提到了布尔什维克党的议事日程上来了。1925年1月26日,托洛茨基被免去了革命军事委员会主席和陆海军事务人民委员的职务,该职务由伏龙芝继任,但仍被保留为中央政治局委员。托洛茨基从5月起任最高国民经济委员会委员,同时兼任租让总委员会主席。1925年春夏之交,全苏经济计划和管理部门开始制定乐观的、建设地区广阔、发展速度很快的经济计划。军事工业的发展依然是优先考虑的问题,各军事部门从一个总管理局领导下的军工企业联合体制转向同一类生产的军工工厂为一体的托拉斯体制。并着手编制五年计划。计划编制的出发点是:"1. 使工厂能执行备战军事部门的动员计划。2. 在和平时期的条件下完成军事部门的年度任务。"军事工业总局局长波格丹诺夫在为伏龙芝准备的一份关于军事工业工作的报告中就明确提出："在正确提出军事工业问题时,必须使工厂的能力适应红军动员的需要。工厂的设备在第一次世界大战和国内战争期间已经大大破损,所以必须重新装备。"

因此,在1925年,装备破损的工业企业的设备就有了特定的含义——在工业中以军工发展优先,尽快更新工厂破损的设备就是为了尽快地使军工企业转动起来。此时,斯大林对工业发展的想法是完全基于这一起点的。他主要考虑的是三点:一是不新建工厂,把有限的资金用于迅速恢复军工生产;二是不在边界一线建设工厂,以免战争的破坏;三是在大后方布置企业以为备战之需。

1925年7月中旬,斯大林因肺部有炎症到黑海滨的索契疗养。这时,最高国民经济委员会(在捷尔任斯基和托洛茨基的主持执行下)决定在彼得格勒和罗斯托夫等城市兴建新工厂和在乌克兰的西部建设第聂伯水电站这样庞大的工程。斯大林得知后马上给在莫斯科驻守工作的莫洛托夫写信表示反对。7月12日,他在信中写道:"我担心,他们会不考虑在边境地区搞建设的诸多不利因素就干起来,而且一旦错过时机就将无法纠正所犯的错误。例如,他们想在列宁格勒、罗斯托夫建工厂,这是不合适的。我认为,在制定建设计划时,除了要考虑工厂靠近原材料和燃料产地这一原则外,还应注意两点:同农村的结合和新工厂所在地区的战略地理位置。我们的大后方是乌拉尔,伏尔加河流域,南部黑土区(坦波夫、沃罗涅日、库尔斯克、奥勒尔,等等)。现在缺乏工业的正是这些地区(如果不算乌拉尔的话),而在战局恶化的情况下,对我们最有利的后方也正是这些地区。所以,恰恰应当在这些地区发展工业建设。就这方面来看,彼得格勒绝对不合适的。"关于第聂伯工厂,7月20日,斯大林再次写信给莫洛托夫,批评了捷尔任斯基和托洛茨基的"热衷",他说:"我们需要的首先是为我们的那些破旧的工厂提供新的设备。难道这一需求已经得到满足了吗?"接着他列举了需要扩建的农业机械制造厂、拖拉机制造厂、建立炼铜业和发展铅的生产,等等,其目的是"改进我们的军事工业,因为没有这些别人赤手空拳也会打败我们"。除了这些考虑外,令斯大林严重不安的是资金短缺问题。他说:"我们还存在着一个重大的危险,这个危险就是把那些一点点积累起来的钱拿来乱花,轻率地将它们白白浪费掉,从而给我们的建设工作造成困难。"所以,斯大林一再警告莫洛托夫,要他"作出坚决保证,即不经政治局批准在这一时期不开工兴建任何一个全苏规模的工厂"。

1925年4月,召开俄共(布)第十四次全国代表会议。代表会议的中心议题是全力发展国家的金属工业。在大会的报告、发言和决议中,都赋予金属工业以极大的意义:一是金属工业在增加国有财产,在发展重工业、交通运输业和农业的所有部门,在提高人民福利诸方面都有着决定性的意义;二是,金属工业的发展可以保证在资本主义包围的条件下苏联能有经济技术和政治上的独立。这实际上在苏维埃俄国的历史上明确地提出和决定了国家今后发展的设想和道路:金属工业是重工业的核心,金属工业是国民经济基础的基础。当时任最高国民经济委员会主席的捷尔任斯基在会上所作的有关金属工业的主报告中,就以极其形象的语言描述了这种设想和道路:"工农的俄国,难道她能是别的样子?她只能是金属的,只能是捍卫我们的国家和牢固保持十月革命成果的基础。"所以,大会的决议中,规定要把金属工业的发展指标增大至整个工业发展总值的26%。

从这次代表会议开始,发展以金属工业为主的重工业的方针就与苏维埃国家的独立和在苏联一国单独建成社会主义的目标联系在一起了。5月召开的苏联第三次苏维埃全国代表大会的决议中就把"变俄国为一个金属的国家"当作"无产阶级专政的目标"。夏天,斯大林在和斯维尔德洛夫大学学生的谈话中,十分肯定地承认苏联必须走"不靠外来贷款发展大工业的道路",并且认为这是一条列宁的道路。他说:"一条别的国家完全没有经历过的道路,不靠外来的贷款而发展大工业的道路,不一定要流入外国的资本来使国家工业化的道路,——这是列宁在'宁肯少些,但要好些'一文中所指出的道路。"

## 四、"新反对派",改名为"联共(布)","高速和加速"的胜利

1925年年底,斯大林开始修正他以往的说法,提出了"社会主义在一个国家内胜利"的问题。于是,在斯大林和季诺维也夫之间就这一问题相互进行了激烈的抨击。季诺维也夫批评斯大林的理论和政策是错误的,认为国家经济所面临的困境是斯大林的政策所造成的,指责斯大林的独裁,要求党内的民主。支持季诺维也夫的有加米涅夫、索科里尼可夫和列宁的夫人克鲁普斯卡娅。加米涅夫认为,工业是国家经济发展的动力,要求加速工业的发展、遏制农村的分化。布哈林支持斯大林,但他认为必须继续执行列宁的新经济政策,并将农业合作的思想形象化为"发财吧"的口号。托洛茨基表面上持一种中间立场,他一方面认为"列宁格勒成了反中央机关的反对派的阵地并不是偶然

的。党对农村长期采取的种种复杂政策,农村在国家整个生活中经济上和政治上比重的增大,农村内部的分化,工业对有支付能力市场的滞后,经济中这种或那种失调的暴露,工资增长相对缓慢,来自农村失业者的压力——所有这一切综合在一起恰恰不能不激起无产阶级中最善于思考的分子对未来的担心",但他同时又批评反对者的"失败主义":"有人不止一次地企图把对党的经济领导方法的批评和失败主义,即和对经济危机、对国家经济形势恶化及由此而产生的群众不满的估计等同起来。很难设想更为荒谬的污蔑了。"但是,托洛茨基在自己的发展国民经济的提纲里,实质上支持了斯大林的高速和加速社会主义建设的政策。他说:"对工业的态度是确定政策的试金石","断言我们可以用乌龟爬行速度来建设社会主义(布哈林),这是胡说。不理解速度问题。世界市场不等待。庄稼汉不想等待","数量和质量的比较系数问题不是工业统计和会计学问题,而是我国经济发展的命运问题。在目前条件下,速度不仅决定着运动速度,还决定着运动方向"。所以,他的结论是:"'面向农村',如同'面向战争危险'和'面向世界革命'一样,首先意味着'面向工业'。"

在这场争论中,斯大林陆续解除了季诺维也夫一派的人员的职务,季诺维也夫也随之在列宁格勒解除了斯大林以中央名义委派到列宁格勒来的人的职务。这时,季诺维也夫任列宁格勒苏维埃主席,同时还是共产国际执委会的领导人,因此他从列宁格勒进行的反对斯大林的斗争被斯大林一派称为"新反对派"反对党的路线的斗争。这场斗争在同年12月召开的俄共(布)第十四次代表大会上发展到了白热化的程度。

1925年12月18—31日,俄共(布)第十四次代表大会召开,会上,季诺维也夫以抨击布哈林的"发财吧"的口号为由,对斯大林进行了猛烈的批评:"我对斯大林同志说:如果'发财吧'的口号能在党内泛滥了半年之久,那是谁的过错?是斯大林同志的过错。我问他:你赞同这一口号吗?——不,不赞成。那么,你为什么妨碍党鲜明地、明确地摒弃这一口号呢?现在我看到,斯大林同志完全沦为这条不正确的政治路线的俘虏,这条路线的炮制者和真正的代表就是布哈林同志。"他还表示:"我们反对制造'领袖'理论,我们反对制造'领袖'。我们反对书记处实际上把政治和组织合在一起而凌驾于政治机关之上。我们主张,在内部,我们的最高领导这样来组成,即把我党所有政治家团结在一起的政治局确实享有全权,同时,设立从属于它的、在技术上执行其决定的书记处。"为此,季诺维也夫建议撤消斯大林的总书记职务:"我个人认为,我们的总书记不是能把布尔什维克司令部团结在自己周围的人","正是因为我不止一次地同斯大林同志本人谈过这一点,正因为我不止一次地同有些志同道合的列宁主义者谈过,我在代表大会上还要再说一下:我已经确信,斯大林同志不能履行团结布尔什维克司令部的使命"。

索柯里尼科夫支持季诺维也夫:"有人说只要在政治局,或者中央委员会,或者在代表大会上提出书记处应当如何组建,某一同志是否应当成为书记处成员的问题,我们就应当把这种情况看成企图搞党的政变,我不能赞同这种说法","同志们,难道我们果真在党的代表大会上都不能讨论任何一个省级组织都能够讨论的问题,即谁将出任它的书记等等吗?"他还激烈地表示:"是的,我们有过列宁。列宁既不是政治局主席也不是总书记,然而列宁同志在我们党内起了决定性的政治作用。如果我们要同他争论,就要三思而行。这就是我要说的话:要是斯大林同志想赢得到列宁同志那样的威信,那就让他去争取吧。"季诺维也夫及其支持者的发言在会上遭到支持斯大林的人的猛烈反击,他们以维护布哈林的名义维护斯大林及其路线。日丹诺夫说:"不言而喻的是,为什么所有的火力都对准了布哈林。因为布哈林同志,而不是别的什么人,是我们党最优秀的理论家之一。摧毁布哈林同志,在全党眼里使这位理论家声誉扫地——很明显,这是新的争论、新反对派的政治手法之一。"

"新反对派"的斗争以失败而告终。这正如斯大林自己所说的那样:"联共(布)第十四次代表大会的历史意义就在于它彻底揭露了新反对派的错误,斥责了新反对派的不相信态度和叫苦行为,明明地指出了进一步为社会主义而奋斗的道路,给党指出了胜利的前途,因而用对社会主义建设必胜的坚强信念武装了无产阶级。"在这次大会上,俄共(布)改名为苏联共产党(布尔什维克),简称"联共(布)"。1926年1月,斯大林在其《论列宁主义的几个问题》中,第一次明确提出了"一国建成社会主义"的理论。

随之,在1926年年初,对政府机构作了重大的人事调整。国家的两头并行权力机关——人民委员会和劳动国防委员会原本各设一个主席,现在改为由人民委员会主席李可夫兼任,为的是"人民委员会和劳动国防委员会工作中必须达成最大程度的一致意见"。同时,除了原有的一名副主席瞿鲁巴外,又增加了两名人民委员会副主席——鲁祖塔克和古比雪夫。加米涅夫为贸易人民委员,理由是,"政治局认为,在目前时期,把加米涅夫用在更重要的经济工作部门,利用自己的经验和知识,领导对外贸易人民委员部是适宜的"。财政人民委员职务由尼·彼·布留哈诺夫担任,索柯里尼科夫调任国家计委副主席,原因是,"国家计委面临着最重要的财政计划编制工作,索柯里尼科夫同志在这方面的丰富经验正好为党所用"。

但是,在第十四次代表大会上只是笼统地谈到了国家的建设问题,在大会政治报告和决议中,关于工业建设的近景和远景规划、关于资金的积累来源、发展速度、各部门之间的关系等都没有确定任何具体的任务。大会的决议中只是这样写的:"在经济建设方面,代表大会认为我国——无产阶级专政的国家拥有'建成完全的社会主义社会所必需的一切'。代表大会认为,为社会主义建设在苏联的胜利而斗争是我们党的基本任务。"

在大会的发言中,索柯里尼科夫提出,最能迅速发展工业的道路并不是工业自身的发展,而主要是靠农业的发展,靠增大农产品的出口来扩大积累。他还提出,苏维埃工业的发展不能离开世界市场,进口设备来装备农业和发展自己的工业并不矛盾。在大会上,赞成索柯里尼科夫意见的实际上是大多数,但大会没有对这一问题展开讨论。斯大林虽然指责索柯里尼科夫等人是错误的,但却也未能用自己的看法说服整个代表大会。也许正是因为这一点,大会通过的政治报告、决议和相关的文件中,最后都没有把斯大林对工业建设的想法变成"工业化"和"社会主义工业化"这样的概念写进去。

1926年4月,召开了一次专门讨论经济问题的中央全会,主要议题"工业的进一步发展应该走什么样的道路"的问题。争论得最激烈的问题仍然是资金问题。党的最高领导人在这一问题上的分歧依然很大。一派意见是,在目前情况下,应该加速发展农业,以农业的迅速发展促进工业的发展。这派以当时主持经济工作的人民委员会主席李可夫为首。他在向全会提出的关于苏联经济状况的决议的草案中指出,应在目前情况下扩大粮食的出口,创造条件在国外采购发展工业所需的设备和原材料。他的基本出发点是,工业化政策的胜利取决于资金的积累,一是工业内部的积累,二是国民经济其他部门,首先是农业的支援。他强调农业的积累是工业化资金的主要来源,但过分地剥夺农民是不行的,在工业和农业等量交换的情况下工业化是不能实现的。他并不反对高速度,但这种高速度应当是合理的,在最近几年只应当维持在15%上下。

反对李可夫的是普列奥布拉任斯基。他认为,目前工业发展的规模和速度还是大大不够的,远远落后于农业和整个国民经济的需求,主张应以更快的速度、更大的规模和更大的投资来发展工业。托洛茨基在对李可夫决议草案的修改意见中提出:"目前我国经济状况的主要矛盾,同时也是城乡关系的主要矛盾,就在于国有工业落后于国民经济的发展","工业问题上采取的小手小脚的方针是现今商品荒极其严重的最重要原因"。他认为："我们尚未走出社会主义的原始积累阶段"，所以应当大力压缩非生产性支出，"向农村上层征收的农业税应是对国民经济积累正确再分配的重要杠杆之一"，"把实际上作为工业自身通过预算再分配资金以外的相当数量的资金都投入工业"。因此，他要求在1926/1927年的工业投资要达到10亿卢布，在未来的5年中要保持同样的增长比例。他还认为，工业化的速度是受制约的，"我国工业化的速度置于世界资本主义经济的相对监督之下。以为在资本主义的保卫之下可以以随意的速度走向社会主义的想法是完全错误的。只有在我国工业与先进资本主义工业的产品数量、成本、质量方面的距离明显缩小而不是扩大的条件下，才能保证我们继续向社会主义前进。在这种条件下，也只有在这种条件下，我们的武装力量才会得到能保卫我国社会主义发展的技术基础。"

斯大林同样在会上发表了自己的意见，他赞同李可夫的意见，认为为了社会主义建设的胜利，工业必须保持一个极限范围内的最低速度，"工业应该建立在农村逐步富裕的基础之上"。他说，如果工业的发展超过了现有财力的许可范围，就是冒险主义。他对托洛茨基修正案的批评是："托洛茨基同志想用扩大的计划、过高的工业建设计划来催促中央机关。但是，过高的工业计划是一种不好的催促手段。这种过高的工业计划究竟是怎么回事？这是一种不根据财力编制的计划，是一种脱离财政和其他可能性的计划。"最后，在这次全会上，联共（布）党内还是没有就工业化问题达成一致的意见。

但是，这次全会却提出了几个问题，一是，正是在这次会议上，"A"组工业和"Б"组工业被彻底分了家。首先发展"Б"组工业被斥责为是资本主义工业化的方式，是使苏联更加依附于西方国家的路线和手段，将导致工农联盟被消灭；二是，将金属工业方针具体化了，那就是包括增加有色金属的开采量、黑色金属的溶出量和加速发展机器制造工业；三是，将经济中的计划原则和以金属工业为主的重工业的发展联系在了一起；四是，从这时起，在报告、文件、决议中才正式使用"社会主义工业化"这个词，以替代原先使用的"国民经济的工业化"、"国家工业化"和"工业化"这样的术语。

苏联的"社会主义工业化"进程实际上正是从1926年开始的。应当说，这是苏联"社会主义工业化"的第一个阶段。这一年的5月1日，苏联的第一家拖拉机厂——伏尔加格勒拖拉机厂正式投产，12月，当时苏联最大的水电站——沃尔霍夫水电站第一台涡轮发电机发电。在1926年，有两种趋势。一是，国家工业获得了迅速发展，1926年的工业总产值第一次超过了1913年的水平。社会主义成分所起的作用越来越大,它们的产值占大工业总产值的96%。与此同时,工业储备达到了61亿切尔文卢布。二是,私人资本仍占一定的比例,私人生产的绝对规模仍在扩大。但在1926年后,生产的增长速度就减小了,增长的绝对值也缩小了:1926年小于1925年,1927年小于1926年。因此,当时领导人的一个普遍看法是:以金属工业为中心的重工业明显落后于国家的需要,必须全力拯救重工业。而重工业的落后,则是由于私人资本在国民经济中的破坏作用所造成的。因此,结论就是:不拯救重工业,就不能建成社会主义,而要拯救重工业,就必须排除私人资本。所以,这一时期社会主义工业化的主要目的之一,就是要把私人资本从国民经济中,首先是从工业中排挤出去。

这一时期社会主义工业化的一个重要目的,是要求全速恢复和发展军事工业,把重点放在了发展军事工业上。1926年10月5日,劳动国防委员会作出决议,责成最高国民经济委员会制订全国统一的军事工业的计划。1926年12月,最高国民经济委员会为了加快以军工为主的工业的发展,在其管辖下成立了5个军工托拉斯:火炮武器托拉斯、弹药雷管托拉斯、军事化学托拉斯、机枪武器托拉斯和航空托拉斯。

社会主义工业化初始阶段的这双重目的当时是用"保证国家独立和建成社会主义"的语言来表述的。到了1926年10月联共(布)第十五次全国代表会议时,这种工业化就明确成为"优先发展重工业"的方针。这种"重工业"并不是一般意义上的重工业,它是指具有战略意义的重工业,因此,重工业的概念就由金属(涵盖机器制造)扩展至燃料、电力建设。所以,会议的决议写得十分明确:"基本建设(较去年的规模更大)的方向应该是优先对重工业(金属、燃料、电力)进行重新装备和改造。"会议决定把这种优先发展重工业的投资增加到9亿卢布。会议还十分明确地提出,苏联的工业已经发展到可以给自己的进一步发展提供资金的地步,强调了资金的来源和积累重点应放在国有化工业自身的积累上。用决议的话来说就是:"工农扩大再生产的过程应该首先以工业内部所创造的新的大量剩余产品再投入工业之中来作保证。"

1926年6月,捷尔任斯基去世,7月29日,古比雪夫继任最高国民经济委员会主席。1927年4月5日,最高国民经济委员会主席团提出了一份报告——《发展军事工业的初步计划》。这份报告承认苏联军事工业的能力大大落后于西方国家,并明确要求国家要集中最主要的力量恢复兵工厂的生产。此后,不仅在"纯"军工厂生产武器弹药,而且在民用工业中不断扩大生产武器弹药的数额。全国的形势是,在军工的和几乎能从事这种生产的民用工厂中都展开了武器弹药的生产。

1927年6月25日,劳动国防委员会作出了《关于组织苏联中央动员机构》的决定,作为一种备战的重要措施。6月27日的中央政治局会议提出战争的危险在增长,白卫军破坏的危险在增长,因此作出了两项决定:一是把预定将在7月10—17日举行的全国"国防周"变成一场"强大的政治运动",呼吁人民对这种危险提高警惕;二是,责成李可夫在苏联和俄罗斯人民委员会的秘密会议上讨论立即制定提高国防能力的措施的问题。7月5日,苏联人民委员会指令各人民委员部提出各自的改善和增强国防能力的措施。为了落实这样的动员措施,联共(布)中央和人民委员会还往各个有动员任务的工厂派出代表进行检查。

所以,从十四大到1927年年底的这一段时间里,苏联的"社会主义工业化"过程,实际上就是从集中国家最主要的力量制造武器和弹药到备战的动员计划的制定和执行过程。

## 五、"打击季诺维也夫集团",解除车臣、印古什和塔吉斯坦武装

为了工业化方针的顺利执行,斯大林决定"打击季诺维也夫集团"。1926年6月25日,他在给莫洛托夫、李可夫和布哈林等人的信中指出,季诺维也夫集团成了反对派一切分裂活动的鼓动者和党内分裂派的实际领袖,"季诺维也夫集团之所以能起到这样的作用是因为:"1. 它比其他任何集团都更熟悉我们的方式方法。2. 它总的说来比其他集团都强大,因为代表着强大力量的共产国际执行委员会(共产国际执委会主席)掌握在它手里。3. 因此,它表现得比其他任何集团都更加猖狂,为其他派别树立了'勇敢'、'坚定'的榜样。"因此,斯大林建议将季诺维也夫开除出政治局,解除他的共产国际执委会主席的职务,"那时我们就可以把共产国际执行委员会的主席制改为书记处制。这样就可以解除季诺维也夫集团的武装,并肃清猖狂制造分裂的季诺维也夫路线"。

1926年7月,季诺维也夫被开除出政治局。8月30日,斯大林在给莫洛托夫的信中写明:"事情的发展使我们不能不免去格里戈里在共产国际的职务问题。一些西欧党(英国、德国)关于解除格里戈里职务的决定说明了这一点。我们代表会议的第一项日程也说明了这一点。在整个形势已提出这一问题,

而两个西欧党已明确建议解职的情况下,如果我们还'回避'这个问题这就会令人不解和不合情理了。因此,我们可以而且应当作出决定,承认关于解职的建议是合适的。"在10月的联共(布)中央联合全会上,季诺维也夫被确认为是不能再在共产国际工作下去。这次会议还解除了托洛茨基的政治局委员的职务。11月22日,季诺维也夫被解除共产国际执委会主席职务,随之,共产国际执委会的主席制被撤销,建立了政治书记处。1926年8月5日,在斯大林指示下,加米涅夫被解除所担任的政府惟一一项职务——商业人民委员。对于支持季诺维也夫的克鲁普斯卡娅,莫洛托夫曾希望通过谈话,把她争取到自己方面来。但斯大林不同意,9月6日,他在给莫洛托夫的信中指示打击克鲁普斯卡娅:"现在同克鲁普斯卡娅谈话不仅不合时宜,而且从政治上看有害。克鲁普斯卡娅是个分裂分子。如果我们想保持党的统一,就要打击她这个分裂分子。不能同时提出两种相互对立的方针——既反对分裂分子,又要与之和平共处。这不是辩证法,而是十分荒唐、毫无办法的办法。"

随着党内"季诺维也夫集团"的遭受打击、托洛茨基的离开政治局以及其他反对派的受谴责和被处置,斯大林的权威愈易增强,而他对政治局中其他领导人的疑心和担心也逐步增强,甚至对他最依靠的左膀右臂——莫洛托夫也不例外。1926年12月初,莫洛托夫请求斯大林对他准备在党的第十五次代表会议上的发言草稿进行修改。莫洛托夫的心意是奉承和惟命是听兼而有之,而斯大林竟对此盛怒不已。11月7日,他给莫洛托夫写了这么一封信:"既然我们大家(包括我在内)在报刊上发表自己的讲话都不经过预先的审查,不知你为什么不把讲话原稿发表,而非要让我来作修改。我现在才明白,我的不妥之处就是没有让任何人看我的报告。你如此这般地坚持要我修改你的讲话,这难道不是在说,我没有把自己的讲话拿给朋友们看是错了吗?前天那场争论之后我就感觉到这种不妥了。可你现在一再地坚持要我审查你的讲话,是想以自己的谦逊态度来使我无地自容。不,我还是不这样做为好。最好是你认为怎么需要就怎么发表。"

但是,1925、1926年并不天下太平。1926年12月23日,斯大林在给莫洛托夫的信中概括了6条,来说明苏联所面临的形势:"我们这里的情况总的说来不错:1. 征购和出口工作进展顺利;2. 国家预算收入的情况目前不是太好;3. 切尔文卢布的情况不错;4. 工业在缓慢发展;5. 决定降低一些畅销商品的出厂价格;6. 我们正在紧急制定降低零售价格的具体措施。"

在民族地区,经济的发展仍是十分缓慢,政治的不稳和动荡频繁发生。这种情况在北高加索的车臣地区尤为突出。在1922年11月30日,成立了隶属于俄罗斯联邦的车臣自治区和1924年7月7日成立了同样隶属于俄罗斯联邦的印古什自治区后,这里的车臣和印古什民族以及这两个民族和俄罗斯民族的矛盾和冲突并没有消弭,争斗、对抗,甚至流血冲突时有发生。

  1925年盛夏,在车臣的南部和东南部地区有戈钦斯基和阿塔比·沙米涅夫、东部地区有安萨尔延斯基、北部和捷列克河沿岸有戈钦斯基和希普舍夫等发动了反对苏维埃政权的暴乱。他们人数众多、枪支弹药充足,得到了当地相当数量居民的支持,加上地形复杂,一时间暴乱蔓延甚广。车臣局势的复杂和尖锐有可能使整个北高加索地区动荡不安,这对于正在计划大规模展开国家工业化是个极为不利的因素。因为,车臣和整个北高加索地区地处南疆,它的动荡将会使苏联的局势发生不稳定的变化,另外,在这一地区有大量的丰富的石油储藏和矿藏,有决定和发展苏联先进武器装备的稀有原材料。

  因此,为了不让局势失控,对于车臣地区的动乱,苏联政府决定武力镇压。镇压行动通过由军队和国家保卫总局联合进行的军事演习来实施。1925年7月23日,时任北高加索边疆区委书记的阿·伊·米高扬在给中央的报告中写道:"车臣局势更趋尖锐,不久前发生攻击和杀害2名红军战士的事件。为巩固苏维埃政权,经全面讨论,边疆区委员会与司令部及国家政治保卫总局全权代表取得完全一致意见,决定实施解除车臣武装并清除盗匪的战役。设想把军区原定的军事演习同车臣战役结合起来进行。斯大林亲自认可实施此战役的必要性。"随之,此战役的准备工作在北高加索军区司令伊·彼·乌博列维奇和国家政治保卫总局驻北高加索边疆区全权代表叶夫多基莫夫的协调下全力展开,统管此事的是革命军事委员会中的副主席约·斯·温什利希特和国家保卫总局副局长亨·格·亚戈达。

  解除车臣武装的军事行动从8月23日开始。为此,动用了大批的武装部队、保卫总局的部队和内务人民委员部的部队。9月5日,温什利希特在给中央政治局的报告中写明了这种情况:"这次战役的要点是:军队在车臣的北部、东部和西部边界集结后,向该区中心地带前进,与此同时解除居民武装就地清剿盗匪。该区南部边界由高加索红旗集团军派出专门的拦截部队加以封锁。参加作战的军队编为4个集群和2支部队。北高加索军区参加作战的野战部队总人数为:步兵4 840人,骑兵2 017人,重机枪130挺,轻机枪102挺,山炮14门,轻型火炮8门。此外,还有国家政治保卫总局的几支部队计341人,8架飞机和高加索红旗集团军防区内的拦截部队(野战部队和内务人民委员部的军队共307人,10挺机枪)。"

清剿的情况是十分复杂的,温什利希特承认:"部队在从格罗兹尼地区前进时遇到当地居民很不相同的态度。一方面,所有能拿武器的人都进入山区,在村里只留下老人、妇女和儿童。另一方面,也受到面包和盐的欢迎,而在某些山村,部队遇到的无声反抗阻碍了清剿的行动,因此不得不采用炮轰和轰炸的办法……"他还记录有:"通过作战行动取得一定转折后,军区司令部提出在规定时间内交出戈钦斯基的要求,同时将有名望的长老作为人质。"到9月10日,清剿行动基本结束,戈钦斯基、阿塔比·沙米涅夫和安萨尔延斯基等人被擒。

但是,相当数量的车臣人逃往邻近的印古什和塔吉斯坦,温什利希特建议对这两地区进行清剿:"地方工作人员认为,如不将印古什和塔吉斯坦邻近车臣的一些地区解除武装,车臣有可能重新出现武器泛滥和盗匪丛生的现象。根据此种意见,国家政治保卫总局认为还必须将印古什和塔吉斯坦解除武装。"由于苏军中1902年出生的士兵即将复员,不可能再有兵力去武装解除印古什和塔吉斯坦,这项任务由地方政权"在国家政治保卫总局军队和军警的协助下完成"。

解除武装后,还对车臣政权机构进行了清理,车臣中央执行委员会副主席、苏联中央执行委员会委员被指控与暴乱者勾结而遭镇压。尽管如此,温什利希特对车臣的局势依然十分担心,9月5日,温什利希特在给中央政治局的报告中说:"根据先前在其他地区(土耳其斯坦战线,乌克兰)同盗匪作战的经验,苏联革命军事委员会认为,只有同时采取一系列政治经济方面的措施——在边疆区建立苏维埃,以可靠的工作人员加强苏维埃和党的机构,最后,从经济上支援居民,在车臣区施加的压力才能获得牢固的效果。不然上述一整套措施,军事行动只不过是一剂治表的缓解药,仅能保证暂时的平静。"9月8日,他又对中央政治局重申:"如果不在军事压力之后随即广泛开展实现政权苏维埃化、改善经济状况和提高文化水平方面的工作,军事压力取得的积极成果也会付之东流。正如在土耳其斯坦同巴斯马奇分子作斗争、在乌克兰、在坦波夫省及其他地方同盗匪作斗争的经验所证明的那样,只有随即采取上述措施,军事压力才能使原先反革命势力和盗匪盘踞的基地完全平静下来。"

## 六、动员经济,第一个五年计划,"我们的控制数字很紧"

在1925—1927年期间,苏联领导人实际上没有能够去考虑一个全面的社会主义建设计划,这时所执行的计划是以军工生产的发展为惟一目标的,并且力图使整个国民经济转向"动员经济"的轨道。军事工业总管理局在关于1924/1925年计划执行情况的报告中就提出:"在未来的战争中,整个国家的全部工业都应该积极参与,因此应有计划地和完全有组织地来讨论前线和后方的问题,因为在未来的战争中后方也会最积极地参与,因为现代战争的出路不仅决定于作战的前线,而且决定于国家的民众力量在那里工作的大后方。现代战争所提出的任务要求国家的整个工业,在考虑国防利益的角度下相应地组织起来。"因此,该报告认为:"鉴于现代战争向军事工业提出了新任务,因此备战的动员问题,无论是军事工业的核心工厂,还是民用工业的工厂,从宣战起,就应该动员起来为国防服务。"所以,这时,在军事工业部门实际上在执行的指标强硬的年度计划,有的甚至是较为长期的"三年计划"(这个三年指的是:1925/1926,1926/1927,1927/1928 3个预算年度),都具有一种面对现代未来战争的动员性质,根据军事工业管理总局的部署,军工厂的最重要的任务就是:研制和完善武器装备,完善生产方式和为备战作准备。

因此,建立"动员储备"、恢复和建设"动员工厂"、形成"动员经济",制定"经济动员计划"成为军事工业部门在实施年度计划或是三年计划中最响亮的口号和最迫切的要求。最高国民经济委员会制定了《有关工业动员储备的条例》,其中详细规定了工业动员储备的积累、保存、使用和更新的程序以及对这一切进行计算的标准。1925年10月27日,该委员会在向斯大林的呈报中,要求立即成立负责工业动员储备的机构,并强调,为了保证对工业作好动员准备,现在就有可能和必要将这些"无争议的措施"付诸实施。1925年11月24日,劳动和国防委员会决议取消至今一直负责军工事业的两个机构:1920年8月6日成立的最高国民经济委员会主席团下属的"工业复员和动员委员会"和1922年11月15日成立的最高国民经济委员会下属的"军事订货委员会",将军事管理总局改名为"军事工业生产联合体"。为了协调军事工业生产联合体与陆海军人民委员部及财政人民委员部的工作,还成立了在最高国民经济委员会下属的"军事工业委员会"。

在1925—1926年、1926—1927年、1927—1928 3个年度内,金属工业总管理局提出,为了使铁路作好动员准备,应新建2 250俄里(每俄里等于1.06公里)铁路线,改建740俄里旧线路。同时,还要将机车车辆的数量扩大:蒸汽机车700台,货运车厢146 500个,总价值将近5.7亿卢布。海军要求将1917—1923年期间没有建造完的16艘军舰完工,同时兴建8艘驱逐舰、18艘潜艇、2

艘潜水重炮舰,1艘航空母舰,36艘护卫艇和60艘鱼雷艇。三年的计划预算拨款高达17.3亿卢布。空军总管理局向中央政治局提出了大力增强"航空工业托拉斯"所属各个工厂的生产能力,要求增加飞机的产量,和平时期:1925—1926年为773架,1926—1927年为726架,1927—1928年为872架;如果战争爆发:1925—1926年为1 506架,1926—1927年为1 980架,如果战争在1926—1927年爆发,应在1927—1928年生产飞机2 550架。它还要求在伏尔加河沿岸,如雅罗斯拉夫尔地区建造新工厂,因为这些地区是大的产业工人的集中地,靠近原料产地,水路和铁路交通发达,能够保证航空工业工厂的运输不致中断。它在给中央政治局的报告中强调,如此这般地发展航空工业是"在现代战争条件下保证红军战斗能力的所必需的"。

军事工业部门首先着手制定发展的三年或者五年计划,在各部门的计划上都十分清楚地注明是"工业动员计划"。1926年7月初,最高国民经济委员会委员、军事工业管理局局长弗·阿·阿瓦涅索夫在给李可夫的报告中详述了编制工业动员计划的必要性、原则、方法、程序、组织和管理工作等事项。他强调:"在苏联国防中具有决定意义的工业还在和平时期就应该制定出一系列措施,来保证它能在战时完成任务。在这方面,工业的备战应该首先表述为工业的动员计划,该计划既要预先考虑动员时期生产的扩展,也要预先考虑在战争的一定时期内工业的进一步工作,并要全力计算和组织用一切必需品来供应工业。"

到1927年年底、1928年年初,苏联的社会主义工业化才进入一个新时期——"向全面工业化过渡的时期"。斯大林把这个时期的工业化称为"直接的工业化"。1927年12月,联共(布)第十五次代表大会决定要编制发展国民经济的五年计划,通过了《关于拟订国民经济五年计划的指示》。而对战争在两三年内可能爆发的考虑和动员经济的实践显然对五年计划的编制产生了巨大的影响。在大会的发言中,革命委员会主席、陆海军事务人民委员伏罗希洛夫对五年计划的编制提出了具体的想法。这就是:1.国民经济五年计划的依据是对苏联武装入侵的不可避免性,因而这一计划应该保证苏联国防的需要;2.国家的工业化决定着苏联的国防能力。所以,五年计划应该考虑到工业区域的分布应符合战略安全的要求,冶金,黑色的,尤其是有色冶金应在最近几年里保证国防的最低需要,应该保证对航空和拖拉机制造以及化工等部门的投资;3.农业的发展应尽可能迅速地解决国内生产所需的原材料,使我们不依赖于进出口;4.各种实物的和货币的储备的建立应该全面考虑国防的需要;5. 武装部队建设的目的应是把其现有的技术和战斗力提高到欧洲主要国家军队的水平;6. 除了这个总的五年计划外,应立即着手制定战时的整个经济计划。伏罗希洛夫的这些意见并没有写进大会的决议,但却充分体现在了五年计划的编制过程和最后的文本以及与之同时编制的"С—30"绝密计划之中。

1928/1929—1932/1933年度的五年计划,名义上是由国家计划委员会和最高国民经济委员会联合编制,实际上是由国家计划委员会编制,最高国民经济委员会审查。当时领导国家计划委员会的是在列宁时期负责过全俄电气化计划的克尔日扎诺夫斯基,领导最高国民经济委员会的是古比雪夫。他们两人的立场是不尽相同的。克尔日扎诺夫斯基主张苏联的工业化应该有个发展阶段,只有在农业、交通运输业和商品供应普遍高涨的过程中,才能展开大规模的工业化。而古比雪夫则赞同斯大林的意见,坚持要把编制计划的重点放在优先加速发展工业上。他对优先发展工业的解释是,在工业内部处于第一位的是"A"组工业,在"A"组工业中占优势地位的是机器制造和金属加工。1927年12月30日,在国家计划委员会内成立了中央远景规划委员会,负责计划编制的具体工作,主席是克尔日扎诺夫斯基,副主席是格林科和斯特鲁米林。该委员会沿用编制军事工业计划的办法,从最佳方案和最低方案两个角度出发,编制了两个计划:一个是"最低计划";一个是"最高计划"。这两个计划其实并没有实质上的差异,只是"最低计划"考虑到了计划执行过程中可能碰到的各种非人力所能预料和控制的因素,比如歉收、计算上的误差和国外信贷的不稳定等,所以在指标上比"最高计划"低20%。在编制过程中,"最低计划"是先编制的,而"最高计划"是随后编制的。"最高计划"排除了所有的非人力所能预料和控制的因素,即是说,它应是在不发生天灾人祸、天时地利人和的情况下执行的计划。因此,从正常的情况说,这种根本不考虑非人力所能预料和控制的因素的计划本身就是一种极端饱和、没有回旋余地的计划。5年中不发生天灾人祸的事几乎是不可能的,因此这"最高计划"从一开始就预示着执行起来会有很大的冒险性和危险性。

当两种计划送交最高国民经济委员会审批时,那里只看中了"最高计划",并在"最高计划"的基础上审核加工。加工后的"最高计划"是以最高国民经济委员会的"控制数字"为基础的。其中,黑色和有色冶金、机器制造、化工和建筑部门所计划的发展速度是最快的。1928年11月,最高国民经济委员会常设计划委员会全会制定出了工业发展增长的控制数字为134.6%,其中重工业应增长150.2%,轻工业应增长121.4%。但斯大林仍不满意这个已经很高的控制数字,为此他在讨论1928—1929年度国民经济控制数字的1929年十一中全会上作了《论国家工业化和联共(布)党内的右倾》的报告。他承认:"我们的控制数字的特点是:这些数字的制订和实现都是很紧的。"但是,他认为必须"紧",因为从外部条件讲,苏联的技术和经济落后于先进的资本主义国家,为了赶上和超过这些国家,就必须高速发展;"不为国防建立足够的工业基础,就不能保卫住我们国家的独立。不使工业具有高度的技术,就不可能建立这样的工业基础",为此必须高度发展。而从内部条件讲,苏联农业、农业技术和农业文化的过分落后也要求高速发展,只有高速发展才能使农民摆脱贫困、保证工业有农业做基础。因此,斯大林要求以更高的速度来发展工业,特别是"首先发展生产资料的生产"。他的结论是:"我们的经济计划(无论是预算内的或预算外的)所以很紧,并规定向基本建设大量投资以保持工业的高速度发展,其根源就在这里。"会后,最高国民经济委员会再度加工控制数字,并于12月中旬完成。新的控制数字是:整个工业要增长167%,其中重工业——221%。轻工业——130%。

国家计划委员会不同意最高国民经济委员会的方案,其主席团在1928年12月29日和1929年1月5日进行了两次讨论。会上,专家们批评一系列指标是没有科学根据的,特别指出炼铁的指标(到五年计划末,每年要炼铁1 000万吨)是无法实现的。他们还提出,最高国民经济委员会的计划是一个只顾高速发展工业,尤其是重工业,而不顾及其他部门的计划。国家计划委员会提出要修改最高国民经济委员会的控制数字。

五年计划的编制工作在最高国民经济委员会和国家计划委员会之间发生了严重的分歧,国家计划委员会坚持"最低计划",最高国民经济委员会坚持"最高计划",而为了编制计划专门成立的中央远景规划委员会则赞同最高国民经济委员会的工业发展计划。最高国民经济委员会和国家计划委员会之争,实际上是党的最高领导人之争。当党的领导人之间的斗争尚没有最后结果时,这计划就得再次去修订。从1928年12月到1929年3月,国家计划委员会协同各人民委员部,邀请各方面的专家,再次修订计划。1929年3月中旬,召开了国家计划委员会主席团第五次代表大会,大会确认修改后的"最低计划"是合理的,有科学根据的。但中央要求计划委员会对"最高计划"和"最低计划"继续进行加工,并要求于4月底完成。

国家计划委员会于3月下旬完成了"最高计划"和"最低计划"的编制工

作,但克尔日扎诺夫斯基却提出了保留的看法:鉴于"最高计划"还不平衡,因此需要再加工,目前应以"最低方案"为基本方案。他在讨论五年计划的人民委员会会议(1929年3月26—4月4日)上对"最高计划"提出了尖锐质疑和批判。双方之间的分歧和争议是很大的,人民委员会主席李可夫提出了一个折衷的方案——两年计划。这一计划的核心是,在五年计划的框架内,先实行两年计划,任务是在此期间首要是发展农业,扩大农产品的出口以获得发展工业的外汇。但李可夫的计划也被会议所拒绝,最后采纳了"最高方案",并定名为"1928/1929——1932/1933年度国民经济五年计划"。4月召开的第十六次党代表会议讨论了这一计划,人民委员会主席李可夫,国家计划委员会主席克尔日扎诺夫斯基和最高国民经济委员会主席古比雪夫都在会上作了发言,惟有古比雪夫同意高速发展重工业。最后,大会同意了"最高计划",并通过了相应的决议。5月下旬,全苏第五次苏维埃代表大会批准了这一计划。

然而,随着以更快的速度、更大的财力和更大的规模来发展重工业的观点在党内占了绝对的统治地位,这一"最高计划"的指标就在不断地向更高点变动。在这里起主要作用的是斯大林本人。他不满意于工业的发展速度,要求修订五年计划。1930年6月,他在联共(布)第十六次代表大会上作报告时提出了一系的想法,比如要在两年半的时间里完成石油开采的五年计划,泥炭开采要在更短的时间里完成,机器制造的五年计划要在两年半至三年的时间里完成,等等。他说:"对于我们布尔什维克来说,五年计划并不是什么固定不变的东西,对于我们来说,五年计划也和其他计划一样,不过是一个大致的计划,应当根据各地的经验,根据其执行的情况来修改它,使它精确、完善。"所以,他提出要以提高建设速度和缩短期限的精神来修改五年计划。

事实上,在这次大会之前,斯大林已经在做这方面的工作。1929年8月14日,古比雪夫在最高国民经济委员会主席团会议上作报告,要求将1929/1930年度的产品产量再增加28%,并要求根据这种增长趋势来修改已经成为"法律"的五年计划。最高国民经济委员会修改后的计划将一些主要指标都提高了1—2倍,有的甚至高出了4—5倍。比如,石油的产量由2 170万吨提高到4 140万吨,煤炭的产量由7 500万吨提高到12 000万吨,泥炭由1 230万吨提高到3 300万吨,铁产量由1 000万吨提高到1 600万吨,钢产量1 040万吨提高到1 900万吨,轧钢产量由800万吨提高到1 600万吨,蒸汽机车由825台提高到1 800台,拖拉机由55 000台提高到201 000台等。但斯大林和莫洛托夫等仍然不满足于这些指标,指示再提高计划数字。于是,1930年的计划数字就又有了很大的变动,石油的产量变为4 200万吨,煤炭的产量变为14 000万吨,铁产量变为1 700万吨等。所以,斯大林在党的代表大会上所要求的一切实际上是已经成为定论的东西,即把在他周围小圈子里已经确定的事强加给代表大会。这样一种做法即使在党的最高级领导人中间也是有异议的。比如,米高扬就在古比雪夫要求修改五年计划时当面对他说过:"我们这样做是每一步都在破坏五年计划。这到底是怎么一回事?"古比雪夫对他的回答是:"是的,五年计划是在全面被破坏。"而斯大林在十六大的报告则说得更为明确:"胡说要降低我国工业发展速度的人们是社会主义的敌人,是我们的阶级敌人的代理人。"已经有许多的反对高速发展工业的领导人被打倒了,在这种情况下自然不会也不敢有人再站出来讲真话了。

## 七、"С—30"计划,"贡赋","托季联盟",托洛茨基被逐出境

在编制第一个五年计划时,实际上最高领导人还有一个绝密的考虑,那就是认为"五年计划应是一个战时的国民经济计划"。这种考虑体现在至今为止世人很少知道的备战工业动员计划——"С—30"计划里。这个计划是综合了各军事部门三年计划的内容编制出来的,其出发点就是在未来的两三年里,甚至随时都可能爆发外敌的入侵和战争,这一计划实质上成了第一个五年计划的核心和基础。它是随着第一个五年计划的制定而制定的。它的制定始于1927年上半年,由国家计划委员会里的国防组负责。1928—1929年间,国家计划委员会和最高国民经济委员会在制定控制数字时,给予份额最高的正是作为军事工业基础的冶金工业、化学工业和机器制造工业。1928年12月下旬,劳动和国防委员会通过了这个立足于打仗的工业动员计划,赞成以"最高计划"的速度来发展军事工业。尽管领导人之间有争议,联共(布)中央政治局还是规定了五年计划的核心——军事工业发展的控制数字,要求到第一个五年计划期末,苏联应拥有300万人的动员时期的武装部队。政治局要求以这个300万人的控制数字来编制计划。它还明确指示:到第一个五年计划结束时,苏联的武装部队"在人数上,在最主要的战场上应不少于我们所设想的敌人,在技术上,要在两三个有决定意义的武器——飞机、大炮和坦克上比敌人更强大"。1929年7月15日,联共(布)中央作出了《关于国家的国防状况》的决议,批准了这个代号为"С—30"的军事工业动员计划。最后,这一计划的核

心的内容就是要在最短的时期内,兴建50—60个大型军工核心企业,重点生产飞机和大炮。具体的指标是:在五年计划期末,要拥有300万人的军队,要有3 000辆坦克、3 000架飞机。"A"组工业的发展要为这一目标而全力奋斗。为此,在1929/1930年度,军工订货大幅度增加:大炮的生产增长5.1倍,飞机生产增长37倍,坦克生产增长414倍,机枪生产增长64倍,步枪生产增长3倍,等等。

可见,斯大林所以在1929年前后要求大幅度增加五年计划的增长指标,是由三个原因决定的。一是,斯大林的目光是始终对准了美国的发展情况的,在他看来,只有在工业发展上超过美国,才算是体现了社会主义制度的优越性。他认为这是一种竞赛,而在这种竞赛中,只能苏联获胜。但这时一切情况表明,苏联在一系列指标上还大大落后于美国,差距至少在50年。在两种制度的竞赛中,苏联还远远没有取得优势。二是,在远东地区发生了严重的军事冲突。斯大林认为这是帝国主义对苏联的蓄意挑衅,不加速工业化,增加国防能力,苏联就不能应付还会随时爆发的诸如此类的事件。三是,在国内正在全力推进农业全盘集体化运动,而没有大工业、重工业,就没有农业机器。没有了农业机器装备的农业,农业全盘集体化运动就不可能被证明是正确的。而没有了农业全盘集体化正确性的证明,"直接工业化"也就不能被证明是正确的。

从1929年7月以后,联共(布)中央连续作出关于增加大工业发展的决议,从而,在大工业的投资上也就发生了三个重大的变化。一是急剧扩大对发展有色冶金和黑色冶金的投资(这是针对战需物资而言的);二是决定大力发展化学工业,建设硝酸盐化肥联合企业这样庞大和多功能的化学企业(这是针对未来的反苏战争中使用化学武器的问题);三是决定再建几个大型拖拉机厂和联合收割机厂(这是针对生产坦克等武器装备而言的)。总之,一切变动都表明,不断加码的计划数字是在显示苏联社会主义制度优越性的条件下,加速准备应付可能发生的战争。到此时,第一个五年计划实际上成了一个要在短期内赶上并超过美国的计划,一个以打仗为目标的计划。

以苏联这时的财力、人力和国力的情况下,要执行这样一个逐步加码的超高指标计划,只有一种途径,那就是在政治上严厉反对和镇压一切持不同意见的人,不允许任何人反对这个计划,在资金来源上,不得不采用向农民收取"贡税"的办法,而在经济组织上则采取延长工作时间和提高劳动强度的办法。前者以"斯大林的党中央"反对"党内的右倾"和"右倾分子"而付诸现实,后者则利用群众的爱国情绪和对社会主义美好未来的向往造就一种完成计划的政治运动,那种体现了极高劳动强度和"三班倒"的工作时间的种种生产竞赛运动就是这样兴起的。至于向农民收取"贡税"的办法,斯大林本人说得很清楚。他主张通过工业品价格的"剪刀差",让农民为了发展工业缴纳一种"额外税"——"贡税"。他对这种"贡税"的解释是:"我们用'一种类似贡税的东西'的字眼来称呼这种额外税是否正确呢?无疑是正确的。用这些字眼可以提醒我们的同志:征收这种额外税是令人不愉快的,不是出于本意的,把它长期保留下去是不允许的。"

　　这种"贡税"最常提到的形式是"粮食的采购",但实际上,向农民收取"贡税"还有一种十分重要的方法,那就是在农村大量出售伏特加酒。1930年9月1日,斯大林在给莫洛托夫的信中明确指示:"我认为需要(尽可能地)增加伏特加酒的生产。应当去除不该有的愧疚感,并直接、公开地去争取最大限度地增加伏特加酒的生产,以使我国的国防得到真正和认真的保证。因此,应当马上考虑这件事,为生产伏特加酒储存相当数量的原料并将其正式列入1930—1931年度国家预算。请注意,大力发展民用航空也需要一大笔钱,为此又得在伏特加酒上做文章。"斯大林还说过:"什么好一些:是受外国资本的奴役,还是让人们喝伏特加酒?很清楚,我们选择了伏特加酒,因为我们过去认为,现在还这样认为,如果为了无产阶级和农民的胜利,我们会在泥泞沼泽中去喝一小口的话,我们现在还应该这样做下去。"斯大林是从"我们是接受外国的援助,还是靠自己的资金来建设社会主义"这个角度来谈伏特加酒的,他说的选择了伏特加酒,实际上指的是用伏特加酒来向农民索取工业化的资金。斯大林深刻理解伏特加酒对俄罗斯农民、农村的重要性,理解这伏特加酒在经济、民心、政治上的无可替代的作用。没有了伏特加酒,就没有了"直接工业化"的资金,没有了伏特加酒,就将失去民心,没有了伏特加酒,国家的政治就将不稳定。所以,这时,乡村、城镇到处都有小酒馆。千方百计地让人们去小酒馆喝伏特加酒,这是当时内务部门竭力执行的秘密内部法令。

　　这样一种极高速度的发展指标在党的最高领导人中间引起了争议和分歧。一切分歧的焦点就在于"一国社会主义"这个问题上,斯大林的高速发展方针就基于"一国可以建成社会主义",而反对者则认为一国可以建设社会主义,而不可能一国最终建成社会主义。斯大林及其支持者抨击托洛茨基、季诺维也夫等人为"失败主义者",而反对派则认为"斯大林集团"背离了列宁关于一国社会主义、过渡时期的经济性质、过渡时期国有化企业的性质,转向了"民族社会主义"。他们宣称:"党的上层已堕落成企图取消十月革命成果、取消党的寡头政治集团,如今这个集团离公开背叛无产阶级事业只有一步之遥。"因此,反对派反对"斯大林集团"的斗争矛头指向了斯大林的全部方针政策,尤其是斯大林的"独裁"、"不民主"、"对反对派意见的压制"、领导的官僚层和右倾路线,等等。随着五年计划的制定,随着工业化进程的深入,双方相互指责的这场斗争在1927年8月初举行的联共(布)中央委员会和中央监察委员会联席会议上白炽化。托洛茨基在发言中否认斯大林对他的"托洛茨基主义"和"反对派站到了托洛茨基主义旗帜下"的指责,公开声称"现在比我党历史上的任何时候都更需要对党的领导人进行检验和更换。我们需要的不是口是心非的'神圣统一',而是真正的革命统一!"他提出:"要不要为捍卫社会主义祖国而战?要!要不要为捍卫斯大林的方针而战?不要!我们希望党能够改正那些已经导致了巨大失败的触目惊心的错误,公开地修正斯大林的方针。"

1927年8月1日,托洛茨基、季诺维也夫、加米涅夫和其他10人联名写了一份文件——《党的危机及克服危机的办法》,作为"布尔什维克列宁主义者(反对派)提交联共(布)第十五次代表大会的行动纲领"。其中写道:"列宁逝世后的几年中,我们不止一次地努力使党中央机关、而后又使全党都注意这样一个事实,即由于不正确的领导,列宁指出的危险又加重了许多倍:'汽车不是开往'工人和农民利益所需要的地方。在新一届代表大会开幕前夕,我们认为,不论我们遭受到怎样的迫害,我们都有责任用双倍的努力来向全党指出这一点,因为我们相信,事情是可以补救的,党本身可以纠正这件事。"

在8月的中央委员会和中央监察委员会联席会议后,反对派遭到组织上的打击,普列奥布拉任斯基、谢列布里亚科夫和沙罗夫被开除出党。对反对派分子实施警告、威胁、解职、开除、监控,甚至流放的事不断发生。为此,季诺维也夫、安·彼得松、尼·穆拉洛夫和托洛茨基以中央委员和中央监察委员的名义给中央政治局、中央监委主席团和共产国际执委会写信表示抗议。其中写道:"我党过去有过重大的分歧,但从未像最近这样旷日持久,这样痛苦和尖锐。为什么会这样呢?很大程度上是因为十五大的筹备工作是在极不正常的情况下进行的。"这4人指责说:"所有这些事实表明,党内相当一部分颇有影响的官僚现在已经给自己定出了一个目标,即不让党员群众能够平心静气地弄清党内现有的分歧,他们给自己提出了一项任务,即公开对党内反对派的拥护者搞恐怖,不准他们利用在党组织面前捍卫自己观点的权利。"

还在1927年6月,中央监察委员会就在准备和进行对季诺维也夫和托洛茨基的审讯和起诉。这时任中央监察委员会主席的是奥尔忠尼启则(谢尔戈),他对此事的回避和季诺维也夫与托洛茨基在进程中的申辩使斯大林十分恼火。斯大林在看了《中央监察委员会会议记录》后,给莫洛托夫写信说:"给我的感觉是,中央监察委员会十分尴尬,进行审问和起诉的不是中央监察委员会的委员们,而是季诺维也夫和托洛茨基。奇怪的是,中央监察委员会的一些委员竟躲了起来。谢尔戈在哪里?他躲到哪里去了,为什么要躲起来?真丢人!我坚决反对把起诉托洛茨基和季诺维也夫的委员会变成指责中央及共产国际的讲坛,并把'事件'的矛头对准斯大林,他现在不在莫斯科,因此就可以对他百般指责。"1927年10月下旬,中央政治局有人建议将季诺维也夫和托洛茨基开除出党。23日,托洛茨基就此说:"被开除党籍的反对派分子是党的优秀党员。"在十月革命10周年时,托洛茨基走上街头对游行的工人队伍表示支持,在游行队伍中发生了暴力事件。11月14日,中央委员会和中央监察委员会联席会议决议将季诺维也夫和托洛茨基开除出党。次日,托洛茨基搬出克里姆林宫的住所。1928年1月,托洛茨基被国家政治保卫总局的士兵押解至阿拉木图。流放的生活条件是艰苦的,所以托洛茨基2月在给中央监察委员会主席奥尔忠尼启则、中央执行委员会主席加里宁和国家政治保卫总局局长明仁斯基的短信中不无讽刺地写道:"在莫斯科可以创造监禁的条件,没有必要发配到4 000俄里以外来。"1929年1月20日,国家政治保卫总局阿拉木图分局局长向托洛茨基宣读了总局局务委员会的决定:"听取了公民列夫·达维多维奇·托洛茨基的案件。根据刑法典第58—10款,他被指控从事反革命活动,其表现为组织非法的反苏政党,该党近期以来的活动旨在挑起反苏行动并准备反对苏维埃政权的武装斗争。兹决定:将公民列夫·达维多维奇·托洛茨基驱逐出境。"托洛茨基在判决书上写下了几行字:"国家政治保卫总局局务委员会特别会议1929年1月18日作出的实质上犯罪并在手续上也属非法的决定,已于1929年1月20日向我宣布。列·托洛茨基。"1929年2月12日,托洛茨基走上流亡之路,先后在土耳其、法国、挪威居住过。1937年1月移居墨西哥,1940年8月在墨西哥驻地被刺杀。这是后话。

在1927年12月第十五次党代表大会上,凡是支持托洛茨基和季诺维也夫的人都被开除出党。"托季联盟"——托洛茨基派和季诺维也夫派的"反革命联盟"被击垮。

## 八、远离莫斯科的地方,白海—波罗的海运河,凭证供应制

从一开始,第一个五年计划就是在远离莫斯科的地方执行的。最高国民经济委员会把全部注意力都放在重工业,即放在"A"组工业上。而在"A"组工业范围内,重点又放在大量投资兴建新工厂,加速建设位于乌拉尔山区和西伯利亚地区的重点工程上。在第一个五年计划期间,总共进行了约1 500个大型工业企业的建设工作,而"A"组重点工程为50—60个(其中最重要的为14个,有马格尼托戈尔斯克冶金联合企业、库兹涅茨克冶金联合企业、乌拉尔机器制造厂、第聂伯河水电站、博勃里基、别廖兹尼基、希比内和索利卡姆斯克等地的化学联合企业),对它们的投资约为五年计划基本建设总投资的一半。

工程工地遍及全国,而大规模的工业建设却是在很困难的情况下进行的。一是几乎所有的新工地都选在荒无人烟的地方,交通不便,气候寒冷,供应困难;二是没有新设备,没有新技术,工人们大都是靠手工干活的;三是工人的绝大多数来自农村,他们来到工地是为了挣卢布,严重缺少社会主义工业化的主人公意识。此外,他们没有什么文化,在社会主义和上帝之间,他们更多地相信上帝。1929年2月召开了全苏第一次突击队员代表大会,根据这次会议的材料,约半数的代表只有小学程度,每5个人中就有一个人根本没有上过学。

联共(布)党中央针对这种情况,在1929年1月发表了列宁的《如何组织竞赛?》的文章,要求工人挣脱"为剥削者而劳动"的精神枷锁,以主人公的态度参加社会主义建设,参加表现自己才能的竞赛。这种竞赛实质上就是要求工人们不计一切困难,不计一切条件,提前超额完成计划任务。在这里,速度和数量是第一位的要求。对于广大的建设者来讲,他们对建设表现出了空前的热情和牺牲精神。他们在自己的竞赛书上所写的主要三条就

斯大林参观新出厂的汽车

是：提前超额完成任务,自愿降低工资和严格遵守劳动纪律。正是在普通劳动者的这种精神状态下,从第三年的下半年起,五年计划的执行情况开始有所好转。计划的部分内容变成了现实:1930年5月1日,总长1500公里的土西铁路提前17个月通车。1930年6月17日,苏联的第一台拖拉机在斯大林格勒拖拉机厂装配成功,随后国家通报说,该厂比计划提前10个月投产。1930年,列宁格勒、克林和莫吉廖夫的3个人造纤维厂投产。1931年10月莫斯科汽车制造厂投产。1932年2月1日,马格里托戈尔斯克冶金联合企业开始出铁。1932年4月,库兹涅茨克联合企业第一台高炉投产。1932年5月1日,第聂伯水电站的第一台机组开始给工业送电……

　　劳动力不足是工业化的主要问题之一。1928年3月26日中央政治局作出一份决议,要求将刑期短的罪犯由监禁改为劳改——即在"工地、企业和伐木场"从事无偿的劳改工作。1929年6月29日,中央政治局作出了另一份决议,明确规定刑期在3年和3年以上的犯人由内务人民委员部的监狱移交给"奥格布"(国家政治保卫总局)的集中营,其目的是通过"移民"和"通过利用丧失自由的劳动力,来开发国家东部和北部地区的天然资源"。正是这份决议规定将"集中营"改名为"劳改营",扩建原有的劳改营并在边远地区组建新的劳改营。决议还规定,3年以下刑期的犯人仍由各加盟共和国内务人民委员部管理,但要在特别组织的农业或者工业"移民区"里劳动。在第一个五年计划期间,在许多工地上利用了囚犯的劳动力,而斯大林提议建造的白海—波罗的海运河就完全是利用这种劳动力建造起来的。

　　1931年2月21日,劳动国防委员会作出了修建白海—波罗的海运河的决议。决议的主要内容有三点:一是,一定要在20个月内修完;二是,规定工程的主要设施,如大坝等要采用简单的和廉价的结构;三是,用可以保证供应的材料来建筑。这三点要求是十分严格的。在卡累利阿共和国的奥涅加湖以北开挖这样的人工运河是极其艰巨的,因为这里多沼泽、山冈,又天寒地冻,按照一般的常规是难以如期完成工程的。于是,整个工程交给"奥格布"来负责。当时的总局副局长亚戈达总负责,白海—波罗的海工程局局长由一个叫拉扎尔·科冈的高级"奥格布"人员担任。建设人员全是白海和中亚等地区劳改营中的在押犯人,负责此项工作的是"奥格布"劳改营总局局长贝尔曼和副局长菲林(兼白海—波罗的海劳改营营长)等人。

　　工程的设计和施工技术组由下述人员组成:总工程师赫鲁斯塔廖夫,副总工程师茹克和韦尔日比茨基。在整个技术人员中,几乎都是以"破坏者"的罪名被判刑在押的犯人。但他们负责起了线路、大坝、闸门所有建筑的设计和施工。

工程从1931年11月底开始,1933年8月2日建成。苏联人民委员会主席莫洛托夫签署了政府的决定:白海—波罗的海运河工程经验收合格,自即日起投入运行,并命名这条运河为"斯大林白海—波罗的海运河"。决议说:"开凿这样大规模的通航水路(从奥涅加湖到白海全长227公里,建有总数为128个的一系列复杂水利技术工程,其中有闸门19个,大坝15个,泄水闸12个,防护堤49座,人工水渠33条)就保证波罗的海和苏联北方之间有了直接的水路联系,并有可能直接去广泛开发这一地区的森林、矿产、渔业和其他自然资源。"

两天后,8月4日,全苏中央执行委员会主席加里宁签署决议,授予亚戈达、科冈、贝尔曼、菲林、拉波波特、茹克、弗兰克尔和韦尔日比茨基8人列宁勋章。而总工程师赫鲁斯塔廖夫等人则得到了低一级的嘉奖——被授予劳动红旗勋章。白海—波罗的海运河的建造实质上体现了第一个五年计划时期工业化的一个重要方面——利用失去自由的劳动力来从事"直接工业化"的劳动。

第一个五年计划执行的总情况是,对重工业的投资逐年大幅度增长(1928—1930年,投资少于国民经济总拨款的半数,1931年接近半数,1932年,为全部支出的半数以上。整个计划期间,"А"组工业的投资额由计划的147亿卢布增加到213亿卢布,净增66亿卢布,"Б"组工业由计划数字的44亿卢布减至35亿卢布),重工业成了名副其实的优先发展部门(1928年10月1日—1933年1月1日,重工业的生产固定基金增长了1.2倍,其中,"А"组工业增长了1.7倍,而金属加工和机器制造则高于1.7倍。"Б"组工业只增长45%)。"А"组工业的总产值增长了257.1%,"Б"增长了187.3%。兴建起来的这些以生产重型机器和汽车、黑色和有色冶金、化工、电力和煤炭等企业就成了苏联以军事工业为主的重工业进一步发展的基础。由于大规模地建设新的工业企业,随着就业的扩大,国民经济所有部门中工人和职员的迅猛增加成了第一个五年计划时期的特点:由1928年的1 150万人增加为1932年的2 290万人。

此外,这时,在重工业企业的建设过程中,出现了一些对后来苏联的历史进程产生了重大影响的现象:一是苏联生产力的配置发生了重要的变化,即这种配置基本上是按照斯大林的想法,远离国防线,在国土的深处(当然,斯大林最后改变了主意,同意了他曾一度反对过的第聂伯水电站的建设和在离西部边界很近的地方从事建设);二是劳动人口的全国规模内的大量的和难以控制的流动,尤其是农村人口大量地离开农业生产,转向正在兴建工业企业的未来城镇,其次是苏联欧洲部分和大城市的人口急速向中部、南部和东部地区移动;三是全面的建设和开工基本上是以农村没有专业技能的劳动力的手工劳动为主的;四是,对自然资源的无序地、连续不断地和粗犷的开采及利用造成了严重的浪费和环境的严重污染;五是居民日用必需品供应的日趋紧张;六是由于在交通运输投资比例上的明显不足,交通运输,尤其是铁路运输达到了超饱和状态。

在第一个五年计划的执行中,由于国家把绝大多数资金都投到了难以迅速获得利润的重工业企业之中,再加上核算和经验的不足,对企业一再追加投资(例如,库兹涅茨克冶金工厂原定年产量为 36 万吨铁,后来又增加到 50 万吨、100 万吨,最后是 120 万吨,投资也就不得不一再追加,最后实际的投资额达到了近 2 亿卢布)。因此,在这种情况下,斯大林不得不违背自己的原则,向国外求助,寻求国外的资金来源。从 1928 年开始,改变了单纯依靠德国人的方针,开始转为更多地依靠美国的人员和技术力量。事实上,马格尼托哥尔斯克钢铁厂、库兹涅茨克钢铁联合企业、斯大林格勒拖拉机制造厂和第聂伯水电站等都有着美国、德国等国家的资金、技术和人员的大量的援助。

第一个五年计划执行后不久,主张超高速发展的古比雪夫就替代克尔日扎诺夫斯基当了国家计划委员会主席。他采取一切强硬手段来实现这些控制数字,但是 1930 年的计划没有完成,1931 年的计划也没有完成。到 1932 年时,才不得不对原有的计划进行调整,压低了一系列的指标。但到计划期末,尽管官方公报宣称重工业增长 108%,但实际上几乎所有的重要指标(煤和石油的开采、发电量、拖拉机、汽车和化肥的产量、钢铁产量等)都没有完成,煤的产量在不足 5 年的时间里增加了 2 900 万吨,达到了 6 400 多万吨的产量,但只完成计划的 86%,铁产量只有 620.6 万吨(计划指标为 1 000 万吨),钢产量 590 万吨(计划指标 1 040 吨),轧钢产量的情况更差。轻工业的情况尤为不佳。例如,棉布的产量只有计划指标的 59%,毛呢只完成计划的 34%,砂糖只有 32%。而农业的情况就更为糟糕。

由于没有资金发展农业、庞大的集体农庄的建立、城乡间商品流转的受挫,再加上严重自然灾害,农业不仅没有发展,反而萎缩,那种要使工业品对农产品的比例由计划初期(1928 年)的 48%增加到期末(1932 年)的 70%的计划就成了泡影。由于农产品的紧张和短缺,国家不得不在第一个五年计划期间重新实行凭证供给制。而这种制度恰恰是没有列入计划,也是领导人不想列入计划的。尽管计划指标远远没有完成,苏联政府还是在1932年年底宣布第一个五年计划于4年3个月中提前、超额完成。于是,自然是举国上下一片欢腾。然而,五年计划实际上并没有完成的这一事实无论是老百姓,还是领导人都是心里很明晰的。老百姓是从自己的物质生活没有得到计划中的那种改善许诺而明晰,领导人则是对计划的真实执行情况心中有底而明晰。所以,在官方公布了提前、超额完成五年计划的数字后,就对有关五年计划的实际执行情况和材料数字严加控制。1933年1月,联共(布)中央曾作出一份决议,要求各部门、各共和国、各州不经国家计委批准不得私自公布计划执行的实际数字和材料,并且责令它们要将它们所掌握和保存的全部材料上交国家计委。

第一个五年计划执行的最后一年,出现了领导人没有预计到的严重困难:一是,虽然大规模建立了集体农庄和国营农场,但农产品的生产总值,尤其是畜产品的生产总值却大大少于1928—1929年,牲畜头数减少了近一半。所有这一切都对居民的粮食供应、多种工业产品的原材料的供应产生了灾难性影响。二是,燃料能源发生严重困难,这主要是由于煤炭的开采量下降所造成的。三是,大量工业企业的兴建解决了劳动就业问题,但这是手工劳动普遍化的一种标志,而这时恰恰是手工劳动成了工业化进程中的严重障碍,由于手工劳动而出现的工人队伍的不稳定、劳动组织工作的落后于技术进步等等就严重制约着工业的进一步发展。所以,从1932年起,工业化的速度实际上在急速下降。

## 九、第二个五年计划,斯达汉诺夫运动

1933年1月,联共(布)中央和中央监察委员会联席会议对第一个五年计划的评价是:建立了"工业化的基础",肯定了工业化的政策和方向。但是,也不得不承认工业品的增长率是太快了点,指出工业年平均增长13%—14%是合理的。其后召开的联共(布)第十七次全国代表大会专门研究了由国家计划委员会提交的第二个五年计划草案并作出了重大修正。第一,降低了发展速度。工业品的年平均增长率定为16.5%,而不是草案中的18.9%(当然,也不是13%—14%)。在重工业中,煤、石油开采、发电、炼铁等的控制数字平均减少了20%—25%。第二,调整了生产资料和消费资料增长速度的比例关系,提出了要在"Б"组工业超前增长的标志下来进行。"А"组和"Б"组工业增长的比例定为:生产资料的年平均增长率为14.5%,日用必需品的年平均增长率为

18.5%。"Б"组工业的产值到第二个五年计划结束时为 472 亿卢布,其时"А"组工业的产值也将达到 455 亿卢布。这就是说,在第二个五年计划结束时,轻工业的发展将处于某种优先地位。第三,调整了投资的分配比例。对"Б"组工业的投资比第一个五年计划高出 3.6 倍。有限度地扩大了对农业的投资,减少了工业和农业投资上的巨大差距(在第一个五年计划期间,工农业投资的比例 3∶1)。

这样一个新的五年计划是一个进行调整的五年计划,它吸收了第一个五年计划执行的经验教训。这种保证"А"工业和"Б"工业之间有一个适当的比例关系和适当发展速度的计划使其后的工业发展进入了一个新的阶段。如果说第一个五年计划展开了一种表面上轰轰烈烈的场景的话,那第二个五年计划一开始进行的是一种实际的建设。尽管如此,第二个五年计划并没有改变那种准备应付战争、以军事工业为核心的重工业的发展方针。在所有的部门中,金属、黑色和有色冶金、机器制造、石油开采和化学工业等仍是重中之重,先中之先。

比起第一个五年计划来,第二个五年计划事实上是更应该值得人们关注的。在第二个五年计划期间,有 4 500 个工业企业投产。其中每一个工程投资在 1 亿卢布以上的巨大型工程为 35 个。在俄罗斯联邦的为 11 个:亚速钢铁厂、斯维尔河水利枢纽工程、雅罗斯拉夫尔橡胶厂、斯大林格勒拖拉机厂、沃斯克列先斯克化学联合企业、土拉冶金工厂、利彼茨克冶金工厂、莫斯科汽车制造厂、卡姆斯克造纸厂、尼瓦水电站和沃斯克列先斯克地区水电站。在乌克兰的为 11 个:扎波罗热钢铁厂、马凯耶夫斯克冶金工厂、克拉姆机器制造厂、克里沃罗日工程、第聂伯河工程、第聂伯河冶金工厂、伏罗希洛夫格勒机车制造厂、第聂伯铝厂、第聂伯李卜克内西工厂、伏罗希洛夫公社工厂和哈尔科夫拖拉机厂。在乌拉尔和西伯利亚地区的为 9 个:马格尼托工程、库兹涅茨克工程、乌拉尔车辆制造厂、乌拉尔机器制造厂、车里雅宾斯克拖拉机厂、塔吉尔冶金工厂、乌兰—乌德机车修理厂、巴尔瑙尔纺织厂和发电厂以及乌拉尔斯克第一管道厂。在哈萨克斯坦和中亚地区的为 3 个:巴尔哈什近郊工程、塔什干纺织工程和契尔契克工程。外高加索 1 个:塞万—卡纳基尔水电站。这些工程的造价情况是:乌拉尔、西伯利亚、哈萨克斯坦和中亚的 12 个企业的成本为 40 多亿卢布,乌克兰的 11 个工程的成本是 25 亿卢布,俄罗斯 11 个工厂和电站的成本是 20 亿卢布。

在第二个五年计划执行的过程中,有一个现象是很值得人们去关注的,即虽然计划指标中规定"Б"组工业要超前发展,但实际上超前发展的仍然是"А"组工业。其具体执行情况是:"А"组工业的年平均增长率为17.1％,高于计划数。在"А"组工业里,大机器制造工业大大超过了预定的指标,比1932年的产量增长了2倍。这个指标是个综合性指标,它表明军事工业的实力有了极大的增强:军工产品主要原材料的钢、轧钢和化工产品增长了2倍,既能生产联合收割机、拖拉机,又能生产坦克,而首先是着眼于生产坦克的产量增长了3.3倍,既能生产普通汽车,又能生产军用载重汽车的产品产量增长了7.4倍。

而在"Б"组工业中,只有食品工业的计划完成得较好,整个"Б"组工业部门都未能完成计划指标,尤其糟糕的是纺织、皮革和制鞋工业部门。结果是,"Б"组工业的增长率到第二个五年计划期满时只为14.8％,而不是原定计划的18.5％。这就造成了一种特殊的现象,即原订计划是期望"Б"组工业超前发展的,但结果却依然是落后于"А"组工业。苏联的官方经济学家和现在的某些历史学家一直是这样来解释这一问题的:这一时期"А"组工业的发展水平还不足以保证"Б"组工业增长的计划速度。按照这种解释,似乎"Б"组工业的发展速度永远是由"А"组工业所决定的,"Б"组工业只能永远跟在"А"组工业的后面,它们之间永远不能有一种平衡的发展关系。在他们的逻辑里,只能是先А后Б,这是一个永远唯一正确的顺序。所以,直到苏联解体,国民经济的发展都是在这种顺序中进行和完成的。

实际上,第二个五年计划的实际执行结果是和计划的预定目标大不一致的,仍然维持了一个以重工业为核心和主要方向的发展方针。第二个五年计划的执行实际上是使国民经济发展中的军事化因素、备战因素、对敌斗争的因素极大地强化了。造成这样一个实际结果的原因大体有三。一是,联共(布)党领导人在思想意识上就认为搞革命,人民要作出牺牲和经受贫困,那搞建设,同样要作出牺牲和经受贫困。在这种情况下,领导人要求广大群众勒紧裤带,待到国家强大了,人民的生活也就会得到彻底改善了。因此,从根本上说,在领导的决策上就从没有把"Б"组工业的发展、人民对生活日用必需品的需求和满足,真正看成是涉及国家兴亡的重要问题。二是,虽然制定了"Б"组工业超前发展的指标,但实际上最高国民经济委员会和国家计划委员会并没有在具体工作中去实施这个计划。他们把重工业的巨大项目严严地控制在中央,但把"Б"组工业项目全部推给地方去实施(中央的主要注意力放在俄罗斯和乌克兰的重工业上,亚美尼亚、格鲁吉亚、乌兹别克斯坦、塔吉克斯坦、吉尔吉斯和土库曼等的注意力则放在食品工业和纺织工业上),在资金的投放、新技术的投入和人员及原材料的供应上大都由地方解决。对领导人来说,五年计划执行的好坏是看是否完成了"А"组工业计划。"Б"组工业滞后和没有完成计划,这并不是什么严重问题,中央不会指责,上级不会指责,领导人还会自慰地说:与生产生产资料有关的工业部门通常都是超额、提前完成任务的。三是,自从"直接工业化"的全速进行和农业全盘集体化的席卷全国,农民和国家、工人和国家的关系日趋紧张,各种难题和困难接踵而至。也正是这一时期,国家消灭了党内的反对派、农村的富农,并从1935年起开始了一场空前规模的镇压"人民之敌"的运动——"大清洗"。领导人所大力宣扬的是两点:一是国内的阶级斗争日趋尖锐;二是战争迫在眉睫,其目的是为了更加速、更全速地实施以准备打仗为惟一目的、以军事工业为中心的"工业化"计划。在这种情况下,"Б"组工业预定目标的落空就不是什么难理解的事了。

第二个五年计划执行结果有下述几个重大标志:一是,苏联在黑色金属和机器制造方面开始走上大国之路。根据苏联当时的官方材料,到1937年时,"А"组工业在整个国民经济中的比重为57.85%(1932年是53.3%),而大机器制造工业从1932年的19.6%上升到1937年的25.5%。黑色冶金工业的增长率在所有的"А"组工业中是最高的,达到了126.3%。所以,苏联大大减缩了黑色金属的进口量,并大幅度减少拖拉机和农业机器的进口。二是,乌拉尔和西伯利亚地区获得了迅速发展,人口激增(12年中,有300万人来到这里)。出现了一大批新的冶金、煤矿、机器制造和化工等重工业的基地——全新的工业城市。三是,工人的队伍迅速扩大。1937年,国民经济各部门中就业的工人和职员总数为3 120万人,而工人数达到2 000万人。在工人中,45%的工人是在"А"组工业部门。随着重工业的发展,工人受教育的程度和掌握专业技能的程度也大大提高。变化最大的是金属工人,除了印刷工人,他们成了文化程度最高的工人。1939年1月,每千名金属工人中就有82名受过七年制和七年制以上的教育。四是,城市人口激增,12年中城市居民增加了近两倍。在城市人口中,"А"组工人增加得最多,到1939年,每千名城市人口中就有64.5名大工业工人。乌克兰、莫斯科州、列宁格勒州、乌拉尔州和伊万诺沃州是城市人口和大工业工人增加最多的地方。这一系列标志恰恰正好说明第二个五年计划是继续以军事工业为中心的优先发展重工业的计划。

在第二个五年计划执行的过程中,斯大林提出了"干部决定一切"的口号。他说:"'技术决定一切'这个旧口号,反映了我们十分缺乏技术的过去时期的口号,现在应当用新口号,'干部决定一切'的口号来代替了。"为了实现这个口号,就需要开展劳动竞赛来提高劳动生产率,以便使高指标能够不断地被突破和更新,就需要有先进工人脱颖而出,以便带领更多的工人按照他们的突击榜样来完成五年计划。斯达汉诺夫运动就是在这样的背景下出现的。

斯达汉诺夫

斯达汉诺夫是顿巴斯中伊尔敏诺一个矿井的普通采煤工。1935年8月30日到31日的夜间,斯达汉诺夫不再是一个人下井采煤,他在中央特派员彼得罗夫的帮助和组织下,组成了一个三人小组。他只管采煤,负责清理和加固工作面的工作由两名助手、两名极有经验的矿工来承担,他们是鲍里信科和西加廖夫。斯达汉诺夫在5小时45分钟的工作时间里,采煤102吨,超出当时普通定额的13倍。第二天,正是国际青年节,《真理报》立即发表了斯达汉诺夫打破采煤纪录的消息。接着各个报纸和电台相继报道了斯达汉诺夫的惊人业绩,随之,各处的采煤工人掀起了一个追赶斯达汉诺夫的热潮,最后是斯达汉诺夫本人再次"打破采煤世界纪录",成了走在最前面的人,成了先进的先进、英雄的英雄。

斯达汉诺夫的这个新的采煤纪录并不是他一个人创造的,而是他和他的两名同伴一起创造的。如果没有另两名工人帮他清理和加固工作面,他在额定的时间里不可能采出这么多的煤。这就是说,这"102"吨的采煤新纪录是3个人干出来的,这个超额"13"倍并不完全属于斯达汉诺夫一个人。此外,斯达汉诺夫这次采煤使用的仍然是老风镐,并没有采用什么新技术,所不同的只是他只管一个人朝前采煤,其他的事都不管。因此,充其量,也只能说斯达汉诺夫合理地进行了劳动组织,最有效地、最大强度地利用了他本人的单位工作时间。

8月31日清晨,斯达汉诺夫所在的矿党委在确认了斯达汉诺夫的采煤纪录后,立即召开了一次特别的党委会,会上通过了一份特别的决议:

1. 把斯达汉诺夫同志的名字登上矿井优秀人物的光荣榜。
2. 给他颁发总额为一月薪金的奖金。
3. 在9月3日前给斯达汉诺夫同志提供一套技术人员的住房,并在里面安装电话。

4. 请求矿管理局长费尔信科同志准予矿长用矿上的钱为斯达汉诺夫同志的住宅配备一切必要的沙发家具。

5. 请求"五一"煤矿工人委员会主席伊格纳托夫同志和煤矿工人工会中央理事会主席施密特同志发给斯达汉诺夫同志家庭疗养证。

6. 从9月1日起在俱乐部中指定两个专座给斯达汉诺夫及其妻子看电影、看演出和参加各种晚会。

7. 9月10日,在斯达汉诺夫的新居中举办晚会,邀请矿井的知名人士、风镐能手格里申、斯维里多夫、穆拉什柯和伊佐托夫同志来参加。

8. 宣布开展采煤工争当掌握技术的优秀风镐能手的竞赛。

9. 向所有区段的领导、党小组长、工会小组长和矿委员会建议：

a. 不迟于9月2日,所有的区段都要以班为单位研究斯达汉诺夫同志的经验和所创造的纪录；

b. 9月3日召开采煤工人的专门会议,区段的"三人领导小组"务必参加。会上听取斯达汉诺夫同志讲解他是如何掌握风镐工作的高级技术和用它打破生产的世界纪录的；

c. 开展区段的争当矿井优秀采煤工人的竞赛；

10. 矿党委全体会议认为有必要预先指出并警告那些试图诬蔑斯达汉诺夫同志及其纪录是偶然现象、是杜撰等的人们。党委认为这些人是反对我们矿井和我们国家最优秀人物的最凶恶的敌人,而这些优秀人物把一切都献给了执行党的充分利用技术的指示的工作。

党委相信,在斯达汉诺夫同志之后将出现新的英雄,党组织将高兴地和骄傲地欢迎他们,他们是决心以自己的工作、自己诚实的劳动执行党的充分利用技术指示的人。

由于斯达汉诺夫创造了"新纪录",因此他获得的物质报酬是巨大的。这对普通工人是极大的吸引力和推动力,这在随后的"斯达汉诺夫运动"的推行和普及中起了非常重大的作用。自从斯达汉诺夫一出现,工人的工资实际上出现了实质性的变化。在此之前实行的是平均主义的计时工资,而斯达汉诺夫一结束那个创纪录的一班工作时,他领到的工资是以102吨采煤量来计算的：220卢布(这时煤矿工人的年平均工资是2 000卢布左右)。从斯达汉诺夫身上,工人们看到了一种榜样：在相同的时间里,你干得越好,你的产量越多,你挣的工资就越多。斯达汉诺夫开创的是这样一个时代：平均主义的计时工资不再认为是合理的，计件工资给工人平添了无限希望。这时有人对斯达汉诺夫运动和"斯达汉诺夫工作者现象"进行过调查。调查结果表明，领计时工资的工人参加斯达汉诺夫运动的人数大大少于领计件工资的工人。具体数字是：在计时工中，斯达汉诺夫工作者只占8.4%，在计件工中占39.2%，在按累进计件支付工资的工人中比例高达50%以上。

比起苏联土地上的集体农民来说，工人是真诚地、积极地参加了国家的社会主义"工业化"建设的，他们也本能地期望这种"工业化"能改变他们的穷困和不文明的处境，能给他们带来光明的、美好的未来。因为，在他们眼中，苏维埃国家是和他们自己、他们自己的生活分不开的。应当说，斯达汉诺夫运动对第二个"五年计划"的实施和又一个"4年3个月的完成"起了极其重大的作用。这至少表现在三方面：一是普遍地促进了产量的增加和生产效率的提高；二是促使政府部门加大了住房建设和改进工人物质福利事业的投资；三是注重了文盲和半文盲工人的教育学习，随之，年轻的工人干部大量涌现。

第三个五年计划则完全是一个战时计划了。国家急剧增加了国防支出，亮在帐面上的"军需拨款"就占了国民经济全部支出的1/3(1940年)和43.3%(1942年)。从1940年开始，急剧减少汽车、拖拉机、联合收割机和其他农业机器的生产，所有的重工业工厂大规模生产军用飞机、飞机发动机和其他军事技术装备。民用工厂也转为生产武器。列宁格勒、哈尔科夫、斯大林格勒、车里雅宾斯克的拖拉机厂转为大规模生产坦克。"雅格"、"米格"、"拉格"等新型号的飞机迅速生产出来，"伊尔—2"装甲强击机也开始投产。"T—34"坦克和后来以"喀秋莎"而闻名于世的"БМ—13"火箭炮也开始下线。这一计划的顺利实施表明，在第一和第二个五年计划期间确实建立了一个以军事工业为主要目标的"工业化"系统，这个系统瞬时间就能大规模和系列生产为战争所需的一切武器装备和弹药。事实表明，这一系统本来就是面对战争的，就是为了在战时使用的，所以它的转向大规模的军工生产就是轻而易举的事，它的适应战时经济也是符合计划制订者原来的设想的。

**作者点评：**

现在，研究苏联的第一、第二个五年计划时必然会出现两个问题：一是为什么在"一·五"期间建设了那么多的工业企业，计划的主要指标却没有能够完成？二是，苏联的工业化是不是就是现代化？

关于第一个问题。历来的史学家所以充分肯定第一个五年计划,其原因有二。一是,相信了官方的统计数字,相信了斯大林亲口宣布的"4 年 3 个月"完成的神话;二是被苏联土地上大规模的建设这种表面现象所迷惑。烟囱林立、工厂遍地实际上并不完全意味着社会主义建设的顺利和胜利。苏联在当时将全国变成为一个庞大的工地,表面上看来热火朝天,生机勃勃,而实际上却是大量的重复建设、不必要的建设,浪费了人力和物力。许多企业的建设很少顾及自然环境、资源情况和民族关系,不少大企业建成后却不得不面临待料停工或者要费很多力量来进行调整和改建。所以,铺开了多大的建设摊子,建成了多少的大工厂,并不是衡量计划执行情况的惟一标准。计划执行的好坏与成败就在于这铺开的摊子能否有效地收拢起来,这建立起来的大企业能否运转起来并促进整个国民经济的顺利发展和人民物质文化生活水平的提高。

第一个五年计划执行后果的严重性还不仅表现在它的各项重要指标没有完成,更在于它塑造了一个僵而不化的模式:自此而后,凡是计划的执行结果,在指标上一定要有大幅度的增长,而在时间上一定要提前,甚至,连"4 年 3 个月"都固定起来了。苏联的"工业化"有个固定不变的传统,那就是字面上的高速度、高增长率、高水平、高优越性,而第一个五年计划恰恰集中体现了这种传统、这种固定不变的模式。所以,第二个五年计划也就必然要在"4 年 3 个月"内提前超额完成。曾经在很长一段时期里,这种传统,这种固定不变的模式被视为经典和神圣。然而,这种传统和模式却严重影响了苏联工业和整个国民经济的正常顺利发展,并殃及模仿和学习它的国家。斯大林曾经以为,速度是社会主义建设中的惟一关键,没有速度,就没有社会主义的优越性,没有速度,就没有社会主义的现实和前途。为此,他打倒和镇压了一切反对这种高速度的人。但斯大林却没有解决好什么样的速度对苏联的社会主义建设和前途才是最合理的、最有效的、最有成功把握的。他为了速度而速度,为了自己的正确而无限地扩大和增加这种速度。第一个五年计划的主要问题就在于速度不对,其次是发展比例的不对。重工业的发展速度和比例远远超过了苏联国民经济发展的需要和可能性,脱离了苏联当时的实际国情。

在这个大背景下出现的斯达汉诺夫运动毕竟还是有问题的。它首先是一场领导需要的、自上而下培植起来的运动。高指标、高速度是这个特定时代的政治旗帜。于是,就必然需要一场体现了这种高指标、高速度的"群众性"竞赛和突击运动,就要用它来证实领导有关高速工业化的决策是绝对正确的。当时的时尚和风气是,高指标、高纪录就是社会主义,就是革命,反对高指标、高纪录,甚至低指标、低纪录就是反社会主义,就是反革命。一切都要超过外国,苏联的一切都要成为世界第一的口号和行动导致了群众中间不切合实际的"苏联自豪感"。

斯达汉诺夫运动的内涵就是追求高纪录和更高的纪录、高产量和更高的产量。在产量大幅度增加的同时,产品成本也恶性膨胀,废品、残次品有增无减。最后,工厂不得不向需货方延期交货,需货方就不得不推迟自己生产计划的进度。这一切却被解释为是知识分子的怠工,是"人民敌人"的破坏,而所采取的反击措施是:进一步提高计划指标,进一步开展为创纪录而斗争的"斯达汉诺夫运动"。

斯达汉诺夫运动为苏联提供了一个机遇,它证实合理利用和引导工人群众的生产热情和政治热情、正确和充分对待有着科学理论和实践经验的知识分子,对于真正的社会主义建设是何等的重要。列宁早就预言过,光靠工人的革命热情是建不成社会主义的。可惜的是,斯达汉诺夫运动在当年从一开始就被引入了政治歧途,在事后又被解释成为是一种纯粹政治信仰的运动。斯大林一辈子不喜欢"旧学校"、"旧时代"的知识分子,把希望总是寄托在他认为的"工人阶级的知识分子"的身上。斯达汉诺夫运动是他在这方面的一个精心安排的努力。所以,斯达汉诺夫运动事实上成了有意将工人和知识分子隔离和敌对起来的运动。另一方面,斯大林看准了技术对于社会主义建设的重要意义,但他却从政治斗争和闭关锁国的角度看问题,把一切技术问题都说成是党内斗争。于是,他把斯达汉诺夫塑成了一尊神,因此在斯达汉诺夫运动中,斯达汉诺夫不再是技术标兵,而成了一种真正的政治运动的偶像。

关于第二个问题。尽管斯大林本人无数次说过,苏联工业化的根本目的是要使苏联由农业国变为工业国,但他却很少提到现代化的问题。斯大林的工业化究竟是个什么样子的工业化?根据《联共(布)党史简明教程》所说,可概括为三条:一是必须新建"社会主义在苏联胜利所必需的"、沙俄所没有的一系列工业部门;二是必须建立"为了在资本主义包围下保卫苏联所必需的"新的国防工业;三是,必须建立"为了社会主义在农村的胜利所必需的"拖拉机制造厂和现代化农业机器制造厂。斯大林认为,只要实现了这三点就是实现了"社会主义工业化",国家就会由此走上繁荣昌盛之路。而且,斯大林最早是把"社会主义工业化"圈定在1926—1929年的范围之内的。

可以说,斯大林在提出"社会主义工业化"问题时,并没有将国家的工业化问题和国家的现代化问题联系起来。在这种决策中,他只是用了"现代化"这个词来形容"农业机器制造厂"。他从来没有说过"现代化的工业化"这个概念,这期间他也从来没有说过"国家的现代化"。正如《联共(布)党史简明教程》后来所总结的,斯大林只承认一点,只实行一点,那就是国防的"现代化"。因此,苏联的"社会主义工业化"时期实际上是从1926年,而不是从1928/1929年的五年计划开始的。正如我们引用的档案材料所表明的,从1926年开始的"社会主义工业化"进程是以集中全部力量生产枪支、弹药、飞机、大炮和坦克为主的军工生产过程。而在1926年后,这种着眼于备战和打仗的"社会主义工业化"进程就以更强的势头朝前发展。

如果把官方的第一个五年计划和绝密的"C—30"计划联系起来看,就不难发现,为什么这期间以发展黑色和有色冶金、机器制造、化工等为主要任务,并且这些指标在不断地增高,尤其是在1929年间。从"C—30"计划的制定和实施,我们不难看出,以第一个五年计划为模式的"社会主义工业化"实质上是以备战为目标的工业动员计划,其核心和基础就是高速度发展军事工业。所以,所谓的工业化并不是全面地发展工业,全面地发展经济,而是当时领导人之间所说的那种"先飞机大炮,后胶鞋面包"、"先重工业,后轻工业"的"工业化",是以提高武装部队的战斗力为内容的巩固国防,或者说是工业的国防化。因而,这实际上就是工业的军事化,以发展军事工业基础为中心的重工业化。

这种军事工业化,这种"重工业化"也就不能不要求高速度和高强度。事实上,为了实现这种军事工业化、"重工业化",国家除了把预算的绝大部分资金投入外,还不得不在剥夺农民和冻结物价的同时,冻结工厂企业中工人、工程技术人员和一切工作人员的工资。而在管理方法上,则对五年计划的实施实行高强度的控制。政府采取的主要措施:一是将改建的和兴建的企业不断转为军工工厂,再进而转为"战时动员工厂",对其生产、生活和工人实行军事管理和管制;二是为了完成不断提高的计划指标,不断增加军工工厂的工人数;三是,在工厂企业中实行普遍的24小时工作制,一切人员无权自由辞职和转换工作。这样一种强制管理办法必然会引起纠纷、矛盾、不满,甚至对抗和冲突。

于是,就有了另一项重大措施:把高指标计划的完不成看作是人为的破坏,阶级敌人的破坏,紧接着就是在工厂企业里不断地清除"破坏分子",不断地查揪"暗藏的敌人",不断地更换工厂企业的领导人。在这一过程中,首当其冲的是工程技术人员。有个数字是很值得人们深思的:在第一个五年计划刚开始实施时,在军事工业总管理局下有1万名工程师和16 500名技术员,而到

1930年春天，经过不断的清查和清除，只剩下了1 897名工程师和4 329名技术员。

　　人们已经习惯于把斯大林"工业化"的问题归结为是重工业和轻工业计划比例和发展的失衡。但是，仅仅用重工业一词来说明这种工业化是不确切的，因为，这时的重工业并不是那种国民经济计划意义或概念上的重工业，而是目标纯粹旨在发展军事工业的重工业，或者说是军事工业赖以生存和发展的重工业。其次，轻重工业的发展也不是个比例失衡的问题，因为这个时候从根本上讲就没有什么轻重工业的比例，几乎一切投资都是为了防范入侵之敌，那些强调重点发展的冶金业、机器制造业和化学工业等是如此，那些所谓的轻工业实际上很大的比重也都是在为军事工业服务、从事军工生产。所以，确切地说，斯大林工业化的症结就在于：是把国民经济的发展放在和平的、以提高人民生活水平为主的轨道上，还是放在备战、时刻准备迎击来犯之敌的前提下。在斯大林的决策里，备战是第一位的，因而为了备战，增强国防能力、国防的现代化是第一位的。所以，为了这种国防现代化的"工业化"，他要求农民纳贡，要求人民勒紧裤腰带，要求整个社会在一个低水平上发展。所以，为此，他总是把国内和国际的形势描绘得十分紧张，总是倡导世界范围内的、国内的、党内的斗争日益尖锐化，总是要让国家在一个隔绝于世界历史进程的、"社会主义体系阵营"里发展。

　　斯大林的"工业化"是一种畸形的重工业化，是一种军事工业化，因而也就根本不是什么现代化。因为这种工业化是针对着战争的，若是没有战争，这种工业化必将走进死胡同。在第一和第二个五年计划时期兴建起来的名义上是重工业，实际上是军事工业的企业，在第二次世界大战中得以全盘的、全效率的开工就证明了这一点，而战后，这些企业的开工不足和极其艰难的发展进程更是证明了这一点。

　　世界历史的进程表明，一个国家的正常的工业化只能着眼于和平的发展，并力求在和平的轨道上来进行。这种工业化在解决国民经济的全面发展和人民生活的提高的同时，也将有效地解决国防现代化的问题。一个着眼于要人民勒紧裤带，时刻准备打仗的"工业化"能执行于一时，却不能持久于永远。

# 第七章 农业全盘集体化时期

## 一、来自农村的信件,到"土地科去",专家的意见

实施新经济政策后,农业的恢复有了很大的进展,农村开始出现了一个发展生产的积极进程。中农户的经济获得很大的发展,中农增加得很快,仅在1926—1927年间,在农业总人口减少85万多人的情况下,中农人口就增加了54.3万多人。中农的发展显示了农业经济在相当大的规模内获得恢复和正常的发展。这种恢复和发展交织着两个并行的过程。一是贫农户中有相当数量的农户升入了中农阶层,另一是中农户中也有相当数量的农户进入富裕户的阶层,以及有一定数量的农户降入贫农和雇农阶层。在1926—1927年间,贫农户发展为中农户的数字相当于中农户发展为富裕户和降入贫农户之和的数字,其具体数字是:中农户中的76.5万人降入贫农和雇农组,同时约有100万人发展成了富裕户。

到1927年,由于土地租佃、生产资料租佃和雇佣劳动的发展,在农村中也确实出现了一些建立在纯粹盘剥基础上的个体农业户。1927年的调查表明,在全国范围内,拥有的土地超过了52.6公顷的农户有82个(相当于十月革命时划分的小地主的数额)。这些农户绝大多数集中在贸易关系发达的克里米亚、乌克兰草原区、北高加索和伏尔加河下游地区。最大的农户拥有126公顷土地,使用雇佣劳动最多的达到42名雇工。但是,这只是一个局部的现象。就全国而言,中农户的上升、农村经济的普遍发展是个主要的事实。但是,在农村的实际工作中,富农,不管是旧有的富农,还是在新经济政策下发展富裕起来的农户——富裕户,都被统统看作是"富农",都在被强制和剥夺的范围之内。

随着在城市里重新加强对私商的排挤,在农村中,对个体经济限制也逐步加剧,对"富农"打击的范围越来越大。与此同时,在全国范围内开展了声势浩大的苏维埃选举运动,许多富裕起来的农民和中农被划成了"富农",从而丧失了选举权。实际上,农村中出现了以重分土地和生产资料为手段的强行"均财富"的过程,结果使正在发展的农业经济急剧恶化。贫农没有粮食可供国家采购,"富农"不甘心自己的劳动成果被剥夺,此外,国家又拿不出工业品来作为粮食采购的补偿,于是农村中隐匿粮食、私自出售粮食和抗拒采购的事不断发生。这时,许多从事农业具体工作的负责人不断向中央报告农村和农业经济的实际情况。

1927年2月11日,在联共(布)中央讨论"苏联和俄罗斯联邦苏维埃代表大会"问题的全会上,加里宁谈到了农村的这种情况,并宣读了一封来自农村的信。这封信是俄罗斯联邦农业人民委员部部务委员萨夫琴科的胞兄写来的。写信人米·萨夫琴科主要说的是,他由于"同黑帮苏维埃进行顽强的斗争",而被不公正地划为"富农",并且没有了选举权。他说,他和妻子都在干活,不出租土地,但雇了个工人,所以村苏维埃说他是"富农"。他愤怒地说:"我,一个老政治工作人员,在沙皇时代是无权的,而现在仍然如此,虽然我同苏维埃政权是完全一致的,却不得不为恢复自己的公民权而奔走,为的是不成为一具政治僵尸。"他最后的哀叹是,现在他面前只有两条出路,"一条是到'土地科'去,一条是去请求'基督发善心'"。这里说的到"土地科去"就是承认自己是富农,听凭政府的发落,而请求"基督发善心"就是听天由命了。他不信神,作为庄稼人,他也不想乞求施舍,因此他的"出路只有一条——去找土地科"。

全会上,中央的负责人对这封信的态度不是认真听取其中的意见,而是首先怀疑这写信人的出身和经历。斯大林说:"他生活得不好?"托洛茨基说:"他不是党员?有文化吗?"米高扬说:"准是个反对派。"季诺维也夫说:"最好不要读这样的信。"由此可见,中央领导人的精力此时并不在农村和农业问题上,也并不认为农村会出现这样的事。

5月10日,米·萨夫琴科的弟弟,即农业部务委员萨夫琴科专就农业问题给斯大林写了一份报告,陈述了对发展农业问题的一系列看法。他认为经济是一个链条,而其中"主要和惟一的环节就是提高劳动生产率,首先是提高农村中低下到野蛮程度的劳动生产率"。他说,农业的萎靡不振和陷入危机,社会公正的受到侵蚀,都是由于农村领导人的问题和农村风气的不健康。对此,他形象地说:"看到这一点的党员,就像《皇帝的新衣》的童话那样,害怕说出皇帝是一丝不挂的。"他说:"我们党最大的不幸在于,人们害怕说出这一痛苦的真相。"他对农村干部的作风提出了尖锐的批评:"我不想把我们农村中的党员同志都说成是农村的官僚,但他们大多数确是变成了冷冰冰的官员,他们不去寻找解决失业问题的办法,不去寻找解决提高劳动生产率的办法,不去寻找提高农村福利的办法,不去加强国民经济的基础、作为工业原料供应者和工业品销售市场的工业基础,而是在寻找富农。他们抓富农就像搞体育活动,差不多所有的能吃饱饭的农民都被他们看作是富农,看作是危害共产主义的凶神恶煞,他们理解的共产主义就是农村的贫穷和愚昧;持有党证的官僚所担心的只是自己的位置(失业的幽灵把他们吓坏了),他们在尽力不停地、一个接一个地寻找更多的富农,因为对他们的工作通常是用抓了多少富农来评价的。"这封信如实地反映了农村的真实情况和造成的主要原因。另一位联共(布)党员、全苏工会中央理事会原料部部长古巴诺夫也在1927年4月18日致联共(布)中央政治局全体委员的一封信中列举了农村和农业经济的严重问题:农业人口的大量流入城市、失业人数的增加、可供输出的农产品和原料的短缺、整个农业发展的迟缓和薄弱、农村两极分化现象的日趋严重和反苏维埃情绪的增长等。他得出的结论是:"我觉得,农民问题——党在农村中的政策应当立即、刻不容缓地来重新加以研究。"这时,直接寄给中央,甚至斯大林本人的像这样的信件是非常多的。

  事情发展到1927年的秋大,形势就很是严峻了。粮食产量的不足和商品粮的严重短缺使斯大林所倡导的"直接工业化"面临危机,联共(布)中央决定召开第十六次党代表大会讨论这一问题。为了制定一个提交大会讨论的解决农村问题的决策方案,政治局于10月1日作出决议,成立一个专门委员会,其任务是向有名的农业专家和学者征询农业发展道路的意见。该委员会由莫洛托夫任召集人,成员有米柳亭、雅科夫列夫、斯米尔诺夫、克里茨曼、卡尔平斯基、安策洛维奇、扎伊采夫、卡明斯基、库巴宁、奥新斯基、维尔梅涅切夫、拉林、鲍曼、罗吉特和舍波尔达耶夫。这个委员会要求亚·瓦·恰雅诺夫(农业经济和政策研究所所长)、尼·德·康特拉季耶夫(财政部市场行情研究所所长)、马斯洛夫(莫斯科大学教授)等农业和经济学专家在最短的时间里(一昼夜)就这一问题写出书面意见。

  所有的专家都反对在现时实行大规模的"农场农业"。恰雅诺夫分析了苏联农业的现状,认为"高商品性的企业从农户的总量中消失,这不可避免地影响农产品的商品量及其出口的可能性","开始呈现出前资本主义分化和资本主义农场型分化的退化过程"以及"农村对扩大农户的刺激因素太弱",等等。因此,他认为,"在目前的农村条件下不可能组织生产合作联合体",使个体农业逐步社会化和合作化是当前的任务,"在其后的发展中,才能用集体农庄型的大企业来代替尚存的个体的小土地经营"。他还对正在加速进行的"工业化"提出了批评:"那种把工业化理解为仅仅是发展一种加工工业和动力装置的看法是错误的,因为没有与工业相联系的农业其他部门的平行变化,工业本身是不能发展的。"

康特拉季耶夫指出,苏联属于农业—工业国。它在农业手工劳动的比重上在世界各国中占最前位,在居民从事工业生产的相对发展程度上占末位。在世界各国中,苏联人均收入排在最后一位,目前仍然低于战前水平。他说:"生产力发展的低水平、低收入以及农业人口过剩,使得苏联发展的条件接近革命前俄国的条件,并与大洋彼岸和欧洲先进资本主义国家的农业发展条件截然不同。"苏联的农业发展很慢,而农业的发展取决于两个方面的条件:"第一,取决于市场条件;第二,取决于向农业所提供的机具和生产工具,特别是机器的规模,因而也是对农业进行技术改造的规模"。他认为,在这两个方面,苏联尚不具备发展大型农业的条件。因此,他的结论是:"在当前的条件下,集体农业的发展将会继续。然而,在农业现有的技术基础之上,它的发展将是缓慢的,并且在未来的许多年里,集体农业生产在全国农业产品的总量中不会占明显的份额。加快健康的集体农业的发展速度需要农业有高得多的技术基础和居民文化水平的提高。"

马斯洛夫说,革命后农业一直发展不好,其主要问题是农产品的商品率太低、对国外的输出量太少,国家对农业再生产的投入太少。因此,他主张扩大对农业的投入、降低农业用生产资料如化肥和农机具的价格,将农业积累的绝大部分用于农业的扩大再生产。他说:"用于发展农业的投入应以较之战前更快的速度增加,因为为了避免危机,就必须以更快的速度发展农业。"

## 二、收购危机,"带有习惯性征粮粗话的大行动",斯大林去西伯利亚

事实上,这时的"工业化"形势十分严峻。新经济政策时期农业的顺利发展和积累以及1926年农业的丰收保证了1927年工业能高速发展。到1927

年,整个工业的产量已经超过了战前水平,增长了 23.7%,其中重工业增长 33.6%。然而,1927 年工业的发展结果实际上并不是一种喜讯,而是一种报警。它预示着国力(尤其是农村的力量)耗费将尽,工业本身将无力持续这种极度紧张的高速发展。而粮食总产量中商品粮所占比例的迅速下降,1927 年的农业大歉收(谷物的产量只有 4 500 万担)使这种局面迅速恶化。高速直接工业化的一个后果是,大量的农村人口在短期内无序地涌入城市和新兴的工地,直接从事农业生产的人口骤然下降。在 1926—1928 年间,非农业人口的年增长率是 5%。结果是消费粮食的人口迅猛增加,农产品的商品率严重下降,从而引起市场上粮食价格的大幅度上涨。

而农村所能提供的商品粮却没有随之增加,甚至比起战前的水平来还要低许多。1926 年粮食的总产量是 7.68 亿俄担,但其中提供的商品粮只有 2 180 万俄担。1927 年 1 月,国家收购的粮食只有 1926 年同期的 3/4。这个数字远远不能满足国家各方面的需要。农村提供的商品粮少,一是因为生产跟不上;二是因为这时苏联的农民主要还不是为商品粮而从事生产的,许多农户还处于自给自足或勉强自给自足的状态,加之国家正在实行战时动员计划,局势被宣传得十分紧张,所以农民都在储存粮食,以备战时不幸的"黑色"时刻使用;三是因为国家将粮食的采购价格压得很低,即使有余粮的农户也不愿意按照国家的价格贱卖。农产品对工业品价格的比值大幅度下降:1927 年,出售 1 普特燕麦的钱只能买到 2.55 米布匹,或 6.19 磅盐,或 3.93 磅糖,购买力大致下降了 50%;四是国家根本没有商品来作保证,尤其是生活必需品,严重短缺,这时农村商店的货架上总是空空如也。

农民对于这种状况所表示的不满情绪日益增长,除了不向国家出售粮食外,为了不致使自家的粮食被强行采购走,在农村普遍出现了自酿伏特加酒——"萨莫贡"的现象。仅仅在 1927 年一年,农村的"萨莫贡"产量就达 6 540 升,酿造用去的农产品达 1 050 万普特,其中粮食 800 万普特。这种抗拒国家以低价采购粮食的行动是俄罗斯这个国家的农民所特有的。

1927 年的歉收加深了这一采购危机:城市里粮食及其制品,随后是工业品严重短缺,粮食出口量急减,无法购置直接工业化所需的设备,一系列工厂面临减产停工的危险。有关机构随即采取了一系列"暴力剥夺"办法来采购余粮,其中包括农民可自行确定按照国家价格出售粮食的数量,如果自行确定的任务不能完成,则由国家强行摊派,对于不完成上缴粮食任务的农民,不能在商店里获取商品,发现有藏匿的粮食,立即充公,其中的 25% 按照国家价格作为向贫农和中农提供的信贷,等等。1927年8月,领导人之间在经过激烈的争论后,曾一度同意停止采取暴力剥夺余粮的办法。

12月召开的联共(布)第十五次代表大会在以主要注意力解决工业化问题时,继续寻求解决农业问题的途径。但是,领导人之间的分歧仍然存在。斯大林在《中央委员会的政治报告》中指出,农业发展的速度不能令人满意,要求加快发展。他给农业发展规划的前景是:"出路就在于把分散的小农户转变为以公共耕种制为基础的联合起来的大农庄,就在于转变到以高度的新技术为基础的集体耕种制。出路就在于逐步地然而一往无前地不用强迫手段而用示范和说服的方法把小的以至最小的农户联合为以公共的互助的集体的耕种方法为基础、利用农业机器和拖拉机、采用集约耕作的科学方法的大农庄。别的出路是没有的。"斯大林的意思是很清楚的,一是农业必须高速发展;二是在农业集体化的基础上实行农业的机械化,建立大农庄。

尽管有斯大林的这种提法,许多代表在会上谈的仍是农业的发展必须循序渐进。莫洛托夫在会上作了《关于农村工作》的报告。他说,在农业问题上,不能犯急躁冒进的错误,在目前情况下农业的发展应在农业合作化的基础上进行,而农业的集体化过程应当是逐步的、缓慢的。他说:"在农村社会主义建设中重要的是:谨慎小心,不慌不忙,稳步前进。"他的意见也显然和斯大林的不尽相同。最后,大会在就《中央委员会的政治报告》所作的决议中明确指出:"必须把在农民进一步合作化的基础上将分散的农民经济转到大生产的轨道上来(农业集约化和机械化的基础上的土地集体耕作制)、全面支持和鼓励社会化农业劳动的新芽作为首要的任务。"这里,决议的语言也是十分清楚的,一是农业的大生产必须建立在农民进一步合作化的基础上;二是,社会化的农业必须小机械化为基础。

因此,联共(布)第十五次代表大会实际上是把农业的进一步合作化当成首要任务的,即使是斯大林本人谈的也只是农业的"集体耕种制"和"大农庄"的问题,基本上没有涉及农业的"集体化"问题。大会所作的《有关农村工作》的决议虽然强调了对富农的限制和斗争,并说成是党在目前时期的主要任务,但这里主要讲的是粮食销售和采购过程中的限制和斗争。从这方面看,十五大主要是为解决日益困难的粮食采购工作而制定了新方针和新措施。对于农业生产本身,决议所费笔墨甚少,它只是指出:"目前,在全力发展销售合作社的同时,必须对所有的有生命力的生产合作形式(公社、集体农庄、劳动组合、生产合作社、合作工厂等),以及应当提高到较高水平的国营农场给予大力的支持。"但后来的《联共(布)党史简明教程》却把这次大会有关农业和农村工作问题的决议说成是"关于尽力开展农业集体化的决议",说大会作出了"农业集体化的方针",这显然是不符合实际情况的。

1928年1月5日,中央政治局会议专门研究了粮食采购问题,最后作出决议,同意采用非常措施来采购粮食,以便在春天来临之前采购到所急需的1.28亿普特的粮食。第二天,向各地方党组织发出了由斯大林亲自签署的电报,其主要内容是:"对破坏农业价格的富农和投机分子采取非常的措施是必要的。"中央还警告地方党的领导人,若在一周内情况得不到改善,他们将被撤换。1月14日,又以斯大林的名义发出了另一封电报,要求地方党组织"立即打击投机分子和富农分子。立即逮捕投机分子和富农分子以及其他破坏市场和价格政策的分子"。事实上,十五次代表大会一结束,中央领导人(莫洛托夫、米高扬、卡冈诺维奇、日丹诺夫、什维尔尼克、安德烈耶夫、艾赫、西尔佐夫)就分赴各地,监督粮食采购和中央指令的执行情况。1928年1月1日,莫洛托夫给斯大林写信汇报了他连续4天来在乌克兰监督采购粮食的情况:"我促使懒惰的霍霍尔(当时莫洛托夫和斯大林等中央领导人常用的对乌克兰人的极不礼貌的称呼——作者注)行动起来着手完成2.65亿普特的计划,也就是超过原计划(在6个月内)大约1亿普特,让乌克兰'总局'和'中心'都答应努力工作并分赴各地。现在,我已经坐在梅利托波尔了(这里真是宝地),在这里也组织了带有习惯征粮粗话的大行动。我彻底破坏了这里的朋友们的新年气氛,但这里仍有加倍的坦率和真诚,尽管有时不免表现出'中农'色彩。"这里所说的"带有习惯性征粮粗话的大行动",实际上指的就是采用强迫手段,类似于"战时共产主义"时期的武装征粮队行动。莫洛托夫对这种"大行动"的进程和必然要产生的消极后果了如指掌,所以他不得不在信中要求斯大林同意他采取某种缓和措施,来安抚当地的领导人:"恳求您从2.65亿普特中拨出500万普特留给乌克兰,用于农业机械的补充进口。这是绝对必要的奖励(对于施加的压力而言),从各方面来说都是合适的。"

斯大林本人于1月15日去了西伯利亚和乌拉尔地区,2月6日才返回莫斯科。他先后到了诺沃西比尔斯克、巴尔瑙、卢勃佐夫斯克、鄂木斯克和克拉斯诺雅尔斯克。在巡行中,斯大林向当地的领导人建议用俄罗斯联邦社会主义共和国刑法第107条,对从事粮食投机倒把和囤积居奇分子予以严惩,本人交法庭审判,粮食由国家没收。地方的检察机构会同内务人民委员部机构立即执行。2月13日,联共(布)中央在给各级党组织的信中,要求"继续对富农施加压力",对那些特别恶毒的、拥有2 000和2 000普特以上余粮的富农分子采用第107条的规定加以严惩。这封信特别注明是斯大林受中央委托写成的。

斯大林在所到之处,先是对地方干部进行指责:"富农不愿意拿出粮食来,为什么你们不惩办他们?""为什么直到现在富农还没有被清洗掉?"接着就是对干部进行惩处:1928年1—3月,在西伯利亚有224名负责人被解除职务,有1 434名党员受到党的处分,其中278人被开除出党;在乌拉尔,被解除公职的有1 157人。因援用第107条而受到审判的人:在北高加索为3 424人,在西伯利亚为1 589人,在乌拉尔为255人。斯大林所到之处都要和积极分子会面讲话,讲话的主题是用暴力剥夺富农。这个剥夺包括三点内容:一是要富农立刻按照国家价格交出全部余粮;二是如果富农不服从法律,余粮由国家没收;三是提出"使我国各地区毫无例外地都布满集体农庄",这是确保国家今后按规定价格获得粮食的主要方法。

这种非常措施产生了两个极为明显的后果:一是国家按固定价格采购的粮食量迅速上升,在第一季度采购到了1.76亿普特粮食;另一是农村中农民的反抗事件猛增。但在4月后,粮食采购量又下降,粮食的紧张状况再度出现,1928年秋天起,所有的城市都重新实行了凭证供粮的制度。这是因为,通过非常措施采购上来的粮食实际上是农民的机动粮和防荒粮。这一点,连斯大林后来也不得不承认:"我们从1月到3月收购了将近3亿普特的粮食,当时收购的是农民的机动粮;从4月到6月我们连1亿普特也没有收购到,因为那时我们不得不在收成的好坏还看不清楚的情况下触动农民的防荒粮。但粮食还是必须收购。于是,重新采取了非常措施,产生了强迫命令、破坏革命法制、挨户巡视、非法搜查等现象,这就使国家的政治状况恶化,给工农结合造成了威胁。"

尽管斯大林如是说,以非常手段收购粮食实际上并不仅仅是一种万不得已而为之的措施,在这个时候它预示着一场新的更强烈的社会变革,它是农业全盘集体化的先兆和先行。

### 三、沙赫特事件,斯大林和布哈林,1928年7月

1928年春天,在以非常手段收购粮食的高潮中,也同时加强了工业方面的高速度推进工作。农村中的不满情绪日益严重,由于硬性指标和强制手段,工

## 第七章 农业全盘集体化时期

矿企业中的对抗事件也在增多。这些不满情绪和对抗事件没有被看作是领导的失误和计划的不当,而被当作是斯大林所说的阶级斗争越来越尖锐的表现。这时,在煤炭工业基地——顿巴斯的沙赫特矿区,出现了一起由"奥格布"人为制造的反革命案件——"沙赫特事件"。有53名工程师和技术人员被指控破坏煤炭工业建设和从事间谍活动,其中有3名德国工程师。4月初,进行了公开审理,并在报纸上作了大量的宣传报道。沙赫特事件的出现和对它的公开审理符合了对资本主义分子施加压力的这一总的决策。随即,在社会上出现了一种特殊的气氛:对阶级敌人、对间谍和反革命的仇恨和以高度的警惕性来寻找和挖出这些敌人的气氛。在工厂企业这种对敌的阶级斗争就表现为抓破坏分子、间谍,而在农村就是对富农的挤压和剥夺。

在1928年4月13日这一天,斯大林和布哈林分别在莫斯科和列宁格勒对粮食收购和农业的发展状况作出了各自的结论。斯大林提出应在农村中发展集体农庄和国营农场型的大农业,并努力把它们变成"在现代科学基础上组织的国家粮食工厂"。他说,为什么建设有困难?为什么粮食不够,就在于集体农庄和国营农场不足。斯大林对集体农庄的描述是:"我们的集体农庄应该是贫农和中农的,不仅要包括个别的组和小组,而是要囊括整个整个的农村。"

斯大林把集体农庄变成"国家的粮食工厂"的设想是完全基于"工业化"的发展命运和前景的。他试图以"工业化"的办法和途径来发展农业,使农村经济迅速变成与"工业化"相适应和协调的大经济。没有这种庞大的农业经济单位,庞大的工业和高速的"工业化"是无法继续支撑下去的。斯大林把"工业化"看成是支撑苏联的一条钢铁之腿,因此他希望通过农业的"集体农庄化"把农村改变成另一条钢铁之腿。斯大林设想的是用高速工业化的办法来使农村和农业经济高速变革。第一个五年计划中关于集体农庄的规定体现了斯大林的这种"国家的粮食工厂"的想法:到五年计划期末时,应有85%的农户加入各种形式的农业合作社,其中18%—20%的农户应加入集体农庄。而这些集体农庄应该向国家提供39%的商品粮,以满足军事工业和国防发展的需要。

斯大林在这次讲话中,还特别强调了富农的破坏和进攻。他认为,国家有很多粮食,但是都被富农控制着,"富农是粮食的主要持有者"。他认为收购危机不是偶然的,是在新经济政策条件下农村资本主义分子向苏维埃政权发动严重进攻的反映。因此,他重申使用"第107条"的必要性:"如果在下一个收购年份,不出现非常情况,收购也顺利的话,就不会使用第107条。相反,如果非常情况出现,资本主义分子再次'施诡计'的话,107条将再次出现。"

而布哈林认为粮食危机是领导的"失算"所造成的。他说:"这些困难的产生,是由于我们的行动迟缓,计划领导上的错误,党的争论","几乎在每一次发生比较大的对局势的失算的情况下,这些困难可尖锐起来"。因此,他认为解决粮食困难和经济危机的主要办法就是尽力满足农村的需要,发展农业,保持计划的平衡。他批评了那种高度紧张,不留余地的发展,指出:"我们是在力量高度紧张,我们的经济计划高度紧张,我们的国家预算和我们的资金高度紧张的情况下向前迈进的。"

对于阶级敌人的破坏和富农的进攻,布哈林认为:"如果我们的计划、管理和领导机关破坏了某一个重要的经济比例,由此出现市场的比例失调,那我们的阶级敌人就会更加神气起来。"而对于沙赫特事件,布哈林认为,它首先提出的是党同非党群众关系问题,"它说明,整个传送带系统——群众、阶级、工会、苏维埃、党——遭到了破坏。党组织脱离了工人群众,工会组织脱离了非党工人群众,经济工作人员脱离了这些工人群众"。因此,布哈林要求党自身进行自我批评。而斯大林得出的却是另一种结论。他将粮食收购危机和沙赫特事并列起来,看作是阶级敌人对苏维埃政权发动新进攻的信号。1928年7月,斯大林在中央全会上提出了那个后来决定了苏联历史进程的著名论断:"随着我们的进展,资本主义分子的反抗将加强起来,阶级斗争将更加尖锐。"在这次讲话中,斯大林坚持"直接工业化"的途径,并且寄希望于来自农民和农村的资金来源——"贡税",重申解决粮食困难和摆脱农业危机的根本办法是组织集体农庄。因此,需要向农村中的富裕农户、富农展开无情的斗争,镇压剥削分子的反抗。

1928年7月对布哈林的命运有着决定性的意义。在这个月召开的联共(布)中央全会上,布哈林对斯大林的粮食采购和整个经济政策进行了全面的批评。他指出了"粮食采购工作上的巨大失败"之后出现的困难,并且认为"这些困难的原因是同国家的迅速备战、国家工业化中的困难有关的,是同计划经济领导的错误等有关的。这是绝对正确的"。他说,谷物3年歉收,价格又不合适,而国家机关又从一开始承担了过多的供应任务,所以就不得不采取非常措施。他面对斯大林批评粮食采购的非常措施是"转向可以叫作'战时共产主义'倾向的过程",并指责:"你们是在一个小资产阶级国家里的无产阶级政权,但这个政权却要用暴力把庄稼汉赶进公社。"布哈林警告说:"这样你们就会有庄稼汉的起义,富农则让庄稼汉承担责任;富农组织他们,领导他们。小资产阶级自发势力起义反对无产阶级,给以迎头痛击,结果是一场残酷的阶级斗争,无产阶级专政消失。你们从这里得到的是什么呢?"斯大林听到此处忍无可忍,插话说:"一场噩梦,愿上帝保佑。"

此后,在中央全会上,布哈林就遭到了斯大林政策支持者的群起围攻,而布哈林的继续发言就成了注定要败北的舌战群雄。布哈林辛辣地讽刺了斯大林的阶级斗争理论:"阶级斗争的结果是小私有者在富农的领导下抛弃了工人阶级、无产阶级,抛弃了无产阶级专政。因此,一切都是阶级斗争的结果。但是,如果这位'无产阶级领导人'照一照镜子,那他看到的不仅有无产者,还有无产阶级的二流子。"布哈林呼吁无论如何不能再采取非常的紧急措施了,呼吁不要让中农的利益受到伤害,因此价格和赋税额的确定都要有限度。他的结论是:"我们目前的情况是这样的:我们的经济是头足倒立的,马吃烤面包,而某些地方的人却吃糠,农民不得不到附近城市去买粮,——一个农业国进口粮食,却出口工业品。这种倒立的经济会造成倒立的分歧。必须予以纠正。"他的发言无数次被打断,伏罗希洛夫讥笑布哈林的选择"是在咖啡渣上占卜",主张"加紧向富农进攻",以解除对工农结合造成的威胁;莫洛托夫主张继续扩大对中农的税额:"但是,中农还是要交税的,而这要占全部税额的 3/4 以上,还是要使他们受点'损失'的。"

斯大林在发言中反驳了布哈林的指责,并且说党内存在两条战线的斗争。这次全会作出了关于粮食收购政策的决议,其中重复了斯大林的论点:既要反对从第十五次代表大会向后退的人(右派),也要反对把非常措施变为党的经常方针的人("左派",托洛茨基主义倾向)。布哈林没有被点名,但是他和支持他的李可夫、托姆斯基和乌格拉诺夫明显是被指认为"右派"的,布哈林和斯大林的分道扬镳已经是注定了的事。7月中央全会后,布哈林拜会了加米涅夫,他对加米涅夫承认:"我们认为,斯大林的路线对整个革命是致命的,采用这种路线我们就会完蛋。我们同斯大林之间的分歧,比我过去同您之间的所有分歧要严重许多倍。"他还说:"我同斯大林好几个星期不讲话了。这是一个毫无原则的阴谋家,他把保持自己的权势看得高于一切。他的理论变化总是服务于眼前要除掉什么人。我们已经同他争吵到了互相指责'你撒谎'、'你骗人'等的地步。他现在作了让步,目的是要置我们于死地。我们懂得这一点,不过他正在耍弄手腕,想把我们打成分裂分子。"布哈林期望加米涅夫在未来的斗争中站在自己一边:"您当然自己决定自己的路线,但我请求您不要用赞同斯大林来帮助他扼杀我们。斯大林现在大概会设法同您接触。我想让您知道问题在哪里。"

布哈林显然对斗争的前途没有太大的把握,因此他要求加米涅夫对他们的会见和谈话严加保密。10月中旬,乌格拉诺夫被指责为是右倾。10月19日,斯大林出席了莫斯科委员会和莫斯科监察委员会联席会议,在讲话中开门见山地就说:"同志们,我认为首先必须撇开小事情,撇开个人因素,等等,以便解决我们所关心的右倾问题。"他指出莫斯科党组织的闹意气和个人倾轧的根源就是右倾,他指出右倾的危险,"就在于它过低估计我们敌人的力量,资本主义的力量,看不见资本主义恢复的危险,不了解无产阶级专政条件下阶级斗争的奥秘,因而轻易地向资本主义让步,要求降低我国工业发展的速度,要求宽容城乡资本主义分子,要求把集体农庄和国营农场问题推到后面去,要求放松对外贸易垄断,如此等等"。在这次会议上,布哈林、李可夫、托姆斯基和乌格拉诺夫被宣称为是右倾,但是在报纸上并未公布名字。斯大林报告中对他们的指责在发表时也变成了这样的文字:"如果再往上面去看看,提出关于中央委员的问题,那就必须承认,在中央的成员中也有一些对右倾危险采取调和态度的因素,固然这些因素是极少的。"

1929年1月,加米涅夫与布哈林谈话的记录以传单形式在莫斯科散发,这成为斯大林及其中央攻击布哈林的实证。中央监察委员会主席奥尔忠尼启则分别召见了加米涅夫和布哈林,要他们确认是否有此谈话和记录,两人都承认确有其事和其记录。2月9日,李可夫在中央政治局和中央监察委员会主席团联席会议上宣读了由布哈林起草的、由布哈林、李可夫和托姆斯基签名的声明,阐述了自己的政治观点并要求将此声明通报中央委员会和即将召开的中央全会,但遭到拒绝。布哈林和托姆斯基随之提出辞职。1929年4月16—23日,联共(布)中央和中央监察委员会联席会议召开,讨论布哈林、李可夫和托姆斯基的右倾机会主义派别问题。4月18日,布哈林在发言中,首先把全会对他们的批判说成是"公民死刑"——"人被缚在耻辱柱上,在鼓声下把各种污蔑不实之词泼向此人,同时禁止他说话"。布哈林针对两天来会议上委员们对他的批判和质问作了回答,就"贡税"、对农民的态度和政策、阶级斗争越来越尖锐的理论、富农与"富农和平长入社会主义"问题、粮食采购、经济计划、新经济政策、市场等一系列问题与斯大林以及几乎所有的委员们进行了面对面的斗争。布哈林是在喧闹和不断的质问声中发言的,他和指责他的人常常陷入人身攻击的状态。最后,布哈林说:"弗拉基米尔·伊里奇对分裂的担心,对在工人和农民之间可能分裂的担心,对与此相联系的我们党内的摩擦的担心,对与后者相联系的政治局内部摩擦的担心,对这一最高机关的分离和分裂的担心——列宁的这些担心应当引起高度注意,每一个党员都必须对此进行'思考'。"这时,斯大林插话说:"不要跑到加米涅夫那里去。"布哈林回答:"不跑到加米涅夫那里去,但也不要用赤裸裸的拳头政策去取代思想和思考。"

斯大林就布哈林争辩的问题作了长篇讲话,驳斥布哈林的"公民死刑"说是"胡说","这是一个自由主义化的共产党员企图削弱党的反右倾斗争的谎话","布哈林分子用所谓'公民死刑'这种自由派的废话是吓不倒党的"。斯大林从共产国际和国内政策两个方面,全面地重申了自己的政策和路线,把右倾分子称为"布哈林集团",他建议斥责这个集团,斥责"布哈林集团"和"加米涅夫集团"的幕后谈判,斥责布哈林和托姆斯基的辞职政策,"撤消布哈林和托姆斯基的现任职务,并警告他们,如果再有任何不服从中央委员会决议的情形,中央委员会将不得不把他们开除出中央政治局",斯大林还建议,采取措施,"使政治局委员和候补委员在会议上的言论中没有任何违背党的路线、离开中央和中央各机关的决议的地方","使一切机关报刊(无论是党的或苏维埃的,无论是报纸或杂志),都完全执行党的路线和党的各个领导机关的决议","应该规定出特别的办法(直到开除出中央委员会和开除出党)来对付那些企图泄漏党、党中央委员会、党政治局的决议的机密的人"。

对于这种结果,布哈林是有心理准备的,他在4月18日的讲话一开始就说过:"我感觉到,我作为政治局委员在全会上发言已经是最后一次了。"1929年11月,联共(布)中央再次召开全会,讨论农业集体化和布哈林问题。11月17日,布哈林被开除出中央政治局。11月26日,《真理报》刊登了布哈林、李可夫和托姆斯基签署的联合声明:"在最近的一年半时间里,在一系列政治和策略问题上,我们与联共(布)中央委员会多数派之间存在意见分歧。我们已在联共(布)中央委员会和中央监察委员会联席全会和其他会议的文件和声明中提出了我们的看法。我们认为我们有义务声明,党及其中央委员会在这场争论中是正确的,我们在大家知道的一些文件中提出的意见被证明是错误的。我们承认我们所犯的这些错误,我们将尽我们的一切力量,与全党同志一道同偏离党的总路线的各种倾向作坚决斗争,首先是同右倾和对右倾采取的调和态度作斗争,以便克服一切困难,以保证社会主义建设取得完全的、最迅速的胜利。"

在工业化进程中,斯大林和布哈林的斗争以布哈林的失败而告终。从此,布哈林作为斯大林的最后一个反对派被从政治上永远地开除出局。

## 四、对富农的剥夺,全盘集体化,《大转变的一年》

1928年5月30日,全苏第三次农业集体代表大会的决议中明确指出,共同耕种土地、合作化、大生产"对于基本农民——贫农和中农来说,是摆脱贫穷、无知、听命于自发势力的可靠出路"。决议还强调:"集体化是最终消灭农村中的资本主义分子(富农)和使劳动农民群众从资本对劳动的任何剥削下解放出来的最重要的道路。"随之,农村的集体农庄的组建工作就以更快的速度和更大的强力发展起来。

集体农庄的组建一开始就具有两个交织在一起的特点:一是对富农的剥夺;二是在农民之间重分土地,把好地和丰产地交给以贫农为主的农民来经营,把贫瘠之地或偏远之地交给富农来耕种。1928年12月,全苏中央执行委员会颁布了新的土地法典,对富农租地和使用雇佣劳动加以限制,并规定富农要交纳更高的赋税。在1928—1929年的村苏维埃选举中,大的富农没有选举权,因此也就使他们实际上丧失了在重分土地上的权利。这种政策导致富裕农户数的急速下降(1927年为农户总数的3.9%,1929年为2.2%)和以贫农为主的集体农庄的一哄而起。

因此,集体农庄的组建过程实质上就是剥夺富农的过程,或者说,就是为了剥夺富农而进行的。而且首先是在商品经济发达或比较发达的地区,如乌克兰、北高加索和伏尔加河沿岸。这种剥夺主要是富农的土地。剥夺是以"奥格布"的人员和贫农组成的工作队搜查的方式进行的。1928年3月21日,《真理报》在发表的剥夺富农多余土地的情况报告中列出:"根据截至1928年1月1日的材料,在乌克兰的30个地区进行了3 667起对富农户的司法搜查,而不是原先计划的4 056起;总共剥夺了15 728公顷的土地,而不是原先估计的36 065公顷。总之,需要在乌克兰对富农剥夺约5万公顷土地。"剥夺的土地将在贫农中间平分,并在此基础上建立集体农庄。在第涅伯彼得罗夫斯克地区,"将会获得可供重分的1万公顷土地,在这片土地上可以建立1 000个由无地农民组成的新的农庄"。

被剥夺的富农不得参加任何集体农庄,更不得组织自己的集体农庄。1928年12月28日,苏联人民委员会作出决议,把由富农组成或参与组成、富农在其中有很大影响并为了阶级斗争的目的要加以利用的集体农庄,甚至是具有反社会主义利益倾向的集体农庄都划为"假合作社"、假集体农庄之列,要求严加取缔。

这种对富农的剥夺在农村造成了很大的混乱,许多中农和因新经济政策的发展而富裕起来的农民被当作富农遭到了剥夺。许多被定为富农的农民纷纷向有关机构写信申诉,梁赞省的一个叫鲍勃科夫的农民给《农民报》写信说:"请告诉我,我们是谁? 我的爷爷是农奴,直到死都是扛长活的。我的父亲(现在还活着)出了学校门就去当雇工,后来去工厂当工人。我自己也是离开学校就去放羊,后来到城里的工厂去干粗活儿,一天挣 40 个戈比。"他接着详述了是怎样在新经济政策下组织村社和过上好日子的。这样的信件反映了集体农庄初建时农村中一种普遍的困惑情绪:新经济政策是不是还管用? 农民还该不该发展自己的经济?

1928 年秋天到 1929 年春天,农村的情况远不像斯大林所许诺的那样好转,相反,在又一次粮食收购运动中越来越频繁地采用非常措施。《真理报》和《贫农报》这样的中央报纸把富农的破坏和反抗说成是阻碍向前运动的惟一原因,并号召人们集中全部精力展开反对富农的斗争。1928 年 12 月 12 日,《真理报》的评论文章《不是防卫,而是进攻》中写道:"而最主要的就是,地方党组织以及其领导下的苏维埃和所有的社会组织都应该实际上组织对富农的坚决的进攻。"14 日,《真理报》又在其社论《苏维埃选举和农村的阶级路线》中提出:"应该坚决地展开向富农的全线进攻。"在这篇社论中还特别强调要加强意识形态战线的斗争,要将富农送交法庭治罪,还要揭露富农的思想,并且要加强反对宗教的斗争。按照社论的说法,在富农和神甫之间有着割不断的联系。

1929 年 2 月 20 日,苏联中央执行委员会和人民委员会联合决议,对富农户实施新的劳动法典,强化了对富农雇工和生产的限制。5 月 21 日,又在这一决议的基础上作出新的决议,确定了富农户的五项特征:一是系统使用雇佣劳动的;二是有磨面机和榨油机等小型机械的;三是系统出租动力机械的;四是长期或者季节性出租房屋者;五是家庭成员中有从事贸易、商业活动或者有非劳动收入的。7 月 18 日,作出了《关于不能接纳富农加入集体农庄和必须从集体农庄中系统清除试图从内部瓦解集体农庄的富农分子》的决议。随着这一决议的实施,"富农"开始被清除出集体农庄,他们加入集体农庄被看作是犯罪行动,由他们组织的集体农庄被看作是"假集体农庄"。9 月,全苏中央执行委员会和苏联人民委员会作出了修改俄罗斯联邦刑法的决议,增加了对组织"假集体农庄"和宣传与鼓动组织"假集体农庄"的人们执行刑事处罚的条款。

在这种局势下,农村反富农的斗争日益强化,集体农庄运动也飞速发展起来,而且速度越来越快。到了1929年的年中,集体化运动就全速发展起来,而且是整村整乡地加入集体农庄——这一过程被斯大林赞誉为是"全盘集体化"。

黑土产粮区,如伏尔加河中下游地区、库班地区,商品关系发达的地区,如高加索地区、西伯利亚地区,是"全盘集体化"进展速度最快的地区。下伏尔加地区的霍皮尔专区是苏联第一个全专区一起加入集体农庄的地区——第一个全盘集体化地区。1929年8月,专区的负责人在全力打击了富农的反抗后决定召集集体农庄庄员代表大会,宣布全专区加入集体农庄,接着便向中央报喜。霍皮尔的经验得到了中央的推广,很快在各地区纷纷出现霍皮尔式的"全盘集体化"。整村、整乡、整区"全盘集体化"的标准模式和程序就是:先有村的、乡的、区的党的负责人发出倡议把该村、该乡、该区变为全盘集体化地区,然后向上级报告、报喜,最后是上级批准这种全盘集体化的事实,并把那些率先"全盘集体化"的地区树为"模范区"、"示范区",再大张旗鼓地宣传,并以此向尚未全盘集体化的地区施加压力,要它们学习,在最短时期内实行"全盘集体化"。在这一过程中,下级向上级的报告只讲集体化的数字、速度和百分比,上级对下级的报告也只是看集体化完成的数字、速度、百分比。至于这"全盘集体化"过程中的问题:条件是不是成熟、农民是不是愿意、集体农庄该怎么办,生产该怎么搞,上下级都是不关注的。就像追求"工业化"的高速度和高百分比那样,大家也都在追求"全盘集体化"的高速度和高百分比。为了使所有的农民都加入集体农庄,各级领导人都采取了"非常措施"。在农村中的普遍现象是:哪个农民不愿加入集体农庄,他就是富农,就是苏维埃政权的敌人,哪个人反对用强力来实行"全盘集体化",他就是敌人,就是犯了反革命罪。

对于这种一哄而起的运动,许多人都忧心忡忡。著名作家肖洛霍夫生活在与霍皮尔相邻的区里。关于霍皮尔的真实情况,他在1929年7月29日的一封信中写道:"富农被挤压,而中农也受到打击。贫农在挨饿,在霍皮尔专区,把一个真正中农,甚至常常是没有什么经济能力的人家中的财物,从茶炊到铺垫用的皮褥子都卖掉了。民众变得狂暴,情绪是沮丧的,来年可供播种的耕地灾难性地缩小了。"霍皮尔农民的反抗在增加,但是当局把它们称为是富农的进攻,是匪帮活动。当一支骑兵部队从肖洛霍夫的窗下跑去镇压这种"匪帮"时,这位作家惊叹道:"1921年又回来了。"

到1929年6月为止,全国已有57 000个集体农庄,集体化农户占农户总数的3.7%。1929年7—9月,加入集体农庄的约有100万农户,主要是贫农。

到秋天,中农开始加入农庄,10—12月间,有240万农户加入集体农庄。在1929年的下半年,加入集体农庄的农户数达到了340万户(当时的农业总户数是2 450万)。

1929年11月3日,斯大林写下了《大转变的一年》的文章。他把1929年称为是大转变的一年。这个大转变指的就是细小的、落后的个体农业转变为巨大的、先进的、现代的集体农业,转变为机器拖拉机站、劳动组合、集体农庄和国营农场。他同时指出,这种转变的胜利就在于整个整个区的基本农民群众从旧的、资本主义的发展道路转到了新的、社会主义的发展道路上来了。斯大林所欣喜的是,他的要把农村变为国家的粮食工厂的愿望正在实现。对于这种集体农庄型的"粮食工厂",斯大林这时的概念是更明确了。他指的是"组织4万—5万公顷的大型谷物工厂是可能的和合理的"。为此,他批评反对这样做的"科学",严厉地教训说:"不仅实践应该向'科学'学习,而且'科学'也不应妨碍向实践学习。"

1929年的"全盘集体化"运动的发展给了斯大林某种欣喜,然而他并不满足于此。他虽然认为集体农庄和国营农场的发展已经使苏联"彻底摆脱了粮食采购危机",但却不满意于发展的速度。他要求以更快速度推进"全盘集体化"运动,他预言:"在3年左右的时间里,我国即使不能成为世界上最大的产粮国的话,也会成为主要的产粮国之一。"斯大林还说:"目前集体农庄运动这种新现象是什么呢?目前集体农庄运动中具有决定意义的新现象,就是农民已经不像从前那样一批批地加入集体农庄,而是整村、整乡、整区,甚至整个专区地加入了。"

因此,斯大林在这篇文章中,实际上表示了发展集体农庄的五年计划已经不符合实际需要了,这个运动不是在5年,而是应当在3年左右的时间里来完成,而在集体农庄的组织形式上应是"整村、整乡、整区,甚至整个专区"的"全盘集体化"。《大转变的一年》为即将召开的联共(布)中央全会定下了调子。

## 五、把富农作为一个阶级来消灭,3%—5%的平均数

1929年11月10—17日,联共(布)中央召开全会讨论集体化问题。党内的争论是很激烈的,反对意见也不少。来自地方的意见更是如实地反映了这大转变一年中"全盘集体化运动"的真实情况。最为有意思和令人深思的是来自苏联第一个"全盘集体化"地区——霍皮尔地区的信息:有关该地区全盘集

体化进程中的过火行为。反映这一情况的是苏联集体农庄管理委员会指导员巴拉诺夫。俄罗斯联邦人民委员会主席西尔佐夫在发言中宣读了巴拉诺夫的信。信中说:"在地方上,专区的指示有时被歪曲成'谁不加入集体农庄,谁就是苏维埃的敌人'的口号。没有做过广泛的群众工作。常常有这样的情况:借群众大会决议之名来组织集体农庄,而不愿加入的人要打专门的报告,说明为什么不愿加入。有的时候是信口开河地许诺拖拉机和贷款:'加入集体农庄吧,什么都会给的!'……有60%,也许,当我写这封信的时候,有70%的集体化是所有这些原因所造成的。我们从没有研究过集体农庄的质量的问题……因此,大型生产组织工作上的数量和质量之间的脱节现象是极为严重的。如果现在不采取巩固集体农庄的措施,这种事情就可能声名狼藉。集体农庄将开始垮台。"

斯大林当即打断西尔佐夫说:"怎么啦,难道你们想在事前把一切都准备好吗?"主管农业的中央书记莫洛托夫也支持斯大林的意见。北高加索、中下伏尔加河地区和乌克兰的负责人在发言中,保证在一两年内,即在1930年夏天前完成集体化,莫洛托夫对此很不满意,他说:"我们有理由断言(我个人对此毫不怀疑),我们将在1930年夏天基本上结束北高加索的集体化。明年的秋天我们大概可以说,基本上完成集体化的就不止是北高加索了。"对于农业发展的五年计划,莫洛托夫和斯大林持相同的观点,认为它已经过时了。他说:"在目前条件下谈论集体化的五年计划,这就意味着干不需要的事情。对主要农业区和省份来说,不管它们集体化的速度如何不同,现在应当考虑的不是在五年里,而是在最近一年中完成集体化。"这次全会最后通过的决议,宣告苏联已经进入了发展社会主义的农业的时期。

一个多月后,即1929年12月27日,斯大林在《论苏联农业政策问题的几个问题》的讲话中,宣告联共(布)的政策发生了有决定意义的转折。斯大林说:"这意味着什么?这意味着我们已经从限制富农剥削趋势的政策转向了把富农作为一个阶级来消灭的政策。"这一转折的核心是:"对农村的资本主义分子展开全线进攻。"所以,在大转变的一年之后,1930年起的"全盘集体化运动"就是以消灭富农作为基本特点的。斯大林意识中的消灭,就是不仅要剥夺富农的土地,而且要剥夺他们的财产、名声、地位,直至让他们完全从集体农庄消失。斯大林认为,这种全面的剥夺就是一种全线进攻,所以他嘲笑那些谈论该不该剥夺富农财产的人:"现在来多谈剥夺富农财产的问题是可笑而不严肃的,既然割下了脑袋,也就不必怜惜头发了。"

## 第七章 农业全盘集体化时期

1929年12月15日，政治局决定把"伏尔加河沿岸德意志人共和国"作为集体化的示范区，并随即组织了一个联共（布）中央政治局集体化问题委员会，由农业人民委员雅科夫列夫领导。这个委员会得出的结论是：主要产粮区在两三年内，非产粮区在三四年内完成集体化，而民族共和国的经济上落后地区的集体化应推到第二个五年

把富农作为一个阶级加以消灭

计划期间去进行。该委员会还建议集体农庄建设的主要形式应是农业劳动组合，这种组合在将基本的生产资料集体化的同时，在一定条件下保留农民对小农具、小牲畜和奶牛等的私人所有。斯大林没有同意这个方案，该委员会又进行了较大的改动。1930年1月5日，联共（布）中央政治局通过了《关于集体化速度和国家帮助集体农庄建设的措施》的决议。正是这个决议宣布了全盘集体化和把富农作为一个阶级来消灭的任务，并具体规定了全盘集体化的进展速度：北高加索、中下伏尔加河的主要产粮地区应在1930年秋天，最晚在1931年春天基本上完成集体化。中央黑土区、乌克兰、西伯利亚和乌拉尔在1931年秋天，最晚在1932年春天完成集体化。其他地区应在1932年秋天，最晚在1933年春天完成集体化。关于集体化的形式，决议规定劳动组合为最广泛的形式，但却认为这仅仅是一种"过渡形式"。根据这一决议，还要组建机器拖拉机站，并将它们作为集体化运动的组织者。

1930年1月11日，《真理报》发表了题为《把富农作为一个阶级来消灭提上了议事日程》的社论，它对1月5日的中央决议作出了详细的解释，并明确指出："没有以没收土地和生产资料为形式地对富农的进攻，全盘集体化是不可能顺利发展。在全盘集体化地区内对富农土地和生产资料的没收今天是'集体农庄组织和发展的组成部分'。"1930年1月15日，成立了以莫洛托夫为首的政治局特别委员会，专门研究如何消灭富农。1月30日，政治局批准了该

委员会提出的一份决议——《关于在全盘集体化地区消灭富农经济的措施》。决议规定除停止执行出租土地和使用雇佣劳动的政策外,要没收富农的一切生产工具、牲畜、经营和生活用建筑设施,以及加工农产品的企业和种子储备。

从此,"全盘集体化运动"就以最快的速度席卷全国。建立集体农庄的过程实际上就是将富农的土地、牲畜、家禽和生活用品都共有化,对于农庄本身,如何组织,如何管理,根本就没有涉及。全盘集体化的过程实际上就是揪富农、斗富农、剥夺和放逐富农的过程。联共(布)中央政治局1930年1月30日作出了绝密决议——《关于迁移被没收了财产的富农的决议》。该决议决定废除个体农户租赁土地和在农业中使用雇佣劳动的有关法律,没收全盘集体化地区富农的生产资料、牲口、生产和生活用的建筑物、加工企业、饲料和种子储备。为粉碎富农的反革命反抗,将富农分为三类:"1. 第一类即反革命的富农活跃分子,对他们要立刻用关进集中营的办法予以消灭,对恐怖行为、反革命暴动及暴乱组织的策划者不惜使用镇压手段;2. 富农活跃分子的其他部分,尤其是大富农和半地主属于第二类,应把他们驱逐到苏联边远的地方和该边疆区范围内的遥远的地方;3. 在各区范围内留下的富农属于第三类,应该把他们移民到集体农庄范围以外的新拨给他们的地段上去。"对于这种消灭富农,还特别规定了一个"控制数字":"三类中被消灭的富农户的每一类的数量,应当按区、按照每个地区富农户的实际情况严格划分,其目的是为了在所有主要区被消灭的农户总数是平均的,约为3%—5%。"

该决议还详细规定了各地区应"去集中营"和"应驱逐"的具体人数:

| | 去集中营 | 应驱逐 |
| --- | --- | --- |
| 中伏尔加河 | 3 000—4 000人 | 8 000—10 000人 |
| 高加索及达吉斯坦 | 6 000—8 000人 | 20 000人 |
| 乌克兰 | 15 000人 | 30 000—35 000人 |
| 中部黑土区 | 3 000—5 000人 | 10 000—15 000人 |
| 下伏尔加河 | 4 000—6 000人 | 10 000—12 000人 |
| 白俄罗斯 | 4 000—5 000人 | 6 000—7 000人 |
| 乌拉尔 | 4 000—5 000人 | 10 000—15 000人 |
| 西伯利亚 | 5 000—6 000人 | 25 000人 |
| 哈萨克斯坦 | 5 000—6 000人 | 10 000—15 000人 |

无论是去集中营的,还是应驱逐的,所有"富农的财产:产物、现金、存款及公债券全部剥夺,"交给集体农庄作为贫农及雇农的经费,列入集体农庄的

不可分割的基金"。而对"留下的富农",则拨给集体农耕地以外的新地段、从事生产所必需的最低限度的生产资料,要求他们从事木材加工、道路和土壤改良等工作。

这项迁移工作交由国家政治保卫总局来全权执行。决议"建议国家政治保卫总局在最近4个月内(2—5月)对第一类及第二类的富农采取镇压措施,按照大概计算:遣送6万人去集中营并迁移15万富农去遥远的地区;要预先采取一切办法,以便在4月15日前这些措施能够执行,无论如何不能少于上述数量的一半",并且"授权国家政治保卫总局在这次运动进行期间在法庭外全权审理国家政治保卫总局在各州边防站的案件"。

但是,在发给各级党组织的指示里否认集体化政策就是对富农的剥夺。这份指示里说:"这样的政策是根本不正确的。中央指出,党的政策并不在于单纯的剥夺,而在于集体农庄运动的发展,对富农的剥夺只是这种运动的结果和一部分。中央要求不能离开集体农庄运动的发展来进行对富农的剥夺,重点应转移到建设新的集体农庄上来,这种建设应以贫农和中农的真正的群众性运动为基础。中央提醒,只有这样的方针才能保证正确贯彻党的政策。"

于是,全国各地都坚决执行这个3%—5%的比例数字,把它作为消灭富农的"控制数字"。而在实际执行过程中,"富农"的比例要大得多。在许多地区,被剥夺土地和生产资料的"富农"数达到了农户总数的10%—15%,被剥夺选举权的人达到了农户总数的10%—20%。因此,把富农作为一个阶级来消灭的运动就有着三种纠缠在一起的进程:一是对"富农"本人的消灭是和其家属及亲人联系在一起的;二是"富农"的被剥夺是和丧失选举权联系在一起的;三是对被剥夺的"富农"的迁移实际上是一种不允许回归的放逐。在一系列地区,把消灭和迁移富农的措施当作一场战争来进行准备和实施。1930年2月6日,斯维尔德洛夫斯克州就发出了"进入战备状态"的通知。其中说,为了实行消灭富农阶级的政策,"州党委建议各区党委书记亲自负责,在接到本通知后3日内,立即对各个共产党员支队向目标集结的现实性进行检查"。而这种"共产党员支队"是为工业化进程中的备战而组建的"志愿者队伍"。

在这种情况下,作为高速"工业化"的平行部分,全盘集体化也就以最快的速度向前发展。在1930年年初,加入集体农庄的只有20%多一些的农户,而到了3月初就达到了50%以上。无论是把富农作为一个阶级来消灭,还是组织集体农庄,这一进程的特点就是剥夺和强迫命令。所有这一切都在1930年2月初达到了高潮。2月3日的《真理报》社论是在斯大林的授意下写的,它竟

富农在被告席上

然提出,在1930—1931年间,75%的贫农和中农加入集体农庄这一指标已经不是"极限指标"了。仅仅几个月的全盘集体化运动就给苏联农村带来了无法补偿的损失:大批的"富农"和"准富农"及其家属被赶出村庄、迁往他乡,许多中农因种种原因(不愿加入集体农庄、和领导关系不好、拒绝反对"富农"等)被划成"富农",在"富农生产资料社会化"的旗号下,生产资料严重的流失和遭到破坏,生产力极度下降,刚刚组织起来的集体农庄只是一个从事反"富农"斗争的政治工具,组织生产的事根本就没有提到议事日程上来,农村阶级关系尖锐。最为严重的是,农村中不满和反抗的情绪在迅速滋长,并逐渐发展成为农民反对暴力、反对集体农庄的群众性行动:这样的行动在1—3月间发生了2 200起,参加的人数多至80万,反抗最激烈的是全盘集体化指标最高、完成时期最短的地区——北高加索、中下伏尔加河沿岸、中央黑土区、莫斯科州和中亚的一些共和国。

  2月份,农村中农民的反抗达到高潮时,联共(布)中央收到了许多的"报警"材料。全苏集体农庄委员会的一份报告里描绘了席卷西伯利亚、达吉斯坦自治共和国、巴什基尔自治共和国、鞑靼自治共和国的农民骚乱,只不过是把它们说成是"富农的反抗"罢了。人民委员会和劳动国防委员会的一份材料列举了俄罗斯中部广大地区的全盘集体化的"过火行为",并指出造成的原因是:行政命令、对中农的剥夺和并不真正吸引贫雇农来组织集体农庄。所以,在农民骚乱的强大政治压力下,联共(布)中央不得不对农民作出某些让步。2月20日,联共(布)中央作出了《关于经济落后的民族地区的集体化和与富农作斗争》,其中提出,在这些地区模仿全盘集体化地区的剥夺富农的办法是不对的。2月25日,又作出决议,谴责乌兹别克斯坦某些地区的强迫命令的做法。从这些决议可以看出,联共(布)中央只是认为民族地区的做法是错误的,肯定的却是全盘集体化地区的做法。

## 第七章 农业全盘集体化时期

但不管怎么说,集体化进程中的"过火行为"已经提到了中央和政府的议事日程上来了。1930年2月25日,全苏集体农庄委员会在一份题为《关于把富农作为一个阶级来消灭的进程和地方上的过火行为》的情况通报材料中,所列举的"过火行为"有:把中农和富农等同起来,用行政命令的办法而不是用吸引贫农和雇农的办法来消灭富农,剥夺中农,剥夺富农的生活用品,广大的雇农、贫农和中农对剥夺富农袖手旁观,等等。2月28日,苏联农业人民委员部部务委员会还作出决议,责成全苏集体农庄委员会对"过火行为"进行调查,并要求发表有关的材料。

同一天,联共(布)中央委托斯大林写一篇文章,对全盘集体化运动中的"过火行为"作出解释。这就是3月2日发表于《真理报》的《胜利冲昏头脑》。在这篇文章中,斯大林承认了违反自愿原则是主要的"过火行为",但他把一切责任都推给地方上,说是"一部分党员产生了鲁莽情绪","某些同志被胜利冲昏头脑,暂时丧失了清醒的理智和冷静的眼光"。事实上一切问题都是由于斯大林的"把富农作为一个阶级来消灭"和全力推进"全盘集体化运动"的不正确决策所造成的。愈来愈快的速度、愈来愈高的百分比、愈来愈大的规模都是斯大林亲自提出来,并通过中央的决议、指示和法令执行的。斯大林在此期间一再要求地方上把消灭富农作为主要的口号,一切只能前进,不能后退。这种凭主观意志、把"全盘集体化"当作农业和经济发展的惟一出路的决策恰恰就是"过火行为"的主要根源。斯大林不自己进行检查,他所领导的联共(布)中央不在决策、路线和方针问题上反思,反而把一切责任都推给下级和地方,这是一种典型的文过饰非的行为。应当说,《胜利冲昏头脑》是一篇很不好的文章,尽管它用了许多冠冕堂皇的话,但它毕竟暴露了斯大林把一切功劳记在自己的账上,让一切错误由别人来承担的恶劣作风。所以,地方上的领导人在读过这篇文章后,纷纷叫苦和抱怨,说他们所做的一切都是根据中央的指示、指令、决议和文件办的,有些人甚至反唇相讥,责问说:在发生这些"过火行为"时,你斯大林到哪里去了?第聂伯罗彼得罗夫斯克冲床厂的一名普通工人在给斯大林的一封信中写道,关于集体化和集体农庄的领导的问题早就有"喧闹和喊叫"了,"大概那个时候,斯大林同志是在酣睡不醒,什么也没有听见,什么错误也没有看到,所以也需要治治你。而现在斯大林同志正在把一切过失推给地方,从而为自己和上层的头头脑脑进行辩护"。

3月14日,联共(布)中央作出的《关于和集体农庄运动中的歪曲党的路线现象作斗争》的决议和联共(布)中央于4月2日写给各级党组织的一封秘密信件同样体现了斯大林的那种文过饰非的精神。不过,正值春播期间,联共(布)中央为保证春播的正常进行不得不放慢了集体化的速度,相应采取了一些补救措施,比如,在全力支持集体农庄的同时,在春播期间也促进个体农户的工作,以便保证集体农庄和个体农户的播种面积都要扩大,在春播期间停止迁移富农,没有中央的允许,地方政治保安局不得派部队进入农民闹事的地区等。但是,这些"纠偏"的措施都是临时性质的,并没有涉及"全盘集体化运动"的根本问题。

随着对"过火行为"的纠正,"全盘集体化运动"出现了一个低潮,在广大的地区大批农民退出集体农庄,而与此同时国家着重在组织和管理上来整顿集体农庄。但到了秋天,苏联历史上一个积重难返的问题——粮食采购难的问题又出现了。于是,集体化运动又和粮食采购问题交织在了一起,随之政府又采取行政命令手段,又订立全盘集体化的高指标,又强调集体化的速度,一个新的全盘集体化的高潮出现了。联共(布)中央于1930年年底通过了《1931年的国民经济计划》的决议,其中又规定了集体化的控制数字:北高加索、中下伏尔加河沿岸、乌克兰草原区参加集体农庄的农户数不应少于农户总数的80%,中央黑土区、西伯利亚、乌拉尔、乌克兰森林草原区和哈萨克斯坦的产粮区不少于50%,非产粮区——从20%—25%至50%。

### 六、"特殊移民村",集体农庄,歉收,保卫国家财产

剥夺富农依然是全盘集体化的主题。对富农的剥夺和消灭并没有停止下来。1930年7月5日,苏联中央执行委员会和苏联人民委员会联合决议,为被迁移的"被没收财产的富农家庭"建立专门的居住区——特殊移民村。这样的村庄建立在集体农庄范围以外的土地上,"在伐木、垦荒、采矿以及渔业生产等缺乏劳动力的地方"。特殊移民村分为全盘集体化地区特殊移民村和全盘集体化地区以外的特殊移民村。对于"特殊移民村"村民的使用由苏联农业人民委员部、全国国民经济委员会、劳动人民委员部和加盟共和国的内务人民委员部协商制定。村民的一切活动都必须在"监督"下完成,这种监督工作由区执行委员会委派的特派员进行,特派员可以从村民中指派自己的执行人,每10户不超过一人。每50户设一民警,每村不少于一人。村民对于耕畜和农具没有权利自由支配,"不能出售或者由物主拿出抵押"。村民不能享有苏联公民所能享受的普通法律,如医疗和养老等,但是他们犯罪时则应按苏联普通刑事

## 第七章 农业全盘集体化时期

法来加以处置。

特殊移民村的居民没有苏联公民享有的人身自由,"限制已迁入特殊移民村的居民的流动。他们只有符合加盟共和国内务人民委员部颁布的既定条例时才能离开该村的区域"。擅自离开者(离开特殊移民村3昼夜以上,或者虽不到3昼夜,"但是离开特殊移民村者本人的行为中表现出长期离开或者去而不归意图的")则视作逃跑,将被送往劳改营。对于那些一般的离开或者未经允许的停留,则要罚款50卢布或拘禁1个月,连续3次违反此禁令者,则要被从全盘集体化地区特殊移民村迁移到环境更为艰苦、条件更为恶劣的全盘集体化地区以外的特殊移民村去。

"在特殊移民村落户的成年家庭成员在特殊移民村居住不少于5年之后,可以被批准离村。被批准离村的条件是:本人事实上证明忠于苏维埃政权并且坚定不移地完成国家所赋予的一切义务"。因此,特殊移民村实际上就成了一种特殊的有连环监督体制的居民点,一些特殊的"村民"在其中只能被强迫从事劳动而无权自由生活的监狱。5年实际上成了条文规定的监禁期。

此令一出,到处都建立起这样的特殊移民村,而那全盘集体化农庄以外的特殊移民村则建在天寒地冻的阿尔汉格尔斯克州、沃洛格达州,或者是环境恶劣的叶尼塞河流域、乌拉尔地区、东西伯利亚等地广人稀的地方。特殊移民的处境极为恶劣,许多人置生死不顾给有关部门写信,要求对这种"特殊移民村"进行检查。他们的愿望有限,就是"让我们自由,以便平静地死去"。一位特殊移民村近旁的工人目睹了移民的惨景后,给办联中央委员会主席加里宁写信:"米哈伊尔·伊万诺维奇,斯大林同志,你们把移民弄到了什么地步?说什么国外的资产阶级剥削工人和农民。他们是我们的敌人——就算是吧。可是你们对驱逐到乌拉尔的移民干了些什么?你们看见还是没有看见,有的老百姓饿死在自动步枪下,有的正在流浪。我们的亲戚是默默无闻的劳动者——庄稼汉,他们没有雇工。用自己的双手亲自耕种土地,可现在他们却陷入了困境,这得感谢基层那些没有良心的人。我们3个党员请求你们好好地弄清楚并给予关注,尽可能更加敏锐地复查移民,也就是调查清楚而不是搞恐怖手段。如果你们,米哈伊尔·伊万诺维奇,斯大林不做好这件事的话,那群众将要追究你们,就会说:我是这件事的目击者,是恐怖事件的目击者。斯大林同志只写关于集体农庄的文章,可是在我们的高加索、在整个苏联究竟在干什么呢?"

1931年,组成了中央委员会直属的、以安德列耶夫为主席的集体农庄委员会——"安德列耶夫委员会"。根据这个委员会的建议，中央政治局于3月20日决议：在1931年5月、6月、7月间向西西伯利亚边疆区北部地区迁移4万户富农；在15天内向东西伯利亚迁移同样数量的富农户；在1931年向哈萨克迁移15万户富农户，其劳力用于煤炭加工、开采铜、铁矿、铁路建设和农业；批准国家政治保卫总局拟订的迁移2.5万户富农的计划。迁移工作交由国家政治保卫总局执行，1931年5月15日，安德列耶夫委员会进一步明确规定，"把有关特殊移民的经济、行政和组织管理以及拨付用于特殊移民的一切物资和经费管理完全转交给国家政治保卫总局"。5月15日，该委员会还对富农户的迁出和迁入地点及数量定出硬性指标，由各州和边疆区"规范"地执行。

由于苏联各边疆区和准予移民迁入的各州人口少劳动力紧缺，对富农的大量迁移便成为这些地方解决劳动力严重不足的极其重要的措施，地方机构十分欢迎这种大量的、几乎是无偿劳动力的迁入，表示出了极大的兴趣和积极性，纷纷要求中央一再加量往自己的地区迁入富农。1931年3月8日，乌拉尔州警卫司令部司令员巴拉诺夫在自己的报告中就列出："在特殊移民流放地移民总数为134 421人，有劳动能力的56 685人，占42.1%，无劳动能力的29 245人，占21.7%，其余为儿童，占36.2%。"与1930年相比，对这些富农劳动力的利用没有实质性的改善，移民的处境极为艰难。根据上述同一份报告：在有劳动能力的人中，"用于林业的26 905人，用于渔业的6 204人，用于其他生产的23 576人。用于木材采伐的特殊移民，占全部伐木工人的53.8%。纳入各种劳动的特殊移民的总数占特殊移民流放地全部成年人的66%。特殊移民的劳动条件与其他劳动者基本相同，只是生产定额比雇佣工人高50%，工资按正常工资的75%发给。这是根据人民委员会1930年5月6日的命令执行的。除去扣除的款项，特殊移民的月平均工资大致为32卢布18戈比"。5月13日，这个巴拉诺夫和国家政治保卫总局乌拉尔站侦缉员基留欣在另一份报告中承认："木材采运企业决定吸收全部特殊移民，毫无例外、不分性别和年龄参加木材采伐。就连12岁的儿童和老人也规定了每日2—2.5立方米的生产定额，而对成年工人所定的生产指标，按木材采伐企业的粮食工作负责人和其他工作人员对这些采伐区的描述，平均也不过是每天3立方米。"因此，特殊移民"无法完成这些生产定额，他们便不能得到全份粮食，每天的粮食定量要减少50%甚至70%"。对特殊移民，"不但没有为他们创造必要的条件以保证特殊移民劳动生产率的提高，反而采取严厉镇压措施"，"每个特居区都设有拘留室——囚禁间"，"移民们在这些拘留室里，在自己的家里，在街上，在森林中干活甚至休息时都遭到毒打。妇女和少女同样挨打,还被强奸和玩弄。移民们的用品、钱财和食物被任意夺去。还不时发生敲诈勒索事件"。

这不是个别地区的个别现象,于是在乌拉尔、西西伯利亚、东西伯利亚鄂毕河沿岸和临近北极的荒原地区,特殊移民逃跑、群起抗争的事此起彼伏。甚至发生了特殊移民暴动的事件。1931年7月19日起,西伯利亚恰因斯克区所属帕尔比戈斯克地方的特殊移民村发生暴动。据当地区委会的记录,"来自四面八方的1 500—2 000人参加了暴动"。联共(布)恰因斯克区委确定的富农暴动的目的在于:推翻苏维埃政权、企图与西伯利亚地区的其他移民村进行联系,以进行更大规模的暴动。当局立即组织战斗队,国家政治保卫总局也随即派出部队进行镇压。有的富农被枪杀,有的逃入原始森林。但是,区委不得不承认,"暴动的富农来到恰因斯克的最中心地带,使当地的党、苏维埃、合作社机构在收获季节的工作严重瘫痪了,给区的经济带来很大的的损失"。关于暴动的真正原因,恰因斯克区委书记在给上级的报告中指出:"36 000名富农及其子女在挨饿,从9月15日到19日每家只发了100克面包,从9月19日起面包完全停发了,因为管辖区仓库一点粮食也没有了","为了不使饥饿引起暴动(这对我们非常不利——比政治暴动更坏),我们坚决要求帮助我们给这些富农运来粮食"。恰因斯克的富农暴动不是个别现象,这时在东西伯利亚、西西伯利亚和北方边疆区,富农的逃跑、暴动事件不断。

就在恰因斯克富农暴动的第二天,安德列耶夫委员会开会,联共(布)中央政治局随之作出了关于富农问题的新规定。其中强调:"认为政治局提出的有关由委员会大规模迁移富农户的任务已基本完成。今后从全盘集体化地区迁移富农的工作只个别进行。"决议还不得不承认移民村的供应有问题:"责成米高扬同志亲自认真检查对特殊移民的供应状况并采取一切必要措施保证供应,责成奥尔忠尼启则同志检查生产业务上使用特殊移民的情况和他们的住房与生活条件","责成委员会指令专门人员考察迁入特殊移民区的一切地区,目的是对无论是生产业务上使用特殊移民,还是特殊移民的物质生活条件进行仔细检查"。但是,政治局把特殊移民问题上出现的一系列严重问题都归罪于各州、各边疆区、各有关职能部门。

安德列耶夫委员会也因为特殊移民的诸多问题而被斥之不力,随之被解散。中央政治局组建了由另一名中央书记帕·彼·波斯特舍夫为主席的新的委员会——"波斯特舍夫委员会"来专门处理特殊移民问题。1931年8月30日,中央政治局根据波斯特舍夫委员会的建议,作出新的决议:"停止用大规模的办法从全盘集体化地区迁移富农",但不排除"允许用个别的方法小批地进行迁移"。决议对这种迁移作出了较为明确的规定和限制:"对被迁移者进行正确的认真的筛选。对迁移了不应当迁移的公民的人,要追究责任。"

1933年5月8日,联共(布)中央和人民委员会在给全体工作人员和机构的指示中对这种大规模迁移富农的事实作出了自己的总结:"中央和人民委员会认为,由于我们在农村的成就,我们不再需要大镇压的时刻已经到来。众所周知,大镇压不仅伤害了富农,也伤害了个体农户和部分集体农庄庄员。确实,一些州还在继续要求从农村大规模地迁出农户并采取激烈的镇压方式。中央和人民委员会收到的申请中,要求立即从州和边疆区强迫迁出的农户近10万户。从中央和人民委员会掌握的资料可以看出,农村中大规模的随便逮捕人的现象仍然存在于我们的工作人员的实践之中。集体农庄主席和集体农庄管理委员会委员在逮捕人。村苏维埃主席和支部书记在逮捕人。区特派员和边区特派员在逮捕人。谁想逮捕,谁就逮捕。其实,这些人根本无权逮捕人。毫不奇怪,在这种随便逮捕人的风气中,有些有权力逮捕的机构,比如国家政治保卫总局机构,特别是警察局,根本就没有了尺度的概念,常常是没有任何依据就逮捕人,他们办事的原则是:'先逮捕后调查'。"

1931年12月12日,"奥格布"的负责人之一、主持富农放逐工作的亚戈达向斯大林和联共(布)中央监察委员会提交了一份有关剥夺富农的报告。其中列出1930年剥夺的第一、第二类富农数为115 231户,1931年为265 795户,总计381 026户。第三类约为40万—50万户。还有一定数量的"自动剥夺户",即他们悄然离开,去了城市或者其他地区。因此,被剥夺的总户数为110万(450万—500万人),占农户总数的4%—5%。其中富农为70万,其他的是"半富农"。38.1万户被迁移到边远地区的22个特别居民点去,在那里从事森林采伐、开矿、修建铁路等艰苦的工作。

这场轰轰烈烈的"全盘集体化运动"于1932年结束,这一年被宣布为"完成全盘集体化的年份"。1932年,全国有集体农庄21.11万,全国约有61%的农户加入了集体农庄。从此,集体农庄成为苏联农业发展的一种标准和经典模式。

1930年3月1日,苏联中央执行委员会和苏联人民委员会颁布了《农业劳动组合标准章程》。1930年6月26日—7月13日间举行的联共(布)第十六次代表大会,决定在集体农庄中准予有私人经济,即可以有宅旁园地、饲养家禽和家畜。1931年3月17日,苏联第六次苏维埃代表大会通过《关于集体农庄的建设》的决议,强调了"多生产多得,不生产不得"的原则。根据这些章程和决议,苏联的集体农庄有下列几个特点:一是,土地是全民所有制,生产资料是社会所有;二是,在劳动组织上,以工作队为固定形式;三是,生产计划由政府制定,各项生产指标统一下达,集体农庄只是完成这些计划,自身没有决定权;四是,以劳动日为标准来计算集体农庄庄员报酬,但基本上实行的是一种平均主义的分配制度,不存在特别的奖励制度;五是,集体农庄不

"赞成加入集体农庄"

拥有大型农业机械,国家另外建立机器拖拉机站和工作队,向集体农庄出租农业机械;六是,国家对集体农庄的农产品实行计划任务收购制。集体农庄实行主席制。

由于全盘集体化的主要任务是把富农作为一个阶级来消灭,所以这时的集体农庄建设实际上是把社会主义的全线进攻放在第一位的。组建新的机器拖拉机站,通过机器拖拉机站把农业机器卖给集体农庄和向集体农庄收购粮食,保证国家收购任务的完成。国家试图将机器拖拉机站发展成为推动集体化事业和控制集体农庄发展的最重要的杠杆。集体农庄本身不拥有机器拖拉机,它们使用时必须向机器拖拉机站租用,并以实物作支付。因此,集体农庄的一切农务均由机器拖拉机站所决定,集体农庄主席的工作也就大都依赖机器拖拉机站站长的意志和行动。

在1931—1932年间,集体农庄开始了一个由小集体农庄向大集体农庄的飞快组合过程。越是大型的集体农庄,就越受到中央的支持。因此,在1932年,相继出现了由上百户和数百户农民,甚至上千公顷的土地组成的集体农庄,与1928年的规模相比,平均每个集体农庄的户数和土地分别增长了5倍和9倍。因此,1932年的集体农庄绝对数比1931年减少。全国的机器拖拉机站数也达到了近2 500个。但是,这样的把几乎全部注意力都放在阶级斗争、消灭富农上的集体农庄不仅没有发展农村的生产力,反而大大阻缓了农村生

产力的发展。1930年,粮食收成不错,收获了8.35亿俄担粮食,国家收购到了2.21亿俄担,出口4 840万俄担,用以购买工业化所需的机器设备。在农村生产力遭到严重破坏的情况下,1931年发生严重旱灾。粮食和技术作物的产量比1913年减少了14%,马匹的数量减少35%,大牲畜的头数减少23%。总的收获量是6.95亿俄担,比1930年减少20%。但是,从地方到中央都隐瞒了严重的灾情,1931年的粮食收购指标并没有减少,实际收购量比1930年还要多,达到5 180万俄担。

饥荒随之在北高加索、伏尔加河沿岸、西伯利亚、哈萨克斯坦蔓延开来,1932年成了最严重的饥荒年。城里缺粮,农村缺粮,人们纷纷跑到地里去剪麦穗过日子。饿死的人数达到2 800万。许多人都向中央反映了农村的实际情况,肖洛霍夫也曾两次给斯大林写信。他说,他在一个65户的村子里,见到有150人饿死,甚至有母亲吃孩子的现象。中央认为这是富农在反抗,是在破坏全盘集体化运动,是在破坏国家财产。1932年8月7日,《关于保卫国家企业、集体农庄和合作社财产和巩固社会(社会主义)所有制》决议公布执行,它是斯大林亲自主持起草,由苏联中央执行委员会主席加里宁和苏联人民委员会主席莫洛托夫签署的。决议把偷盗国家财产的人定为"人民的敌人"。对于偷盗者的处罚是极为严厉的:或者是枪决并剥夺全部财产,或者是判刑10年以上,剥夺全部财产,而且对偷盗国家财产的犯人不得实行大赦。在集体农庄的偷盗,包括偷地里的庄稼、捡拾地里残留的麦穗。所以,集体农庄庄员把这一法律称之为"五个麦穗法"。决议还规定,对那些试图以强力和威胁手段迫使集体农庄庄员退出集体农庄的"反社会富农资本主义分子"进行审判,要判处5—10年徒刑,监禁在集中营里。根据这一决议,1932年,全苏有10万多人受到审判,其中俄罗斯联邦约6.5万人。6.2%的人是死刑,33%的人是10年徒刑,集体农庄偷盗所占比例最大,为62.4%。

由于灾荒,粮食短缺,商品供应不足,不得不再次实行

集体农庄的市场

凭证供应制。所以,政府不得不在第二个五年计划中作出一些必要的调整。

## 七、瓦维洛夫和李森科

在"直接工业化"和农业全盘集体化的进程中,苏联的知识分子队伍也发生了严重的分化和重组。在集体化运动迅猛发展的时候,许多农业科学家都纷纷起来对此表示怀疑,但同时也出现了一批坚决支持斯大林集体化政策的新的科学家。这其中最有代表性的就是农业科学院院长瓦维洛夫和未来的农业科学院院长李森科,他们之间的科学和反科学之争也进行得很激烈。所以,斯大林在《大转变的一年》中特别提出:"不仅实践应该向'科学'学习,而且'科学'也不应妨碍向实践学习。"在这里,斯大林实际上是在暗示以瓦维洛夫为代表的科学家和以李森科为首的科学家之间的斗争,而且明确表示出他对实践派的支持和对科学派的批评。

当斯大林开始从列宁的新经济政策的道路上转轨时,瓦维洛夫已经是一个世界闻名的植物遗传学家。1923年,在他36岁时,他就被选为全俄科学院通讯院士。1925年起成为实用植物和新植物研究所所长。1926年,他出版了《栽培植物中心起源》一书。他在书中明确提出,某一植物物种最具多样性的地区可以代表它的起源中心,并指出了12个世界植物起源中心。这一研究成果被世界遗传学界所关注,公认瓦维洛夫是对植物种群研究作出最大贡献的人之一。于是,在1926年,他获得了列宁奖金。

瓦维洛夫对苏联农业的现状是了如指掌的。他认为,苏联农业的根本问题在于农民的墨守成规和耕作的原始、落后和粗放。而要改变这种状态,就必须使农村有新的肥料、种子和机器,就必须使农民认识到利用这一切必然会带来巨大的利益。为此,就必须给农村更多的农学家、更多的信息和更多的支援。而在1928年,瓦维洛夫的这种对农业的认识在某个方面恰恰和斯大林倡导的"农业集体化"政策有近似之处。因为,在这个政策文字里,有一个重要的说明,那就是将小农户联合为大集体即集体农庄,用拖拉机和其他农业机械来装备集体农庄,集体农庄还将从国家方面获得机器、资金、人员和意见的帮助。所以,一开始,瓦维洛夫对集体化很兴奋,1928年3月在给友人的信中写道:"现在,政策中发生了转变。我们将研究集体农庄和国营农场。1月召开了研究所委员会主席团会议,会开得相当热烈,决定加强研究所的共产主义化。"所谓"共产主义化",那就是指的因执行"第一个五年计划"而掀起的宣传和鼓动热潮。在这个热潮中,"社会主义工业化"被看成是指日可待的事,共产主义将以最快的速度来到苏联的土地上。所有的人都应该以共产主义的精神、用共产主义的方法,来实现从生活细节到国家计划的"共产主义化"。对瓦维洛夫来说,1929年是个极其辉煌的年份。1月,他当选为科学院院士,接着被选为全俄中央执行委员会委员,又成为全苏农业科学院院长和农业人民委员部部务委员。他又被罗马国际农业研究所聘为国际专家委员会委员,被英国生物学家协会、德国科学院、捷克斯洛伐克科学院和乌克兰科学院选举为荣誉院士。

也就是在这一年,瓦维洛夫到日本去考察,远离了集体化运动高速发展的俄罗斯农村。当他归来时,他面对了一个全新的农村。集体化的高速度是瓦维洛夫难以想象的,他所期望的农业发展是在不断实验基础上的均衡的前进过程。而"农业全盘集体化"的速度简直就是一种无法控制的加速度运动,正是这种高速度使瓦维洛夫冷静下来观察和正视"农业全盘集体化运动"。一种不祥的预感笼罩着他,他觉得在这种近乎疯狂的速度中,有着不仅使农业和农村,而且还有使全部经济脱节,甚至瓦解的危险。他认为,这种速度和对这种速度的要求是没有任何科学依据的,是反科学的。他在1929年4月召开的党的第十六次代表会议上提出了意见:"代表大会通过的五年计划和米哈伊尔·伊万诺维奇·加里宁报告中提出的提纲只包括了问题的一个方面,而我们今天来到这里就是为了提请你们注意另一个强大的杠杆,这个杠杆在展开于我们面前的宏伟工作中是不应该被忘记的。这个杠杆就是农业科学。"

于是,在20世纪30年代初的农业化高潮中,就出现了俄罗斯的科学家从未遭遇过的现象。首先,最主要的是,当局要求农业科学家按照五年计划的要求,迅速向集体农庄提供优良种子、技术和人员,来保证农业的符合"工业化"速度的发展。这就在苏联历史上第一次出现了被称之为"社会定货"或者"国家定货"的农业统一发展模式。这就是说,种植什么,怎么种植,农业怎样发展全由"定货"来规定,集体农庄无权自作主张,一切都得受到"定货"的控制和制定了"定货"的中央党政机构的控制。其次是,农业科学研究工作也就纳入了"定货"的范畴。研究什么,怎样研究,以什么样的速度来研究,应该拿出什么样的研究成果来,也是由"定货"预先决定了的。符合这种定货要求的,就是好的研究成果,不符合的,轻则是无所作为,重则是反对政治路线。再次是,研究人员必须与实践相结合,这个实践就是:在春播秋收时,要放下手里的工作到集体农庄去参加劳动,要走出实验室,要无条件地承认实践者(集体农庄庄员)

## 第七章 农业全盘集体化时期

的作为高于研究人员的智慧和研究成果。最后是,到处建立群众性"研究机构",为一个品种,为一个问题,为实践者偶然想出的"点子"都可以成立"研究所",而真正的研究人员就必须走出自己的研究所来为这些有益的、无益的,甚至荒唐的命题绞尽脑汁,直至浪费掉无数的钱财、人力,使研究人员的宝贵才华无效而终。

瓦维洛夫一开始并不反对"定货"模式,春天,他派出 2 000 名研究人员去参加春播,秋天,他又派出 1 200 名学者去参加收割。他是这样想的,通过这样的机会,学者们可以去视察集体农庄的土地。而且,他认为,这些措施不过是临时性的。但是,在他看来应该是临时性的事,当局却认为是真理之路,必须持之以恒地执行下去,以保证"集体化"的全面和最终胜利。终于,无止境的"定货"和"定货"无限度的无效益使瓦维洛夫感到了困惑和疑虑。而由于在农业科学领域内出现了李森科这样的"来自实践的天才",瓦维洛夫的这种困惑和疑虑更加重了,他的处境也就越来越艰难了。

李森科比瓦维洛夫小 11 岁,乌克兰人,原先在阿塞拜疆的一个小城的实验站里工作,后来在瓦维洛夫的提携与帮助下来到莫斯科工作。他认为有一个办法可以迅速提高农作物的产量:将秋播小麦的种子稍加浸泡,再在低温中放一段时间,春天播种,夏天就可获得大丰收。后来,他的这种想法被人上升为理论,叫作"春化"。尽管他的"春化"没有培育出任何一个新的品种来,但他却到处宣传他的"春化"能使农作物丰收,甚至举出了数字,说用他的方法种庄稼,每公顷的粮食

李森科(右)

产量不会低于 100 公斤,如果以 1 亿公顷土地计算,这该是怎样的产量! 这 1 亿公顷的粮食产量是个诱人的数字,这对于 30 年代初处于大灾荒年代中的集体农庄和农业经济遭受巨大破坏的"农业全盘集体化"的现实,对于斯大林的以"农业全盘集体化"和"直接工业化"为核心内容的"新新经济政策"是何等大的支持! 因此,斯大林看中了他,要科学家向李森科学习。李森科是个很懂得

风向的人,在1935年2月的集体农庄突击队员第二次代表大会上,甚至当着斯大林的面情绪激昂地对代表们说:"富农破坏者不仅在你们的集体农庄生活中存在。你们通过自己的集体农庄对他们了解得很清楚。但是,对于科学界来说,也同样危险,同样的极为可恨。在春化问题上,在为它的创立而进行的斗争中,也不得不费许多心血去与某些所谓的学者争论,不得不在实践中承受许多的打击。同志们,难道在春化战线上没有阶级斗争?在科学界,有过这样的事,有过这样的暗中诽谤,有过这样的富农破坏者的污蔑,有些人不是去帮助集体农庄庄员,而是在搞破坏。阶级敌人嘛就总是敌人,不管他是不是学者……"他的话音未落,斯大林就高声喊叫起来:"好!李森科同志,好极了!"接着斯大林鼓掌,接着整个大厅掀起了暴风雨般的掌声。

李森科保证用他的办法可以获得粮食高产

在那个年代,有斯大林说"好",而且还给以热烈的掌声,这就决定了一切。于是,瓦维洛夫迅速"败落"下来。1932年,他从美国回来,被叫进了中央的办公室,但不是嘉奖,而是勒令他再也不许出国:"花了国家那么多钱,却什么也干不出来,对集体化一点好处也没有!"1935年,瓦维洛夫被解除了农业科学院院长的职务,接着被解除了中央执行委员会委员的职务。而李森科却在官阶上迅速高升,1935年成为科学院院士,1937年成为苏联最高苏维埃代表,1938年取代瓦维洛夫成为全苏农业科学院院长。李森科终于登堂入室,进了莫斯科,甚至能够直接进入斯大林的办公室。

这样的事情同时在其他科学领域中先后发生,不赞成"直接工业化"和"农业全盘集体化"技术人员、工程师、科学家被当作怠工者、破坏者、反革命分子、间谍,在一个接一个的案件中受到审判和镇压。在一系列科学领域内,都分化成两派:一派是遭到官方批判和谴责的反动的、资产阶级的甚至帝国主义的学派;另一派是受到政府推崇的新的、无产阶级的、苏维埃的、苏联的学派。前一派的学者、科学家、知识分子统统被打倒,而后一派的则迅速拥有名声,各自成为自己领域中的大家、领导,甚至是泰斗式人物。一些科学,如心理学、遗传学等则被完全看作是资产阶级的东西而被舍弃,致使苏联科学家本来在这些方面的世界领先地位迅速衰落。

在1930年"农业全盘集体化运动"如火如荼的日子里,高尔基于11月15日在《真理报》和《消息报》同时发表了一篇文章,其中说,一切都在反对我们,使我们有权认为我们尚处在国内战争的状态。由此,他提出了一句名言:"敌人不投降,就消灭它!"这无疑是在说,"农业全盘集体化"是一场战争,"富农"不投降,就消灭它!现在,这句名言被广泛地运用于多种场合。但是,如果把这句话放回它发出声响的那个现实环境,不能不说这是对"剥夺剥夺者"的火上浇油。于是,在文学艺术界,也就有了被推崇的人(高尔基、马雅可夫斯基、费定、肖洛霍夫、别德内依、斯坦尼斯拉夫斯基、列昂诺夫、卡塔耶夫等)和被否定的人(巴别尔、叶赛宁、皮利尼亚克、布尔加科夫、曼杰尔施塔姆、梅埃尔霍尔得等)。

## 作者点评:

集体农庄的实践表明,这样的集体农庄非但没有推动、反而阻缓了农村生产力的发展,使粮食的产量逐年下降,年年完不成计划。这是为什么呢?原因基本上有三:一是,国家首先是从变革生产关系来建立集体农庄的,因此追求建立集体农庄的高速度、集体农庄组织的大规模,而对于如何利用这种极其庞大的农业生产单位来促进农业的发展是很少考虑的;二是,农民由于是被迫加入集体农庄的,因此对集体农庄的组织和国家定的生产计划没有热情和积极性,再加上集体农庄体制内根本没有对个人利益的重视和物质利益刺激,而处于一种压抑和被动的状态;三是,集体农庄没有生产的主动权,生产和分配受国家控制等,都促使集体农庄的领导变成只管考虑执行上级指示和计划的"官僚"和工具,而不是真正的农业经济发展的带头人。

过去,在论述苏联的集体农庄体制和实践时,通常只是指责它的建立违背了农民的自愿原则。因此,按照这种逻辑,全盘集体化运动从原则上来说是正确的,体现了对农村进行社会主义改造和将农民引上社会主义大生产的必由之路。然而,这一结论却忽略了对集体农庄制度本身的探讨。在我们看来,苏联的农业集体化,尤其是20世纪20年代末、30年代初的"全盘集体化运动"实质上是一场违背历史发展规律的错误运动。错误何在?

一是,集体农庄是靠变革生产关系来建立的。先确定要把富农作为一个阶级来消灭,接着再事先确定一个硬性比例,把那些在新经济政策时期发展富裕起来了的农户当作富农来剥夺和消灭,在平分了生产资料和生活资料之后,建立由清一色贫农组成的集体农庄。这样一种大型的、极大型的集体农庄不是生产单位,而是政治单位,政权单位,是行使剥夺权力的单位。它体现了那种用革命的、激烈的手段可以解决一切问题的逻辑和思想。消灭了富农,就可以变革社会关系,进而也就可以解决生产关系的变革;有了权力,也就会有粮食,会有农业的发展,也就能够顺利完成收购任务,就能完成农业发展的五年计划,就有饭吃,就有好日子过。这是一种十月革命后时起时伏的"乌托邦"思想——"战时共产主义"在现实中的再现。集体农庄的日复一日的庞大、再庞大,恰恰是这种思想和实践的膨胀。

二是,斯大林的"全盘集体化"的实质就是要按"工业化"的方法和途径来改造和重建农业,那种几万公顷土地的集体农庄在他的眼中必须是生产谷物的工厂。因此,斯大林所追求的并不是农业本身的长远的发展利益,而是眼前的刻不容缓的"工业化"的需求。大工业工厂,大谷物工厂,这是决定斯大林的"工业化"成败的关键,所以他在全国兴建大工业工厂的同时,在农村大搞"大型谷物工厂",或者说是把整个农村变成"大型谷物工厂"就是理所当然的事。没有这种强化的、高速度的"全盘集体化",强化的、高速度的"工业化"的前途是根本没有指望的。所以,斯大林把"全盘集体化"说成是"大转变",是"社会主义劳动战线上的决定性胜利"。

斯大林决策建立这样庞大的农业生产单位,实际上主要并首先是为了解决和消除迫在眉睫并日益深化的粮食收购危机,而这种危机在十月革命后周期性地、恶性地发展着。斯大林试图通过集体农庄这一制度来一劳永逸地解决这一危机。因此,这种集体农庄制度中集中了权力、领袖的主观愿望和意志,以及实现这一切的不可抗拒的权威和力量。而实现这种权威和力量就必然是行政命令、强制手段和非自愿的途径。

三是,斯大林在作出建立集体农庄的决策时,就颠倒了一个主要的、根本的关系,那就是他认为将个体农民引上集体道路的唯一途径是,先实行集体化,后实行机械化。他认为没有这种预先的社会关系和制度上的集体化,也就不会有经济上的集体化和机械化。机械化是一种生产力的发展和进步,没有足够的农业机器和机械,农业是不可能获得实质性的发展的,农民也是不可能自愿走上集体化的、大生产的道路的,最终也就必将导致生产关系上的"集体化"的失败和瓦解。这时的苏联并不具备这样的机械化能力,可以保证全国规模的集体化运动的顺利开展和胜利。斯大林试图以集体化来带动机械化,这就必然会使事情朝相反的方向发展。

四是,"全盘集体化运动"只是斯大林等人主观意志的表现,并不是农业经济发展的必然结果。斯大林在"全盘集体化运动"的整个进程中根本不顾及农村的实际情况和基层干部不断反映上来的意见。全部过程都是围绕着把富农作为一个阶级来消灭这样一个政治斗争的公式来设计和运转的。斯大林以为,这样一种斗争会把农民吸引到大生产的道路上来。这种错误的决策必然导致严重的后果,而斯大林将"胜利冲昏头脑"的一切责任都推给他人和下级的做法,无疑加深了这些错误和严重的后果。

"农业全盘集体化"是一场自上而下的运动,这是确切无疑的事。不过,《联共(布)党史简明教程》却隐掉了这种自上而下的强权和强制性质,而把它美化为是"农民加入集体农庄的群众性运动"、"反对富农的群众性斗争"、"群众性农民运动"。不过,无论从这一运动的性质和指向,也无论是从这一运动的手段和方式来看,这场运动无疑是一场把农民作为剥夺者而进行的"剥夺剥夺者"的战争。《联共(布)党史简明教程》对此并没有隐晦,而是津津乐道地说:"这是一个极其深刻的革命变革,是从社会的旧质态到新质态的飞跃,按其结果来说,与1917年10月的革命变革具有同等的意义。"从这些话里,我们不难看出"农业全盘集体化运动"确是把农民当作革命对象来看待的,确是进行了一场"剥夺剥夺者"的战争的。

因此,归根结底,苏联的"农业全盘集体化"并不是真正的通向农业大生产之路,不是一条吸引个体农民自愿联合起来的社会主义必由之路。认识苏联"农业全盘集体化"的真伪是一个很严肃的问题。自从集体农庄在苏联的土地上建立时起,它就成了苏联农业发展的标准模式和固定不变的道路,它的"必由之路"的形象已经深入人心,同时它也成为苏联农业发展的严重障碍并使农业的发展积重难返。因此,不认清"全盘集体化"的非真理性质,就很难弄清在社会主义条件下,该如何将个体农民吸引上社会主义道路,该如何使农业真正的集体化和机械化,从而也就很难认清该如何来发展和繁荣自己国家的经济。

# 第八章 30年代：苏联建成社会主义

## 一、劳改营，"工业党"，阿利卢耶娃自杀及其他

**1930** 年 1 月 17 日，曾任"沙赫特案件"检察官的克雷连柯在《真理报》发表文章，要求强化劳改营制度，"建议最大限度地发展强迫劳动制度。采取一系列措施利用判刑 3 年以上的刑期的犯人的劳动，让他们在边远地区的专门劳改营中从事社会必需的工作"。这显然不是他个人的意见。随之在"奥格布"下成立了劳改局，5 月，这些劳改营中就约有 10 万名犯人，他们都是被迁移的富农和因各种案件而被判刑的工程技术人员、工程师和其他各类知识分子。也是在这一年，斯大林亲定的工业化最大工程——白海—波罗的海运河上马，仅这一项工程就需要 10 万—12 万人。于是，劳改犯人严重短缺。这时，存在着各加盟共和国和"奥格布"两个系统的监狱和劳改营。为了白海—波罗的海运河这样工程的需要，6 月 29 日，政治局决议要各共和国内务部将刑期 3 年以上的犯人移交"奥格布"。

沙赫特案件的犯人被带进法庭

## 第八章  30 年代：苏联建成社会主义

这时，俄罗斯联邦内务部有 279 个劳改营和将近 18 万名犯人，它为了自己的需要拒绝将犯人移交给"奥格布"。俄罗斯联邦人民委员主席瑟尔佐夫（1928 年时是西伯利亚边区区委书记，在斯大林西伯利亚收购粮食之行中，他帮了很大的忙，因而获提升）对中央决议的回答是："考虑到被剥夺自由 3 年和 3 年以上的人中大多数都是严重的危害社会分子以及奥格布机构根据政府的任务所进行的工作较之俄罗斯联邦机构内所进行的工作有着更重要的全国性意义，所以，认为将在俄罗斯联邦内务人民委员部的移民区和工厂中利用其劳动的、被剥夺 3 年以上自由的犯人交出去是不适宜的。"李可夫支持瑟尔佐夫的意见。正在索契休养的斯大林立即给莫洛托夫写信："听说，有人想从'奥格布'抢走刑事犯（3 年以上的），给内务部。这准是腐败透顶的托尔马切夫的阴谋。瑟尔佐夫也干了点什么，是李可夫在纵容他。我认为，政治局的决议应当贯彻，而内务部——关了它！"随之，瑟尔佐夫和李可夫受到警告，俄罗斯联邦内务人民委员托尔马切夫被撤职，各共和国的内务人民委员部被废除，全部权力归"奥格布"。1932 年，被迁移到劳改营的有近 71 236 人，1933 年，达到了 268 091 人。

因"直接工业化"和"农业全盘集体化"而造成的困境，在 20 世纪 30 年代初更加严重。政府把这一切归罪于工厂、企业、研究机构中"资产阶级专家"的破坏和知识分子的反动。先后组织了一系列对技术人员、工程师和专家学者的逮捕和秘密审判。其中有对一组细菌学家、食品工业部门的专家、历史学家、哲学家、马克思主义思想家等的审判和判刑。在以往的斯大林的反对托洛茨基、季诺维也夫、加米涅夫和布哈林的斗争中充当过喉舌的著名人物，如马克思和恩格斯研究院院长梁赞诺夫、党的理论家和历史学家波克罗夫斯基和雅罗斯拉夫斯基等也因为对斯大林的政策持有异议，而遭到谴责、逮捕和判刑。雅罗斯拉夫斯基给斯大林写信说："现在，理论思维已经死亡。人们害怕写作。这是很危险的事情。"这些人都被扣上了"托洛茨基匪帮"、"左右倾机会主义思想家"、"腐朽的自由主义"等等的帽子。

1930 年 11—12 月间，在莫斯科进行了 3 起审判案件。第一起是对"工业党"的公开审判。"工业党"被起诉为是间谍，拥有 2 000 名成员，是奉国外主子的命令从事破坏活动、反对工业化的地下组织。8 名专家受到审判，其中被指责为是"工业党"首领的是热工学专家、时任全苏热工学研究所所长的拉姆津教授。他们在刑讯逼供下，招认罪行，被判处死刑（后赦免）。第二起是对 14 名著名的经济学家的审判，被起诉的人中有格罗曼、金兹伯格和苏汉诺夫等人。格罗曼长期从事经济计划工作,是新经济政策的坚决拥护者,曾经激烈地反对过斯大林的高速工业化。金兹伯格和苏汉诺夫也都在经济部门工作,对五年计划持有不同看法。但他们都因组织孟什维克党的"内部中心"而受审和被判刑。第三起是和"工业党"相对应的"农业党"事件。这个案件叫"劳动农民党案件",被起诉的有著名经济学家康德拉季耶夫和恰雅诺夫教授等一大批经济学家和技术专家。前者曾是财政部市场行情研究所所长,后者是农业经济和政治研究所所长。他们都曾就农业集体化问题向斯大林陈述过不同意见,因而被指控是富农的代言人,是宣扬"自由农民国家"的右倾分子。康德拉季耶夫和恰雅诺夫被判刑,后死于劳改营中。

  1931和1932年是大饥荒的年份,粮食严重短缺和斑疹伤寒等疾病流行。国家对所有这些灾难和不幸予以高度保密,但是地方干部却无法对老百姓隐瞒,于是他们纷纷向中央报告,一是要求迅速解决粮食问题;二是放慢集体化的进程。在乌克兰工作的雅基尔将军要求中央减少粮食收购任务,斯大林的回答是:"军人应该干自己的事。不要谈论和他们不相干的事。"斯大林把所有这些都看作是对党的路线,也就是对自己路线的背叛,而斯大林是最痛恨背叛的,对所有的背叛都不宽容。这时,在所有的背叛中,最使斯大林烦恼和痛恨的大概莫过于自己妻子的背叛了。

  作为斯大林的夫人,纳杰日达·阿利卢耶娃是没有权力和可能过问政治的,但在工业化和集体化的进程中,却不得不卷进了国事。1930年的夏天,斯大林到索契去疗养。阿利卢耶娃虽然贵为斯大林的夫人,但她却不能常和斯大林相处,他的行踪只能由莫洛托夫和内务部的人员通知她。1930年9月中旬,她被莫洛托夫告知,斯大林将于10月底返回莫斯科。阿利卢耶娃对于这样的通知方式很不满意,于9月17日写信向斯大林抱怨。斯大林当即回信说:"当然我不会在10月底回来,而是要早得多。在10月中旬,就像我在索契时对你所说的那样。关于我只能在10月底返回的事,是我为了保密通过波斯克列贝舍夫放出的假消息。"斯大林所以要放出假消息,就是为了想通过此举来观察反对他的高速工业化和全盘集体化政策的中央领导人在他不在莫斯科时的作为,组织第十六次党代表大会的各项事宜,以便进行下一轮的阶级斗争。斯大林为安慰她,还在信中写道:"给你寄去一些桃子,是从我们的树上摘下来的。"但是,桃子不能安慰她被蒙骗的心。

  事实上,这时,斯大林本人亲自利用阿利卢耶娃来和许多中央领导人接触,以了解许多他自己无法了解的情况。在工业化和集体化的时期,通过电话

## 第八章　30年代：苏联建成社会主义

或拜访,与阿利卢耶娃接触的有伏罗希洛夫、莫洛托夫、奥尔忠尼启则和基洛夫等人。斯大林让她联系次数最多的人是基洛夫。1930年9月5日,阿利卢耶娃给斯大林写信说:"我给基洛夫打过电话了,他不在列宁格勒。当他打电话来时,我实际上也不知道该和他谈些什么,因为这是任务,我觉得我做得不认真。"1931年夏天,阿利卢耶娃为斯大林和基洛夫的会见进行了联系。9月10日前后,她给斯大林写信:"我给基洛夫打过电话了,他决定9月12日去你那里,只不过正在对交通工具加紧协商。"基洛夫也在11日给斯大林电报,请求准予他乘飞机去索契。斯大林的回答是:"我没有权,也不主张任何人下达提供飞机的许可令。恳请务必坐火车来。"这种做法显然是对基洛夫的一种警告:他的一切必须听从斯大林的安排。而对于这次会见,阿利卢耶娃一无所知,事后,斯大林只是告诉她:"我和基洛夫在一起,时间过得不错。"

斯大林(左)和基洛夫(中)

阿利卢耶娃看到了现实生活中的阴暗面,但她是个纯粹的理想主义者,在向斯大林反映阴暗面时,她这样写道:"不要生气我写得这么详细,我只不过希望这些缺点能从人们的生活中消失,那时所有的人都生活得很好,所有的人都工作得很好。"阿利卢耶娃生活的环境使她产生了一系列困惑和不安:她在领袖们(包括斯大林)庄严宣告的社会主义理论和苏联的社会主义现实之间看到了差距和分歧,她在领袖们的言行和争斗之间看到了虚伪和谎言,她在阶级的神圣和现实的平庸之间看到了等级和鸿沟。这些差距和分歧、虚伪和谎言、等级和鸿沟使她的生活变得两面和分裂。生活的两面和分裂深刻影响并促使她思维、判断和结论的两面和分裂。她忠诚于对斯大林的爱情,但她知道只能作为领袖的夫人而生活下去,永远不可能真正成为一个丈夫的妻子;她无疑于苏联的社会主义建设事业,但她知道自己是个旁观者,永远不能投身于其中;她笃信于无产阶级事业的正确,但她却无法排除对日积月累的缺点和阴影的忧虑。于是,阿利卢耶娃断然以自杀结束了自己的生命。

阿利卢耶娃的自杀使斯大林精神受到很大刺激,他对周围的人越来越怀

斯大林和阿利卢耶娃

疑,越来越坚信反对他的人会越来越多、越来越狡诈狠毒,于是,在他看来,更加强有力地进行社会主义的全线进攻是刻不容缓的事。1932—1933年,审判了"柳亭案件"。柳亭是莫斯科市红色普列斯纳区委书记,中央候补委员。他组织了一个"马克思列宁主义者联盟",并在1932年8月秘密散发了一份致党员的呼吁书。呼吁书中强烈谴责"工业化的冒险主义者的速度"和"强制推行的集体化"。呼吁书还指责党的中央委员会成了独裁者的咨询机构,党的领导人成了"没有原则、说谎成性和胆小的政客集团",而独裁者就是斯大林。呼吁书说,"斯大林及其一伙不可能回到列宁的正确道路上来",因此发出了这样的号召:"打倒斯大林及其一伙的专政,打倒无原则的政客和政治骗子的集团"。斯大林对此怒不可遏,在中央政治局的会议上要求将柳亭判处死刑,但大多数委员没有同意这一意见。10月9日,联共(布)中央检查委员会确定此事为反革命案件,柳亭及其他成员被判放逐至劳改营。季诺维也夫和加米涅夫也被指责为事先知道柳亭的阴谋。

1932年年底,揭发出了"爱斯蒙特—托尔马切夫反党集团",指责他们从事派别反党活动。实际上,他们是反对工业化政策和对富农的政策,要求让农村得到发展,农民得以自由生活。他们曾经在谈话中提及要换掉斯大林的问题。在政治局对此案件的讨论中,斯大林说,他个人的状况是和党的命运联系在一起的,拿掉了斯大林,就什么也不会有了。托姆斯基、李可夫和施米特被指责为是他们的后台。接着,就是对"布哈林学派"——斯列普科夫集团的审讯,涉及38人。1933年,还有对伊·尼·斯米尔诺夫、普列奥布拉任斯基和捷尔瓦加尼扬等人的"托洛茨基反革命小组"以及"全苏托洛茨基中心"的审判案件。

1933—1934年是"直接工业化"和"农业全盘集体化"的最困难时期,因此,在阶级斗争越来越尖锐化的旗子下,"反革命事件"层出不穷,秘密的、公开的案件审理也就此起彼伏。内务部机构的精密组织,刑讯逼供和严厉的惩处逐渐成为这种审判的格式化程序。1934年是个信号,它预示着一场席卷苏联整个国土的更加尖锐的阶级斗争必然会来临。

## 第八章 ● 30年代：苏联建成社会主义

### 二、基洛夫被暗杀

基洛夫在1926年来到列宁格勒，替代季诺维也夫，任列宁格勒州委书记。他一直是斯大林的"直接工业化"和"农业全盘集体化"路线的最忠实和最坚定的支持者，在五年计划体制的制定和执行中起着重大的作用，所以在1930年就升任中央政治局委员。从这时起，他就成了斯大林最密切关注的对象，同时也是在一系列重大事件之前斯大林与之密切磋商的领导人。阿利卢耶娃这时的信件证明基洛夫是与斯大林联系最多的人。

1934年的联共（布）第十七次代表大会证实了斯大林和基洛夫关系的密切。基洛夫在大会上，和日丹诺夫一起被选为中央书记处书记。斯大林把极为重要的列宁格勒的事务和党的意识形态的事务分别交由基洛夫和日丹诺夫管理，这绝不是偶然的。十七大被斯大林称为是"胜利者的大会"，所谓胜利，那就是这次大会在联共（布）党的历史上是第一次没有反对派的大会，所有的前反对派也都在会上对斯大林歌功颂德，赞扬他的伟大正确。斯大林也变得宽容起来，在中央委员的名单里列进了托洛茨基分子索柯里尼科夫和皮达科夫，甚至让皮达科夫还当了副重工业人民委员。布哈林也复出，被任命为《消息报》的主编。斯大林以胜利者的姿态，展望将来，因此列宁格勒的工作和意识形态的工作将是未来斗争的两大支柱。可见，斯大林对基洛夫和日丹诺夫的器重。当然，斯大林的疑心随着他的权势的扩大而加重，因此，在重用基洛夫的同时，疑心也在加重，时刻担心列宁格勒会成为基洛夫一人的天下。正是在这种情况下，1934年7月，"奥格布"改组为内务人民委员部。亚戈达为内务人民委员。

基洛夫和斯大林还是有不同的地方，那就是他善于团结人和关心普通人民的真实生活。前者使他在列宁格勒的声誉日隆，不仅在列宁格勒的党组织中，而且在中央委员会里的支持者也在增加，而后者最后使他在实际上与斯大林的"直接工业化"和"农业全盘集体化"政策发生矛盾和对抗。1933—1934年正是粮食供应非常困难的时期，全国都在实行凭证供应，而且还常常凭证也购买不到供应的定量。国家艰难收购上来的粮食，首先是用于重工业部门，其次就是积存在军事仓库里备用。1934年春天，因为粮食供应问题，基洛夫和斯大林及中央政治局的委员发生了严重分歧。基洛夫主张动用仓库存粮，来缓解列宁格勒的粮食紧张状况，使列宁格勒的工人吃得更好一些，伏罗希洛夫和米高扬等坚决反对,说基洛夫是用此来收买民心。收买民心之类的话,使斯大林高度警惕,他最后没有同意"开仓赈灾",只是在这一年的年末取消了凭证供应制度,以证明粮食问题不再存在了。

当然,这一切只能表明斯大林和基洛夫的关系发生了微妙的变化,却不能说明斯大林对基洛夫失去了信任,但是,一件突发事件改变了进程,也彻底改变了斯大林对真正的敌人和可能的敌人的态度。这就是1934年12月1日基洛夫被暗杀的事件。这一天,基洛夫在斯莫尔尼宫的列宁格勒州委会议上作报告,突然有工作人员请他去接中央的直线电话。基洛夫立即中断讲话,去接电话。在他刚一走出会议室时,就被守候在那里的一个人朝他的后脑连发数枪,基洛夫当即倒地身亡。这个人叫列昂尼德·尼古拉耶夫,联共(布)党员,列宁格勒内务局工作人员,被当场抓获。

事发几小时后,斯大林亲自起草了苏联中央执行委员会的决议,被称为是"12月1日法令"。这份非常法令指出暗杀基洛夫是一次恐怖行动,是由从国外潜入的白卫分子干的,要在10天的时间里对恐怖行动和恐怖事件的案件进行审理,作出死刑判决,并立即执行,不得宽恕任何被告。这一法令是斯大林先起草并付诸执行,政治局12月3日才后通过的。它完全破坏了苏联过去存在的立法程序,开始了斯大林以自己的意志和言行代替法律的时期。同一天,斯大林飞往列宁格勒,指示内务部在季诺维也夫分子中查找暗杀基洛夫的组织者。他说,这是指在季诺维也夫任中央西北局书记、列宁格勒州委书记和列宁格勒市苏维埃主席期间和他共过事的人。12月16日,加米涅夫和季诺维也夫被捕,接着,抓捕、审讯、镇压迅速开始并扩展到许多地方。12月22日,政府发表通报,正式宣布基洛夫被杀事件是恐怖组织——由季诺维也夫分子组成的"列宁格勒总部"一手策划的,尼古拉耶夫是这个组织的成员,因此决定在案件的审理过程中同时对季诺维也夫和加米涅夫进行侦查。27日,公布了有关"列宁格勒总部"控告结论,说该组织已经制定了一个长期计划,阴谋杀害包括斯大林在内的一系列党政领导人。12月28—29日,苏联最高法院军事法庭在列宁格勒召开巡回审判,判处14人死刑,其中包括尼古拉耶夫。尼古拉耶夫的妻子米尔达及母亲也被枪杀。被作为"白卫分子"而遭枪杀的就有100多人,其中列宁格勒37人,莫斯科33人,基辅28人。仅在1934年12月,因这一事件根据"12月1日法令"遭到镇压的就有650人。

基洛夫事件被进一步利用起来。政府大力宣传斯大林的经典结论:社会主义的成就越大,阶级斗争就越尖锐。在这个大背景下,掀起了宣传工业化和

## 第八章 30年代：苏联建成社会主义

集体化成就的高潮,对人们鼓舞说,第二个五年计划一完成,就能过上更好的日子。1935年1月1日,立即取消对粮食的凭证供应制度。与此同时,政府采取两方面的措施:一是加强对思想舆论、集会结社的控制,加强对"人民敌人"的清理和镇压;二是清理党的队伍,加强了从1933年就已经开始的清党工作。1935年1月8日,在联共(布)中央给各级党组织的信中写道:"必须铲除机会主义的好心肠,它的根源就是错误地以为随着我们力量的增长,敌人会越来越驯服、善良","布尔什维克决不应高枕而卧,决不应马虎从事。我们不要好心肠,而要警惕性,真正布尔什维克的革命警惕性"。这里的"不要好心肠"实际上就是指必须无情镇压。这封信还指出了哪些人和组织该受到这样的"真正布尔什维克革命的警惕性"的对待——托洛茨基派、"民主集中派"、"工人反对派"、季诺维也夫派和一切"左"右倾"畸形儿"。

于是,加紧了镇压活动,其对象也就全部集中于过去在思想上和政策上反对过斯大林路线和与斯大林有个人恩怨的人,季诺维也夫和加米涅夫分子、托洛茨基分子、"工人反对派"等统统都在此列。1935年1月9日苏联内务部特别委员会组织材料,指控"托洛茨基反对派骨干"萨法罗夫和"托洛茨基—季诺维也夫反对派"扎鲁茨基等人组织反革命集团,从事反党和反苏维埃的活动。对他们开庭审判,涉及此案的达到77人。萨法罗夫和扎鲁茨基等被分别判处不同的刑期。1月16日,审理包括叶甫多季莫夫和巴卡耶夫等19人在内的"莫斯科总部"案。该总部被指控与基洛夫被杀有关系。季诺维也夫和加米涅夫也受审。他们在军事法庭上起初断然否认与暗杀基洛夫有关,并且谴责这种恐怖活动,但后来在刑讯的压力下,转为这样一种说法:过去因为反对过斯大林,所以有可能在客观上帮助犯罪,因此对尼古拉耶夫的暗杀活动负有道义上的间接责任。季诺维也夫和加米涅夫分别被判处10年和5年的徒刑。这是自列宁以来第一起原先的中央高级领导人被判刑入狱的案件。1—4月间,内务部的机构逮捕了大批克里姆林宫中的清洁工、图书管理员、秘书和警卫人员,他们被指控企图谋杀领导人。因为,在被逮捕者中有加米涅夫的亲戚,因而他被宣布为"阴谋的鼓动者"。3月3日,全苏中央执行委员会书记叶奴基泽被指控庇护恐怖分子而被解除职务。他的职务由总检察长阿库洛夫担任,总检察长由维辛斯基担任。4月,是"工人反对派"集团案件,涉及包括施略普尼柯夫和麦德维杰夫等18人。5月,审判了"民主集中派"分子萨普龙诺夫和俄罗斯联邦人民委员会副主席斯米尔诺夫等人。7月,开庭审理"克里姆林宫案件",托洛茨基的儿子谢多夫等30人,季诺维也夫和加米涅夫又一次被指控涉案。

在这一连串的审讯后，列宁同时代的领导人几乎全部遭到镇压。1935年1月26日，斯大林签署了一份政治局决议，将被判刑3—4年的前季诺维也夫分子从列宁格勒流放到西伯利亚的北部和雅库特地区。于是，季诺维也夫、加米涅夫、施略普尼柯夫、麦德维杰夫、萨普龙诺夫等先后被流放到上乌拉尔斯克的隔离营。与此同时，开始了一个将"社会异己分子"迁出莫斯科和列宁格勒和将被判刑的人移交边远地区劳改营的过程。3月15日，政治局作出加强对列宁格勒州和卡累利阿共和国边界保卫的决议，责成由新任列宁格勒州委书记的日丹诺夫负责执行。于是，大批的"敌对分子"被从这一地区迁往哈萨克斯坦和西西伯利亚。4月7日，颁布了与未成年人犯罪作斗争的决议，规定年满12岁的犯人即可执行死刑。

1935年2月起，开始由党的机构和内务部机构一起进行更换新党证的工作，其目的就是把"混进党内的和异己分子"清除出党。5月13日，中央在给各级组织的信中，把这次更换党证比喻为"在我们自己党的屋子里整顿一下布尔什维克的秩序"。更换党证的结果是大量的老党员被指责为异己分子、敌对分子和偶然钻进党内的分子，同时，大批被斯大林认为"经过考验的"、"真正先进的、真正忠于工人阶级事业的优秀分子"被吸收入党。5月，斯大林在红军学院学生毕业典礼上讲话说："'技术决定一切'这个口号，反映了我们十分缺乏技术的过去的时期的口号，现在应当用新口号，用'干部决定一切'的口号来代替了"，"应该了解：在我们目前的条件下，'干部决定一切'。如果我们在工业、农业、运输业和军队中拥有大量的优秀干部，那末我们的国家就将是不可战胜的。如果我们没有这样的干部，那我们就会寸步难移。"这时，斯大林已经相信，反对斯大林及反对苏维埃政权的反对派分子已经作为"人民的敌人"在加以处置，反对工业化和集体化的干部已经被大量地替换，并决定采取进一步的行动，来扩大这样的成果，以便终于能够用自己的干部来决定苏联的一切。

更换党证的过程是这样的：先由党的机构确定哪些人该开除出党，然后将这一名单提交内务部机构。内务部将这些被开除的人统统逮捕，交由法庭审判，再遣送到边远地区去。在1935年12月底的中央全会上，监察委员会书记叶若夫列举了数字：截至1935年12月1日，被开除的党员中已有15218名"敌人"被捕，揭露出的敌对组织和小组在100个以上。1936年1月25日，他在中央组织部的更换党证的总结会议上一再要求地方党组织，迅速将该用行政手段遣送的人员名单上报。

基洛夫被暗杀以后的镇压体现了斯大林的一种阶级斗争理论——为了无产阶级事业的胜利,可以预防杀人。1935年6月28日,斯大林接见了来苏联访问的法国著名作家罗曼·罗兰。罗曼·罗兰对斯大林在基洛夫事件后枪杀那么多的人困惑不解,他对斯大林说:"您坚决镇压杀害基洛夫的阴谋的同谋者,您做得是对的。但是,在惩治阴谋者时,您要向欧洲的公众和全世界公众公布被告者的谋杀罪行。"斯大林在回答中解释了这种预防杀人的必要:"也许,我们在这件事情上真的是被我们身上勃发的对犯罪的恐怖分子的仇恨情绪所控制了。基洛夫是个优秀的人。杀害基洛夫的凶手犯下了滔天罪行。这种情况不能不影响到我们。我们所枪毙的人从司法观点来看都和杀害基洛夫的凶手没有直接联系。但他们都是我们的敌人从波兰、德国和芬兰派进来的,他们所有人都有武装,给予他们的任务是从事反对苏联领导人,包括基洛夫同志在内的恐怖活动。这100个人都是白卫分子,并且没有想在军事法庭上否认自己的恐怖活动意图。他们中的许多人说:'不错,我们想过并且正在想消灭苏联领导人,你们和我们没有什么好谈的,枪毙我们吧,如果你们不想干,我们就会消灭你们',我们觉得,在有辩护人参加的公开法庭上来审理他们的犯罪案件,对这些先生来说是过于的荣耀了。我们已经得悉,犯罪的恐怖分子在凶残地杀害了基洛夫之后,还打算对其他的领导人实行凶残的计划。为了预防这种罪行,我们承担了枪毙这些先生们的不愉快的责任。政权的逻辑就是这样的。反之,它就不是政权并且不可能被政权所承认。法国的公社看来没有理解这一点,它们过分的软弱和动摇不定,卡尔·马克思正是为此而指责它们的。所以,它们失败了,而法国的资产阶级并没有饶恕它们。这对我们是一种教训。"

在这次谈话中,斯大林还明确指出暗杀的后台是季诺维也夫和加米涅夫。他说:"在因基洛夫同志被杀害而采取极刑惩罚措施后,我们本也不想在以后对罪犯再采取这样的措施,但遗憾的是,在这件事上不是一切都取决于我们的。此外,还需要指出,我们不仅在西欧有朋友,在苏联也有朋友,就在西方朋友建议我们要最大限度地宽容对待敌人时,我们在苏联的朋友却要求强硬,比方说,要求枪毙基洛夫同志被杀事件的鼓动者——季诺维也夫和加米涅夫。"

## 三、日丹诺夫,卡冈诺维奇,莫洛托夫,叶若夫,斯大林的光荣

在基洛夫被暗杀后,斯大林在工业化和集体化方面的主要助手古比雪夫

于1935年1月25日去世。1935年2月1日,政治局决定增补米高扬和楚巴依为政治局委员,日丹诺夫和艾赫为候补委员,日丹诺夫同时兼任列宁格勒州委书记。调整后的政治局委员是:安德烈耶夫、伏罗希洛夫、卡冈诺维奇、加里宁、柯秀尔、米高扬、莫洛托夫、奥尔忠尼启则、斯大林和楚巴依。候补委员是彼得罗夫斯基、波斯迪舍夫、日丹诺夫、鲁祖塔克和艾赫。

斯大林(右)和日丹诺夫

2月27日、3月10日和4月20日,中央政治局3次决议对中央政治局委员和候补委员所担任的职务进行了一系列重大调整。在20年代下半期和30年代前期,卡冈诺维奇是斯大林党的组织和监察工作方面的主要助手,并且兼管着莫斯科州和莫斯科的工作,是拥有很大权力的党的事实上的第二书记。在这次调整中,卡冈诺维奇保留了中央书记的职位,同时兼任交通人民委员之职。但是,他的党的监察委员会主席的职务让给了叶若夫,莫斯科州委和市委书记的职务让给了赫鲁晓夫。中央2月27日的决议还特别规定,卡冈诺维奇今后的主要工作在交通人民委员部,对莫斯科州和莫斯科市的党组织工作的监督不应妨碍交通人民委员部的工作。但是,这一决议还是赋予卡冈诺维奇以很大的权力:准予他在铁路运输问题上,在情况需要时可以向各州委和边疆区委求得支持和帮助。对于日丹诺夫,政治局也在4月20日作出特别规定:"为了减轻中央书记处的工作,责成日丹诺夫同志在一个月的30天中应有10天待在莫斯科,处理书记处的工作。"

安德烈耶夫被解除交通人民委员的职务,成为中央书记,主管党的组织部和工业部的工作。但是,叶若夫被指定和安德烈耶夫同时负责组织部的工作。叶若夫还受命监督党的运输部、中央事务管理局和文化宣传部等部的工作。斯大林对叶若夫的重用在基洛夫被杀之后就显示出来了,当时他被斯大林特命为内务部的督察员,负责监视和督促在列宁格勒的清查工作。此后,在半年多的时间里,叶若夫负责了清党和更换党证的工作。他的手段的凶狠和不留

## 第八章 30年代：苏联建成社会主义

情面，得到了斯大林的赞许。

中央领导人的职务调整的结果是：一是加强了斯大林本人对中央政治局的控制，使所有的政治局委员和书记都听命于他。事无巨细，一切决定都得由斯大林作出，然后中央政治局再作出决议，甚至许多决议都是斯大林本人亲自起草的。斯大林拥有越来越大的权力，而这种权力和威信越来越不可触犯；二是确立一种政治局委员和书记处书记相互监督的和牵制的机制，安德烈耶夫监督党的组织工作，而叶若夫监督安德烈耶夫的工作，卡冈诺维奇负责政治局的日常工作，但他受到叶若夫和日丹诺夫的牵制。这样一种机制使斯大林有可能对每个政治局委员的工作了如指掌，有加以利用或者调整的极大可能性；三是由于卡冈诺维奇事实上被分了权，因此党内实际上不再有处于第二书记这样位置的领导人。斯大林、卡冈诺维奇和日丹诺夫成了一种特殊的三人组合，决定着中央和国家的一切事务；四是预示着叶若夫的进一步高升和掌握更大的权力。

随着领导人的调整，国内开始出现两方面的进程：一是对斯大林及斯大林功绩宣传的声势越来越大；二是采取一些缓和措施，以显示社会主义的成就和歌舞升平的日子。关于对斯大林的宣传。首先是在政治局里，斯大林被视为惟一的决策人，其他领导人只是附属的，是受斯大林本人监视和控制的。这首先在斯大林本人的态度，他把自己凌驾于其他人之上，对他人的猜疑在逐步在深。在20年代末、30年代初，他惟一的可以吐露某些真心话和可能采取的决策的人是莫洛托夫。这时期，斯大林和莫洛托夫通信频繁，他经常使用"这事先我们两个人知道"这样的话。他离开莫斯科时，必须让莫洛托夫留在中央，因为他对其他领导人不放心。他认为卡冈诺维奇不能长期一个人主持中央的工作，而古比雪夫"酗酒"。在这时，斯大林开始了一个先自己决策，然后将这种决策通过莫洛托夫、卡冈诺维奇等人再形成中央决议并付诸实施的领导过程。他亲自决定了一系列问题。关于一些重大案件，他说："康德拉季耶夫、格罗曼和另外两三个坏蛋一定要枪毙"，"一定要把苏汉诺夫、巴扎罗夫和拉姆津抓起来，应该试探一下苏汉诺夫的妻子（共产党员！），因为她不可能不知道他们家里发生的丑事"。对于那些在1930年秋天，破坏肉、鱼、罐头和蔬菜供应的人，斯大林事先指示："将此案移交国家政治保卫总局局务委员会（该机构在我们这里类似于法庭）处理，一星期后再以国家政治保卫总局的名义发布消息：所有这些坏蛋已被枪决。应当把他们统统枪决。"关于柳亭案件，斯大林指示："我认为，对柳亭不能只是开除了事。应当在开除后过一段时间将其放逐到远离莫斯科的地方去。必须彻底打垮这个反革命魔鬼的斗志。"关于对李可夫的处理,他给莫洛托夫写信道:"应当把李可夫及其一伙也赶走。现在这是不可避免的。再也不能让这些腐败分子留在苏维埃—经济工作的领导机构中了。但这件事暂时只限我们两个人知道,不要告诉别人",等等。关于经济和计划,斯大林的指示也是不可动摇的:"根据1932年度的粮食总产量计划,应该征收6.98亿公担粮食。不得少于此数。"等等。

其次是政治局中其他领导人的或出于惧怕或出于逢迎而有意制造的对斯大林的顺从和威信。莫洛托夫比较含蓄,他总是说"斯大林通知","斯大林的意见",但最后总是说:"应当以此为根据。"吹捧得最明显、最肉麻的是卡冈诺维奇。他把斯大林称为"当家人"、"主人",并且在每封致同事的信中都要对斯大林的决策极尽赞颂之能事。1932年,他在给奥尔忠尼启则的信中写道:"我们照旧收到当家人的正常的和特殊的指示,这使我们有可能不错过机会,是的,实际上他得工作,否则就什么都做不成了。"1936年9月30日,就在斯大林指令让叶若夫担任内务人民委员后没有几天,卡冈诺维奇就在一封信中说:"我们的最重要的消息是叶若夫的任命。我们的父亲这一卓越、英明的决定深谋远虑,得到了党内和国内的良好反应。"他还写道:"很遗憾的是,我不得不去找当家的处理大量事务而中断他的休息。他的健康,他的充沛精力对于我们爱戴他的人,对于整个国家是多么重要,此时难以以言语表达出来。"

再次是,在1934—1935年间,苏联政府邀请了一系列文化名人如法国作家罗曼·罗兰和安德烈·纪德、印度诗人泰戈尔等到苏联访问,希望他们来赞颂和宣传苏联工业化和集体化的成就。高尔基也到苏联各地转了转,写下了一系列歌颂文字。所有这些报道和作品日复一日地在增强斯大林的声望和威信。在这些赞颂中,高尔基起了特殊的作用。高尔基是苏联作家和知识分子中最早歌颂以囚犯工人从事工业化劳动的,他主编的工厂史丛书中就有一本《斯大林白海—波罗的海运河建设史》。1933年8月17日,高尔基率领120人的作家代表团来到运河工地参观和收集写作的材料。25日晚,高尔基在工地上对囚犯建设者讲了如下一番话:"我感到幸福,受到了震动。这里所讲述的一切,我所知道的一切(我从1928年起就关注'奥格布'是如何重新教育人了),所有这一切不能不使人激动。你们完成了伟大的事业,极其伟大的事业!在旧时代,强盗和商人(商人也是强盗)唱这样的歌:'年轻的时候杀人如麻,抢劫无数,到老了就该去拯救灵魂了。'他们是拯救灵魂了——把钱捐给修道院,修建教堂,有时还建造医院。你们不是老一代,你们是年轻的一代。你们杀人、抢劫的并不算多:任何一个资本主义分子都要比那所有的人加在一起抢夺的还要多。而你们给了国家一条白海—波罗的海运河……我们的文学家应该把这一切都写出来。因为,首先需要事实,而后才会有艺术形象。可现在事实多的是。我感到我是个幸福的人,能够活到可以讲述这些事情并认识到这是真理的时代。等你们活到我这把年纪的时候,我想,那时不会再有阶级敌人,人们以全部力量加以反对的惟一敌人将是大自然,而你们将是自然界的主宰。你们正在朝这个目标前进,这没有什么好说的,不过,在这以前应当扭断资本主义的脖子。我祝贺你们成了现在这个样子。我祝贺'奥格布'的工作人员,他们做出了令人惊讶的工作,我祝贺我们英明的党及其领导人——铁人斯大林同志。"

那些看到苏联的实际情况,因而没有赞颂苏联的成就和斯大林的英明的作家,如安德烈·纪德等就被当作反对苏联的敌人受到攻击和围剿。高尔基、罗曼·罗兰等就成为斯大林的座上客,唱颂歌的苏联的作家们就成了"人类灵魂的工程师",而讲了实话的不是被宣布为不受欢迎的人,就是成了阶下囚。于是,开始了一个以是否热爱斯大林就是是否热爱苏联,是否热爱社会主义为标志的特殊时代。

在所有报刊和舆论工具的宣传和鼓动下,斯大林的名字前被加上了许多形容词和最高级形容词:英明的、天才的、钢铁的、铁的、父亲般的,等等。斯大林开始变成神,斯大林个人崇拜萌芽并迅速扩展。

## 四、减轻刑罚,改造莫斯科,歌舞升平,苏联建成社会主义

随着在集体化中大批的富农被迁移至偏远地区的"特别移民区"以及其他移民的增多,各地区发生的骚乱、反抗事件也增多,甚至出现了移民暴动的事。特别移民区的负责人不断向上面反映,这是由于移民区的生活、劳动、医疗条件极为恶劣,移民的子女受到严重歧视,移民区的工作人员恣意妄为所造成的。这些移民区有很多集中在乌拉尔州的马格尼托戈尔斯克区、纳杰日金斯克区和托博尔斯克区这样的工业区和科米—彼尔米亚克这样的民族区。1932年,司法人民委员克雷连柯给中央的信中也承认"特别移民的状况是不能令人满意的",他还指出:"在某些地方直到目前为止,管理特殊移民的行政人员有恣意专横行为,发生过毒打、无辜逮捕、强奸和杀人事件。"1933年3月31日,

纳杰日金斯克区委书记也承认：在该区，"在整个1932年期间,对待特别移民的态度确实是野蛮的、不能容忍的。仅仅1932年就有1万人死亡和6 500人逃亡这件事就足以明显地说明这一点"。

这种情况如果继续发展下去,将会对一系列地区的工业化和集体化产生严重影响,也是显然不符合中央所肯定并加以宣传的社会主义胜利前进的大好形势的,于是不得不在政策方面作出某些调整。1933年5月8日,联共(布)中央作出了关于移民问题的决议,指出"由于我们在农村的成就,我们不再需要大镇压的时刻已经到来"。但决议按照传统做法,把移民中的混乱和违法行为归罪于底下的人和具体执行机构。决议要求从旧方法——"大规模无秩序的逮捕方法"转移到新方法——"群众性政治工作和组织工作"上来,规定了逮捕程序。但是,决议并不是要停止移民,只不过是将移民数控制在中央下达的指标之内,并且强调阶级斗争仍然会不可避免地尖锐起来,在新的形势下,"要改善旧的斗争方法使其合理化,使我们的打击更加准确、更加有组织"。1935年6月17日,苏联人民委员会和联共(布)中央联合决议,进一步严格逮捕程序。

1935年7月29日,苏联人民委员会和苏联中央执行委员会又联合作出《关于撤消集体农庄庄员前科》的决议,对被判处5年以下徒刑的集体农庄庄员减轻刑罚或者提前释放。据苏联检察长维辛斯基的报告,从1935年7月29日到1936年1月,有556 790人受到减轻刑法的处理。1933—1936年间又对因触犯著名的"1932年8月7日法令"(即保护国家财产的法令)的人进行了重新审议。维辛斯基的报告说,到1936年1月16日,重议后认定,在进行重议的11.5万件案件中有9.1万件被认为是不正确使用了"8月7日的法令",结果因此而获释的人为37 425名(占重议总人数的32%)。

在最尖锐的移民问题上采取减刑等措施,创造了一种宽松环境,使国家得以全力来营造和宣传歌舞升平的气氛,而表现这种歌舞升平盛世气氛的最具有橱窗性质的工作,是全力加速改建首都——莫斯科。

1931年6月,联共(中央)作出了《关于莫斯科城市经济和发展苏联城市经济》的决定,要求加速首都莫斯科的发展。随着工业化和集体化的加速,也加速了将莫斯科建设成为"大莫斯科"的进程。这个进程就是要将莫斯科建设成为世界革命的首都、第三国际的中心,要向世人展示,莫斯科是个超越于任何资本主义国家首都(巴黎、柏林、伦敦、纽约)的大城市。要在市中心建造"苏维埃宫",并以此宫作为莫斯科的中轴线,来重新布局莫斯科的市中心,要修建横贯全市的大道和环绕莫斯科的环行线,要扩展街道、兴建大广场,要在克里姆林宫和"中国城"的周围建造联共(布)中央机构、政府大厦和各种政府机构。1934年,在联共(布)第十七次代表大会上,宣布了要按照共产主义方式来建造这个大莫斯科的原则。1935年,斯大林亲自批准的莫斯科1935年建设总体规划发展了这个大莫斯科规划的精神并加速了实施这一计划。按照这个规划,苏维埃宫的高度应达415米,它超过世界上任何知名建筑物的高度(埃及胡夫金字塔高137米,德国科隆教堂高160米,罗马圣彼得教堂高143米,巴黎埃菲尔铁塔高300米,纽约帝国大厦高407米)。苏维埃宫上的列宁塑像计划要超过纽约的自由神像46米的高度。要建造18条城市的主要大道,要超过世界上的任何一个首都(巴黎有14条,柏林有15条,伦敦有16条)。要将莫斯科的住宅区面积扩大6—7倍,使每公顷土地上的人口平均密度为300—400人,楼层高达7—14层。还要建设众多的学校,等等。

　　1931年6月15日,联共(布)中央决定修建莫斯科运河,使莫斯科成为"五海港口",从而使五海相连通航。莫洛托夫和古比雪夫在联名写给第十七次代表大会的报告中就提到了这一问题:"在水运方面,应该进行人工水路——运河的大规模建设:全长227公里的白海—波罗的海运河(首期工程已在第二个五年计划的第一年完成)、全长127公里的莫斯科伏尔加河运河、全长100公里的伏尔加河—顿河运河,改造马里水系和莫斯科河水系,此外,在增大现有水路中水利技术工程容量的同时(第聂伯河的直通水路、索日河的闸门建设、对伏尔加河中游的改造),基本上保证对水路的改造和建立连接白海、波罗的海和里海的苏联欧洲部分的统一水路。"

　　1934年1月,在联共(布)第十七次代表大会关于政治报告的决议中,就正式提出了"大伏尔加河计划"这个名称。决议上写的是,要用白海—波罗的海运河、莫斯科—伏尔加河运河、伏尔加河—顿河运河、马里水系和莫斯科河水系来建成苏联欧洲部分的统一水网,将白海、波罗的海、黑海和里海连接起来。这份决议还明确提出:"苏联人民已经对国家的水路进行了改造,并将旧伏尔加河变成了'大伏尔加河'。"

　　修建莫斯科运河的一个重要目的就是保证莫斯科市民的用水能赶上和超过资本主义国家的水平。居民的用水指标被认为是一个国家城市设施是否完美和居民生活是否富裕的基本指标之一。1930年,在欧洲和北美的一些大城市,一个居民一昼夜的用水量超过了400—500升,而莫斯科的居民只有117升。这种远远落后的情况是以高指标和超高指标为主要奋斗目标的第二个五年计划所不容许的。于是,在莫斯科的总体规划中就把居民一昼夜用水500

升作为五年计划的最高目标。

　　此外，还有三种情况决定了这一事情的前途。一是，20世纪20年代末、30年代初，干旱频频发生。再加上莫斯科西北部卢勃廖夫水库的修建和开始蓄水，莫斯科河的水位持续、灾难性地下降，从平常年份的一昼夜10—15立方下降到7—8立方。这种情况严重威胁着一昼夜500升用水计划的完成。二是，在莫斯科郊区兴建起了大批的工业企业，它们昼夜向莫斯科河排污，造成了河水的严重污染，使城市居民用水面临危险。三是，随着乌拉尔山以西和西伯利亚地区大规模工业建设的兴起，莫斯科和莫斯科地区的运输日益频繁和繁重，仅靠铁路运输已经不够了，需要开发水路。而在1931年，莫斯科96.7%的运输量是由铁路承担的，水运只占3.3%。

　　当然，更使联共（布）中央和斯大林本人担心的是，一旦他们预期的外国入侵的局面出现，如果铁路和公路被炸毁，陆上交通断绝，没有水路运输的莫斯科很快可能成为一座被围困的孤城。对于未来战争的考虑，出于战略防卫的设想，也必须刻不容缓地将莫斯科河和伏尔加河连接起来。

　　莫斯科运河1932年年底动工，经过4年8个月，于1937年5月1日完工。"直接工业化"的特点是追求高速度和高指标，因此相当一些工程的质量是有问题的。莫斯科运河也不例外。两岸的河堤不牢固，再加上对船只的航速没有限制，所以在通航一年后，就有8%的堤岸遭到破坏，不得不进行维修和加固工作，而且此后每年都得进行加固工作。但是，在1935年，这是"直接工业化"的伟大胜利。在1937年7月15日，莫斯科运河首航，斯大林在叶若夫等人的陪同下视察了运河，听河岸上人们对他的欢呼，仰视运河一号闸门处耸立的"约·维·斯大林塑像"，自然心情很好，于是，运河也就被命名为"斯大林莫斯科运河"。

　　20世纪30年代初，开始筹划修建莫斯科地铁。由莫斯科市委第一书记卡冈诺维奇负责，他在乌克兰工作时的老朋友赫鲁晓夫任地铁工程总指挥，布尔加宁监督赫鲁晓夫的工作。不管领袖们修建地铁的初衷是什么，参加地铁建设的10万名工人三班倒地干活，历经了无数的艰难困苦，表现出了罕见的英雄气概。1935年5月15日，全长11.6公里的第一条地铁线建成通车。这时，卡冈诺维奇刚刚调任交通人民委员，把莫斯科第一书记的职位让给了赫鲁晓夫。卡冈诺维奇携妻女乘坐了这第一列列车，到莫斯科市中心的革命广场参加隆重的庆祝仪式。斯大林没有乘坐地铁，只是在庆祝会上把一枚有金色绶带的列宁勋章别在了卡冈诺维奇的胸前，并宣布地铁以卡冈诺维奇的名字命名。这第一条线路和1938年前的第一期工程中的所有车站及其内部装饰都十分豪华和充满艺术气氛,显示了斯大林所要求的那种大国气派。

为了改建莫斯科,在这期间总计有400多处古建筑(绝大部分是教堂、寺庙和塔楼)被拆毁。为了建造苏维埃宫,选定了基督救世主大教堂所在的地方。一是认为这是离克里姆林宫最近的,也是最好的位置;二是在这样好的位置上绝不能允许有敌视共产主义思想的东正教的建筑物存在。就像宗教在俄罗斯不完全是宗教,就像俄罗斯历史上的许多教堂的建造都和国家的某些政治事件相联系,这基督救世主大教堂是为纪念俄罗斯人民于1812年打败拿破仑而建造的。这座教堂1839年奠基,历时将近50年才建造起来。教堂外部的墙壁上雕刻有各种古罗斯的圣徒像和圣母马利亚显灵像。在177块大理石板上雕刻有1812年卫国战争的编年史,以及牺牲者、负伤者和受嘉奖者的名单。内部辉煌的、具有很高艺术价值的壁画是由著名的巡回展览派画家瓦斯涅佐夫、苏里科夫和维夏列金所创作的。1931年12月初,工人爬上教堂的金顶,切割开上面的金片,卷起来运走,再将顶架推倒。12月5日早晨,教堂被炸毁。阿利卢耶娃向斯大林描述了教堂被拆毁和莫斯科改建的情况:"莫斯科的道路状况好一些了,有些地方已经很好。从特维尔大街看红场漂亮极了。大教堂在慢慢地拆除,不过,教堂顶的'庄严雄伟'被毁掉了","'猎围'被栅栏围起来了,正在加快拆毁工作。"

1933年决定拆掉市区的17世纪的著名建筑苏哈列夫塔楼,理由是它妨碍了交通。政府计划在10月1日前,拆除塔楼。这个塔楼在列宁时期被加以保护和维修,一直用作博物馆。8月27日,4位艺术家和建筑学家联名给斯大林和卡冈诺维奇写信,要求停止拆毁塔楼。他们认为,"苏哈列夫塔楼是伟大建筑艺术的永不凋谢的典范"。他们还在信中表达对拆毁基督救世主大教堂的意见,不过说得比较委婉:"我们不仅不反对拆毁救世主教堂,而且热烈拥护拆除,因为我们认为,它是一种伪民族风格。但是,我们坚决反对毁灭崇高天才的艺术作品,如同反对毁灭拉斐尔的绘画一样。在目前情况下,问题不在于拆掉一座很不受欢迎的封建主义时代的遗迹,而是关系到一位大师创作思想的毁灭。"后来,高尔基也参加了这一持有异议的行列,塔楼推迟了拆毁。

9月4日,卡冈诺维奇召开了共产党员建筑学家会议做工作。他在会上指责反对拆毁塔楼,说这表明:"残酷激烈的阶级斗争正在我国建筑学界继续进行着,而共产党们并没有去领导这场斗争。"他说:"一小批老建筑学家在反对拆除苏哈列夫塔楼。我弄不清他们为什么要反对。也许,我们要把苏哈列夫塔楼保存下来,但问题却在于这是一个破败无用的教堂,不应当为这种事写抗议信。很明显,这些抗议的出发点不是关心保护古建筑,而是政治动机,即试图指责苏维埃政权破坏文明。而共产党员们有无创造一种气氛,来尖锐反击这些建筑学家们,来对这些建筑学界的反动分子进行公开的谴责呢?没有!现在非但没有去谴责,反而对这些反动分子姑息养奸。"9月18日,斯大林和伏罗希洛夫给卡冈诺维奇写信:"我们研究了苏哈列夫塔楼的问题,得出结论:塔楼务必拆除。我们建议拆除苏哈列夫塔楼以拓宽交通。反对拆除的建筑学家们是在瞎胡闹,鼠目寸光。"尽管有以设计了列宁墓的休谢夫为首的更多的建筑学家和艺术家起来反对拆除,并具体建议在保留塔楼的情况下拓宽道路的种种方案,斯大林还是坚决要拆除这个塔楼,他给这些人回信说:"关于拆毁塔楼的决定是政府作出的。我个人认为这个决定是正确的,因为苏联人一定能创造出比苏哈列夫塔楼更雄伟更壮丽和更值得纪念的建筑艺术的典范来。遗憾的是,尽管我对你们极为尊重,但在目前情况下我爱莫能助。"最后,苏哈列夫塔楼还是被拆毁了。卡冈诺维奇在48小时里,连续两次给远在索契修养的斯大林,建议在被拆毁的空地上建立一座集体农庄光荣榜,并将苏哈列夫广场改名为"集体农庄广场"。1934年11月8日,一座硕大的莫斯科州集体农庄光荣榜就耸立在了这个重新命名的广场——集体农庄广场上了。而当地铁通到这里时,这个站名就叫"集体农庄站"。

对于这种大规模拆毁古建筑,高尔基也是反对的。但是,他不像建筑学家们这样公然提抗议,他只是一封信又一封信地要求当局保留某些教堂,名义是供给画家们使用。基督救世主大教堂被毁后,他曾向卡冈诺维奇列出了6个教堂的名单,要求保留,他说:"莫斯科的雕塑家想通过莫斯科苏维埃将一些教堂用作工作室,这些教堂只要稍加改造,就很容易变成艺术的殿堂。"1935年1月,他又要求将大奥尔丁卡胡同里的教堂改为"俄罗斯古圣像画博物馆"。高尔基以自己在斯大林面前的独特威信,保留了一部分古建筑,但他没有能保留的却更多。

莫斯科的街道是越来越宽阔了,广场是越来越多了,绿色也越来越浓了,新建的住宅也越来越多了。为了向全国和全世界展示这一切,1935年几乎成了一个展示年。1935年6月30日的体育节游行是规模最盛大的。许多外国客人应邀参观了这次社会主义优越性的空前展示。斯大林亲自应允罗曼·罗兰:"您一定会有机会参加体育游行的。"在这次体育大游行中,数千人的少年先锋队的队伍是色彩绚丽的,他们高呼着时代的口号前进:"斯大林万岁!"游

## 第八章 30年代：苏联建成社会主义

行队伍中所有的口号和所打的横幅都是赞颂斯大林的：乌拉、万岁、朋友、父亲、伟大领袖是最好的颂词，幸福生活、社会主义和辉煌前景是最鼓舞人心的号召。

正是在这一年，斯大林决定制定新宪法，把这些繁荣和成就写下来，来宣告社会主义的胜利。1935年1月31日，政治局通过了关于修改宪法和成立宪法起草委员会的决议。在将决议草案分发给政治局委员时，斯大林附了一封信，其中提出了他对修改宪法的考虑。他写道："我看，有关苏联宪法的事远比乍一看来要复杂得多。首先，选举制度不仅应当在取消其多级的意义上来加以改变。还应当在以非公开（秘密）投票来替代公开投票的意义上来加以改变。我们可以并且应当在这件事上走到底，而不要半途停下来。我国的情况和力量对比现时是这样的，我们只能在这件事上在政治上获胜。我就不说这一点了：需要作这样的改变是国际革命运动的利益所决定的，因为类似的改变注定必然会起到反对国际法西斯的最强大武器的作用。"1935年2月底，苏联第七次苏维埃代表大会通过了使苏维埃选举制度进一步民主化和修改宪法的决议。1935年9月26日，斯大林在给莫洛托夫的信中详细地谈到了新宪法的编写问题。他写道："关于宪法，我认为无论如何不能把它同党的纲领混为一谈。宪法中应当写上已经取得的东西。党纲中除此之外还应当写上我们正在争取的东西。我的初步计划如下。宪法应当由（大约）7章组成：（1）社会制度（关于苏维埃，关于社会主义所有制，关于社会主义经济，等等）；（2）国家制度（关于加盟共和国和自治共和国，关于共和国联盟，关于民族、种族平等，等等）；（3）最高权力机关（中央执行委员会或取代它的机关，两院，它们的权力、主席团及其权力，苏联人民委员会，等等）；（4）管理机关（各人民委员部，等等）；（5）司法机关；（6）公民的权利和义务（公民的各项自由，结社自由，教会，等等）；（7）选举制度。"

所以，当宪法起草委员会开始工作时，实际上斯大林已经为未来的宪法定下了如何写的框架。具体的宪法起草工作由"31人委员会"负责，斯大林是这个委员会的主席，布哈林也是这委员会的成员。1936年，布哈林在巴黎对别人说过这部宪法主要是他起草的这样的话，看来布哈林的这番话言之失实。1936年11月25日，全苏苏维埃第八次代表大会召开，12月5日通过了新宪法。新宪法共13章146条。它宣布"苏维埃社会主义共和国联盟为工农社会主义国家"，由各平权苏维埃社会主义共和国按自愿原则组成；苏联的经济基础为社会主义经济体系和社会主义所有制，凡侵犯社会主义公有财产者即为人民公敌；苏联最高国家政权机关为苏联最高苏维埃，它由联盟苏维埃和民族苏维埃两院组成，各级苏维埃均由选民按普遍、平等、直接选举和秘密投票法选举；所有苏联公民享有言论、出版、集会、游行及示威自由，等等。

这个新宪法的总精神恰如斯大林在大会所作的《关于苏联宪法草案》的报告中所说的，苏联已经是一个没有对抗阶级和阶级对抗的社会，资本主义成分已经完全消灭，社会主义体系已经在国民经济部门获得胜利，人剥削人的现象已经被完全铲除，城乡关系已没有对立，只存在差别：城乡差别、脑力劳动和体力劳动的差别，阶级差别；形成了新的民族关系和新的社会主义民族。所以，斯大林很高兴地宣布："我们苏联社会已经做到基本上实现了社会主义，建立了社会主义制度，即实现了马克思主义者又称为共产主义第一阶段或低级阶段的制度。这就是说，我们已经基本上实现了共产主义第一阶段，即社会主义。"因此，新宪法的诞生也就宣告了世界上第一个社会主义国家的建成。

新宪法诞生后，即着手进行苏维埃选举。1937年12月12日，举行苏联最高苏维埃第一次选举。当天，斯大林在以他的名字命名的选区——斯大林选区发表讲话，要求苏维埃"代表做像伟大列宁那样的人"。1938年1月12日，苏联最高苏维埃第一次会议选举出由24人组成的最高苏维埃主席团，加里宁为主席，联盟院主席为安德烈耶夫，民族院主席是什维尔尼克。苏联政府——人民委员会主席是莫洛托夫。

就在制定新宪法和宣布苏联建成社会主义的过程中，经济情况却越来越紧张，但国家集中全力发展国防工业的飞速进程却没有停顿下来。1935年7月21日，斯大林在给莫洛托夫有关1936年的控制数字的信中写道："无论在什么情况下都必须完全满足国防人民委员部的需求。"7月28日，他写道："我们打算组建炮兵、空军和海军军官学校。"9月26日，他写道："至于说到粮食收购，必须将计划稍稍下调。大家都抱怨计划定高了。"1936年9月30日，卡冈诺维奇在给奥尔忠尼启则的信中说："农业方面情况不错，当然一些地区歉收比起预想的要严重些。"10月12日，他在信中写到了作为"直接工业化"伟大成就的高尔基汽车厂，说这个厂"生产质量非常差"，"事故时有发生"。10月16日，伏罗希洛夫在给奥尔忠尼启则的信中也谈到了军工厂的生产情况不令人满意。

由于人民的生活水平依然很低，许多必需品滞销。1936年6月9日，苏联人民委员会不得不作出降低黄油零售价格的决议，其中提到："动物油，尤其是高级品（"特级品"、"高级品"）的销售令人很不满意。到6月1日，只销售了第二季度计划的 45%。"对于国家的诸如此类的实际情况,领导人是最清楚的,而普通人民了解的却只是纸上的胜利宣告。

## 五、亚戈达和叶若夫,斯大林和<br>奥尔忠尼启则,"大清洗"

为保证"直接工业化"速度和产量,斯达汉诺夫运动全力迅猛发展。但到了 1936 年的夏天,这一运动发展受阻,工业战线告急:产量下降,到处都在报告计划完不成。此外,由于白海—波罗的海运河的建成和莫斯科运河的加速开挖,因犯劳动的利用愈益被社会所知情,造成了愈来愈不好的影响。在这种情况下,斯大林对内务人民委员亚戈达、重工业人民委员奥尔忠尼启则有了意见。斯大林认为,所有这些情况都是敌人的破坏造成的,前者是由于工业部门的技术人员和工程师的怠工,后者是暗藏的阶级敌人的破坏。

1936 年 6 月 29 日,奥尔忠尼启则在重工业人民委员部的会议上说:"什么怠工者!在苏维埃政权存在的 19 年中,我们培养了 10 多万工程师和同样数量的技术员。如果这些以及我们改造过的旧工程师在 1936 年还是怠工者的话,那我们就该给自己祝贺这个胜利了。哪有什么怠工者!不是怠工者,而是好人,是我们的子女、兄弟,是我们的全心全意为苏维埃的同志。"

亚戈达是具体负责白海—波罗的海运河工程的,所有他深知利用囚犯劳动力的程度和范围,而且斯大林还决定在更大的范围内利用这些劳动力,甚至在改建莫斯科的过程中也要大量利用。亚戈达对此提出了异议,他认为改建莫斯科的工作不应由内务人民委员部来承担,因此必须尽快地从莫斯科市区及其郊区撤走劳动改造总管理区的劳动力。

斯大林对这种"离心"现象作出了回答。1936 年夏天,开始对季诺维也夫和加米涅夫等人重新侦查。8 月 19—24 日,对"反苏托洛茨基—季诺维也夫联合总部"案进行审判。在刑讯逼供下,被告承认自己有罪。结果判处包括季诺维也夫、加米涅夫、叶夫多基莫夫和巴卡耶夫等人在内的 16 人死刑。第二天,报纸上公布了这些人已经被枪决的消息。这是"大清洗"期间的第一次莫斯科审判。

1936 年 9 月 25 日,斯大林以自己和日丹诺夫的名义给留守莫斯科的卡冈诺维奇和莫洛托夫等发了一封电报,其中写道:"我们认为任命叶若夫同志为内务人民委员是绝对必要和紧迫的事。亚戈达在揭露托洛茨基—季诺维也夫联盟的案件中明显不能胜任自己的任务。奥格布在这件事上延误了4年。所有党的工作人员和内务人民委员部的大部分的州负责人都在说这件事。"9月26日,政治局就作出决议,撤换亚戈达,任命叶若夫为内务人民委员。同时还作出另一份决议:撤换李可夫的交通人民委员之职,由叶若夫担任。

　　斯大林寄希望于叶若夫的服从和忠心,实际上是要他继续在基洛夫被杀后所开始的镇压活动:镇压过去的反对派,镇压一切暗藏的阶级敌人。叶若夫不负所托,立即在中央和地方两条线上全力展开镇压活动。在中央机构里,叶若夫逮捕了卡冈诺维奇的副手利夫施茨和交通人民委员会的其他高级负责人,以及奥尔忠尼启则的第一副手——皮达可夫。9月11日,皮达可夫被开除出中央委员会,接着被捕。对于这些镇压活动,卡冈诺维奇作出了反应。1936年10月12日,他给奥尔忠尼启则写信说:"叶若夫同志的情况很好!他已按斯大林方式着手工作,很起劲。我们要按布尔什维克方式镇压匪徒,镇压反革命托洛茨基分子。挑拨者的欺骗卑鄙无耻,耍两面派,这是前所未有的。因此,革命的镇压是必须的。"卡冈诺维奇的这番话是一般的通报情况,还是对奥尔忠尼启则的暗中警告,不得而知,或许是两者兼而有之。

　　1936年10月,奥尔忠尼启则的兄弟帕维尔被捕。这时,他正在南部的基斯洛沃茨克城休假。这一年,他正好50岁。如此猛烈和大规模的镇压活动给奥尔忠尼启则很大的压力,他感到了斯大林对他的不信任。1936年末和1937年年初的两件事使他和斯大林的关系处于更紧张的状态。中央要他在1937年2月下旬召开的中央全会作有关重工业部门中破坏活动的报告,他写了,但斯大林批评他没有谈阶级斗争。另一件事是,在叶若夫对重工业人民委员部所属的乌拉尔矿山、下塔吉尔和顿巴斯进行逮捕和镇压活动时,他也派出自己的工作组去这些地方了解情况。他要求工作组的负责人要弄清被逮捕的人是否是真正的敌人,要他们"尽力将有意的破坏和无意的错误区分开来"。他还为这些企业的真实情况多次向斯大林汇报。1937年2月17日,在奥尔忠尼启则不在家时,叶若夫派人进行了搜查。他对此十分气愤,打电话给斯大林要个说法。斯大林说:"你干吗那么激动?到我这里来,我们聊聊。"18日,奥尔忠尼启则死于自己的家中,有材料说他是举枪自杀,有材料说他是被人开枪射杀。

　　1937年1月23—30日,对"托洛茨基平行总部"案进行审判。这是"大清洗"中的第二次公开审判。被告17人,包括皮达可夫、拉狄克、索柯里尼科夫等中央机构的负责人,他们都是老布尔什维克和20年代"拥护托洛茨基的人"。他们被指控从事破坏活动,实行暗杀,背叛祖国。在刑讯逼供下,所有被

## 第八章 30年代：苏联建成社会主义

告都承认有罪。皮达可夫等13人被判处死刑，立即执行，拉狄克、索柯里尼科夫等4人被处以徒刑。拉狄克在挨不过刑讯时，胡乱供认布哈林和他们是一伙的，他和布哈林曾3次谈过要暗杀斯大林。这就导致了布哈林的厄运。

早在叶若夫当上内务人民委员不久，即在1936年12月的一次中央全会上，他就公然指责布哈林参与并组织了对基洛夫的暗杀。布哈林请求斯大林的公正裁决，但斯大林却推诿，不理此事。2月16日，布哈林为了表示抗议，宣布绝食。1937年的2月中央全会一开始，就宣读了拉狄克的供词。布哈林当即申辩说没有此事。莫洛托夫马上高声说："别再表白了！已经证明你是一个被法西斯所雇佣的人，证据有的是。逮捕他！快交代吧！"斯大林也责问他："尼古拉，你向谁绝食呢？请你请求全会原谅你的行为吧！"布哈林回答："如果你打算开除我的党籍，还有这个必要吗？"布哈林预见到自己命在旦夕，所以，2月27日，在最后一次出席中央全会前夜，他让妻子记熟了自己的绝笔信。他在这封信中，为自己进行了辩护，指责了内务部机关的胡作非为，把希望寄予未来一代党的领导人。他还不幸地预言："暴风雨的乌云已经笼罩着党。我这颗脑袋，这颗无辜的脑袋，会招致成千上万无罪者人头落地。"在这次全会上布哈林被捕。

1937年6月初，斯大林在军事委员会扩大会议上发表讲话，要求揭露反革命军事法西斯组织。11—12日，报刊宣布红军中的高级将领——副国防人民委员图哈切夫斯基、基辅军区司令员雅基尔、白俄罗斯军区司令员乌鲍列维奇、伏龙芝军事学院院长科尔克、西伯利亚军区司令埃德曼、远东滨海军队集群司令普特纳、红军中央机关部长费尔德曼和普里马科夫被捕，随后被枪决。红军总政治部主任加马尔尼克在被捕时自杀。此后，因为此案，红军总参谋长叶戈罗夫、海军司令奥尔洛夫、空军司令阿尔克斯尼斯、装甲兵司令哈列普斯基和远东特别集团军司令布柳赫尔（即加伦将军）先后遭到镇压。

在"大清洗"进程中，还恢复了对"前富农"的大规模逮捕和镇压。1937年7月2日，政治局在给各级党组织的信件中指出："曾被从各州流放到北部和西伯利亚各地区，而后期满后回到原地的大批富农和刑事犯，现在是集体农庄、国营农场、运输和某些工业部门中反苏维埃和破坏罪行的祸首。"中央要求各地的内务机构立即查明这些富农和刑事犯的人数，将其中最反动的立即逮捕并枪决，其他的再次流放至内务部指定的地区。中央指定这项工作由各地的"三人小组"来负责，并要求在15天内将被枪决的名单上报。7月30日，叶若夫的副手弗里诺夫斯基起草了关于这一行动的命令，第二天中央就批准了这一命令。根据这一指令,对再次遭到镇压的前富农的处分分为两类:一类是立即逮捕和枪决;二是判处 8—10 年徒刑,送监狱或劳改营监禁。命令还规定了各地区的具体指标,总计被逮捕的为 259 450 人,其中 72 950 人应被枪决。从 8 月底到 12 月 15 日,中央还批准各地追加的镇压人数:一类增加 22 500 人;二类增加 16 800 人。这次清算前富农是当作一场战役来进行的,这正如命令所指出的:"摆在国家安全机关面前的任务,就是用最无情的方式粉碎这些反苏维埃分子匪帮,保卫勤劳的苏联人民不受他们反革命阴谋的危害,最后,一劳永逸地结束他们对苏维埃国家基础的破坏活动。"

与此同时,还加强了对少数民族地区的镇压和限制。1937 年 7 月 20 日,内务部根据政治局的决议,将在国防工厂中工作的德意志族工人全部逮捕。其后,这种镇压涉及居住在苏联境内的一系列少数民族——波兰人、拉脱维亚人、爱沙尼亚人、芬兰人、希腊人、伊朗人、罗马尼亚人、中国人,甚至包括在中东铁路工作过,后来回国的"哈尔滨分子"。1937 年 8 月 21 日,莫洛托夫和斯大林联合签署了《关于将朝鲜居民迁离边境地区的决议》,决议规定要在 1938 年 1 月 1 日前,将远东地区的全部朝鲜人迁到"南哈萨克斯坦州、咸海和巴尔喀什湖各区以及乌兹别克苏维埃社会主义共和国"。到 1937 年 12 月 5 日,迁至乌兹别克斯坦的有 16 307 户,共计 74 500 人,到 1938 年 6 月 15 日,又迁居了 10 515 户。在哈萨克斯坦迁居的有 20 100 户。

大规模的不仅涉及中央领导而且涉及广大老百姓和一系列少数民族的"大清洗"在 1938 年年初达到了高潮。3 月 2—13 日,审判"右派和托洛茨基反苏联盟"案。被告有布哈林、李可夫和克列斯廷斯基等 21 人,19 人被判处死刑。大概在 3 月 14 日或 15 日,布哈林和李可夫被枪决。

1938 年的 5 月末,远东边区内务局局长柳什科夫叛逃日本,这就给叶若夫敲起了丧钟。8 月,斯大林任命贝利亚为副内务人民委员,这实际上表明斯大林已经不信任叶若夫了。叶若夫

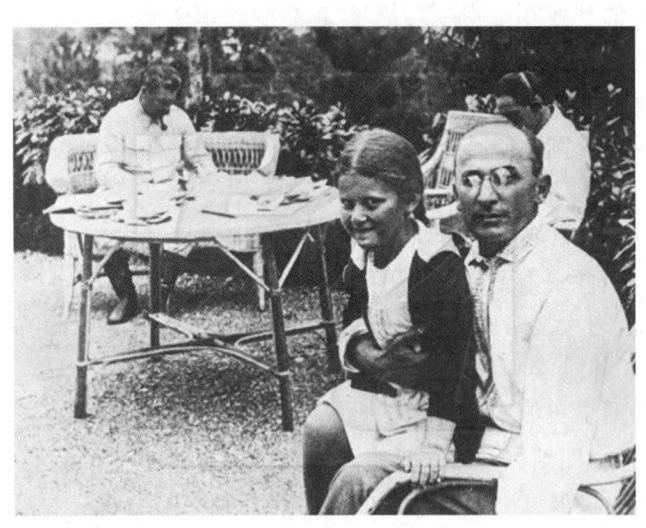

斯大林和贝利亚(右)

在给斯大林的信中也无可奈何地承认:"对贝利亚同志的任命令我不安。我知道这是对我的不信任,然而,我想一切都会过去的。我过去真诚地认为,现在还是这样认为,他是个了不起的工作人员,我认为他能担当人民委员之职。我想,他的任命就是解除我职务的信号。"1938年11月15日,人民委员会和联共(布)中央联合指令,禁止"三人小组"审理案件,17日,又联合决议,禁止大规模逮捕和驱逐行动,24日,解除叶若夫的内务人民委员的职务,任命贝利亚为内务人民委员。不久,叶若夫被指控"领导内务人民委员部中的反革命组织",试图谋杀斯大林而被捕,1940年年初被快速定案,并被枪决于"布迪尔卡"的秘密监狱之中。

到此时为止,以叶若夫为具体执行人的"大清洗"告一段落。在这场"大清洗运动"中,也就是在1937—1938年间,内务人民委员部一共逮捕了1 575 000人,其中1 345 000人遭到惩处,681 692人被枪决。党的十七大的1 966名代表中,1 108人遭镇压,共青团中央93名中央委员和候补委员中,有72人遭镇压,385名州委书记中的319人遭镇压,2 750名区委书记中的2 210人遭镇压。军队中,5名元帅中的3人,15名集团军司令员中的13人,9名海军高级指挥员中的8人,57名军长中的50人,186名师长中的154人,16名集团军军事委员中的16人,28名军团军事委员中的25人均遭镇压。

斯大林清洗了党、政府、军队和群众机构,认为阶级斗争的尖锐显示了苏联社会主义的伟大胜利。1938年秋初,斯大林主持并亲自参与编写的《联共(布)党史简明教程》问世。仅第一次印刷,俄文版就有1 200万册,其他语言的版本为200万册。所以,日丹诺夫在联共(布)第十八次代表大会上说:"应当坦率地说,这是自有马克思主义以来,传播得最广泛的第一本马克思主义著作。"在这本教程中,把一切功劳都归于斯大林,把他描述成是列宁惟一的、真正的接班人,他的领导是绝对正确的,他的决策是万无一失的。而托洛茨基、季诺维也夫、加米涅夫、布哈林、李可夫等人

斯大林(右)和赫鲁晓夫

就成了列宁事业的叛徒、破坏者、间谍、人民之敌,斯大林对他们的斗争和胜利是苏联社会主义事业得以胜利前进的保证。如果说,苏联新宪法宣布了斯大林在政权上的绝对胜利的话,那《联共(布)党史简明教程》则宣布了斯大林在思想和理论上的绝对权威和胜利。斯大林期望依靠这样的清洗和《联共(布)党史简明教程》这样的宣布来巩固苏维埃政权和自己手中掌握的权力,但他没有想到,在这一系列清洗和宣布后他所面临的却不是胜利。一个险恶的时代在等待斯大林和他的新的决策。

## 作者点评:

在评价苏联的"大清洗"这一独特历史现象时,我们需要敢于承认一些事实。

事实之一是,一切的"清洗"都是从领导上层开始的,其重大对象都是参加过十月革命、国内战争,并且赞同和执行过列宁的新经济政策的党政领导人。斯大林给他们加以"反对工业化"、"反对农业集体化"、"反对党中央的政策和以斯大林为首的党中央"的罪名,最后"名正言顺"地对这些"党内反对派"、"富农的代言人"、"人民之敌"和"叛徒"加以"清洗"。随后,这一从上层开始的"清洗"就顺着党政权力机构向下恶性扩展,四处延伸,直至从每一个角落里挖出最后的"党羽"。得以飞黄腾达的只是那些在口头和行动上都支持斯大林及其路线的人,而且这些人随时都得保持这种姿态和立场(哪怕是虚伪的、两面的立场),否则,转瞬间就会掉进被"清洗"的深渊。无论人们怎样从新的立场去评价苏联的历史,无论人们怎样去再思考这场"大清洗",这样一个严酷的事实都是回避不了的,那就是:"大清洗"是在斯大林的名义下,并且是以赞成还是反对斯大林这个立场上进行的。

事实之二是,"大清洗"是一场运动,它的进行方式是和当时加速"直接工业化"和"农业全盘集体化"完全一致和同步并行的。阶级斗争和路线斗争——"大清洗"也是有指标和限额的。每个村子要挖出多少"富农",哪一等级的"富农"要有多少人,要迁徙多少人到边远地区去,每个工厂里得揪出多少"破坏分子"和"潜藏的阶级敌人",都是由上级下达"计划数字"的。完成这个数字也得像完成工农业生产计划指标那样,要高速和提前。

而这种"限额"的变动和上升又受当时普遍存在的一种现象所制约。那时,在人们的观念里,完成或者超额完成"限额"成了进行阶级斗争的成功和胜利与否的标志,是否紧跟斯大林的标志。制定名单的人在完不成上级要求的

## 第八章　30年代：苏联建成社会主义

"限额"时，他们就会以各种各样的借口，制造刑事案件，以这些案件中的"罪犯"来充当替死鬼。现在，人们很难想象，这种现象在当时竟会发展成一种"竞赛"，一种等同于生产多少煤炭和钢铁的"竞赛"。各地的党政官员在这种"竞赛"中，你追我赶，生怕因落在后面而遭贬，而丧失权力，甚至生命。

事实之三是，"大清洗"的全部过程是由斯大林（或者说得缓和一点，是以斯大林为首的中央政治局）赋予全权的内务人民委员部来推进的。生杀大权都操纵在内务人民委员的手中。"大清洗"期间先后任内务人民委员的是亚戈达、叶若夫和贝利亚。叶若夫的任职时间最长，"大清洗"时的一系列重大案件都是他亲手处理的。叶若夫进行的"大清洗"有三大特色：一是，他可以用一切办法，让他指定的"敌人""招供"，自己承认是"罪犯"，并且罗列"事实"指控他人也是"罪犯"。在内务人民委员部里就迅速形成了一支进行"大清洗"的熟练专业队伍，随之，"大清洗"的进程也愈来愈快，审讯进程也愈来愈程式化，一切都变成了为了特定目的而走的"走过场"；二是，他给所有"罪犯"，不管是老一辈的党员，不管是列宁的战友，也不管是现任的国家领导人，所定的罪名都是一样的："人民之敌"；三是，他给所有"罪犯"所判的刑罚都是一样的：快速在内务部的秘密监狱执行死刑。

事实之四是，"大清洗"的进行名义上是有个程序的。这个程序就叫作"三人小组"程序。在各地区都设有"三人小组"。它由检察长、内务人民委员部的负责人和警察局长组成。在中央的各部各机构也都设有"三人小组"或者"七人小组"来处理"大清洗"中的一切事宜。而在中央政治局内则成立了一个专门委员会来决定被镇压者的生死问题。这个委员会中包括了内务人民委员部、最高法院军事庭、军事法庭和"特别委员会"的代表。按照程序，一切死刑都要在这个委员会中讨论，然后提交斯大林和中央政治局批准。

在这个委员会里，起绝对决定作用的则是叶若夫。他通常是自己审核名单，亲自交给斯大林或者中央政治局审批。从档案材料中可以看出，叶若夫亲自提交的名单至少有383份，涉及44 000名党政军经领导人，其中39 000人被叶若夫定为死刑。最后，政治局委员们签字的情况是：斯大林在362份名单上签了名，莫洛托夫在373份名单上签了名，伏罗希洛夫在195份名单上签了名，卡冈诺维奇在191份名单上签了名，日丹诺夫在177份名单上签了名，米高扬在62份名单上签了名。

事实之五是，"大清洗"是一场在全国各地、各个部门里都要找出一定数量的"阶级敌人"的大行动。因此，这种"大清洗"已经不是护法和执法部门的必要行动,而是在执行一种特定的任务,在完成有一定"限额"的指派工作。因此,这场镇压就变成了一场"政治运动":目的是早就制定出来的,"敌人"是预先内定的,其结果也是事先于帷幄之中策划好了的。如果任务完不成,镇压就不会结束,如果工作有拖拉,清洗就要加快速度。

无论从哪方面说,党政军中如此大量的高级领导干部被镇压,对苏维埃国家无疑都是一场灾难。可是,却偏偏把灾难当作是福祉,把惨痛看作是胜利,这究竟是为什么呢?

一是,有一大批干部、国家的各级领导成员实际上都在不同程度上对斯大林的"直接工业化"、"农业全盘集体化"政策提出了异议,有的甚至激烈地反对他的"新新经济政策"。二是,斯大林的在社会主义建设进程中"阶级斗争会越来越尖锐"这样一种理论起了重大的作用。而这种理论的建立和推行恰恰是利用了普通老百姓对美好生活的追求和对社会主义的向往。你们不是要过好日子吗?你们不是要建设社会主义吗?那就先和阶级敌人斗争吧!为什么好日子还没有来?为什么社会主义建设中出现那么多问题?那都是因为有阶级敌人的存在和他们所从事的破坏。在这一理论幌子下,执政者决策和执政错误的责任可以全部推到"阶级敌人"身上去。三是,斯大林、莫洛托夫等人所特有的逻辑思维在起着极其重大的作用。这就是:为了革命事业,为了巩固无产阶级专政可以预防杀人!斯大林在1938年中央2月、3月全会上曾经这样形象地说过:"为了建设第聂伯河水电站,需要投入数万名工人。而把它炸了,也许,所要的不会多于几十个人。为了赢得战时的胜利,需要几个军团的红军战士,而要使战线上失利,只要在军部,甚或是在师部,有几个可以偷窃作战计划并把它们交给敌方的间谍就行了。"多年后,莫洛托夫也承认:"我们在1937年所做的一切就是要使战时在我们中间不会出现第五纵队。要知道,甚至在布尔什维克中间也会有这样的人,当一切顺利时,当国家和党不受威胁时,他们很好很忠诚。可是,如果出现了什么问题,他们就动摇,就倒戈。我不认为在1937年遭镇压的许多军人平反是正确的。这些人也许不是间谍,但是他们和间谍机构有联系,而最主要的是,在关键时刻不能指靠他们。"

权力的高度集中,甚至垄断是产生"大清洗"悲剧的重大前提。在当时情况下,斯大林本人已经成了社会主义思想的体现者,甚至是社会主义制度的化身。因此,他手上集中了绝对的权力,这种权力是不可动摇的,是毋庸置疑的。这种权力可以决定一切:路线、方针、政策、社会的发展方式、人的生死。谁反对这种权力,谁就在反对社会主义。斯大林的权力和以他为首的政治局的权

## 第八章 ● 30年代：苏联建成社会主义

力是不受任何监督的，政府的护法执法机构监督不了这种权力，党的监察机构也监督不了这种权力。斯大林和政治局不仅立法，而且执法。虽然国家有一系列政府机构，但是国家一切权力的行使却不是由政府机构，而是由党的机构来负责的。在许多情况下，斯大林本人的话就是法律。在"大清洗"期间，这种党政不分，以党代政，党的机构行使国家权力的现象发展到了异常严重的地步。这种现象已经远远超出了没有法制的地步，也不是仅仅用滥用职权就能加以解释得了的。

维持这种权力的高度集中需要有一系列手段，而在当时最主要的、最有决定意义的是内务人民委员部拥有不受监督的高度权力。在"大清洗"中，叶若夫一个人的手上掌握了苏联历史上任何人都没有掌握过的巨大权力：掌管全国和全党干部的权力，掌管全国和全党监察系统的权力，掌管内务人民委员部军队的权力，掌管国家边界保卫和社会安定一切事务的权力，掌管保卫党和政府机构的权力，掌管所有政治情报系统的权力。

为什么斯大林会看中了叶若夫？这是许多史学家都忽略了的问题。叶若夫出身工人家庭，14岁就当了工人。后来参加了十月革命、国内战争。应该说，他是列宁同时代的人。但是，他没有上过任何学校，没有受过马克思主义的教育，没有流亡过国外，也没有坐过牢或是被流放过。他一生最大的特点就是执行命令，从不问为什么。在他的逻辑思维里，顺从就是忠诚，而他的擅长就是为了特定的目的组织他人，运动他人，为了这个目的可以不惜采取任何手段。他习惯于流血，习惯于鲜血的光荣，习惯于"红色恐怖"。他表现出了对斯大林的绝对忠诚。所以，斯大林把耽误了4年的镇压任务交给他并没有看走眼。

叶若夫本人没有文化，因此他几乎是本能地痛恨文化和文化人。对他来说，一个不可动摇的观点是：凡是有知识者都是反动的，知识越多的人越反动。而在"大清洗"中遭到镇压的人，无论是"党内的反对派"，无论是农业领域里的"富农代言人"，还是工矿企业里的"破坏分子"，都是有知识的人。对于知识者的镇压，实际上就是对知识的镇压，对文明、文化、传统的镇压。叶若夫的镇压来自他的愚昧，而一切对个人的顺从和忠心却又偏偏是建立在无文化、无文明观念者的愚昧基础之上的。

当然，出现"大清洗"这样的异常现象，在某种程度上也是由当时的民众心态所决定的。民众最早的心态是要很快过上好日子，是要在最短时期里，最好就是在明天早上醒来时，就能见到社会主义、共产主义。那种镇压了敌人，没有了阻力,就能迅速迎来这一切的许诺自然会使民众兴奋和奋力而为之。但是,当流血和死亡使希望灰暗,许诺离现实愈来愈远时,来自镇压的压力无限度增大,民众就从兴奋转化为忧虑和恐惧。随即,恐惧和保全自己就成了主要的心理状态,而"大清洗"的深入发展就是在这样的基础上进行的。

恐惧会导致麻木,而麻木会导致权力的更加集中,归根结底,权力的高度、极度集中将导致人心的背离。"大清洗"的历史事实表明,权力的高度、极度集中都导致了权力的腐败和腐朽。尽管这种权力的腐败和腐朽过程会延续一个相当长的时间,但腐败和腐朽的结果最终是要显现出来的,那就是人心的背离。也许,苏联的最终解体正是这种权力腐败和腐朽的最后结果。

# 第九章 卫国战争

## 一、苏德互不侵犯条约,波罗的海三国并入苏联,苏芬战争

从列宁时期开始,对德关系的解冻和苏德的单独和解就成了苏联外交的传统。在这种传统中,改善关系和对德国的不信任是交织在一起的。在20世纪二三十年代,苏联和德国的关系一直是十分微妙的。从苏联方面来讲,一直把对德关系放在决策的重要位置上。苏联领导人先是将世界革命的希望寄托在德国,后来又希望德国成为苏联在欧洲的合作者,甚至盟友。因此,苏联和德国在政治、军事、经济方面的谈判一直不断,苏联还持续不断地从德国得到过经济、技术和军事方面的帮助或援助。对于希特勒的上台和纳粹德国的兴起,苏联密切关注,但并没有中断各方面的合作和谈判。

1938年3月,希特勒的军队占领了奥地利,9月30日,又进入捷克斯洛伐克的苏台德地区,并且有继续向东扩张的明显意图。苏联和英国、法国之间的关系在发生变化,苏联和德国之间的关系也在发生变化,而德国也在全力寻找苏联与英法间的矛盾,以便加以利用。斯大林原先对德国给苏联提供的大额信贷和企业界人士的信任逐渐产生猜疑。在和英法的合作谈判没有取得实质性结果的情况下,斯大林判断,希特勒德国迟早要继续东进,剑刃要指向苏联,一场战争是不可避免的。而在东方,斯大林又担心日本人。

1939年3月10日,在联共(布)第十八次代表大会上,斯大林说:"我国现在是一个全新的社会主义国家,是历史上从未有过的国家,并且按其形式和职能来说是和第一阶段的社会主义国家大不相同的",他甚至认为共产主义可以在苏联一国建成。为此,还成立了由日丹诺夫为首的党章修改委员会。

然而,斯大林、莫洛托夫和日丹诺夫等领导人对国家的真实情况是了解得很清楚的。他们知道得最清楚,苏联的国力远不像宣传中所说的那样,无论是从军队的情况,军工生产的情况,国民经济的后续发展力量来看,苏联都不可能去进行战争。这时,对斯大林来说,并不是个两面作战的问题,而是他根本就没有准备打仗,即使单线作战他也不准备去打。斯大林只准备防御,他相信两个五年计划的发展所提供的力量只足以防备。斯大林所全力以赴的是保证苏联的国家安全。因此,苏联对德单独谈判和达成某种单独协议的倾向逐渐成为决策中的主流。而这时,德国也不想同时对付英法和苏联,于是也决定和苏联单独缔结某种条约。斯大林在十八大的报告中虽然把德国称为是侵略国,批评了英法的绥靖政策,但是他仍然寄希望于德国领导人,说他们不会受人纵容而进攻苏联。他说:"我们主张同所有与苏联交界的邻国都保持和平和密切的睦邻关系。"

1939年5月3日,苏联外交人民委员李维诺夫被解职,莫洛托夫继任。这时,苏德贸易协定仍在顺利执行。5日,苏联驻德临时代办阿斯塔霍夫向国内报告:苏联订购的捷克斯洛伐克施科达工厂的武器已经向苏联启运。5月20日,德国驻苏联大使舒伦堡通知莫洛托夫,柏林愿意派代表到莫斯科来进行经济谈判。莫洛托夫鉴于和英法的谈判尚没有结果,没有接受这一建议,就回答说:"目前进行这样的经济谈判,还没有合适的政治基础。"

德国密切注意苏联和英法的谈判,8月4日,舒伦堡的报告中说:"从莫洛托夫的整个态度来看,显然,苏联政府实际上更倾向于改善德苏关系,但他们以前对德国的不信任还是根深蒂固的。"苏英法谈判在8月中旬无结果而告终,8月16日,德国外长里宾特洛甫指示舒伦堡转告莫洛托夫:德国愿意缔结为期25年的互不侵犯条约,并愿以自己的影响来改善和协调苏日之间的关系。还具体建议由外交部长里宾特洛甫来莫斯科谈判。苏联方面作出的答复是表示欢迎,但要分两步走,先签订贸易和信贷协定,然后再签互不侵犯或者类似于1926年的中立条约那样的条约。8月19日,斯大林将同意与德国签订条约的事通知政治局。21日下午5时,莫洛托夫接见了舒伦堡,通知德国,同意里宾特洛甫来莫斯科。23日夜间,苏德双方签订了为期10年的互不侵犯条约和一份秘密协议。条约于第二天在报纸上公布,但秘密协议没有公布。

条约规定签约一方不参与反对另一方的协议,不支持反对另一方的军事行动,在一方成为第三方的军事行动时,另一方应守中立。秘密协议是一份苏德间实际上划分势力范围的文件,它规定:苏德之间以皮萨河—纳雷夫河—

维斯瓦河—桑河一线为分界线,分界线以西,即波兰的西部,以及立陶宛是德国的势力范围,这条线以东,即波兰的东部地区,以及芬兰、爱沙尼亚、拉脱维亚和比萨拉比亚为苏联的势力范围。至于波兰的独立国家地位,双方将在以后的谈判中解决。这一秘密协议将波兰事实上一分为二。

在谈判中,里宾特洛甫许诺:"德国将向自己的苏联朋友供应它所要求的一切。"斯大林则说:"苏联对待这一新条约是十分认真的。我们允诺,它是有保证的,苏联不会糊弄自己的同志。"第二天,《真理报》发表社论,把苏德互不侵犯条约称为"和平的工具",是"和平的条约",它将促使国际紧张局势的缓和。31日,莫洛托夫在最高苏维埃会议上作报告,说苏联和德国都是第一次世界大战的受害国,而这一条约是列宁倡导的和平共处政策的继续。他还说,现时,还很难去完全充分估计这一条约的意义,但无疑它是"欧洲历史的转折点,而且还不仅仅是欧洲的"。这一天,最高苏维埃批准了这一条约,同一天,德国也批准了这一条约。苏德双方对签订这一条约和秘密协议都感到松了一口气。斯大林认为,由于有了这一条约,苏联将在一定的时间可以保证西部边界的安全,而希特勒认为,德国将因此获得两种好处:一是可以集中力量来对付英法;二是可以从苏联得到战争急需的战略物资的供应。

1939年9月1日,希特勒入侵波兰。波兰政府和民众进行了力量悬殊的抵抗。德国方面多次暗示苏联也应出兵波兰。苏联政府没有表态,但在白俄罗斯和乌克兰两条战线上却立即集结军队,准备出兵波兰:白俄罗斯战线有4个军以上的兵力,由科瓦廖夫任指挥官,乌克兰战线有3个军的兵力,由铁木辛哥任指挥官。9月10日,莫洛托夫对舒伦堡说,波兰东部的西乌克兰和西白俄罗斯地区是1920年被强行夺走的,苏联政府有责任保护那里居民的安全不受威胁。与此同时,报刊上也大力进行有关这方面的舆论宣传。9月16日,苏军与日本军队在蒙古哈勒欣河的战斗以朱可夫指挥的苏军获胜而结束。9月17日午夜2时,斯大林通知舒伦堡,苏军将在清晨6时开进波兰。苏联政府还给波兰驻莫斯科大使格热波夫斯基一份照会,说由于波兰政府已不复存在,苏军将开进波兰,以保护那里的西乌克兰居民和西白俄罗斯居民。西乌克兰和西白俄罗斯地区总计有19万平方公里600多万乌克兰人,300多万白俄罗斯人,由于苏军的进入,苏联的边界在这一方向上向西推进了250—350公里。波兰政府流亡国外。苏德共同占领了波兰后,双方的军队在边界城市——布列斯特、格罗德诺和平斯克等地举行了联合胜利阅兵式。

10月1日,联共(布)中央成立以日丹诺夫为首的专门委员会,负责处理西乌克兰和西白俄罗斯并入苏联的问题。10月26日和28日,西乌克兰和西白俄罗斯人民议会宣布建立苏维埃政权并要求加入苏联。11月1日和2日,苏联最高苏维埃决定将上述两地区并入苏联。与此同时,苏德为立陶宛的归属问题争执到了动刀动枪的地步。9月25日,斯大林召见舒伦堡,提出将卢布林地区和波兰省的一部分,即从维斯瓦河到布格河的地区归属德国,但立陶宛要给苏联。27日,里宾特洛甫再次来到莫斯科,28日,苏德双方签署了友好与边界条约以及3份秘密协议。条约确认波兰政府已不复存在,将两国的分界线从维斯瓦河移至布格河一线,将卢布林和华沙省的一部分归德国。在秘密协议中,规定将立陶宛归苏联,双方在德国居民移居德国、西乌克兰居民和西白俄罗斯居民移居西乌克兰和西白俄罗斯的行动中给予协助,双方还保证不在自己的领土上进行反对对方的宣传。

  1939年9—10月间,苏联对波罗的海三国——拉脱维亚、立陶宛和爱沙尼亚施加压力,先后签署了援助条约。条约给予苏联在三国的土地上建立军事基地的权利。1940年3月,苏联指责三国建立了"反对苏联的军事同盟",随即将军队开进三国,三国政府垮台。6月17—21日,在立陶宛和拉脱维亚进行议会选举,7月14—15日,在爱沙尼亚进行国家杜马选举。21日,在三国同时宣布成立苏维埃政权。不久,波罗的海三国并入苏联,按照苏联的说法是,三国最高权力机构在7月中旬向苏联最高苏维埃提出加入苏联的申请,8月初,最高苏维埃接受了它们的申请,三国成为享有平等权利的联盟共和国。

  苏联还有一个担心,这就是芬兰。列宁格勒离芬兰的卡累利阿地峡只有32公里,在大炮的射程之内。因此,为了保证列宁格勒不遭受来自海上的进攻和与苏联内地联系的摩尔曼斯克铁路的运输安全,苏联需要这块地峡。但是,芬兰不像波罗的海三国,对苏联持强硬态度。9月底,斯大林就要求列宁格勒军区司令麦列茨科夫和参谋总长沙波什尼科夫同时制定出兵芬兰的计划。1939年10月14日,苏联向芬兰政府提出,要用卡累利阿自治共和国的一块土地交换卡累利阿地峡的要地(2 761平方公里),并要求租借芬兰湾入口处的汉古半岛和不冻港彼特萨莫,在那里构筑海空军事基地。苏芬双方就此进行谈判,芬兰坚持不能出租汉古半岛。11月13日,谈判破裂。11月16日,国防人民委员伏罗希洛夫给列宁格勒军区下达战斗指令,要它在15天内准备好给芬兰军队毁灭性打击。副国防人民委员库利克亲临列宁格勒,让苏军的炮火射击苏联的边界村庄——麦尼拉,然后声称是芬兰军队的挑衅。11月30日早8时,苏联以20个师的兵力进攻芬兰。12月1日,组织了以库西宁为首的芬兰

"人民政府"。但是,正是严冬,苏军部队接连吃败仗,伤亡惨重。斯大林本来以为苏军的力量打败芬兰是易如反掌的事,想不到结局却是悲惨的。苏联由于进行了对芬兰的战争,在国际上遭到谴责,12月14日,被开除出国联。

12月21日是斯大林60岁生日,莫斯科举行了盛大的庆祝。这一天他被授予苏联社会主义劳动英雄称号。希特勒和里宾特洛甫都给他发来了贺电。12月25日,《消息报》刊登了斯大林给里宾特洛甫的回电,其中说:"部长先生,感谢您的祝贺。鲜血结成的苏德友谊有一切理由是持久的和牢固的。"1940年1月7日,他立即下令由铁木辛哥任新组建的西北战线指挥官,日丹诺夫为政治委员。总政治部主任梅赫利斯还来到前线,组织了对"败军将领"——第9军军长等人的战地审判,并当着全军将士将他们枪决。内务人民委员会还组织了27个督战队来督战。不顾严酷的气候,1940年2月11日,苏军再度以绝对优势的兵力进攻芬兰,并猛轰芬兰的城市。在铁木辛哥元帅的亲自指挥下,以大量的坦克开道,终于突破了芬兰人的防线。3月8日,芬兰政府求和,4天后芬兰代表在莫斯科签订了停战和约。苏联获得了它想要的一切:卡累利阿地峡、拉多加湖的西岸和北岸以及芬兰湾的一些岛屿归属苏联,租用汉古半岛30年,取得了北方舰队的基地。原属俄罗斯联邦的卡累利阿自治共和国改建为卡累利阿—芬兰苏维埃社会主义共和国。

苏芬战争对苏联来说是一场极不光彩的战争。战争虽然打赢了,却暴露出了"大清洗"给苏军造成的惨重影响和苏军现有的严重问题。1940年4月17日,斯大林不得不对高级军事领导人说,要研究现代战争。为了追究芬兰战争遭受重大损失的责任,伏罗希洛夫被解除国防人民委员,铁木辛哥继任。铁木辛哥还因为在苏芬战争中的功劳被授予苏联元帅称号。

## 二、波兰战俘,卡廷森林,从西部边界移民

1939年9月18日,苏军进入波兰、波罗的海三国和芬兰后,在苏联的西部出现了大量的波兰战俘和德国战俘。一部分是苏军在西乌克兰和西白俄罗斯的土地上捕获的,另一部分是由立陶宛移交给苏联政府的。1939年10月2日,联共(布)中央根据内务人民委员贝利亚的建议作出了一份有关战俘的决议,其中规定了对战俘的处置办法:对于西乌克兰和西白俄罗斯土地上的乌克兰、白俄罗斯和其他各族的战俘,遣散回家,但在战俘中要留下25 000人修建从北部诺沃格拉德到乌克兰西部城市利沃夫的公路;对于德占波兰土地上

的波兰战俘，则要先关押在集中营里，等待与德方谈判解决，并且要将从中校到将军的军官、重要的国家和军事要员以及谍报、反谍报人员、宪兵、看守和警察分别关押在特别的集中营里。第一、第二类人关押在南部地区的斯塔罗贝尔斯克，第三类人关押在加里宁州的奥斯塔什科夫。波兰战俘关押在斯摩棱斯克州的科泽利斯克集中营和苏梅州的普季夫利集中营。

10月13日，联共（布）中央决议将33 000名德国战俘交给德国。11月9日，贝利亚向莫洛托夫报告了从立陶宛接受波兰战俘的情况。根据他的建议，同一天，联共（布）中央作出决议：士兵和下级军官遣返回乡，高级军官、军事要员和警察官员分别关押在尤赫诺夫和尤日斯克集中营里，以便进行甄别。决议还特别指出，"对于关押这些军官和警察官员的事要严格保密"。

西乌克兰和西白俄罗斯出生的波兰战俘总计130 242人。其中，42 400人遣散回乡，43 054人移交给德国，部分人死亡和失踪。15 191名军官被关押在3个集中营里：科泽利斯克集中营——4 500人，斯塔罗贝尔斯克集中营——4 000人，奥斯塔什科夫集中营——6 500人。1940年3月，斯大林下令解散这3个集中营。除了448人声明愿意留在苏联外，其余的人被内务人民委员部的军队押解上车，说是转移到另外的集中营去。从科泽利斯克转出的战俘在离斯摩棱斯克15公里的格涅兹多沃车站下车，在离卡廷三四公里的森林中被枪杀，并埋在了那里。从斯塔罗贝尔斯克转出的波兰战俘在哈尔科夫附近被枪杀，埋于森林公园中。从奥斯塔什科夫转出的波兰战俘在转入特维尔城后，被枪杀于内务局的监狱之中。因此，在1940年4—5月间，总计有近15 000名波兰战俘被处决。

但在苏联仍有大量的波兰战俘。据贝利亚1940年11月2日给斯大林的报告，在内务部的劳改营中关押着18 297名波兰战俘，其中将军2人，上校和中校39人，少校和尉官222人，中尉和少尉6人，下级指挥人员4 022人，士兵13 321人。由立陶宛和拉脱维亚移交的波兰战俘3 303人。所有的战俘都在从事修建公路和铁路的劳动。此外，内务部的内部监狱中还关押着22名波兰军官。在贝利亚的这份报告中，还建议利用波兰战俘来组建特殊的"波兰军事部队"——"波兰坦克、摩托和步兵师"。他建议由在波兰军官中享有声誉的雅奴舍齐斯将军和鲍鲁塔—斯皮霍维奇将军为指挥官，并给他们提供苏联东南部的一处国营农场作为组织和训练该军队的基地。为了保证对该部队的监督，在该师内部组建苏联内务人民委员会特别部。1941年6月4日，联共（布）中央决议建立由波兰战俘组成的中亚军区第238步兵师。

除了波兰战俘,1940年4月10日,苏联人民委员会还作出决议,将西乌克兰和西白俄罗斯的6万多居民迁至哈萨克地区。内务人民委员会的报告中称,"这些人是受到镇压的叛乱组织参加者的家庭成员,前波兰军队的军官,警察,狱吏,宪兵,地主,工厂主以及波兰旧政权官吏的家属"。从西部迁出的居民也有到西伯利亚和远东地区的。据贝利亚给斯大林和莫洛托夫的报告,这些居民都被用于边远地区的森林砍伐工作。这些地方条件恶劣,生活艰苦。连贝利亚也承认:"苏联森林工业人民委员部没有采取必要的措施将这些人充分地组织到劳动中去,没有改善他们的生活条件。"1941年,在苏联承认了伦敦的流亡波兰政府后,8月12日,苏联人民委员会和联共(布)中央联合决议,释放被监禁的波兰人。10月1日,贝利亚报告斯大林和莫洛托夫,在苏联监禁、流放和迁移的波兰公民总计有391 575人,到9月27日,已经从监狱和劳改营中释放50 295人,战俘26 297人,从特别居民点、流放和移居点释放265 248人。

## 三、40年代初的苏联经济、军事和领导人,边界陈兵

1938—1942年的第三个五年计划是一个全速发展军事工业的计划,是一个军事计划。1939年的国防支出占预算总额的25.6%,1940年,为32.6%,而1941年就计划拨款830亿卢布,占预算总额的43.4%。全力兴建生产飞机、坦克、大炮和步兵用武器的工厂。1940年12月7日,人民委员会和联共(布)中央通过了扩大生产飞机和飞机发动机的计划,规定1941年要生产出2万多架飞机。1940年6月,1941年3月和5月,人民委员会和联共(布)中央连续发出指令要求列宁格勒、哈尔科夫和斯大林格勒的工厂加快T—34、KB和KB-3型坦克的生产。同时加快了潜水艇、轻型巡洋舰和驱逐舰的生产。斯大林还亲自过问新武器的研制工作,他对射击武器和迫击炮武器尤为关注。1940年1月6日,国防委员会通过了用ППД射击武器(设计师杰格加廖夫设计的7.62毫米轻机枪)武装苏军的决议。2月21日,又决议用设计师什帕金设计的轻机枪——ППШ轻机枪武装部队。

在第三个五年计划的头3年里,国防工业获得了极其迅速的发展。工业生产增长13%,国防工业则增长了39%,其中造船工业增长89%,弹药工业增长93%,武器工业的建设增长93%。这种工业生产是高强度的,为了保证高强度和高速度,政府采取了一系列措施。1940年6月26日,苏联最高苏维埃主席团颁布命令,将工人的工作时间延长至8小时,每周工作7天。不允许自

动旷工，否则将受到严厉惩处。

在军队方面，面临两个严重问题：一是兵员不足；二是高级指挥员不够。从1939年9月1日起，就改行义务兵役制，征召19—23岁的年轻人入伍，受过中等教育的年轻人18岁就可入伍。在这种情况下，苏军人数迅速增加，到1940年5月1日，苏军的总人数就达到了399万多人。为了解决指挥员不足的问题，一方面是要求在"大清洗"时期被开除出军队的人返回部队；另一方面是开办各种军事院校、专业学校和训练班。到1940年5月1日，苏联就有19所高等军事院校、255所专业学校，它们培养出了48 000名军官和10万多名下级军官和军事技术人员。在1941年上半年，就有7万多名学习成绩优良而无实际作战经验的军校毕业生被分配到军队，担任连营团师的指挥员。

1940年，苏联面临着一个新的时期。在联共（布）第十八次代表大会后，围绕斯大林的是一个十分年轻的领导班子。除了莫洛托夫、卡冈诺维奇、米高扬、赫鲁晓夫这些"老人"外，4个新人在中央发挥着越来越大的作用。44岁的日丹诺夫的影响在增长，在处理西乌克兰和西白俄罗斯的归属和苏芬战争问题上，他都是举足轻重的人物。自1939年成为政治局委员后，他基本上负责了政治局的日常工作。斯大林对他的赏识和重用也愈益发展。1939年4月，政治局在研究嘉奖农业先进工作者的名单时，斯大林特意把日丹诺夫的名字加了进去，结果，日丹诺夫获得了劳动红旗勋章。1938年继任内务人民委员的贝利亚，当时39岁。十八大后他成了政治局候补委员，他以一种对斯大林意愿惟命是从的态度，执行有关干部调整、民族迁移和处理波兰战俘等重大问题，地位日益稳固。1940年，马林科夫38岁。他上升的速度是很快的。1939年起就主管党的一个新机构——中央干部管理局。另一个新人是沃兹涅先斯基，和马林科夫同庚。他被任命为国家计划委员会主席。在1941年1—2月举行的联共（布）第十八次代表会议上，马林科夫、沃兹涅先斯基和莫斯科市委第一书记谢尔巴科夫被选为政治局候补委员（原书记赫鲁晓夫调乌克兰工作）。

1939年10月，人民委员会下分设国防委员会和经济委员会。国防委员会主席是莫洛托夫，副主席是沃兹涅先斯基；经济委员会主席是米高扬，副主席是布尔加宁。1941年3月21日，改组人民委员会，在人民委员会里设置了人民委员会执行局，执行国防委员会和经济委员会的任务，因此，经济委员会被取消，国防委员会的成员减缩至5人。人民委员会执行局的成员是：莫洛托夫、沃兹涅先斯基、米高扬、布尔加宁、贝利亚、卡冈诺维奇和安德烈耶夫。5月

4日,政治局决议对人民委员会作了重大改组。改组的原因是,在国际紧张局势的情况下,应无条件地保证党领导机构的统一,全力加强苏维埃机构中国防工作并提高其威信。改组的结果是:斯大林任苏联人民委员会主席,莫洛托夫为副主席,主管外交政策,留任外交人民委员。斯大林留任中央第一书记,任命日丹诺夫为中央书记处斯大林的副手,解除其中央宣传鼓动部的工作,任命谢尔巴科夫为中央书记处书记,主管中央宣传鼓动部工作,留任莫斯科市委和州委第一书记职务。5月9日,沃兹涅先斯基被任命为人民委员会第一副主席,其他的副主席,顺序是莫洛托夫、米高扬、布尔加宁、贝利亚、卡冈诺维奇、梅赫利斯和安德烈耶夫。后来,副主席的人员增加至15人。5月30日,日丹诺夫和马林科夫晋升为中央书记。同一天,取消人民委员会下属国防委员会,成立军事和陆海军事务委员会,主席是斯大林,副主席是沃兹涅先斯基,成员是伏罗希洛夫、日丹诺夫和马林科夫。这就是苏联战争前夕的中央领导机构的情况。

  这是一个很有活力的班子,但是所有的领导人都得听取斯大林的意见和他的最后决策。到1941年年中,苏联已经拥有一支540万人的军队,但是斯大林并不想打仗,尤其是不希望德国军队打进苏联来,因此他小心谨慎地处理与德国的关系。这时,斯大林的基本想法由"防御转为进攻",即使要打,这仗也要在苏联境外去打,这就是说苏联要打进攻战,而不是防御战。基于这一想法,斯大林还是悄悄地作了某些军事上的调动和准备。1941年春,任命朱可夫为总参谋长。3月11日,铁木辛哥和朱可夫制订了《苏联武装力量在西部和东部战略展开详细计划》。这个计划是面对东西方潜在的敌人——日本和德国的,主要的兵力计划主要集中在西部,用来对付德国。后来,这个计划被中央政治局通过,叫作《1941年国界保卫计划》。5月5日,斯大林在军事学院毕业生典礼上与学员碰杯时说:"在保卫我们的国家时,我们应该进攻性行动。由防御转入进攻性的军事政策。我们必须本着进攻的精神,改革我们的教育、宣传、鼓动和报刊。红军是一支现代化的军队,而现代化的军队就是进攻性军队。"5月13日,从西部军区抽调5个军至德维纳河和第聂伯河西岸一线。在乌克兰,建立由60个师组成的强大的突击军群。5月27日,开始沿新的西部边界建立20个野战工事区,建造飞机场和军用仓库,等等。

  在这期间,德国的飞机多次越过苏联边界,边境上也不断有德军的骚扰。此外,各方面的军事情报不断发出警告:希特勒在准备进攻苏联。有关苏联调兵遣将的消息也不胫而走。实际上,这时,苏德双方在边界上都各陈兵百万；德国有164个师,兵员4 733 990人,41 293门大炮和火箭炮,3 899辆坦克,4 841架飞机；苏联有174个师,兵员2 780 000人,43 872门大炮和火箭炮,10 394辆坦克(其中1 325辆T—34和KB坦克),8 254架飞机(其中1 540架是新型飞机)。但是,斯大林没有正式表态,只是在6月14日通过苏联塔斯社发表了一份声明,其中说,苏联没有准备和德国打仗,"有关苏联在准备与德战争的传闻是虚假的和挑衅性的"。关于德国,声明说："德国也始终不渝地遵守德苏互不侵犯条约,因此,苏联人士认为有关德国撕毁该条约的意图和准备进攻苏联的传闻是没有任何根据的。"对这一声明,德国方面没有任何反应。

到了6月中旬,经过内务人民委员部的情报机构和外交机构,有关德国将在6月21—22日进攻苏联的情报雪片般传来。斯大林认为都是假情报,并要贝利亚将这些假情报的提供者,"这些国际挑衅者的帮凶研磨成集中营的灰尘"。斯大林的真实意图无人得知,但是,至少在这时,他一不相信德国会进攻苏联,二不相信苏联会在西部边界打仗。甚至,在这一期间,苏联政府还作出姿态,表示对德友好：准予德国代表团来苏联寻找在第一次世界大战中死亡并被埋在苏联土地上的德国士兵的坟墓。

终于来了最后的情报,斯大林不得不作出重大决策。6月21日,基辅特别军区参谋长普尔卡耶夫报告,一名德国上士逃到苏联边防部队,说是德国部队已经进入阵地,将在6月22日晨发起进攻。斯大林这才召集会议,商讨对策。会议从20时50分开到22时20分。出席会议的有：铁木辛哥、朱可夫、布琼尼、莫洛托夫、伏罗希洛夫、马林科夫、贝利亚和梅赫利斯。会议作出决议——给各边界军区军事委员会的指示。在这份有铁木辛哥和朱可夫签署的指令中说,德国可能在6月22—23日在列宁格勒、波罗的海、西部、基辅和奥德萨军区的战线上发动进攻,进攻可能以挑衅的方式进行；部队的任务是不要受能使局势严重复杂化的挑衅的挑拨,同时做好战斗准备,迎接德国人或者他们盟友的可能的突然打击；没有接到特别的命令,不得采取任何其他行动。随后又下发了一份决议,组建了南方战线,任命了第二战线集团军的领导人；责成朱可夫领导西南和南方战线,就地指挥,麦列茨科夫领导北方战线,就地指挥；任命列宁格勒市委书记库兹涅佐夫为北方战线军事委员会委员。零时30分,这份指示才以密码发给各边防部队,但是,一系列部队在战争爆发前根本就没有收到。

## 四、1941年6月22日,疏散,斯大林广播演说,苏联战俘

　　6月22日是一个夏天的星期日。这一天凌晨,在部署于苏联国界线另一侧的德国部队中,宣读了希特勒的命令:开始执行进攻苏联的"巴巴罗萨计划"。3时15分,1 250架德国飞机进入苏联领空,轰炸摩尔多瓦、乌克兰、白俄罗斯、波罗的海一线的机场、军事要地和数十个城市。苏联的66个机场在瞬间被炸成废墟,900多架飞机被炸毁。与此同时,上千门大炮同时开火,步兵也向苏联境内挺进。4时整,德国外交部长里宾特洛甫召见苏联驻德大使德卡诺佐夫,向他宣读了一份很长的备忘录。德方指责苏方破坏互不侵犯条约,危害德国和欧洲,执行反对德国的政策,在边界集结部队。里宾特洛甫以冰冷的口气朗读了备忘录的最后几句话:"因此,元首指示德国武装力量以它所拥有的一切手段反对这种威胁。"德卡诺佐夫回答说:"这是厚颜无耻的侵略,简直就是挑衅。你们强盗般地进攻苏联,你们会为此感到遗憾的。"在同一时刻,在莫斯科,舒伦堡向莫洛托夫宣读了同样的声明,刹那间,莫洛托夫的脸色铁青。

　　政治局的委员们当即在斯大林那里开会。结果是要莫洛托夫去发表广播讲话,同时向部队发出第二号指令:要部队尽一切力量和手段打击敌人,并将他们消灭在入侵的地区。22日中午12时,莫洛托夫对全国人民发表广播讲话。他说,法西斯德国背信弃义地进攻苏联,德国是最可怕的敌人,它企图消灭苏联,统治全世界。他宣布,一场伟大的卫国战争开始了,号召人民进行反对入侵之敌的斗争。他以这样的词句结束了广播讲话:"敌人将被粉碎。胜利一定是我们的!"但是,希特勒的军队沿着列宁格勒、明斯克—斯摩棱斯克—明斯克和基辅—顿巴斯三个方向迅猛挺进,苏军遭到惨败。

　　当天,苏联最高苏维埃命令在14个军区实行动员,在西部地区实行战时状态,征召19—45岁的人入伍。23日,成立了总指挥部,由铁木辛哥任主席。6月30日,成立苏联国防委员会,由斯大林任主席。随即将总指挥部改组为最高统帅部,由斯大林负责,全权领导战时的武装力量和指挥军事行动。

　　6月22日这一天,在苏联西伯利亚大铁路上,苏联按照双方的协议向德国运送的原材料和战略物资有的在各站整装待运,有的正装在列车上向西方开去。就在法西斯军队入侵后不久,苏联交通人民委员部当即向各火车站发出一封急电:"位于路上的运往德国的转运物资和出口物资立即扣押在所在地点。立即停止向德国出口物资的装运和转运物资的装卸。"与此同时,整个国

家的经济立即进行改组,转为战时经济。6月23日,政治局决议组织生产后来被叫作"卡秋莎"(БМ-13,БМ-31-12)的火箭炮,并用它来装备部队,其后又连续作出了在乌拉尔和伏尔加河沿岸生产坦克和飞机的决议。6月24日,成立疏散委员会,由卡冈诺维奇任主席(7月3日后改由什维尔尼克担任)。

疏散首先是从西部和西南部开始的,疏散工作得在敌人快速推进的状态下进行,简直就是抢救那里一切能抢救得出的物资和人员。从这些地方疏散出的第一批人员运到了乌拉尔。由于根本就没有准备退却,所以疏散用的车辆就极为紧张,只有女人和孩子能挤在正常的车厢里,其他人就只能蹲缩在敞篷车或者运货的平车上,机器、设备和人都挤在一起。刚刚逃离战火的人们,根本就顾不上东西,狼狈不堪,但谁也没有抱怨,法西斯的入侵使这些人无家可归,痛苦把这些人联系在了一起,他们又为一个共同的目的奔向东方。

铁路工作人员成了一支特殊的战斗部队,他们按照军事化组织起来。他们在执行双重的任务,既要快速地将一切可能运走的人员和物资运往东方,又要将不能运走的一切炸掉。他们几乎就处在刚把列车发走,接着就要把这车站和铁路毁掉的状态之中。在西南战线,从战争爆发到8月份,铁路特别军团就将25 400节车皮和692辆机车运往后方,而在发车后他们破坏了将近300公里的铁路。在斯摩棱斯克西南不远处的奥尔沙城,铁路军和武装部队一起,奋力抗击敌人的进攻,保证了从这里将3 388节车皮运往后方。正是在这里,1941年7月14日,由费列罗夫指挥的部队首次使用了火箭炮——"卡秋莎"。这种新式武器的投入战斗,令德国人丧胆,从此"卡秋莎"威名远震。

在战争爆发后的两个月,从邻近战斗的地区,总共疏散了350家大型企业和300节车皮的人员。在1941年夏天和秋天,在大规模疏散期间,共有1 500家工业企业,主要是军工企业和为其服务的企业,撤退的人员有1 000万人。

在初期的疏散中,在莫斯科开始了一项特别的疏散工作,那就是将列宁的遗体疏散到东方去。战争一爆发,政治局就决定将列宁的遗体迁往乌拉尔。1941年7月1日深夜,在雅罗斯拉夫尔铁路的一个小站,装有列宁遗体的棺木装进一个专门的车厢,车厢里有一些中央政治局的委员,他们奉命到遥远的地方去,在那里准备行使政府的职能。在这列车上还有专门负责列宁遗体防腐工作的实验室的专家们,其中有著名的兹巴尔斯基教授父子。在由荷枪实弹的士兵警戒的列车上,专家们一刻也没有停止列宁遗体的防腐工作。最后,列宁的遗体被运到了乌拉尔山东边的秋明市。列宁遗体到达秋明的消息是严密封锁的,连当地党政机关负责人都不知道。列宁的遗体被藏进一所农技校的

第九章 卫国战争

白色二层小楼,科学家们又在这里日以继夜地做防腐工作。在卫国战争胜利的前夕,1945年3月23日,一趟秘密专列又把列宁的棺木送回了红场上的陵墓。

在战争爆发后短短几天的时间里,边界线上的战斗,苏军严重失利,节节败退。6月30日,西线指挥官巴甫洛夫被撤职,并且很快被枪决。铁木辛哥被任命为西线指挥官。苏联所面临的形势极为严峻,斯大林在沉默了10几天后,于7月3日发表了广播讲话。他直接向民众讲话,称他们是"同志"、"公民"、"兄弟姐妹"和"朋友"。他在这个讲话中,介绍了战争爆发后的严重局势,提出边界战争失利的原因是:"德国军队是进行着战争的国家的军队,它已经全部进行了充分的动员,德国用来进攻苏联并且集结到苏联边境的170个师已经完全处于戒备状态,只等进攻的信号了;而当时苏联的军队还需要进行充分动员,还需要向边境集结。这里还有一个情况起了不小的作用,就是法西斯德国不顾它会被全世界认为是进攻的一方,而突然背信弃义地撕毁了它同苏联在1939年缔结的互不侵犯条约。"因此,斯大林为苏德互不侵犯条约进行了辩解,说缔结这样的条约并没有犯错误,一切问题都是德国的背信弃义。在这一讲话中,斯大林一次也没有提社会主义这个词,他用了那些抽象的名词:祖国、爱好和平的国家、自由和荣誉,等等。因此,他提倡用俄罗斯的、俄国的传统爱国主义,那种在1812年的反对拿破仑的入侵中俄国人民所表现出的爱国主义,来鼓舞人心和斗志。斯大林特别强调,"必须使怨天尤人的人和怕死鬼、惊慌失措分子和逃兵在我们的队伍中毫无容身之地","凡是因惊慌失措和贪生怕死而有害防务的人,都应当立即交付军事法庭审判"。

在这篇讲话中,斯大林把边界的节节败退的责任归罪于前线将士的惊慌失措和贪生怕死。但是,战争初期的失利并不是戍边的将士造成的:他们没有接到进入戒备状态的命令,没有足够的准备,没有充足的兵员和武器准备,失去了一切通讯联络,等等。而最主要的是,斯大林和高层决策人事实上并没有准备好和德国人打仗。前线的将士们寡不敌众,而国防人民委员铁木辛哥、总军事委员会委员马林科夫和总参谋长朱可夫却下令要西北战线和西线的军队进攻,夺回阵地,于是这些苏军便不得不在强敌面前英勇顽强的作战,最后陷入重重包围之中,以至于整连整营整团地成为德军的俘虏。直到6月25日,总指挥部才下达了全面撤退的命令。而这时仅有的几条撤退通道已被敌机的轰炸和炮火封锁得严严实实。这是一个骤然而降的不幸。前线的将士们对这种不幸毫无准备,因为苏军的教育就是打胜仗的军队,就是所向无敌的军队,而现在却是失败和退却。在惊恐和与上级指挥员失却联系的情况下,溃散和逃跑成了一种普遍现象。可惊魂始定之后,将士们明白了溃散和逃跑只能遭到德国士兵的杀戮,于是,他们重新踏上面对德国入侵者的道路,举枪射击。而指挥员们也重新挺身而出,召集起散落的部队坚守阵地。然而,他们自己却无法改变被围的大局势。

斯大林的长子雅科夫·朱加施维里也是在这时成了德军的俘虏的。雅科夫是斯大林前妻所生,不受斯大林的喜欢。后来,雅科夫因为要和一个神甫的女儿卓娅结婚,斯大林不同意。雅科夫和卓娅相互开枪自杀殉情,结果雅科夫伤重未死,这大大激怒了斯大林,他在给照顾雅科夫的阿利卢耶娃的信中说:"告诉雅沙,就说我说的,他的行为像个流氓和讹诈者,我和他再也没有任何关系。他爱在什么地方,爱和谁在一起生活,随他的便。"1941年5月9日,雅科夫在炮兵学院毕业,6月22日,就以上尉身份去了白俄罗斯前线,在14师炮兵团当连长。7月16日,在利亚斯诺沃地区成为德军的俘虏。他最后被关押在萨克豪森集中营。德国方面利用雅科夫来诱降所有的苏联战俘,集中营的广播里反复播送这样的话:"根据斯大林的命令,铁木辛哥和你们的政治委员们教导你们,布尔什维克是不投降做俘虏的。可红军士兵越来越多地转到我们方面来了。你们学学斯大林儿子的样子吧,他活着,身体健康,自己感觉非常好。"对于斯大林来说,红军战士是不可能投降敌人的,无论是雅科夫还是其他战士,都不能当俘虏。

也就在这一天,1941年7月16日,国防人民委员会在斯大林主持下通过了第00381号决议(NoГПО—169cc)。其中指出:"部分军官和普通士兵表现出了动摇、惊慌失措、可耻的怯懦,扔掉武器,忘却自己对祖国的责任,不可容忍地违背誓言,变为乌合之众,在厚颜无耻的敌人面前仓皇逃窜。"根据这一决议,西线、南线和西北战线的8名指挥官被交付军事法庭审判,其中4名(包括西线指挥官巴甫洛夫将军)被枪决。高级将领也频繁换人,总参谋长朱可夫被撤职,由沙波什尼可夫继任。与此同时,军队实行军事委员和政治指导员制。8月8日,斯大林任最高统帅。

到7月15日,德军已经在斯摩棱斯克方向挺进到250公里的深处。在西北线,德军也在缩小对列宁格勒的包围。西北线指挥官频频换人,9月上旬,斯大林不得不撤换掉伏罗希洛夫,任命朱可夫为列宁格勒战线指挥官。德军对苏军采取分割包围,各条战线的苏军俘虏大量出现,到8月中,总计有84万人。对于这种情况,斯大林盛怒不已。8月16日,最高统帅斯大林签署了要对战俘严加惩处的第270号命令。这份命令把战俘称为"可恶的逃兵"。对他们的惩处是：无论是军官，无论是战士，还是整个部队，凡投降作战俘者就地枪决，并逮捕军官的家庭成员，剥夺战士家庭成员的津贴和救济。10月4日，国防人民委员部又发布第0391号命令，规定凡获得自由的战俘和逃脱包围的人均要受严格的审查，审查没有问题的人，再送往部队，而对那些被怀疑或者问题不清者，则送往边远地区的专门集中营或者劳改村，继续进行特别政治甄别。还规定要对战俘追究刑事责任，判5—10年或者10年以上的监禁。即使是雅科夫的亲属也未能幸免。雅科夫被斯大林定为投敌做俘虏，他的妻子尤利娅·梅策尔则作为"敌属"被关进内务部的卢比扬卡监狱。1943年4月1日，雅科夫·朱加施维里被枪杀于萨克豪森集中营。

根据苏军总参谋部的材料，在整个卫国战争期间，苏军战俘总计为405.9万人，其中80%都是在战争初期，即在1941年6月至1942年被德军俘虏的。被俘后，死亡的为200万人，因种种原因参加了德国军队的约16万—17万人。

## 五、英雄卓娅，莫斯科遭轰炸，"潘菲洛夫战士"，战时经济

1941年7月和8月，由沃兹涅先斯基会同各人民委员制定战时（1941年第四季度和1942年）经济计划。这份计划主要目的就是将国家的全部经济转到战时轨道上来，而其主要内容就是紧急疏散列宁格勒和莫斯科等大工业城市的重要工厂，并在伏尔加河沿岸地区、乌拉尔、西西伯利亚、哈萨克斯坦和中亚，重建这些工厂，全力发展军工生产。根据这一计划，在1941年第四季度，要将825家工厂迁往东部，并开始生产；要将战前开工的5 700家企业减缩至614家，并要在一年的时间内完工；生产民用物资的工厂要立即转轨并安排武器和弹药的生产。

但是，由于德军的快速进攻，疏散工作进行得非常困难。首批搬迁的工厂，如列宁格勒的基洛夫工厂、哈尔科夫的拖拉机厂、马里乌波尔的冶金工厂和扎波罗热钢厂的疏散不得不在德军飞机的轰炸下进行。仅仅在7月份，德军的飞机1 470次轰炸了正在进行疏散的铁道运输线。无论是疏散，还是在东部的重建，都是生死斗争，男人们都上了前线，疏散和后方的工作大部分由妇女来承担。而在敌人占领的地区，被打散的军队和当地居民纷纷组织起游击队。根据国防委员会的决定，在内务人民委员部成立了特别组（即后来的第四局），负责向各地的游击队派遣特工人员和组织在敌人后方的各种破坏和侦察

活动。德军占领区的游击队运动开展得如火如荼,成为抗击德军的另一条主要战线,因此也出现了无数可歌可泣的英雄事迹。卓娅·科斯莫杰米扬斯卡娅是个游击队员,在一次执行任务中不幸被德军所俘。德寇对她进行了惨无人道的拷问,但她拒不泄露游击队的秘密。1941年11月29日,卓娅被德寇吊死在距莫斯科100里之遥的彼特里谢沃村。在那个严寒的冬日,卓娅被押上绞架时,她对村民高呼的是:"同志们!我不怕死。为人民而死是幸福的,永别了,同志们!"卓娅牺牲时18岁。1942年2月16日,苏联最高苏维埃命令授予卓娅"苏联英雄"称号。

1941年7月15日,斯摩棱斯克失陷。9月8日,德军围困住列宁格勒。9月19日,基辅失守。10月初,德军向莫斯科长驱直入,也就在这时,朱可夫接手西线的指挥。7月22日,德军出动了250多架轰炸机对莫斯科实施首次轰炸,结果,有130人被炸死,712人受伤。阿尔巴特街的瓦赫坦戈夫剧院被炸成平地,莫斯科大剧院等近400处建筑物遭破坏。莫斯科局势严重起来,正是在这种情况下,国防委员会在10月8日成立了一个"五人小组",以副内务人民委员谢罗夫为首紧急加快处理莫斯科的疏散问题。根据国防委员会指定的任务,要炸毁412家国防工厂,707家工厂立即停产疏散。10月15日,国防委员会又作出决议,并在同一天将外交使团、苏联最高苏维埃主席团和苏联政府机构迁往备用首都——伏尔加河下游的古比雪夫市(现在叫萨马拉)。同时,还将总参谋部的一个核心小组迁往高尔基市南部的秘密军事基地——阿尔扎马斯。

莫斯科的地铁站全部改为防空处所。1941年11月7日是十月革命24周年,11月6日在"马雅科夫斯基地铁站"里举行了群众集会,7日,在红场上举行了阅兵式。这时,所有的枪炮都用在前线,阅兵时的大炮都是从博物馆里拿出来的。尽管如此,这毕竟是一次鼓舞士气的阅兵,是一次浴血奋战决心的检阅。它向全世界表明,俄罗斯人是不会在敌人面前屈膝的,他们将为胜利而战斗,而胜利也必将是属于他们的。部队走过红场后,就直接奔赴前线,而那些留在莫斯科和后方的妇女、老年人,甚至未成年人就投入了昼夜不停息的疏散和生产之中去。

1941年10月,希特勒的军队沿着莫斯科以西的沃洛科拉姆斯克公路快速挺进。11月中旬时,德国的坦克军群逼近杜波塞科沃村,这里离莫斯科只有120公里。潘菲洛夫将军指挥下的第316步兵师的29名战士防守在村外旷地上的战壕里,他们的任务是阻缓德国坦克的前进。11月16日清晨,德军的20

辆坦克沿着明斯克公路直逼杜波塞科沃村,企图从此长驱直下莫斯科。德国飞机先是狂轰滥炸,又是大炮机枪猛烈射击,在一片沉寂中,德国坦克冲向了战壕。就在这一瞬间,28名战士(其中一名因屈膝向敌人投降被战士们当场处决)向坦克猛烈射击,经过4小时的战斗,他们使德军的14辆坦克瘫痪。黄昏,德军的30辆坦克再次发动进攻。政治指导员克洛奇科夫对战士们说:"伙计们,看来这次我们大家都要死了。俄罗斯是辽阔无边的,而我们已经无路可退。我们的身后就是莫斯科!"战士们的回答是:"我们即使死了也不后退!"经过30分钟的战斗,德军坦克从战壕上,从战士们的尸体上碾了过去。27名战士用自己的血肉之躯,总计击毁了德军的18辆坦克,赢得了保卫莫斯科的宝贵时间。27名战士中23名壮烈牺牲,4名活了下来。这些"潘菲洛夫战士"是苏军中最早出现的英雄集体。23名战士的遗体被村民安葬在自己的村子里,紫色的墓碑上刻着:"1941年,你们的功勋永远活在人民的记忆里。"现在,在旧时战壕的附近,耸立起巨大的"潘菲洛夫战士"英雄群雕,在群雕甬道的尽头,石刻上有一行简洁的字:"在1941年11月的严峻日子里,27名潘菲洛夫的英雄战士在这一阵地上和法西斯占领者进行了生死战斗并取得了胜利。"

1941年7月12日和11月24日,苏联最高苏维埃主席团两次发布命令,要求内务部将因矿工、轻微失职和经济犯罪的犯人提前从劳改营释放,并将他们转送至红军中。为了执行命令,内务部的劳动改造管理总局迅速释放了42万多人。这些人走上战场,在血与火的战斗中或者壮烈牺牲或者建功立业。亚历山大·马特洛索夫就是在这种情况下走出乌法的劳动教养院参加红军的。后来,1943年2月23日,马特洛索夫用自己的身体阻挡住敌人的火力点的射击,保证了部队的胜利进攻。后来,在苏军中,有174人以马特洛索夫的方式在卫国战争中捐躯。关于这些情况,当时的劳改管理总局局长在一份报告中记录了下来:"许多原来的犯人在卫国战争前线表现了临危不惧和英勇献身的精神,为此被授予苏联勋章和奖章。原犯人马特洛索夫、布列乌索夫、奥茨塔夫诺夫、谢尔然托夫、叶菲莫夫被授予苏联英雄称号。马特洛索夫的英雄行为受到了苏联最高统帅斯大林元帅同志的通令表扬。"

德军向俄罗斯中部地区和莫斯科逼进,政府不得不作出的紧急疏散使苏联的经济遭受了极其重大的损失。第一、第二个五年计划期间建设起来的重工业—国防工业大都集中在莫斯科、列宁格勒、哈尔科夫等大城市以及扎波热和顿巴斯地区,而农业条件好和发达的地区也都在俄罗斯中部的黑土区。而这些地方在很短的时间里就成为德军占领的地区。俄罗斯西部、西南和南部地区有 3 万多家工厂，来得及疏散撤走的只有近 2 600 家，它们都是生产飞机、坦克、弹药的工厂。而在这些地区，生产的份额在战前占了很大的比重：铁的产量占 68％，钢的产量占 58％，煤的产量占 63％，铝的产量占 60％，谷物的产量占 38％，糖的产量占 84％。

因此，苏联的战时经济首先就是将疏散的工厂在伏尔加河中下游、乌拉尔山一带、西伯利亚和中亚地区重建起来，这就不得不大规模改变经济发展的布局，使经济发展的重点转移到远离战线的后方来。疏散和重建大致有 3 条线路，一是乌拉尔山一带。1941 年 8 月 29 日，在斯维尔德洛夫斯克成立了一个专门委员会，来动员乌拉尔的资源为国防服务。乌拉尔重型机器制造厂（1943 年生产 T—34 坦克）、乌拉尔车厢制造工厂扩大并迅速运转起来，生产坦克等武器，彼尔姆机械制造厂生产火炮，车里雅宾斯克冶金工厂于 1943 年 4 月投产，等等。在乌拉尔地区有难以计数的军工厂，卫国战争时期苏军使用的武器大部分是在乌拉尔地区生产的。二是，西伯利亚地区，这里成了武器制造工厂密集和研制新武器的绝密场所。上述两个地区，还有着丰富的森林、煤炭、水利和矿产资源，因此就成为战时经济高速发展的地区。三是伏尔加河中下游一带的少数民族共和国。马里埃尔自治共和国成了机器制造、精密仪表、军用木材的精加工企业集中的地区，其中有著名的伏尔加斯克机器制造厂。在楚瓦什自治共和国，首府切博克萨雷地区是搬迁工业集中的地区，其南部的舒梅尔利亚集中了精密仪器制造、拖拉机—坦克制造等大型工厂。鞑靼共和国地区山高林密，地势险要，但有伏尔加河与卡马河的舟楫之便，有 30 多家国防重工业搬迁到了这里，以生产军火武器为主的机器制造和机器加工处于第一位。战争期间，在这里的生产总值中，军事工业占了 83％以上。在乌德穆尔特自治共和国，政府全力发展伊热夫斯克枪支制造厂。境内密布着生产摩托车、内燃机、蒸汽挖掘机、林业机械制造等大型工业企业。莫尔多瓦自治共和国是战时军事国防工业发展的重要基地之一。这里的"阿尔扎马斯—16"是国防人民委员会的一个特别组搬迁的地方，正是在这里开始了苏联核武器的研制，等等。

苏联战时经济的一个根本转变就是全力发展国防工业，集中全部力量生产武器和军火。战争初期的失利使苏联军队所拥有的飞机、坦克、大炮和其他武器严重短缺。因此，不仅军工厂，而且所有民用工厂都在全力生产军需物资。全国成为一个"统一的军营"，因此，中央的集权、严格的命令和无情的处罚就成了必然的现象。国家的一切行动：军事的、经济的、生活的、社会治安的，都得听从国防委员会的命令、最高统帅的命令。生产计划的下达、物资的运输、武器军火的使用、食品和日用品的分配都由中央集权。"统一军营"下的经济的特点是：一切为了前线，一切为了战争；为拯救祖国，个人要作出一切牺牲；超强度的、超极限的劳动条件；不断增加的指标和限额；生活的军事化，等等。

在后方的生产中，劳动主力是妇女和未成年人，他们的工作、流血和牺牲保证了前线的武器和弹药的需要，保证了战斗的胜利。尤其是妇女，她们承担了难以想象的重荷，不分昼夜，不管劳动强度，不计报酬，全力从事生产。由于劳动力的严重短缺，政府还将更多的集中营和劳改营的犯人投入国防重工业的建设。

战时，农业经济的发展仍然保持着落后的状态。大片的集体农庄和国营农场沦为敌人占领区，农产品产量大幅度下降。由于青壮年的上前线，集体农庄和国营农场的生产变得十分困难。农业的生产不得不更多地依靠手工劳动和家庭宅园，农民以自己艰辛的劳动和农产品全力支援战争。卫国战争的胜利进行和战争的最后胜利的重要基础是农民的辛勤和无私劳动。

国防工业的高速发展是以最新军事技术的研制和利用为主线的。在所有的国防工厂，都在集中全部技术力量研制新型飞机、坦克、大炮和其他各种武器。1941年7月10日，国防委员会决议成立科技委员会，负责国防研究中的新科技问题。很快形成了技术力量的集结、研究成果众多，并边实验边投产的新的军事生产结构和布局。1941年上半年，就生产出了科什金、莫罗佐夫和库切连科设计的 T—50 和 T—60 轻型坦克系列、T—34 中型坦克系列和科亭设计的 KB 型重型坦克系列。1943年9月开始批量生产科亭设计的重型坦克——"ИС"。歼击机"雅克—1"、"雅克—3"、"米格—3"、"拉格—3"、"拉—5"、强击机"伊尔—2"、近距离轰炸机"彼—2"、远距离轰炸机"伊尔—4"、夜间轰炸机"叶尔—2"和"TY—2"前线轰炸机先后在1942—1943年间大量生产，供作战部队使用。研究新型的自动射击武器是一个重要的方向。设计师加留诺夫在杰格加廖夫型和什帕金型轻机枪的基础上研制出新型的7.62毫米的重机枪。这种武器性能可靠，可连续射击，组装灵活。1943年5月初，斯大林召开专门会议，研究用加留诺夫机枪武装部队的问题。14日，国防委员会作出决定用这种机枪武装苏军，并命名为"СГ—43"。1943年8月31日，伊戈尔·库尔恰托夫领导的"2号实验室"开始工作，研究原子能问题。谢尔盖·科罗廖夫在特别设计局负责火箭飞行器的研制。这类的研制和研究都是在绝密状态下进行的，有专门的设计组，有专门的保密和保卫措施。在这种研究中还大量使用了在20世纪30年代的"大清洗"中遭到怀疑和惩罚的知识分子,他们都受国防委员会直接领导的特别设计局管理。安德烈·图波列夫是其中最典型的代表,他是著名的飞机设计师。1936年出国访问,回国后被指控泄露航空机密而被捕受审。

由于战时经济的特别需要,对森林、矿产资源等等的开采和利用是粗犷的,对于生产废料和弃置物的处理也是粗犷的。这对周围的环境产生了异常的影响,并对后来的经济发展带来严重问题。

## 六、血战斯大林格勒,库尔斯克坦克大战,列宁格勒被围900天

德国法西斯军队自1941年10月开始的对莫斯科的进攻,在1941年12月6日被科涅夫将军、朱可夫将军和科斯坚科将军指挥的三路兵马所击退。德军不得不放弃莫斯科西部的一些城镇,后撤100—200公里。当然,为了这场莫斯科城下的胜利,苏军也付出了血的代价——伤、亡、被俘和失踪总人数达到了31万多人。但是,莫斯科保卫战的胜利,是苏军在德国法西斯入侵后的第一次胜利,也是希特勒发动战争后,德军遭受的第一次失败。它鼓舞了苏联全体军民的士气和最终战胜德国法西斯的信心。同时,也显示希特勒想以闪电战来征服苏联的计划的破产,战争将是旷日持久的。

1942年1月5日,最高统帅部在没有全面考虑实力和时机的情况下,决定在北起波罗的海南至黑海的广阔战线上,用9个军对德军发动全面的攻势。4—6月,发动了解除列宁格勒围困的战斗,5月,发动解放克里米亚和哈尔科夫的战斗等等。但是,所有这些战斗都没有取得胜利,相反,苏军遭受了重大损失。又出现了战争初期的景象:失地、损兵折将、慌乱、逃跑和俘虏。1942年7月28日,斯大林以国防人民委员的名义签署了第227号——"决不后退一步"的命令。其中说:"在丢失了乌克兰、白俄罗斯、波罗的海三国、顿巴斯和其他地区后,我们的领土少多了,我们的人、粮食、金属、工厂也少多了。我们损失了7000多万居民、1年8亿普特粮食和1年1000多万吨金属。现在,无论在人力资源上,还是粮食储备上,我们都没有了对德国人的优势。再后退——就意味着杀害自己,同时也杀害我们的祖国。"命令把这种情况归罪于各级将士的纪律瓦解、贪生怕死、惊慌失措和逃跑。因此,斯大林命令:"该结束退却了。决不后退一步——这应该成为我们现在主要的口号。"命令要求将

## 第九章 卫国战争

擅自离队的师团级指挥官、指挥员和政治委员送交法庭审判；在每一条战线上，都要把那些"表现怯懦和不坚定的"军官和战士组织到惩罚营里，并把他们派到战线最困难的地段去，"使他们有可能对自己在祖国面前的罪行赎罪"。

在伏尔加河的下游，苏军为保卫斯大林格勒所进行的战争是极其残酷的。1942年8月23日，德军进入斯大林格勒郊区。同一天，德军数百架飞机轰炸该城，市中心的房屋遭到严重破坏，石油流到伏尔加河上，伏尔加河都燃烧起来了。9月13日，德军进入斯大林格勒城里。苏军战士和斯大林格勒的市民为保卫每一条街道、每一幢楼房、每一寸土地进行了艰苦卓绝的战斗。一位名叫巴甫洛夫的中士带领战斗小组，在

斯大林格勒血战

"1月9日广场"的一幢楼房里，坚守了2个月之久。在"马马耶夫山冈"上，德军的占领和苏军的反占领的争夺战进行得尤为残酷。"马马耶夫山冈"上战士的誓言是："和敌人拼到最后一口气！坚守阵地，决不后退一步！与山冈共存亡！""马马耶夫山冈"失守一次，就有另一批战士冲上去，把它夺回来。9月26日，苏军近卫军第13师的英勇战士最终占领了它。"马马耶夫山冈"争夺战成为斯大林格勒保卫战的不屈标志。

保卫斯大林格勒的军事行动计划是在最高统帅部，在新任命的副最高统帅朱可夫和总参谋长瓦西列夫斯基参与下制定的。1942年11月19日，苏军开始名为"天王星"的行动，由瓦杜丁率领的西南战线的军队、罗科索夫斯基率领的顿河战线的军队和叶列缅科率领的斯大林格勒战线的军队包围德军，向斯大林格勒发起最后冲击。1943年1月8日，由罗科索夫斯基和最高统帅部代表签署一份最后通牒，要德军指挥官保卢斯放下武器，保卢斯拒绝。1月10日，苏军开始另一次消灭被围德军的合围行动。德军将士处于一片惊慌失措之中，逃跑和被俘的人员迅速增加，军官中自杀现象频起。在这种情况下，保卢斯在1月24日请求希特勒准予他投降。希特勒不仅不准予他投降，反而要他继续作战，同时还提高了所有军官的军衔，保卢斯被授予元帅军衔。1月30

苏军俘虏保卢斯（前）

日，保卢斯的军队被打散，保卢斯本人龟缩到位于斯大林格勒城中一家百货公司地下室的指挥所里。1月31日，苏军第38摩托化步兵旅的先遣队冲进德国第6集团军的地下指挥所，保卢斯元帅举手投降。1943年2月1日，希特勒说，保卢斯应该自杀，像英雄那样死去，而他却做了投降的坏榜样。又一天，德国广播才向公众宣布了第6集团军的覆没，说他们是为国阵亡，全国举哀。

斯大林格勒保卫战的胜利是巨大的，总共消灭了德军将近15万人，俘获了9.1万人，其中有2 500名军官和24名将军。这次胜利显示了苏军的力量已经大大增强，战时经济已经在发挥巨大的作用。斯大林格勒保卫战的胜利使苏军拥有了前所未有的光荣，它的威名从此远扬。美国总统罗斯福也在1944年5月17日授予斯大林格勒以"英雄城市"的证书，其中写道："我代表美利坚合众国的人民，授予斯大林格勒这一证书，为的是表示我们对它的英勇保卫者，他们在1942年9月13日—1943年1月31日被围期间所表现出的勇敢、精神力量和自我牺牲的钦佩之情，这一切将永远地鼓舞所有自由人民的心。"

1943年7月，苏军和德国入侵者在俄罗斯中部的库尔斯克地区进行了一场大决战。苏联最高统帅部通过自己侦察员获得情报，得知德军将在库尔斯克的凸缘地区发动一次进攻。瓦西列夫斯基元帅和朱可夫元帅建议，由罗科索夫斯基指挥的中央集团军和由瓦杜丁指挥的沃龙涅什方面军，在库尔斯克凸缘地区用炮火阻击德军的出发阵地。这次行动是十分猛烈的，飞机轰炸德军的机场，向敌军集结的地方猛烈炮轰。但是，德军的进攻推迟了2个半到3小时，而且主攻方向不在苏军阻击的中央集团军一线，而在沃龙涅什方向。德军的坦克队从南北两个方向发动了进攻。大量的坦克和强击武器在飞机的配合下冲向苏军阵地。德军遭到苏军的顽强抵抗，但在沃龙涅什战线的一段地区突破了苏军的防线，推进了35公里。7月12日，在库尔斯克南部的凸缘地区，即在普罗哈罗夫卡车站地区，进行了一场大决战。这是一场史无前例的坦克大战,双方投入战斗的坦克和自行火炮总计有 200 辆。苏军在轻型坦克的数量上占优势,而德军在重型坦克上占优势。这是一场恶战,战场上一片火海,爆炸的烟尘遮天蔽日,毒气弥漫。最后,苏军飞机取得了制空权,德军败退。苏军继续进攻,在 8 月 5 日,解放了奥勒尔和别尔戈罗德。就在这一天,在莫斯科,在卫国战争开始后第一次鸣放礼炮,以示对胜利的庆祝。从此以后,苏军每解放一座大城市,莫斯科必定鸣放礼炮,同时以这个城市的名字来命名解放了这座城市的部队。8 月 23 日,乌克兰基辅解放,库尔斯克保卫战胜利结束。库尔斯克凸缘地区也因为这场保卫战而以"库尔斯克弧形圈"闻名于世。

1941 年 7 月 10 日,列宁格勒保卫战开始。9 月 8 日,德军完全包围了列宁格勒,切断了它与其他城市的一切联系。列宁格勒成了一座由列宁格勒军民死守的孤岛。德军不停地轰炸、炮击、断水断电,并且烧毁城郊的粮仓,企图毁灭列宁格勒及其人民。12 月,希特勒下令要"将列宁格勒从地球上消灭掉"。他认为,在苏联战败后,这个人口稠密的地方不再有存在的必要,因此应该不间断地从陆地炮击和空中轰炸毁掉这座城市。在此后的 900 天中,德国飞机对全城进行了狂轰滥炸,列宁格勒房屋倒塌,水管破裂,交通断绝。战火燃遍了城市的每寸土地,每个有生命的物体在顷刻间都会化为灰烬。这时,苏联实行粮食和一切物品的凭证定量供应。在其他地方,粮食定量标准是:工人根据工种的不同,一天的定量为 700—1 200 克,职员——500 克,老人、孩子和残疾人——400 克。而在列宁格勒,工人每天的定量只有 250 克,普通市民——125 克,而且这一定量还不能保证供应。陆路全部被德军封锁,列宁格勒惟一与苏联其他地区联系的通道就是北部的拉多加湖。冬季,结了冰的湖面就成为列宁格勒的"生命之路"。大量的物资和军需品就是从这条路运进列宁格勒的,返回时,运走的是伤员、妇女和儿童。为了补充这条"生命之路"的不足,1942 年 3 月,在拉多加湖下

围困中的列宁格勒

敷设了一条水下输油管道,全长30公里,为列宁格勒的军队输送汽油。

列宁格勒市民在围困中英雄作战和坚守岗位,历经了空前的艰难和痛苦,许多人是因极度饥饿、虚弱而倒下的。列宁格勒遭受巨大的破坏,从1941年9月23日到1944年1月19日,郊区的彼得宫被德军占领,他们把那里的"琥珀厅"整个地运回柏林,把其他宝物洗劫一空。其他的宫殿也遭到洗劫和严重破坏。但是,列宁格勒军民没有放下武器,保卫自己的城市,保卫自己的祖国的那种民族精神,愈是艰辛,愈是昂扬。萧斯塔科维奇的第七交响乐在被围困的列宁格勒高昂地响起,大大激励了浴血奋战的军民。

1944年1月14日,苏军转为进攻,1月27日,解除了列宁格勒的围困。到3月,苏军将德军从列宁格勒城下赶出220—280公里。在1944年的夏天,苏军解放了明斯克,把德军全部赶出波罗的海三国,并向波兰进军。

列宁格勒在被围期间总计有250万居民,结果死亡了将近80万。在列宁格勒北部维堡区的皮斯卡廖夫村,是大规模埋葬牺牲者的墓地。仅在这一地方,就掩埋了47万人。战后,修建了"皮斯卡廖夫墓地",以示对亡者的追悼和纪念。

### 七、恢复军衔,宗教,民族,潜在的"第五纵队"

在斯大林格勒和库尔斯克战役胜利后,为了鼓舞部队的士气,斯大林下令恢复被取消的军队的军衔和军官的称号。斯大林、朱可夫等被授予元帅称号。与此同时,苏联政府还采取了一些宽松政策。

在西乌克兰、西白俄罗斯和波罗的海三国成为苏联的领土后,在20世纪30年代末,苏联国内实际上稍微放松了对东正教的限制,当局希望通过东正教教会和教堂,使边界地区的居民在一个宗教的信仰下服从中央政府的治理。莫斯科东正教圣大牧首公署实际上向这些地区派出了自己的地区主教。1941年6月22日,即德军入侵苏联后代行莫斯科都主教职责的谢尔基就立即向教徒和民众发表了呼吁书,呼吁保卫祖国,并对那些不愿响应这一呼吁的神职人员予以谴责。也就在这时,黎巴嫩圣山教区都主教伊利亚向苏联政府发出呼吁,愿意为拯救俄罗斯国家提供帮助。他在信件中,要求苏联政府开放教堂、修道院、神学院和教会学校;释放被押的神职人员并允许神职人员从前线返回教堂,主持宗教事务。伊利亚都主教还为此与俄罗斯教会和苏联政府的代表进行了密切的接触。

## 第九章 卫国战争

谢尔基都主教对德军占领区的神职人员发出信件，警告他们不得与敌人合作，否则他们就是背叛教会和祖国。谢尔基还发起教会的捐赠活动，以教会的财物来支援卫国战争。以季米特里·顿斯基命名的坦克军团就是以教会的捐赠建立起来的。他还不断地主持宗教游行和各种宗教活动，为卫国战争的胜利祈祷。1943年9月4日，斯大林接见了列宁格勒都主教阿历克西和代理莫斯科都主教谢尔基。他对东正教教会和教徒的爱国活动表示赞赏，并要他们向伊利亚都主教表示感谢，应允将考虑和完成他所提出的要求。斯大林还准予恢复和选举莫斯科和全俄大牧首，建立圣东正教事务管理局。9月8日，谢尔基被选为莫斯科和全俄罗斯大牧首。

此后，陆续有2万座教堂重新开放。其中，有著名的莫斯科近郊的圣三一教堂和乌克兰基辅的山洞修道院等。一系列神学院和教会学校重新开办，其中包括莫斯科显圣教堂中的两年制的神学院等。一批神职人员返回教堂和修道院从事神职工作。这时，在所有的教堂和修道院中，在为战争的胜利祈祷的同时，教徒们也为斯大林的健康和英明领导祈祷和祝福。斯大林对教会的宽容也表现在了他对高层领导人的关系上。这时，在他的身旁就有一些信仰东正教的人，其中，沙波什尼科夫就信教，瓦西列夫斯基元帅的父亲就是神职人员。

东正教教会在卫国战争中起到了团结民众、鼓舞士气的作用。在为战争祈祷、为前线的将士祈祷、为卫国战争的胜利祈祷中，凝聚了一种不可侮、不可屈的俄罗斯民族精神。战后，许多神职人员获得了政府的嘉奖。1947年，斯大林邀请都主教伊利亚来苏联访问。事前，斯大林向莫斯科和全俄大牧首阿历克西斯询问，应该如何感谢伊利亚。阿历克西斯建议向他赠送"喀山圣母像"。

在20世纪30年代末、40年代初，由于农业全盘集体化和"直接工业化"，苏联国内的民族关系是相当紧张的。这种紧张主要表现为对西部边界和北高加索地区的各少数民族的猜疑和不信任。战争爆发后，这种猜疑和不信任迅速发展到敌视的状态。西部边界的非俄罗斯民族被认为是潜在的"第五纵队"，将在德军进攻时起到破坏作用。于是，1941年8月28日苏联最高苏维埃主席团命令："根据军事当局所获得的情报，在伏尔加河沿岸地区的德意志居民中，有成千上万的破坏者和间谍，他们一旦得到来自德国的信号就将在德意志人居住的伏尔加沿岸地区制造爆炸事件。在伏尔加河沿岸地区居住的德意志人中间，有如此大量的破坏者和间谍，这是任何人也没有向苏联当局报告过的，可见，伏尔加河沿岸地区的德意志居民中间隐藏着苏联人民和苏维埃政权的敌人。一旦发生这些破坏者和间谍根据来自德国的指示在伏尔加河沿岸德意志人的共和国里或者在其毗邻地区所策划的破坏活动,并出现流血事件,苏联政府将不得不根据战时法令对伏尔加河沿岸的所有德意志居民采取惩罚措施。为了避免这类不能容许的现象,为了预防严重的流血事件,苏联最高苏维埃主席团认为必须把居住在伏尔加河沿岸地区的所有德意志居民迁居到其他地区去,与此同时,将给他们分配土地,对他们在新区的安置国家将提供帮助。"

这份命令是苏联政府在战时处理国内民族关系的基本决策和方针。从伏尔加河沿岸的德意志居民开始,开始了对一系列少数民族的强行迁移过程(有6个少数民族被整族的迁走),并持续于整个战争期间。贝利亚坐镇北高加索,亲自指挥迁移这一地区居民的秘密行动。1943年11月,内务部的军队强行迁移了这一地区的26 359个家庭的93 139名卡尔梅克人,并用46节车皮运往阿尔泰、克拉斯诺雅尔斯克、鄂木斯克和西西伯利亚地区。1943年11月6日,开始强迫迁移卡拉恰耶夫人,据负责迁移的内务部工作人员报告说,到1944年2月初为止,从卡拉恰耶夫自治州和斯塔夫罗波尔边疆区共迁出了69 267名卡拉恰耶夫人,其中大部分是成年人。他们被用闷罐车运至吉尔吉斯共和国、哈萨克共和国、塔吉克共和国、西伯利亚和极北地区。卡拉恰耶夫自治州随即被取消,首府也被更名。1944年2月中旬,开始迁移居住在与车臣—印古什接壤的达吉斯坦地区和弗拉季高加索市的居民。这里是片极其复杂的山区,全部迁移行动是在一周内完成的。据贝利亚向斯大林的报告,迁出的总人数是459 486人,主要是居住在达吉斯坦和北奥塞梯的居民。

在这一行动之后随即迁移车臣和印古什人。1944年2月上旬的某一天,贝利亚召见了车臣—印古什自治共和国人民委员会的主席莫拉耶夫。他向莫拉耶夫讲述了必须将车臣和印古什人迁走的命令和原委。莫拉耶夫半晌没有讲话,他惊呆了,不知道自己的民族为什么要受到这样的惩罚。他只是咬着牙点头答应保证完成中央下达的任务。随即贝利亚和莫拉耶夫拟订了一个由9个车臣和印古什人组成的工作委员会,负责进行动员解释工作,并挑选出40名党政工作人员到车臣—印古什的24个地区去,组织当地的"积极分子"在群众中间做工作,其目的是要让车臣和印古什人接受最高当局对他们的莫须有的惩罚——全民族被迁走。而贝利亚还通过毛拉和其他有威信的人士做工作,帮助政府进行搬迁。

而事实上,所有这一切只是一个非常秘密计划的最表面的部分。最实质的部分贝利亚已经在2月17日向斯大林报告了。他在报告中说,他已经弄清楚在车臣—印古什自治共和国和与达吉斯坦接壤的地区,共有459 486人。他知道这里是山区,需要迁走的人又这么多,工作是很困难的。所以,他将搬迁工作分为两步:第一步3天,迁走平原、山前区和部分山区的300 000人;第二步4天,迁走所有山区的居民,为150 000人。为了不使一个该迁走的人漏掉,为了不使平原和山前区的居民躲入大山,贝利亚提前派出了内务部的军队和锄奸部队——"斯米尔什"特别小分队将山区团团困住,包围得水泄不通。

为了不使车臣人和印古什人惊慌闹事,为了不让他们发觉当局是用闷罐车皮将他们运走,贝利亚在开始行动前采取了一项欺骗行动。他在给斯大林的报告中说:"我们将把人邀到山前坡地上来,部分坡地用来堆放东西,部分坡地改建为装人的地点。我认为,迁移车臣人和印古什人的行动将会顺利完成。"

1944年2月23日黎明,内务部军队的强迫迁移过程开始。当车臣和印古什人意识到一种可怕的前景在等待他们时,人群骚动了起来,一些人开始反抗。但反抗的人不是被逮捕,就是被立即处决。只有极个别的人,那些极勇敢的、身强力壮的人借着未褪夜色的掩护和对自己故乡小道的熟悉逃进了深山。到上午11时,内务部的军队从各居民点把94 741人赶到了坡地下的装运处,并立即用闷罐车皮运走了20 023人。

当夜,大雪纷飞,迁移行动继续进行。25日晨,贝利亚向斯大林报告说,已经从居民点迁出了333 739人,并用车皮运走了176 950人。26日报告说,到25日晚,已经用车皮运走了342 647人,还有86节车皮正驶往居民集结的地点。到29日,迁移车臣和印古什人的行动全部结束。3月1日,贝利亚向斯大林报告说,已经将478 479人(其中印古什人91 250)装进了火车车皮,共动用了180节车皮,其中的159节已经到达了新的移居点。

3月1日,从车臣—印古什自治共和国的首府格罗兹尼发出了最后一列火车,里面的"移民们"并不是普通老百姓,而是地方党政干部、毛拉和宗教领袖。贝利亚没有因为他们的"帮助"而宽恕他们,他们也是车臣人或印古什人。与此同时,苏军部队中的车臣和印古什官兵也被解除了军籍,关进车厢,被送往他们的亲人已经待在那里的"特别居留地"。

贝利亚的下一步行动是从卡巴尔达—巴尔卡尔自治共和国迁移巴尔卡尔人。1944年3月9日,这一行动全部结束。根据贝利亚的报告,有37 103名巴尔卡尔人被迁往哈萨克和吉尔吉斯。为了这次行动,贝利亚动用了19 000名内务部国家安全部的行动人员、"斯米尔什"锄奸部队和10万名内务部军队的官兵。3月11日,贝利亚还签发专门的命令,要北奥塞梯自治共和国的内务部队参加这次迁移行动。

  对所有这些民族的强迫迁移都是在极短的时间内完成,并且几乎是毫不停留地运送至为这些"移民"准备的"特别居留地"里去的。1944年3月18日,国家安全人民委员部第三局局长的报告里说,在这短短的几个星期的时间里,从北高加索强行迁出的车臣人、卡拉恰耶夫人、巴尔卡尔人和其他民族的人总数为608 749人。

  1944年5月10日,贝利亚在给国防委员会的报告中,向斯大林建议:"把克里米亚鞑靼人作为特别移民流刑犯迁移到乌兹别克共和国去。"他的理由是,克里米亚的鞑靼人背叛了苏联人民,让他们继续住在苏联的边境地区是不适宜的。贝利亚同时向斯大林呈送了处理鞑靼人的《关于克里米亚鞑靼人》的决议草案,其中列明了迁移的程序、地点、负责人和各自的工作责任等。斯大林迅即批准了这一草案,5月11日,即在克里米亚解放后的第二天,国防委员会就通过了这一决议。于是,克里米亚的鞑靼人在官方文件上第一次作为罪犯——"特别移民流刑犯"遭到放逐。这次迁移行动和以前的多次行动一样,都是在人们熟睡的拂晓时分进行的,它从5月18日凌晨持续到5月20日下午4时,共迁出了191 044名鞑靼人,其中送到"特别移民流刑犯居留地"的180 014人,送到前线打仗的6 000人,根据贝利亚的特别指示专门送往莫斯科郊区煤矿的5 000人。

  1944年7月4日,贝利亚向斯大林报告说:"克里米亚的特别移民流刑犯的迁移工作已经全部结束,总共迁出了225 009人,其中鞑靼人183 155人,保加利亚人12 422人,希腊人15 040人,亚美利亚人9 621人,德意志人1 119人,以及外国人3 652人。"这么多的人在不足3天的时间里就全部迁出,是怎么干的?贝利亚自己说得很清楚:"内务人民委员部的23 000名士兵和军官,以及内务人民委员部和国家安全委员部的9 000名作战行动人员参加了克里米亚的行动。"他甚至为此请求斯大林对这些人员的绝对忠诚和有效工作"授予勋章和奖章"。

  1944年的秋天,大量的居民从乌克兰和俄罗斯联邦的沃龙涅什州、布良斯克州、坦波夫州、库尔斯克州、罗斯托夫州迁移进克里米亚,1945年6月30日,克里米亚自治共和国被取消,改建为克里米亚自治州。

  克里米亚的鞑靼人是因为"背叛行为"而第一次被当作罪犯迁移出故乡的。他们最先戴起了"特别移民流刑犯"的政治帽子。而事实上,在最高层的决策人中间,当他们决定要把这些少数民族迁移出境时,是早就把他们打入了另册的。因此,在内务人民委员部里,在1944年3月17日就成立了"特别移民流刑犯管理局"。第一任局长是贝利亚的亲信、国家安全上校库兹涅佐夫。根据库兹涅佐夫写的一份工作报告,可以看出,苏联当局在这时已经明确把在卫国战争期间从北高加索、前卡尔梅克自治共和国和其他地区迁出的少数民族当成了"特别移民流刑犯"。这个新成立的局就是负责对这些"流刑犯"的监督和管理的。它的具体职责是:"协助对特别移民流刑犯的劳动、就业和生活安排;由肃反工作人员对特别移民流刑犯进行侦查看管;对特别移民流刑犯进行登记,并在其入住地点对他们进行监督。"

被迁移的少数民族在新地点的生活、劳动和就业安排更表明了他们不是普通的苏联公民,而是十足的犯人。到1944年8月底,归特别移民流刑犯管理局管理的"特别移民"总计有222.5万人。他们主要被送至地广人稀的集体农庄和国营农场(约115万人)和条件极其艰苦的森林采伐、煤矿开采和黑色冶金工业的工地(约107万人)从事繁重的劳动。他们实际上是被当作劳工、苦役来使用的,因此劳动条件极为恶劣,而生活条件就更为艰苦,没有住房、没有必要的医疗、没有过冬的衣服、没有足够的粮食。所有这一切对这些"特别移民"似乎还是可以忍受的,惟一使他们感到屈辱的是他们在政治上毫无权利。他们的"特居地"由内务部的特别警卫部队日夜看守,特设的特别警卫所和特别警卫司令部几乎对每个"特别移民"立案进行审查,在"特别移民"中建立了侦查告密的情报网。所以,库兹涅佐夫不无得意地向贝利亚报告说,正是由于这些工作,对"特别移民流刑犯"的看管侦查工作在日益加强,对"反革命分子和刑事犯罪分子"的改造工作在日益改善。

"特别移民流刑犯"的这种处境并不是由库兹涅佐夫这样的具体执行者所造成的。国家对"特别移民流刑犯"立有行政大法。1945年1月8日,苏联人民委员会通过了《关于特别移民流刑犯的法律地位》的决议。这一决议的条文是相互矛盾的,它首先指出"特别移民流刑犯享有苏联公民的一切权利",但又作出了一系列特别的限制。这些限制是:由地方政权机构协同内务人民委员部机构安排他们去参加劳动,他们若是违反劳动纪律,得受现行法律的制裁(这就是说,他们没有选择职业的自由,他们的参加劳动是强制性的);不经特别警卫部队司令官的准许,他们不得擅自离开"特居地",否则被视为逃跑,要受到法律制裁(这表明他们没有居住的自由);当家庭中出现生、老、病、死、逃跑的情况时,家长须在3天内向特别警卫司令部报告(这表明他们的一切行动受到看管和监督);他们要严格执行为他们制定的作息制度和遵守社会秩序、服从特别警卫部队司令官的一切命令,违反者要受到 100 卢布罚款和被拘留 5 昼夜的处罚(这表明他们没有行动的自由)。有了这种种严格的限制,决议开宗明义的第一句话——"特别移民流刑犯"享有苏联公民的一切权利就成了障人眼目的漂亮辞藻。

苏联当局不仅对"特别移民流刑犯"本人实行苦役犯的政策,而且对其子女在文化教育上实行种种特殊的限制,并竭力使他们"俄罗斯化"。1944 年 7 月 20 日的苏联人民委员会的第 13287 号命令就明确规定,"特别移民流刑犯"的子女在小学必须学习俄语;他们只能在所迁移进的共和国内的中学和大学学习;若没有内务人民委员部的特许,他们无权离开共和国到别处去学习。

## 八、跨出国界,丘吉尔的密函,雅尔塔会议,攻克柏林,胜利

从 1944 年 3 月起,苏联军队发动全线进攻。1944 年 6 月 6 日,第二战场开辟:美国、英国和加拿大的军队在艾森豪威尔将军的指挥下在法国北部登陆。到 1944 年 8 月,苏联军队已经基本上把德国占领军从国土上赶了出去。在 950 公里长的地段上恢复了苏联原有的国界。8 月后,苏军就跨出国界,在东欧和西南欧的土地上,为最终消灭德国法西斯及其仆从军队而作战。

1945 年 1 月,苏军在波兰华沙城下发起攻击,并在数天内占领了该城。苏德双方都在准备进行一场决战。这时,朱可夫元帅向最高统帅建议,为了作战的需要,由他来统一指挥前线的军队。但是,斯大林没有同意他的建议,决定自己来统帅作战军队,任命朱可夫为白俄罗斯第一方面军指挥官,向柏林进军,原来指挥这一方面军的罗科索夫斯基元帅被调往白俄罗斯第二方面军,白俄罗斯第三方面军由瓦西列夫斯基元帅指挥。三军向柏林进发。

与此同时,苏联和盟国之间战时的合作也面临着新的考验。双方都有着各自的绝密行动计划,双方都想抢先攻占柏林,并对对方的行动充满猜疑和不安。1945 年 1 月 6 日,丘吉尔给斯大林一封密函,探询苏军的动向。他在密函中写道:"艾森豪威尔将军很想,也必须大体上了解,您打算怎么做,因为这自然要反映到他的和我们所有的决定之中","我将非常感谢,如果您能告知我,我们能否指望在 1 月或者在其他的时间在维斯瓦河或者在其他什么地方俄军的强大攻势"。丘吉尔为此向斯大林保证,他绝不会泄露这一绝密情报。对于

## 第九章 卫国战争

丘吉尔的密函,斯大林的回复是:"我们在准备进攻,但是现在的天气不利于我们的进攻。然而,考虑到我们的盟军在西线的情况,最高统帅部决定要加快速度结束准备工作,并且将不考虑天气的情况,不晚于1月下半月,将在中部全线发动反对德国人的广泛的进攻行动。您无需怀疑,为了与我们光荣的盟国军队协同行动,我们将竭尽努力,而且只能这样做。"

1945年2月4—11日,在苏联克里米亚的雅尔塔市的利瓦几亚宫,苏美英三国首脑会晤。这是斯大林、罗斯福和丘吉尔在德黑兰会议后第二次会晤。他们协调了对德作战的最后行动,讨论了战后对德的制裁,原则上确定了战后欧洲和世界的格局——战后的德国将分为4个占领区,建立相应的机构来监督被占领的德国,

雅尔塔会议斯大林(中)来到雅尔塔的利瓦几亚宫

解除德国的武装,消灭或者监督其军事工业,德国要进行赔款,禁止纳粹党并将德国领导人作为战犯送交法庭审判。美英还同意1939年确定的苏联—波兰边界,承认了苏联兼并波兰东部的合法性。苏联同意在欧洲战场的战争结束后2—3个月对日作战,秘密条件是:维持外蒙古的现状,即外蒙古的独立;重新取得在1904—1905年日俄战争中丧失的土地,库页岛、千岛群岛等交予苏联;大连港国际化,苏联在该港享有优越权益;苏联租用旅顺港为海军基地;南满铁路须有苏中合办的公司经营。雅尔塔会议还决定建立"联合国"。

雅尔塔"三巨头"会晤对最后战胜德国法西斯起了重大作用,但是,斯大林、罗斯福和丘吉尔对战后世界格局的安排是一种强权政治,尤其是有关苏联对日作战的秘密协议是背着中国政府订立的。雅尔塔会晤是苏美英三国作为第二次世界大战炮火与硝烟中短暂盟友的事实上的结束,也是斯大林、罗斯福和丘吉尔最后一次聚首。走出利瓦几亚宫的绿色,走出风景如画的雅尔塔,他们就不可能作为盟友再度见面了。他们自己策划的未来世界注定了他们要作

斯大林(右)和罗斯福(中)、丘吉尔在雅尔塔

为对抗者,作为敌人生活在这个世界上。在未来的短暂岁月中,他们都以各自的方式回到了永恒的上帝那里,把他们在这人世上所竭力挣得的和要挣得的统统留给了这个纷争不断的世界。

4月12日,罗斯福总统去世。西线的盟军在向德国柏林快速挺进,斯大林决心要苏军首先攻占柏林并接受德国投降。斯大林向他的元帅们提出了这样的问题:"现在谁将攻克柏林,是我们,还是盟军?"4月16日,朱可夫下达了攻击柏林的命令。清晨,万炮齐发,探照灯同时照亮天空,这景象朱可夫有过文字记述:"每200米一架的140架探照灯刹那间闪出光亮。1 000多亿度的光亮照亮整个战场,使敌人睁不开眼睛,并将我们的坦克和步兵应该进攻的目标从黑暗中暴露了出来。这是巨大的、给人以强烈印象的力量的情景,哦,我这一辈子也没有见过类似的景象!"

4月25日,苏军完成了对柏林的包围。同一天,苏军和美军在易北河胜利会师。4月30日下午,希特勒自杀身亡。当夜,白俄罗斯第一方面军第三集团军攻打国会大厦,将近10时,苏军战士将红旗升上了大厦的圆顶。这面红旗标志着胜利。第三集团军司令员库兹涅佐夫将军当即在电话里向方面军司令员朱可夫报告:"国会大厦上升起了红旗!元帅同志,乌拉!"朱可夫回答说:"亲爱的库兹涅佐夫,衷心祝贺你和你的士兵们所取得的辉煌胜利。苏联人民将永远不会忘记这一具有历史意义的功勋。"5月1日,斯大林发布命令宣告:"白俄罗斯第一方面军部队,在乌克兰第一方面军部队协同下,经过顽强的巷战,彻底粉碎了柏林德军集群,并于今日,5月1日,全部攻占了德国首都柏林这一德国帝国主义的中心和德国侵略的发源地。"5月2日,德国城防司令宣布"停止抵抗"。5月7日,艾森豪威尔将军和蒙哥马利元帅与德国最高统帅部的代表约德尔将军在法国的兰斯签订了德国投降书。但是,斯大林对此行动大有异议,他立即通知朱可夫说:"是苏联人民,而不是同盟国,肩负了战争的主要重担。因此,投降书应在反希特勒联盟所有各国的最高统帅部面前签署,而不只是在同盟军最高统帅部面前签署。"斯大林还强调:"不在柏林,不在法西斯侵略的中心签署投降书的这种做法,我是不同意的。"

5月8日,受降的和投降的齐集柏林东部的近郊小城卡尔斯霍尔斯特。代表盟军最高统帅部的是英国空军上将特德、美国战略空军司令斯巴兹将军和法国总司令塔西厄将军。代表苏联最高统帅部的是朱可夫将军。投降的德国的代表是凯特尔元帅、弗雷德堡海军上将和什图姆普弗空军上将。5月8日24时—5月9日0时43分,举行了德国投降仪式。朱可夫主持受降仪式,他说:"我们,苏联最高统帅部和盟军最高统帅部的代表,受反希特勒同盟各国政府的委托,来接受德国统帅部代表作德国无条件

苏联红旗插上了柏林国会大厦

投降。"凯特尔等3人在投降书上签了字:"我们,这些代表德国最高统帅部的签字者,同意德国一切陆、海、空军及目前仍在德国控制下的一切部队,向红军最高统帅部,同时向盟国远征军最高统帅部无条件投降。"

苏联人民坚持了1 418个日日夜夜的伟大卫国战争到此结束,5月9日成为全体苏联人民的盛大节日——胜利日。1945年6月24日,在莫斯科红场举行了胜利阅兵式。阅兵首长由朱可夫担任,阅兵总指挥是罗科索夫斯基元帅。仪式的最高潮是200名老战士将200面德国法西斯的军旗扔到了列宁墓前的台阶上。

1945年7月17日—8月2日,斯大林、丘吉尔和美国新任总统杜鲁门在柏林近郊的波茨坦会晤,再次讨论了对德国的处理和战后世界的格局问题。8月6日和9日,美国先后在日本的广岛和长崎投下原子弹。8月9日,苏联出兵中国东北。1945年9月2日上午9时4分,在停泊于东京湾的美国战列舰"密苏里"号上,举行了日本投降仪式。9月3日,斯大林签发了《最高统帅给红军和海军部队的命令》,把这一天定为"对日胜利日",其中写道:"为了庆祝战胜日本,在今天对日胜利日,9月3日,21时,我们祖国首都莫斯科,以祖国的名义,用324门大炮齐鸣礼炮24响,向赢得这一胜利的英勇红军部队和海军

斯大林格勒马马耶夫山冈上的第二次世界大战纪念碑群

舰队部队致敬。"

苏联人民为赢得卫国战争的胜利,作出了巨大的牺牲。在整个战争期间,苏联一共损失了2 686.3万人。直接死于战场上为866.84万人,战场上失踪的为200多万人,而其他的1 000多万人则死于德国法西斯的灭绝政策,其中被俘后死亡的330万人,死于奴隶般劳动的290万人,死于集中营的有600多万人。

## 作者点评:

在以往的苏联历史书中,通常绝对地把卫国战争的胜利归功于斯大林的英明的、万无一失的领导,归功于战前的经济体制,尤其是以军事工业为主的"直接工业化"。有了正确的领导和能够提供飞机坦克大炮的重工业,卫国战争哪能不胜利呢?但是,卫国战争的实际进程却表明这种论断是有着很强烈的人为的政治色彩的。

首先,"直接工业化"所建立的重工业在战争初期就被德军的进攻摧垮了,不得不在紧急疏散的形势下,在东部重建生产军需产品的工厂。直到1943年,苏联飞机坦克大炮的生产才走上正轨。而在东部地区的这些军工厂在很大程度上并不是战前经济体制的产物。战前经济体制的特点是:命令性质的硬性计划指标,领导和管理的绝对集中,贯彻始终的全面国防动员,监督性和惩罚性的劳动,人民勒紧裤带的绝对状态。当时,对人们的惟一要求是:为斯大林的社会主义而奋斗。而疏散后在东部建立的经济体制却在相当大的程度上离开了战前经济的轨道,那种绝对的集中,那种自上而下的命令,那种为斯大林社会主义的劳动变得宽松和散淡起来。各部门,各地方,下级机构,当地机构,得以充分发挥自己的积极性和主动精神,以致使疏散工作得以在最短的时间里完成,新工厂得以在最短的时间里建成并开始生产。尽管环境极端残酷,尽管条件极为恶劣,但是人们自愿地、自觉地、舍生忘死地为生产前线所需要的一切而劳动。尽管这时劳动要比战前更艰苦、更分秒必争,尽管生活艰难,更得勒紧裤带,但人们却把这种夜以继日的劳动看作是自己神圣的义务。这时,人们没有了党派的差异,没有了意识形态的分割,没有了内部的争斗,没有了子虚乌有的阶级斗争,大家都在为一个共同的目标而战斗——为了保卫祖国,为了保卫神圣的祖国母亲。这是俄罗斯传统的爱国主义,这是俄罗斯传统的精神情操,这是俄罗斯各族人民对入侵者的永不低头、永不宽恕的精神,是他们传统的英勇、忘我、贡献和牺牲精神。正是依靠这种爱国主义、这种精神情操,俄罗斯人民才在自己的历史进程中,击败和打退了来犯者和入侵者,正是依靠这种爱国主义和精神情操,俄罗斯人民在1812年拿破仑已经占领莫斯科后仍能把法国军队赶出国门。也正是依靠这种传统的爱国主义和精神情操,苏联人民才能最终战胜德国法西斯。

对于这一点,斯大林本人事实上是最清楚的。1941年9月,斯大林曾对美国总统特使哈里曼说过这样的话:"说他们(俄罗斯人)似乎是在为我们而战斗的,但对此我们并没有任何幻想。他们是在为祖国母亲而战斗。"所以,斯大林在1941年7月3日对全国公民的广播讲话中并没有重复"苏联的社会主义"这样的话,所强调的也正是这样一种传统的爱国主义:"历史表明,无敌的军队现在没有,过去也没有过。拿破仑的军队曾被认为是无敌的,可是这支军队却先后被俄国的、英国的和德国的军队击溃了。在第一次帝国主义战争时期,威廉的德国军队也曾被认为是无敌的军队,可是这支军队曾经数次败在俄国军队和英法军队的手中,终于被英法军队击溃了。对于现在希特勒的德国法西斯军队也应当这样说。"所以,斯大林号召俄罗斯人民,"应当表现出我国人民所固有的勇敢、主动和机智"。

其次,"直接工业化"所追求的目标是赶超先进英美国家,体现社会主义的无比优越性。因此,经济的发展始终在两个基本问题上做文章,一是总是强调要在一些生产指标上赶上或者超过英美,比如,在钢、煤炭等指标的制定和执行上始终和英美较劲。二是在增长速度上永远要高速度和超高速度,而且这种速度要一年比一年增长得快(尽管在这方面有许多虚假的和夸张的东西)。因此,在战前的几个五年计划——几个全国性战备动员的经济计划中,所强调的是数量,飞机坦克大炮的数量要超过假想中的敌人,军队的人数也要超过敌人军队的人数。但是,"直接工业化"却在事实上把发展新的军事技术和研制新的武器放在了一边。在30年代中,对知识分子的清洗使这一情况变得更为复杂。所以,到1941年夏天,德国在苏联边界陈兵时,苏联自以为有了几乎相等的武器和兵力而无甚忧惧时,灾难就发生了。苏联还远远没有拥有先进的军事技术,没有德国人已经拥有的先进武器。"直接工业化"用社会主义的美妙而空洞的言辞掩盖了这种发展给苏联国家带来的严重恶果。

　　再次,为卫国战争提供了保证胜利物质基础的并不仅仅是"直接工业化"的结果。过去,这种情况被过分的绝对化和神圣化了。至少有两种情况长期被人们忽略了,一是英美等盟国的援助被置于不值一提的地位。事实上,苏联军队在战争中所使用的武器和装备有相当一部分是来自盟国的援助。下面这组数字可以说明问题:盟国向苏联提供了22 000架飞机(占苏联飞机总数的18%)、13 000辆坦克(占苏联自己生产坦克的12%)、427 000辆载重汽车(是苏联在战时生产的载重汽车的1倍多)、189 000部野战用话机、100万公里的电话线、260万吨石油产品和430万吨粮食。二是忘掉了苏联普通人在物质上作出的巨大贡献,而这种贡献是与"直接工业化"毫无关系的。战争期间,苏联建立了国防基金、红军基金,还发行了各种公债和彩票,苏联人民无私地捐出了1 000多亿的卢布。用这些钱制造了2 565架飞机,数千辆坦克和其他武器。

　　由于把以重工业(实际上是军事工业)为主的"直接工业化"绝对化和神圣化,因此也就把战前经济发展的"计划经济"绝对化和神圣化,从而把斯大林绝对化和神圣化。在卫国战争中,斯大林作为党和国家领导人既有功劳,也有失误,但是,长期以来,人们只讲他的功劳和伟大,从而使他成了神,成了把苏联和苏联人民从战争深渊中拯救出来、赢得战争胜利的惟一一人,似乎没有斯大林,就没有苏联卫国战争的胜利,没有苏联人民的胜利。这显然是与历史事实相距甚远的。

# 第十章 战后苏联

## 一、战后初年，改组，经济转轨，斯大林"个人崇拜"的膨胀

战争使苏联遭受了极其巨大的损失，而人力资源的损失尤其惨重。解决人力资源问题是苏联战后的当务之急。1945年6月23日，苏联最高苏维埃第十三次会议通过了部队复员的法令。根据这一法令，大量的战士复员还乡。战争临近结束时，苏联军队计有1 100万人，复员令一实施，军队人数减少了2/3。此外，还取消了战时的强迫超时工作的制度，实行8小时工作制，恢复节假日和休假制度。与此同时，战时机构开始调整：9月4日，撤销了苏联国防委员会，其职能归属苏联人民委员会。

战后立即着手的另一件重要事情，就是进行苏联最高苏维埃的选举，为恢复经济和重建国家作政治和组织准备。1946年2月2日，联共（布）中央发表文告，规定在2月10日进行苏联最高苏维埃的选举，号召全体选民都来投苏联共产党和非党人士联盟候选人的票。2月9日，斯大林对莫斯科市斯大林选区的选民发表了讲话。斯大林不再提传统的爱国主义，5年来第一次提到了苏联共产党的作用："在卫国战争的日子里，党作为全民反对法西斯占领者的斗争的鼓舞者和组织者，出现在我们面前。党的组织工作将苏联人的全部努力统一起来并引导向一个共同的事业，使我们所有的力量和资源都服从于粉碎敌人的事业。"这时，作为候选人的斯大林是以党的领袖的身份讲话的，他对选民的保证不是他个人的保证，而是党的承诺。所以，他说："至于说到一个更长的时期，党计划组织国民经济的新的强大的高涨，这种高涨将使我们有可能提高我们工业的水平，例如，超过战前的两倍。"斯大林强调说："只有在这种情况

下,我们的祖国才能应付一切偶发事件。"

在选举中,苏联共产党和非党人士联盟的候选人全部当选。1946年3月15—18日,召开了新的苏联最高苏维埃会议第一次会议。3月15日,会议通过了改组政府的法令,即将人民委员会(苏联、各加盟共和国和自治共和国的)改组为部长会议,并决定对部长会议下属各部级机构进行调整。部长会议主席为斯大林,副主席为沃兹涅先斯基、莫洛托夫、伏罗希洛夫、贝利亚、布尔加宁、米高扬和卡冈诺维奇等。什维尔尼克为最高苏维埃主席团主席。深得斯大林信任的日丹诺夫为最高苏维埃联盟院主席。根据沃兹涅先斯基的报告,会议还通过了《苏联恢复与发展国民经济的五年计划(1946—1950年)》,即第四个五年计划。该计划的主要任务就是恢复被战争破坏的经济和对战时经济进行转为和平生产的改造。为此,一些以生产武器和弹药的部进行了改组,迫击炮人民委员部改组为机器制造和仪器制造部,弹药部改组为拖拉机和农业机器制造部,坦克工业部改组为交通运输机器制造部等。在1946年,计划执行的结果是民用工业品的生产有所扩大,军事工厂开始生产一部分民用商品。这使刚从战争灾难中走出来的老百姓看到了某种希望。

也就在这战后的初年,政府加强了对斯大林个人功绩和权威的宣传,斯大林的个人崇拜迅速膨胀起来。斯大林的"个人崇拜"是苏联20世纪30年代"大清洗"的过程中盛行起来的。"大清洗"触及苏联社会的各个阶层。这种"清洗"的目的名义上是要查处和打击一切隐藏的"人民之敌",保卫苏维埃政权,巩固无产阶级专政。而实际上,凡是被认为对抗和反对斯大林的人都统统受到了逮捕、清查和镇压。于是,人们意识到了生存环境的险恶,生存机遇的狭小,面对无可抗拒的威力和死亡,也就不得不去打小报告、告密、诬陷、出卖亲友,从而进行一场舍死求生——舍他人之死,求一己之生的崇拜活动。崇拜这种"清洗"的绝对正确,崇拜这种威力的不可抗拒,于是,进而崇拜进行这种"清洗"、发挥这种威力、操纵这种死亡的机构和领袖。苏联以内务人民委员部为主的无产阶级专政机构正是从此时起才变得森然不可侵犯的,斯大林的个人威望也正是从此时起才有了发展成为一种号令天下的"个人崇拜"的趋势。当时遍及苏联大地的这种对斯大林个人崇拜活动的萌芽和兴起,与其说是辉煌和胜利的威力,不如说是威胁和死亡的震慑所致。然而,"大清洗"以后出现的却不是人们所期待的东西,而是希特勒的入侵。这种入侵对苏联人民是一场空前的灾难。

然而,这灾难却随即变成了一场真正的战争。斯大林在苏军武装部队最高统帅的位置上经历了这个血与火的战争年代,而人民在炮火硝烟中是"祖国至上",也一时忘却了非常的"斯大林个人崇拜"和这种崇拜下的一切奇特的,诸如"大清洗"这样的扭曲现象。失败可以毁掉一切,而胜利却可以创造一切,尤其是像苏联卫国战争这样伟大的胜利。人民进行了战争,也就把辉煌和桂冠带给了斯大林。战后的斯大林有了不容置疑的领导地位和至高无上的威望。如果说,战前的"斯大林个人崇拜"更多的是由权力、强力和威力编织起来的话,那战后的"斯大林个人崇拜"就有了一些实实在在的东西:希特勒的失败,卫国战争的胜利,一个民族走向新生和对美好未来的向往所产生的对领袖的信任、期待和希望。因此,就民意而言,这时,在卫国战争使苏联真正地进入世界强国之列的情况下,苏联大地上也才有了真正的斯大林"个人崇拜",才有了造斯大林为至高无上尊神的无法抗拒的运动,才有了斯大林不可替代的最终神话。

卫国战争期间,苏联军队中共有29名元帅,斯大林是其中之一。其他28名元帅都曾身着戎装,骑马挥刀驰骋于疆场,惟独斯大林没有亲临过战场。战争结束后,斯大林忙于给前方的元帅们、将军们和后方的劳动者们授予"社会主义劳动英雄"称号和颁发"胜利"、"金星"等各种勋章。在战争期间服过军役的3 200万人中,有2 500万人获得各种勋章和奖章,11 600人被授予"社会主义劳动英雄"称号。在后方的劳动者中,有20多万人获得各种勋章和奖章,201人被授予"社会主义劳动英雄"称号。

1945年5月24日,斯大林在克里姆林宫给元帅们、将军们授过勋之后,在为"苏联各族人民中最优秀的民族——俄罗斯人民的健康"干杯之后,突然向满脸红光和喜色的将军们提了一个问题:"要是给斯大林同志授予大元帅的称号,你们觉得怎样?"随即而起的是一片欢呼声和经久不息的、暴风雨般的掌声。惟独朱可夫元帅发出了异议,他对斯大林说:"迄今为止只有佛朗哥和蒋介石这样的孤家寡人才拥有大元帅这个称号。"一个月后,即1945年6月26日,苏联最高苏维埃主席团通过了《关于设立最高军队称号——苏联大元帅》的命令。命令指出,这一称号将授予"战争期间在领导国家的全部武装力量方面为祖国作出了特别杰出贡献的人"。第二天,即6月27日,大元帅这一称号就被授予了苏联武装部队的最高统帅——约瑟夫·维萨里昂诺维奇·斯大林。就这样,斯大林成了苏联历史上,也是俄罗斯历史上拥有"大元帅"称号的第二个国家要人,而第一位则是1812年率领俄国军队打败拿破仑的统帅库图佐夫将军。

然而,这个大元帅称号的授予不是为了进行战争,而是为了战争的胜利,不是为了战争的风云变幻,而是为了和平的歌舞升平。这时,人们似乎都相信,只要有了斯大林,有了对斯大林的崇拜,就肯定会有好日子,会有社会主义的光明未来,而神圣的共产主义当然也就为期不远了。对于斯大林的赞扬就发展到了空前未有的程度,赞美之词泛滥成灾。什么"太阳"、"红太阳"、"永远不落的太阳",什么"父亲"、"伟大的父亲"、"各族人民的神圣父亲",所有这些崇拜和讴歌之词都把斯大林变成了一尊神。当时,有无数赞扬斯大林的信件寄到全苏中央执行委员会主席加里宁的办公室里,其中一封,作者把战争的一切功劳都归因于斯大林。他写道,正是因为"有了伟大的和天才的统帅,苏联元帅——约瑟夫·维萨里昂诺维奇·斯大林同志的英明领导和战略决策,法西斯分子才没有看到莫斯科和列宁格勒,就像永远见不到自己的猪耳朵那样"。他把红军称为"伟大斯大林的红军",说斯大林是优秀指战员的优秀指战员,是将军的将军,是元帅的元帅,是"斯大林培育了盖世无双的英雄"。作者接着用最简练的语言建议设立军队的最高称号:"大元帅"和颁发卫国战争的最高奖章:"胜利"勋章。他说:"'大元帅'——这是红军和红海军的最高指挥官。它象征着红军的光荣、英雄主义和伟大。'大元帅'——这是胜利女神的光荣、是伟大红军的凯旋之神。"他说应该在授予"大元帅"称号的同时把"胜利"勋章颁发给获得"大元帅"称号的人。

斯大林被授予大元帅称号后,《红军报》的画页

信的作者还十分具体地建议"大元帅"服的格式:领口和袖口要滚上金质的桂枝,肩章的四边要缀满金质的流苏,上面要镶上苏联的国徽和一颗大红星,要佩带波纹状的紫红色的、在底端有蝴蝶结的绶带,裤子上要有滚上金质桂枝的饰带,头饰是1812年战争时的样子:两边有两个山羊角的,插上珍稀羽毛的毡帽,只不过上面饰有金质的红军的军徽罢了。作者是完全按照库图佐夫将军的服饰来打扮斯大林的,或者说他心目中的斯大林就应该是这个样子的。

作者的这封信写于斯大林被授予"大元帅"称号之前,也许这只是苏联设立"大元帅"称号的难以计数的动因之一。但是,苏联后来毕竟有了"大元帅"称号,斯大林也拥有了和作者所建议的"大元帅"服样式相差无几的"大元帅"服。战争胜利的辉煌使战后初年的斯大林"个人崇拜"迅速膨胀起来,想尽办法颂扬斯大林,或者想尽办法表明自己是站在颂扬斯大林的人一边的,这成了当时一种迅速蔓延、难以控制的群体效应。

## 二、原子弹和火箭武器的研制,"卡拉什尼科夫"自动射击武器

在波茨坦会议上,当美国新总统向斯大林表示,美国已经拥有一种威力强大的新武器时,斯大林并没有表现出任何惊讶,似乎对杜鲁门所说的武器不屑一顾。而事实上,斯大林的敏锐的目光已经盯在了世界科技进展的最关键点——原子能的研究和利用上。他的战后的决策已经作出——要急速在原子能的研究和利用上处于世界领先地位,并以此来左右历史发展的进程。因此,斯大林早就把苏联的原子弹何时爆炸这个问题提到议事日程上来了。

事实上,在这一方面苏联的情报机构已经做了大量的工作。还在战争进行期间,内务人民委员贝利亚就组织了强大有效的情报网,收集到美英法研究原子能的准确资料。他在1942年3月10日给国防委员会的报告中就详细谈到以汤姆逊教授为首的英国铀委员会的工作情况。贝利亚提到了铀-235,10公斤铀-235相当于1 600吨TNT,一个铀弹价值326 000英镑。他还报告了有关铀的其他数据。

在贝利亚报告的6个月后,国防委员会就颁布了《关于组织有关铀的工作》的命令,责成苏联科学院(由约飞院士负责)恢复对利用铀的原子能的研究,并要他们在1943年4月1日前报告制造铀弹或者铀燃料的可能性。又两个月后,即1942年11月27日,正当斯大林格勒血战不止时,国防委员会作出了《关于开采铀》的决议,责成有色冶金人民委员部在1943年5月1日前要在稀有金属总局所属的塔巴沙尔"B"工厂生产出4吨铀盐,并要在同年的第一季度制订出年生产能力为10吨铀盐的铀企业的计划。

1943年2月11日,斯大林签署了苏联政府的决议,决定成立将原子能用于军事目的工作委员会,负责人是莫洛托夫,其副手是贝利亚。自此,原子能问题成为内务人民委员部的情报机构的头等重要的任务。为了协调这一工作,1944年起,在内务人民委员部成立了一个专门小组,从1945年起这个小组称为"C组"。在他们的努力下,苏联实际上在1945年1月就已经清楚美国制

造中的原子弹的结构。4月,国防委员会命令在科学院系统内成立2号实验室,由40岁的物理学教授库尔恰托夫负责。这个极其秘密并享有各种特权的实验室的任务就是制造实验用反应堆,随后是能从天然铀矿中提炼出钚-239的工业用反应堆。为了建立这个反应堆需要约50吨纯天然铀矿,一开始苏联是在保加利亚的罗多彼山开采铀矿的,后来,国防委员会于1944年12月8日作出了在中亚建立开采铀矿的决定。这个同样是极其秘密的企业就叫6号联合企业,属内务人民委员部九局,由当时的副人民委员扎维尼亚金直接负责。

波茨坦会议后,苏联加速了原子弹的研制工作,1945年8月中旬美国在日本的广岛和长崎投下了原子弹之后,斯大林实际上立即作出了强烈的反应,尽管这种反应是绝密的。苏联领导作出了在最短期限内实现国家"第一号计划",即"铀计划"的决定。1945年8月20日,国防委员会作出了第9687号决议——《关于国防委员会下属专门委员会》的决议。设立这个委员会就是为了对加速铀计划的实施进行全面的监督和领导。该委员会的主席是贝利亚,其成员有马林科夫、沃兹涅先斯基、万尼科夫、扎维尼亚金、库尔恰托夫、贾丕才、马赫涅夫和别尔乌辛。战争结束不久,一些苏军战士在德国的苏占区和美占区的边界上发现了极其大量的明黄色的"油漆",后经专家确认是100吨浓缩铀。这批"战利品"在1945年年底被运到了埃利克特罗斯塔利城的12号工厂(正是在这个工厂里,还在1944年12月就炼出了重达一公斤多的纯金属铀锭),后来这些浓缩铀在那里被加工成用于反应堆的铀件。这一工作就是在这个委员会的领导下,由扎维尼亚金亲自处理的。

为了直接领导原子弹的研制工作,还在苏联人民委员会下成立了第一总局。局长是被解除了弹药人民委员、专任此职的万尼科夫上将。副局长有扎维尼亚金中将、库尔恰托夫院士和来自国家计划委员会、反间谍总局和有色冶金及化学工业部门的主要负责人。一切和铀的研究与利用有关的秘密工业企业和实验室都归这个局领导,其中有生产铀矿开采设备的48号工厂,开采和加工铀矿的6号联合企业,生产金属铀的12号工厂,以放射化学方法生产钚-239的817号联合企业,以气体扩散方法浓缩铀-235的813号联合企业,以电磁分离同位素方式浓缩铀-235的412号工厂,1号、2号和3号实验室以及2号分实验室等。

1946年4月8日,苏联部长会议作出了第806—327号决议,将2号分实验室改组为11号联合企业。这个联合企业的任务十分单一和明确,就是生产核弹。从此,11号联合企业就成了苏联核弹制造的中心。这是个极端保

## 第十章 战后苏联

密的中心,许多年来都不为外人所知。在莫尔多瓦自治共和国和俄罗斯联邦高尔基州接壤的地方有一个叫萨罗沃的小村庄。这里本来有个属于弹药人民委员部的550号工厂,1946年6月21日苏联人民委员会作出决议,将它划属11号联合企业,从此时直到20世纪90年代,萨罗沃就成了11号联合企业的真正的核中心。而萨罗沃村本身却从此从苏联的地图上和一切资料上消失不见了。

所有这些工厂和企业都位于乌拉尔的大山之中,11号联合企业的总部在高尔基城南部的阿尔扎马斯—16(在苏联,就像保密企业编号那样,有编号的城市也是绝密地点),在苏联原子弹的制造中起了重要作用的817号联合企业在车里雅宾斯克-40,等等。11号联合企业负责制造原子弹,有两种方案:一是用钚(代号为РДС-1);一是用铀-235(代号为РДС-2)。按照计划,钚弹应在1948年1月1日前,铀弹应在同年6月1日前进行试验,但这一计划没有完成。1948年2月,决定把核武器的试验推迟到1949年的3—12月。在817号联合企业里,1946年年初开始建造工业用铀—石墨反应堆。当时下的死命令也是要在8月前投入运行,结果推迟到12月25日。具体负责这项工作的是库尔恰托夫的2号实验室,而机床、航空、物理化学等许多部门的高级研究人员、实验室和工厂都参加了这项工作。817号联合企业里有"А"、"Б"、"В" 3座工厂。这3座工厂就是制造原子弹的一条流水线。"А"厂将从工业反应堆上获得的经过辐射的铀块交给"Б"厂,在那里用放射化学的方法从铀块中提炼出钚的浓缩溶液,然后交给"В"厂,在那里用金属钚生产出制造原子弹所需的零件。

这样一个过程是极为复杂的,不是为人的主观意志所能左右的。尽管斯大林曾严厉命令要在他指定的期限内完成原子弹的制造工作,而事实上直到1949年8月5日,817号工厂才完成了组装原子弹所必需的一切零件的制

苏联第一颗原子弹的研制者之一希尔通在原子弹模型前

造工作，并进行完一切必要的试验。8月8日，所有的钚零件都运到了萨罗沃的11号联合企业的核中心。在10—11日夜间，在严密的监视和控制下开始"РДС‐1"钚弹的组装工作。代号"РДС"，这是"俄罗斯人自己制造的"俄文缩写（русские делают сами）。这是苏联的第一颗原子弹，从它开始试验到全部完成用了整整3年的时间。

这时，工程兵部队早已在哈萨克斯坦塞米巴拉金斯克城以西约170公里的荒漠草原上建起了一座巨大的试验场。试验场中心区围有高达37.5米的钢筋水泥隔墙，1 300台物理测量仪器和9 700架测量核辐射的指示器在试验场的各处随时准备启动。一切都是经过准确的计算和严格的设计的，甚至连原子弹爆炸时的风速都"掐算"得很准确：爆炸时只能刮西北风，不能让风向西方泄露苏联有了原子弹的秘密。

1949年8月26日之前，贝利亚和扎维尼亚金以及亚历山大罗夫，还有以库尔恰托夫和谢尔金为首的一个工作组来到了试验场。到8月29日凌晨4时，试验的一切准备工作就绪，但天色突然阴沉起来，风速达到了12—15米/秒，下起了雨。苏联第一颗原子弹的试验不得不推迟到7时开始。接着，一切顺利，云层高处聚集起来的蘑菇云表明"原子弹何时爆炸"的问题已经解决。库尔恰托夫、哈里顿、谢尔金、基科因以及贝利亚和万尼科夫因此被授予"社会主义劳动英雄"称号。

但是，云层还是暴露了苏联爆炸原子弹的秘密。9月3日，美国飞行员在北极上空发现了超标的原子能辐射。1949年9月25日，苏联发表官方通告：苏联研制并爆炸了一颗原子弹。1949年10月18日，进行了另一次试验，代号为"РДС‐3"的原子弹由飞机上扔下。库尔恰托夫、哈里顿和谢尔金第二次获得"社会主义劳动英雄"称号。从1954年起，原子弹的研制工作就在斯维尔德洛夫斯克州的大山和密林中以更大的规模开展起来。那里的"电化仪表"联合企业和车里雅宾斯克、克拉斯诺雅尔斯克和托木斯克附近的许多工厂都是直接从事原子弹研制的企业。

第二次世界大战结束时，美苏两国，尤其是苏联在喷气发动机技术、火箭技术和空间技术的领域中却大大落后于战败国——德国。而苏联领导人始终认为：战争不仅是不可避免的，而且是随时都可能再度爆发的。因此，苏联领导决策，自己应该拥有一支由强大的喷气飞机和火箭武器组成的武装力量，他们相信在未来的战争中，喷气技术和火箭技术将起决定性的作用。所以，战争结束后不久，即在1946年5月13日，苏联部长会议就作出了一份"关于火箭武器问题"的决议,成立了"火箭技术特别委员会"。委员会主席是马林科夫,副主席是乌斯季诺夫和祖博维奇,成员有各部的负责人和有关专家。该委员会的主要任务就是领导、协调和监督各部门的火箭武器的研制和生产工作。在苏联领导人的来往信函中都把这个委员会称为"2号委员会"。在成立火箭技术特别委员会的同一天,还决定成立火箭技术研究中心,任务是复制德国的V-2导弹(远程导弹)和地对空火箭。这个研究中心归属武装力量部,名称是"第88研究所"(是利用德国的赔款、德国的专家和技术,并动用2 000名德国战俘修建起来的)。苏联一代著名的设计师科罗廖夫、西尼尔希科夫、拉什科夫、科斯金、乌曼斯基和伊萨耶夫都在这里从事过研究工作。除了第88研究所外,武装力量部还从事导弹和发射架的研制工作。这方面的研究所和工厂很多,其中最重要的是专门设计局、中央设计局、公共设计局的各编号单位。航空工业部负责研制弹道导弹、导弹和加快飞机速度的固体燃料喷气发动机。一系列民用工业部门都参加了火箭技术的研制工作。卷入力量最大的是拖拉机和农业机器制造部。它研制各种型号的固体燃料导弹的弹药、地对空导弹、固体燃料火箭炸弹和水下鱼雷等。造船工业部研制可控导弹的自动化仪表和电视监控系统。化学工业部生产加速液体火箭燃料自燃的催化剂和研制获取过氧化氢的工业方法。石油工业部研制喷气发动机所需的各种溶剂。后来,到1953年年初,苏联领导人为了进一步促进原子能工业和喷气、火箭及空间技术的发展,专门成立了一个新部——中型机器制造工业部。这名义上也是个民用工业部门,但实质上却是纯粹的原子能工业部、喷气、火箭和空间技术研制部。

经过几年的努力,苏联在喷气、火箭和空间技术方面取得了很大的发展。1947年秋天,苏联的导弹专家们研制出并开始系列生产德国的"V-2"型弹道导弹。这种导弹的代号叫"P-1",是这一年的10月18日在试验场进行首次发射的,其射程是300公里。而到1949年年底,当用"P-1"导弹装备部队时,科罗廖夫领导的工作室研制出了射程为600公里的"P-2"导弹。到50年代初,苏联就研制出了一系列可控的和不可控的导弹,其中相当一部分已经武装了部队。尤其是在1949年,研制出了名称叫作"风暴"的两级地对空导弹。后又经改进和完善,开始在武装力量部的所属工厂成批生产。

1950年年初,斯大林作出了建立莫斯科防空保卫系统的决策。莫斯科的防空保卫系统由四道环行线组成。两道是由"A-100"型雷达站(10厘米波)组成的雷达监视系统,两道部署的是56组"A-200型"地对空导弹和发射架。

而这个防卫系统却有一个令外人无法理解的怪名称——"贝尔库特"。这原来是一个保密代号,是用这一系统的两名主要设计师的名字——贝利亚(这位防卫技术专家就是那位权势炙手可热的政治领导人贝利亚的儿子)和库克先科的字母缩写组成的。"贝尔库特"标志着苏联的喷气、火箭和空间技术的发展和实际应用进入了一个全新的阶段、战后苏联和美国军事力量的竞赛和抗衡进入了一个全新的阶段。

在苏联,战争的结束并不意味着武器研制和生产的停止。除了原子弹和火箭武器,苏联领导人同样关注军队装备的更新和研制、生产和使用新型的常规武器。对射击武器和迫击炮武器研制的关注是苏联领导人一贯的传统,战后,进一步加强了这方面的工作。由国防部负责,加强了对新型武器的研制和定货工作,为此在研究机构、设计部门展开了一次又一次的新武器设计竞赛工作。1947年,苏联的军火工业部门又一次展开了研制新型自动射击武器——冲锋枪的设计竞赛。著名的自动武器设计师加格杰廖夫和加留诺夫以及新人卡拉什尼科夫上士成了初选的胜利者。最后,在国防部专门的鉴定委员会的严格鉴定下,卡拉什尼科夫的自动射击武器获得第一名。鉴定委员会的评语是:"卡拉什尼科夫上士设计的冲锋枪可以用来武装部队。"卡拉什尼科夫冲锋枪被命名为"AK—47",用来装备苏联的全部武装部队。这种冲锋枪既可装备普通士兵,又可以装备空降部队,在400米的距离中它的效率最大,最远射程可达800米,可连续射击30发子弹,轻便,总重量只有3.8公斤。美国一位专门研究"AK—47"的专家评论说:"卡拉什尼科夫冲锋枪的出现在世界舞台上成了苏联进入技术新时代的标志之一。"此后,卡拉什尼科夫又先后设计出了AKM(新型卡拉什尼科夫冲锋枪)、ПК(卡拉什尼科夫式机枪)、ПКТ(卡拉什尼科夫坦克机枪)、РПК(卡拉什尼科夫轻机枪)。卡拉什尼科夫还使苏联军队的自动射击武器统一化和标准化。不仅苏联军队,而且世界各地的军队也都使用这种武器。卡拉什尼科夫被誉为"自动射击武器之王",他的研制生涯成了苏联战后武器研制工作的缩影。

卡拉什尼科夫自动步枪的设计者米·卡拉什尼科夫

## 三、对德国的争夺,富尔敦的"铁幕", 马歇尔计划,两个阵营,"冷战"

战后,战时的盟友:美英法和苏联几乎同时加强了对德国的争夺。德国是欧洲的关键地区,谁掌握了德国,谁就在这一地区有了主动权和控制权;德国的科技发展水平是世界第一流的,谁掌握了德国的科技人员、资料、技术,谁就将一跃而成为世界科技发达的强国。就在战争临近结束的前几个月,即1945年年初,德国空军已经拥有了装备有燃气涡轮喷气发动机的"汉克尔—162"和"阿拉多—234"喷气飞机。它们在6公里的高空,时速可达780—875公里。还有一种装备有液体燃料喷气发动机的"麦塞施密特—163"喷气飞机。它在9—10公里的高空,时速可达950公里。德国人还掌握了无人驾驶喷气飞机的技术,制造出了脉动喷气发动机,有了近音速和超音速飞机。德国还在研制原子弹……

苏联的"2号委员会"曾经调查和实地考察了德国本土以及德国人在捷克斯洛伐克和奥地利的喷气技术的研制中心。它得出的结论是,大量的研制中心、试验台、样机和材料都被德国人销毁了,部分藏匿了起来。而火箭武器方面最著名的专家则被英国人和美国人抢走了。但苏联人并没有来迟,他们还是有了很大的收获,搜罗了相当大一批专家、文件资料、材料样机和实验台上的新科技成果。据该委员会向苏共中央的报告,苏联人仅一年中从德国土地上获得的战利品就有:8枚液体燃料火箭、8枚固体燃料火箭、41台喷气发动机、32台控制仪表、186种用于液体燃料火箭的喷气燃料样品、80种用于固体燃料火箭的燃料样品。

这场争斗因丘吉尔的一番讲话和斯大林的一通答复而明显和激烈起来。1946年3月5日,辞职下野的丘吉尔来到美国,在杜鲁门总统的故乡密苏里州的富尔敦城的威斯敏斯特学院发表了一篇随即引起全世界舆论关注的演讲。他在这篇演讲中以极其形象的语言——"铁幕"两字,描述了进入战后新时期的西方国家和苏联的关系。丘吉尔的演讲中有一句很重要的话,这话是:"就我和俄国人打交道的经验而言,他们是很重视实力的。"这"实力"两字是丘吉尔提出"铁幕"说的依据。丘吉尔强调和苏联打交道要靠实力。对丘吉尔而言,这"实力"究竟是什么呢?它就是以原子弹为代表的军事力量,以石油为代表的经济力量,以美英间合作为代表的政治力量,是这三种力量的综合。丘吉尔的判断是：一是，他知道美国已经有了原子弹，并且在伊朗和沙特取得了更大的石油权益，正在迅速振兴和发展起来；二是，苏联正夜以继日地加紧原子弹的研制工作，并且以各种手段谋求在国外的石油资源，以摆脱困境，从被战争破坏殆尽的经济危机中走出来；三是，他的祖国虽然也在原子弹的研制方面进行着工作，但至今却尚没有具体结果，英国曾经拥有的海外石油基地日益缩小，帝国的势力大大削弱了。此外，英国本土的经济也被战争破坏得很严重，连续长时期的遭受德国飞机的轰炸，国家的财富损失了约 1/4，战争支出超过了 250 亿英镑，国债增加了两倍。这就是说，美国的实力大大增强，苏联的实力经过一段可见的时期后将会大大地增强，而惟有英国却处在动荡不定的十字路口，难以预见到明显的发展和增强。

因此，丘吉尔在富尔敦的讲话只不过是他个人对自己政治宏图不能施展的一种哀叹，并不是一种执政者的决策。不过，他的这番讲话却是暗合所有执政者的心愿的。其实，无论是杜鲁门，还是斯大林，他们都最清楚一个事实，即战后的西方国家和苏联绝不可能再像战时那样合作，即使是西方国家之间的合作也将在新形势下变形，东西方国家之间的新的对抗实际上是不可避免的。就苏联而言，实际上，斯大林也早已在谋划和实施对西方国家的另一种政策，并正在寻找适当的时机公开这种转变。这时偏偏丘吉尔来到了富尔敦，偏偏有了"铁幕"之说，于是斯大林选中了丘吉尔，选中了富尔敦，选中了"铁幕"。于是，斯大林作出了最为激烈和最具挑战性的答复。1946 年 3 月 14 日，他在向《真理报》记者发表的谈话中把丘吉尔称为"战争贩子"。随之而来的是，苏联的舆论把"铁幕"一词的性质说得严重得不能再严重，把"富尔敦"界定为第二次世界大战后东西方"冷战"的开始。从此，在苏联、东欧国家和后来的整个社会主义阵营中，丘吉尔被"盖棺定论"为"冷战的倡导者"、"冷战的枭雄"。

然而，丘吉尔的讲话并没有开始东西方之间的真正"冷战"。苏美之间外交上的公开对抗是在 1947 年年初开始的。1947 年 2 月 10 日，美国副国务卿艾奇逊在一次讲话中提到"俄国的外交政策是侵略性的和扩张性的"。苏联外交部立即作出强烈反应，莫洛托夫亲自修改的对美国政府的照会中，称艾奇逊的讲话是"对苏联的粗暴诬蔑和敌视"。艾奇逊的答复是："我完全认为俄国的外交政策是侵略性的和扩张性的。"他以一种傲然的外交辞令对莫洛托夫说："根据我们的标准，有关这个属于外交政策问题的有分寸的意见并不是污蔑。"

这是一种不发枪弹的对抗，是一种以经济方面的争夺和意识形态方面的较量为主要形式的战争——"冷战"。自此以后，苏美都加快了这一"战争"的进程。1947年4月,美国国务卿马歇尔将军在1947年4月视察了欧洲国家的情况后,得出的结论是:美国必须立即向欧洲提供经济援助,以拯救它免于崩溃。6月5日,马歇尔在哈佛大学作了演讲。他讲话的主要意思是,美国应该帮助欧洲恢复正常的经济状态,这是历史赋予美国的责任和义务。否则那里的政治就不能稳定,和平就没有保障。马歇尔说美国向欧洲提供的经济援助并不是救济,也不是施舍,而是帮助它恢复农业、工业和贸易,使它的经济复苏,最终依靠自己的力量站立起来。马歇尔的这一讲话后经美国国会的批准,就成了被后人称为复兴和重建欧洲的计划——"马歇尔计划"。这个计划,这种决策反映了美国领导人对于经济力量和科技因素在新形势下的作用有着长远的考虑。它事实上是一个从经济上、科技发展上来争夺欧洲,尤其是德国的计划,尽管马歇尔表面上说的是:"我们的政策不是反对任何国家和任何主义,而是反对饥饿、贫穷、冒险和混乱。"

一开始,莫洛托夫和斯大林对这种经济援助的规模、数量和方式很感兴趣,尽管他们对这一计划持很深的保留和怀疑态度。从解密的苏联档案看,至少有三点可以说明他们的这种最初的决策也和美国领导人有着共同的出发点:首先让欧洲从经济上复苏。第一,马歇尔在欧洲访问时,曾到莫斯科与斯大林会晤过,并对斯大林扼要讲述了后来成为"马歇尔计划"的主要内容。当时,斯大林并没有明确反对这种想法,所担心的只是如果实施这一计划的话,美英会放弃要德国赔款的问题。斯大林说:"苏联是不会放弃的",但他也明确表示:"在包括德国的非军国主义化、政治体制、赔款和经济统一等一切基本问题上,妥协还是可能的。需要有耐心,并且不能掉入经济的不景气。"第二,当莫洛托夫得知马歇尔的讲话后,曾经就此事,征询过此时仍能对苏联领导人的决策发挥影响的著名的经济学家瓦尔加的意见。1947年6月24日,瓦尔加给莫洛托夫一份报告。他的主要结论:一是,美国正处于一场危机之中,而且这危机越来越加深。正是这场危机使美国领导人要在欧洲倾销货物,甚至给那些无力偿还债务的国家提供贷款,以摆脱自己的经济危机。所以才有了这个"马歇尔计划"。二是,这一计划完全是针对苏联的,是为了要在欧洲建立一个"反苏集团"。尽管如此,瓦尔加还是建议苏联领导人参加这一计划,苏联至少可以从中取得某种经济利益。第三,当英法两国向苏联发出照会,建议英、法和苏联三国外长在巴黎开会讨论"马歇尔计划"时,莫洛托夫立即让手下的人认真准备参加会议的材料,联共(布)中央政治局于6月21日批准了苏联政府参加巴黎会议的复文,并在22日将苏联将参加巴黎会议的情况向波兰、捷克斯洛伐克和南斯拉夫的领导人进行了通报,随后就派出了一个100人的庞大代表团到巴黎去参加英、法和苏联三国外长的会议,来商讨"马歇尔计划"的具体实施问题。

当英法外长在会议上提出应建立一个统一的全欧洲的组织来实施"马歇尔计划"时,莫洛托夫当即坚决反对。此时此刻的苏联只担心两件事:一是坚持要德国的赔款;二是不能让欧洲成为一个统一的整体。苏联的出发点是,一旦欧洲成为一个整体,苏联将失去这个势力范围。对于苏联来讲,在经过这场战争之后,欧洲成为苏联的势力范围是天经地义的事。而在这一切之中,德国问题是个核心。所以,苏联代表团来巴黎时,政治局在对代表团的指令中强调,苏联代表团在讨论与损害欧洲国家的主权和经济奴役有关的任何援助条款时,都应持反对态度,对于有关统一的欧洲援助计划和相应的统一组织的任何建议,都要加以反对,应坚持德国的赔款问题。莫洛托夫忠实地执行了这一指示,6月30日在表示了反对意见后,退出了会场以示抗议。从这时起,意识形态和政治上的考虑在苏联领导人的决策中占了上风,他们在十字路口选择了这样一条道路:在欧洲国家建立苏联的政治体制,让它们按苏联的经济模式来发展,通过意识形态的影响和政治上的压力来使欧洲复兴。

7月2日结束的巴黎会议作出了决议:7月12日在巴黎召开22个欧洲国家的会议讨论"马歇尔计划"。这22个国家中包括了苏联认为应是自己的势力范围的一系列东欧国家。而东欧国家并不是都无条件支持和执行苏联的政策的。在7月12日的巴黎会议这个问题上,南斯拉夫等国家表示不参加。这时,苏联支持这些国家参加巴黎会议,但目的已不是要它们去认真讨论"马歇尔计划",而是去阻挠这一计划的实施。7月5日,苏联驻贝尔格莱德大使奉命将联共(布)中央的一封信交给了铁托。信中的语言是明确无误的:"我们得悉南斯拉夫准备拒绝参加由英国人和法国人召开的7月12日的巴黎会议。我们很高兴,你们在美国的奴役性贷款问题上表现出了坚定性,但是我们认为,你们最好还是参加会议,派个代表团去,给美国和它的仆从——英国和法国以打击,以阻挠美国人全心全意地去实行他们的计划,然后离开会议,并带走尽可能多的其他国家的代表团。"同样内容的信件还发给了波兰、捷克斯洛伐克、罗马尼亚、保加利亚、匈牙利、阿尔巴尼亚和芬兰的共产党领导人。

但到了7日夜间,苏联又给上述这些国家发出了另一封信件,说是撤回5日的指示,建议各国不出席巴黎会议。苏联人提出了两条理由:一是说英法并不想改变"马歇尔计划"中的奴役小国的内容;二是说该计划实质上是要建立包括西德在内的"西方集团"。与此同时,斯大林还把东欧各国的领导人紧急召到莫斯科来,要他们表态不参加这次会议。几乎所有的国家都表示不参加会议。当然,还是有不理会苏联的指示的国家的。这个国家就是捷克斯洛伐克。它接受了会议的邀请。这使斯大林十分生气。他要捷克斯洛伐克政府立即派个代表团到莫斯科来。7月9日早晨,哥特瓦尔德率代表团飞到了莫斯科。斯大林马上单独接见了哥特瓦尔德,最后通牒式地让他表态不参加巴黎会议。哥特瓦尔德回到旅馆做其他人的工作,大约在5个小时后,斯大林才正式接见了这个代表团。斯大林在讲话中说,捷克斯洛伐克参加会议是斯拉夫国家"战线的决口",是"西方大国的胜利",他甚至带有明显的威胁口吻说:捷克斯洛伐克参加巴黎会议"将证明你们想与旨在孤立苏联的行动进行合作"。这个代表团回布拉格去了,7月11日,政府召开了一整天的紧急会议,最后发表正式声明,宣布取消先前的决定,不参加巴黎会议。对于所发生的一切,当时的捷克斯洛伐克外长说了这样一句牢骚话:"我到莫斯科去的时候是个自由的部长,而回来时就成了斯大林的仆人!"

美国总统杜鲁门于1947年11月召开特别国会讨论"马歇尔计划",并于12月19日向国会提交了一份特别咨文,要求国会批准"马歇尔计划",在4年内拨款170亿美元来复兴欧洲,在1948年的4月1日之前先行拨出68亿美元。但是,直到1948年2月,捷克斯洛伐克共产党人在苏联的支持下镇压了反对共产党的活动,成了名副其实的执政党时,才引起了国会的认真关注。杜鲁门这时警告国会说,若再不批准"马歇尔计划",苏联就会把它的势力扩展到其他"自由国家"。美国国会最后通过了这一计划,1948年4月2日,杜鲁门签署了欧洲复兴方案——"马歇尔计划"。

苏联对"马歇尔计划"的反应从带有疑义的赞同,犹豫彷徨,到坚决反对,并变成一种对西方的实质性的对抗行动,所经历的时间是很短的。除了政治上和意识形态上的动因外,苏联领导人事实上也在其间认真考虑了自己的经济和科技实力。他们显然得出了这样的结论:在复兴欧洲问题上,在经济和科技实力上,苏联是竞争不过美国的。如果走上这样的道路,欧洲,包括现在苏联在那里已经有很大势力的国家,都将成为美国和西方国家的力量。当然,苏联要阻挠这一计划的实施也是办不到的,所以它将决策的天平挪到了政治和意识形态方面来,试图用另一种方法——政治的压力和苏联政治经济体制在东欧国家的移植来复兴欧洲,当然说得确切一些是试图以此来将这些国家稳定和稳固在苏联的势力范围之内。所以,它在莫洛托夫离开了巴黎之后就采取了明显的对抗政策。

1947年9月,成立了共产党情报局。日丹诺夫和马林科夫在会议报告和发言的主要目标,就是要将联共(布)对世界局势的看法和决策、苏联的以阶级斗争、工业化和集体化为纲的建国模式强加于各国共产党和工人党。9月22日,马林科夫在关于联共(布)工作情况的报告中,强调苏联战前的五年计划建设模式是绝对正确的,而这个模式的核心就是工业化、集体化以及与反对它们的内外敌人作斗争。他歌颂了斯大林个人的绝对作用,说"苏联在战争中之所以能取得如此伟大的胜利,是因为我们的祖国在斯大林领导下在前线作了长期的国防准备","这些物质能力是我党在斯大林同志领导下经过3个国民经济发展五年计划建立起来的",而在战后,"斯大林同志详尽地确定了党和苏维埃国家的任务"。9月25日,日丹诺夫在会上作了关于国际形势的报告。他把"马歇尔计划"说成是"美国奴役欧洲的计划",其"目的在于反对欧洲民主主义国家工业化"。更重要的是,日丹诺夫在报告中把参加情报局的共产党和"新民主主义国家"看成是必须绝对服从联共(布)领导和指挥的统一的阵营,并在此基础上提出了"两个阵营"说。他说:第二次世界大战的结果是,"政治力量重新配置。战后,时间消失得越长,国际政治中所出现的两种基本政治趋势就越明显,即世界舞台上现有的政治力量分成了两个基本的阵营:一个是帝国主义的和反民主的阵营;另一个是反对帝国主义的和民主的阵营"。前一个阵营是以美国为首的,后一个阵营是以苏联为首的。他在其报告的结论中又以另一种语言阐述了"两个阵营"说,不过后来正式改定的文本中没有这一段话,而是一字不差地用在了情报局会议的《关于国际形势的宣言》之中。这段话是:"这样一来,就形成了两个阵营:一个是帝国主义的反民主的阵营,它的基本目的是建立美帝国主义的世界霸权和摧毁民主;另一个是反帝国主义的民主阵营,其基本目的是摧毁帝国主义、巩固民主和根除法西斯的残余势力。"

而美国则按照自己的方式——"马歇尔计划"来复兴欧洲,也在事实上和苏联进行对抗。为了表示这种决心,杜鲁门甚至决定把60架在广岛投掷原子弹的那种B—29轰炸机运到英国去。而当美国的大批物资、大批钱财、大量的科技新因素首先涌入德国柏林时,苏联决定封锁柏林,东西方的"冷战"进入了一个新的阶段。1948年3月1日,苏联占领当局开始限制柏林和西方占领区之间以及东西德之间的通讯、交通运输和贸易往来。6月,封锁了通往西柏林的一切海陆通道,并停止向西柏林供电。美国开始通过空运来向柏林运送各种物资和器材,从阿拉斯加调来了C—54运输中队,开辟了一条"空中走廊"。

这种空中强运,促使西柏林在短期内扩建了两个机场,修建了一个新机场,运输、商业和其他部门迅速恢复了生机。这种空中运输在苏联和西方激烈对抗中持续了14个月,出动的飞机近28万航次,运送到西柏林的货物达235万吨。1948年8月间,苏美英法四国就柏林封锁问题进行了多次谈判,8月2日,斯大林亲自参加了谈判,提出了将苏占区的德国马克作为柏林的统一货币的解决问题的先决条件。经过艰难的谈判,西方三国同意斯大林的这一建议,但提出要对苏占区德国马克的发行、流通和使用进行监督。1949年5月,苏联解除了对柏林的封锁。1949年5月23日,德意志联邦共和国成立,10月5日,德意志民主共和国成立。

在"两个阵营"说的思想指导下,苏联加快了自己阵营的发展和巩固。在这方面起到决定作用的是:1949年1月成立了"经济互助委员会"(简称"经互会")。它名义上是促进和协调各成员国的经济发展,但实际上是对抗马歇尔计划的产物。最初的成员国是苏联、保加利亚、捷克斯洛伐克、匈牙利、波兰和罗马尼亚。后来参加的有阿尔巴尼亚、蒙古、东德、古巴和越南。这个"经互会"实际上包括了除中国外的所有社会主义国家。苏联正是通过这个组织来把自己的经济、政治和社会模式推向社会主义阵营国家的。"经互会"也是对不听话的党和国家实施惩罚的一个机构。1949年4月28日,"经互会"的第一次会议就作出同南斯拉夫关系的决议,要求各成员国重审与南斯拉夫的经济协定,停止向南斯拉夫提供任何贷款和任何技术援助,在贸易中仅限于购买南斯拉夫的重要战略原料,等等。这实际上是对南斯拉夫实行了禁运和封锁,不过这是社会主义阵营内部的禁运和封锁。1949年4月,为了遏制苏联在欧洲的争夺,"西方阵营"成立了一个军事和政治集团组织——北大西洋公约组织(简称"北约")。最初的成员有:美国、英国、法国、意大利、加拿大、比利时、荷兰、葡萄牙、丹麦、挪威、爱尔兰和卢森堡。后来参加的有土耳其、希腊和西德。"经互会"和"北约"的相向而立使东西方的、两个阵营之间的冷战进入了一个新阶段。

"两个阵营"所强调的意识形态分歧在社会主义阵营中间也表现得越来越明显和尖锐。1947年,在东欧和东南欧的社会主义阵营国家中,出现了"揭露反对共和国和反对民主的阴谋"的运动,运动起自匈牙利,扩展至罗马尼亚、保加利亚、阿尔巴尼亚和捷克斯洛伐克,最后以南斯拉夫和苏联的决裂告一段落。苏联自认为是苏联红军解放了东欧和东南欧的国家,但是铁托却认为这主要是南斯拉夫人民和军队自己奋斗的结果。他的这一观点在南人民阵线第二次大会的讲话中陈述得十分清晰。1947年9月27日,苏联驻贝尔格莱德大使拉夫连季耶夫当即向斯大林报告了这一情况:"铁托对苏联在这一斗争中给予南斯拉夫的帮助、苏联对整个解放斗争的作用只字未提。"斯大林对此十分不满,这就种下了苏南未来分歧和分裂的祸根。

1947年年底,苏南因为阿尔巴尼亚问题发生分歧,苏联认为阿尔巴尼亚是自己的势力范围,而南斯拉夫则认为阿尔巴尼亚是附属于自己的。1947年1月下旬,铁托决定往阿尔巴尼亚派遣一个师的军队,斯大林对此表示了强烈的不满。2月1日,苏联领导人在给铁托的电报中声称:"苏联认为这种做法是不正常的。"因为,在苏联看来,南斯拉夫既然是苏联的盟国,是社会主义阵营的一员,那就应该无论什么事都要事先和苏联协商,并取得联共(布)领导人的同意。所以,苏联领导人在这封电报中,对铁托进行了威胁:"应该明白,作为南斯拉夫盟国的苏联,不会对南斯拉夫政府事前未同苏联协商,甚至也没有向苏联政府通报而采取的这种行动的后果承担责任。"南斯拉夫代表团在莫斯科就此事和斯大林、莫洛托夫进行了会晤。苏方要求南斯拉夫不要干涉阿尔巴尼亚的事务,要尽快和阿尔巴尼亚结成联邦,一定要按照苏联的模式在南斯拉夫进行社会主义建设。在会谈中,斯大林说:"建立联邦吧,如果你们愿意的话,明天就可以建立","联邦可以解决所有的问题"。对于南斯拉夫要求提供军事装备的建议,莫洛托夫的回答是:"你们要一支强大的军队干什么?我们这里已经有了这样的军队了。"

1948年3月1日,南共召开中央政治局扩大会议。会上,铁托对苏联因政见不同而对南斯拉夫施加的越来越大的压力表示不满,他号召全党"要顶住这个压力","因为这是牵涉到国家独立的问题"。南共的另外两位领导人卡德尔和吉拉斯也指出,苏联不仅在施加经济压力,而且不允许南斯拉夫共产党人按照自己的方式建设社会主义。他们说:"全部问题就在于,是自由地发展社会主义,还是以扩大疆界的办法来发展社会主义。"铁托的结论是:"南斯拉夫已经证实自己的通往社会主义的道路是正确的。俄国人总是用另一种眼光来看待自己的作用。应当从意识形态的角度来看待问题。我们正确还是他们正确?我们正确。他们对民族问题的看法和我们不同。如果为了遵守共产主义的纪律,而有损于某种新理论,这是错误的,我们不是棋盘上的小卒子。我们将依靠自己的力量朝既定目标前进。"南共内部的亲苏派,南共中央政治局委员、人民阵线总书记和财政部部长茹约维奇立即将这次会议的情况通报给苏联。斯大林决定给铁托施加压力,不让其越轨。苏联政府下令黑色工业、有色

## 第十章 战后苏联

冶金、化工、电力和卫生等部门,要它们立即召回在南斯拉夫的专家和工作人员。与此同时,苏联驻贝尔格莱德军事使团团长通知南军总参谋长:鉴于苏联军事顾问被不友好的气氛所包围,决定将他们全部撤回国内。

　　铁托得知这些消息后,马上对通知他的苏联临时代办说:"我不明白究竟发生了什么事,在我们之间会出现这么大的误会。我们对苏联专家一直是友好的,而且以兄弟相待,而且我们正需要苏联的帮助。我不明白这究竟是为什么?"3月27日,最后一批苏联专家撤出南斯拉夫。同一天,斯大林和莫洛托夫给铁托一封信,全面指责南斯拉夫反苏、像托洛茨基那样两面对待苏联、不民主,在党内不搞阶级斗争、让英国间谍当外交部副部长等,并随后将这封信通知了各国共产党。铁托否认这些指责,并指出苏联是利用了南共党内的反党分子。铁托说:"南共中央委员斯·茹约维奇和安·赫布朗是向苏联驻南斯拉夫代表提供不真实和诽谤性情报的罪人。"铁托还义正词严地驳斥了南斯拉夫反苏的说法:"无论我们每个人多么热爱社会主义的故乡苏联,但他热爱同样在建设社会主义的自己的国家绝不亚于热爱苏联,具体来说就是南斯拉夫联邦人民共和国,这个国家的千千万万最先进的人们已经为之牺牲了生命。我们深知,在苏联,人们对此也是这么理解的。"5月9日,茹约维奇和赫布朗被逮捕,12日,被开除出党。当茹约维奇等被捕的消息传到苏联后,斯大林口授了一封给南共中央的信,强烈干预南共对茹约维奇等人的处理,其中有这样的话:"我们是这样理解的,南共中央政治局打算从肉体上消灭他们。联共(布)中央声明,如果南共中央政治局将这一想法付诸实施,联共(布)中央就将认为南共中央政治局是刑事杀人犯。"斯大林决定将南斯拉夫问题交由共产党情报局会议来讨论,南共断然反对这种做法,拒绝参加情报局会议。1948年6月下旬,苏共召开了没有南共参加的情报局会议,会上苏联代表团团长日丹诺夫在报告中给会议定了调子:相信南共中的健康力量定会消除南共的错误路线和做法。结果,南共被开除出情报局和国际共产主义运动。苏南分裂,这是社会主义阵营内部的"冷战"。这种"冷战"不仅立即在社会主义阵营国家中产生了恶劣影响和后果,而且为国际共产主义运动其后的发展、分裂以及苏联的最终解体,埋下了祸根。

　　悄悄的分裂是我们这个世界在获得了战胜法西斯伟大的、历史性胜利后的总的发展趋势。在欧洲,德国一分为二,在亚洲,朝鲜一分为二,在东南亚的一系列国家也出现了一分为二的趋势。第二次世界大战后,苏联和北朝鲜保持着密切的关系。从1949年6月起,苏联和北朝鲜之间有了"贸易议定书"形式的援助关系。根据这一议定书,苏联将向北朝鲜提供各种型号的军用飞机100架,坦克87辆,装甲车57辆,自行火炮102门,登陆艇和橡皮艇等44艘,以及各种枪支弹药和技术装备。但斯大林对于在东北亚和远东地区的争夺持谨慎态度。

1949年9月3日,金日成的私人秘书文日(苏联籍朝鲜人)在会见苏联驻平壤大使馆临时代办通金时转达了金日成的意见,要求苏联准予他们开始反对南方的军事行动,其目的是夺取被南朝鲜人占领的瓮津半岛及附近地区。金日成还认为,如果国际形势允许,他们还准备向南方的深处推进,并进而解决南朝鲜的问题。金日成对他计划中的军事行动充满了极大的信心,他说他们有能力在两周内,最多也只要两个月就能夺取南朝鲜。1949年9月15日,苏联驻平壤大使什特科夫在对莫斯科的报告中再次转述了金日成的想法。金日成认为,在目前情况下,和平方式是解决不了南北双方的统一问题的。他得出的结论是,只能用武力的方式来解决问题。

苏共中央在1949年9月24日召开政治局会议,讨论了朝鲜的局势和金日成的请求。会议的决定是不赞成金日成此时此刻开始反对南朝鲜的军事行动。莫斯科在给什特科夫的指示中,详细说明了不同意的理由,并要什特科夫原原本本地将苏共中央的意见转告金日成。苏共中央决策的依据是两点,即经济上的和政治上的。值得注意的是,苏共中央在考虑时是把经济的因素、科技力量的因素放在第一位的。在这份给什特科夫的指示中是这样说的:"从军事方面来看,绝不能认为人民军已经做好了这种进攻的准备。没有以应当的方式准备好的进攻可能变成拖延时日的军事行动,这些行动不仅不能使敌人失败,反而会给北朝鲜造成相当大的政治和经济困难。鉴于目前北朝鲜与南朝鲜相比并不具备武装力量上的必要优势,所以不能不承认,对南方的军事进攻现在是完全没有准备好的,因此从军事观点来看它也是不能允许的。"

这里至少有三种因素影响了斯大林的决策。一是,苏联在战后正在集中力量,全力、高速地发展原子能事业。这一事业在短期内取得了极大的成功:1949年8月29日,苏联爆炸了自己的第一颗原子弹。二是,随着世界分裂进程的日趋实际化和明显化,苏联重新集中庞大的力量来使国民经济军事化和战争化。战后的第一个五年计划(1946—1950)仍集中大量的财力和物力发展军事工业。1947年5月23日,苏联国家计划委员会就提出了一个生产弹药和爆炸材料的战时动员计划。1948年,坦克、飞机、大炮的生产指标就比1947年要高出三四倍。而到了1950年,苏联的工业的发展就以"A"组工业,即以军事

## 第十章 战后苏联

工业为核心的重工业为主了。在整个国民经济计划难以完成的情况下,军事工业生产计划却在一年继一年地成几倍地超额完成。三是,国家大量的财力和物力用于制造原子武器和发展军事工业,加上1946—1947年间,严重的饥荒,农业的面临危机,工业原材料的短缺是一个十分突出的问题。四是,还有一个问题是斯大林不能不考虑到的,那就是苏联在第二次世界大战中的人力和财力的损失是惨重的,从人心思定这个角度来说,苏联人民不愿意再打一次战争,尤其是在第二次世界大战刚刚结束不久的状态下。

  1949年3月5—14日,金日成亲自去莫斯科会见斯大林,重申了进行军事行动的理由,但斯大林依然没有改口。1950年1月17日,金日成在朝鲜外务省举行的酒会上又重申了自己的观点:游击队不能解决南方的问题,朝鲜的统一只能靠武力、靠战争。他又一次许下诺言:人民军在3天内可以攻占瓮津半岛,如果人民军发动一场全面的军事行动的话,就可以在几天内进入汉城。

  但是,到1950年年初,斯大林开始改变自己的看法。1950年1月30日,斯大林给什特科夫一封信。这时,他不再说这场进攻没有准备好,不再说朝鲜人民军不具有武装力量上的优势,而是说进攻这件事需要很好的准备,不能冒险。他在信中明确地说金日成可为此事到莫斯科来商量。他写道,如果金日成"想就此事和我谈谈的话,那我随时准备接待他并和他谈谈。请把这些话转告金日成,并对他说我准备在这件事上帮助他"。

  这时,斯大林为什么觉得自己对这场进攻已经准备好了呢?这里斯大林的新决策也有几个不可忽略的因素。一是,这时苏联已经初步摆脱了大灾荒造成的严重影响,通过币制改革和调整价格等措施使国民经济的发展有了一线新的生机;二是,军事工业的高速发展已经使战后的苏联具有了强大的军事力量,已经准备好了可以打一场新战争的条件,而为了发展已经成为固定格局的、以军事工业为主的经济,就必须去消耗掉军事工业所生产出来的一切物品;三是,苏联在欧洲和美国的较量已经进入一个稳定的阶段,这时他的目光转向了东方(在苏联领导人的决策中,有个历史传统,即目光首先是对准了欧洲,在解决了欧洲问题之后,才是东方和亚洲);四是,这种新决策和斯大林个人的性格有关。他历来都认为一切重大的决策(国内的和国外的)都得由他自己率先来考虑,而对别人首先提出来的即使是很正确的建议,他都要拖延一定的时间,然后再重新作出相同的决策。

  在给什特科夫信中,斯大林还似乎是离题地写了一整段话:"我对金日成同志有个请求。苏联现在感到铅的严重欠缺。我们希望每年至少从朝鲜获得

25 000吨铅。如果朝鲜能够每年向苏联供应上述数量的铅,它将是对我们的大力支援。我希望金日成不会拒绝这件事。也许,金日成需要我们的技术援助和一定数量的苏联专家。我们准备向他提供这种援助。请把我的这一请求转告金日成同志,并以我的名义请他告诉我他对这件事的想法。"这段话表明斯大林对金日成的支持是有着苏联国内经济发展的迫切需要的,这时苏联国内的以"A"组工业为主,即以军事工业为主的工业发展已经完全回归到战前的道路上去,而不可逆转了,苏联的卫国战争已经表明,这种工业发展,这种经济发展是离不开对战争的准备和战争的进行的。

1950年4月10日,斯大林和金日成再次会晤。6月25日,朝鲜人民军进攻南方,朝鲜战争开始。这是第二次世界大战后,"冷战"逐步升级中的第一场"热战",而这场"热战"是"冷战"的升华和继续。

## 四、经济:回到战前轨道,1946—1947年大饥荒,发行新卢布

尽管第四个五年计划规定了国民经济要转向和平轨道,要生产更多的日用生活必需品,但是,斯大林所寄希望的国民经济的新的、强大的高涨还是完全在"A"组工业,即重工业上。战争加强了斯大林的信念,他认为苏联在战前所执行的"直接工业化"和"农业全盘集体化"路线是正确的,所以他在1946年2月对选民的讲话中,就强调这一点:"战争证明,苏维埃的社会制度是比任何非苏维埃的社会制度更好的社会组织形式。"斯大林的另一个信念是,战争是不可避免的,苏联在资本主义世界的包围之中,一定要走"一国建设和建成社会主义"之路。

因此,加速研制原子弹、火箭武器,竭尽全力研制各种武器,进而进行新的全民动员,就事实上成了斯大林决策的出发点,成了整个国民经济发展中的重中之重。这就决定了以军事重工业为主的经济发展路线必定是第二次世界大战前路线的继续和发展,这也就决定了苏联的经济将习惯性地回归到战前的轨道上来。第二次世界大战前,苏联的经济并没有多少可供后续和持续发展的积累,战争的空前破坏又使这种积累几乎成了零。战后工业的恢复和起步主要靠的是德国的赔款,这种赔款的数额是巨大的,约为马歇尔计划总数的3/4。所以,苏联在和以美国为首的西方国家的争夺中,从不放弃德国,而在德国问题上,又决不允许任何可能导致剥夺这种赔款的企图和措施的付诸实施。

这时,苏联工业的发展有几个重要的特点:一是利用从德国运回的机器设备、原材料,甚至专家重建工业企业;二是首先重建的、投资额最大的、科技含量最高的都是与原子弹、火箭和各类武器的研制有关的工业企业;三是转为民用生产的工业企业,如摩托车、照相机、金属切削车床、光学仪器、机械设备、掘土机、压缩机等企业,都是能迅速重新转到战争轨道上来的;四是民用工业的部分扩大并不意味重工业的投资和生产绝对值的下降。事实上,重工业的绝对值和民用工业的绝对值是同时在增加的,只不过在1946年这一年中,重工业在整个工业中所占的比重有所下降;五是大部分重建和新建工业都位于外高加索、中亚和哈萨克斯坦地区。重工业在五年计划的模式下,沿着战前"直接工业化"的道路发展,工业产值1946年比1945年下降了17%,1947年接近战前水平。但是,农业的发展落后和1946年的大灾荒对于这种以重工业为主的经济发展造成了严重影响和恶劣后果。

农业的困境一直存在,它像一把利剑时刻悬在苏联的上空。而苏联领导人一直不肯承认这样的惨痛事实,反而宣传苏联的农业是世界上最先进的农业,苏联的集体农庄是世界上最幸福的农村。事实上,"农业全盘集体化"使苏联的农业大伤元气,一直没有得到恢复,而在战争中,集体农庄几乎全部瘫痪。战争带给农民最惨重的后果是:劳动力资源大量丧失,有劳动能力的集体农庄庄员人数从1941年1 818.92万人下降到1945年的1 143.09万人;1946年年初,全部农村居民中有劳动能力的人约为7 400万人,而其中半数是复员还乡的残废军人。此外,大牲畜、农业工具和机械大量损失,40%—50%的集体农庄甚至连播种机、割草机等都没有。1945年,全苏的农业总产值只有1940年的60%。因此,农村很少有粮食、原材料、畜产品可向国家提供。

1946年夏天,苏联的欧洲地区——中央黑土区、乌克兰、摩尔达维亚、非黑土区、伏尔加河中下游发生严重旱灾。其中以"苏联的粮仓"而闻名的中央黑土区最为严重。此外,在庄稼长得正常的西伯利亚有涝灾,哈萨克斯坦有雪灾,严重影响了庄稼的收割。1946年的谷物总产量为3 960万吨,比1945年少770万吨。土豆素有"第二面包"之称,战争期间和战后初年,由于凭证供应的粮食不足以维持生活,这种"第二面包"就成了居民的第一粮食。但是,在1946年的旱涝灾害中,土豆的产量只有2 600万吨。牲畜锐减,蔬菜产量也大幅度下降。面对严重的灾情,政府并没有公开这一消息,而是由上至下地采取了一系列保证粮食供应的措施。

由于长期粮食产量不足,苏联实行一种按人口类别、工种差异凭证供应粮食的制度。城市人口和工矿区的人口、农村的"知识分子",即教师、医生等人口由国家凭证供应粮食。战争期间,这种由国家凭证供应粮食的人口逐年大幅度上升:1942年12月为6 180万人,1943年为6 770万人,1944年为7 400万人,1945年为8 060万人。这种上升和战争的需要以及军队人数的骤增密切相关。工矿企业,尤其是国防工业的工人永远是优惠供应粮食的一类人群。1946年灾荒后,国家首先削减了由国家凭证供应粮食的人口数。1947年年初,由国家凭证供应粮食的人口削减了1/4,即约有2 800万人不再由国家凭证供应。其中,半数为老人和孩子。其次是,农村知识分子不再有国家凭证供应粮食。再次是,削减了某些类别的工人的粮食定量,但是,国防工业和重工业的类别的工人仍基本上保持了战时的供应标准(第一类工人,每天800克面包和同等数量的糖和糖果制品,第二类,每天600克面包和同等数量的糖和糖果制品)。

集体农庄庄员传统上是不由国家凭证供应粮食的,1946年,集体农庄庄员约有1亿人,为苏联总人口的58%。国家历来认为集体农庄庄员的责任是向国家上缴粮食,自己的口粮是不成问题的,他们除了领工资外,还有自己的宅旁园地和副业生产。而集体农庄庄员的工资是按劳动日和相应的比价折换成谷物、土豆、蔬菜等来计算的。1946年,工资中的粮食比重急剧下降,甚至低于战争时期农业情况最糟糕的1943年。集体农庄庄员的工资本来就不高,产粮区的一个强劳动力一年劳动300个劳动日,一年的工资收入也不超过150卢布。而且,历来存在迟发和拖发工资的现象,这就意味着集体农民拿不到或者推迟拿到应得的那份包括粮食和土豆等在内的工资。而在1946年,仅在俄罗斯联邦就有20 700个集体农庄(占集体农庄总数的13.2%)根本就发不出按劳动日应该发出的工资中的粮食部分。到了1947年,饥荒使没有劳动能力的人数增加了一倍,集体农庄中不出工和无法出工的现象普遍存在并且越来越严重。

面对这样的严重灾情,面对集体农庄发展的这种每况愈下的实际情况,国家领导人的判断是农村不是没有粮食,而是有粮食采购不上来,是有人在破坏集体农庄的发展。同时,他们还坚持加快发展军事工业、加快发展以加强国防为重点的重工业的路线和方针。因此,政府首先并坚定不移采取的措施是,定期、定量、定价快速采购粮食。1946年7月14日,苏联部长会议和联共(布)中央作出了《关于粮食采购工作》的决议,指出国家规定的粮食采购计划无论如何都要完成。决议还指出,鉴于黑土区、乌克兰、摩尔达维亚歉收,采购的重点地区应放在伏尔加河沿岸地区、乌拉尔、西伯利亚和哈萨克斯坦。决议将未遭灾地区的粮食义务交售额增加50%,以补偿灾区无法交售的数额。为了刺激地方上采购的积极性,中央准许完全完成采购任务的地方可提出13万吨粮食自用。但是,采购计划远远未能完成,到了9月份,形势变得严重起来,9—11月,联共(布)中央不得不频繁开会讨论农村的局势,作出一个又一个决议,对粮食采购工作管到了州和区的具体地方。1946年10月9日《真理报》社论提出,完成粮食采购计划是国家最重要的任务,警告不完成这一计划的人将受到党纪国法的处理。主持中央书记处工作的日丹诺夫不断地对各地区的采购工作表示不满,并且相继处分了一系列地方的党政干部。为了保证采购计划的完成,仿效1932—1933年粮食采购运动的做法,一系列中央负责人被派往各地区监督地方的采购工作。米高扬到哈萨克斯坦,马林科夫到阿尔泰边疆区,贝利亚和国家编制委员会主席梅赫利斯到克拉达尔斯克边疆区,卡冈诺维奇到库尔干州,后来卡冈诺维奇和中央书记处书记帕托利切夫又被派去乌克兰,协助赫鲁晓夫工作。在中央协调这一工作的依然是1932—1933年负责收购工作的安德烈耶夫,他是这一年成立的集体农庄事务委员会主席。这一期间,在以斯大林和日丹诺夫签署的一系列中央的决议和电报中,把采购计划完不成说成是"反国家的行动",反复强调一切党政机构都必须与这种行动作无情的斗争,采取镇压手段,"揭露和审判隐匿粮食的人、窃贼和侵吞者,挖出隐匿的粮食并保证将这些粮食上缴给国家"。

于是,历史在苏联的大地上几乎是没有什么修改地重复起来:自1946年旱灾至1947年,又在苏联政府和农民之间展开了一场对粮食的争夺战,一场剥夺农民的战争。在这场"战争"中,采购工作队节节前进,农民步步后退,最后的失败者自然是农民,粮食(绝大部分是自用粮和口粮)被迅速采购上来。这种采购工作再次被认为是"余粮收集制"。为了接受这些粮食,苏联部长会议在1946年10月17日作出秘密决议,要在纵深地区火速增建临时的储粮站。在1946年10月,在粮食采购如火如荼进行的时候,斯大林提出国内有一种传统的政治动向,那就是利用故意降低了的谷物的统计数字,来解释领导工作的失误。由于这一结果,联共(布)中央就把1946年粮食采购工作的困难完全归罪于中央统计局对收成的统计数字有误。1947年2月3日,部长会议的一份决议中,明确提出:"中央统计局有关1946年收成和谷物总产量的统计数字是有误差的和降低了的。"于是,责成国家计划委员会重新研究谷物的产量和决定新的统计数字,并严令禁止使用旧的统计数字。为了确保中央的这种权威和统一,自1947年6月1日起,在《真理报》等各大报纸上连续刊载各地集体农庄庄员向斯大林保证,要提前完成国家的粮食交售计划,来迎接十月革命30周年。就像1932—1933年那样,粮食危机导致的粮食采购在瞬间就变成了一场自上而下的政治运动,集体农庄并没有得到实质上的发展,反而受到了来自国家越来越大的控制[1947年2月,联共(布)中央决议,在拖拉机站设立政治工作副站长的职位,以加强国家对不听话的集体农庄和不听话的集体农庄主席的监督和控制],农民的生活很艰难,而领袖的威信在直线上升。

城市居民的生活也很艰难。这时,在莫斯科,一个工人的月平均工资是500卢布。但是,实发到工人手上的没有这么多,因为要扣去所得税、军事税、无子女税、认购的公债,其数额总计约为工资的1/3左右。如果工人有私家菜园地的话,还要每年平均缴纳450卢布的土地税。其次是,卢布在不断贬值,通货恶性膨胀。1946年9月初,国营商店凭证供应面包的价格涨了1倍,1公斤燕麦面包售价3卢布40戈比,1公斤小麦面包是5个卢布。除了国营商店的硬性价格外,还有商业价和市场价。在市场上,1公斤面包是40卢布,半公升伏特加酒凭证供应是60卢布,而市场价是100多卢布。一双胶皮套靴的国营市场价格是500卢布。除了增加了对个人的税收外,政府还延续战时发行公债的做法,在大灾荒期间发行了两次总额为450亿卢布的公债,名义上是恢复和发展国民经济。1947年5月4日,苏联部长会议的决议指出:"发行公债的目的是将居民的资金吸引来从事经济和文化建设。"但实际上,政府是想通过发行公债,大幅度减少粮食和商品极度匮乏的压力,抑制居民的购买力,从而抑制恶性通货膨胀。在大灾荒、粮食和工业品极度匮乏、恶性通货膨胀的时期发行如此大数额的公债,一方面表明苏联政府的经济情况十分困难;另一方面表明人民口袋中的钱被政府大量收去,他们的实际购买力急剧下降。所有这些情况都造成了卢布的进一步大幅度贬值,通货更加恶性膨胀。

1947年的夏收要好一些,这使得粮食、土豆和蔬菜的价格曾一度下降,但从11月起,价格又一路飞升。政府不得不采取紧急措施,以免国家经济的继续下滑。1947年12月14日,苏联部长会议和联共(布)中央通过了《关于实行货币改革和取消粮食和工业品凭证供应》的决议。联共(布)中央是早就想实行这一措施的,只是因为1946年的大旱灾而推迟了。1947年9月,马林科夫在情报局会议上就已经提到了这个问题。他说:"农业的成就为今年在苏联取消凭证供应制创造了条件。凭证供应制在战时是必要的,当时需要减少后方的需求以保障前线部队的定期供应。当战争结束,部队复员后,凭证供应制的必要性就下降了,它就应该取消了。苏联政府可以回到正常的商品流通和全面发展生产与需求上来了。"事实上,在大灾之年后实行这一决议的物质基础是十分欠缺的,这正如马林科夫自己所承认的:"许多州发生旱灾,国家粮食储备减少。"决议指出,实行这些措施的目的是为了消除战争的后果,恢复卢布的价值,以便能有更好的条件向统一的价格过度。在这份决议中,盛赞了苏联的政治先进性:现在没有,将来也不会有失业,从业人员在增加,工资在增加,物价在下降。决议允诺,城乡居民将从这一改革中得到巨大的物质好处。但是,决议最后也不得不说,实行这种改革将不得不作出牺牲,大部分牺牲将由国家承担,居民也将承担一部分牺牲。决议以一种充满希望的话语告慰居民:"这将是最后一次牺牲。"

苏联发行新卢布,并规定 1947 年 12 月 16—22 日的两周内,旧卢布以 10∶1 的比例兑换新卢布。存在银行的卢布,超过 3 000 卢布的,可以 1∶1 兑换,国家债券兑换是 3∶1。许多国家公务人员早就知道了要发行新币,因此也早就采取了措施,或是将卢布存入银行,或是通过走后门,将自己的钱转到虚假的机构和部门的账号,或是大量抢购物品,以保证自己的利益不受损失。真正按照国家的规定去兑换货币的只是那些无权无职的小民。取消凭证供应,实际上就是取消多种价格体系,就是取消国家供应的低价格,实行国家统一的商品零售价格,以公开交易来替代国家分配。12 月 14 日,政府决定从国家储备中拿出 17 亿卢布(其中城市 11 亿卢布,农村 6 亿卢布)的商品,来进行贸易。结果是,统一价格接近市场价格的高价位。物价普遍大幅度上涨,普遍上涨了 3 倍。黑面包涨了将近 4 倍,肉涨了 1 倍多,牛奶涨了 2 倍半,糖涨了 3 倍,食用油涨了 1 倍多。这种物价对当时平均工资只有 500 卢布上下的居民来说是承担不了的,对于那些低工资的居民来说,处境就更难了。居民的实际购买力下降,因此,政府不得不一次又一次地降低物价,将涨价了的价格调整到国家物资的供应和居民的购买力基本相适应的状态。

第二次世界大战后最后一次,即第五次降低物价是很能说明降低物价的实质的。苏联部长会议和联共(布)中央第 1558 号决议——《关于再次降低粮食制品国家零售价格》的决议,从 1952 年 4 月 1 日起降价,降价的理由是:"由于 1951 年工业和农业生产领域取得了成就、劳动力增长和产品成本下降。"根据这一决议,面包、肉和肉食制品、奶、油、糖、饼干点心降价的比例在 12%—15% 之间,茶叶、乳酪和鸭鹅的降价降幅为 20%。对于这种降价城市居民的反应有两种,一种是高兴、欢迎,他们大多数是低工资人员,因为他们寄希望于这种降低物价,以便使有限的工资可以买到更多的食品。一位居民在听到新闻广播后,立即上街去看商店,他的反映是:"今天,我去逛商店,瞧瞧卖什么、卖多少钱。物价降得不少,我们现在可以每天至少节省5个卢布,一个月下来,有150—200卢布,这可是笔不小的钱。"但是,在高兴中还有担心和新的希望,一位居民写道:"我希望工业品的价格也能下降,因为,在我看来,我们有一个想法——怎么能穿得更好一些,而现在还不行。"另一种反应是怀疑和否定,这些人大都是政府机构和熟悉国家运作机制的人士。莫斯科法院的一位专家说:"这是十足的假象。首先,在外省依然是什么商品也没有,也不会有,而面包的买卖是按名单清册进行的;其次,居民什么实惠也得不到,因为节省下来的钱总会以任何的借口、以另一种途径从我们这里弄走。"机械制造工业部的一位成本核算师说:"这次降价归根结底不会有什么好处。去年,降低零售价格的同时,就提高了认购公债的数额。而今年,根据内部的计算,零售价格下降将造成约280亿卢布的节余,但是,1952年认购公债的数额是420亿卢布。结果,对劳动群众来说,非但没有节余,反而会损失约140亿卢布。"一位航空工业的主任工程师揭示出了这种降价过程中的花招:"比较便宜的商品在降价后应该更便宜,可是它们却从商店里完全消失了,而较贵的商品,在降价后却比先前更贵了。然而,国家却不会受到任何的损失。"

　　苏联在战后的降低物价主要是从政治方面考虑的。农业发展的不良情况是降低物价的基本决策之点。战后的谷物产量一直徘徊在1910—1914年的水平线上,而国家对农产品的收购价格一直是国家硬性规定的,维持在20世纪20年代的价格水平上。为了让工业有原料,工人和城市居民有饭吃,能在大城市中显示"社会主义的优越性",政府长期以来对农业和农民实行了一种"剥夺"政策。降低物价的主要目的是使更多的农业资金能流进工业、流进城市,平息和消弭这些地方的正在滋生的不满和对抗,以保证以重工业为主的工业化路线的推行。因此,低物价是以损害农民的利益进行的,而且每降一次物价,工资水平必相应下降,国家必定发行一定数额的国家公债来作补偿。在商品和日用工业品依然短缺的状况下,国家所全力保证的是像首都莫斯科这样的面对外部世界的"橱窗"。即使在莫斯科,面包、土豆等仍然非常短缺。所谓降低物价是社会主义优越性的体现的说法是毫无根据的。

　　发行新币和取消凭证供应制实际上只有利于政府和特权阶层。国家希望通过此举来减轻通货膨胀的巨大压力,并在非常情况下保证国家不可动摇的储备。结果,真正被剥夺的便是最普通的居民。关于这一点,苏联财政部部长兹维列夫在1947年4月3日给斯大林的报告中说得很清楚："由于币制改革，国家债务将减少大约700亿卢布，其中因发行新币将减少520亿卢布（包括遗失和下落不明的卢布近40亿），因居民存款和储蓄减少将减少160亿卢布。"兹维列夫也承认广大劳动阶层将受到损失："新币发行应该在废除凭证供应的同时及时进行，以便公开交易能按统一价格进行，这在一定程度上能使广大劳动阶层在兑换新货币时的损失得以补偿，同时减少商品流通时可能出现的一些暂时困难，防止形成收益投机和维护新币的信誉。"

## 五、集体农庄，又一次迁移，赫鲁晓夫的上升

第二次世界大战后，集体农庄出现了两种趋势，一是集体农庄庄员要求脱离集体农庄，自己去经营土地。这种趋势和战时的农业状况有着密切的关系，战争中的集体农庄几乎完全失去了作用，许多农民转向个体经营，战争和国家其他方面对于粮食以及其他农产品的需要也在很大程度上依靠农民自身的经营。事实上，正是这样的农业支撑了国家的反法西斯战争的进程并保证了战争的胜利。战后，农民不愿重新在集体农庄制度下经营，不愿再在那种辛苦种了粮食，而自己无权支配粮食并且不得不被采购制度收缴走几乎全部粮食的体制下工作。这是战后集体农庄农民的普遍情绪和心态。二是由于战争的破坏，集体农庄劳动分配制度未能给农民提供足够的粮食以及有劳动能力人口的严重短缺，农业十分衰败，农业人口处于一种危机性的状态之中。1946年的严重灾情后，饥饿、疾病甚至瘟疫使农民疲惫不堪，普遍不愿意干活，农业生产力直线下降。

对于这种严重状况，农民不断写信向中央反映情况。贝利亚就曾向斯大林汇报过，在1946年11—12月间，仅从沃罗涅什州就发出了4 616封上告信，从斯大林格勒州发出了3 275封上告信。随着政府收购指标的一再加码，1947年、1948年上告集体农庄真实情况的信件也就迅猛增加。1948年9月13日，阿尔泰地区的"克济尔灯塔"集体农庄管理委员会写给中央领导人的一封信是有代表性的："我们请您解释清楚，为什么在我们这里要年复一年地把所有的收获都上缴，而且每个劳动日连一克粮食也分不到，是什么导致集体农庄的经济遭到破坏，导致集体农庄庄员不愿意干活。在战争时期，需要给军队更多的粮食，为了战胜敌人，我们高兴地把所收获的一切毫不吝惜地都上缴了，以便能尽快地恢复国民经济。1948年，我们希望在今年，在完成国家的粮食上缴计

划后能按每个劳动日大约1公斤粮食的标准来分配粮食。现在我们已经提前完成了国家计划的200％,超额上缴计划粮食一倍。但是,尽管如此,联共(布)州委会和区委会给我们的硬性任务是超计划上缴,超出国家计划几倍的任务。这样,每个劳动日就什么也分不到,甚至于连1949年播种的种子都不够。"

  贝利亚承认,所有这些上告和申诉都受到严密的监控。他在对斯大林的报告中把这一切称之为"反苏活动":"反苏因素很明显地使敌对活动猖獗起来,并朝着暴动、恐怖行为方向发展。"斯大林和莫洛托夫等人持相同观点,斯大林屡次指示,要求各级党组织对农村中的"怠工行为"和"破坏者"进行打击和镇压。1946年9月,联共(布)中央和苏联部长会议联合作出《关于消灭破坏集体农庄中农业组合章程行为的措施》的决议。正是在这一份决议中,联共(布)中央不仅指责了集体农庄中的一系列"破坏现象",而且详尽规定了在什么地方、什么时候去播种和收获。但是,决议中所指出的"破坏劳动日制"、"损坏集体农庄土地和财产"的现象却有增无减。到了1948年年初,政府就决定诉诸传统的办法:对"怠工者"和"破坏者"进行剥夺,并将他们迁至边远地区。这首先在乌克兰地区进行了试点。

  1947年的采购活动使集体农庄中"怠工现象"日趋严重,集体农庄庄员大量地退出集体农庄。1948年年初,乌克兰的党的领导人赫鲁晓夫提出了一份将完不成额定任务的集体农庄庄员和个体农户迁移至无人居住地区的法令草案。赫鲁晓夫的依据是沙皇时期的一份法令——《俄罗斯帝国法典》,其中第683条规定:农村公社有权将继续生活在农村并有可能对当地的福利和安全构成威胁的人作出判决,将他们从村庄中迁移出去。1948年2月10日,赫鲁晓夫给苏联部长会议副主席贝利亚递呈了一份报告,要求制定强迫迁移"不遵守劳动纪律的集体农庄庄员"的法律。他在对苏联农村的经济情况和政府采购等措施作了一番太平盛世的粉饰之后,小心谨慎地提及"在许多集体农庄还有极个别的人不愿参加社会公益劳动、靠诚实的集体农庄庄员过着寄生生活"。他所指的"极个别的人"的数字是:1946年,在乌克兰就有86 676人没有干过一天的活,1947年,在繁忙的夏收季节,仅在3个州里就有65 000多"有劳动能力的集体农庄庄员"没有完成劳动定额。赫鲁晓夫所列举的典型的"不遵守劳动纪律"、"寄生生活"的现象是:"靠非劳动收入而生活——买卖牲畜,倒卖肉和其他产品","有自家的菜园子、牛、猪、家禽","根本不在集体农庄里干活儿"。

  1948年2月11日深夜,贝利亚和阿巴库莫夫的内务部系统讨论了这份报告,提出具体意见后,呈交马林科夫、日丹诺夫、苏斯洛夫和克鲁格诺夫。2月21日,苏联最高苏维埃主席团通过了《关于在乌克兰苏维埃社会主义共和国迁移蓄意不参加农业劳动的活动、过寄生生活的人》的决议。这份决议事实上赋予乌克兰地方当局以极大的权力,它可以在集体农庄大会和村民大会的帮助下,将任何人迁移到遥远的地区去。赫鲁晓夫并不到此为止,4月7日,他又给斯大林本人写了一封信,盛赞此项法令在乌克兰实施的积极效果,并建议在全国实行此项法令。稍后,5月26日,马林科夫、日丹诺夫和贝利亚等起草的法令送到了斯大林那里。斯大林赞同这一法令,6月2日,以苏联最高苏维埃主席团的名义公布了这一法令,法令的行文几乎用了赫鲁晓夫报告中的原话。这个法令对农民的惩处是极其严厉的:"由会议参加者用公开表决的方式,以简单的多数作出判决",被判决的人要被迁移到边远的地区去,放逐期为8年,被放逐者在被放逐满5年后方可提出回归故里的请求。第二天,部长会议发布第1871—730号决议,详细规定了执行这一法令的程序,并确定了安置这些被放逐者——"特别移民"的边远地区:鄂毕河、叶尼塞河和勒拿河地区。从6月2日起,这一法令在12个加盟共和国实行,只有波罗的海三国没有受到波及。

这次大规模的迁移行动是针对集体农庄庄员的,因此被集体农庄庄员称为"对集体农庄庄员的剥夺"。直接被迁移的人有33 266人,随行家属13 598人。这种"剥夺"的另一个严重后果是,大批集体农庄庄员离开农村,进入城市,或者被迫转到工业部门去工作。1950年,在俄罗斯联邦,就有136万多农民,在乌克兰有156万农民离开农业地区。全国总计有370万人离开集体农庄。在1945—1953年间,城市居民增长了1 300万。大批年轻的、有知识的集体农庄农民离开集体农庄,导致了农村中老年人和未成年人的数量增加,这对于农村和农业的发展产生了更进一步的消极影响。

赫鲁晓夫因为在乌克兰的出色工作,于1949年起被任命为联共(布)中央书记兼莫斯科州委第一书记,最终来到了斯大林的身边,从一个同僚眼中的"外省人",进入了苏联权力的中枢。

## 六、《星》和《列宁格勒》,"荣誉法庭", "克—罗"制剂,防止渗透

第二次世界大战后,苏联领导人所坚持不懈执行的路线和方针是宣扬苏

联是世界上最先进的国家：政治制度最先进，工业化和农业集体化的建国方针最先进，军事最先进，文学最先进，科学研究最先进和科研成果世界第一，社会最稳定、生活最富裕。领导人的讲话和指示、政府所采取的一切措施都是要使人民相信，苏联的最先进是绝对的现实和绝对的真理。然而，苏联的实际情况恰恰不是这样，生活于其中的老百姓知道得十分清楚。1946—1947年大灾荒所造成的必然后果是城乡人民生活的普遍穷困，对于集体农庄庄员的惩罚和迁移导致了穷困的进一步加剧和民心的不稳。甚至，在1951年7月19日，苏联部长会议还颁发了《与穷困和反社会的寄生分子作斗争的措施》的第2590—1264—C号法令。7月23日，苏联最高苏维埃主席团发布命令，可以动用1948年6月2日迁移集体农庄庄员的命令，来迁移城市里的"寄生分子"。在这些法令和命令的执行过程中，那些因穷困进入城市、流落于街头的人被警察逮捕、监禁并迁移至指定地点。政府所坚持不懈的另一个方面的工作，就是使莫斯科、列宁格勒、斯大林格勒、马格尼托戈尔斯克、顿涅茨这样的大城市和大工矿区成为展现斯大林社会主义优越性、苏联最先进的橱窗，要采取一切措施保证这些城市和地区的粮食和商品的供应，要保证它们的盛世景象。

总之，苏联领导人试图继续战前的"闭关锁国"政策，在与世隔绝的封闭环境中建设"社会主义"，以免除人民的不满、争议甚至反抗，以保持人民心目中"苏联第一"的信仰和对倡导这种第一的领导人的信仰。但是，战后的苏联已经大大不同于战前，战争使封闭的苏联国门敞开了，许多人在不同的场合、以不同的方式接触了过去被宣传为恶魔和地狱的西方社会，亲身体会到苏联并不是在什么方面都是世界第一，而西方社会也不像官方宣传的那样腐败和日薄西山。普通人有了两种社会制度的比较，有了不盲从的审视目光。在这种局面下，领导人最担心的是苏联的真实情况为外人所知，苏联人对外部世界有更多的了解，这样，"苏联第一"就会成为神话，就会失去力量。因此，领导人要求大力宣传社会主义的优越性，宣传工业化的非凡成果和集体农庄天堂般的生活，而对那些灾荒、穷困、物品的短缺、通货膨胀及其他的不幸，国家则是绝对保密，一切都被认为是国家的机密而不得外传。这时，广大群众最关心的是农产品的供应、物价、通货膨胀等问题。1946年9月16日，联共（布）中央宣传鼓动局给各级党组织发出了一封指示信件，对一系列问题作出了统一的答复，要求各地以此为标准，在群众中间做解释工作，以便保守国家的机密。1947年6月9日，苏联最高苏维埃主席团还就这种保密问题颁布了专门的法令，对于国家公务人员泄露国家机密者判处8—12年的劳改营监禁，对于军事人员泄露机密者判处10—20年劳改营监禁,对于个人泄露机密者判处5—10年劳改营监禁。

在以承认和接受"苏联第一"、信仰和赞颂"苏联第一"为核心内容的苏维埃爱国主义的旗号下,对那些正视苏联现实和反映现实的事、人和作品就都被指控为泄露了国家机密,轻则受到批判和"荣誉法庭"的审判,重则被逮捕和监禁。在苏联的文学期刊上,这类反映苏联现实情况或者没有去歌颂"苏联第一"的爱国主义的作品逐渐增多。而文学是联共(布)中央,甚至斯大林本人特别关注的领域,对其的控制一直很严。《旗》、《星》、《十月》等杂志的编辑部组成都得由联共(布)中央来决定。而当列宁格勒的文学杂志《星》和《列宁格勒》发表的这类作品越来越多时,就成了日丹诺夫主管的联共(布)中央宣传鼓动部关注的重点。1946年8月7日,该部部长及该部文学部主任叶戈林就《星》和《列宁格勒》两杂志的问题,联名向日丹诺夫写了一份报告。报告点了一系列诗人和作家的名字,声称阿赫马托娃等人的作品充满了悲观情绪和对生活的绝望,不正确地描述了苏联的爱国主义,美化彼得大帝的形象,甚至把他当作苏维埃国家的象征,没有描写苏联生活中典型的事物,作品是不道德的、凭空虚构的、艺术水平十分低劣的。8月9日,联共(布)中央组织局专门讨论了这两个杂志的问题。会上,斯大林把讽刺作家左琴科和诗人阿赫马托娃等人的作品称为是"大粪"。他对左琴科的评价是:"整个战争过去了,各族人民浴血奋战,而他连一行字也没有写。他尽写些鸡毛蒜皮的事,简直是胡说八道。"对于左琴科的《猴子奇遇记》,斯大林说:"这是最无聊的玩意儿,毫无意义。粗俗的市井笑话。真是弄不明白,为什么一家好杂志要在自己的篇页上刊载这种不值一提的粗俗东西。"斯大林对阿赫马托娃的评价是:"安娜·阿赫马托娃,除了她有个古老的名字,还能在她那里找到什么呢?"在这次会议上,斯大林还抨击了两家杂志的崇洋媚外的思想。他说,"你们那里对外国作家阿谀奉承。苏联人对外国人阿谀奉承,有这个必要吗?你们以此来鼓励卑躬屈膝的感情,这可是个大罪过","你们使人们习惯于这样的感情:我们是次等人,那边的人是上等人,这不对。你们是小学生,他们是老师。这在本质上是不对的"。

8月14日,联共(布)中央组织局作出了《关于〈星〉和〈列宁格勒〉杂志的决议》。这份决议是日丹诺夫亲自起草的,集中批判了左琴科和阿赫马托娃。决议说,左琴科的《猴子奇遇记》"是对苏联日常生活和苏联人的下流诋毁。左琴科以荒唐的漫画方式描绘苏联制度和苏联人,诽谤性地把苏联人描写成无知、落后、愚蠢并且具有庸俗的爱好和习俗的人们。左琴科对我们现实生活恶毒的流氓式的描写带有反苏性质"。决议说,"阿赫马托娃是那种与我们的人民格格不入、空虚无聊而又缺乏思想的诗歌的典型代表。她的充满悲观主义和颓废心理的诗表达的是往昔沙龙式诗歌的审美情趣,停留在资产阶级—贵族阶级的唯美主义和颓废派'为艺术而艺术'的立场上,不愿与自己的人民步调一致,给教育我们青年的工作带来危害,也为苏联文学所不能容忍"。决议强调"苏联第一"的观点和要求:"苏联文学是世界上最先进的文学,其力量在于它除了人民的利益、国家的利益之外没有也不可能有其他的利益","因此,无思想性、不问政治、'为艺术而艺术'的任何说教,都与苏联文学格格不入,危害苏联人民与国家的利益,因而在我们的杂志上不应有其地位"。决议"禁止左琴科和阿赫马托娃之流的作品进入杂志",有关的党政领导也受到了处分。8月27日,部长会议所属的"在出版物中保守军事和国家机密全权委员会"下发指令,禁止销售和在图书馆出借左琴科和阿赫马托娃的著作。

《星》和《列宁格勒》事件从一开始就是一个政治事件,借文学领域中的现象来重申一项领导人的决策:必须承认"苏联第一"的爱国主义,必须承认苏维埃人的爱国主义,必须对苏联的社会主义、工业化、集体化进行歌颂,否则就是不爱国的、反苏的。这项决策的实际目的是使苏联在和西方世界的"冷战"中保持一种高昂的对抗姿态,或者说是苏联方面"冷战"决策在国内政策上的重大反映。因此,在决议公布后,日丹诺夫亲自到列宁格勒去做这方面的工作,以便把宣扬苏维埃的爱国主义和反对崇洋媚外的运动搞得轰轰烈烈。他在列宁格勒作家会议上的讲话中,重申和强调了这种"苏维埃爱国主义"。他说:"作为世界上最先进的文学,苏联文学是在为人民服务、为社会主义服务的基础上形成的。"他要求作家"坚信和歌颂社会主义","我们希望精神文化丰富多彩,希望苏联文化——全人类文化的先锋——繁荣昌盛"。

为了大力推行苏维埃爱国主义并对那些破坏这种爱国主义的人进行惩罚,联共(布)中央决定成立"荣誉法庭"。1947年3月28日,苏联部长会议主席斯大林和联共(布)中央书记日丹诺夫共同签署了《联共(布)中央政治局关于成立苏联各部和中央各主管部门中的荣誉法庭的决议》。决议指出,成立荣誉法庭的目的,是"为了用苏维埃爱国主义和忠诚于苏维埃国家利益的精神教育国家机关工作人员,并使其深刻认识到自己对国家和社会的责任,以便同有损于苏维埃工作人员的荣誉和尊严的不良行为作斗争"。荣誉法庭审查的是不在刑事处罚之列的"苏联各部和中央各主管部门的领导人、工作人员和科学工作者的反爱国主义、反国家、反社会的行为和活动"。决议还决定先在卫生部、商业部和财政部成立荣誉法庭。荣誉法庭裁决有三种：对被告人进行公开的谴责，对被告人进行公开的警告，以及将案件移交侦查机关和法院。决议规定，荣誉法庭的判决是最终判决。

在卫生部首先成立荣誉法庭，是和克柳耶娃与罗斯金教授研制的"克—罗"抗癌制剂密切相连的。克柳耶娃教授是苏联科学院通讯院士、微生物学家，罗斯金是莫斯科大学教授、细胞学和组织学家。他们经过15年多的努力，研制出了对治疗癌症有明显疗效的制剂——"克—罗"制剂。1946年7月，苏联卫生部同意两位学者在这一问题上和美国学者进行合作。随之，一系列美国学者访问了克柳耶娃和罗斯金的实验室，两位教授后来托去美国访问的医学科学院学术秘书柏林将《癌症的生物疗法》一书的手稿、"克—罗"制剂的生产工艺介绍材料和10支制剂送给了美国同行。两位教授的举动触犯了这时意识形态领域中的重要决策：一是泄露了国家机密，损害苏维埃国家的利益；二是反对了正在倡导的苏维埃的爱国主义。1947年2月17日，斯大林曾亲自就此事询问过克柳耶娃和罗斯金，并责成日丹诺夫调查和处理"克—罗"制剂案件。于是，在日丹诺夫的亲自策划下，克柳耶娃和罗斯金教授成了苏联第一个"荣誉法庭"上的最早的两个被告。

1947年5月上旬，苏联卫生部党组织给新任命的卫生部部长斯米尔诺夫一封呼吁书，要求对克柳耶娃和罗斯金的"有损苏联学者和公民的荣誉及尊严的反国家和反爱国主义的勾当"进行荣誉审判。为了此事，身为中央书记和执掌意识形态大权的日丹诺夫亲自证实了两位教授的反国家行为。日丹诺夫于5月30日给卫生部荣誉法庭主席写了一纸声明，其中说到"克—罗"案件是反国家和反爱国主义的案件，"克柳耶娃和罗斯金是不可信赖的苏联公民"，他们的陈述是卑鄙的、不光彩的。6月5日，荣誉法庭第一次开庭审理"克—罗制剂"案件，主席的陈述和公诉人库普里亚诺夫的发言则完全重复了日丹诺夫的声明。他们对苏维埃爱国主义的解释充分体现那个时代的特色，那就是俄国的和苏联的科学具有世界领先权，那种把罗蒙诺索夫的伟大发现的优先权安到拉瓦锡头上，把无线电通讯的发明者由波波夫变为马可尼等的行为，都是"截获、剽窃和占有伟大的俄国人民的科学和文化成果"，都是"崇尚资产阶级文化、崇洋媚外"的结果。甚至两位教授用英语发表研究成果也被指责为是背叛了苏维埃国家的利益。库普里亚诺夫说，"罗斯金教授不想明白，真正的俄国学者更愿意在家里，在祖国发表自己的作品，然后，这些作品才能作为杰出的发现和世界科学成就在国外报刊上转载","罗斯金教授应该知道,俄语是世界上最丰富和最发达的语言之一,早已成为国际语言。俄语是最早摆脱地主和资本家压迫的伟大人民的语言,是为全世界指明社会主义道路的人民的语言。正如现在没有苏联的参加就不能解决国际事务一样,目前没有俄语就不会有真正的文化和文明"。

实际上,荣誉法庭对两位教授的核心指责只是一条,那就是由于"克—罗"制剂被送给了美国人,因此"使苏联在这一重大科学发现中的优势(优先权)受到威胁,并给我们国家的利益造成严重损失"。通过这种荣誉审判,进一步宣扬和推进了以"苏联第一"为核心内容的苏维埃爱国主义。法庭成员、公诉人和日丹诺夫都用斯大林的一句话概括了这种苏维埃爱国主义:"最次的一个苏联公民,只要他摆脱了资本的桎梏,也比任何一个套着资本主义桎梏的外国高官高出一头。"荣誉法庭的最后判决是:"对克柳耶娃和罗斯金教授提出公开警告。"

鉴于这一审判的重大政治意义,并联系到有关《星》和《列宁格勒》等决议,联共(布)中央在7月16日向苏联党政军领导人发出了一封内部信件,指出反爱国主义的根源,一是"我国某些知识分子仍然是万恶的沙皇俄国的残余的俘虏";二是"周围资本主义国家对我国知识分子最不坚定阶层的影响"。而所应得出的主要教训是:"用苏维埃爱国主义和忠于苏维埃国家利益的精神来教育苏联知识分子","荣誉法庭是教育我国知识分子的一种新型的而且是非常有效的形式,必须加以鼓励和发展"。这就实际上表明,在战后时期,苏维埃爱国主义运动的推行和深化将以"荣誉审判"——公开讨伐知识分子为中心继续下去。

1947年9月23日,联共(布)中央决定在联共(布)中央机关中建立"荣誉法庭"。在29日的成立大会上,中央书记库兹涅佐夫在讲话中列举了一系列反爱国主义的行为,其中的主角都是知识分子、科学家,而且这一切都和外国间谍机关的活动有关。因此,他认为,当前的主要任务就是"实现相当一部分知识分子的意识的根本转变"。不许有未经中央审查的书籍出版,不许传播英美资产阶级的文学,不许传播小道消息,不许有损害苏维埃国家利益的文字发表,不许有反苏言论,等等。一切都要像斯大林所教导的那样,保持高度的革命警惕性,发扬苏维埃爱国主义。因此,联共(布)中央机关工作人员大会关于成立荣誉法庭的决议中就这样明确了自己的任务:"我们要让我们的领袖和导师、亲爱的斯大林同志相信,我们将以无限忠于列宁—斯大林的党、无限忠于我们强大的苏维埃国家的精神,把自己的全部力量贡献给对我们的知识分子和我们党及国家机关工作人员进行布尔什维克教育的事业!"

1948年12月27日,联共(布)中央组织局再次作出决议,对杂志《旗》进行了惩罚。原因是杂志上发表了作家梅里尼科夫的《编辑部》、卡扎凯维奇的《草原上的两个人》和亚诺夫斯基的《医生之心》等作品,而这些作品没有歌颂苏联的真正生活,而把一些罪犯、被判刑的和庸俗的小人当作歌颂的主角。《旗》的命运是和《星》及《列宁格勒》的命运相同的。后来,这种"爱国主义"的运动扩大到了对犹太人的迫害上。1947年年底一些犹太人组织的领导人被捕。1948年2月3日,中央书记处通过了《关于解散犹太作家联合会和查封以犹太语出版的期刊》的决议。1948年年初,苏联犹太人反法西斯委员会的主要负责人、著名演员米霍埃尔斯死于国家安全部(受命于斯大林)工作人员精心安排的车祸之中。年底,该委员会因"反苏维埃的"、"反爱国主义的"、"民族主义的"的罪行以及与国外犹太人有联系而被解散。1949年3月,借口国家犹太剧院的财务状况不佳,关闭了该剧院。于是,反犹主义作为苏维埃爱国主义的一个重要组成部分,发展成为"反对'世界主义'"的运动,涉及了苏联社会生活的广泛领域。斯大林本人甚至因为伏罗希洛夫和莫洛托夫的妻子是犹太人,而动摇了对他们的信任。莫洛托夫的妻子热姆丘任娜甚至受到逮捕、审讯和监禁。

在此期间,斯大林在1948—1949年间亲自直接参与了"斯大林奖金"人选(尤其是社会、人文科学和艺术创作方面)的提名、评议和确定的全过程。斯大林奖金是1939年12月20日宣布设立的国家大奖,那年正是斯大林的60岁生辰之际。1940年,奖金的评选刚刚开始启动,但不久战争就降临了。所以,1947年、1948年、1949年的斯大林奖金的评选工作就成了推进和弘扬苏维埃爱国主义的重要措施之一。该项奖金的最初人选是由中央宣传鼓动局提出的,经审查确认后报日丹诺夫同意,再送政治局和斯大林批准。获奖者名单的最后确定是在斯大林办公室召开的政治局会议上进行的。1948年3月31日,斯大林突然超越预选名单之外,提出了女作家潘诺娃的名字。斯大林说:"潘诺娃的《克鲁日利哈》提出来了吗?"潘诺娃早就因歌颂斯大林的政策、创作符合官方的"爱国主义"要求而引起人们的注意,1946年,她的小说《旅伴》就获得了斯大林奖金。有人对斯大林解释说,作家中有人反对潘诺娃,因为她在《克鲁日利哈》中以一种阴暗的情绪表现了工人的生活。斯大林回答说:"全部问题就在于表现得正确还是不正确。高尔基在《阿尔塔莫诺夫家的事业》中同情谁?潘诺娃挨骂,说她没有给个性和共性的解决以一个幸福的结局。笑话!

如果生活中就是这样的,怎么办?作家中有谁解决了这些冲突了?为什么不给《克鲁日利哈》得奖?"于是,潘诺娃再次获得了斯大林奖金。斯大林奖金是一项政治措施,它只颁给那些歌颂苏维埃爱国主义的人。凡是歌颂的,都是斯大林选中的对象,凡是没有歌颂的,斯大林就斥之为是"乱七八糟的东西"。斯大林特别喜欢看电影,但影片必须是有关列宁和斯大林的,有关苏联人民的力量的,有关革命和政治的。这时,著名导演罗姆的一部片子《伟大的力量》深得斯大林的赞许。斯大林说,影片表现了苏联人的爱国主义和民族感情,是部好片子,应该把拍电影的事交给罗姆这样的导演去干。

然而,推进和弘扬苏维埃爱国主义的运动实际上表明了斯大林的一种担忧。他担忧苏联的真实情况一旦不再处于保密之中,将会引起人民更大程度的不满,而因为战争打开了的国门如果进一步开放将会使"苏联社会主义制度优越性"的宣传不再是神话。因此,斯大林要重新关上国门,以便使苏维埃爱国主义成为苏联人民惟一的信仰和追求。这时,斯大林推崇伊凡雷帝,而不赞同彼得大帝。1947年2月25日,斯大林在与电影《伊凡雷帝》创作人员的谈话中就明确说道:"伊凡雷帝的英明之处就在于,他始终站在民族的立场上,不允许外国人进入自己的国家,从而防止了外来影响向国内渗透","彼得一世也是一个伟大的君主,但他对外国人过分纵容,国门开得过大,听任外来影响向国内渗透,听任俄国德意志化。叶卡捷琳娜在这方面走得更远。再往后看,难道亚历山大一世的宫廷是俄罗斯的宫廷吗?难道尼古拉一世的宫廷是俄罗斯的宫廷吗?不,他们的宫廷是德意志的宫廷"。可见,对于斯大林来讲,关闭国门和防止外来影响向国内渗透就成了推进和弘扬以"苏联第一"为核心内容的"苏维埃爱国主义"的关键。

## 七、将军们,李森科和日丹诺夫,列宁格勒反党集团,最后的案件

以封闭、隔离、对抗为主的"冷战"政策也对军队和党政领导机构产生了重大影响。对高级将领活动的监视日益发展和严重,这首先是因为这些高级将领在第二次世界大战期间到过国外,接触过西方军队的将领;其次是这些将领因为战争中的功勋而在军队和人民中享有很大的威信。一个更令斯大林担心的问题是,第二次世界大战期间大大发展起来了的将军层是个绝对的实力集团。这个实力集团的特点一是有将近一半的将军都很年轻,年龄在35—45岁

之间,相当一批人是在第二次世界大战期间获得将军军衔的;二是他们中有相当一批人并不是苏联共产党党员。

战争结束后,将军们可能的"西化"倾向以及他们实际上的独立自主的趋势令斯大林越来越不安,通过国家安全部门对将军们的监视也在逐步扩大和深入。于是,发生了一系列案件。1946年4月初,空军司令诺维科夫、空军总工程师列宾和航空工业人民委员沙胡林等被指控进行破坏活动,生产的飞机质量不符合要求并将这些飞机以次充好供应前线部队使用,以致造成人员的大量伤亡。为此,斯大林曾经亲自写了一封信,罗列了这些将军的罪行:他们这样相互勾结,以次充好,"其目的就是欺骗政府,然后因为'完成'和'超额完成'计划而去获得奖赏"。在这封信中,斯大林建议"不得不逮捕上述直接的罪行负责人——沙胡林、列宾、谢列兹涅夫以及空军军事委员会委员什曼诺夫"。1946年5月10—11日,苏联最高法院军事法庭判处诺维科夫、列宾和沙胡林等人以不同的有期徒刑。

诺维科夫等人的案件在军内牵涉到许多人,尤其是朱可夫。诺维科夫"招供",在自己被解除了空军司令职务后,朱可夫表示不满,并"举报"朱可夫居功自傲,说第二次世界大战是他朱可夫指挥的,把自己凌驾于斯大林之上,纵容下属渎职。1946年6月3日,苏联部长会议通过决定,正式解除朱可夫的陆军司令、国防部副部长和柏林苏占区最高行政长官的职务,调任敖德萨军区司令员。6月9日,斯大林和布尔加宁及瓦西列夫斯基元帅在一起,准备了一份列数朱可夫罪状的"绝密"命令。它所列举的朱可夫的罪状有下述几条:第一,"毫不谦虚,具有野心,对自己评价太高,在和自己的下属人员谈话时,把和他没有任何关系的卫国战争中的主要军事行动都说成是自己策划和执行的";第二,"批评斯大林,批评最高统帅部和政府的一些措施";第三,在他的周围聚集了一批"垮掉的和被解职的人",他以此来对抗政府和最高统帅部。在这份至今保存在"总统档案馆"的命令中,把朱可夫说成是没有参加过任何重大军事行动的人,甚至他在攻克柏林的军事行动中功绩也是微乎其微,"若没有科涅夫元帅的军队从南方的打击,没有罗科索夫斯基元帅的军队从北方的打击,柏林是不可能被围困和在它被攻克的时候被攻克的"。

在朱可夫远去敖德萨后,一系列元帅和将军受到了窃听、侦查、逮捕和刑讯。联共(布)中央还专门派出工作组去敖德萨军区进行突击检查,根据他们的汇报,联共(布)中央于1947年1月20日作出决议,"给朱可夫同志最后的警告,给他最后一次机会来改正错误,做一个符合指挥员称号的诚实党员"。

随后，朱可夫的中央候补委员被除名。他没有被逮捕，但与他接近和亲近的人，如捷列金中将和克留科夫中将先后被捕。最后，朱可夫被远调乌拉尔军区任司令员。在那里，没有了朱可夫在攻克柏林之路上的同僚和属下，他事实上被隔离了起来，丧失了在部队中的地位。

  苏维埃爱国主义运动也成为苏联最高领导人之间权力平衡和重新分配的一个极其重要的因素。战后，斯大林身边有两组人：一组是马林科夫、莫洛托夫、赫鲁晓夫、贝利亚、卡冈诺维奇和布尔加宁等，因为他们在战前，甚至从30年代起就追随和执行斯大林的政策，可以用"旧人"或者"机关派"来概括他们；另一组是日丹诺夫、沃兹涅先斯基和库兹涅佐夫等来自列宁格勒的人，是"新人"或者是"列宁格勒派"。这两组人都进入了苏联权力的最高层。1946年3月18日，联共（布）中央改组握有极大实权的组织局。同时进入中央3个最高决策机构——政治局、组织局和书记处的只有3个人：斯大林、日丹诺夫和马林科夫。这种力量的分配体现了斯大林对新旧两种势力的掌握和平衡。旧人和新人之间在接受和执行斯大林的路线和方针上并没有什么差异，所不同的是，旧人习惯于30年代的监控、清洗和镇压的方式，而新人则希望通过缓和的、较为隐蔽的、有理可说的方法来进行监控、清洗和镇压。

  在1944年日丹诺夫进入中央政治局工作后，就成了斯大林身旁形影不离的人。在短短的两三年内，日丹诺夫终于成了斯大林的主要助手和顾问，代替马林科夫主持秘书处的日常工作。日丹诺夫办理得最多的是意识形态领域里的事。在这期间，日丹诺夫发表了大量的讲话、文章，内容涉及哲学、文学、艺术和国际问题等诸多领域。可以说，除了斯大林本人，日丹诺夫是在意识形态领域里讲话最多的领导人。他的这种讲话和文字无疑传达了斯大林的意见，或者说斯大林对某一问题的看法首先是通过日丹诺夫的文章和讲话来"吹微风"、"下细雨"的。于是，日丹诺夫实际上拥有了无限的权力，成了斯大林以下的第二号人物。

  日丹诺夫主张并极力推行对意识形态进行高强度控制的政策，其具体执行者是"苏联人民委员会在出版物中保守军事和国家机密全权代表"兼书刊检查总局局长。这时，有几项禁令是很能说明国家对老百姓的封锁和控制政策的。一项禁令是有关"卡廷事件"的。在这一屠杀事件为外界所闻时，苏联政府组织的一个专门的委员会曾实地进行了调查，结果写成了一份《专门委员会关于确定和侦查德国法西斯分子在卡廷森林中枪杀被俘波兰军官情况的报告》。这份报告于1944年出版，它所持的是讲述真实情况的立场，但它并没有

## 第十章 战后苏联

肯定这就是德国法西斯分子所干的,写了一个模棱两可的结论。这种立场和结论使当局十分恼火,斯大林和日丹诺夫立即进行了干预。于是,其结果就是以"苏联人民委员会在出版物中保守军事机密全权代表兼书刊检查总局局长"的名义,在1945年8月21日下了禁令,不再允许这份报告发行和流通。

第二项禁令是关于车臣等少数民族的。随着战争的结束和少数民族要求回归本土的行动的频繁,当局战时在北高加索地区和克里米亚大规模迁徙少数民族的极端秘密的行动日益为广大人民群众所了解。这时,出版了一本介绍车臣—印古什、克里米亚、卡拉恰耶夫—印古什和卡尔梅克自治共和国基本情况的书籍,根本没有提及这些地方少数民族被迁徙的事。但当局担心这样的书会使读者想到为什么这些共和国在战后不复存在了,斯大林和日丹诺夫自然不会允许这本书的流传。于是,还是以"苏联人民委员会在出版物中保守军事机密全权代表兼书刊检查总局局长的"名义,在1946年3月8日下了禁令,勒令列宁国家图书馆在图书目录中去掉这本书,并把这本书转入"特档"。

第三项禁令是1947年6月10日,"苏联部长会议在出版物中保守军事机密全权代表兼书刊检查总局局长"写给所有检查机构的指示信,明确指出"不经联共(布)中央政治局宣传鼓动局的专门许可,不得出版加里宁、雅罗斯拉夫斯基、泽姆里亚奇卡、高尔基和别德内依同志的没有发表过的任何材料,以及有关他们的尚未发表过的档案材料,不管是来源于个人档案,还是其他资料"。

上述3个具有代表性的禁令典型地显示了日丹诺夫对舆论控制的特色。第一个特色是,日丹诺夫把对个别人的监督变成了更大范围内的公开监督。第二个特色是,他对舆论的监督从对非布尔什维克、非同志的作家和诗人扩大到布尔什维克的领导人、诗人和作家。第三个特色是,这一时期对舆论的控制是和国家安全部的工作紧密挂上钩的。在审查书籍报刊时,全权代表兼总局局长和国家安全部的工作人员一起工作,而封存书刊后,对人事的处理则由国家安全部负责进行。一旦有某部作品遭到查禁,那作品的作者就会受到安全部的监视,其言论和行动就会成为秘密档案中的材料。其结果就是,遭禁的作者就会遭到惩处或清洗。

沃兹涅先斯基和库兹涅佐夫的上升则加强了日丹诺夫的地位。从1946年起,沃兹涅先斯基就是苏联人民委员会第一副主席兼国家计划委员会主席,全权处理国家的经济发展事务。1947年,他成为政治局委员,同年他的著作《卫国战争时期苏联的军事经济》深得斯大林的赞许,并获得当年的斯大林奖金一等奖。沃兹涅先斯基在著作中揭示了苏联经济发展的规律性和前景及问题,并提出了一系列有关苏联经济进一步发展的新思想、新建议。他将总值20万卢布的奖金全部捐献给战士、游击队员和牺牲者的孩子们。他的这一行为,以及他作为领导人的谦虚和学者风度使他在党政机关中的威信骤增。1948年3月29日,苏联部长会议作出决议,由马林科夫和沃兹涅先斯基轮流主持部长会议执行局的会议,而在这以前惟一的会议主持人是斯大林本人。1946年3月,库兹涅佐夫由列宁格勒市委和州委第一书记升任中央书记和中央组织局委员,随后在中央机关中担任联共(布)中央干部管理局局长。1947年,又主管联共(布)中央"荣誉法庭"的事,主持对中央机构内部(包括国家安全部等镇压机构)干部的荣辱升降。

日丹诺夫、沃兹涅先斯基和库兹涅佐夫在党的最高领导机构中是少数,但是他们上升得很快,集中于手中的权力越来越大。这使他们和马林科夫、贝利亚等人的矛盾日益扩大和尖锐。贝利亚不断给斯大林送报告,说日丹诺夫等人对斯大林阳奉阴违,在架空斯大林,把自己看作是苏联政府的实际领导人。而斯大林是最忌讳这些话的,从20年代开始的党内斗争都是因为这些话而发难的。斯大林开始对日丹诺夫、沃兹涅先斯基产生怀疑。1948年,斯大林就不再夸奖沃兹涅先斯基的著作了,而是说经济学家梁士先科的《国民经济史》要比沃兹涅先斯基的著作"丰富得多和有意思得多"。

1948年8月日丹诺夫的突然死亡使这场高层权力之争迅速激化。它是由被称为"斯大林宠儿"的李森科引起的。这时,李森科正在全苏农业科学院院长的职位上蒸蒸日上。他对斯大林保证,只要有他的多蘖小麦,苏联的谷仓就会堆得满满的,这是对斯大林农业集体化的最大的"科学"支持。除了李森科外,没有第二个苏联科学家作过这样毫无保留的支持,斯大林还没有找到第二个人能在农业科学领域为自己的全盘集体化政策进行辩护和提供样板。此外,除他之外还没有一个苏联学者敢如此厚颜无耻地向斯大林进言,西方所有的生物学和遗传学都是资产阶级的。因此,斯大林是离不开李森科的,而李森科本人和他的"科学著作"也成为不可批评的、不可替代的权威。

然而,日丹诺夫的儿子尤里却要批评李森科。尤里是很有才华的,时为联共(布)中央科学部部长。可尤里和父亲不一样,他锋芒毕露,有话直说。他认为李森科搞的是伪科学,并且作风不正,在农业科学领域拉帮结派。他决定对李森科进行公开的批评。于是就在1948年4月苏共中央召开的全苏高等学校讲习班上作了批评李森科的报告,他的报告获得了与会者的热烈支持。

## 第十章 战后苏联

就在尤里报告的第二天,马林科夫让主管中央宣传和鼓动部工作的谢皮洛夫把尤里的报告立即送来。他对谢皮洛夫说:"我打电话不仅是代表我自己。我希望您能明白,报告记录稿应立即送来,并且不得加任何改动。"

谢皮洛夫立即给日丹诺夫打电话,请示如何处理。日丹诺夫事前并不知道尤里要作这样一个报告,他十分了解李森科事情的真相,洞悉斯大林对李森科的态度。而日丹诺夫的原则是,行事的依据并不是事情的真相,而是斯大林的态度。所以,尽管他在李森科的问题上也有自己的看法,但他的看法始终是服从斯大林的态度的。这时,他沉思了片刻后说:"马林科夫是个经受过严格训练的人。没有主人的交代他是不会给您打电话的。把记录稿送去吧。但是您怎么能不和我商量就允许作这样的报告呢?我不能去责怪尤里,他是个有教养的人,在家里受到亲人的尊重。关于这个报告他没有对我提过一个字。他是凭感情行事。而您呢,您是个成熟的政治工作者,就没有考虑过这个报告会导致怎样的结果吗?"

1948年5月31日—6月1日,斯大林在他的办公室里召开了一次"非常"政治局会议,名义上是讨论斯大林奖金的获奖名单,实际上却是专门谈了尤里的报告问题。关于斯大林的这一讲话,当时参加会议的苏联人民委员会副主席马雷舍夫在自己的日记里留下了记录:斯大林极其严肃地说:"在我们党内,不应当有个人的观点和个人的看法,有的只能是党的观点。小日丹诺夫的目的就是要搞垮和消灭李森科。这是不正确的。李森科——这是农艺方面的米丘林。作为一个学者和人,李森科有缺点和错误,但是,要提出把李森科作为学者来加以消灭的任务,这就是等于往形形色色的热布拉克分子的粉碎机里倒水!"

根据谢皮洛夫的记录,情况基本相同:斯大林脸色阴沉地说:"这是一件闻所未闻的事。中央不知道,就让小日丹诺夫在讲习班上作报告,让李森科受攻击。根据什么?谁准许的?凭什么?你们难道不知道,我们的农业现在全靠李森科了。"斯大林呵责说:"不,这事不能算完。应当组织一个中央委员会来弄清此事。应当惩罚有过失的人,以惩效尤。应当惩罚'父辈们':日丹诺夫和谢皮洛夫。应该搞一个详细的中央决议。把学者召集起来,向他们解释这一切。应当支持李森科,狠狠惩治我们家里冒出来的那些摩尔根分子。"

1948年7月7日,日丹诺夫为此事专门向斯大林写了一封承认错误的信件,斯大林没有答理他。直到8月7日,才在《真理报》上公开发表出来。实际上,这是一种公开的、变相的判决:日丹诺夫,你完蛋了!7月31日,中央决议召开苏联农业科学院会议,"向他们解释这一切"。会上,李森科作了《关于生物科学状况》的报告。在报告中,李森科把当代世界生物科学的伟大发现和一切成就都说成是"形而上学"和"唯心主义"。李森科还特别强调,党中央研究过他的报告并赞同他的结论。在这次大会上,李森科还肆意侮辱5位著名的遗传学家,称他们是"孟德尔分子"。这次由斯大林亲自策划的大会使李森科更神圣化了。

8月末的一天,日丹诺夫去"瓦尔代国家领导人疗养院""治病"。1948年8月31日,日丹诺夫起床后,感觉好极了。他看报,翻阅邮件,对左右说:"我今天的感觉真好!好久没有这种感觉了。"可这是日丹诺夫的回光返照,下午3时55分,他溘然长逝。沃兹涅先斯基作为中央代表来到了瓦尔代,这时曾经权势炙手可热的日丹诺夫已经静静地躺在棺木里。无论是对老朋友沃兹涅先斯基,还是对周围这个熟悉而又陌生的世界,他都没有任何感觉了。

日丹诺夫的失宠使马林科夫和贝利亚的势力迅急上升,就在这一个7月,马林科夫重新成为中央书记,而日丹诺夫之死则使"机关派"和"列宁格勒派"之间的争斗白炽化。这场争斗的诱发点是1948年10—11月在列宁格勒举行的全俄批发贸易大会,一场工业品贸易大会。这是部长会议执行局决议举办的,并责成俄罗斯部长会议主席罗季奥诺夫举办。但在1949年2月,马林科夫却将这一问题作为"反党活动"的议题提交政治局讨论,并在2月15日作出了《关于联共(布)中央委员亚·亚·库兹涅佐夫同志和联共(布)中央候补委员米·伊·罗季奥诺夫和 П. С. 波普科夫同志的反党活动》的决议。马林科夫亲自到列宁格勒去处理这一问题。这一斗争的矛头实际上是指向沃兹涅先斯基的。贝利亚所收集的有关沃兹涅先斯基的材料成了打击"列宁格勒派"的主要依据。一是,国家计委内部有人告发,说沃兹涅先斯基不经中央和斯大林同意擅自减缩五年计划;二是沃兹涅先斯基意欲在理论上超越斯大林,要用自己的《卫国战争时期苏联的军事经济》来替代斯大林的《列宁主义问题》;三是试图让列宁格勒成为独立王国,对抗中央。

1949年3月5日,沃兹涅先斯基被解除了一切职务。几天后,他被开除出中央政治局委员和中央委员。沃兹涅先斯基给斯大林写信,保证自己对党绝对忠诚和毫无过错。他要求斯大林接见或者哪怕是只通一下电话,他甚至保证不再过问政治,要求作为经济学博士和科学院院士到科学院去从事研究工作,但斯大林没有任何反应。沃兹涅先斯基开始写作《共产主义政治经济学》一书。7个月后,此书写成,沃兹涅先斯基说:"这书是我,一个学者和共产党人的信仰。"1949年8月13日,库兹涅佐夫、波普科夫和罗季奥诺夫等在离开马林科夫办公室时被捕,10月27日,沃兹涅先斯基在家中被捕。国家安全部对上述人员进行了严酷的审讯,马林科夫、布尔加宁和贝利亚亲自参加了审讯。1950年1月12日,苏联最高苏维埃主席团发布命令,恢复死刑。10月1日,经斯大林和中央政治局核准,沃兹涅先斯基、库兹涅佐夫、罗季奥诺夫、波普科夫、卡普斯廷和拉祖廷被枪决。

"列宁格勒反党集团案"是斯大林生前的最后一次"反党集团案"。它所进行的方式和后果完全是20世纪30年代"大清洗"的翻版。它殃及无数人和无数部门,被派往列宁格勒主持那里事务的科兹洛夫在1957年6月的中央全会上揭示过真相:"成千上万毫无过错的人被从列宁格勒流放出去,送进监狱,他们中的许多人被枪决,他们中的许多人因而死亡。"谢皮洛夫后来也说过这样的话:"每一天、每一周、每一个月都充满了紧张不安的期待,都在折磨人。岁月是严峻的。国内,随着卫国战争凯旋胜利到来的,是又一次没有任何现实原因的大规模'清洗'。'黑乌鸦'整宵整宵地搜查每户人家和每一个单元。逮捕那些不久前获得自由的人,他们从1937年起就进了劳改营,在那里待了10年,侥幸活了下来。"

苏联最高层领导也随之发生重大变动。伏罗希洛夫被贬到了从事文化和军事顾问的闲职上,莫洛托夫在1949年被解除了外交部部长的职务。马林科夫掌握了部长会议及其执行局的实权。1949年10月29日,联共(布)中央和苏联部长会议作出决议,对贝利亚在原子能的研发和在原子武器的试验方面所进行的出色组织工作给予嘉奖:贝利亚获得列宁勋章和一等斯大林奖金。但是,斯大林对阿巴库莫夫领导的国家安全部、克鲁格洛夫领导的内务部以及贝利亚力量的怀疑在增长。1951年,斯大林对国家安全部进行了整顿,阿巴库莫夫本人及其系统的人遭到了逮捕和清洗。其后,在1951年和1952年之间,由斯大林指令国家安全部进行了"明格列尔案件"和"医生案件"的侦查和审理。通过这些整顿和案件的侦察与审理,斯大林试图建立由中央和自己直接控制的国家安全和内务系统。对于"明格列尔案件",斯大林说过这样的话:"我们反对过形形色色的民族主义分子——俄罗斯的、乌克兰的、哈萨克的、犹太人的,还从来没有触动过格鲁吉亚的民族主义分子。现在,我就要动一动他们。"对于"医生案件",斯大林则明确说,医生们是在蓄意谋杀国家领导人。在这一系列的斗争中,交织着马林科夫、贝利亚、卡冈诺维奇和苏斯洛夫之间的权力之争,而在这争斗的缝隙之中,却有一个"外省人"应运崛起,他就是赫鲁晓夫。1949年12月，斯大林对莫斯科市委进行整顿，赫鲁晓夫随即被任命为联共（布）中央书记兼莫斯科市委第一书记。

## 八、第四个五年计划，苏共第十九次代表大会——沿着既定路线前进

1949年12月21日是斯大林的70岁生日。12月3日，苏联最高苏维埃主席团决议成立专门的委员会来筹备斯大林生日的庆祝活动。其中一项主要的活动就是"提前完成计划的全民竞赛运动"。所有的政治局委员（马林科夫、莫洛托夫、贝利亚、伏罗希洛夫、米高扬、卡冈诺维奇、布尔加宁、赫鲁晓夫、柯西金、什维尔尼克）都在《真理报》上发表庆贺文章，庆贺联共（布）党又一次粉碎了党内的反对派，赢得了政治、经济上的巨大胜利。大家都说，斯大林无比英明，他就意味着共产主义的胜利，它将永生。赫鲁晓夫等领导人把斯大林称为"父亲"，作家肖洛霍夫等也把斯大林称为"父亲"。肖洛霍夫写道："父亲！我们的光荣，我们的荣誉、希望和欢乐，祝你万寿无疆！"

1949年12月21日，苏联最高苏维埃主席团发布命令，授予斯大林列宁勋章。同一天，在莫斯科大剧院举行了盛大的祝寿大会。斯大林身着大元帅服，置身于政治局委员和各国共产党领导人之中。正在莫斯科访问的毛泽东第一个讲话，他说："斯大林同志是全世界各族人民的导师和朋友，也是中国人民的导师和朋友……"

在斯大林70大寿的日子后不久，苏联政府就以传统的方式宣告第四个五年计划"以4年3个月的时间提前超额完成"。官方的数字是：和战前相比，工业增长72％，生活必需品的增长接近1940年的水平。有6 200家工厂复工，投入生产。农业生产基本上达到战前水平，但是粮食问题依然没有得到彻底的解决。计划期间，取消了凭证供应制，3次（1947年、1949年、1950年）降低粮食制品和工业品的零售价格，城市尤其是莫斯科这样的大城市的供应有明显改进，人民群众得到的实惠有所增加。

但是，第四个五年计划全力发展的是以原子能开发和利用、核武器和火箭武器的研制、战略原材料的开采和加工为核心的重工业。严重的问题是，农业的发展速度和效率大大低于重工业的发展速度和效率。以阶级斗争的方式来推动农业发展的路线没有变化，集体农庄的发展依然处于受行政命令和中央硬性指标的状态下。在计划期间，曾经数次以联共（布）中央和苏联部长会议

的名义通过决议,要采取坚决措施消灭集体农庄中的破坏现象,计划将小集体农庄合并和加强集体农庄中党的组织工作,以期提高农业生产,但收效甚微。尤其是在伏尔加河流域、乌克兰、中亚、南乌拉尔、北高加索等地区水利和电力资源的不足,限制了农业和工业的发展。所以,联共(布)中央试图解决这一问题,解决的方式是以建设水电站,开发水力资源,开挖运河和灌溉系统为主。所以,在1950年通过了一系列决议,其中包括建设伏尔加河沿岸的古比雪夫水电站、斯大林格勒水电站、第聂伯河上的卡霍夫水电站、伏尔加河顿河运河、南乌拉尔运河、北克里米亚运河以及中亚地区的一些运河以及与它们组成一起的灌溉系统。后来,这些项目成了第五个五年计划的重要内容。

  在经过11年多的间隔之后,1952年10月5—14日,苏共第十九次代表大会终于召开。会上,马林科夫作了《联共(布)中央委员会向党的第十九次代表大会的总结报告》,再次宣告了第四个五年计划的成就。中央检查委员会主席摩斯卡托夫作了《苏共中央检查委员会内的报告》。苏联部长会议第一副主席萨布罗夫作了《关于1951—1955年苏联发展国民经济第五个五年计划的指示》的报告,提出新计划仍以高速发展冶金工业、煤炭工业、石油工业、电力化工和机器制造工业为主要内容,强调了继续发展重工业的必要性和紧迫性。但同时也强调要加大对工业的投资,要进一步提高人民的物质福利。赫鲁晓夫作了《关于修改党章的报告》。卡冈诺维奇作了《关于修改党纲建议的报告》。大会批准了《关于1951—1955年发展苏联的第五个五年计划的指示》。大会决议将联共(布)改名为苏联共产党,将中央委员会政治局改组为中央主席团。大会选出的中央主席团由25名中央委员和11名候补中央委员组成。中央主席团内又成立了主席团常务委员会,由斯大林、马林科夫、贝利亚、布尔加宁和赫鲁晓夫5人组成。斯大林任中央委员会书记。

  这是斯大林最后一次参加党的代表大会。他认为这次代表大会是他的传统路线的胜利,因此他也希望这种以阶级斗争为纲,以优先发展军事重工业和深入发展集体农庄为核心,以意识形态绝对无产阶级化为红线的路线能够而且必须继续下去。尽管战争使苏联国内发生了许多变化,尽管最高领导层中出现过沃兹涅先斯基这样的能够洞观世界局势的政治家和经济专家,他们也曾试图以较为平衡的发展模式来推动苏联经济的前进,以"荣誉法庭"这样的名义上缓和的裁决方式代替"军事法庭"判决的方式,来进行阶级斗争和消除党内的反对派,但是,战后的苏联仍然回归到了战前的道路上去了。

## 作者点评：

挑战和应战是历史发展的必然规律，一个民族的、国家的历史就是在种种挑战和应战中延伸和发展的。无论哪个民族、哪个国家，总不是孤立于大千世界之外的。不管主观的想法如何，这来自外部世界的挑战和随之作出的应战，或者向外部的挑战和随之出现的来自外部世界的应战都是客观存在。当人们现在说挑战和应战时，至少是承认外部有一个世界，有一个"我们"之外的存在。而在苏联时期，却是没有这种挑战与应战的说法。在漫长的岁月里，在苏联只有"宣战"这个概念。向人民的敌人宣战，敌人不投降就消灭它；向大自然宣战，不能等待大自然的恩赐；向资本主义国家宣战，赶上和超过它们，显示社会主义制度的优越性……这种种宣战的出发点就是不承认有一个外部世界的存在，或者说得更确切一点，那就是明知外部有一个世界，却试图阻止人们用正眼去看它。

斯大林期望苏联是个封闭的社会，一个不受外部世界，即资本主义国家影响的孤立的社会，期望在这种封闭中来建成他加以理论上阐述的社会主义社会，因此也就期望老百姓在封闭中生活，在与世界隔绝中只知有苏联的存在。尽管斯大林不承认、不喜欢挑战和应战这种说法，但实际上还是按照挑战和应战这个概念来行事的。只不过他不愿意别人、外部世界向他挑战，而只能由他来挑战，只能由外部世界向他应战。所谓"时代的挑战"在斯大林眼里就是"我的挑战"。因此，斯大林的"一国建成社会主义"，他的"直接工业化"和"农业全盘集体化"，他的清党和"大清洗"都是这种追求封闭的决策，而这些决策在很长的时期里左右了苏联历史发展的方向和进程。

但是，最了解外部有个与苏联不同的世界的却是斯大林本人。他比任何人更了解这个外部世界。他透彻了解他向资本主义世界宣战后苏联的真实情况，一种危机和生死存亡的紧迫感也不得不使他寻找机遇和面对资本主义世界可能提供的机遇。在"直接工业化"的进程中，苏联就不得不大规模利用资本主义国家的经济和技术援助，只不过这种利用是被封闭于绝密之中的。卫国战争中，苏联对资本主义国家机遇的利用更是规模空前，只不过这种利用是斯大林大大不情愿的。

卫国战争又一次迫使斯大林面对挑战和应战的选择。斯大林本想尽力避免和希特勒打仗，但最终希特勒却向他宣了战。这是一个斯大林不愿面临和身处的时代，而这个时代偏偏给了他艰难的选择。斯大林应战了，这次是和他

## 第十章 战后苏联

的全体人民一起应战。斯大林选择的结果是使全国的经济走上了战争之路，全部大企业定型为为战争服务的军火工业。这种选择实际上是战前"优先发展重工业"路线的继续，但是人民在这个特殊的时期毫无怨言地接受了这种选择。但战争的胜利却使这种经济的军事化成了人民不堪重负的负担，而斯大林却得出结论：战争证实了他的"直接工业化"和"农业全盘集体化"政策的绝对正确，为了已经取得的胜利和将要取得的更大的胜利，必须继续、坚持和强化这条传统的路线。

战争的胜利本来给苏联社会的发展带来了新的机遇，但在强化传统路线的局势下，这种机遇被推开了。军事的经济化在计划上似乎是削弱了，但实际上却在不断地被强化。苏联的经济从经济军事化进入了经济军事的定型化时期，而那些传统的执政手段：不可抗拒的行政命令、领袖意志、监视、控制和镇压、从"荣誉法庭"回到"军事法庭"的清洗又在一步步加强这种定型化的趋势。战后，苏联的经济军事定型化给国家的发展造成了严重的障碍。斯大林虽然承认世界上存在两种社会体系、两种并行发展的经济和市场，但从思维逻辑上，从理论上，他仍然坚持两个阵营，仍然坚持"一国建成社会主义"，仍然相信那个似乎具有无限生命力的封闭圈，只不过这个封闭圈扩大到了苏联疆土东西两边的一些国家。

胜利可以使人聪明，也可使人昏庸；岁月可以增添人的才干，也可使人智力衰减。走向高龄的斯大林在战后的和平年代，面临了胜利和岁月的双重考验。尽管机遇来到了苏联的国门槛，但最后却一闪而过，苏联丧失了使山川柳暗花明、获取更为辉煌胜利的最佳机遇。

时代并不是一个人的时代，任何时候的时代都是地球上层出不穷的事件的综合，都是全人类光怪陆离的命运的交织。这种错综和交织就组成了人世的纷争和时代的挑战和应战。无论什么人都处于这种错综和交织之中，无论哪个社会都是在这种挑战和应战中生存和拼搏的。而战后苏联的执政者却自以为不受这种挑战和应战规律的约束，自以为可以超越于世界共同的发展规律之外，这是苏联发展的悲剧，也潜藏着苏联他日解体的不幸种子。

# 第十一章 赫鲁晓夫执政时期

## 一、斯大林的弥留时分

**1953**年2月28日(星期六)晚上,斯大林招来马林科夫、贝利亚、布尔加宁和赫鲁晓夫在孔策沃别墅饮宴。第二天晚上,斯大林被发现时已经脑溢血,人事不知。从此时到3月5日,斯大林一直处于弥留状态,苏共中央主席团委员们轮流在斯大林病榻前值班。与此同时,马林科夫、贝利亚和赫鲁晓夫以苏共中央主席团执行局的名义,密商了斯大林的后事和新的人事安排。3月5日晚8时,正当布尔加宁在斯大林身旁值班时,在另一个房间里召开了苏共中央、苏联部长会议和苏联最高苏维埃主席团的联席会议。会议是由赫鲁晓夫主持的,首先由特列季亚科夫医生通报了斯大林的病情,其后是马林科夫讲话。他说:"大家都清楚领导国家的巨大责任现在已经落在我们所有人肩上。大家都明白,现在对国家的领导不能有一时一刻的中断。这就是为什么中央主席团执行局召开此次我国最高执行机构——党的中央全会、苏联部长会议和苏联最高苏维埃主席团联席会议的原因。"他说中央主席团执行局已经讨论决定要采取一系列措施改组党政领导机构,并委托他来向联席会议报告。他强调说:"在此对我党和我国困难的时刻,党和政府的一项最重要的任务就是要保证对国家全部生活的不间断的和正确的领导,因此要求领导人要最大限度的团结,不允许任何分歧和惊慌失措,以便能确保我们党和政府制定的国内事务和国际事务方面的政策得以顺利贯彻。"

接着,贝利亚几乎是宣布了一项必须执行的"任命"。他说在目前"缺少斯大林同志"的情况下,中央主席团委员会认为有必要立即任命马林科夫同志为苏联部长会议主席。会场上瞬间一片叫喊声:"正确!任命!"就这样,仍在弥

## 第十一章 赫鲁晓夫执政时期

留状态的斯大林被解除了党政一切职务,马林科夫立即就任苏联部长会议主席。马林科夫再次讲话,宣布了中央主席团执行局早已作出决定的17项改组措施。这些措施归纳起来就是两大内容:一是任命新的领导人;二是对党政机构进行改组。第一项是任命贝利亚、莫洛托夫、布尔加宁和卡冈诺维奇为苏联部长会议第一副主席。第二项是将苏联部长会议主席团和主席团执行局合并为苏联部长会议主席团。第三项是解除什维尔尼克的苏联最高苏维埃主席团主席的职务,由伏罗希洛夫担任。第四项是将国家安全部和内务部合并为内务部,任命贝利亚为部长。第五项是任命莫洛托夫为外交部部长,维辛斯基、马立克和库兹涅佐夫为副外长。维辛斯基同时为常驻联合国代表,库兹涅佐夫为驻中国的大使和苏共中央委员会代表。第六项是任命布尔加宁为国防部部长,瓦西列夫斯基和朱可夫为第一副部长。第十三项是将苏共中央主席团和主席团执行局合并为中央主席团。主席团的委员定为14人(10名委员、4名候补委员)。10名委员是:马林科夫、贝利亚、莫洛托夫、伏罗希洛夫、赫鲁晓夫、布尔加宁、卡冈诺维奇、米高扬、萨布罗夫和别尔乌辛。4名候补委员是:什维尔尼克、波诺马连科、梅里尼科夫和巴吉罗夫。第十六项是解除赫鲁晓夫莫斯科市委第一书记的职务,使他全力于中央委员会的工作。其他各项是有关政府机构的合并及任命事宜。

此后,马林科夫特别强调了一点:"中央主席团执行局责成马林科夫、贝利亚和赫鲁晓夫同志采取措施,将斯大林同志的正在办理的和归档的文件和信件加以必要的整理。"

这次会议持续到8时40分结束,斯大林的这些继承人就这样用自己的方式为他最后敲起了丧钟。再1个小时10分钟后,即1953年3月5日21时50分,斯大林终于撒手西去,他也以自己的方式(对自己的接班人和苏联的未来没有留下任何遗嘱,只有一个谜一般的沉默)将一个庞然大国和一系列积重难返的问题留给了这些自己来继承斯大林遗产的继承人。3月6日,苏联

苏联市民收听斯大林逝世的广播

报刊和电台公布了苏共中央、苏联部长会议和苏联最高苏维埃的《致全体党员和苏联全体劳动者》的信件,宣告了斯大林的逝世。3月7日,《真理报》等报纸公布了这次联席会议的决议,但在新主席团成员的名单中去掉了斯大林,只有10个人。有关库兹涅佐夫为驻中国大使和苏共中央代表的一项也没有公布。3月15日,苏联最高苏维埃第四次会议批准了联席会议的这些决议。

在斯大林逝世后的第二天,3月6日,两次斯大林奖金获得者、设计师兼发明家科罗廖夫致信赫鲁晓夫:"为了表达苏联人民和我个人的愿望,永久地保存对我们所有人都珍贵的约瑟夫·维萨里昂诺维奇的容貌,我愿意效劳用不冻结玻璃建造斯大林同志的陵墓。"半个月后,斯大林被装在玻璃棺材内,放进了列宁墓。

## 二、贝利亚采取行动

成为苏联内务部部长后,贝利亚立即采取了行动。1953年3月13日,他以内务部长的名义下达命令,对4个案件重新进行侦查,并成立了相应的4个侦查组:"医生案件侦查组"由特别案件侦查局副局长索科洛夫负责,"被捕的前国家安全部工作人员案件"由第一总局副局长格里巴诺夫负责,"被捕的前陆军部炮兵总局工作人员案件"由第三总局八处副处长波哈诺夫负责,"被格鲁吉亚共和国国家安全部逮捕的地方工作人员案件"由第二总局副局长塔拉索夫负责。贝利亚责成副部长克鲁格洛夫、科布洛夫和第三总局局长高格里泽对案件的重审和结论实施领导,并要他们在两周内上报结果。

同一天,贝利亚还签发了另一份命令:成立"从格鲁吉亚迁移公民的案件审理委员会"。命令指出1951年从格鲁吉亚迁移公民是非法的,应当对被迁移的每个家庭的材料进行重审,以得出正确的结论。委员会由内务部第一特别处处长库兹涅佐夫负责,对其的领导和监督由克鲁格洛夫、科布洛夫和高格里泽负责。完成的期限是一个月。

3月18日,又下令重审"前空军领导人和苏联航空工业部部长被控案"。命令指出,这一案件是苏联武装力量部反间谍总局"斯美尔什"进行的,它是不客观的和表层的。责成内务部特别重大案件侦查局局长弗洛德季米尔斯基负责重审,并要在两周内完成。3月26日,贝利亚给苏共中央主席团一份关于实行大赦的报告。贝利亚在报告中说,现在在劳改营、监狱和移民区关押着2 526 402名犯人,其中刑期在5年之内的590 000人,刑期在5—10年的

1 216 000人,刑期在10—20年的573 000人,20年以上的188 000人。在上述犯人中,有221 435名特别危险的国家要犯(间谍、破坏者、恐怖分子、托洛茨基分子、社会革命党人和民族分子等)被关押在内务部的特别劳改营中。

贝利亚指出,总数中的近半数的犯人(1 241 919人)是在1947—1953年1月间被关押的。他们都是因为触犯了苏联最高苏维埃1947年公布的一项命令:《加强对侵占国家和社会财产、偷盗公民个人财物应负刑事责任》的命令。根据这一命令,这些人因犯有(包括初犯)小偷小摸、吵架闹事等流氓行为、少量的投机行为,甚至擅自旷工、离开工作岗位、有职位上的过失和经济上的差错的人都被捕,受到严惩,被判长期监禁。

在所有的在押犯人中,有438 788名妇女,其中6 286人怀有身孕,35 505人身边带着不满2岁的孩子。还有许多妇女因入狱而把孩子托给亲属照顾或者交给了孤儿院。犯人中有238 000名50岁以上的人以及31 181名不到18岁的未成年人。在押犯人中,有约198 000人身患不治重症并完全丧失了劳动力。

对于上述情况,贝利亚得出的结论是:"众所周知,长期脱离家庭、习惯的生活条件和职业,被关押在劳改营中会使犯人及其家属和亲人处于非常困难的境地,并常常导致家庭的破裂,对他们今后的全部生活将产生极坏的影响。"因此,贝利亚建议实行大赦。他所建议的大赦令的具体内容是:刑期在5年以下的各类犯人、刑期在10年以下的带有孩子的女犯人和怀孕者、未满18岁的犯人、中老年犯人和患有不治之症的犯人。其总数约为100万人。但是,大赦不适用于刑期在5年以上的反革命罪犯、盗匪、侵吞巨额国家财产犯和蓄意谋杀犯。贝利亚并进而要求修改刑法,建议用行政和纪律手段来处置某些经济犯罪、渎职和其他不太危险的罪犯,并要求对某些犯罪实行宽刑。要责成司法部在一个月内对刑法作出必要的修改。贝利亚强调:"修改刑法之所以必要,是因为现在每年都要审判150多万人,其中65万人被判处各种刑期,而他们中的大多数人所认定的罪行并不构成对国家的特别危险。如果不结束这种做法,一两年后犯人的总数又将达到250万—300万人。"1953年3月27日,苏联最高苏维埃主席团发布了《大赦令》。

4月1日,贝利亚就"医生案"给苏共中央主席团写了报告,作出了新的结论。贝利亚说,所谓"医生案","全部案件从头到尾是前苏联国家安全部副部长留明挑衅性的编造"。贝利亚提供的事实是:1951年6月,苏联国家安全部副部长留明根据被捕的埃丁格尔教授死前的"供词",编造了存在一个从事间谍恐怖活动的医生组织。为了使这个编造更符合情理,留明还利用了1948

年参与给日丹诺夫治病的齐马舒克医生所写的她自己关于日丹诺夫病情的报告,更详细地提出了一批医生在长期、有组织地进行通过治疗谋杀国家领导人的活动。随之,整个国家安全部把这案件当作部工作的重点,所有涉嫌的医生(包括沃夫西、维诺格拉多夫、科冈兄弟和格林施泰因教授在内的15名当时医学界的权威)先后被捕。但医生们拒不承认这种诬陷的罪名。后来,斯大林根据国家安全部上报的侦讯材料,指令批准对被捕者"采取施加肉体影响的措施"。贝利亚说,所采取的各种拷问手段包括"毒打、戴上能使人剧痛难忍的手铐和长时间不让睡觉",所要达到的目的"就是无论如何都要把这些毫无罪过的人——苏联医学界的最了不起的活动家打成间谍和杀人犯"。只是在这一切之后,医生们才被迫承认自己的"罪行"。留明等还伪造了医学专家的鉴定:证明医生们通过治疗谋杀日丹诺夫和莫斯科市委书记谢尔巴科夫。

  贝利亚还把这一切归罪于当时的国家安全部部长伊格纳季耶夫,说他疏于职守,没有对侦查进行监督。贝利亚还在报告中说,此案的始作俑者留明及其他相关人员已经被捕。他建议释放所有的犯人及受牵连的家属,追究伊格纳季耶夫等人的刑事责任。4月3日,中央主席团根据贝利亚的报告作出了相应的决议,释放所有因此案在押的犯人并恢复他们的名誉,取消齐马舒克医生的列宁勋章,伊格纳季耶夫被免去苏共中央书记职务。

  4月2日,贝利亚就"米霍埃尔斯被谋杀案"给中央主席团报告。贝利亚指出,此案是国家安全部的前副部长奥戈利佐夫等人奉上命组织的"肉体消灭米霍埃尔斯的非法行动"。贝利亚提供的事实是:米霍埃尔斯是著名的犹太人戏剧活动家,多年来对国家建设的各个方面提出过许多建设性意见,但却也不断对斯大林的犹太人民族政策提出过批评。斯大林对他早就不满,因此他多年来就一直处于国家安全部特工的经常监视之下。但是,国家安全部一直没有掌握有关米霍埃尔斯的任何反苏和从事间谍恐怖活动的材料。1943年,他担任了"苏联犹太人反法西斯委员会"的主席,国际声誉日隆,这就更使斯大林憎恶他,并要想办法惩治他。"医生案"中的沃夫西教授、科冈教授和格林施泰因教授早在1948年就被捕了,他们被捕后,国家安全部就以米霍埃尔斯和他们相识,并且与沃夫西教授是亲戚为借口,给他罗织了系统的从事间谍、恐怖和破坏活动的罪名,上报给斯大林。于是,斯大林亲自下达了消灭米霍埃尔斯的命令。

  贝利亚引用了苏联国家安全部前部长阿巴库莫夫和白俄罗斯国家安全部前部长扎纳瓦的供词。阿巴库莫夫供认说:"1948年,苏联政府首脑约·维·

斯大林给我下达了紧急任务——迅速组织苏联国家安全部的工作人员消灭米霍埃尔斯,并责成专人负责。当时得知米霍埃尔斯和他的一个朋友(名字我记不起来了)将到明斯克来。当我们将这一情况报告斯大林时,他立即命令就在明斯克消灭米霍埃尔斯,伪装成不幸事故,即米霍埃尔斯和他的朋友是车轮下丧生的。"扎纳瓦供认说:"1948年冬,在我任白俄罗斯国家安全部部长的时候,阿巴库莫夫通过高频电话问我,我们这里有没有可能去完成约·维·斯大林的一项重要任务。我回答说,能够完成。当晚他又来电话说,为了完成政府的一项重要任务和约·维·斯大林本人的指示,奥加利佐夫将率领苏联国家安全部的一个工作组到明斯克,我必须协助他们。"

于是,在一个深夜,米霍埃尔斯和他的朋友戈鲁波夫就被苏联国家安全部前副部长奥加利佐夫和他的工作组安排的大卡车压死在明斯克郊区扎纳瓦别墅的附近,然后被抛尸在米霍埃尔斯下榻的旅馆前的僻静小巷里,伪装成是一场车祸。组织了这次谋杀的奥加利佐夫和扎纳瓦及有关人员因此获得了各种勋章和奖章。贝利亚认为,对米霍埃尔斯的谋杀"触目惊心地破坏了为苏联宪法所维护的苏联公民的权利",因此他要求对一切有关人员追究刑事责任,并撤消苏联最高苏维埃主席团对此案工作人员的一切嘉奖。

4月4日,贝利亚下达了"禁止对被捕人员采用任何强制手段和体罚"的命令。命令指出,在国家安全部机构的侦查工作中,广泛使用强制手段和体罚,极粗暴地破坏了苏联的法制,尤其是在立福尔托沃监狱和其他内部监狱中,这种不惜一切手段的强制措施和体罚更为严重,所有这一切都导致了罗织罪名,冤狱丛生。因此,贝利亚命令坚决禁止一切强制手段和体罚,取消立福尔托沃及其他内部监狱中的刑讯室,如有再犯者严加惩处,直至送交法庭,追究刑事责任。

4月8日,贝利亚就"民格列尔民族分子组织案"给中央主席团报告。贝利亚说,"所谓的明格列尔民族分子的全部案件是格鲁吉亚苏维埃社会主义共和国国家安全部前副部长纳·鲁哈泽及其在苏联国家安全部的庇护者挑衅性的编造"。贝利亚提供的事实是:1951年秋天,斯大林在格鲁吉亚休息。格鲁吉亚国家安全部部长鲁哈泽为了打击现有的共和国领导人、达到自己高升的目的,向斯大林谎报在格鲁吉亚存在一个"明格列尔民族分子组织",现在格鲁吉亚共和国党和经济机构里的一些严重问题都是由这个组织的破坏活动所造成的。斯大林当即全信了他的话,回到莫斯科后就采取了行动。1951年11月9日,联共(布)中央作出了关于"明格列尔民族组织"的决议。决议规定要彻底揭露和消灭"明格列尔民族组织"。从1951年年底到1952年年初,国家安全机构逮捕了包括格鲁吉亚中央第二书记巴拉米亚在内的一大批格鲁吉亚的党政机构的负责人,指控他们是"明格列尔民族组织"的成员。鲁哈泽和他的同伙下定了决心,无论如何也要使被捕的人承认有这么一个组织。苏联国家安全部部长伊格纳季耶夫还向格鲁吉亚派出了一个以特别重大案件刑侦处副处长采普科夫为首的10人刑侦小组,并当面向他们作了如何侦讯的指示。

在此期间,斯大林不断给第比利斯打电话,并且直接打给鲁哈泽和新任的格鲁吉亚中央第一书记姆格拉泽,要求他们汇报侦讯进程,指示他们积极采取侦讯措施并向他和伊格纳季耶夫报送审讯记录。斯大林对侦讯结果不满意,经常要求对被捕者采取"肉体影响措施",以便让他们承认从事间谍和破坏工作的罪名。在"明格列尔民族组织案"的审讯中,侦讯人员对被捕者施加的最大压力,就是告诉他们"明格列尔民族组织案"已是中央作出决议的案子,是中央和斯大林本人认定的从事间谍、破坏和反对苏维埃政权的铁案,是推翻不了的,只有认罪,才可能获得宽恕,否则就是死路一条。侦讯人员对被捕者采取了关冷屋子或热屋子、棍棒痛打、反背戴手铐、连着几周几月,甚至上百天不让睡觉的折磨、饥饿、生病不给必要的治疗、拷打亲人来逼供等的刑法。最后,让被捕者在昏迷不醒的状态中,在侦讯人员事前准备好的"供词"上签字画押。

"明格列尔民族分子组织案"的侦讯持续了15个月以上,结果是37人遭到清洗和镇压。作为这种清洗和镇压的更为严重后果的是,根据格鲁吉亚党中央的建议,斯大林直接指示,联共(布)中央于1951年11月16日通过了《从格鲁吉亚的土地上迁移敌对分子》的决议,11月29日,苏联部长会议作出了相应的决议。于是,11 200人被强行迁移出格鲁吉亚。所造成的情况,贝利亚描述说:"他们大多数人都毫无罪过,在街上被直接抓起来,就和家人一起被撵走,在许多情况下他们都没有带任何的生活用品。数千名没有给社会和国家带来任何损害的苏联公民,其中还有不少在卫国战争年代为保卫祖国和在社会主义建设中贡献突出的先进的苏维埃人,遭受到了精神和肉体上的痛苦以及物质上的贫困。"

贝利亚的命令要求释放此案的一切犯人,允许被迁移者回归故土。4月10日,中央主席团作出相应决议,为"明格列尔民族分子组织案"平反。

4月17日,贝利亚为炮兵元帅尼·季·雅科夫列夫等3人恢复名誉。5月6日,他又为苏联最重要的国家领导人之一的拉扎尔·卡冈诺维奇的弟弟米哈依尔·卡冈诺维奇平反。然而,贝利亚并没有停止在为遭受冤狱的人平反,他的行动在深入。1953年5月13日,他给苏共中央主席团《关于取消身份证限制居住地区限制》的报告。

贝利亚在报告中说,为了肃清莫斯科、列宁格勒和哈尔科夫,保证这些城市的安全,1933年苏联中央执行委员会和苏联人民委员会曾颁布决议,对那些与生产无关、不从事社会有益劳动,以及窝藏富农、刑事犯和其他坏分子的人实行"身份证限制"。所谓"身份证限制"就是规定被"身份证限制"的人(特指被判过刑和服过刑的人)只能居住在被指定的"限制地区"。后来,这一规定扩大至州和边疆区的一系列城市,到1953年,苏联已经有340个"限制居住"的城市、居住点和铁路枢纽,在全国边界的15—200公里(在远东地区是500和500公里以上)的范围内是"限制居住"的"禁区"。对于这种情况,贝利亚自己是这样描述的:"因此,如果看一下苏联地图,就可以看到,整个国家都布满了限制居住的城市和五花八门的禁区,在这些地方禁止被判过刑和服过刑的人居住。"

贝利亚所提供的数字是:在最近的10年中,因判过刑而受到"身份证限制"的人达到390万(其中仅1952年,就为275 286人)。在1948—1952年间,有559.1万人被认定破坏了"身份证限制"制度,其中127 000人被再度判刑入狱。有436.5万人被罚款,总额为217 786 000卢布,绝大多数人又一次受到"身份证限制"。但在取消身份证和居住地区限制的问题上,贝利亚所主张的并不是真正取消这样的限制。他的建议只不过是将过分扩大了的居住限制地区缩小,他在报告中写得很清楚:"在下述城市:莫斯科及近郊24个区、列宁格勒及近郊地区,以及符拉迪沃斯托克、塞瓦斯托波尔和克琅施塔得依然对犯有最危险罪行的人保留身份证的限制。"此外,贝利亚还重申了1940年1667号决议主要条款的继续有效:继续核发身份证、外出登记和领取通行证的规定,对于违反这些规定的,根据俄罗斯刑法第72条予以惩处:从罚款100卢布,到1年劳改和在狱中监禁3年。

"通行证"制度是和身份证制度并存的一种限制措施(1940年9月10日的苏联人民委员会1667号决议实行)。一个人要从居住的城市、地区外出,除了要带身份证,还必须要有当地公安、安全甚至警备司令部签发的通行证。这种在战时实行的限制措施到贝利亚提出建议时不仅没有取消,反而强化了。而且,所谓居住限制和通行证限制的取消并不是普遍意义上的,贝利亚建议的是:谁该取消,谁该继续限制仍将由内务部确定的警察机构来负责。

5月26日,贝利亚在向苏共中央主席团报告了西乌克兰地区和立陶宛苏维埃社会主义共和国的形势后,负责起草了有关这两个地区的决议。他在这些决议中说,西乌克兰和立陶宛的居民对苏维埃政权严重不满,并在地下进行着积极的反抗。他认为,这是由于当地干部破坏"列宁—斯大林的民族政策"所造成的。一是地方民族干部太少。在西乌克兰,在党的州、市、地区 311 名领导干部中,只有 18 名西乌克兰人。在利沃夫市 12 所大学的 1 718 名教授和教员中,只有 320 名西乌克兰人,大学校长中没有一个西乌克兰人。大学里几乎所有的课程全部用俄语讲授。在立陶宛,非立陶宛人担任高级领导人的情况同样严重:4 名部长会议副主席中只有一人是立陶宛人。15 名党中央机构工作人员中只有 7 名是立陶宛人。这种情况在公安警察机构尤为严重:共和国国家安全部的 17 名高级干部中只有一名立陶宛人,在 87 名州级的安全部门负责人中,只有 9 名立陶宛人,而在 85 名州级警察负责人中,只有 10 名立陶宛人。二是,广泛地采用了清洗手段。在 1944—1952 年间,在西乌克兰有 50 万人遭到了清洗,其中 134 000 人被捕,153 000 多人被杀,203 000 人被驱逐出境。同一时期,在立陶宛,有占居民总数约 10%的人,即 27 万人遭到不同形式的清洗。

因此,贝利亚在决议中要求新的领导人"要消除工作中的行政命令,坚决杜绝某些工作人员对待居民的恣意专横和胡作非为,并广泛开展群众性的政治宣传解释工作"。

同一天,贝利亚给中央主席团报告,要求为沙胡林和诺维科夫等人恢复名誉。他说,在这一案件的侦查过程中"存在过火行为和歪曲事实的现象","判决是错误的,是以侦察人员捏造的虚假材料为依据的",要求"对此案有关人员彻底平反"。5 月 29 日,苏联最高法院军事法庭认定,"现经苏联内务部补充侦察证实,对此案所有被判刑人员的指控材料均系原反间谍总局("锄奸部")工作人员(现以被捕)对被告们采取非法侦讯手段捏造而成",因此撤消 1946 年 5 月苏联最高法院军事法庭的判决。6 月 12 日,苏共中央主席团对沙胡林和诺维科夫等人作出平反决议,只不过是在决议中将一切责任推给了反间谍总局局长阿巴库莫夫,说"阿巴库莫夫根据伪造的材料,向斯大林报送了虚假的消息"。这份决议同时也给马林科夫平了反:"确认联共(布)中央政治局 1946 年 5 月 4 日的第 П51/V 号决议和联共(布)中央全会 1946 年 5 月 6 日第 Пл9/1 号决议[其中认定马林科夫同志"作为主管航空工业和(在接受飞机方面)主管空军的负责人在道义上应对在这些部门揭露出的胡作非为现象承担责任(生产和接受质量不好的飞机,他知道此类胡作非为而不向联共(布)中央通报)"]

是根据阿巴库莫夫捏造的材料而作出的。"

贝利亚的行动标志着内务部的权力极大地增强,贝利亚个人的权力已经凌驾于国家党政最高机构之上。这时是贝利亚先作决定,先采取了行动,然后再向中央主席团报告,最后由最高苏维埃形成法令。在这3—5月的短暂的日子里,苏联最高权力的运行方式是"先斩后奏"式的。一切都是贝利亚说了算,一切都得根据内务部的行动来行事。苏联权力的核心成了贝利亚,贝利亚的行动令他的战友和同事们猝不及防。

贝利亚试图一箭双雕:一方面是获得人民群众的赞扬和支持;另一方面是打击政治对手(当时,他不仅把自己的盟友马林科夫,而且把莫洛托夫和赫鲁晓夫等人都看作是竞争斯大林接班人的对手)。他敏锐地感到,斯大林死后,斯大林终身维系的政治制度和执政方法将必然要发生变化。在变化行将来到之前,谁先掌握主动权,谁先夺得霸主地位,这将是生命攸关的事。贝利亚抢先发出的这些指令和信件表明他急不可耐地要将政治斗争的主动权掌握到自己手中来,要力争先登上霸主地位,至少是有利于今后斗争的地位。

他的所有命令和报告都暗藏着杀机:第一,它们表明苏联历史上的一切冤假错案都与我贝利亚无关,我现在能拿出这样的材料,我就是审判者;第二,它们表明我贝利亚真正掌握着生杀予夺的大权:既然我在如此短的时间里能拿出这样的材料,只要有需要,我会拿出类似的材料来对付任何人;第三,在这些指令和信件中,贝利亚事实上把冤假错案的根子连到了斯大林的身上。这无疑对苏联的最高层领导人说:既然我现在连斯大林都敢碰,还会害怕你们吗?

在得意忘形之中,贝利亚犯了苏联执政者的大忌:他越权了,他越过了苏联部长会议、苏共中央主席团、苏联最高苏维埃。贝利亚要把既成事实强加给苏共中央主席团。这对于那些组成了中央和最高权力层的人无疑是不可容忍的,这些人完全意识到了这些充满杀机的建议的死亡威胁。然而,这些人却在一时间默认了贝利亚的僭越,习惯于权力斗争的人在迅速酝酿和组织一场新的、必然要致贝利亚于死地的权力之争。

## 三、对贝利亚的反击

苏共中央主席团对贝利亚的还击是迅雷不及掩耳的。原本有许多分歧的最高领导人在"维护列宁—斯大林党的团结"的旗号下,以贝利亚之道还治其人之身。1953年6月25日，苏共中央主席团开会，由马林科夫主持。赫鲁晓夫首先发言，提出要解决贝利亚的问题。他指责贝利亚：可能曾为外国间谍机构服务过；应对斯大林时期的大规模镇压活动承担个人的严重责任；在斯大林去世后，试图利用民族工作政策和对劳改犯的政策干扰党的路线，破坏党的团结。赫鲁晓夫的结论是："他绝不是一个共产党员，他是一个出于个人主义目的钻进党内来的野心家。他的傲慢自大令人不能容忍。他在党内的所作所为绝非一个忠诚老实的共产党员所能做得出的。"贝利亚不承认这种"判决"，为自己辩护说："不错，我有错误，但是我请求不要把我开除出党。我从来都是执行党的决定和斯大林的指示的。斯大林总是把最重要的保密性质的事情交给我去办，我也总是按所要求的完成了。所以，开除我是不对的。"最后，以苏联传统的方式，由朱可夫带领一组军人进入会场逮捕了贝利亚。贝利亚当即气得近乎疯狂，连声高呼："我上当了！"

6月26日，最高苏维埃主席团主席伏罗希洛夫签发命令，剥夺了贝利亚的最高苏维埃代表的资格，撤消他的苏联部长会议第一副主席的职务，取消一切称号和嘉奖，将其送交法庭。6月29日，苏共中央主席团会议通过了《关于立案侦查贝利亚反党和反国家罪行》的决议。

7月2—7日，举行苏共中央全会。马林科夫首先作了《关于贝利亚反党叛国的罪行》的报告。他列举了贝利亚的三大罪状，首先，"贝利亚灵活和巧妙地利用自己在内务部的地位，沿着犯罪的方向大肆活动，以便把内务部置于党和政府之上"。在这方面，马林科夫提出了几个最令他们担心的问题，一是内务部下令了解党政机关领导干部的情况。马林科夫说："难道还不明显，贝利亚在进行反对中央的活动"，"因为内务部机关不应当也无权检查党的机关的工作"。二是，"贝利亚利用中央主席团的警卫来监视主席团委员"，"中央主席团委员的每次活动，主席团委员的会见，贝利亚都能通过警卫队立刻了解到"，"和中央主席团委员的每次电话谈话都受到窃听，并报告贝利亚"。所以，马林科夫认定："贝利亚的这些活动充满了敌意，这一点已无需证明。显然，贝利亚企图把内务部凌驾于党之上，企图把党中央和政府置于内务部的监督之下，这简直令人无法容忍。"三是，贝利亚"建议通过内务部采取步骤来实现和南斯拉夫关系的正常化"。四是，贝利亚在德国问题上和中央的方针相对抗，"提出不应纠正加速社会主义建设的方针，在民主德国放弃一切社会主义的方针并保持一个资产阶级德国的方针"。五是，贝利亚在大赦问题上"有自己的打算"，"他匆忙采取这个措施是有害的"。六是，贝利亚在主管原子能问题专门委员会工作的一些重大问题上,背着党中央和政府,独行其是,"例如,关于爆炸原子弹的决定,他就没有通报党中央"。

马林科夫最后在报告中提出应当吸取的教训是:要加强党对国家各级机关的领导作用,必须使内务部服从党中央和政府的领导,千方百计提高革命警惕性,大力和全面加强党的思想教育工作,严格遵守领导的最高原则——集体性。马林科夫强调:"应当坚决消除任何人的工作不受监督的现象。任何一个中央委员,不管他职位多高,都应当处于相应的党组织的监督之下。任何一个领导人的活动都应当在党中央委员会的领导下进行。"

赫鲁晓夫在讲话中十分强调了贝利亚对内务部的钻营。他认为,"贝利亚试图利用内务部达到他的罪恶目的。他企图通过内务部建立自己的专政,把内务部置于党之上"。赫鲁晓夫指责贝利亚为所欲为,采用恐怖手段制造冤狱,因此,"贝利亚、亚戈达、叶若夫、阿巴库莫夫——他们都是一丘之貉"。赫鲁晓夫还把苏联农业发展的落后归罪于贝利亚,说他阻挠把农业问题提交讨论,其目的一是破坏集体农庄;二是反对主管农业问题的马林科夫。赫鲁晓夫着重指出,"要有集体领导,真正的党的领导。不仅在中央,而且要在地方上,包括党的基层组织中,都需要形成集体领导的环境","我们愈好、愈深入地发展党内民主、批评,我们就能愈好地组织和吸引群众积极讨论我们的政策和我们全部的经济与政治工作,我们就会愈强大"。

在这次中央全会上也谈及了个人崇拜的问题。马林科夫在总结发言中指出,有关不再宣传斯大林的做法并不是贝利亚搞的鬼。他说:"斯大林同志的个人崇拜在日常的领导工作中已具有了病态的形式和规模,工作中的集体领导方法被抛弃了,在我们的最高领导层中根本就没有批评和自我批评。我们无权向你们隐瞒:这种病态的个人崇拜导致了个人决断的不容反驳,并且在最近一年中给领导党和国家的事业带来严重的危害","伟大的人物也会有弱点。这些弱点斯大林同志也有。我们应该谈及这一点,这是为了正确地、按照马克思主义的方式来提出保证党的集体领导、在党的各级机构首先是在党中央和中央主席团中的批评和自我批评的必要性问题。我们应该谈及这一点,是为了不重复与没有集体领导和对个人崇拜问题不正确理解相联系的错误。因为这些错误,在没有斯大林同志的情况下,将会3倍的危险。我们有责任尖锐地提出这一问题。在这个问题上决不能含糊其辞。如果说斯大林在世时都可能犯错误,那么在没有斯大林同志这样的领袖的情况下,重复这些错误就孕育着严重的危险。"

7月7日,苏共中央全会作出了《关于贝利亚的反党和反政府罪行》决议。决议在列举贝利亚罪状的同时,并没有提及贝利亚在2—5月间所发出的命令和报告。对于苏联的发展问题,提到了还有"困难和不足","还有不少落后的工业企业,甚至是落后的工业部门。还有不少集体农庄,甚至是整个整个的农业地区处于荒芜之中……"因此,总的结论是:"我们尚不能去充分满足我国人民日益增长的物质和文化的需求。"7月10日,《真理报》刊登了一份简短的公报,全文如下:"苏联共产党中央委员会全体会议于近日举行。中央全会听取和讨论了中央主席团马林科夫同志'关于贝利亚旨在为了外国资本的利益破坏苏维埃国家和居心险恶地试图将苏联内务部置于苏联政府和共产党之上的反党、反国家罪行的报告',并通过决议——将苏联共产党和苏联人民的敌人贝利亚开除出苏共中央并开除出党"。但是,苏共中央全会的决议没有公布。以伏罗希洛夫的名义签发了中央主席团的命令,解除贝利亚的一切职务和剥夺他的一切称号和嘉奖,将贝利亚案件移交苏联最高法院。12月10日,根据最高苏维埃主席团的命令,组成了苏联最高法院特别审判庭,庭长由与司法审判毫无关系的苏联元帅科涅夫担任。和贝利亚一起受审的有:前国家安全部部长、现国家监察部部长麦尔库洛夫,前苏联内务人民委员部局长、现格鲁吉亚共和国内务部长捷卡诺夫,先后担任过格鲁吉亚内务人民委员部副部长、苏联国家安全部副部长、现苏联内务部副部长科布洛夫,前格鲁吉亚副内务人民委员、现苏联内务部某局局长高格利泽,前苏联内务人民委员会某局局长、现乌克兰内务部长梅希克,前苏联内务部特别重案刑侦处处长弗拉吉米尔斯基。

贝利亚最后以背叛祖国、组织反苏阴谋、从事恐怖活动、积极反对工人阶级和工人革命运动、在国内战争期间充当反革命穆萨瓦特政府间谍机构的特务的罪名,被特别审判庭判处死刑。1953年12月23日,被秘密枪决。同一天,负责执行死刑的军官向特别法庭送交了一份死刑执行情况的报告,全文如下:

今天,19时59分,根据苏联最高法院特别审判庭庭长1953年12月23日第3号命令,在国家特级司法参事苏联总检察长鲁坚科和莫斯卡连科大将在场的情况下,我执行了特别审判庭对被判处极刑的拉夫连季·帕夫洛维奇·贝利亚的判决——执行死刑。

上将　　　　巴季茨基
苏联总检察长　鲁坚科
大将　　　　莫斯卡连科

贝利亚死后,内务部的权力被大大缩小,同时恢复了国家安全部,由赫鲁晓夫的亲信谢罗夫担任部长。贝利亚(包括所有同案人)的家人和亲属都受到了"身份证"和"居住地区"的限制,严令他们不得居住在莫斯科、列宁格勒、第比利斯和苏联其他的限制居住的城市和地区,以及高加索和北高加索。

苏联最高领导层也发生变动。在1953年的9月中央全会上,赫鲁晓夫成为苏共中央第一书记,中央书记处成为赫鲁晓夫所控制的实权机构。中央主席团成员为:布尔加宁、伏罗希洛夫、卡冈诺维奇、马林科夫、米高扬、莫洛托夫、别尔乌辛、萨布罗夫和赫鲁晓夫。赫鲁晓夫在乌克兰时的战友基里钦科成为候补委员,其他候补委员是波诺马连科和什维尔尼克。

## 四、马林科夫的施政纲领,为"列宁格勒反党集团案"平反,马林科夫下台

1953年8月8日,马林科夫在苏联最高苏维埃第五次会议上发表讲话,提出了新政府的施政纲领。在经济方面,他认为,由于苏联坚持了一条优先发展重工业的路线,所以到1953年苏联已经有了"强大的、技术上完善的重工业"。而与此同时,必需品的产量却不能满足需求。他指出,现在在重工业取得巨大成就的基础上,可以"急速发展日用必需品的生产"。任务是"全力加速发展轻工业",因此,"必须大大增加对发展轻工业、食品工业以及水产业、对发展农业的投资,转为大幅度增加日用生活必需品生产的任务;较为广泛地吸引机器制造厂和其他重工业企业来生产消费品"。他十分具体地描述了这一刻不容缓的任务:"在两三年内,大幅度提高对居民的粮食产品和工业品(肉和肉制品、鱼和鱼制品、油、糖、糖果制品、布匹、衣服、鞋、家具以及其他文化、日用和家庭用品)的保证供应程度,大大提高对居民的所有生活必需品的保证供应程度。"

为此,"应当首先关心农业的进一步发展和高涨"。他对农业的总的评价是:"我们国家的粮食是有保障的","今年,粮食和其他农产品的采购工作正在有组织地和顺利地进行"。发展农业的刻不容缓的任务是:"在最近两三年内,要在我国使供应居民的粮食和供应工业的原料达到富足程度。"但他认为,农业仍然落后,其表现是:第一,在不少集体农庄,甚至在不少地区内,农业还处于无人管理的状态。第二,在许多地区的集体农庄和国营农场,谷物和其他农产品的收成低,收获时损失大。第三,由于公有经济发展差,部分集体农庄的实物和货币收入还不足,支付给集体农庄庄员的劳动日报酬:货币、谷物和其

他产品还不多。农业的主要问题就在于:"农产品生产的现有水平和农业的已经增强的技术装备程度以及集体农庄制度所具有的可能性不相适应。"他提出应当采取一系列措施来提高集体农庄和集体农庄庄员对扩大土豆和蔬菜生产以及发展畜牧业的物质利益的关心,这些措施包括:大幅度增加以货币、粮食和其他食品计算的劳动日的报酬;在不增加零售价格的情况下,提高对肉、奶、羊毛、土豆和蔬菜的采购价格;大幅度减少私人副业的义务缴纳定额,将每户缴纳的货币税平均减少40%,完全取消多年积累下来的农业税欠款。

马林科夫在讲话中指出,发展食品工业和轻工业是为了消除经济发展中的落后领域,而发展农业是为了走向更好和富足。他说,随着农业和轻工业的发展,应全力扩展商品流转,改善商业组织,"社会主义制度下的商业现在是,并且还将长期是社会主义社会成员间分配消费品的基本形式、劳动者日益增长的个人需求得到满足的基本形式"。

关于外交,马林科夫重申了"两个阵营"和"冷战"说。他保证要改善苏联和周边国家的关系,要使和远东地区的国家,尤其是日本的关系正常化;要加强民主阵营。他呼吁减少军事对抗,但又十分强调,美国的"冷战政策"正在"毒化国际气氛",而"冷战政策"是一项准备新的世界大战的政策。他在会上警告说:"政府认为有必要向最高苏维埃报告,在氢弹的制造中美国不是垄断者。"4天后,即8月12日,苏联进行了氢弹爆炸。这颗氢弹是由萨哈罗夫院士和他的同事们研制的。

1953年9月,苏共中央全会专门讨论农业问题。赫鲁晓夫作了《进一步发展苏联农业的措施》的报告,对农业状况的评价和马林科夫的施政纲领一样。赫鲁晓夫认为农业落后的原因有四:一是农业生产违反了物质利益的原则,在畜牧业尤为严重;二是农业生产违反了农业劳动组合章程的一项最重要的规定——准许农民有权保留小规模的经济,可以经营副业的规定;三是农业机械拖拉机站利用技术设备的情况不能令人满意;四是农庄管理工作中存在严重问题。因此,他提出改革农业的一系列措施:加强物质利益的刺激,反对继续实行统一的交售定额,实行按各个集体农庄的具体情况来决定的原则,取消对耕种自留地的不合理限制,将秋后分配劳动报酬的制度改为预支一定数额的现金或实物,大力发展畜产品的生产,提高畜产品、马铃薯和蔬菜的现行征购和收购价格,为了发展畜牧业,要更多地种植玉米和其他饲料作物,改革农机站的管理,为它们配备懂技术和业务的干部。9月全会后,赫鲁晓夫的这些建议逐步成为党中央的决议和政策。

## 第十一章 赫鲁晓夫执政时期

1954年1月22日,赫鲁晓夫给苏共中央主席团写了一封信——《解决粮食问题的途径》,信的内容表明他在对农业现状的看法上开始和马林科夫的看法,也就是和苏共十九大的结论发生了分歧。这封信一开始就指出:"对农业和粮食采购状况的进一步研究表明,我们所宣布的粮食问题已经解决的说法并不完全符合我国粮食供应方面的实际情况。"他提出了农业发展中3个令人不安的问题,一是1952年的粮食总收成的计划指标是92亿普特,未收割时估产为80亿普特,而实际产量只有56亿普特。二是1953年的粮食采购总量只有18.5亿普特(仅相当于1948年的采购量——18.42亿普特),较之1952年减少了12.7%。在粮食采购量减少的情况下,消费量却增加了(较之1952年增加6.6%)。国家的粮食缺额达到了16亿普特。三是为了增加粮食产量,扩大了小麦的播种面积,但却减少了饲料作物的播种面积,因而大大影响了畜牧业的发展。赫鲁晓夫得出的结论是:"我们现在仍然感到粮食不足,因而决不能认为粮食问题已经解决了。"他提出,今后几年的任务是使收购和采购量达到25亿—26亿普特(即要比1953年增加6亿—7亿普特)。为此,赫鲁晓夫提出开垦荒地,扩大耕地面积,提高粮食产量。他要求迅速开垦1 300万公顷的荒地。此外,要扩大饲料作物的种植面积,即要大量种植玉米。他还要求取消现行的按定额计算的公顷征购制度。

赫鲁晓夫的这种看法已经和马林科夫,也就是和苏共十九大对农业情况的结论大为不同。传统的也是正统的看法是:苏联的农业问题由于集体农庄制度的存在已经解决,谁要讲苏联农业发展迟缓,粮食问题没有解决,谁就是反对集体农庄制度、否定苏联农村的社会主义建设成就。赫鲁晓夫在这封信件中讲了真话,提出了苏联社会发展中一个极为尖锐的问题——农业的迟缓是苏联经济发展不平衡的症结所在。尽管如此,所有这些讲话都在表明赫鲁晓夫正在准备走到执政的前台,并也在事实上形成了"马林科夫—赫鲁晓夫双重执政"的局面。

反贝利亚事件后,贝利亚所提出的一系列冤假错案本身并没有被否定,而且反对内务部和国家安全部所制造的冤狱的平反进程却一直在迅猛进行。因"列宁格勒反党集团案"被判刑的人员纷纷从集中营和监狱写信给中央委员会,要求平反。中央主席团要求最高法院重新审理这一案件。1953年4月30日,最高法院作出判决,为该案件的主要受害人沃兹涅先斯基和库兹涅佐夫等人平反。5月3日,中央主席团作出决议,完全取消先前对该案件的全部指控,并责成中央第一书记赫鲁晓夫和总检察长鲁坚科将中央的决定通报列宁格勒党组织的积极分子。12月14—17日,在列宁格勒,对当年直接处理此案的前国家安全部部长阿巴库莫夫和其他有关工作人员开庭审讯。审讯结果是,"列宁格勒案件"纯属伪造。在审讯过程中,多次涉及马林科夫涉嫌参与此案。当苏共中央主席团讨论此案时,没有人为马林科夫的行为辩护,连他当年的战友也沉默不语。1954年12月19日,苏联最高法院军事法庭作出判决:判处阿巴库莫夫、前国家安全部特别重大案件侦讯处处长列昂诺夫、安全部部长秘书科马罗夫死刑,其他人判处15—25年不等的刑期。没有对马林科夫提出指控,但他的声誉却因此而骤落,部长会议主席的职位已经岌岌可危。

为"列宁格勒反党案件"平反后,赫鲁晓夫和马林科夫的政见也日益分歧。1954年8月和9月间,赫鲁晓夫在克里米亚频频会见米高扬、布尔加宁、柯兹洛夫、基里琴科、福尔采娃和波利扬诺夫斯基等人,和他们协商了要结束"马林科夫—赫鲁晓夫双重执政"的局面。11月,赫鲁晓夫组建了一个新的机构——苏共中央总部,取消了原先的由马林科夫掌管的苏共中央主席团办公厅,其一切职能由总部接管。至此,苏共中央的所有职能机关都由赫鲁晓夫掌管了。于是,开始了马林科夫和赫鲁晓夫的政治较量——名义上是加快轻工业还是重工业问题上的较量。12月31日,马林科夫在《消息报》上组织发表了《列宁永垂不朽事业的伟大继承者》。文中强调说:"加速人民的消费品生产的纲领将有利于工农联盟的进一步巩固和苏联社会在精神上和政治上的团结一致",它是"共产主义建设纲领的一个组成部分。这一政策完全符合人民的利益"。赫鲁晓夫马上作答。12月24日,《真理报》发表了3个月前赫鲁晓夫回答英国科学家贝尔纳教授问题的文章。其中,赫鲁晓夫指出:"在将来,主要的注意力还是放在重工业上。"1955年1月24日,《真理报》发表总编辑谢皮洛夫的文章:《党的总路线和马克思主义的庸俗分子》,文章中再次肯定首先发展重工业的必要性,提出加快轻工业的发展方针会破坏苏联的经济力量,削弱其国防能力,并危害整个共产主义事业。

1955年1月25日,苏共中央全会名义上是讨论增加畜产品生产,而实际上是为了解除马林科夫部长会议主席的职务。赫鲁晓夫在《关于增加畜产品生产》的报告中,不指名地但是极为尖锐地指责马林科夫:"有些同志在我国重工业和轻工业的发展速度问题上糊涂了。这些可怜的理论家错误地理解社会主义的基本经济规律并把它作了庸俗化的解释,他们企图引用这个规律来证明,到了社会主义建设的某一个阶段,发展重工业好像不再是主要任务了,而轻工业则可以而且必须比其他一切工业部门优先发展。这是一种极端错误的反马克思列宁主义的见解。这种见解不过是对党的诽谤。这是右倾的复活,这是与列宁主义敌对观点的复活,当年李可夫和布哈林那伙人就曾宣传过这种观点。"

最后,全会同意解除马林科夫部长会议主席的职务。1955年2月3—9日,在苏联最高苏维埃联盟院和民族院联席会议上,马林科夫宣读了辞职书,承认自己应对农业的不能令人满意的状况负责,并承认应当继续发展重工业。马林科夫被解除了部长会议主席的职务,被任命为苏联电站部部长。马林科夫不再是中央委员会主席团主席,但保留了主席团委员,同时还是部长会议副主席。由国防部部长布尔加宁任部长会议主席,由朱可夫任国防部长。

## 五、苏共二十大,"秘密报告",格鲁吉亚事件,"特殊移民"的回归,馈赠克里米亚

苏共二十大于1956年2月14日开幕。按照议事日程,会议的主要议题是听取赫鲁晓夫的工作报告和通过发展国民经济的第六个五年计划。赫鲁晓夫的报告在对国际形势的分析方面提出了一系列与传统观点不相一致的意见。这主要有下述几点,一是对社会主义国家与资本主义国家之间的竞争的看法发生了变化。资本主义的总危机并不完全意味着这些国家中生产和技术进步的停滞,再用军备竞赛和使用原子武器的办法来解决国际问题就不行了。赫鲁晓夫用了两句话来表达对这方面的严重关注。一句话是:"停止军备竞赛依然是对于全人类生命攸关的问题",另一句话是:"在使用原子武器的战争中'将没有胜利者'。"二是对两个阵营、两个体系的看法发生了变化。尽管"冷战"政策没有结束,但赫鲁晓夫强调了两个阵营、两个体系的和平共处。赫鲁晓夫强调了社会制度不同的国家和平共处的原则是苏联外交政策的总路线,呼吁各国彼此共存、改善关系、互信和合作。由是,他倡导社会主义和资本主义两个体系之间的竞赛。他说:"我们相信共产主义胜利的根据是,社会主义的生产方式比资本主义的生产方式有决定性的优越性。"三是对战争的看法发生了变化。一个总的结论是:"战争并不是不可避免的。"四是对不同国家向社会主义过渡方式的看法发生了变化。赫鲁晓夫认为,向社会主义过渡的形式将愈来愈多样化,并且特别强调了过渡形式中的议会道路——"变议会从资产阶级民主的机构为真正代表人民意志的工具"。

在赫鲁晓夫的这一报告中,并没有指名批评斯大林的个人崇拜,但是作为

形成和推崇崇拜的标志——《联共（布）党史简明教程》、《斯大林传》和《苏联社会主义经济问题》都受到了激烈的批评。赫鲁晓夫认为，党的宣传工作出现的许多问题都是因为多年来依靠的只是一本《联共（布）党史简明教程》。苏斯洛夫、米高扬、马林科夫、莫洛托夫、卡冈诺维奇和布尔加宁都在不同程度上支持对个人崇拜的批评。马林科夫说："无须证明：削弱，尤其是取消集体领导方法，歪曲马克思主义对个人作用的观点，个人崇拜——所有这一切都导致了个人决定的不可反驳、专横，并在某种时期给党和国家的事业带来了重大损害。"米高扬的批评更为激烈："大约20年中，我们实际上不曾有过集体领导，而是先被马克思，后被列宁指责过的个人崇拜盛行。"

关于国家的经济建设，赫鲁晓夫要求继续保证有限发展重工业的路线，"在历史上最短的时期内，解决苏联的基本任务——在按人口平均的产量方面赶上和超过最发达的资本主义国家"。因此，在大会所通过的《苏共二十大对发展苏联国民经济的第六个五年计划（1956—1960年）的指示》中贯彻了赫鲁晓夫所提出的这些要求。2月25日，大会闭幕。27日的中央全会选举布尔加宁、伏罗希洛夫、卡冈诺维奇、基里钦科、马林科夫、米高扬、莫洛托夫、别尔乌辛、萨布罗夫、苏斯洛夫、赫鲁晓夫为中央委员会主席团委员，朱可夫、勃列日涅夫、穆希金诺夫、谢皮洛夫、福尔采娃和什维尔尼克为候补委员。赫鲁晓夫为中央委员会第一书记，阿里斯托夫、别列亚耶夫、勃列日涅夫、波斯别洛夫、苏斯洛夫、福尔采娃和谢皮洛夫为书记处书记。

但是，苏共二十大深刻影响苏联的历史、国际共运，甚至世界发展进程的不仅仅是这些，而是赫鲁晓夫在会上所作的批评斯大林个人崇拜的"秘密报告"。事实上，为遭镇压的人恢复名誉的进程在反对贝利亚后一直在继续发展，有关对斯大林所进行的镇压的评价成为苏共党的最高层领导人争议的主要话题。1955年12月31日，苏共中央主席团为了弄清与恢复名誉有关的问题，组成了一个由波斯佩洛夫、科马罗夫、阿里斯托夫和什维尔尼克参加的委员会（后来被人称之为"波斯佩洛夫委员会"）。后来，国家安全委员会主席谢罗夫以及一批刑侦、检察和档案负责人参加了该委员会的工作。这份报告于2月8日提交中央主席团。报告主要涉及的是1937—1938年两年中"大清洗"的镇压活动，指责的矛头所向是斯大林和以贝利亚为代表的内务部。2月9日，中央主席团听了这个报告，委员们对是否在大会上作这一报告存在分歧。但是，赫鲁晓夫决意要在会上作这个报告。在大会开幕的前一天，即2月13日，召开中央主席团会议，会上赫鲁晓夫说："中央主席团在经过多次的交换意见和研究了斯大林同志死后的情况和材料,感觉到并且认为有必要将中央有关个人崇拜的报告提交二十大的内部会议。在主席团里已经协商好,报告责成我,中央第一书记来作。有没有反对意见?"会场上的声音是:"没有。"于是,主席团会议作出决定:在大会的内部会议上作这一报告。通过这一决议时,事实上违反了苏共中央的一个传统做法:即报告应该事先得到主席团的批准。赫鲁晓夫本人在波斯佩洛夫报告的基础上加了许多个人的东西。

2月25日,赫鲁晓夫在内部会议上作了《关于个人崇拜及其后果》的报告。这一报告着重于对斯大林个人崇拜及其严重后果的揭露,不仅涉及了30年代的"大清洗",而且涉及了50年代的一些重大案件。在揭露中,赫鲁晓夫列举的都是内务部和斯大林本人滥用权力、粗暴破坏法制的严重事实。赫鲁晓夫避开了现在仍在台上的领导人的责任,认为造成这种非法状况的根本原因在于斯大林,在于他个人的品质及其对个人崇拜的赞赏和迷恋,是他理论上的错误——社会主义愈是胜利,阶级敌人就愈多,其反抗就愈猛烈。报告中,赫鲁晓夫不仅没有批判和反对斯大林的社会主义建设总路线,而且高举重工业优先发展的旗子,并以这面旗子来区分敌我,因此他对苏共历史上的党内斗争及其残酷的处置方

赫鲁晓夫(前中)在苏共二十大上作《关于个人崇拜及其后果》的报告

法并没有提出异议,反而称颂斯大林在这方面的正确。这个被后人称为"秘密报告"的报告,事实上当时在赫鲁晓夫手上并没有写成的完整文本,报告时不许记录,录音被封锁,所以"秘密报告"的完整内容至今仍是个谜。

1956年3月5日,中央主席团作出决议,向各级党组织通报赫鲁晓夫的这一报告,3月28日,又作出了向各国共产党代表通报这一报告的决议。随即,"秘密报告"在苏联国内和国际共产主义运动以及整个世界引起了轩然大波。在国内,一方面是有人接受不了对斯大林的瞬间有天壤之别的评价,纷纷有人给中央写信,说"是斯大林培养了我们",而"秘密报告""侮辱了我们对斯大林的光辉记忆,只能使资产阶级高兴"。在格鲁吉亚发生的事件是最激烈的。

1956年3月5日是斯大林逝世三周年的日子,恰恰是第二天,格鲁吉亚共产党中央开始在领导层中传达苏共二十大的精神和"秘密报告"。3月7日起,格鲁吉亚大学生开始上街、集会,高呼"光荣属于伟大的斯大林"等口号,有人在会上演讲说:"不准批评我们的领袖斯大林。修正斯大林的观点就是修正马克思主义。他们将因攻击斯大林而付出血的代价。"游行者还迫使市苏维、外高加索军区司令部在大楼上挂出斯大林的画像,甚至在散发的文件中提出"不要阅读'关于个人崇拜'的信,更换政府"等。3月9日,格鲁吉亚共产党中央和共青团中央联名发布《告第比利斯共产党员、共青团员、工人、职员、全体劳动人民书》,称游行示威者是"不光彩的人",是"破坏分子和挑唆者","他们走上了胡作非为,破坏社会秩序的道路,妄图破坏机关、企业、学校的正常工作和城市生活"。随之,第比利斯市卫戍司令部发布第14号命令:"为制止破坏城市秩序的行为,特命令:第比利斯警察局局长马库舍夫中校自1956年3月9日24时起实行军队巡逻。凡破坏公共秩序和妨碍市内正常生活者,一律扣留,并送警察局追究责任。"事实上,当局为驱散集会群众,最后动用了军队和武器。1956年7月10日,赫鲁晓夫对这一事件作出了自己的解释:"斯大林和贝利亚都是格鲁吉亚人这一事实,在该共和国引发了民族主义情绪,这种情绪得到了孟什维克分子和民族主义分子的支持。"他还认为,重要的原因是俄罗斯人在格鲁吉亚没有真正掌握实权,他说:"格鲁吉亚的情况正在复杂化,原因是煤矿和工厂里的工人是俄罗斯人,而行政管理人员是格鲁吉亚人。在格鲁吉亚60%是格鲁吉亚人,40%是俄罗斯人、乌克兰人、亚美尼亚人等,但在领导人中没有一个俄罗斯人,然而这一点斯大林在世时谁也不能说。"

  而另一方面,各级党组织纷纷起来,揭发斯大林的个人崇拜罪行,寻找"斯大林分子"。许多基层组织中,这两方面的人常常争斗得十分激烈。在此基础上,在知识分子中间开始形成苏联的"持不同政见者",其中以苏联科学院的知识分子为最激烈。苏共中央主席团曾令国家安全委员会对社会舆论进行严密监视和报告,并不得不作出专门的决议,来消除在内部传达二十大精神和"秘密报告"的过程所出现的"敌对破坏行动"。在党的高层,对斯大林持猛烈批评态度的也逐渐增多和加强,其中以朱可夫将军最为突出。1956年5月19日,朱可夫准备了一份在中央全会上批判斯大林的发言稿,其中称"近年来,我们国家所有军事—政治思想工作的主要缺点是个人崇拜盛行","特别广泛的个人崇拜的蔓延是在与伟大卫国战争有联系的许多问题上开始的"。他所列举的斯大林个人崇拜现象有:关于签订苏德互不侵犯条约公报,"这个声明把苏联人民、党和军队引入迷途,并使他们丧失了警惕性。斯大林以德国法西斯侵犯苏联是突然袭击的方式来解释战争第一阶段的失败,这是历史的谬误。希特勒军队的侵犯没有任何突然性,而有准备的侵犯是人所共知的,斯大林臆想的突然性是为他自己在防御中的失算辩护";斯大林竭力把初期失利的所有罪过都记在武装人员的身上,洗刷自己的罪过和转移人民及军队对他的不满情绪;在斯大林个人崇拜下,认识和宣传一种不正确的观点:"苏联的军事科学似乎是斯大林重新制定的","军事科学中的个人崇拜束缚了我们军事干部创造性的思维,并使他们养成一种习惯,认为他们的作用不在于独立深入研究军事理论,而在于善于评论和推广斯大林的论点";由于斯大林粗暴地破坏法制,致使对苏联战俘的处理造成了极为严重的后果等。尽管这次中央全会没有召开成,朱可夫的讲话稿也就被锁在了档案柜里,一锁就是40年。但是,朱可夫的这些观点后来深刻影响了赫鲁晓夫对相关问题的决策和苏联的历史进程,其意义是不可忽视的。

赫鲁晓夫在"秘密报告"中提及了战争时期被迫迁徙的卡拉恰耶夫人、巴尔卡尔人和卡尔梅克人,并指责斯大林的这种迁移是对这些民族的"粗暴的蹂躏",但是却忘记了同样被迁移的车臣—印古什人和克里米亚鞑靼人,对于更早时期,在"农业全盘集体化"运动中从波罗的海三国、乌克兰和白俄罗斯西部、摩尔达维亚和布哥维纳强行迁出"富农"更是只字不提。在传达二十大精神和各种平反持续进行的进程中,一系列被迁移的民族纷纷开始从"特别居留地"返回自己的家园,但是他们遭到了极大的阻隔,一是官方加以阻拦;二是他们的家园已经被他族人所占住。在这一进程中,车臣人和印古什人表现得特别的顽强和坚持,仅在1956年的半年中,就有30万左右的车臣人和印古什人返回了他们在北高加索的祖居地。面对困境和压力,当局作出让步。1956年7月16日,苏联最高苏维埃发布命令,撤消对车臣人、印古什人和卡拉恰耶夫人的"特别移民流刑犯"的登记,取消内务部机构对他们的监督。1956年11月24日,苏共中央决议恢复车臣—印古什自治共和国,1957年苏联最高苏维埃正式颁布命令,在俄罗斯联邦内恢复车臣—印古什自治共和国建制。但是,由于"特殊移民"的回归所引起的北高加索地区的民族矛盾却在加深和加剧。1958年8月,在车臣—印古什自治共和国首府格罗兹尼发生了俄罗斯人和车臣人与印古什人为争夺家园的冲突。当局派出军队进行镇压。但是,车臣—印古什和整个北高加索的民族矛盾并没有得到解决,而在其后的岁月中有增无减地发展了下去。

事实上,赫鲁晓夫在与马林科夫的斗争中,就特别关注民族问题了。那时克里米亚鞑靼人也在极力为恢复自己民族的名誉和生存权利而斗争,他们是在1945年被迁出克里米亚的,随之原来的民族自治共和国被取消,改建制为克里米亚州。1954年正是乌克兰并入俄国的300周年纪念,赫鲁晓夫在与乌克兰共和国领导人的饮宴中,突发豪情,应允将克里米亚州赠与乌克兰,作为对300周年庆的贺礼。后来,这被人们讽刺为是"沙皇的馈赠"。

1954年1月25日,苏共中央主席团同意了赫鲁晓夫的"将克里米亚州从俄罗斯联邦苏维埃社会主义共和国转归乌克兰苏维埃社会主义共和国"的建议,从而将赫鲁晓夫的酒宴上的馈赠变成一场立法行动。当天由马林科夫主持的苏共中央主席团会议的议事日程很多,克里米亚的"转归"问题排在议程的第11项。这次会议通过了"转归"的苏联最高苏维埃主席团的命令草案。随后,俄罗斯和乌克兰最高苏维埃主席团作出了关于克里米亚州归属的联合决定。尽管如此,苏共中央和苏联最高苏维埃的领导人中间对这种突如其来的"转归"难以理解和接受。所以,2月19日,在第三届苏联最高苏维埃主席团讨论这一"转归"问题的第35次会议上,应出席的27名委员中,有13人因各种原由请假没有到会。但乌克兰最高苏维埃主席团主席科罗特钦科、拉脱维亚最高苏维埃主席团主席奥佐林、俄罗斯联邦最高苏维埃主席团主席济明参加了会议,克里米亚州执行委员会副主席利亚林、首府辛菲罗波尔的执行委员会主席卡特科夫和军港、黑海舰队所在地塞瓦斯托波尔的苏维埃执行委员会主席索斯尼茨基也出席了会议。

俄罗斯方面的领导人都一致赞成这一"转归"决定。"转归"的理由是:"克里米亚州和乌克兰苏维埃社会主义共和国之间经济的共同性,领土相邻以及紧密的经济和文化联系。"乌克兰领导人尤为高兴,科罗特钦科的讲话具有代表性,认为这是"俄罗斯人民对乌克兰人民无限信任和爱戴的最伟大、友好行动的明证。乌克兰人民清楚地知道,同伟大的俄罗斯人民,同我国各族人民的友好相处,我们就能沿着共产党指引的道路前进,沿着自由和幸福生活的道路,沿着共产主义的道路胜利前进。"他向俄罗斯人保证:"请允许我向你们保证,乌克兰政府将对克里米亚国民经济的进一步发展,对提高克里米亚州人民的物质和文化福利给予应有的关注。"

伏罗希洛夫最后的讲话表达了俄罗斯人的愿望:"这个具有重大的全国性意义的举动再一次说明,苏联的各主权社会主义加盟共和国之间的关系是建立在真正平等和相互理解及尊重各加盟共和国繁荣的相互利益的基础上的。"

他说:"历史上过去没有,也不可能有国家间的这种关系。"对于未来,伏罗希洛夫兴奋地预言:"各族人民的友谊是我们伟大的多民族苏维埃国家的基础之一,是我们国家不可战胜的力量和繁荣强大的源泉。我们高兴地知道,俄罗斯、乌克兰和我们辽阔国家的各族人民将会一往无前地发展和巩固自己的兄弟友谊。让我们伟大的祖国——兄弟般的苏维埃社会主义共和国联盟壮大和发展吧!"

1954年4月,克里米亚州正式成为乌克兰的一部分。自此以后,赫鲁晓夫先后给北高加索的少数民族平反,但唯独没有再过问过克里米亚的鞑靼人的问题。鞑靼民族被强行迁移的问题直到1967年勃列日涅夫当政时才予以平反。此外,无论是赫鲁晓夫、伏罗希洛夫,还是这时乌克兰的领导人,都没有想到,37年后他们盛赞的俄乌友谊和苏维埃国家的民族团结竟然会烟消云散,为争夺这个优美富饶的半岛,为争夺塞瓦斯托波尔这个优良的军港,自1991年起,俄罗斯和乌克兰就争吵不休并且越来越激烈。不过,这是后话了。

## 六、波兹南事件,匈牙利事件,对日关系正常化,裁军

赫鲁晓夫执政后,东欧社会主义国家中发生了一系列重大变化。赫鲁晓夫本人也采取措施,试图消除东欧国家中不利于苏联的因素,在一个新的基础上巩固和发展社会主义阵营。1955年5月11日成立的"华沙条约组织"名义上是对抗"北约"的,因为联邦德国在5月8日参加了"北约",但实际上更大的目的是苏联要使阿尔巴尼亚、保加利亚、民主德国、波兰、匈牙利、罗马尼亚和捷克斯洛伐克更紧密地依靠苏联,使它们不至于走上如南斯拉夫那样的离经叛道的道路上去。此外,赫鲁晓夫加强了对南斯拉夫的工作。就在华沙条约签约的当天,苏联发表了赫鲁晓夫将亲自率领代表团访问南斯拉夫的公报。

5月26日,赫鲁晓夫带领布尔加宁、米高扬、谢皮洛夫和葛罗米科访问南斯拉夫。赫鲁晓夫向铁托表示亲善与和解,把苏南关系的恶化和破裂归罪于贝利亚等"人民的敌人"和"帝国主义代理人"。6月2日,签署了《苏联和南斯拉夫两国政府宣言》,实现了两国关系的正常化。这个宣言更重要的一个方面是,苏联承认了南斯拉夫的不结盟政策和各社会主义国家对自身的发展模式有自己的选择权。这个宣言的公布在东欧国家中产生广泛影响,尤其是在波兰。事实上,在苏共二十大举行期间,苏联、波兰、意大利、芬兰和保加利亚5国共产党和工人党就联合发表通告,承认1938年共产国际执行委员会关于解

散波兰共产党的决定是没有根据的。将近一个月后,在波兰执行全盘苏化政策的波兰统一工人党第一书记贝鲁特在莫斯科病死。这种情况正如赫鲁晓夫自己所说的:"贝鲁特的逝世和恢复共产党的名誉正值二十大召开。在波兰,当人们得知党恢复了名誉而它的领导人却遭镇压时,就发生了严重的情况。"苏南关系的解冻促使波兰的局势进一步发展,而在向波兰统一工人党各级党组织传达"秘密报告"并在其讨论中,人们提出了应当重新评价华沙起义、对卡廷事件进行侦查、审议苏军驻扎波兰是否合法等问题,甚至有人提出要重新审议波苏关系。随之,要求为遭镇压的"铁托分子"平反、谴责和审判"斯大林分子"的呼声和对苏联的不满情绪日益高涨,波兰党的领导层的分歧也在扩大和尖锐化。

1956年4月17日,工人党和共产党情报局解散,东欧国家与苏联的关系以及各自国内的局势日趋复杂化。6月28日,波兰波兹南市的汽车厂工人上街游行,喊出了"自由"、"面包"、"上帝"、"苏军滚出波兰"等口号。29日,有更多的工人和市民参加了进来,于是游行变成了街头冲突。保安部队进行干预,并向游行者开枪,随后,部队对游行示威者进行了镇压,有79人被打死,500多人受伤。赫鲁晓夫说过,在东欧国家中"最薄弱的环节是波兰",而"波兹南事件"成为社会主义阵营中第一次反对苏联强权的群众性事件。波兰和苏联对这一事件的评价和处理截然不同。6月30日,波兰总理西伦凯维兹率领一个党政代表团亲自到波兹南,为事件中的死难者安葬。他在讲话中强调,波兹南工人的要求是合理的。而在同一天,苏共中央也发表了声明,称该事件是帝国主义间谍策划的反社会主义反人民的颠覆活动。当然,这是表面上的文章,事实上,苏联领导人之所以对"波兹南事件"严重不满,主要是因为赫鲁晓夫对波兰领导人中"波兰共产党员——犹太人"的不满。1956年7月10日,赫鲁晓夫在与意大利共产党代表团的谈话时说过这样的话:"在波兰建立了人民民主制度后,还是在斯大林时期就从我们的监狱里释放出来了许多波兰共产党员——犹太人,并把他们送回波兰,这些人很不正确地领会了对斯大林个人迷信的批判。他们在波兰的所作所为极其恶劣,并极力把自己人提拔到党和国家的领导机关。"他还说:"我认为在波兹南发生的事件,不会没有一批从苏联回去的心怀不满的人参与。"赫鲁晓夫特别强调的"领导波兰的应该是波兰人",实际上这是在反对"波兰共产党员——犹太人"。

1956年10月1—2日,波兰统一工人党召开政治局会议。这是哥穆尔卡1949年后第一次参加,他在发言中指出,苏联对波兰军事控制的这种关系是不正常的,调整这种关系的主要方面应该靠波兰统一工人党自己。他说:"得不到信任而统治一个国家是可能的,但这样的统治只能靠刺刀来维持。无论谁作出这样的选择,也就选择了走向全面灾难的道路。我们不能再使用那些陈旧的手段了。我们当前的困难来自党的弱点,来自我们自己的矛盾。"10月17日,在波兰统一工人党八中全会上,哥穆尔卡被提名选进中央政治局。在会上,来自苏联的罗科索夫斯基坚决反对,甚至发出了威胁:"我认为在这种形势下举行选举就是背叛。"

苏共中央对这种选举结果很不满意,认为是出现了"严重局势"。10月18日,苏共中央主席团决定派代表团去华沙,并将这一决定通报了中国、捷克斯洛伐克、罗马尼亚、匈牙利、保加利亚、阿尔巴尼亚、德国、法国、意大利和南斯拉夫的共产党和工人党。通报中有这样的话:"由于波兰局势对社会主义阵营,特别是对苏联具有特殊的重要性,波兰统一工人党领导层出现的局势引起我们的严重不安。"赫鲁晓夫、莫洛托夫、米高扬和卡冈诺维奇等组成的高级代表团于1956年10月19日突然飞抵华沙。赫鲁晓夫一下飞机,首先向罗科索夫斯基和其他将军问好,然后用俄语对波兰统一工人党第一书记奥哈布大声嚷嚷:"奥哈布同志的背叛行为已经显而易见,这样做行不通!"赫鲁晓夫意欲参加八中全会,但是遭到哥穆尔卡的拒绝。双方转到贝凡德尔宫去会谈。在会谈中,赫鲁晓夫坚决要干预波兰党的政治局的人员组成,其中包括将在战后被派往波兰并担任国防部部长的罗科索夫斯基列入政治局名单。他说:"我们感到不安,因为提出的新政治局委员名单中,没有一个同志是苏波联盟的支持者","我们决定严厉地干涉你们的事情,决不让你们的意图实现",并威胁说:"不管你们愿意与否,我们的观点是,我们将不得不开始干涉你们"。事实上,这时,苏军士兵和坦克正在向华沙挺进,苏军军舰也已经抵达波兰的海域。面对威胁,哥穆尔卡坚决反对,他毫无异议地说:"我明白谈话可能会用攻击性的语调,但是如果你把手枪放在桌子上,就不会有公正的讨论。在这种情况下,我不能继续讨论。我感到身体不舒服,我不能在这种情况下完成这项任务。我可以听一下苏联同志的抱怨,但是如果要在武力威胁下作出决策,我不干。"结果,赫鲁晓夫不得不命令苏军暂停前进。这个代表团第二天就返回莫斯科。随后苏波双方几经较量,苏方不得不同意将罗科索夫斯基召回莫斯科,撤回专家和顾问,放弃对波兰使用武力,而哥穆尔卡也声明波兰无意退出华沙条约,苏波之间的紧张关系暂告缓和。

1957年1月11日,哥穆尔卡在和以周恩来为代表的中国共产党代表团会谈时,对"波兹南事件"作出了评价:"国内发生的波兹南事件,是关于危险局势开始形成的明显信号。事件证明我们的不适宜的经济政策和党的领导远离了党员群众和工人阶级。没有上街去向工人承担六年计划的责任是直接的原因。如果党的基层组织同工人阶级保持着联系的话,那么罢工可能是不会发生的。"

波兰事件在匈牙利引起强烈反响,匈牙利劳动人民党领导层的分歧进一步扩大和加深,该党内要求拉科西下台的呼声日高。1956年4月29日,苏驻匈大使安德罗波夫向苏共中央报告,匈牙利领导人拉科西和赫格居斯不满意于将雷瓦伊和卡达尔选进政治局,党内和国内的局势在复杂化。6月,伏罗希洛夫和拉科西进行了会谈,伏罗希洛夫得出的结论是:"匈牙利的经济状况恶化,拉科西在党内,尤其是在知识分子中间的威信在下降。"7月13日,米高扬来到布达佩斯,和拉科西、赫格居斯及格罗进行了会谈。米高扬用委婉的话要拉科西自动放弃第一书记的职务:"达到党的领导的团结,恢复中央委员会对政治局的信任,直接取决于拉科西同志是否留在匈牙利劳动人民党中央第一书记的岗位上。当拉科西同志还在主持党的领导工作时,中央就不可能使自己摆脱对当时正直的共产党员进行毫无根据的镇压的指责。中央委员和积极分子对政治局依然不信任,这样就不可能出现团结的局面。所有这一切意味着,党无法摆脱困难,无法克服今天国内所形成的那种危险局面。在目前情况下,最好是拉科西同志自己提出辞职。"米高扬还说:"拉科西同志是有病之人,他可去我国好好治疗自己的病。"在当天举行的匈牙利党政治局会议上,拉科西辞职。随后,在米高扬的推荐下,格罗继任第一书记,卡达尔为书记处书记。

波兰事件给了匈牙利人民极大的鼓舞,他们认为既然波兰人能做到的,匈牙利人也能做到。但是,苏联当局把这一切视为是"反苏活动"、"反党活动"。7月26日,苏联国家安全委员会主席谢罗夫向苏共中央通报了这种情况。8月27日,安德罗波夫在向苏共中央的报告中提到了"'裴多菲'俱乐部"的问题。他写道:"6月27日,在'裴多菲'俱乐部的辩论中,许多作家,如代里和塔尔达什,提出了在匈牙利进行'新革命'的反动要求,竭力诋毁党的领导,等等。"但是,绝大部分作家都反对对"裴多菲"俱乐部进行批判。10月12日,安德罗波夫在发给苏联外交部的电报中承认:"匈牙利国内政治局势急剧恶化,现在'严重局势'已经不仅是党内,而且是整个国家了"。他预测:"在纳吉有可能实施自己的政策(在这个时候这种危险性是存在的)的情况下,匈牙利在最近的将来有可能发生以下变化:变化的结果是,匈牙利的社会制度和国家制度将像南斯拉夫现在所发生的那种社会主义制度一样,但还不如南斯拉夫的社会主义制度。"

在安德罗波夫把注意力放在纳吉身上时,大使馆的墙外,从10月中旬起,示威游行的浪潮席卷整个匈牙利,人们要求摆脱苏联模式和苏联控制的呼声日益高涨。而在此时,苏共中央也鉴于波兰事件的教训,悄悄地从匈牙利撤回了最容易引起人们争议和愤懑的"克格勃"工作人员,并暗地里调兵遣将。10月22日,布达佩斯工业大学的师生举行集会,提出了如下要求:改组党的领导,清除领导层中的斯大林分子;扩大社会主义民主,实行多党制,进行自由选举;苏军立即撤出匈牙利;减轻农民的赋税,进行经济改革;要求1953年7月起担任总理,后在1955年4月被解职的纳吉重新组织政府。当天,举行了数千人的示威游行。游行者拆除斯大林像并要求会见格罗,但他们在议会大厦前遭到枪击。于是,游行变成了流血冲突。当晚,匈牙利党中央召开紧急会议,决定由纳吉担任部长会议主席。

10月23日,赫鲁晓夫打电话要格罗到莫斯科来商谈局势,格罗说布达佩斯情况复杂,他不能离开。随即,朱可夫向赫鲁晓夫报告,格罗向苏驻布达佩斯大使馆武官请求援助,以平息大规模的游行示威。赫鲁晓夫和格罗再次通电话,要格罗提出请求苏军开进布达佩斯的书面信件,格罗借一时无法召开部长会议为由,没有作答。苏共中央政治局开会讨论此事,朱可夫报告说,匈牙利局势有失控的危险,到处有大规模的游行,游行者烧毁了电台,并在某些地方占领了党和内务部的机构。在此情况下,赫鲁晓夫情绪激动地表示:必须将苏军开进布达佩斯。除了米高扬外(他要求先进行政治解决),布尔加宁、莫洛托夫、别尔乌辛、卡冈诺维奇、朱可夫和苏斯洛夫都同意将军队开进布达佩斯,因为他们认为,匈牙利政府有可能被推翻。会议决定派米高扬和苏斯洛夫去布达佩斯就地研究情况。与此同时,苏联国防部立即采取了下述行动:向苏驻匈牙利的两个机械化师组成的特别军、喀尔巴阡军区步兵军和驻守在靠近罗—匈边界的独立机械化集团军以及苏军的5个师发出战斗警报,空军同时进入战斗准备,它们的任务是进入布达佩斯和整个匈牙利领土。24日凌晨,苏军的一个步兵师开进布达佩斯,与示威者发生严重冲突。朱可夫和索科洛夫斯基随即向中央报告了行动的结果:"特别步兵师于当地时间10月24日2—4时进入布达佩斯,占领该市重要设施","喀尔巴阡军区步兵军于10月23日夜已越过苏匈边界","独立机械化集团军的机械化师主力于当地时间4时15分至6时20分进入匈牙利领土","歼击机部队正在掩护行军中的队伍。轰炸机部队在机场待命"。

24日,米高扬和苏斯洛夫在向莫斯科的报告中,指出"格罗特别扩大了反对派的力量,而低估了自己的实力",扩大了事态的危险性。在米高扬、苏斯洛夫和匈牙利领导人卡达尔与纳吉的会谈中,一个最主要的问题是要求苏联军队撤出匈牙利。米高扬和苏斯洛夫坚持苏军不能撤,他们对中央的报告说:"无论如何不能提出苏联军队撤出匈牙利的问题,因为这将意味着美国军队的进驻",撤军"这是一个大错误,因为苏联撤军将不可避免导致美国军队的到来"。苏联能作出的让步仅仅是:"像过去一样,我们认为,一旦秩序恢复,苏联军队可能很快就回到自己的基地。"格罗随即被解除第一书记的职务,由卡达尔担任。25日,纳吉在电台发表讲话,仍要求"在和平和秩序得到恢复后,苏军应立即撤出"。27日,组成了有非共产党代表参加的匈牙利新政府,纳吉向米高扬和苏斯洛夫表示,新政府打算在用武力镇压骚乱的同时,采取使政府和知识分子及人民群众和解与接近的政策。苏斯洛夫和米高扬同意这一做法,并向莫斯科作了汇报。

也就在这时,西方几个大国在联合国安理会提出了"匈牙利局势"问题,指责苏联干涉匈牙利内政,并将于10月28日下午讨论这一问题。苏共中央立即作出决定,指示匈牙利政府立即发表声明,"匈牙利现在发生的事件是匈牙利的内政,10月23日爆发的反革命叛乱是帝国主义国家利用匈牙利国内某些困难和缺点,通过宣传和干涉匈牙利内政不断唆使反动分子去反对人民民主制度,进行破坏活动的结果。苏联军队参加镇压反革命暴乱是苏联政府应匈牙利政府请求协助恢复应有秩序、保卫人民民主制度和匈牙利国家主权"。

10月28日,安德罗波夫向莫斯科转交了匈牙利人民共和国总理赫格居斯签署日期为10月24日的一封信件:"我谨代表匈牙利人民共和国部长会议请求苏联政府派遣苏联军队帮助平息发生在布达佩斯的暴乱,以便尽可能地恢复布达佩斯的秩序,并为和平、团结劳动创造条件。"但是,这时,赫格居斯已经不是总理。这封请求苏联出兵的信件明显写于苏联出兵之后,是补发的。

就像匈牙利党内有"镇压派"和"和解派"两股势力那样,在苏共中央也存在着两种处理匈牙利事件的力量。莫洛托夫、布尔加宁和伏罗希洛夫属于"鹰派",他们主张以"武力镇压"来解决匈牙利事件。莫洛托夫在10月28日的中央主席团会议上指责米高扬和苏斯洛夫妥协退让,使匈牙利局势更恶化,并明确说:"应当给米高扬打电话,并告诉他:匈牙利劳动党中央政治局应该坚定的行动,否则我们将绕开他自己干。也许,我们不得不自己来任命一个政府。"

赫鲁晓夫同意坚决镇压"暴动者",但是又担心在局势尖锐化的情况下,匈牙利军队会转到"暴动者"方面去。因此,他建议:"我们停火。我们准备从布达佩斯撤出军队。条件是,抵抗方面必须停火。"10月29—30日,苏军撤出布达佩斯城,但是却停留在布达佩斯机场一带待命。10月30日,苏共中央主席团开会,通过了《苏联政府关于发展和进一步加强苏联同其他社会主义国家的友谊和合作的基础的宣言》。宣言指出,有必要对苏联与其他社会主义国家的关系作出一定的调整。这种调整包括:"迫切需要同其他社会主义国家共同研究关于苏联顾问继续留在这些国家是否适宜的问题","苏联政府准备同其他社会主义国家——华沙条约参加国研究驻扎在上述这些国家领土上的苏联军队问题"。关于进入匈牙利的苏军问题,宣言指出:"鉴于苏联军队继续留驻匈牙利可能导致局势更加紧张,苏联政府已经指示自己的军事司令部,一旦匈牙利政府认为必要,即将苏联军队撤出布达佩斯。"

但是,10月31日,召开政治局会议,会上赫鲁晓夫以苏伊士运河的严重局势为由,要求强化苏联在匈牙利的措施。他说:"应当重新研究。不能从匈牙利和布达佩斯撤军,并应在维护匈牙利的秩序方面必须表现出主动性。如果我们离开了匈牙利,这将使美国人、英国人和法国人——使这些帝国主义分子高兴。他们会理解成是我们的软弱并将进攻。届时我们就会显出我们立场的软弱。我们的党也不会理解我们。那时,除了埃及外,还会加上个匈牙利。我们没有别的选择。"为此,他还具体建议成立以卡达尔为首的临时革命政府,邀请这个政府来商谈撤军的问题;如果纳吉同意,可在政府中任部长会议副主席。赫鲁晓夫还要求将此决定通报铁托、中国、捷克斯洛伐克、罗马尼亚和保加利亚的同志。苏共中央在给陶里亚蒂的电报中称:"根据我们掌握的情报,纳吉采取两面立场,并越来越受反动势力的影响。目前,我们不公开反对纳吉,但我们也不容忍局势逆转,听任反动势力的嚣张。"

11月1日,苏共中央主席团作出新决议,委托朱可夫、苏斯洛夫、科涅夫、谢罗夫和勃列日涅夫就匈牙利事件制定"有关必要的措施"。这就是苏联第二次出兵匈牙利的军事行动计划。11月2日,主席团批准了这一计划。但是,苏军进入匈牙利的行动却是在11月1日开始的。安德罗波夫在这一天发出的密码电报中,明确提到,他被邀去参加匈牙利人民共和国的内阁会议,纳吉就苏军越过匈牙利边界并向国家的心脏挺进提出抗议。安德罗波夫写道:"纳吉指出,既然苏联既不停止苏军的挺进,又不为它的行为提供一个令人满意的解释,他们就要批准那天早晨通过的动议,即匈牙利退出华沙条约组织,宣布中立并恳请联合国由四大国来保证匈牙利的中立。"最后,安德罗波夫还写道:"我们得到消息说在社会民主党的挑动下,匈牙利所有企业的工人宣布两小时的罢工,要求苏军撤离匈境。"

　　这次被称为"旋风"的军事入侵行动大体上持续到11月5日。行动的指挥官是朱可夫和科涅夫。朱可夫在11月4日致苏共中央的报告中写道:"今年11月4日6时15分,苏联军队开始了整顿匈牙利秩序和恢复匈牙利人民民主政权的行动","纳吉·伊雷姆反革命政府的全体成员躲藏起来。现正在搜查"。在21时发出的报告中,他写道:"布达佩斯市区最重要的政府机关大楼已被我军完全占领,暴乱分子的反抗也已基本平息","在我军所占据的所有居民区已经实行了军事管制"。在11月5日的报告中,朱可夫写道:"苏联军队在匈牙利继续完成恢复国家秩序的任务"。7日,报告说:"匈牙利境内夜间很平静","匈牙利人民共和国政府已离开索尔诺克并于11月7日6时10分回到布达佩斯"。而安德罗波夫所报告的则是关于匈牙利政府和局势的问题,他在11月4日的报告中写道:"我们认为,当务之急是卡达尔、明尼赫和奥普罗应尽快回到布达佩斯以恢复开展领导工作。"

　　11月1日,卡达尔和明尼赫来到苏联驻匈牙利大使馆,随即被送往莫斯科。11月3日,苏共中央主席团确定了匈牙利新政府的组成人员名单,卡达尔为总理,明尼赫为副总理兼武装力量和公安部部长。随即,卡达尔和明尼赫被送回匈牙利的华沙条约司令部——离布达佩斯100公里的索尔诺克市。11月4日,卡达尔政府在那里发表了告人民书。11月5日,卡达尔在布达佩斯以匈牙利工农革命政府总理的名义,发表了告各社会主义国家政府书,呼吁对匈牙利紧急援助。苏联政府作出了紧急援助的决定,这种援助实际上是将1956年应向匈牙利提供的商品和1957年第一季度计划提供的商品提前供货。整个社会主义阵营国家和西方国家都对匈牙利提供了大量的无偿援助,据苏联欧洲国家经济部主任伊万诺夫报告中的资料:"据匈牙利报刊报道,提供给匈牙利的无偿援助价值已达9 300万美元,其中社会主义国家提供了4 800万美元。资本主义国家向匈牙利提供援助金额为4 500万美元,其中美国——2 000万美元(包括药品、医疗仪器和生活必需品)。"

　　11月4日,纳吉和其同事,总计有14人到南斯拉夫大使馆寻求政治避难。苏联为使纳吉承认卡达尔政府作了一系列努力,并与南斯拉夫领导人进行了谈判。铁托要求卡达尔政府不要迫害"在匈牙利最近发生的事件的期间未能立即采取正确路线的共产党员",并"请求苏联政府采取措施保护南斯拉夫大使馆不受对它进行的可能攻击,特别是如果反对派知道藏于大使馆的纳吉支持卡达尔政府"。苏共中央主席团最后决议:"现在不需要纳吉发表任何讲话。关于南斯拉夫大使馆,我们已经指示我们的部队给以关注。至于纳吉及其一伙是否继续待在大使馆的问题,对他们可能发生的突然事件不仅仅来自反对派一方,也可能来自革命分子一方。有鉴于此,而且还由于匈牙利革命工农政府在目前尚没有建立安全机关,适宜的办法是将纳吉及其一伙交给我们的部队然后转交驻在索尔诺克市的革命工农政府。"卡达尔曾保证纳吉可以安全离开南斯拉夫大使馆,但是纳吉等人坐上汽车,在离开大使馆的途中被苏军逮捕,随后,经秘密审判后被枪杀。

"匈牙利事件"使苏联与南斯拉夫的关系再次急剧恶化。1957年1月10日,赫鲁晓夫写信给铁托,指责南斯拉夫支持纳吉:"我们不能同意南斯拉夫同志在匈牙利问题上今天所持的立场。它丝毫无助于匈牙利社会主义力量的巩固和团结。"赫鲁晓夫声称铁托"对匈牙利事件性质的评价被国际反对派用作推翻匈牙利工农革命政府、对苏联、对社会主义国家和国际共产主义运动进行攻击的借口"。2月7日,铁托致信苏共中央,坚决否认赫鲁晓夫的指责。铁托认为,所以发生"匈牙利事件",一是由于匈牙利劳动人民党本身的问题,"多年来在匈牙利劳动人民党,拉科西、发尔考什、格罗、赫格居斯领导下的人,实质上给反对派帮了大忙,是匈牙利那种形势的罪魁祸首";二是由于苏联对拉科西等人的支持,"你们不顾我们的意见,为拉科西辩护,并利用苏联的威信袒护这个人和他执行的政策,直到匈牙利劳动人民党解除他的职务的最后一刻"。铁托总结说:"因此点名批评和影射南斯拉夫人民在人所共知的匈牙利事件中有罪,我们听起来感到奇怪,而你们却一字不谴责自己在匈牙利问题上的实践。"

1957年4月18日,苏共中央作出决定,同意拉科西、格罗和赫格居斯等留居苏联。8月26日,安德罗波夫等给苏共中央的报告中提到,匈牙利内务部已经就"纳吉·伊雷姆及其追随者一案",逮捕了74名"反革命叛乱参加者",其中11人为"阴谋家活动核心"。8月29日,安德罗波夫给苏共中央献策,"建议匈牙利的朋友们把对纳吉进行诉讼程序的期限改在1957年12月至1958年1月"。1958年6月17日,匈牙利人民共和国司法部公布了对纳吉·伊雷姆及其拥护者一案所作判决及其执行情况的公告。苏联方面也在同时公布了这一消息。在整个"匈牙利事件"期间,人员损失惨重。匈牙利方面,死亡2 502人,伤19 226人;苏联方面,死亡和失踪720人,伤1 540人。有20万匈牙利人逃亡国外。

匈牙利事件后,苏联加强了对匈牙利各方面的控制。12月14日,苏共中央主席团作出决议,决定向匈牙利派出工业、经济和财政专家,并"鉴于匈牙利的政治形势,向匈牙利派遣一批(40—50人,为期2—3个月)党的负责工作人员以向地方政权机关和社会团体提供实际帮助,其身份为负责经济和政治问题的副军事代表","鉴于卡达尔和明尼赫同志请求在同反革命的斗争中,向匈牙利人民共和国国家安全机关提供帮助,责成苏联部长会议下属的国家安全委员会(谢罗夫同志)挑选18位专家和苏联内务部(杜多罗夫同志)挑选5位专家并将他们派往匈牙利做顾问工作"。

在波兰的"波兹南事件"后,社会主义阵营和资本主义阵营在欧洲的争夺又一次激烈起来。苏联不愿也深知没有可能全方位地与美国等西方强国为敌,于是强化了一种传统的外交政策,即缓解东方的矛盾,集中精力应付西方。具体地说,就是加速了与日本的和解。而日本首相鸠山一郎也想借与苏联的和解,来摆脱过分依赖美国的外交政策。波兰和匈牙利动荡不安的局势使苏日关系正常化的谈判加速。1956年9月11日,鸠山一郎给布尔加宁写信,提出两国关系正常化的5点建议:结束两国间的政治状态;互设大使级外交代表机构;尽快遣返留在苏联的日本公民回国;渔业协定生效;苏联支持日本加入联合国。9月13日,苏共中央主席团答复,同意这些建议。谈判的重要障碍是日本要求苏联归还齿舞、色丹、国后和择捉四岛的问题。最后双方以如下方式解决了问题:在苏日关系正常化并就缔结和约问题进行谈判的情况下,"苏维埃社会主义共和国联盟愿意接受日本国的愿望并考虑到日本国家的利益,同意交还日本国的齿舞岛和色丹岛,但是,实际交还日本这些岛屿要在缔结日本国与苏维埃社会主义共和国联盟之间的和平条约之后"。10月19日,苏日双方签署联合宣言,宣布两国关系正常化,还同时签署了《关于发展经济和相互给予最惠国待遇的协议书》。

裁军是苏联在两个阵营争夺中的另一个重要的战场。这个问题从1955年夏天起,就在日内瓦开始了苏、美、英、法四大国的谈判。苏联裁军的一个很大的动机就是减轻战争的重荷,加快恢复国家的经济,增强实力。1955年8月12日,苏联部长会议作出关于裁军34万人,并将这34万人转为预备役的决议。这时,在赫鲁晓夫的眼中,苏联军队和东欧各国的军队是连在一起的,苏联的裁军必将涉及这些国家军队的裁减。赫鲁晓夫曾就此事写信给这些国家的首脑,要求他们也分别裁军:波兰裁减6万人,捷克斯洛伐克——3万人,匈牙利——2万人,罗马尼亚——4万人,保加利亚——1.7万人,阿尔巴尼亚——0.8万人。"波兹南事件"和"匈牙利事件"后,苏联加速了裁军进程,这显然和东欧各国强烈要求苏军撤出的浪潮有关。这时,苏联的裁军包括几个方面:一是将驻扎在东欧各国的军队撤回国内。1958年1月3日,马利诺夫斯基和索科洛夫斯基在给苏共中央的报告中就是这样说的:"从苏军驻德集团军中将41 753人调回苏联境内","将南方军队集群中的第38集团军及其警备和服务部队、2个摩托化步兵师撤回苏联境内,将这2个师改变为3 000人的缩编师,部署在喀尔巴阡地区。实施以上措施后,我们驻德部队的现役军人数量将裁减41 753人。驻匈牙利部队的现役军人数量将裁减17 109人"。二是"将国防部建筑施工部队改编为军事施工队,裁减现役军人18 000人。将改编部队的士兵转为应征军工,相应地扩大应征军工数量18 000人。由于实行上述措施,将有4万名军官转业"。三是从军事院校大量裁员。所以,苏联的裁军成了与西方国家争夺霸权时讨价还价的重要手段,而在国内,裁减军队则长期处于裁而不减的状态,实际上并没有减轻整个经济的军事负担,而且使服役军人应该享受的种种待遇不再有实现的可能,从而造成了军心和民心的不稳。

在两个阵营的争夺战中,苏联还第一次将触角伸向了阿拉伯世界。一个标志性的进程就是苏联帮助埃及(当时的阿拉伯联合共和国)修建阿斯旺水坝,苏联期望通过阿斯旺水坝的修建能将苏联的经济发展模式(五年计划)和苏联的影响力扩展到社会主义阵营以外的世界中去。1956年10月29日,赫鲁晓夫致信纳赛尔,同意帮助修建阿斯旺水坝。但是,在赫鲁晓夫的这封信中,他实质上提出了"经济合作"的"一揽子"计划,其中包括国家经济计划的编制、核原子反应堆和10个无线电台的装置、建设生产人造纤维的化工厂、武器装备和军事技术设备以及派遣300多名苏联专家的问题。于是,在埃及也开始实行"第一个工业化五年计划"。1958年11月5日,纳赛尔写信给赫鲁晓夫,对苏联的援助表示衷心感谢,声称"我国人民把苏联看作是自己的朋友一样"。

### 七、"解冻"和法捷耶夫自杀,《日瓦戈医生》,
　　最后一个"反党集团",朱可夫的失败

知识界,尤其是文学和艺术界历来是苏联政治气候的晴雨表。这种传统性并不在于知识界本身,而在于苏联领导人对知识界的看法和利用。苏联领导人善于在政治发展的各个阶段拿知识分子做文章,尤其是在领导人更迭的时候。他们会通过知识分子的嘴和笔,通过他们的作品,通过对他们的或严厉或宽大的处置,来向天下表白自己的新政、自己的与前任不同的政策、自己的异乎其他领导人的善解民意、平等待人和知识渊博、自己的对列宁、对社会主义路线的无比忠心和无比纯真。赫鲁晓夫精于此道,他执政后就放松了对文学界的某些限制。1954年4月,作家帕斯捷尔纳克在《旗》上发表了长篇小说《日瓦戈医生》中的10首诗。5月,作家爱伦堡发表了中篇小说《解冻》的第一部。于是,那种要求创作自由、个性自由、渴求人性的解放和对人的尊严的赞颂、反对文学的纯歌颂性质和行政当局对文学的干预,进而呼吁政治上的民主和透明的呼声日渐强烈。这种思潮把斯大林时期对文学创作的控制和利用看成是一种冻结,因此呼吁解冻。这期间,文学家分为派别,就"解冻"问题进行了激烈的争论。在12月召开的苏联作家第二次代表大会上,西蒙诺夫要求删去"社会主义现实主义"定义中的一句话,即"用社会主义精神从思想上改造和教育劳动人民"。"解冻"思潮是赫鲁晓夫反对斯大林个人崇拜的先声,而赫鲁晓夫在他的二十大的"秘密报告"中实质上是把文学艺术中的"解冻"思潮政治化了。

苏共二十大后,赫鲁晓夫加强了对文学思潮的利用,并从组织上对斯大林时期的文学艺术进行改造,把一些追随赫鲁晓夫的人安排在作家协会的领导岗位上。"解冻"思潮随即扩展至整个知识界并对整个民众的情绪、意识和思想产生了深刻的影响。苏共中央的《关于克服个人崇拜及其后果的决议》造成了强大的平反进程,这种大规模地对历史的清算使许多参与过这一历史进程的人深感忧虑和不安。在文学界,曾经权势很大的法捷耶夫在斯大林死后,尤其在二十大的进程和其后的平反活动中遭到了越来越大的指责和政治压力。肖洛霍夫在二十大的发言中,把他称为是"独揽大权的总书记"。在苏联作家第二次代表大会上,法捷耶夫被指责要对文学界的"大清洗"、对许多优秀作家的遭到镇压和死亡负责。此外,他的成名之作《青年近卫军》被人们说成是"紧跟斯大林路线"之作,是"社会主义现实主义"的产物。在大会的改选中,他不再是作协总书记和理事会主席,而被搁置在一旁。5月13日,法捷耶夫自杀。他留给苏共中央一封信,信中他一方面袒露了对文学界"大清洗"应负责任的忐忑不安:"优秀的文学干部在当权者罪恶的纵容下,或从肉体上被消灭,或被折磨而死,其人数之多,甚至历代沙皇暴君做梦也难以想象。优秀文学人才英年早逝,余下的多少能创作具有真正价值作品的人,活不到四五十岁。"另一方面,法捷耶夫对二十大后的现实又感到悲观失望:"文学,这一最神圣的事业,遭到了官僚主义分子和人民当中最落后分子的蹂躏,并从'崇高'的讲坛上,如莫斯科党代表大会或党的二十次代表大会的讲坛上,响起了'捉住它'的新口号"。法捷耶夫进而指责造成这种现实状况的党的领导人,他没有点名,但这无疑是指赫鲁晓夫为首的新领导班子:"而现在,当一切本可改正时,负责改正的人所表现出来的却是粗浅、无知和无以复加的自负","文学,这一新制度最大的成果,已被贬低、被扼杀、被断送。那些伟大的列宁主义的暴发户在洋洋得意,甚至在他们对伟大学说发誓的时候,他们的自负就已经背离了伟大的列宁学说。这导致了我对他们的不信任,因为他们将比暴君斯大林更恶劣。斯大林还算有知识,而这些人则不学无术"。法捷耶夫面临着既不能继续忠于斯大林,又不能追随赫鲁晓夫的尴尬境地,他在哀叹"我本应是我国优秀人民引以为荣的人"后,决定自杀:"作为作家,我的生命失去了任何意义。因而我很乐意摆脱这个丑恶的社会,如同离开向我泼洒卑鄙、谎言和诽谤脏水的人世。"

法捷耶夫的自杀并没有能终止"解冻"思潮。这一年,苏共中央和苏联部长会议决定取消斯大林奖金,设立"列宁奖金",以表彰"科学、技术、文学和艺术方面最杰出的成果"。作家杜金采夫发表长篇小说《不单是靠面包》,肖洛霍夫发表短篇小说《一个人的遭遇》等。尤其是《不单是靠面包》,它的人不仅是要靠面包,而且更要靠自由的呼吸而生活的思想受到作家们的热烈推崇。斯维特兰娜·阿利卢耶娃在自己的信件中留下过对这一事件的记载:"这部小说,我当时就认为,而且现在也认为,是作家的巨大而崇高的功绩,书中的主人公——洛帕特金、德罗丝多大、舒季科大、娜住,都是天才的成功创造,是具有深刻典型意义的概括。我清楚地记得,康·帕乌斯托夫斯基在那次讨论中的精彩发言和那次晚会的整个气氛。我保存着这部小说刊登在杂志上的最初版本,好像后来出书时作了许多的改动。不过,我仍然极其推崇弗·德·杜金采夫,并把他看成是维护真理和善良的骑士。"

赫鲁晓夫对某些作家和某种文学思潮的宽容事实上并不是苏联文学领域的"解冻",他所做的一切都是为了"反对斯大林个人崇拜"这个目的,也就是说赫鲁晓夫从来就没有放松过苏联传统上的对意识形态的监控。而在"匈牙利事件"后,这种监控工作就更强化了。"匈牙利事件"在苏联的知识分子,尤其是高等院校的学生中引起的反应最强烈。他们反对出兵匈牙利,反对苏联对东欧社会主义国家事务的干涉,要求民主和自由。1956 年 11 月 4 日,苏共中央主席团通过了《关于从高等学校中清除不健康分子》的决议。12 月 19 日,苏共中央向各级党组织散发了《关于加强党组织在群众中的政治工作和取缔反苏敌对分子的攻击》的公开信,此信是由专门成立的以勃列日涅夫为主席的委员会起草的。公开信强调了,在国际局势尖锐化的情况下,"我国的一小撮具有反社会主义情绪的反苏分子试图为了自己的卑鄙目的利用我们现有的困难"。信中列举了这些人以反对斯大林的个人崇拜为幌子,来否定党的路线的反苏言论。在这封信中被点名的有全国各地高等学校中的青年学生、教师、文学艺术和科学工作者、《不单是靠面包》以及《历史问题》和《哲学问题》杂志。公开信指出,党组织对这些现象的消极和视若无睹是可怕的和不能允许的,要求各级党组织对此进行坚决的斗争。各级党组织随即清查各种反苏反社会主义言论,并逮捕了许多人。

  在此种情况下,反对斯大林个人崇拜的进程受到极大的阻隔,赫鲁晓夫不得不在这一问题上退缩。1957年1月17日,赫鲁晓夫在中国驻莫斯科大使馆的招待会上用另一种语言谈到了斯大林。他指出斯大林的错误和缺点是和他的性格以及苏联国内尖锐的阶级斗争形势相联系的。赫鲁晓夫把苏共和斯大林明确地区分了开来,斯大林的个人悲剧是不能等同于党的路线的。他甚至以一种虔诚的语言赞颂了斯大林。他说:"斯大林可以成为所有共产党人的榜样。但愿每一个共产党人都能像斯大林那样善于斗争。"

  1958年,斯大林时期的文学创作的纲领性路线——社会主义现实主义再次得到了肯定和支持。这一年,苏共中央宣传鼓动部对刊载在《苏联》杂志上的肖洛霍夫的一幅照片和登在《星火》杂志上的一位炼钢工人的照片,提出过严厉的批评。对于前者,该部给中央的报告上说:"这幅照片是自然主义的典型实例,证明它的作者鲁伊科维奇不是力求展现米·肖洛霍夫的形象,而是模仿某些西方杂志,粗暴地歪曲了社会主义现实主义的原则。"关于后者,报告中说:"照片上是一张皮肤灼热的面孔,完全像是一个从事繁重体力劳动不堪忍受的人。摄影记者巴尔特曼茨为了标新立异却放弃了主要的方面——表现人,表现先进工人。"但是,这一年更主要的事件却是苏共中央对作家鲍·帕斯捷尔纳克的处理。他大约在1949年年初完成了长篇小说《日瓦戈医生》写作,投给《新世界》杂志,遭到了退稿并受到编辑部的严厉批评。1956年6月,帕斯捷尔纳克将手稿给了意大利出版商出版,11月该书在米兰出版。后来又相继出版了法文和英文版。同年10月23日,瑞典科学院宣布鉴于帕斯捷尔纳克的《日瓦戈医生》的成就,将1958年的诺贝尔文学奖授予他。

  这一事件立时在苏联引起了震动,首先发难的是掌管意识形态工作的中央书记苏斯洛夫。他在给中央的报告中,给《日瓦戈医生》下了这样的结论:

"一部诽谤性地描述十月社会主义革命、实现这场革命的苏联人民和苏联社会主义建设的作品,是针对我国的敌对行动,是国际反动势力旨在煽动冷战的手段。"他要求作家费定出面,让帕斯捷尔纳克自动在报刊上发表声明,拒绝受奖;要在报刊上公开批评《日瓦戈医生》,并"组织和公布一批最著名的苏联作家的联合表态,其中要把授予帕斯捷尔纳克诺贝尔奖认作为煽动冷战的意图"。谢米恰斯内伊领导的国家安全委员会立即对帕斯捷尔纳克进行了全方位的监控,并试图将其逐出苏联。11月1日,帕斯捷尔纳克给赫鲁晓夫写信,请求不要将其放逐:"从谢米恰斯内伊同志的报告,我得悉,政府'将不会对于我离开苏联制造任何障碍'。对于我来说,这是不可能的。我出生在这里,生活在这里,工作在这里,我同俄罗斯是不可分的。我无法想象,我的命运会与俄罗斯分开,我会身处俄罗斯境外。"11月5日,《真理报》发表了帕斯捷尔纳克承认错误的声明。他写道:"一周以来,我看到了围绕我的长篇小说的政治运动达到了何等的规模,从而深信这种授奖的做法是一种政治行为,并且已经造成了骇人听闻的后果。于是,我自己作出决定,并无任何人强迫我,寄出了表示自愿放弃的通知。"但是,他也对自己的"错误"作了辩解:"我从来不曾有过损害自己国家和自己人民的想法","确实,如果注意到批判地分析长篇小说得出的结论,那么,就是说,似乎我在长篇小说中支持的是下面一些错误观点。我似乎在断言,任何革命都是历史上非法的现象,这种非法现象之一便是十月革命,十月革命给俄罗斯带来不幸,并造成俄国正统知识分子的死亡。我清楚,这样的断言,而且竟然把它解释到荒谬的地步,我不能承认是我自己的意思。而且,我的受到诺贝尔奖的劳动竟授人以柄作出如此令人伤心的解释,这才是我最终拒绝受奖的原因"。

苏联总检察长鲁坚科向中央建议,由苏联检察院对帕斯捷尔纳克进行正式讯问,并褫夺他的苏联国籍,将其驱逐出苏联。苏共中央没有同意驱逐出境的建议,但鲁坚科却于1959年3月14日讯问了帕斯捷尔纳克。鲁坚科警告他:"您的行为构成了特别危险的国事犯要素,按照法律(国事犯罪法第一条)应追究刑事责任。"鲁坚科还要帕斯捷尔纳克对此次讯问保持沉默:"我还要警告您,根据俄罗斯联邦共和国刑法典第96条,泄露侦查材料要承担责任。您明白了吗?"帕斯捷尔纳克最终没有被放逐出国,他一直生活在莫斯科郊区,于1960年5月30日悄然弃世。

在进行意识形态斗争的同时,苏联高层领导间的政治斗争也在日趋激化。反对贝利亚的斗争使斯大林死后的苏共领导人暂时地保持了名义上的一致和团结。这种局面的出现是由两个方面的原因所造成的：一是，清除掉贝利亚是符合每个领导人的个人利益的，他们都想通过对贝利亚的清除卸掉自己应负的"大清洗"的历史责任和避免可能遭受的厄运；二是，在斯大林没有指定接班人，而各个领导人在接班问题上又都不具备明显优势的情况下，谁也不想率先破门而出，站到第一线来遭受他人的攻击，所以宁愿静观事变，待机而动。

然而，无论是赫鲁晓夫，还是马林科夫和莫洛托夫等人都已经无法左右和控制二十大后苏联的发展局势。从政治上说，反对"斯大林个人迷信"的进程已经不可遏止，并且正在越出赫鲁晓夫所设想和预计的轨道与范围。"大清洗"时期冤假错案的平反工作深入并涉及社会的各个阶层，因此这种被清算的历史责任就不仅仅是要斯大林来承担，或者说，斯大林一个人已经承担不了，新一代的所有的领导人都有被卷进来的危险，而且这种危险在与日俱增。因此，谁都想遏制和控制住这种危险的增长。从赫鲁晓夫一方来说，他欲把一切历史责任都推给马林科夫、莫洛托夫和卡冈诺维奇等人，而后者则不愿承担这种责任。从经济上说，经过和马林科夫"新方针"的较量，赫鲁晓夫通过垦荒、对农业经济领导和计划工作的改组，尤其是对机器拖拉机站和粮食征收制度的改革来提高农作物收成和发展农业经济的措施正在加紧实行，并在其好坏两个方面都在深化。而赫鲁晓夫对工业组织和领导的改革也在深入，工业的改革将必然要在很大的程度上触及各级党的领导、影响他们掌握的权力和拥有的权势。因此，赫鲁晓夫所掌握的中央的权力和权势必然要和中央其他领导人的、地方领导人的发生矛盾和冲突。

在苏共中央主席团中，莫洛托夫对赫鲁晓夫一直是持有异议的，只不过是他在相当长的时间内都在保持沉默。他实际上并不同意对斯大林的"个人迷信"的批判以及随之开展的对被清洗者的平反工作。他指责赫鲁晓夫是以"平反"来收买人心，是放出了严重危害社会的野兽。莫洛托夫对赫鲁晓夫的这种做法嗤之以鼻，说虽然"有人称之为是人道主义，而实际上是市侩作风"。在经济上，他反对赫鲁晓夫的垦荒和对集体农庄及工业计划经济管理体制的改革。在外交政策上，莫洛托夫坚持强硬政策，反对赫鲁晓夫的与西方国家，尤其是与美国的"解冻"活动。与他持相同立场的是卡冈诺维奇。而马林科夫则由于被解除了苏联部长会议主席职务处于一种不得势的地位，他深知目前的这种处境是不可能维持下去的，他或者继续下沉，或者拼搏一下，恢复自己失去的地位和权力。所以，他对他的积极支持者萨布罗夫（国家计划委员会主席、苏共中央主席团委员）说过这样一句表示心境和决策的话："应当采取行动。如果我们不撤了他们,他们就会撤了我们。"

以赫鲁晓夫为一方,以莫洛托夫、马林科夫和卡冈诺维奇为另一方的明争暗斗已经进行了相当长的一段时间。但是,到了1957年6月中旬,即当莫洛托夫于1957年6月1日"辞去"苏联外交部部长之职、卡冈诺维奇6月9日"辞去"苏联部长会议国家劳动和工资委员会主席之职后,这种斗争就日趋明朗化,公开的爆发就不可避免了。

首先发动这场公开斗争的却是在政治上处于明显劣势的马林科夫、莫洛托夫和卡冈诺维奇一方。他们对赫鲁晓夫的严重指责集中在三个问题上:一是赫鲁晓夫不经中央的同意,随便对外宣布苏联要在今后几年内在按人口平均计算的畜产品产量方面赶上美国;二是赫鲁晓夫把农业搞糟了;三是赫鲁晓夫不经中央同意,随便发表讲话,表现出一种主观意志和新的个人迷信,违反了集体领导的原则。他们在赫鲁晓夫不在国内时准备了这场斗争,苏联部长会议主席布尔加宁参加并积极支持他们的反对赫鲁晓夫斗争的组织工作。1957年5月25日,卡冈诺维奇、马林科夫、莫洛托夫、布尔加宁和别尔乌辛开始在一起商谈除去赫鲁晓夫的事情,后来参加的有伏罗希洛夫。这些人在一起实际上就是苏共中央主席团的多数。他们的意见是,取消第一书记这个职务。在这种情况下,让赫鲁晓夫去担任农业部部长,苏斯洛夫任文化部部长,解除谢罗夫的国家安全委员会主席的职务,由布尔加宁或帕托利切夫代替。由于朱可夫的态度不十分明朗,所以没有对他作出最后的安排。但在此期间,朱可夫曾和这些人有过频繁的接触。他也曾向他们表示:"不需要第一书记,设个管一般问题的书记就行了。"

1957年6月18日,在赫鲁晓夫由芬兰访问回国后,召开了苏共中央主席团的会议(委员中有8人出席,3人缺席,候补委员中有5人出席,1人缺席,朱可夫是会议开始后两个半小时才赶来的)。会上首先剥夺了赫鲁晓夫主持会议的权力,改由布尔加宁来主持。会议的主要发言者是马林科夫,其内容是上述指责。莫洛托夫和卡冈诺维奇也进行了相同内容的指责。他们提出要在主席团会议上解决赫鲁晓夫的问题。

在这一天的会议上,赫鲁晓夫处于明显的劣势。由于事前毫无防备,他无法为自己的政策进行辩解,只是坚持他的问题只能在由全体中央主席团委员和候补委员,并有中央书记参加的主席团会议上来解决。米高扬、朱可夫、勃列日涅夫和福尔采娃支持赫鲁晓夫。马林科夫等最后同意了这个建议。第二天,由苏共中央书记们参加的主席团全会进行得十分激烈。会上,除了对赫鲁晓夫的猛烈批评外，马林科夫等还明确提出了赫鲁晓夫作为苏共第一书记的去留问题，建议在全会内通过投票来决定。会议没有就这一问题进行表决。会议最后发生了有利于赫鲁晓夫的变化，反对赫鲁晓夫的人增加了，但支持他的人也增加了。

  第三天，即6月20日的会议上，双方的斗争仍然不分胜负，但局势却在悄悄地发生更有利于赫鲁晓夫的变化。马林科夫一方对于罢免赫鲁晓夫的问题换了一种提法，即为了实现真正的、列宁式的集体领导，为了预防赫鲁晓夫的个人崇拜，应当从根本上取消中央书记这一职务。而赫鲁晓夫一方则在应付会上斗争的同时，把全力放在会外的工作上。赫鲁晓夫通过自己的积极支持者、国家安全委员会主席谢罗夫和朱可夫把全会的消息扩散到莫斯科的中央委员中去，并让他们采取一切办法把外地的中央委员火速运送进京。赫鲁晓夫试图召开一次中央全会，并依靠那些在二十大上当选的新中央委员的支持，来赢得对马林科夫、莫洛托夫和卡冈诺维奇等人斗争的最终胜利。

  从6月18日到20日，在中央主席团会议上，赫鲁晓夫实际上被剥夺了一切权力，站在了被告席上。所以，多年后，莫洛托夫仍然可以说："1957年，赫鲁晓夫被撤职3天。"然而，这种"撤职"是短暂的，不合法的。对于这一点，莫洛托夫的话是正确的："当时只是撤掉了他会议主席的职位。其他什么也没有做成。没有撤他的职。我们是无法撤他的职的。这要由中央全会来决定。"

  赫鲁晓夫的会外路线和措施取得了胜利。福尔采娃和苏斯洛夫等人帮他鼓动起莫斯科的中央委员，去克里姆林宫对正在开会的主席团施加压力，要求召开中央全会；谢罗夫和朱可夫把外地的中央委员在极短的时间里接进了莫斯科。当130名中央委员中的121人、122名候补中央委员中的94人、63名中央监察委员中的51人云集莫斯科时，赫鲁晓夫终于走出了主席团全会的"牢笼"。他自由了，恰如虎归深山，鱼入大海。所以，1957年6月的苏共中央全会就注定了是马林科夫、莫洛托夫和卡冈诺维奇等人要受谴责和审判的全会，是赫鲁晓夫要最后胜利的全会。

  6月中央全会从22日开到29日，共举行了12次会议。事实上，这次全会所定的调子，就是马林科夫、莫洛托夫和卡冈诺维奇是"小集团"、"反党集团"。最先定这个调子的是第一个介绍情况的苏斯洛夫，他把马林科夫等人召开主席团会议和撤掉赫鲁晓夫中央第一书记的做法与建议说成是对党的整个政策持怀疑态度，"这些同志提出这类建议，是在轻率地玩火，表现了危险的小集团倾向以及令人吃惊的，甚至是骇人听闻的对党和国家命运的漠不关心"。赫鲁晓夫自己也指着卡冈诺维奇说:"你们想搞一个小集团,你们有勾结。你们想撤掉中央第一书记,把关键性职位抓在手里,以便把你们需要的材料搞到手,消灭你们罪行的痕迹。"在这种情况下,会场上的中央委员也就理所当然地把"小集团"升格为"反党集团"。当会场里乱哄哄,有人高喊"既然全会要求这个反党集团交代,我希望他们能够谈事实,讲真话"时,伏罗希洛夫当即起来表示反对和抗议。当时的会议记录是这么写的:"伏罗希洛夫对'反党集团'一词反应十分强烈,在会场上一片喧嚷声里,他也在说话,但只听见几个字:这太卑鄙,捏造,没有什么反党集团。他对赫鲁晓夫说:你为什么不讲话,你是主席,你说,没有什么反党集团!"

赫鲁晓夫对伏罗希洛夫的回答是充满了轻蔑的:"原来你是一个急躁的人。别人都说我急躁,而你也不比我强多少。"这表明,伏罗希洛夫事前并不知道这场斗争的真实底细,而且出于直觉在全会上是惟一一个不承认有什么反党集团的人。然而,他的不同意见却遭到了全会的猛烈攻击,最终也被归为"反党集团"的一分子。伏罗希洛夫在6月25日的会上决然为自己,也为这个"集团"辩护:"我以完全负责的态度再次重申,并且敢向大家保证,我和这个所谓集团的大多数人同党的内政和外交路线没有任何分歧,我们一向都是意见一致的,为什么要扣些莫须有的罪名?"他的立场是:"如果我们把我们这个狭小的木屋内的'家丑'外扬出去,会怎么样","大家想想看,我们将给敌人提供一件多么好的武器,将给他们提供一个多么好的幸灾乐祸的机会,我们将提供反对我们自己的武器,提供一个火把,让敌人站在他们的立场上来照射我们的生活"。

在全会上,对"反党集团"批评和攻击最激烈的是朱可夫、米高扬、勃列日涅夫、谢列平等人。尤其是朱可夫,他成了致"反党集团"于死地的主要攻击手。他在全会的第一次会议上紧随苏斯洛夫后发言,指责他们应对20世纪30—40年代的大规模镇压活动负责任。在全会强大的压力下,布尔加宁在6月27日上午的会议上第一个承认有错误:"倘若我这个部长会议主席站在正确的立场上,那么马林科夫、卡冈诺维奇和莫洛托夫反党集团就不可能走到这一步。"在28日上午的会议上,卡冈诺维奇和马林科夫先后发言在不同程度上承认有错误,但他们的发言是微妙的。卡冈诺维奇说:"我犯了重大的政治错误,因为我提出了可否撤消中央委员会第一书记职务和解除赫鲁晓夫同志这一职务的问题。"当赫鲁晓夫和朱可夫等人非要卡冈诺维奇承认有反党集团、有阴谋时,他总是笼统和抽象地承认。他说他的承认错误是为了维持党的团结:"现在,我是承认自己的错误,我是努力在各种情况下减轻党的困境。我希望,那么记录下来,我承认了自己的错误,为了团结的利益这是完全必要的。"马林科夫说:"我认为,会上许多同志讲的完全正确,就是我和其他同志可以批评赫鲁晓夫同志的缺点,但提出取消第一书记职位,因而也要解除赫鲁晓夫同志的这一职务的问题则是不对的。我们在自己的行为中违反了党的一切准则,我完全同意卡冈诺维奇同志在这里所讲的,这是政治错误。"莫洛托夫承认在批评赫鲁晓夫时,立场有错误,但不承认这是"集团"错误、罪行。他说:"我就某些问题进行的争论,而我们大家都进行了这些争论,仅限于中央主席团范围内","至于说,这些意见和建议哪些是正确的或者是不正确的,这是另一个问题,但这都是在这个范围之内。会上提到的这些人并没有起草特别的纲领,而且他们提出自己的意见也没有超出中央主席团的范围"。

在他们发言时,包括赫鲁晓夫在内的人不断地严词追问,要他们承认是小集团、有罪行。莫洛托夫回答说:"我们没有想过什么小集团",也没有什么罪行,"这个问题我是怎么想的,就怎么说"。卡冈诺维奇说得很有意思:"如果会上讲了什么,我就说我都同意,那我就是不真诚的。这便是虚伪。会上有些过火、逼问和夸大。如果去掉夸大和过火,而剩下主要的,那么中央全会委员们的声调和性质就对了。"

在这天的会议上承认错误的还有谢皮洛夫、别尔乌辛和萨布罗夫。伏罗希洛夫对全会所定所谓的反党集团,显得无可奈何。他承认自己被无辜地搅进去了,但他仍然坚持:"我不能想象,他们现在在我们的条件下,竟然纠集什么小集团和打什么小算盘。"他最后给自己作了一个近乎灰色幽默的结论:"我不仅没看出这里发生的这种地下的阴谋活动,而且就连这种起码是不能接受的、不容许的、不体面的事情也看不出来。由此可见,我的反应太迟钝,是与布尔什维克不相称的。"

在6月28日下午的会议上,赫鲁晓夫作了长时间的发言,为自己的内政外交政策作了全面的辩护,主要是为自己的农业政策和管理改革措施辩护。他还表示自己在党内斗争中一贯(包括在大清洗时期)处于正确的立场。他在发言中,最终把马林科夫、卡冈诺维奇和莫洛托夫等人定性为反党集团,但他也不得不说:"反党集团实际上是在苏联共产党中央委员会主席团的最近一次会议上最终确定下来的。"他认为这个反党集团的任务或者说罪状是什么呢?"首先,是改变党的政治路线";"其次,反党集团提出了改变中央委员会全体会议选举产生的党的领导班子的任务"。总起来讲,"就是要使党和国家脱离列宁主义道路,就是要诋毁近年来党在我国经济和政治的发展以及对外政策方面所取得的一切成就"。作为一个反党集团,应该是有个纲领的,但赫鲁晓夫并没有查到。他的解释是很巧妙的:"他们是否有纲领呢?他们有纲领。而是否已经写成了书面纲领,这并不能改变事情的本质。难道还有什么值得他们写出书面纲领吗?他们是什么事都能干得出来的,可要写出书面纲领,岂不等于给猫爪上钉马掌多此一举了吗?"

6月29日下午的最后一次会议是戏剧性的。先是苏斯洛夫宣读了卡冈诺维奇、莫洛托夫和马林科夫的声明。卡冈诺维奇和马林科夫承认错误,但对反党集团和罪行一字不提。莫洛托夫的声明措辞强烈,他重申,"在主席团的工作中存在着某些缺点,对这些缺点,中央主席团的个别委员时时予以关注,是理所当然的","赫鲁晓夫同志破坏集体领导的某些事实,确实是6月18日召集中央主席团会议的主要理由","提出撤消第一书记的职务的设置问题是没有根据的,尽管这是出于加强党中央的集体领导的愿望","然而,把这称之为'搞阴谋'是没有根据的"。随后,在会议通过《关于马林科夫、卡冈诺维奇、莫洛托夫反党集团的决议》后,卡冈诺维奇和马林科夫表态赞同决议,马林科夫甚至愿意"赎罪"。但莫洛托夫不同意这一决议,他的表态很短,全文如下:"同志们,我只想说一点:无论过去还是现在,我的一个主要愿望就是:当一名真正有益于我们党的、忠实于我们党的党员。"他在对决议表决时弃权。

苏共中央决议列举的"反党集团"的罪状,实际上是在外交和内政路线和方针上(尤其是农业政策、工业管理体制的改革、在若干年内在牛奶、黄油和肉类生产的人均产量方面赶上美国的口号的方针)对赫鲁晓夫政策的全面辩护。但中央规定决议中的两点不得向广大人民公布,一是关于大清洗的文字:"现已确认,马林科夫、卡冈诺维奇和莫洛托夫同志,对于过去毫无根据地大规模镇压党务干部、苏维埃干部、经济工作干部、军事干部、共青团干部以及其他类似情况,均负有个人不可推卸的责任。他们曾指望,通过夺取党和国家的关键部门来掩盖他们自己过去罪行的痕迹,推卸他们在其过去活动时期中对革命法制所犯下的错误、歪曲和严重破坏所应承担的责任。"二是,有关对布尔加宁等人的处理意见和中央决定向党内发送公开信一事。

这样的做法,可能出于多种考虑。但有一点却是十分明显的,即人民若是知道了要向马林科夫等人追究大清洗的个人责任,也是要来向赫鲁晓夫追究这种个人责任的。赫鲁晓夫所担心的正是这一点,所以他要把人民的注意力集中于"反党集团"反对党的二十大的路线和方针,以便使广大群众理解、承认和接受与"反党集团"作斗争这个事实。

赫鲁晓夫所进行的这场斗争是反贝利亚之后的一场严重斗争。如果说清除贝利亚是消除了在党的体制和国家安全体制上对赫鲁晓夫的掣肘的话,那这场斗争就在经济管理体制的改变和外交政策的定向上为赫鲁晓夫进一步清除了障碍。

赫鲁晓夫和最后一个"反党集团"的斗争事实上也是他个人的胜利,是他的个人掌管全党、党领导一切的路线的胜利。斯大林死后,当其他领导人都在为占有重要的政府地位而斗争时,他却引而不发,一直集中全部精力从事苏共中央的工作,想尽一切方法去抓党内的组织和人事工作,并最后把中央书记处改组成为绝对忠于自己的、握有很大实权的机构。赫鲁晓夫的意图是非常明确的,无论是政府机构,还是军队和军事机构,都必须在党的领导和控制下工作。反对贝利亚的斗争使得国家的安全工作和安全保安部队绝对服从于党中央的领导,而在其后的三四年中,赫鲁晓夫又使以中央书记处为核心的苏共中央成为苏联共产党的名副其实的领导神经中枢。而那个名义上和法律上的苏共领导和决策机构——苏共中央主席团,实际上就被赫鲁晓夫撇在了一旁。赫鲁晓夫把一大群支持他的年轻的党的领导干部安排进中央委员会,使他们成为中央委员或候补中央委员。这本身就表明赫鲁晓夫是在建设一个拥有一切权力的党的领导机构,他是不容许任何人阻碍和破坏这一进程的。

莫洛托夫、马林科夫和卡冈诺维奇反对他这样做,于是就有了反对苏联最后一个"反党集团"的严重斗争。这场斗争的胜利使马林科夫的政府机构、莫洛托夫的外交工作系统以及卡冈诺维奇的组织人事系统最后归属赫鲁晓夫的领导,结果是极大地加强了赫鲁晓夫的势力。赫鲁晓夫反对"反党集团"的结果不仅仅是清除了自己的反对者,更重要的是,他终于建立起了一个完整的、以中央书记处为核心的党内领导机构和机制:在党内是书记处说了算,而在书记处是第一书记赫鲁晓夫说了算。可以说,赫鲁晓夫以另一种方式再现并发展了斯大林的一人说了算的统治机制。其后苏联历史的发展虽领导人不断更迭,但这种机制却延续到了苏联解体。

在赫鲁晓夫所要达到目的的这条道路上,还有最后一个障碍,这就是朱可夫和他领导下的军队。

在反对贝利亚和反对最后一个"反党集团"的斗争中,朱可夫都在关键时刻站到了赫鲁晓夫的一边,起到了挽狂澜于既倒的作用。可以说,朱可夫两次拯救了赫鲁晓夫。朱可夫这样做有他自己的原因,一是,从其自身的经历和他服役的部队的历程来说,他痛恨和谴责斯大林时期对部队的清洗和对军事领导人的镇压,因此他对于赫鲁晓夫批评斯大林的个人崇拜是绝对支持的,并且不希望这种进程停止下来。他在反对"反党集团"的第一次会议上所作的发言就明显体现了

赫鲁晓夫(左二)和贝利亚(右一)

这种情绪和精神。他当时说,要撤掉赫鲁晓夫的人就是希望应对这种清洗负责的斯大林的人重新上台,而他们的上台将使许多中央委员面临生命之虞。二是,由于自己在二战中的特殊地位和特殊作用,朱可夫不太乐意信奉和遵守"军队不干预政治"这样一个传统。他越来越认为,军队及其领导人应在国家政治生活中起重大作用。三是,戎马一生造就了朱可夫"将在外君命有所不受"的独立性格和作风,他的自信和荣誉使他认为作为国防部部长可以有权自行决定军队里的事情。但是,朱可夫对赫鲁晓夫的支持从本质上讲并不是朱可夫对赫鲁晓夫本人有什么特殊的好感,而是对执行了一条他认为是符合军队利益的路线的领导者的支持。因此,朱可夫对赫鲁晓夫的支持是军队对国家元首的支持,朱可夫和赫鲁晓夫的关系是军队和国家权力机构的关系。

由军队出面在中央全会上逮捕贝利亚,这在苏联历史上是破天荒的行动。出现这样的行动主要是由于政治家处于生死边缘而不得不为之的。当时,无论是政治家的赫鲁晓夫,还是军事领导人的朱可夫都没有意识到这种行动的后果和深远意义。不过,这毕竟开始了朱可夫作为军人来干政的简短生涯。而他在反对马林科夫等人时,显然已经不是以军人身份,而是以一个权势炙手可热的政治家的面目了,所以,这时他在全会上的言行就成了包括赫鲁晓夫在内所有人都关注的对象了。

反对最后一个"反党集团"一结束,这种关注就愈益招人眼目,并立即对赫

鲁晓夫造成了一种威胁。赫鲁晓夫身旁有了一个权势在增长、对党中央领导人有着足够的实际威胁的军人的存在。这个军人轻而易举地逮捕了贝利亚，这个军人以军队的力量使大多数中央委员倒向赫鲁晓夫一边，并使传统力量强大的"反党集团"失败，这个军人还会干什么呢？赫鲁晓夫不能不考虑到一个情况：在6月中央全会前的中央主席团会议上，朱可夫并不是一开始就十分明朗地支持赫鲁晓夫的。莫洛托夫在中央全会的第二次会议上曾经提及过此事："朱可夫到我这里和其他人那里都说过，可以提出不需要第一书记这个职务的问题。让我们讨论一下，不要第一书记，而设一个主管一般问题的书记的职务。他对我，对其他人都是这么说的。这就是说，有过这种想法。他可是什么集团也没有参加，然而他也有这个想法。"还有一个能证实朱可夫这种"独立"立场的材料是他和萨布罗夫的一次谈话。萨布罗夫在第二次会议上提到了对国家安全委员会及其主席谢罗夫的不信任问题。他说："我对朱可夫也谈过，他回答说：让他试试看。我三下五除二就能把他搬掉，连卢比扬卡也一块儿端。"

朱可夫的这种不忠于赫鲁晓夫的潜在想法和他对国家安全委员会的轻蔑及欲用军队来代替它的言论，不能不使赫鲁晓夫担心。而更为使赫鲁晓夫坐立不安的是，军队还没有彻底地转向自己一边。赫鲁晓夫虽为名义上的苏联武装部队最高统帅，但军队的实际指挥大权却操纵在以朱可夫为首的一批将军和元帅手中。赫鲁晓夫需要自己的元帅和将军，以便使军队成为自己执政的强大支柱和听命于自己的统治工具。这里，显然还有一个更重要的原因，那就是作为国家最高领导人，赫鲁晓夫显然想要对苏联的伟大卫国战争作出自己的评价。因此，赫鲁晓夫和朱可夫的斗争就势所难免了。这场斗争的结果除了要使朱可夫去职外，更重要的是要使习惯于听命元帅和将军的军队服从于政治家的指挥。

赫鲁晓夫的做法有两步。第一步，使人们面对和承认一个现实：军队的强大主要不是靠技术，而是靠政治，最终指挥军队的不是元帅和将军，而是武装部队最高统帅，是党的领导。就在朱可夫于6月全会后大张旗鼓地对军队的结构实行变动，以便使军队适应在科技迅猛发展的条件下可能爆发的战争时，赫鲁晓夫却在军队党的组织上作了许多的安排，使一些元帅和将军意识到朱可夫可能的"错误"。赫鲁晓夫默默地观察着朱可夫所安排和指挥的一系列军事演习，而到了1957年10月，他就决定干预朱可夫的军事演习。这时，在基辅军区还要举行一次军事演习，仍由朱可夫指挥，赫鲁晓夫预定要亲自来观看。但就在演习即将开始时,苏共中央突然安排这位国防部部长出访阿尔巴尼亚和南斯拉夫。朱可夫曾打电话询问此事,赫鲁晓夫的回答是:没有您我们也能安排好演习。这种安排对朱可夫无异于是一种暗示和警告:没有您的军队照样要存在。也许,朱可夫已经意识到要发生什么事,但他无法不服从这样的安排。而在军事演习期间,赫鲁晓夫为撤掉朱可夫又做了一系列的工作。

1957年10月19日,在朱可夫出访期间,苏共中央主席团开会。会上作出决定,撤销朱可夫的苏共中央主席团委员和苏共中央委员资格,解除他的国防部部长职务,对他的主要指责是:对军队中的党和政治工作做得不够。这一点并不是无中生有。朱可夫作为一个享有盛誉的军事统帅,说话从来是不讲究言辞的,而且常常对军队中那些不能指挥作战、整天"耍嘴皮子"的政治工作人员表现出强烈的轻蔑态度。他常常反复说过这样的话:"现在,在《红星报》上日复一日地刊载文章,号召提高和巩固政治工作人员的威信、批评指挥员。这种政策迟早总要把军队搞垮的。"而朱可夫的这种看法和表现正好和赫鲁晓夫针锋相对。极大地强调军队中的政治思想工作,狠抓这方面的措施,正是赫鲁晓夫把自己的势力扩大到军队的重要决策。而他所全力建设的中央书记处的一项主要工作就是通过党内各级的组织干部来监视领导人(包括军队的)的动向,并迅速、随时向中央及他本人报告。朱可夫的这些言行自然会很快传达到赫鲁晓夫那里,最终成为他的反对政治思想工作、反对党的领导的罪状。

10月26日,朱可夫回到莫斯科。第二天,《真理报》发表新闻消息:苏联最高苏维埃主席团任命苏联元帅罗·雅·马利诺夫斯基为苏联国防部部长,同时解除朱可夫的职务。公报没有对任命和解职作出任何解释。10月29日,苏共中央召开全会,名义上的议题是:改进苏联陆海军中的党和政治工作,但实际上是对朱可夫进行总的清算。按照赫鲁晓夫执政后的惯例,在中央全会上对"敌手"的发难和"起诉"都是由苏斯洛夫进行的,这次也不例外。苏斯洛夫指责朱可夫蔑视军队中的政治工作人员,不尊重党的领导。苏斯洛夫引用了一些政治工作人员有关国防部和朱可夫本人的密报。一份密报说,在十月革命40周年前夕的一次军队政治工作人员大会上,朱可夫声称:"40年来,他们习惯了说空话,就像一些老公猫,丧失了任何嗅觉。"另一份密报说,朱可夫讲:"他们这些政治工作人员只会给人贴丑角的胡子和下刀子——他们就是想把指挥员们都给宰了。"显然,所有这些材料都是要把朱可夫说成是一个反对党的政治工作,甚至是反对党的领导的人。

在中央全会上,对朱可夫批评最激烈的当然是赫鲁晓夫本人和他此时的最忠实支持者勃列日涅夫。他们除了重复苏斯洛夫的指责外,还揭露他不和中央打招呼就私自以国防部的名义发布各种命令,甚至在未经中央的同意下开办"中央谍报学校"。这个学校被指责为是"恐怖分子的学校",是一种完成秘密特殊使命的"特种部队"的雏形。赫鲁晓夫把这一切都归结为是朱可夫怀有不可告人的"波拿巴式的意图"——朱可夫崇拜。朱可夫自然无法接受这种指责,他为自己辩护,说是他在不久前的反对反党集团的斗争中起了重要作用,以证明自己是服从党的领导的。这段话更激起了赫鲁晓夫的不满。他再次激烈批评朱可夫的"波拿巴式的意图",说他不仅夸大了自己在反对反党集团斗争中的作用,甚至夸大了自己在伟大卫国战争中的作用,作为一个高级军事指挥员根本不了解新武器的作用,等等。赫鲁晓夫甚至说道,朱可夫该给别人让路了。会上的发言者中,甚至有人指责朱可夫应对军队中的"大清洗"负责。

经过激烈的斗争,在强大的压力下,朱可夫笼统地承认了自己的错误,并表示愿意改正这些错误。这次中央全会作出了《关于改进苏联陆海军中党和政治工作》的决议。但这一决议实际上是对朱可夫的"罪行宣判书"。决议给朱可夫所列的错误是:"破坏了列宁关于党领导武装部队的原则,执行了旨在收缩党组织、政治部门和军事委员会的工作,取消党及其中央和政府对陆海军的领导和监督的路线","在朱可夫同志的亲自参与下,在苏联军队中开始培植对他个人的崇拜",因此,"苏共中央全会决定:撤消朱可夫同志主席团委员和苏共中央委员的资格,责成苏共中央书记处为朱可夫同志安排其他的工作"。

1957年11月5日,朱可夫被任命为苏联北极军区司令员。这一年他60岁。这次中央全会突然结束了朱可夫辉煌生涯,也标志着赫鲁晓夫权力的进一步稳固。在相当长一段时间里,研究人员都把赫鲁晓夫对朱可夫的斗争看作是一种个人权势的争斗。现在,越来越多的材料表明,这场斗争除了个人意义外,赫鲁晓夫的根本目的是要通过反对朱可夫,将军队的领导权和控制权掌握到自己手中来。这是赫鲁晓夫的稳定和巩固自己权势的自觉行动中的一个重要步骤。只是到这时,他才最终将国家安全的权力(第一步)、政府的权力和外交系统的权力(第二步)和军队的权力(第三步)统统掌握在自己的手中。只是将朱可夫从政治舞台上清除出去,才表明赫鲁晓夫在权力斗争中获得了比较可靠和彻底的胜利,使他走上了执政的辉煌高峰。

## 八、垦荒和农业拖拉机站,工业生产和改革,"工业党"和"农业党"

赫鲁晓夫执政10年主要抓的就是农业,而他对农业的关注和所采取的措施(无论是成功的,还是失败的)在苏联历史上也是空前的。农业问题成了他执政10年的辉煌起点,也成了他政治生涯的悲惨终结。

早在1953年9月的苏共中央全会上,赫鲁晓夫在《进一步发展苏联农业的措施》的报告中,就表达了对农业现状的看法及其改变措施。他对农业总的评价是:"社会主义农业发展的速度明显落后于工业发展和居民对消费品需求增长的速度。"他认为,农作物、畜牧业、饲料、土豆和蔬菜生产还处于落后状态,而这种落后正"阻缓着轻工业和食品工业的进一步发展,是集体农庄和集体农庄庄员收入增长的障碍"。这是苏联领导人自建国以来对国家农业作出的最大胆的,也是最切合实际的评价。在这份报告里,赫鲁晓夫虽然还没有明确提出农业经营管理体制的问题,但他的批评矛头显然已经指向集体农庄的经营管理方法。

赫鲁晓夫把农业落后的原因归结为四点:第一,集体农庄违反了物质利益的原则,这种情况在畜牧业中尤为严重;第二,集体农庄违反了农业劳动组合章程中的一条重要规定:每个集体农庄农民都有权保留小规模的经济作为私有财产;第三,国家对农业的干预和投入不够,也就是说,农业机器拖拉机站没有给集体农庄供应大量强大的技术设备;第四,集体农庄的管理工作有严重问题,由于领导人不得力、技术干部不足,造成了普遍的劳动组织工作差和劳动纪律松弛的现象。因此,很明显,赫鲁晓夫批评农业的落后实际上是在指责集体农庄农业管理体制的落后。所以,他提出的进一步发展农业的具体要求也主要是针对集体农庄的经营管理的:第一,放松集体农庄对集体农庄庄员的各种限制(取消在耕种自留地方面的不合理限制并减免税收,取消在物质刺激方面的不合理限制等);第二,在提高畜产品、马铃薯和蔬菜的征购和收购价格的基础上,改进收购制度,使其转到合同制的轨道上来;第三,改善机器拖拉机站的工作,给其配备懂技术和懂专业的行家干部,建立一支固定的、专业化的机械化专家的干部队伍。

赫鲁晓夫所考虑农业的出路在于两点:一是,在落后的农业各部门中首先发展畜牧业;二是加强从外部、从国家,也就是说不再从农业机器拖拉机站这个中间环节,而是国家直接对集体农庄的经济和技术进行干预。1954年1月22日,他在写给苏共中央主席团的一封信中指出:"对农业和粮食采购状况的进一步研究表明,我们所宣布的粮食问题已经解决的说法并不完全符合我国粮食供应方面的实际情况。"他还举出了两个数字:一个是1952年的粮食实际产量是56亿普特,只有计划指标的60%,估产指标的70%;一个是1953年的粮食采购总量只有18.5亿普特,比1949年减少了3.75亿普特。于是,他提出了解决农业问题的具体措施:提高单产量,在苏联每公顷谷物的产量应达到15担;改变谷物的播种结构,大力种植玉米;扩大播种面积。而在这一系列措施中,扩大播种面积是最主要的。

这种扩大播种面积在政策上就体现为"垦荒"。按照赫鲁晓夫的要求,在1954—1955年间,要在哈萨克斯坦的北部、西西伯利亚和乌拉尔山的西部地区开垦出1300万公顷的荒地,并且这些土地要在当年春播。在这以后怎么办呢?赫鲁晓夫说:"当然,开垦1300万公顷生荒地和熟荒地,这决不意味着我们的需要和潜力已经到了顶点,我们要开垦更多的土地。"随后,他将开荒的指标扩大到1500万公顷,随后又增加了1500公顷,最后总共是3300万公顷。但是,垦荒的主要地区——哈萨克斯坦党的领导人不同意这种做法,他们说这将严重破坏牧场和传统的畜牧业。于是,赫鲁晓夫就将苏共中央主席团委员波诺马连科调至哈萨克斯坦任党的第一书记。他又亲自点这时任国防部总政治局第一副局长的勃列日涅夫为第二书记,到那里具体主持垦荒事务。这场"垦荒"确实是苏联历史上从未见过的一场轰轰烈烈的运动,它在1953—1955年中成为苏联农业发展的主要甚至是惟一的方向。其结果是,垦荒总面积达到3590万公顷,粮食产量大幅度增加,在全国粮食的总产量中,荒地上的粮食产量由1/3增加到1/2,随之畜产品也大幅度增加。1953年,国家仓库的储备粮为50.3亿普特,而到1956年就为77.8亿普特,比1953年增加了54%。1956年,国家共采购粮食33亿普特,比1953年增加了74%,其中仅小麦一项就采购了23亿普特,比1953年增加了一倍。然

苏联青年响应党的号召去垦荒

而好景不长,遭到严重破坏的土地植被和自然条件在短短的3年后又使长了粮食的土地回归到荒芜之原。赫鲁晓夫的"垦荒"运动如昙花一现,不仅没有解决苏联的农业发展迟缓问题,反而使它面临新的危机。

在赫鲁晓夫决定实行"垦荒"措施时,他的全部注意力是放在荒地的这个"大"字上的。荒地的面积大得很,而且绝大部分地方完全没有从事过农业。在这样一种地方,从事粮食谷物的种植,可以较为容易地解决国家对农业的干预和投资的问题。赫鲁晓夫所设想的农业的发展道路实际上是寄希望于大机器生产,这显然和他本人对西方国家农业,尤其是英美的农庄的越来越大的兴趣和所受的越来越深的影响有关。但他又不愿意看到在苏联土地上的农业组织形式是私人所有制的。他希望农业的组织形式应当像国营农场,但在生产形式上不是以集体农庄庄员的手工劳动为主,而是以大机器生产为主。所以,他提出了改善和改组农业机器拖拉机站,减弱这个"中间站"的力量、加强国家的直接控制的想法。而"垦荒"恰恰为他的这种设想提供了广阔的发展空间。从这时赫鲁晓夫本人的谈话和各种舆论工具的热火朝天的宣传,不难看出,"垦荒"运动除了迅速、大量提供粮食这个具体目的外,还有一个更深层次的追求:把荒地建设成为农业发展的新的组织形式,一种新的"农业城",或者说是一种能把工业和农业结合起来的新的农业单位。

这种发展农业的新的组织形式就是国家通过资金和大机器干预和控制的国营农场。在"垦荒"期间,赫鲁晓夫排除马林科夫等人的干扰,力主对荒地进行大幅度投资。1951—1953年间,国家对农业的投资年平均额为200亿卢布,1954年上升到297亿卢布(增加40%以上),1955年为409亿卢布(比1953年增长1倍以上)。这种对农业的投资相当大的部分用于新开垦的荒地上,而对荒地的投资又都着眼于技术问题。往荒地大量调拨和提供各种农业机器,仅在1955—1956年间发送至东部地区的拖拉机就有20多万台。与此同时,大量的技术人员——未来的新型农民被送往荒地。在1954—1957年间,从欧俄地区迁往荒地的农民家庭就高达55 924户。在垦荒期间,赫鲁晓夫所设想的"农业城"——大型和超大型国营农场总共建起了425个。

赫鲁晓夫在决策农业问题时,对集体农庄的基本考虑是进行改组。一种改组是通过对农业机器拖拉机站的改组,扩大国家对集体农庄的影响和进行直接干预,使这样的集体农庄迅速转型到更大型农庄的轨道上来;二是,直接将集体农庄进行合并,并在此基础上改建为国营农场。1950年至1955年,集体农庄数由123 700个减少至87 500个。而国营农场的耕地面积却在此期间增长了近1倍。

赫鲁晓夫的这种以减轻农民负担和改善农民生活为刺激因素,以垦荒来扩大播种面积、建立新型农业城市,并辅以将集体农庄转型到国营农场轨道上来的农业发展路线和方针显然和传统的路线与方针是矛盾的,其执行的结果必然是导致被认为是斯大林社会主义建设经典和骄傲的集体农庄的日渐减少和这种集体经济力量的削弱。这自然是马林科夫、莫洛托夫等人所不能认同和接受的。于是,首先遭到冲击的是马林科夫。他在1955年的1月中央全会上被解除了部长会议主席的职务,一个很重要的原因是他对农业发展不力。赫鲁晓夫在忽视重工业的发展这顶政治帽子下,要马林科夫承担农业发展迟缓的全部历史责任,并且使自己有可能从行政权力的最高处来实施自己的发展农业的路线和方针。他在全会上所作的《增加畜产品生产》的主报告充分说明了这一点。

到了1956年,由于粮食和奶类及肉类制品的采购量连续两年大幅度增加,荒地上的"农业城"在农业发展中所起的作用令人头晕目眩,所以,赫鲁晓夫有充足的理由为自己的"国营农场"骄傲,更肯定了它是改革当前农业体制和解决苏联农业问题的惟一出路。他说:"有些同志打算进一步提高收购和采购价格来推动落后的集体农庄。但是,你们可以看到,我们不能继续走这样的路。国家得自集体农庄的粮食比得自国营农场的已经贵一倍了。"

赫鲁晓夫不仅想要改变农业组织形式,而且要改变谷物的播种结构。他提出的模式是:以畜牧业带动粮食的生产,进而推动整个农业生产的发展。他说:"不能离开畜牧业问题来谈粮食问题。只有做到充分满足居民对畜产品的需要,粮食问题才能说解决了。而畜产品的生产在很大程度上取决于有没有粮食。"赫鲁晓夫显然认为,只有当人民在食物结构中以牛奶、黄油和肉类为主时,粮食问题才能最终解决,也只有这时才能充分显示苏联对美国等西方强国的制度上的优越性。因此,广种玉米的口号正是这种情况下提出来的,它的直接目标并不是解决人吃的口粮问题,而是解决牲口吃的饲料,而更深层次的原因,就是要向全世界显示苏联社会主义制度的无比优越性。

1957年5月22日,赫鲁晓夫在列宁格勒的集会上宣称,苏共当前的任务是"在这个五年计划期内,在肉类、牛奶和黄油的人均产量方面赶上美国"。这实际上是他为贯彻自己的发展农业的路线所采取的一项大胆的行动,他期望通过此举以引起全国舆论和广大群众对这一政策的支持。这一口号同时也是苏联传统的"显示社会主义制度优越性"决策思想在赫鲁晓夫身上的强烈体现。促使赫鲁晓夫当众宣布这一口号的有两个原因：一是，荒地上的丰产；二是玉米种植面积的迅速扩大（到1955年已经达到1 800万公顷，比1954年增加1 300万公顷）和牛奶、肉类以及黄油产量的大幅度增加。这时，赫鲁晓夫对畜牧业的发展充满了信心和狂热。他对农村中依靠发宣言、提保证、搞竞赛所出现的畜牧业的生产"奇迹"给予无保留的支持。不仅如此，他还给地方层层加码，不断地对地方上说："同志们！你们的奋斗目标应当是每百公顷农业用地生产肉类100公担，牛奶400公担。"所谓"在肉类、牛奶和黄油的人均产量方面赶上美国"，这就是说，要把苏联的肉产量比1956年的增加2.15倍，而牛奶产量要增加到7 000万吨。而实际上，这时苏联和美国在这些方面的差距是很大的。按照赫鲁晓夫本人提供的资料，1956年，在肉类的人均产量方面，美国为102.3公斤，苏联为32.3公斤；牛奶，美国为343公斤，苏联为245公斤；黄油，美国为3.8公斤，苏联为2.8公斤。这显然是个高得难以在几年内就能达到的指标，然而赫鲁晓夫却确信这个口号会实现，并进而实现苏联农业体制的根本改革，他相信和依靠什么呢？他相信和依靠广大群众的热情和掌声，他是这样希望的："你们现在鼓了掌，可是你们今后应以若干公担的产品来增强自己的掌声。"

然而，正是这一口号的宣布激化了他和马林科夫、莫洛托夫和卡冈诺维奇等领导人的矛盾。他们指责他一是违背了二十大通过的基本方针；二是未经中央的同意擅自宣布这一口号；三是这一口号是冒险主义的，根本无法实现。这种矛盾使马林科夫、莫洛托夫、卡冈诺维奇等人采取行动，试图在苏共中央主席团里解决赫鲁晓夫的问题，这就最终导致了苏联最后一个"反党集团"的斗争。在1957年6月的中央全会上，莫洛托夫的发言集中体现了这种批评："在牛奶、黄油和肉类方面赶超美国的口号，我认为是不正确的"，"应当说，赫鲁晓夫同志发表这个声明是在中央委员会就这个问题作出决议之前。这次讲话经过中央委员会批准了吗？"莫洛托夫还指责说："就我们现在所谈论的这个口号——在本五年计划内在牛奶、肉类和黄油的生产方面赶上美国，可以作出一些结论：一种情况是如果这个口号作为一个全国性的口号，它的出现多少带有偶然性，那就不要赋予它全国的意义。那就应当停止在我们的《真理报》上鼓吹它……在第二种情况下，这个口号不仅仅是要决定我们的国内任务，而且要涉及全世界，不管你愿意还是不愿意，这个口号都要修正我们党的那个大家都知道的口号"，"于是，这个口号就取代了党已经批准的口号——在最短期内，在按人口平均的产品方面赶上并超过欧洲最发达的资本主义国家和美国","这个问题必须讲透。否则我们就会在党内和苏联人民中间造成混乱,在整个共产主义运动中对我们党的政策上造成混乱"。

由此可以看出,在赫鲁晓夫和莫洛托夫、马林科夫、卡冈诺维奇的斗争中,发展农业的路线和方针是个极其重要的因素。斯大林死后,那种笼统改善农民状况的模棱两可的政策使他们暂时结合在一起,而当赫鲁晓夫的发展农业的道路有悖于传统的路线时,他们间的关系就无可挽回地走向彻底的决裂了。如果说在1957年7月的中央全会前,赫鲁晓夫只是在试探着进行农业体制方面的改革的话,那在取得了对莫洛托夫、马林科夫和卡冈诺维奇的最后胜利后,赫鲁晓夫的农业体制改革就轰轰烈烈地进行起来了。

赫鲁晓夫(左一)视察荒地

加快加深农业机器拖拉机站的改组。这时,赫鲁晓夫本人也从与反党集团的斗争中吸取了某种教训,意识到在现实情况下,不用集体农庄这个旗号是不行的。此外,荒地在胡乱开发的状况下,短暂的繁华已经雾般散去,从1957年起不再能提供大量的粮食。于是,赫鲁晓夫不得不回归到经过他改组并大大扩大了的集体农庄上来。从1957年下半年起,他越来越多地谈到巩固和加强集体农庄的问题。所以,他对农业机器拖拉机站的深入改组也是从这个角度出发的。不过,赫鲁晓夫心目中的集体农庄毕竟已不是斯大林制度下的传统集体农庄了,他说:"现在,集体农庄是发达的社会主义企业,它们大多数已经不需要机器拖拉机站领导。因此,现在的通过机器拖拉机站为集体农庄进行生产技术服务的形式已经不能满足集体农庄生产发展的需求,并且开始阻碍农业生产力的发展。"

原因是什么呢?赫鲁晓夫认为,一是,通过50年代中期进行的不断改组与合并,集体农庄本身的规模已经大大发展了,集体农庄的平均规模达到了1 000公顷耕地,最大的达到了5 000、1万,甚至1万公顷以上;二是,集体农庄的实力增强,其总数中的23%,即18 000多个集体农庄已经拥有了自己的拖拉机;三是,集体农庄已经有了大量的技术力量;四是,在集体农庄公积金增加的情况下,集体农庄庄员的收入有所增加。

1958年2月26日苏共中央作出了《关于进一步发展集体农庄制度和改组机器拖拉机站》的决议,3月31日,苏联最高苏维埃通过了相应的法律。根据这一法律,改组的主要措施是将机器设备卖给集体农庄,使集体农庄掌握现代技术设备,有效地利用土地,而机器拖拉机站改组为技术修理站。这种改组实质上是所有制方面的一次重大改组,是将全民所有制的机器拖拉机站的财产出售给合作社所有制的集体农庄。这显然改变了赫鲁晓夫原本设想的农业发展方向:国营农场更适合于共产主义建设,因此变集体农庄为国营农场是惟一的出路。赫鲁晓夫对此作出了解释。他说,集体农庄不是"社会主义机体中的异体",国营农场的全民所有制和集体农庄的集体所有制都是社会主义所有制,"差别不过是:一个是具有较高公有化水平的全民所有制,另一个是具有较低公有化水平的集体农庄所有制。这就是说,问题是要逐渐提高集体农庄所有制的公有化水平,从而把它们提高到全民所有制的水平"。

国家对农产品的征购和采购并行的制度发生了变化。在传统上,集体农庄的产品是通过四条渠道为国家所掌握的:一是向国家义务交售,即收购,其数字是自上而下规定的,是硬性不变的;二是采购,即国家以比收购价格较高的价格来购买集体农庄庄员手中剩余的粮食;三是向农业机器拖拉机站支付耕作费、收获费、技术设备使用费和其他劳务费;四是向国家交纳的其他各种税收。1953年9月中央全会后,为了促进农业的发展,开始陆续实行按每公顷耕地或土地面积计算交售农产品或畜产品的制度。1954年3月初,中央全会决定在谷物的征购中实行按每公顷耕地计算义务交售定额的制度。1954年6月中央全会决定从1954年收获后再次降低现行的集体农庄义务交售谷物和油料作物种子的定额。1958年1月1日起,取消了集体农庄庄员个人向国家交售农产品的义务交售制。6月,苏共中央决议,取消集体农庄向机器拖拉机站交纳的实物报酬。也是从这一年起,国家对集体农庄农产品的收购统一实行采购方式。

农产品收购方式的这种变更实际上终止了拖拉机站作为集体农庄和国家中间人的作用。随着一切农产品都得由采购系统向集体农庄购买,拖拉机站就不得再以低价进行征购活动,工农业之间的不平等的实物交换活动势必终止。这无疑加强了国家和集体农庄的直接联系,更便于国家对集体农庄的控制和管理。另一方面,这种变动势必要从交换过程中逐步将实物排挤出去,必然要将市场和商业关系引进了农业发展的机制中来,并深刻影响农产品的价格以及工业品的价格和价格政策。在形成以货币为惟一媒介的采购政策的同时,城乡间的、工农业间的关系也将随之发生变化,尽管这并不是赫鲁晓夫本人预先设想过的。

在农业体制发生变动的情况下,在基层农业管理单位改组的情况下,赫鲁晓夫还抓了农业管理的中央部门。先是裁减人员和减少经费,而到1955年就开始对中央部门的计划管理工作进行改造。1955年3月9日,苏共中央和苏联部长会议作出了《关于修改农业计划工作方法》的决议,将农业的计划工作由国家计划委员会下放给各区执行委员会下达计划任务,由集体农庄自行制定具体的生产计划。随之是扩大了各加盟共和国的权限。而在1957年,则对中央机构进行了改组,将农产品采购部、国营农场部和农业部合并为农业部。

赫鲁晓夫的农业体制改革到1957年基本上形成了一个体系。这个体系一方面促进了农业获得了前所未有的发展;另一方面也出现了一些新的严重问题。第一,这种体制的变动总是以"运动"的形式来进行的,并且总配合有各种舆论工具的大力宣传和鼓动。因此,形式上的轰轰烈烈和言辞上的慷慨激昂成了这一变动的重要特点。在这种情况下,上面对变动情况的判断就是那里搞得是否轰轰烈烈,说得是否慷慨激昂,而下面的汇报就尽量满足上面的需要。于是,体制的这种变革在许多情况下就是追求形式和流于形式。第二,说假话,谎报成绩的事到处发生。因为,哪里的成绩报得越多,就越受到中央的重视和表扬。各种舆论工具会紧追不舍,赫鲁晓夫本人也会亲自去视察,然后再把这种莫须有的成绩通过自己的报告影响到全党,使这种谎报成绩成为全党进一步奋斗的目标。因此,这些年中,统计数字的夸大不实的现象成风。第三,由于赫鲁晓夫的全力关注农业和苏共中央的直接抓农业问题,农业的中央主管部门实际上是被架空了。地方上对于发展农业不是凭据中央主管部门的指示和计划,而主要是听赫鲁晓夫的讲话和看他的眼色行事。赫鲁晓夫的任何一句话都会成为发展农业的最

赫鲁晓夫在开垦地里

高指示,农业部就成了一个虚设机构。而这个庞大的部门中的机构臃肿、人浮于事、派系之争的现象就越来越严重。

在工业建设问题上,赫鲁晓夫继承和执行的是一种传统的路线:必须坚持以发展重工业(核心是国防工业)为主的方针。对他来说,军事工业,尤其是发展核武器和热核武器的军事工业在重工业中占据着极其重要的地位。而能源工业、航空航天工业和机械制造工业则是赫鲁晓夫时期苏联工业发展的最主要的方向。

1954年8月12日,苏联进行了氢弹试验。1957年8月21日,发射了苏联第一枚洲际弹道火箭——"P-7",它是著名火箭专家科罗廖夫为首的一批专家研制成功的。随着火箭武器的成功研制,苏联部长会议于1959年12月17日作出决定,设立苏联武装力量火箭部队总司令,任命国防部副部长、炮兵元帅伊万诺夫为总司令。根据决定,火箭部队是一支装备战略火箭的部队,其编制包括中程火箭部队和洲际导弹火箭部队。1959年,苏联第一艘核鱼雷潜艇——"列宁共青团号"下水。也在这一年,苏联首次利用核潜艇"北方人号",在巴伦支海、挪威海和格陵兰海进行了水下考察。到了60年代初,苏联就拥有了约300枚核弹头和相应的运载工具。导弹技术和核武器的研制成为苏联和美国之间、"两个阵营"之间竞赛的主要方面。尽管这时,美国拥有的核弹头有5 000个和相应的运载工具,在核武器和导弹的研制方面具有绝对的优势,但是赫鲁晓夫不甘心于这种状态和地位,竭尽很大的力量从事这方面的竞赛,并决意要在这种竞赛中取得绝对的优势。

1954年1月5日,"米格-19"双发动机试飞成功,这是苏联的第一个序列的超音速歼击机。1955年6月17日,著名设计师图波列夫设计的"图-104"喷气客机试飞行成功,1956年投入运行。这一年,苏联的第一架运输用涡轮螺旋桨飞机——"安-8"试飞成功。1957年10月4日,由总设计师科罗廖夫负责设计的苏联第一颗人造卫星发射成功。11月3日,载有名叫"莱卡"狗的人造卫星进入轨道。也就在这一年,装有燃气发电机的直升机——"米-6"投入生产,"图-114"试飞成功。1959年1月2日,第一个自动星际站——"月球-1号"发射升空。9月12日,"月球-2号"将标有苏联国徽的旗子插到了月球上。10月4日,"月球-3号"发射成功,传回了月球背面的照片。1959年6月,"图-114"首航莫斯科—纽约成功。1961年2月12日,利用运载火箭"闪电"将自动星际站——"金星-1号"送入轨道。在这一系列空间探索后,就开始了人类历史上第一次载人宇宙飞行——1961年4月12日,宇航员尤里·加加林乘科罗廖夫设计的"东方号"飞船进入太空。1962年8月,两艘载人宇宙飞船"东方-3号"(宇航员为尼古拉耶夫)和"东方-4号"(宇航员为波波维奇)同时升空。由于这一系列飞行,在苏联实际上开始了人类历史上的宇航时代,进而,航天飞行以及与之相关的工业的发展也就成为苏美两国间以及社会主义阵营和资本主义阵营两个阵营之间竞赛的另一个主要方面。

  机器制造工业迅速发展的标志是各种新型重型机械和设备的研制和投产。这些机械和设备包括苏联首次生产出的重型轧钢机、大型镗床以及各种先进的车床;新型的涡轮发动机、喷气发动机、功率为200 MBтв的冷凝涡轮机;电器机车、内燃机车和功率为3 500马力的燃气轮机车。汽车工业在这一时期发展尤为迅速,一些苏联著名品牌的汽车陆续投产:1957年,在明斯克汽车制造厂开始生产 MA3-530自卸卡车,1959年,"ГА3-13""海鸥"牌汽车和"ГА3-М-21""伏尔加"牌汽车在高尔基汽车制造厂投产。"ЗИЛ-111"在莫斯科汽车制造厂投产,"ЗАЗ-965"在扎波罗热汽车制造厂投产。"БелАЗ-540"自卸卡车在白俄罗斯汽车制造厂投产。船舶工业也获得很快发展,1957年,客运水翼汽船首航,1958年,苏联最大的内河航运柴油电动客轮"列宁号"运营,1959年,世界第一艘、排水量为17 277吨和发电机功率为44 000马力的原子破冰船"列宁号"下水,1960年,功率为3 000马力的"ТЭП-60"型客运汽船投产。同一年,用于研究海洋声纳的大型科学考察船"谢尔盖·瓦维洛夫"号和"彼得·列别节夫"号下水。

  能源工业获得了极其迅速的发展。1954年6月27日,苏联也是世界第一座原子能电站(由著名的核科学家库尔恰托夫领导)在俄罗斯中部城市奥布宁斯克投入运行。但是,这时的能源建设着重于水力资源的开发和利用以及石油和天然气的开采与利用。1953年11月,明格恰乌尔水电站,1954年9月,卡马水电站一期工程,1955年10月,卡霍夫水电站一期工程,11月,高尔基水电站一号机组,1957年9月,伏尔加水电站,1959年3月,诺沃西比尔斯克水电站,10月,伊尔库茨克水电站,12月,克列曼丘克水电站,斯大林格勒水电站,考纳斯水电站,先后投入运行。随着水电站的建设和投入运行,尤其是伏尔加河及其支流卡马河沿岸的梯级电站的建成,苏联各地区的电网逐渐形成和扩大。1959年,伏尔加水电站至莫斯科的高压(40万伏)输电线的第一期工程投入运行。1961年,500 кB高压输电线投入运行。布拉茨克水电站投入运行。1962年,从伏尔加水电站至煤矿产地顿巴斯的800 кB的高压输电线建成,随之中央电网和乌拉尔电网与南方电网并网,组成了苏联欧洲地区的统一电网。

在巴什基尔、西伯利亚、北高加索和巴库地区加快了石油和天然气的开采工作。1955年在巴什基尔,运用新技术开采油田。同年,苏联的第一条"热线"输油管道,位于车臣地区的长154公里的奥泽克萨乌特—格罗兹尼管道开始输油。1956年,苏联和欧洲最长的天然气输送管道——长达1300公里的斯塔夫罗波尔—莫斯科的输气管道一期工程开始输气。1959年8月,从谢尔普霍夫至列宁格勒的天然气管道建成。11月,卡拉达格—埃里温—第比利斯天然气管道投产。从莫斯科,经古比雪夫、鄂木斯克、诺沃西比尔斯克和伊尔库茨克至贝加尔湖的长达5470公里的铁路线实现电气化。从1958年开始,沿输气管道修建地下大型储气库。苏联的第一座全自动化油田——位于鞑靼自治共和国的扎伊—卡拉茨克油田投产。

这一时期的工业建设是在赫鲁晓夫改革的旗号下进行的。1954年,苏共中央和苏联部长会议决定对政府机构进行改组,其主要目的是紧缩编制、裁减人员。在这次大调整之中,惟独军工生产部门没有减缩,有的是扩大了,有的是成立新的工业部门。这显示了赫鲁晓夫对军事工业的关注。这时,各部改组中最引人注目的是中型机器制造部的建立。它是将许多部门、企业和研究机构联合起来,其目的就是集中力量研究原子能的利用、开发和武器使用。第二次世界大战后的第二个五年计划(1951—1955)本身就是以保证重工业的优先发展为主的。而赫鲁晓夫对计划中重工业的"特别工程"部分尤为关注,力主扩大这方面的投资。这"特别工程"是斯大林时代就有的,分为"А"和"Б"两组。"А"组从事核武器的研制,"Б"组从事导弹技术的研制。最后,在这个计划中,整个国民经济的基建投资为7700亿卢布,而"特别工程"的投资占3%,约为29.5亿卢布。

赫鲁晓夫这么做的根本目的是要在与西方国家(主要是美国)的"冷战"对抗中,加强苏联的实力,因为在这种"冷战"对抗中,热核武器的威胁和实战作用与意义越来越大。所以,赫鲁晓夫在二十大的会议上就说过:"在使用原子武器的战争中将没有胜利者","战争并不是不可避免的"。赫鲁晓夫这样讲实际上是在向他认为的头号竞争对手——美国暗示苏联的军事实力,是在向美国表示苏联已经掌握了足以使"战争并不是不可避免"变为现实的力量。

在苏共1957年的2月全会上,赫鲁晓夫作了《关于进一步改进工业和建筑业的管理组织》的报告,首次谈到要对工业和建筑业的管理进行改革。他提出的方向是,将部门管理体制变为地区管理体制,为此应当取消全苏的和加盟共和国的部（局），按行政区域建立国民经济委员会。1957年5月10日，苏联最高苏维埃通过了相应的法律，随之在全国范围内展开了对工业和建筑业管理的改组工作。

1957年7月，任命了一个由党中央国防工业部副部长、苏联国防工业部部长、苏联航空工业部部长、苏联无线电技术工业部部长和苏联造船工业部部长组成的专门委员会。根据该委员会提交的改革方案，国防工业所属的各个部门将负责新武器和军事技术的研制工作，而地区性国民经济委员会将负责这些部门所属军工企业的供应、生产、财务和经营管理的工作，并进行统一协调。这个委员会的改革方案随即成为其他部的工作模式。为了加强和加速火箭和导弹技术的发展，苏共中央主席团于1957年10月21日又成立了一个专门委员会。11月26日，赫鲁晓夫还亲自主持了苏共中央主席团会议，进一步研究军事工业部门的管理工作的改革。

在全国范围内划分经济行政区，并建立各地区的国民经济委员会。经济行政区和区的国民经济委员会由各加盟共和国的部长会议领导，国民经济委员会则负责所在地区的工业企业的综合管理。这种管理体制的中心内容是：工业生产的计划、任务的指定与变动仍由中央业务部门掌握，地区国民经济委员会则负责各项具体的组织、管理和协调工作。虽然这种改革加强了地区的作用，但并没有彻底改革对工业企业的传统的双向领导，只不过是从"部—管理总局—企业"这种模式转向了名义上的"地区国民经济委员会（业务主管部）—企业"的管理模式。对工业和建筑业企业的改组到1957年年底被宣告完成，在全国共建立了105个经济行政区。1957年12月，由国家计划委员会所起草的一份苏共中央的决议草案对这种改组进行了总结："对工业管理所进行的改组是完全正确的；经济行政区的国民经济委员会巩固并保证了对工业的管理和工业专门化与协作化的进一步发展。"

对于这种改组的目的，赫鲁晓夫自己在1957年6月中央全会上说得十分明白，这是由于国家经济发展计划本身失调的问题所引起的。他指出，近几年来人们已经习惯于紧张的计划，而且总是把计划定得太过于紧张。这种紧张计划所导致的后果是什么呢？赫鲁晓夫说："当我们拟订计划的时候，我们总是说，应当让企业制定出紧张计划。我也是赞成制定紧张计划的，但这种计划要制定得能够完成。如果说，让一个企业或者工业部门制定出不可能完成的紧张计划，那么，我们必然会使与之协作的其他企业或者部门也都完不成紧张计划。这样，势必为比例失调制造条件。"

而这种比例失调的情况在1955年变得十分严重。本来以和东欧各国组成为一个环行生产流水线的苏联面临着这种流水线运转不起来的危险。这正如赫鲁晓夫所说的:"当时由于大家共知的原因,我们的煤炭匮乏,因为波兰拒绝向我们提供煤炭,接踵而来的是缺乏水泥,冶金工业和机器制造工业也都困难重重。"这重重困难显然给赫鲁晓夫造成了很大的压力。由于全国规模的"垦荒"运动和实现赶超美国的口号,开工和建设的摊子铺得到处都是,国家的所有储备几乎都用上了。对此,赫鲁晓夫作了形象的描绘:"要知道,当时正在施工兴建的建设工程项目,已遍布全国,到处都在喊要这要那:给我们金属制品吧!给我们木材吧!给我们水泥吧!给我们煤炭吧!所有这些物资所需数额都有缺口,没有地方能弄到手。这就意味着停工待料现象已普遍出现,许多工人挣不到通常所能挣到的工资,企业不能生产出所需要的产品。这就为劳动者产生政治上的不满创造了条件,并从而带来其他一切后果。"赫鲁晓夫的这种坦率的谈话揭示出了对工业和建筑业的管理进行改组的最重要的原因:如是不这样做,不仅国家的经济会瘫痪,而且还会出现政治上的严重问题。实际上,苏联在1955年面临危机,而且这种危机到1957年时就变得更具危险性。赫鲁晓夫不得不采取貌似经济的措施来解决政治问题。

赫鲁晓夫感到在工业和建筑业方面存在严重问题。他把这种问题描述成是一种管理问题,用他的话来说就是:"一些部长坐镇在莫斯科,而他们的下属企业却远在萨哈林岛,要从莫斯科来管理这些企业是困难的。"他试图通过下放企业来下放管理权限,促使就地管理企业,使经济管理民主化。

赫鲁晓夫所进行的这种改组实际上,第一是要对遍布全国的建设项目进行大调整,关停并转一批工业和建筑业企业,以保证有限的原材料的供应;第二,实际上将要绝对保证原材料供应的工业和建筑业企业定为军事工业(尤其是发展现代化军事技术装备的国防工业),或者用赫鲁晓夫这时的话来表述就是:"旨在优先发展具有决定意义的工业部门";第三,对干部进行大规模的调离和撤换,以保证支持自己路线的人掌握实权。因此,对工业和建筑业管理的改组实质上是一种解决危机的措施。赫鲁晓夫试图通过人为地加速工业和建筑业的发展,来巩固自己执政的权力。

这种改组在客观上改善了管理体制,并造成了工业和建筑业某些环节上的工作效率的提高。但从本质上来说,这种改组并没有彻底改变管理体制中的"优先发展重工业"的主线。权力的下放只是解决了一些干部的安置问题,他们的传统管理思想并没有得到变更;地区国民经济委员会的设立只是解决了部分管理权的问题,而决策权丝毫未动,仍掌握在中央的业务部门手中;中央部(局)的取消并没有彻底改变企业受中央和地方双重领导的局面。此外,这种改组还引发了许多严重问题:一是,随着关停并转,大量的工人处于失业和半失业状态;二是,造成了大量资金的呆滞、浪费和不可回收;三是,中央干部和地方干部的矛盾增加,干部之间的派系之争加剧;四是,文牍主义和虚夸作风日盛等。

然而,赫鲁晓夫本人却把这个改组称为是有巨大意义的全民改革。之所以是全民的,一是因为这项改组提案不是他个人的,他曾为此在苏共中央主席团里设立了一个工作委员会,所有的部、所有的州都参加了这项改组的讨论;二是因为这是一次全民大讨论的结果,其目的是"吸收广大群众参加生产管理。把管理置于群众的监督之下"。所以,他在1957年的6月中央全会上就曾兴高采烈地宣称:"现在改革已经进入收尾阶段,当然要善始善终,这是不言而喻的。而且一种新的力量正在生机勃勃地崛起,因为我们已经打破了束缚我国工业发展的禁锢。在我国一切生产力的发展中,在我国工业的发展中,我们将迎来一个新的、气势磅礴的跃进局面。"

虽然在其后的数年中,赫鲁晓夫继续了这种改革,在工业和建筑业的专业化和协作化方面做了一些工作,但收效甚微。随着地区国民经济委员会减缩成47个以及中央又接二连三地回收了一些重要的管理权,随着上述几个严重问题的更为严重,赫鲁晓夫倡导的这种改组走向了反面,在他执政时期在苏联始终未能出现"一个新的、气势磅礴的跃进局面"。

赫鲁晓夫在抓农业、工业和建筑业的改革时,还抓了党政体制的改革。党政体制改革的措施有成熟的和即兴的,有有成效的和没有成效的,有朝令夕改的和三令五申的。但赫鲁晓夫常常是凭着对事物发展的直觉来决定党政体制改革的内容和方向。

在他执政的10年中,这种党政体制的改革大约经历了4个主要的发展阶段。第一阶段:1953年3—7月。这是赫鲁晓夫观望和作出某种尝试的阶段。这期间改革的主要内容是对斯大林时期遗留下的大量庞大的中央各部进行重组,而赫鲁晓夫对于党的中央机构的关心远远大于对政府机构的重组。第二个阶段:1954—1956年。这时,赫鲁晓夫加速了党的领导机构的改组。一是挑选赞成自己路线的、年轻的领导人进入中央委员会,使中央书记处和各加盟共和国的书记处保持了直接的、内线的联系,以保证迅速掌握各级领导人的政治动向,从而使中央书记处成为实现其所说的党的领导的真正核心。二是,对膨胀起来的政府机构进行改组。而在这种改组中,对内务部的改组是重点。1954年3月12日,成立国家安全委员会,内务部的一系列职能转交给这个新成立的部。为了削减内务部的权力,1955年,苏联最高苏维埃发布命令在已经25年没有内务部机构的俄罗斯联邦建立内务部。到了1957年,又将内务部所传统管辖的边防部队转由国家安全委员会领导。第三阶段:1957—1961年。这是一场以改组工业和建筑业管理工作为核心的新一轮政府机构大改组,中心是将中央各部(局)权力下放。第四阶段:1962—1964年。它是以党的体制改革为重点的,其目的是为了加强国家安全委员会。1962年7月19日,苏共中央主席团通过决议,准予国家安全委员会扩大编制,加强与反苏分子敌对行动的斗争。但决议强调,国家安全委员会在采取的一切行动都必须和各级党的领导机构进行协商。1963年1月,解除了谢列平的职务,任命赫鲁晓夫认为可靠的谢米恰斯特内伊为国家安全委员会新主席。

赫鲁晓夫因为无法控制一些高级领导人的行为,1960年年初开始对党的监察机构实行大规模改组。1962年1月8日,他亲自起草了一份苏共中央主席团决议草案——《国家监察和党的监察的问题》,但这一草案没有被通过。2月19日,他又写了一份很长的文件:《关于改善对执行党和政府的指示的监察》,认为在目前有必要对党政机构实行监察,有必要对党政监察机构进行改革。他提出的理由是,现在在国内受贿和行贿现象极为严重,涉及国家管理机构(中央的和各加盟共和国)的各个环节,甚至侵入国家的公检法机构之中。他的具体建议是:"因此,我认为组建一个统一的监察机构——苏联共产党中央委员会党的检查委员会是完全必要的,并在地方上建立相应的机构,其职责是对所有系统进行监察。"赫鲁晓夫为这个统一的监察机构设想的具体任务是:严格监督党政机构的纪律,与各种部门及地方倾向,与虚假浮夸现象,与经营不善及浪费行为作斗争,严格监督经济制度,正确地和最合理地使用资金和物资。赫鲁晓夫深知建立起这样一个拥有无限权力的监察委员会是件可怕的事,所以他在这份文件中坚决要求这个委员会"应当在苏共中央及其主席团领导下工作"。

在苏共中央11月全会(1962年)上通过了《关于组建苏共中央和苏联部长会议党政监察委员会》的决议。决议指出,这个委员会的最重要任务就是:"为党和政府在实现苏共纲领、在组织党和政府指示的执行情况的系统检查、在进一步完善共产主义建设的领导、在遵守党政纪律和社会主义法制方面提供帮助。"赫鲁晓夫还建议谢列平担任该委员会的主席。他的做法是一箭双雕的,一方面免去了谢列平的国家安全委员会主席的职务；另一方面使他拥有另一种大权，从而使谢列平成为自己的人。在12月18日的主席团会议上，最终建成了这个委员会，成员是科兹洛夫、勃列日涅夫、米高扬、柯西金、沃龙诺夫、苏斯洛夫和谢列平。

赫鲁晓夫对党监察机构的改组显然是他和他认为的党内官僚主义者的一场严重斗争。这种改组实际上是他对党的体制改组的一个组成部分，而另一个不可分离的部分就是在地方上按生产原则来改组党的组织。前一个部分是赫鲁晓夫想压制党的官僚主义者，免得他们碍手碍脚，而后一部分是张扬能办实事的党政干部的力量，好继续推行他设想的、几乎是无穷无尽的改革和改组。历来的研究者几乎忽略了对第一部分的揭示和研究，对赫鲁晓夫的党的体制的改革只说"工业党"和"农业党"。因此，就导致他们得出了片面的结论：赫鲁晓夫是想瓦解苏联共产党，在修正主义的道路上迈出了严重的一步。这种结论是不正确的。因为，在这一时期的党的体制的改革中，对赫鲁晓夫来讲，抑制党内官僚主义的阻遏影响和发扬党内功利主义者的作用是一个完整的思想。事实上，在赫鲁晓夫执政的10年中，他时刻担心的就是他自己所体现的党的权力和党的领导不致被削弱，因此他给予最大注意、赋予最大精力和采取最得力措施的改革就是党的体制的改革。他把斯大林死后一个无人关照和没有太大权力的中央书记处组建成为一个实权机构，并使其成为苏共中央的核心权力所在；他循序渐进地将国家安全机构、外交机构、政府机构和党的机构统统都置于这个书记处的绝对领导之下。书记处是中央的核心领导，书记处的书记是赫鲁晓夫。反过来讲，在赫鲁晓夫就是书记处，就是苏共中央的情况下，所谓党的领导实际上就成了赫鲁晓夫的个人说了算的领导。

但是，"工业党"和"农业党"这名词概括得并不准确。1962年11月的苏共中央全会上，研究了两个问题：一个是关于建立党政监察体系；另一个是发展经济和按生产原则改组党的领导。在会上，赫鲁晓夫作了《关于发展苏联经济和改组党对国民经济的领导》的报告，随后全会通过了同名的决议。决议的主要内容有两点：一是强调在全面开展共产主义建设的条件下，党的作用在无比增长，因此那种按照行政命令来管理的传统旧办法已经不适用；二是为了加强对经济工作的领导，克服空喊和忙乱现象，必须用经济的办法，用生产的原则改组党组织，来进行党的领导。因此，决议的主要精神是：党的领导"必须过渡到自上而下地建立党的领导机关的生产原则"，简言之，就是按生产原则改组党组织。按照这份决议:"在现有的边疆区、州的范围内一般成立两个独立的党组织","在边疆区和州的党组织中分别设立领导工业生产的边疆区和州的党委会和领导农业生产的边疆区的党委会",等等。从决议可以看出,按生产原则改组党的组织主要涉及的是工业和农业两个领域。改组的主要方向不在基层组织,而在边疆区和州的领导机构。

1962年12月20日,苏共中央主席团再次研究了这个问题,并作出了补充决议:《关于改组州、边疆区、自治共和国和加盟共和国的党组织》。其中规定在新成立的州和边疆区的党工业委员会和党农业委员会里"通常都要设4个书记,一个主管思想部门,一个是党政监察委员会主席,其他的是相应的部门"。就像赫鲁晓夫的一切改革都要以运动的形式来进行并配合以大张旗鼓的舆论宣传,这次按生产原则来改组党组织也极其迅速地、轰轰烈烈地搞了起来。改组很快就越出了工业和农业的范围以及州和边疆区的党的上层管理机关。这种改组最后涉及国家政府机构、苏维埃机构和一系列的行政和事业单位,连共青团、工会、妇联和警察机构都囊括了进来。改组的热潮几乎冲昏了赫鲁晓夫的头脑,他甚至想到要在国家安全委员会中按生产原则改组党组织。

这是赫鲁晓夫执政10年来最喧闹的一次改组,立即在全国引起了混乱和不满。第一,这种改组破坏了苏联传统的"一党制"领导,那些拥有绝对领导权力的党的官僚主义干部对被分去一半的权力感到失望、不满和愤恨;第二,那些被赫鲁晓夫寄予希望、可能通过这种改组对经济工作、生产工作实施按经济方法来进行领导的干部并没有真正获得权力,或者他们分到的权力受到官僚主义者的严重干扰而变成一纸空文;第三,在非工业和农业部门,人们无所适从,党组织处于无能为力的状态;第四,工农业生产由于党领导的混乱而更为混乱,甚至停滞和下降。总之,要被削减权力的人没有削减掉权力,要被增加权力的人没有增加到权力;中央的权力没有下放下去,地方的权力反而受到了不应有的削弱。

然而,在这种对党组织的大改组中,最终获利的还是被赫鲁晓夫认为是官僚主义者的那些领导干部。许多年轻的领导人迅速上升,成了候补中央委员、中央委员、中央主席团成员,成了赫鲁晓夫身边的人;一些新人掌握了重权,成了苏联政局演变中举足轻重的人物。勃列日涅夫、谢列平和安德罗波夫等就是他们中的佼佼者。

## 九、柏林墙的建成,提高物价,新切尔卡斯克事件,用导弹再决雌雄

在1959年1月下旬召开的苏共第二十一次非常代表大会上,赫鲁晓夫宣布苏联已经进入"全面展开共产主义建设的时期"。他许诺,大约在15年后,苏联就可以超过美国,那时苏联将过渡到共产主义社会。也是从这次代表大会起,苏联不再执行五年计划,而改为执行"七年计划"。这一年的12月,苏共中央召开全会,宣布苏联已经在牛奶一项指标的生产上超过了美国。全会决议,要各地向梁赞州学习,开展肉、油、奶生产的社会主义竞赛。于是,全国一片欢腾景象,因为农业生产的"大幅度发展",一系列州获得了列宁勋章、金星奖章和其他奖章。

在1961年10月的苏共二十二大上,赫鲁晓夫宣布,苏联最终地、完全地实现了社会主义,并宣称这次大会"将作为共产主义建设者的代表大会,作为审查和通过人类历史上第一个共产主义社会的伟大纲领的代表大会,载入史册"。大会通过了苏共新纲领,该纲领提出在20年内在苏联基本上建成共产主义社会的计划。为了推进这一新纲领的实施,这次大会再次开始了对斯大林及其个人崇拜的批判,最后作出了《关于弗拉基米尔·伊里奇·列宁墓的决议》。根据这一决议,红场上的陵墓被命名为"列宁墓",斯大林的遗体要移出陵墓,"因为斯大林严重地违反列宁的遗训,滥用权力,大规模镇压苏维埃人,以及在个人崇拜时期的其他行为使他的灵柩留在弗·伊·列宁墓中成为不可能"。当夜,斯大林的遗体被移出陵墓并焚毁。后在列宁墓旁的宫墙下,为斯大林立了一处石碑,列于一系列苏联领导人的石碑之中。与此同时,莫洛托夫、马林科夫和卡冈诺维奇再次受到揭发和批判,被解除了一切职务。伏罗希洛夫也被解除了党内外一切职务。其中的卡冈诺维奇从1961年6月起就不断地为恢复自己的党籍给苏共中央写报告,从赫鲁晓夫时期,历经勃列日涅夫、契尔年科、安德罗波夫执政,一直写到戈尔巴乔夫当权。1976年2月19日,他给苏共二十五大主席团和勃列日涅夫本人同时写信,在给勃列日涅夫的信中他写道:"上了年纪的我在党外生活颇感苦闷,因为我把自己的生命交给了党。请您多加帮忙。"1986年9月28日,他在给戈尔巴乔夫的信中写道:"处在列宁党的队伍之外,我深感苦闷。我仍然完全保持着真正共产党员固有的科学乐观主义精神和最主要的东西——对自己马克思列宁主义党的忠诚",

## 第十一章 赫鲁晓夫执政时期

"亲爱的同志们,请给我机会,让我以我的亲爱的列宁党党员的身份度过余年,并为党做些力所能及的工作"。但是,无论是卡冈诺维奇,还是莫洛托夫和马林科夫都未能被恢复党籍。

赫鲁晓夫的权力进一步巩固,在全国对盛世气氛的宣传日益喧闹,到1961年苏联载人宇宙飞船上天后就达到了顶点。赫鲁晓夫被苏联的媒体吹捧为"宇宙之父",而上了天的宇航员加加林却被冷落一旁。这种情景正如斯大林的女儿斯维特兰娜在给友人的一封信中所描述的:"那个飞向宇宙的人,在完成这件壮举后,并没有说一句色彩斑斓的话,也没有做一个不可一世的动作。"

赫鲁晓夫(左)和加加林

在这种局面下,赫鲁晓夫自认为,苏联和美国的竞赛已经取得了决定性胜利,未来是属于苏联的。他倡导超赶美国的竞赛本来就是为了显示苏联社会主义制度的优越性,而现在当胜券在握时,他对美国及其为首的资本主义阵营的蔑视态度和挑战性就达到了一个前所未有的高峰。1960年元旦,赫鲁晓夫在克里姆林宫的新年宴会的祝酒词中高声宣布:"用火箭保卫我们的边界。"在同年5月上旬的第五届最高苏维埃第五次会议上,赫鲁晓夫宣布:苏联的陆军和海军已向火箭武器过渡。为了能在两个阵营的"冷战"中取得最后的胜利,赫鲁晓夫一方面在"社会主义阵营"内部要求各国要绝对地服从苏联;另一方面在国内的党政机构中重组了领导班子。前者的结果是,苏联在6月下旬举行的罗马尼亚布加勒斯特集会上,试图协调12个社会主义国家的行动,而导致了社会主义阵营中矛盾和分歧的表面化和苏联政府在7月16日宣布撤走在中国的全部专家。而后者的最重要的结果是改组了苏共中央主席团,柯西金成为主席团委员和部长会议第一副主席;谢列平为国家安全委员会主席。苏联最高苏维埃1960年5月7日命令解除了伏罗希洛夫的最高苏维埃主席团主席的职务,任命勃列日涅夫为最高苏维埃主席团主席。

在赫鲁晓夫不断加强与美国对抗的同时,也加强了对美国的接触。1959

年9月,赫鲁晓夫第一次访问美国,和艾森豪威尔在戴维营会晤。也就是在这次美国之行中,赫鲁晓夫面对美国的政界和媒体说了这样的话:"我们将埋葬你们!"1960年5月,由于苏联政府宣布美国的U-2侦察机被击落,赫鲁晓夫在到巴黎去与艾森豪威尔举行第二次会晤时,要求美国总统就"U-2事件"道歉。艾森豪威尔自然没有道歉,巴黎会晤流产。同年10月,赫鲁晓夫去纽约参加联合国会议。他在会上把对美国的"冷战"推向了一个高潮。他在发言中要求将联合国的1位秘书长制改为3位秘书长,并要求将联合国总部迁至欧洲。也正是在这次大会上,赫鲁晓夫为了显示他对联合国、美国以及整个西方世界的蔑视和挑战,在英国首相麦克米伦讲话时,竟然脱下皮鞋敲桌子。

苏美之间的"冷战"进入一个新高潮。苏共中央决定以"U-2飞机事件"为由,对美国发起强大外交攻势。这个攻势的中心就是破坏美国中央情报局的活动威信,让其局长阿·杜勒斯威信扫地。根据谢列平1960年11月3日和1961年2月25日给苏共中央的报告,这种攻势利用了苏联在英国、印度、印度尼西亚、希腊、利比亚、芬兰、缅甸、日本、意大利、西德、捷克和波兰等一系列国家的"参议员"、"代理人"和间谍以及媒体。这种攻势的主要目的有二:一是离间资本主义国家之间的关系,"证实美国情报机构正在从事反对英国、德意志联邦共和国、土耳其、瑞典和阿拉伯联合共和国的间谍活动","造成一种假象:西德的情报机构正积极开展针对法国和英国的情报工作";二是把在苏联和东欧国家中出现的问题归罪于美国和英国等国家,比如说苏联公民从苏联境内出走和东德的公民从东柏林跑向西柏林。用谢列平的话来说就是:"揭露美国情报机构唆使苏联公民背叛祖国的挑衅性活动","揭露英国情报机构针对民主德国和其他社会主义阵营其他国家的间谍活动"。

柏林问题一直是两个阵营之间争执的焦点和"冷战"的主要场所。双方都想把柏林控制在自己的手里,都为此进行了顽强的努力。对于苏联来讲,赫鲁晓夫本想通过缔结对德和约的手段,来掌握对柏林的控制权,但以美英法的反对而告终。1961年6月,赫鲁晓夫和美国新总统肯尼迪在维也纳会晤,商谈德国问题,也无果而终。尽管民主德国的生活水平被称为在社会主义阵营国家中是最高的,然而却不断有大量的东德公民从东柏林跑到西柏林去。为了保持"冷战"中的战略要地和社会主义阵营橱窗的东德,苏联在东德居民生活水平的维持和军队上的开支是很大的,用赫鲁晓夫的话来说:"如果让它(民主德国的生活水平)降低到我们自己的水平,民主德国的党和政府就将垮台","在那里的每个师的花费要比驻扎(在苏联本土上)的多许多倍","有人可能说,为什么我们需要民主德国？我们实力雄厚、武装精良，我们可以屹立在我们自己的边界之上。这只能是一种狭隘的民族主义观点……""我希望我们能够战胜帝国主义"！

1961年8月3—5日，在莫斯科召开的华沙条约国家领导人会议上，讨论了赫鲁晓夫向苏联的朋友们建议的在柏林实行控制边界的主张。这就意味着苏联将单方面强行解决柏林问题。但是，赫鲁晓夫决意这样做。会上，他转述了他对美国大使说的一番话："你们自以为赫鲁晓夫不会发动战争……是的，我们不会宣战，但如果你们硬要打，我们也不后退。我们将用战争来回答你们的战争"，"我要他转告肯尼迪，如果发动一场战争，那么他就可能成为美国最后一位总统"。赫鲁晓夫真想打一场战争吗？显然不想。他说："苏美之间的战争是不大可能的，因为那将是一场洲际导弹的决斗。"强行解决柏林问题只是"冷战"的升级和在新形势下进行"冷战"的一种重要手段，而控制民主德国和东柏林的边界就成了一个无与伦比的标志。赫鲁晓夫说：16年来，"我们有点抛弃了我们的前哨"，"我们现在正在考虑沿着整个边界（联邦德国与民主德国）布置防御性坦克"。最后，这次会议接受了赫鲁晓夫的控制边界的建议。1961年8月12日，东德人民议院通过法令修筑"柏林墙"。该墙是12—13日夜间修筑起来的，最初是用铁蒺藜围成的路障，随后加工成一道真正的混凝土墙，高2米，配有带刺铁丝网，沿墙筑有岗楼哨所，尤其是在十字路口，更是岗哨林立。为了加强自己在德国问题上的立场和在"冷战"中稳操胜券，苏联政府还很快进行

建成后的柏林墙

了多次热核武器的试验。所以，赫鲁晓夫心中有底地对美国大使暗示过："我们有报复手段。肯尼迪本人承认力量均衡，即苏联的氢弹和核武器与美国的一样多，而我们并没有张扬过我们的数量。"

当苏联政府在"冷战"中保持高昂和激烈态势时，国内的经济状况却是每

况愈下。从1961年起,堆砌在虚幻数字和谎报成绩上的苏联农业的真相开始露出水面:粮食产量下降,对城市和工业的供应严重不足,各个共和国、州和边疆区纷纷向中央报告食品短缺,不仅肉、油、牛奶,而且人民生活最必需的粮食和粮食制品以及糖等供应都极为困难,随即物价上涨,中央政府不得不连续在各地采取紧急措施。1961年春天在斯维尔德洛夫等州分别采取措施,增加那里的肉、油和奶的补贴。但是,由于国库储备的不足,政府尤为关注那些更易展示社会主义优越性的"橱窗"地区,比如波罗的海沿岸国家和与芬兰接壤的卡累利阿州。1962年5月,卡累利阿州委书记给中央打报告,以外国专家将到该州工作为理由,要求增加肉、动物油、人造奶油和优质面粉的供应。中央同意了,但增加的数量只有其申请数量的约半数。俄罗斯联邦共和国部长会议副主席斯特鲁耶夫在给中央的报告中明确说明:"根据资源情况,再进一步增加食品储备就不可能了。"于是,苏联政府不得不从1962年起又一次实行全国性的食品凭证供应制度,与此同时,苏联开始向西方国家,主要是向自己竞赛的对手——美国大量进口粮食。

  苏共中央决定以提高农产品价格的措施,来刺激集体农庄的农业生产,增加粮食和畜产品的产量,以便减轻各地纷纷要求中央增加各种食品供应的愈来愈大的压力。1962年5月31日,以告人民书的形式公布了苏共中央和苏联部长会议的联合决议:提高肉和奶制品的价格。这一决议立即在老百姓中引起不安和慌乱,各地的不满事件频频发生,而在新兴工业城市新切尔卡斯克发生的工人不满事件尤为严重。6月1日,国家安全委员会副主席伊瓦舒京在给苏共中央的报告中列举了这些"不良的表现",主要内容是"反对新价格"、"打倒新价格",地区涉及莫斯科、顿涅茨克、第聂伯罗彼得罗夫斯克、维堡、第比利斯、新西伯利亚、列宁格勒、格罗兹尼等城市。该报告还详细描述了新切尔卡斯克发生的事:"电气机车制造厂铸钢车间的工人(将近200人)在上午10时停止了工作,并要求提高计件工资。尽管进行了解释,他们在上午11时午饭前休息的时候还是前往厂部提出这些要求。沿途有5群人加入,厂部附近聚集了约1 000名工人,工厂实际上停工……16时以后,一些人分成小批地开始散去。但是,该工厂上第二班的工人也停止了工作,部分工人各自回家,另一些人加入了罢工队伍。"国家安全委员会主席谢米恰斯内伊也在6月2日和3日,连续就居民对提高食品价格的反应给中央打了3份报告,反映了广大地区的居民对提高价格、生活现状以及政府政策的不满情绪。

  事实上,"新切尔卡斯克事件"的真相和原因并不复杂。工人因为2—4月间厂方重新审核工作定额,工资下降了30％,6月又碰上提高物价。因此,他们感到了生活的压力,于是讨论、议论、集会,要求与厂长和地方当局领导人对话,反映意见,试图让上面改变政策,缓和日益困难的境地。这正如一位工人对罗斯托夫州委第一书记所说的:"我们已经读过告人民书,我们自己也识字。你给我们讲一讲,我们往后怎么生活,工资定额减少了,物价却上涨了。"6月2日,赫鲁晓夫亲自对全国发表广播讲话,对提高物价作了今后会过好日子的解释和许诺。以米高扬和科兹洛夫为首的苏共中央专门工作组来到新切尔卡斯克做解释工作,米高扬和科兹洛夫在广播讲话中都重复了赫鲁晓夫作过的美好许诺。科兹洛夫把提高物价说成是对居民有益的事:"采取这一措施是出于对改善人民福利的关心。为了明天有足够的肉类、食油和牛奶,为了明天生活得更好,今天不得不过紧日子。"他甚至把提高物价说成是为了巩固国防:"高度发达的工业是我们国家强大的国防、加强随时准备给任何侵略者以毁灭性回击的武装力量的基础","难道可以毁掉这一基础吗?任何一个诚实的人都不希望这样做。只有苏联的敌人希望看到我们的国家衰弱,没有力量捍卫自己的荣誉、自由和独立"。因此,苏共中央在解决新切尔卡斯克群众的不满时,使用的依然是几十年来一贯使用的老办法:为了明天的好日子,今天要勒紧裤带,并在同时将群众的不满定性为反苏、反党和反政府的行为,科兹洛夫十分明确地对新切尔卡斯克的人民说:"当局不得不向你们的城市派出军队,宣布宵禁,并采取其他保护社会秩序的措施。"

为了镇压新切尔卡斯克的"恣意妄为和无法无天的局势",当局动用了警察、军队和安全部的军队,使用了武器。根据谢米恰斯内伊给赫鲁晓夫的报告,在"新切尔卡斯克事件"中有23人被打死,134人被捕,116人被提起公诉,经过公审,受到查办。"新切尔卡斯克事件"的严重性在于下述三点,一是,新切尔卡斯克是苏联工业化的"新边疆",这些地区是国家保证供应的重点。这些地区的供应严重短缺和紧张,反映了苏联整个供应以及国家经济情况的恶化。二是,在事件的进程中,明显反映了作为执政党的苏共对群众的害怕、对立情绪及其威信在群众中的下降。当局紧急采取非常措施就是为了不致使事端扩展到全国,不得不使用一种要人民"爱国、爱共产主义"的老办法来行使权力和维护权威,这正如科兹洛夫所坦率表明的:"在我国真正的全民社会主义民主的条件下,在工人阶级的所有社会组织的作用如此强大的情况下,怎么能够通过大叫大嚷和无政府主义的行动来谈论重要的问题呢?"三是,对"新切尔卡斯克事件"的处理办法从此成为苏联当局处理类似频发事件的标准模式:

定性为反苏事件——镇压——开展更广阔范围的与反苏分子的斗争。事件后,赫鲁晓夫亲自指示,要国家安全委员会制定更细密的命令,来加强与反苏分子的斗争。他还以部长会议主席的身份签发决议,扩大了"因犯罪受过监禁和流放的人员"不予登记户籍身份证的城市,加强了对这些人员的监视和控制。1962年7月,苏共中央主席团通过了关于国家安全委员会和总检察院与反苏分子作斗争的决议。这种监控工作是通过国家安全部的第二总局来进行,在国家安全委员会主席的命令中明确指出,要"预防犯罪",强调"采取坚决措施加强情报侦讯工作,揭露并制止国内反苏分子的敌对活动","应积极利用侦讯技术设备及户外监视仪器装置"。这份命令还要求第二总局"应加强在高校、中等专业技术学校中的情报机构的工作","对教堂、教派活动的领导者和组织者积极实行监视活动"。国家安全委员会的命令还指出:"必须坚决制止一切反苏分子表露出的任何公开的敌对活动。特别是那些担当进行恐怖活动并有叛国意图,草拟反动传单、匿名文件、传播流言挑拨离间活动,以及那些在群众骚乱中煽风点火的各类人物要配合党组织使之完全孤立。"1962年7月25日,谢米恰斯内伊在给中央的通报中就写道:"1962年上半年国家安全机关对因制造、散发反苏匿名文件的105人判了刑(而1961年上半年为58人),对366人进行了检查,对568人实施了预防措施。"

　　赫鲁晓夫和苏联执政当局认为"新切尔卡斯克事件"的解决是苏联社会主义优越性的又一次强有力的表现。在这种情况下,赫鲁晓夫加强了在世界舞台上和美国的争夺。此时的赫鲁晓夫认为,苏联既然能在欧洲地区,在柏林,向美国和西方世界展示"苏联社会主义的优越性"和苏联的强大的实力,为什么不能在美国的眼皮底下,在古巴展示这种优越性和实力呢?1962年5月,赫鲁晓夫想到了要在古巴对付美国的办法——在那里部署导弹。这时,美国在核武器及其运载工具的研制及实际拥有量方面大大领先于苏联,把苏联的导弹部署于美国的大门口,这显然是一种诉诸战争的极端冒险的做法。但赫鲁晓夫及其执政当局的逻辑是:苏联的社会主义制度优越于美国的资本主义制度,苏联的力量强大于美国的力量,苏联必须展示这种优越性和力量,苏联必胜。所以,他说:"如果我们秘密地装置导弹,如果导弹已经装好可供发射之后才为美国发现,美国人在试图用军事手段摧毁我们的设备之前就得好好考虑考虑。我们知道美国能够毁掉我们的某些装置,但不能是全部。如果有1/4,甚至只有1/10的导弹能够留下来(哪怕只留下一两个大的导弹),我们仍旧能够击中纽约,而纽约势将所剩无几。"

## 第十一章 赫鲁晓夫执政时期

在经过一系列极端秘密的政治、外交行动后,在经过国防委员会和总参谋部的详细计划后,苏共中央政治局于1962年5月底召开扩大会议,讨论了在古巴部署苏联导弹的问题。赫鲁晓夫在会上说,应当让美国人明白,进攻古巴不仅是打古巴,而且是要和苏联的实力较量,对此进行回答的惟一逻辑手段就是核武器。他强调说:"采取这样的行动不是要发动核战争,而是要遏制美国的侵略。"会议上没有人反对,因为所有的人都相信,苏联的导弹能反对美国侵略和维护世界和平。随后,一个以农业合作为由而实际上与古巴商讨导弹部署问题的代表团秘密访问古巴。6月10日,苏共中央主席团听取了该代表团的汇报后,作出了在古巴部署导弹的决定。苏联从7月起开始以极其隐秘的方式向古巴运送导弹。运送的船只分别从北海、巴伦支海、波罗的海和黑海开出,舰长们领到了任务书和各项指令,但是,他们受命只能在进入公海后才能打开这些写有密令的文件。

这次向古巴秘密运送导弹的行动以流入巴伦支海的一条河流的名字命名——"阿纳德尔"行动。7月,负责镇压新切尔卡斯克群众示威的北高加索军区司令员普利耶夫被任命为古巴苏军集团军司令员。8月和9月,包括陆军、空军和海军部队在内的集团军在古巴组建。其中有一支战略导弹部队,包括43导弹师(3个P-12导弹团,2个P-14导弹团)。3个P-12导弹团共有导弹42枚,每个团都有一个独立的基地。到10月22日,在古巴组建了有42架伊尔-28型轰炸机的航空大队,各导弹部队总计有了164枚核弹头,其中,给P-14导弹配备了60枚核弹头,给巡航导弹配备了80个核弹头,给6个"月球"发射架配备了2 000吨梯恩梯当量的战术导弹等。此外,还驻扎有4万多名苏军官兵。

8月下旬,美国已经得知苏联在向古巴运送武器,8月底,美国从空中拍到了古巴有防空导弹的照片。苏联当局依然严密封锁消息,苏联国家安全委员会对这种运送武器作出了自己独特的解释:"美国间谍机构在自己的报告中有意把从苏联运来古巴的工业设备说成是武器,把苏联专家说成是部队。"10月14日,美国的一架U-2型侦察机拍摄到了在古巴设置地对地中程导弹的照片。肯尼迪立即成立了一个极端秘密的应付这一问题的委员会,来讨论对策。10月18日,肯尼迪会见了苏联外交部长葛罗米柯,双方都对古巴土地上的苏联导弹避而不谈,葛罗米柯尽力为苏联的"和平外交政策"作辩护,他剑拔弩张地说:"你们和我们,正如尼·谢·赫鲁晓夫不止一次地所强调指出的那样,都是人,你们有自己的意识形态,我们对待这种意识形态的态度你们是知道的。

苏联是社会主义国家,正在建设共产主义。我们以共产主义的意识形态为指导原则。至于谁将最终取得胜利——这个问题不应当用武力,而应当通过和平竞赛来加以解决。我们共产党人,从列宁时期开始,就呼吁这样做。我们坚决谴责用武力来解决意识形态争论的做法。经济方面的竞赛,满足人们物质和精神需求方面的竞赛——在这个'战场'上进行历史性的,不使用武器的和平'交战',才能解决哪一种意识形态占上风、哪一种退出历史舞台的问题。"肯尼迪作了相应的回答:"正如同我对赫鲁晓夫先生说过的那样,美国是一个强大而富有的国家。苏联也是一个强大而富有的国家。我们两国中每一国都有许多内部事务。至于我们之间竞赛的结果(我希望是和平竞赛),历史将会作出决断。赫鲁晓夫先生作为苏联政府首脑,我作为美国总统,都承担着重大责任,我们应当制止任何一种可能导致冲突的行动。"

10月22日,肯尼迪致信赫鲁晓夫。他在信中说:"为了避免贵国政府作出任何错误估价,我公开声明,如果古巴事态持续发展,美国将采取必要的行动来保卫美国及其盟友的安全。而且,美国国会已经通过了一项决议案,表示对此声明予以支持。尽管如此,加速发展远程导弹基地及其他进攻性武器的行动仍在古巴继续。我必须正告您,美国已决意消除对西半球的这种威胁。"肯尼迪还警告赫鲁晓夫:"在这个核时代您或者其他神志清醒的人都不会故意将这个世界推向战争。很显然,这种战争没有胜利者,它只能给整个世界包括入侵者带来灾难性的后果。"下午,肯尼迪对美国全国发表广播讲话,宣布对运往古巴的一切进攻性军事装备在海上加以严格隔离——"隔离检查",如有发现,运载的船只必须驶离古巴海域。肯尼迪实际上宣布了对古巴的海上和空中的封锁,指责苏联向古巴运送导弹导致了加勒比海上的危机。

10月23日,赫鲁晓夫依然以强硬的语调给肯尼迪回信:"坦率地说,您的声明中所拟定的措施是对各国人民的和平与安全的严重威胁,合众国公开踏上了粗暴地破坏联合国宪章的道路;踏上破坏了在公海上自由航行的国际准则的道路;踏上了既对古巴又对苏联的侵略道路。美国政府的声明实际上只能是毫不掩饰地干涉古巴共和国、苏联和其他国家的内政。联合国宪章和国际准则没有赋予任何一个国家在国际水域对驶往古巴共和国沿岸的船只进行检查的权力。当然,我们也不能承认合众国有权对古巴共和国用以巩固自己国防所必需的武器进行检查。我们重申,古巴领土上的武器,不管它是哪一级的,都只是为了防御目的,以保证古巴共和国免遭侵略者的进攻。我希望合众国政府表现得理智些,放弃您所采取的可能会给全世界的和平带来灾难性后果的行动。"同日,肯尼迪回信说:"我想您会意识到,引发当前一系列事件的原因在于贵国政府向古巴秘密提供进攻性武器的行动。关于这一问题我们将在联合国安理会上予以讨论。同时,我关切的是我们双方应谨慎从事,极力避免使得当前局势变得更加难以控制。"

24日,赫鲁晓夫再次写信给肯尼迪。他写道:"总统先生,您宣布的不是隔离检查,而是提出了最后通牒并威胁说,如果我们不服从您的要求,那么您就动用武力,请您仔细想一想,您在说些什么!您想说服我,让我同意这个!同意了这些要求将意味着什么?这将意味着在我们同其他国家的关系中不按理智行事,而是纵容横行霸道行为。您已经不再诉诸理智,而是要吓唬我们。"赫鲁晓夫明确对肯尼迪说,不是苏联向古巴运送导弹,而是美国的"隔离检查"导致了危机。他在信中写道:"苏联政府认为,破坏利用国际水域和国际空间的自由——这是一种把人类推向世界性热核战争深渊的侵略行径。"

25日,肯尼迪给赫鲁晓夫回信中批驳了苏联政府和赫鲁晓夫本人对没有将进攻性武器运进古巴的保证是虚假的。他写道:"主席先生,我要求您明确承认,在此问题上并非是我首先发起挑战。"苏联政府所作出的保证和实际上将导弹运进古巴并在那里建立导弹基地的行为,使苏美关系严重急剧恶化,也使国际局势严重恶化起来。对此,苏联驻美大使多勃雷宁10月25日给外交部的信件中,表达出了对苏联处境的担忧,他写道:"如果美国一旦进入谈判或对整个问题开展外交讨论,那么从政治上考虑要实现入侵就会困难得多。在这方面人们实际上都承认,苏联政府的克制和建设性路线现在对于控制冲突的进一步发展,对于制止华盛顿头脑发热的人们,目前有十分重要的意义。"多勃雷宁所说的"克制和建设性路线"实际上就是建议苏联政府不要再坚持"导弹讹诈政策"了。苏联驻古巴大使阿列克谢耶夫在同一天也给外交部信件,尽管他反映古巴"人民焦急不安地等待苏联船只同实行封锁的美国军舰的首次冲击",但也婉转地反映了古巴领导人卡斯特罗的意见:"他认为,我们不接受挑衅和尽可能避免不必要的冲突的政策是正确的。"

在联合国进行的讨论中,苏联的立场并未得到各方面的支持,它所承受的外交和政治压力在增长。10月26日,困守在克里姆林宫办公室中关注局势发展已经数日的赫鲁晓夫终于向肯尼迪写出了一封转变立场的关键性信件。他在信中以大量的篇幅描述了战争的可怕,并表示不想在目前打一场战争。他写道:"我们都不应屈从于一时的冲动和卑劣的狂热。这一切都是转瞬即逝的东西,如果战争一旦爆发,那就不是我们的权限所能阻止的了,因为战争的逻辑就是这样。"赫鲁晓夫再次否认运进古巴的武器是进攻性,并对"进攻性武器"一词作了近乎荒唐的解释:"这些导弹,这是摧毁性的武器。但是,依靠这些导弹,甚至是功率百万吨级的导弹也无法进攻,因为只有人、军队才能进攻。没有人,任何武器,无论其功率多大,也不可能成为进攻性武器。"赫鲁晓夫还拐弯抹角但意思十分清楚地保证不进攻美国:"您可以对我们不信任,但在任何情况下,您都可以放心,因为我们还理智健全并很清醒,如果我们进攻你们,你们会给我们以同样的回报。"赫鲁晓夫表示:"我们的关系应正常化",表示愿意在联合国秘书长吴丹的斡旋下进行谈判。

10月27日,赫鲁晓夫写信给肯尼迪:"我建议:我们同意从古巴撤走您认为是进攻性的那些武器。我们同意这么做,并向联合国声明这一义务。您的代表也要声明美国考虑到苏联的忧虑和不安,也要从土耳其运走类似的武器。"肯尼迪回信说:"1. 你方同意在联合国适当的观察和监督下从古巴撤走这些武器系统,并答应在适当的安全措施保证下不再将此类武器运进古巴。2. 我方同意——在通过联合国作出充分的安排之后,确保执行并继续承担下列义务:a) 立即取消现在实行的隔离检查措施;b) 保证不入侵古巴。"28日,赫鲁晓夫又在土耳其导弹基地问题上作出让步,在给肯尼迪的信中表示:"我认为有必要向您声明,我理解公开研究取消土耳其的美国导弹基地对您来说的确有些微妙之处。我考虑了这一问题的复杂性并认为您不公开讨论它的要求是正确的。我同意我们之间通过罗伯特·肯尼迪和苏联驻华盛顿大使多勃雷宁在秘密状态下就这个问题继续进行会谈。"在苏联和美国进行谈判时,赫鲁晓夫还写信安抚卡斯特罗:"在如此危急的转折时刻,不要听凭感情的驱使,而要表现出克制","请表现出耐心、克制,再克制"。

在经过复杂的联合国斡旋、外交谈判和苏古两国的讨价还价、苏美两国的针锋相对的较量之后,苏联向美国提交了进攻性武器清单。11月5日,葛罗米柯在一份报告中写道:"苏联方面于10月28日着手拆除导弹。拆除工作于11月2日结束,业已拆卸的导弹已运到装载港口。前已通报,这些导弹将于今年11月7—8日或至迟11月10日从古巴运出。"在此期间,美苏双方又因为"伊尔-28"是否是进攻性武器进行了激烈的较量。11月6日,肯尼迪写信给赫鲁晓夫说:"诚然,这些轰炸机并非是最新式武器,但是很明显,它能用于进攻美国及其他西半球国家。而且我确信,我们的军事人员将会告知您,如果古巴仍有此类轰炸机,那么美国则需要以实质性的军事防御措施对此作出反应。"11月11日,赫鲁晓夫在给肯尼迪的口头回复中,尽管依然坚持"伊尔-28"不是进攻性武器,但他还是保证:"我们将不再坚持要在古巴长久地保留这些飞机。君子一言,驷马难追,我们将运走伊尔-28飞机,运走所有的工作人员及与这些飞机相关的一切装置,但不是现在,而是要晚一点。我们想过一段时间,当我们确认运走的条件成熟时再这么做。"

11月21日,肯尼迪发表讲话:"我,约翰·肯尼迪,美利坚合众国总统,根据美国宪法和法律赋予我的全权,特此宣告,自1962年11月20日格林威治时间23时0分起我停止根据1962年10月23日第3504号公告赋予国防部部长的全权,并取消其中对由我指挥的武装力量的命令。"也就是说,美国宣布停止对苏联船只"隔离检查"。20日当夜,苏联海运部长巴卡耶夫在给苏共中央的报告中写道:"前往古巴的苏联船只在大西洋的整个行驶途中一直遭受美国海军飞机的环绕飞行。在封锁地区,飞机的环绕飞行更加频繁,进行了空中拍照,美国舰船驶近我船,询问行驶目的地与货物种类,然后紧随我船行驶,直到临近古巴水域。美国军舰未曾要求我停船或检查。"12月7日,他又向中央报告:"42架飞机全部运出。"

随即,"古巴导弹危机"得以解决。12月10日,赫鲁晓夫在致肯尼迪的口头信函中说:"我们的关系现在已经进入了正常轨道。"对于这场危机的性质,他写得十分清楚:"我与您在很短的一段时间内经历了一场相当尖锐的危机。其尖锐性就在于,我与您都准备马上交战,这会导致世界热核战争。是的,会导致带来一切可怕后果的世界热核战争。"但,赫鲁晓夫以胜利者自居,把解决危机的功劳归于苏联和他本人,他说:"人类永远也不会原谅那些没有尽一切可能来防止灾祸、进行妥协的活动家。虽然,我们当时明白,现在我们仍宣布这一点,你们的要求无任何基础,无任何法律依据,这是国际事务中真正专横行为的一种表现。"所以,他教训肯尼迪,要他在未来的总统任期中"能为地球上的和平创造良好的条件"。赫鲁晓夫还建议肯尼迪,通过苏美两国的协商和行动来解决世界各地的问题,其中对于德国赫鲁晓夫说得十分露骨:"难道我与您,我们两个大国自愿或不自主地要使自己的政策、我们国家的利益屈从于一个年事已高、无论在体力还是精神上都是一条腿已踏入坟墓的人吗?难道我们要成为他手中的玩物吗?"

修改宪法或者制定新宪法,通常是苏联执政者标志自己胜利和张扬自己业绩的重要政治手段,也是他们获取继续并长久执政的条件和保证。赫鲁晓夫也不例外。在执政的后期,赫鲁晓夫越来越想修改1936年的"斯大林宪法"。1962年6月,甚至成立了制定新宪法的委员会。按照赫鲁晓夫的想法,新宪法中要包括几个在1936年宪法中没有的内容：一是，"新宪法将在社会主义在我国取得完全彻底胜利的条件下通过，它将是一部全民社会主义国家的法律"；二是，要将"一切为了人，为了人的幸福"这一基本原则写进宪法；三是，鉴于国家机构发生了本质性的变化，因此，要把"人民苏维埃"或者"劳动人民苏维埃"这一思想反映到宪法里去；四是，"对于社会主义国家来说，经济建设是最值得注意的政治"，"必须强调最高苏维埃和其他各级苏维埃在领导社会主义经济中的重大作用"；五是，要"广泛地扩大加盟共和国的权利"，必须认真关注民族政策和民族问题，等等。

在古巴导弹危机中，制宪工作也一直没有停止下来。但是，1964年10月，赫鲁晓夫被他的"战友们"赶下台使他期望的新宪法最终流产，而他的"全民社会主义国家"的梦想也就落花一般随水而去。

## 作者点评：

赫鲁晓夫执政时期是苏联发展中的一个十分重要、关键的时期。但是，由于赫鲁晓夫的"反斯大林"行动，他被斥责为是修正主义者，他的政纲被描述为是"土豆加牛肉的共产主义"，所以他治理下的一切也就被简化了，扭曲了，甚至化为乌有了。然而，这是违背历史发展原貌的。

赫鲁晓夫在他执政的10年间，做了许多事，这些事对苏联其后的发展起了重大作用，对苏联历史进程的推动影响是苏联的其他执政者不可超越的。他的重大作为也就在于他对"斯大林个人崇拜"的揭露和批判。在赫鲁晓夫之前，在理论上，在公开场合里，在表面上，都把斯大林看成是列宁的惟一正确的接班人，斯大林的社会主义建设路线是惟一继承马列主义的路线，他领导下的苏联是社会主义的惟一模式、人类必须走的惟一金光大道。但是，在实际上，在私下里，在心底里，对斯大林凌驾于党和人民之上的无可监督的行为，对他的以阶级斗争为纲、以党内斗争为推动力、以清洗和镇压为惟一手段的治国方式，对他的社会主义理论和实践之途，有着日甚一日的议论、怀疑、指责和否定。群众是不敢讲，讲了，则有监禁和杀身之祸；斯大林左右的"战友"们非常明白他路线和执政的严重失误，但是也不敢讲，讲了，则有被推上"党内反对派"的审判台和遭受审讯和镇压的生命之虞。

谁都明白的事，可却谁都不愿意公开讲出来；谁都清楚长此以往不行的事，可却谁也不敢站出来纠正。斯大林成了惟一的标准，赞成和拥护斯大林者，是爱国者、革命派、国际共产主义战士，批评和反对斯大林者，是叛徒、人民

## 第十一章 赫鲁晓夫执政时期

之敌、修正主义者。一个日益发展不畅,并有阻塞之险之患的社会却被描述成是人间天堂,是真社会主义。在经过了战争和战后的几年动荡之后,斯大林问题事实上成了苏联社会和国际共产主义运动必须加以解决的重大问题。正在这时,苏联的新一代领导人都从各自的立场和各自的利害关系上,提出了斯大林的问题,而且几乎不约而同地把斯大林问题归结为是个人崇拜的问题。最早提出这一问题的是马林科夫,最早试图在行动上来揭示斯大林个人崇拜行动的是贝利亚。而真正在全局上来揭露和批判斯大林个人崇拜的却是赫鲁晓夫。赫鲁晓夫准确地抓住了两点:一是他以广大民众或党内积怨最深的"大清洗"问题为主线;二是他把锋芒只指向了斯大林一个人。尽管对斯大林个人崇拜的批判具有极大的冲击力,甚至摧毁力,但在当时的条件下,广大群众并没有起来反对这种批判。人们所怀疑和疑虑的仅仅是:一个被金光所笼罩,一个被无比神圣化的领袖怎么会这样?一个自称为是为人民谋福利、建设社会主义和共产主义的政党怎么能允许自己的领袖如此作为?

就苏联国内的发展来说,赫鲁晓夫的反对斯大林个人崇拜打破了延续数十年的沉闷政治空气和僵局,使人民敢于面对现实,敢于思考现实的问题,敢于承认即使是社会主义的领袖也不是绝对正确的,他也必须接受全党和人民的监督。反对斯大林的个人崇拜,打破苏联数十年的传统,这是需要极大勇气的挑战。有一段时期,人们把赫鲁晓夫的反对斯大林的个人崇拜说成是破坏了大好形势,背离了列宁主义,把一个"好端端的苏联"断送了。问题是,斯大林执政时期,尤其是后期的苏联是"好端端的苏联"吗?反对斯大林个人崇拜后的苏联不再"好端端"了吗?

有个最基本的事实是,这个后斯大林的苏联时期并没有崩塌。相反,相对于斯大林时期,赫鲁晓夫执政的10年是苏联社会基本上稳定发展的时期,是一个国力,尤其是军事力量不断强盛的10年。石油、天然气的开发和开采,核能的研究、开发和利用,火箭和导弹的研制和装备军队,航天事业的快速发展,人造卫星和载人宇宙飞船的上天,农业在某种程度上的进展和发展,都是在赫鲁晓夫执政时期取得进展或者突破的。显然可以说,赫鲁晓夫时期的苏联社会要比斯大林时期在政治上宽松得多,在思想上容忍得多,在经济上和缓得多,在未来的前途上明亮得多。

尽管人们痛斥过赫鲁晓夫的修正主义,但是,相对于斯大林的社会主义路线来讲,他一点也不修正,也从来没有想到要去修正。赫鲁晓夫从来没有在路线上改变过下述几点,而这几点正是被斯大林及其拥护者誉为是社会主义的经典的：一是以重工业也就是国防工业为主的社会主义建设路线；二是以"大农业"——集体农庄和国营农场为主的农业发展方针；三是对群众的舆论必须加以严格的监控；四是党的领袖对党、国家和军队的绝对领导作用；五是党内斗争和阶级斗争是社会发展的动力。10年来，赫鲁晓夫正是利用这几点，击败了他的政治对手——马林科夫、贝利亚、莫洛托夫、卡冈诺维奇和朱可夫，逐步把权力集中到党中央书记处，然后集中到自己手里。赫鲁晓夫除了修正了斯大林的"个人崇拜"外，并没有修正斯大林的其他东西，反而将它们延续下来，某些还得到了巩固和发展。

因此，赫鲁晓夫的局限性就在于他仅仅反对了斯大林个人的"个人崇拜"，而没有认识到在马列主义的理论中就根本不应有超越于党、国家和人民之上的个人崇拜，因而他也就没有从根本上去反对这种个人崇拜。最后的结果是，他成了他自己树立和吹捧起来的另一种"个人崇拜"的神。当赫鲁晓夫被媒体大肆吹捧为是"宇宙之父"时，当他个人决定要在古巴部署导弹时，他的没落的命运就被注定。以勃列日涅夫为首的他的战友们以另一种语言——"唯意志论"，批判了他的"个人崇拜"，从而永远结束了他的政治生涯。

以反对斯大林的"个人崇拜"而登堂入室，以他人反对赫鲁晓夫的"个人崇拜"而凄惨"退休"，这是赫鲁晓夫个人的悲剧。然而，这也是苏联领导人的悲剧，在斯大林之后，有赫鲁晓夫的个人崇拜，在赫鲁晓夫之后，有勃列日涅夫的个人崇拜。这种日甚一日的个人崇拜之风，这种实际上是领袖一个人说了算的独断专行作风，在安德罗波夫和戈尔巴乔夫时期也没有中止过。苏联的悲剧也就在于，斯大林以后的领袖并没有真正认识、批判和清除过"个人崇拜"。

# 第十二章 从勃列日涅夫到安德罗波夫

## 一、赫鲁晓夫退休，苏共中央10月全会，勃列日涅夫执政

**1964** 年4月17日是赫鲁晓夫的70岁生日。这一天，举行了隆重的庆祝仪式，苏联最高苏维埃主席团主席勃列日涅夫将一枚金星勋章授予苏共中央第一书记和苏联部长会议主席赫鲁晓夫。但是，授勋者和被授勋者似乎都不很开心。勃列日涅夫等人在为赫鲁晓夫的进一步的人事和国家管理体制的改革发愁，在为他的独断专行而苦恼，而赫鲁晓夫则在频繁地策划他的无序的改革，尤其是在农业问题上，他对农业领导机构和研究机构的批评日益猛烈。7月11日，在苏共中央政治局会议上，突然撤去了勃列日涅夫的苏联最高苏维埃主席团主席的职务，改任为中央第二书记，而他的职务由米高扬来代替，这就使最高领导层的分歧扩大和尖锐化。

7月18日，赫鲁晓夫给中央主席团一份报告——《关于过渡到集约化道路的农业的领导问题》，再次提出了按农业产品的生产来建立农业的联盟和加盟共和国管理体制的问题。两天后，中央主席团会议通过了在11月召开一次中央全会来讨论这一报告和国家的农业状况问题。但

勃列日涅夫(左)授予赫鲁晓夫金星勋章

是,以勃列日涅夫和波德戈尔内为首的中央领导人却开始了秘密反对赫鲁晓夫的工作,并试图利用这次中央全会来让赫鲁晓夫下台。秘密反对工作主要集中在要各部门就各领域的问题提出反对赫鲁晓夫的材料。当时的莫斯科第一书记叶戈雷切夫回忆说:"全会要进行筹备,而这件事是复杂的,甚至是危险的。因为应该去了解中央委员们对赫鲁晓夫行为和错误的态度。"苏联国家计划委员会主席诺维科夫回忆说,苏联最高国民经济委员会主席乌斯季诺夫曾把他找去,要他从经济计划工作的角度准备反对赫鲁晓夫的材料,要向中央领导人证明"赫鲁晓夫搞得一团糟"。他说:"我问:'是不是要解除赫鲁晓夫的职务?'乌斯季诺夫予以肯定。我又提出一个问题:军队和克格勃将持何种态度?答复是:这方面没有问题,它们将会全力支持。我当即表示同意。"

9月,勃列日涅夫等人的活动被赫鲁晓夫觉察。一个叫加柳科夫的人将这一"阴谋"告诉了赫鲁晓夫的儿子谢尔盖,说这涉及勃列日涅夫、波德戈尔内、基里连科、谢列平、谢米恰斯内伊和伊格纳托夫在内的一系列中央和地方领导人。赫鲁晓夫的第一反应是:"不,这难以置信。勃列日涅夫、波德戈尔内、谢列平是完全不相同的人。这不可能。伊格纳托夫有可能。他很不满,并且总的来说,他这个人不好。可他和他们能有什么共同点呢?"赫鲁晓夫当即让米高扬去暗中调查,并在明地里将此事压了下来。然而,勃列日涅夫在听到"事情可能败露"的信息时,却是异常恐慌。叶戈雷切夫记载说:"事情发生在1964年秋初。一天早晨,勃列日涅夫给我打城市公用电话,要我在去中央上班前到他那里去一下。8时,我和他见了面。列昂尼德·伊里奇处于惊恐状态之中,他脸色苍白,双手发抖。他把我带进里面的小间,小声说:'一切都完了。赫鲁晓夫知道了筹备全会的细节。'我说:'难道这有什么不合法的吗?召开中央全会并不违背党章。'列昂尼德·伊里奇说:'你对他不了解,他会把我们大家都枪毙的。'他又说了些张皇失措的话,完全泄了气。我劝他说:'我们的行为中没有什么不符合党性的,现在是另一个时代,不是斯大林时代了,应当捍卫二十二大的路线。'"

赫鲁晓夫终于没有将勃列日涅夫等人的"阴谋"当作一回事,10月上旬,和米高扬去黑海边的疗养胜地皮聪大休息了。12日,当他正和成功围绕地球飞行三圈的"东方号"宇宙飞船的宇航员科马罗夫等人通话时,勃列日涅夫正以第二书记的身份在主持中央主席团的会议。这次会议通过了一份绝密决议——《关于对因将召开的苏共中央全会和制定新时期国民经济远景规划而出现的问题的决议》,全文如下:"1. 鉴于计划于今年11月在苏共中央全会上

## 第十二章 从勃列日涅夫到安德罗波夫

讨论的问题的主要性质和在制定新的五年计划中所出现的不明情况,苏共中央不断接到询问,因此认为在赫鲁晓夫同志参加的最近的苏共中央主席团全会上对此予以讨论是刻不容缓的和必需的。责成勃列日涅夫、柯西金、苏斯洛夫和波德戈尔内同志与赫鲁晓夫同志电话联系,将定于1964年10月13日召开中央主席团会议的本决议通知他。2. 鉴于赫鲁晓夫同志于1964年7月18日向各级党组织散发的《关于过渡到集约化道路的农业的领导问题》(No. 1130)的信件在地方上所引起的混乱和其中包含的前后不相联系的指示,从各级党组织撤回这一信件。3. 考虑到所出现问题的性质和即将对此进行讨论的重要意义,认为将苏共中央委员、苏共中央候补委员和苏共中央监察委员召至莫斯科听取全会所作的在苏共中央主席团讨论这些问题的总结报告是适宜的。关于召开苏共中央全会的时间,在赫鲁晓夫同志到达时决定。苏共中央主席团。"

13日上午,赫鲁晓夫和米高扬返回莫斯科。赫鲁晓夫亲自主持了于同一天召开的苏共中央主席团会议。会上,与会者对赫鲁晓夫进行猛烈的抨击,他们指责他破坏集体领导的原则,把个人意见强加于他人,不理睬其他领导人的意见,在干部问题上独断专行,不能克制自己,作风粗暴,自我标榜和吹嘘。他的身兼第一书记和部长会议主席的做法成为人们进行抨击的依据。与会者要求以"自动退休"的办法来解除赫鲁晓夫的职务。会议上出现的情况是赫鲁晓夫没有思想准备的,他进行了坚决的抵制,但最后以失败而告终。第二天清晨,他发表了讲话,宣布接受"自动退休",而话里话外透出了莫名的哀怨和凄凉:"你们大家在这里对我的不好的品质和行为谈了许多,也谈到了我的好的品质,为此我感谢你们。我不打算和你们进行斗争,当然我也已无能为力。我与你们一起与反党集团作过斗争。我珍惜你们的真诚。而我却用另一种方法来对待你们,请原谅我犯下的粗鲁……在这里所讲的许多事情我都不记得了,但我的主要错误就在于我表现得软弱,没有注意行为不端的现象。我曾试图不拥有两个职位,但这两个职位正是你们给我的!即使我是个有才能的人,我也认为这是不正确的。我的错误就在于我没有把这个问题提交苏共二十二大……现在,我激动和高兴,因为中央主席团委员们可以监督第一书记的活动并能公开讲话的时代已经到来。今天的中央主席团会议就是党的胜利。我想我是应当离开了。但是,生活是作弄人的。我自己看到,我控制不了局面了,我和你们中的任何人没有了来往。我脱离了你们。为此你们今天狠狠地批评我,而我自己也是自食其果。我从不玩牌,也不打台球。我总是在工作。我感谢你们给我提供了退休的机会。生活再也不需要我了。我请求你们,为我写一份声明,我来签字。为了党的利益我准备去做一切。我在党内已46年了,请理解我!我想,也许你们会考虑可以给我安排一个荣誉职位,但我不向你们要求这个职位。我在哪里生活,由你们决定。只要该做,我准备到任何地方去。我再次感谢你们的批评,感谢这些年来和我一起工作,谢谢你们准备给我退休的机会。"

其后,赫鲁晓夫签署了别人为他起草的"退休声明",苏共中央主席团通过了一份决议——《关于中央主席团中出现的问题和在苏共中央活动中恢复列宁主义集体领导原则的措施》。这个决议实质上是声讨赫鲁晓夫的檄文,全文如下:

> 鉴于赫鲁晓夫同志破坏列宁主义的集体领导原则而出现的错误和不正确行为,最近一个时期在中央主席团内形成了十分不正常的局面,妨碍了中央主席团的委员们去履行领导党和国家的职责。赫鲁晓夫同志身居苏共中央第一书记和苏联部长会议主席的职位,集大权于一身,在一系列情况下开始离开苏共中央的监督,不再考虑中央主席团委员和苏共中央委员的意见,在未经必要的集体讨论的情况下决定极其重大的问题。赫鲁晓夫同志对主席团和中央的同志们表现得偏激和粗暴,无视他们的意见,在实际实现苏共二十、二十一和二十二大的决议所指定的路线中犯下了一系列错误。苏共中央主席团认为,由于作为一名工作人员现有的不良的个人品质、年迈和健康状况恶化,赫鲁晓夫同志已不可能纠正所犯的错误和非党的工作方法。同时考虑到赫鲁晓夫同志所提交的声明,苏共中央决议:(1)满足赫鲁晓夫同志鉴于年迈和健康状况恶化解除他第一书记、中央主席团委员和苏联部长会议主席的请求。(2)承认今后由一人身兼中央第一书记和苏联第一部长会议主席的职务是不适宜的。(3)认为必须于1964年10月14日召开苏共中央全会。责成米·亚·苏斯洛夫同志以中央主席团和中央书记处的名义作报告。苏共中央主席团。

1964年10月14日,苏共中央10月全会实际上是在赫鲁晓夫已经被解除一切职务的状态下召开的,是对赫鲁晓夫的"盖棺定论"。勃列日涅夫在开幕词中不仅指责赫鲁晓夫"走上了破坏党和国家生活的列宁主义集体领导的原则、突出对他的个人迷信的道路",而且将经济发展中的一切问题归罪于赫鲁

## 第十二章 从勃列日涅夫到安德罗波夫

晓夫。勃列日涅夫说:"赫鲁晓夫同志种种过分匆忙草率订下的方针和欠缺考虑的唯意志论的做法,给我国国民经济的领导制造了巨大混乱,造成了严重失误,却用无穷无尽的所谓改革和改组来加以掩饰。"会议上,对赫鲁晓夫进行全面指责的是苏斯洛夫。除了指责赫鲁晓夫的个人品质和阴谋手法外,苏斯洛夫着重批评了赫鲁晓夫的农业政策、党机构和工业机构的改组。在农业方面,苏斯洛夫承认,苏联农业的发展"仍然不能令人满意","1959—1962年的4年中,农业产量平均每年增长了1.7%,而计划要求每年增长8%。1963年的歉收更使情况恶化了。因此,我们在供应居民肉类、面包、杂粮以及其他产品方面遇到了一定的困难"。但他指责这是赫鲁晓夫"在领导农业方面所犯的错误","赫鲁晓夫同志是竭力要把农业的领导权独揽在他一人的手中。在中央,除了他,任何人都不能过问农业,因为赫鲁晓夫同志自认为他是惟一懂农业的行家里手","这些年来,赫鲁晓夫同志在他给农业工作者的诸多指示中,往往是从一个极端走向另一个极端。他热衷于种植玉米,竟然不顾一切,不考虑任何人的意见,到处种植玉米……"

关于机构改革,苏斯洛夫的总的评价是:"赫鲁晓夫同志的大量意见书以及随之而来的频繁改组,简直把我们从上到下所有的工作人员都折腾个够,瓦解了地方各级党组织,使它们丧失了信心","赫鲁晓夫同志简直是患了热衷搞五花八门改组与改革之癖,迷信某种神奇的力量"。在所有的改革中,苏斯洛夫认为"用政治部来取代生产管理局的党委"、"按生产原则对于州和边疆区党和苏维埃机关进行的所谓改组"、"分别设立工业的和农业的州党委以及工业的和农业的州苏维埃执委会两套班子"是令人不能容忍的。赫鲁晓夫惟一没有受到激烈批评的活动领域是外交政策。只是指责赫鲁晓夫喜欢教训外国党的领导人,而承认"我党在国际问题上的路线是完全正确的"。苏斯洛夫在报告中还宣读了他们替赫鲁晓夫所写的退休声明:"苏共中央、中央委员、中央候补委员、中央监察委员会委员同志们!我已年迈,同时考虑到我的健康状况,请求苏共中央满足我关于解除我所担任的苏共中央第一书记、苏共中央主席团委员和苏联部长会议主席职务的请求。有鉴于此,我现在已经不能履行委托给我的职责。我谨向苏共中央委员会保证:我将以有生之年与精力贡献给为党、为苏联人民造福以及为建成共产主义所进行的事业。赫鲁晓夫。"

全会接着以"同意"还是"反对"的举手表决形式通过了对赫鲁晓夫的"审判"和最后裁决。而对于新的中央第一书记和部长会议主席的产生,也是以"同意"还是"反对"的举手表决形式在极短的时间里完成的。根据《苏共中央

10月全会速记记录》，整个过程是这样的：

  主持人勃列日涅夫同志：同志们！我们现在应该选举中央第一书记和审议关于苏联部长会议主席问题。(场内喊声)我们提议选举勃列日涅夫同志为我党中央第一书记(长时间掌声)。

  主持人波德戈尔内同志：有人提议选举勃列日涅夫同志为中央第一书记。有没有其他提议？没有。进行表决。赞成勃列日涅夫同志为我党第一书记的，请中央委员们举手。请把手放下。有反对的吗？有弃权的吗？没有。提议获得一致通过(鼓掌)。同志们！现在让我们同中央候补委员和中央监察委员会委员一起表决吧！赞成选举勃列日涅夫同志为苏共中央第一书记的，请举手。请把手放下。有反对的吗？有弃权的吗？没有。勃列日涅夫同志经一致同意当选(长时间热烈鼓掌，全体起立)。

  主持人勃列日涅夫同志：我对中央委员、中央候补委员、中央监察委员会委员，对你们大家，同志们，给予我的崇高的信任和荣誉表示感谢(长时间鼓掌)。下面，我们应当审议关于苏联部长会议主席问题(鼓掌)。(场内喊声)我们提议推荐柯西金同志。主持人勃列日涅夫同志：这也同中央主席团的意见一致。同志们，还有没有其他提议？我现在请大家表决。同意向苏联最高苏维埃主席团推荐任命柯西金为苏联部长会议主席的中央委员们，请举手。请把手放下。有反对的吗？没有。有弃权的吗？没有(鼓掌)。让我们再来同中央候补委员和中央监察委员会的委员们一起表决吧！我现在进行表决。赞成推荐柯西金同志为苏联部长会议主席的，请举手。请把手放下。有反对的吗？有弃权的吗？没有。大家一致推荐他出任苏联部长会议主席(长时间热烈鼓掌，全体起立)。

  柯西金：同志们！我想对你们大家今天给予我的巨大信任表示感谢。我本人将尽自己的一切力量、知识和本领，不辜负你们的巨大而崇高的信任，我定将努力不负重托。

  勃列日涅夫就这样在掌声中"当选"为苏共党的最高负责人。他延续了赫鲁晓夫的做法，1957年赫鲁晓夫也是在这样的中央全会上，也是在这样的掌声表决中当上第一书记的。苏共最高领导人的选举实质上是违反苏共党的纲领和他们反复宣传和要求的选举法的。勃列日涅夫继承并扩展了赫鲁晓夫的上台传统，在多方面开始了一个以胜利的领袖的意志代替党纲，以党的决定代替行政选举的非正常时代。

勃列日涅夫之所以能当上苏共中央第一书记,一是因为他是第二书记,第一书记的离去,第二书记必然替补而上,这是苏共的传统做法;二是因为这时苏联最高领导人之间的权力再分配还不可能导致出现另一个人来代替勃列日涅夫;三是因为10月全会是匆忙召开的,绝大多数中央委员事实上对这次全会和第一书记的候选人并没有进行过认真的思考;四是因为以勃列日涅夫为首的密谋推翻赫鲁晓夫的人们采取了浑水摸鱼的手法,利用了无权参加选举的人们的"举手"。多年后,参与推翻赫鲁晓夫和举手选举勃列日涅夫上台的一些关键的中央委员说出了实情。叶戈雷切夫说:"中央委员会的一个不可饶恕的错误就是选举了勃列日涅夫。"沃龙诺夫说:"会议参加者的动机各不相同,而错误却是一致的:为了纠正一个有鲜明个性的党的领导人的错误,我们却把希望寄托在另一个没有什么鲜明个性的人身上。当没有批评领导、纠正其错误的机制,而又应该撤除他时,类似的错误就是不可避免的。"

但是,勃列日涅夫毕竟在他58岁时开始了他作为苏联党政最高领导人的18年的执政生涯。

## 二、集体领导,改革的回归,经济改革,苏共二十三大

勃列日涅夫的集体领导和赫鲁晓夫在替代马林科夫时所用的口号是一样的。这种集体领导所表现的,一是将集中于赫鲁晓夫手上的权力转移到勃列日涅夫手上来,于是以勃列日涅夫为首,包括柯西金、波德戈尔内、苏斯洛夫、安德罗波夫和波诺马廖夫在内的领导班子,就成了实行集体领导的象征。为了巩固权力和地位,勃列日涅夫一开始就频繁地和各国共产党接触,一再声明赫鲁晓夫时期与各党所确立的关系和保证仍然有效,以便取得各党的支持。对于中国共产党,也试图打开僵局。时值十月革命47周年即将来到之际,苏共邀请中国共产党派代表团到莫斯科参加庆典。当以周恩来为首的中共代表团来到莫斯科时,勃列日涅夫却表示,苏联在对中国的问题上,将继续赫鲁晓夫时期的政策。苏中关系没有得到缓和。而在庆祝十月革命47周年的大会上,勃列日涅夫在报告中宣称,苏联正进入"共产主义建设时期","我们的全民国家是无产阶级专政国家的自然发展","'一切为了人,为了人民的幸福'是我党活动的准则"。为了体现这种新的集体领导,勃列日涅夫还力主召开一次共

产党和工人党国际会议，这一建议遭到了中国共产党的拒绝。

二是在集体领导的名义下，勃列日涅夫将支持赫鲁晓夫路线的人逐渐解除了职务，而将自己的人安排到从中央到各加盟共和国、州和边疆区的领导岗位之上。勃列日涅夫有个传统的做法，那就是将自己事业起始处——第聂伯罗彼得罗夫斯克的原班人马随身带走。这些人一直跟随勃列日涅夫，从摩尔多瓦到哈萨克斯坦，再到莫斯科，成了对他最忠实的人，这支队伍也逐渐庞大起来。从1964年11月起，勃列日涅夫就陆续变更中央主席团的成员，使其有利于自己的领导和执政。这种人事安排是缓慢进行的，几乎延续了10年的时间。而到这种人事安排全部完成时，勃列日涅夫的人就控制住了全国上下的党政大权，保证了勃列日涅夫所需要的"集体领导"。而在这种情况下，勃列日涅夫就以"团结和稳定"为旗号，反对任何人、以任何名义来对这些人作任何职务上的调动或者是处罚。

三是为了反对赫鲁晓夫的"唯意志论"，重新打出了党的旗号，"共产党的伟大理想成了全体苏联人民的理想，党的纲领成了全体人民实际行动的纲领"，并不断声明要"忠于列宁的原则"，要按照列宁的教导来实现集体领导。赫鲁晓夫当年在反对斯大林的个人崇拜时，也是这样讲的：要党的领导，要党的领导班子的集体领导。现在，历史在回转，勃列日涅夫在用赫鲁晓夫用过的口号反对赫鲁晓夫，并以此巩固自己的权力和威信。

所有这一切都导致了赫鲁晓夫的一切改革都被否定和抛弃，出现了赫鲁晓夫改革的回归时期。在赫鲁晓夫的所有改革中最令勃列日涅夫等领导人深恶痛绝的就是对党的机构的改革，将党分为"工业党"和"农业党"的做法以及随之而来的对干部的频繁调动问题。所以，首先的重大决策就是在这方面作出的。1964年11月的中央全会通过了《关于把州、边疆区工业党组织和农业党组织合并的决议》。根据这一决议，恢复了统一的州和边疆区的党组织，把集体农庄国营农场生产管理局党委会改组为区党委会。11月18日，《真理报》的社论对此回归作出了解释："把党组织分为工业的和农业的，引起了许多的困难和麻烦。改组同生活发生了矛盾。生活表明，实际上不可能划清工业党组织和农业党组织的活动范围。用所谓生产原则替代按地区生产特征建立党组织的原则，客观上使党政机关和经济组织的职能、权利和义务相互混乱，使党委会代替了经济机关。"这样一种合并，又使一系列失去了官位的干部重新获得了各级领导职务。1965年9月的中央全会又作出了《关于改进工业管理、完善计划工作和加强工业生产的经济刺激的决议》，决议要求"必须按部门原则组织工业管理,按工业部门成立加盟共和国部、全联盟部"。在这次全会上,还将党和国家的监察机构改组为人民监察机构。会上,勃列日涅夫亲自作了改组的发言,他说:"我们苏联的监察制度是最民主的,真正人民的制度","现在我们的监察机构叫作党和国家的监察机构。这不是一个十分准确的名称。它没有充分反映出我国的监察是人民的监察这样一个事实。因此,将这些机构进行改组并将它们称之为人民的监察机构是正确的"。随后,勃列日涅夫建议,中央书记和部长会议副主席不能兼任监察委员会的主席,因为监察委员会主席必须是独立的。因此,全会决定,原来担任监察机构领导人的谢列平被免除该职。

所有这些回归实际上开始了一场后来被人们称为"柯西金改革"的经济改革。在苏联领导人更迭的历史上,新的领导人对老的领导人的指责总有三点:一是他没有搞好农业;二是他没有改善人们的生活;三是他对经济的领导和管理违背了列宁所倡导的原则。勃列日涅夫等人对赫鲁晓夫的指责也不例外,于是他们的新政也就是从作出提高农业生产的保证、改善人民福利的许诺和忠于列宁的管理原则开始的。在农业方面,主要是减轻农民的负担和税赋。勃列日涅夫在1965年3月的中央全会上允诺,将减少谷物采购数量、提高农畜产品的采购价格、免除农庄的债务、提高农庄的纯收入、降低所得税。9月,柯西金在会上所作的《关于改进工业管理和加强工业生产的经济刺激》的报告揭示了工业改革的内容。它主要包括三个方面:一是完善计划工作的方法;二是加强对工业生产的经济刺激;三是提高工作人员的物质福利。这就是说,要在经济管理工作中使用经济方法,采取经济核算制,扩大企业的经营自主权,利用利润、价格、奖金、贷款这样一些极为重要的经济杠杆。柯西金在报告中说:"向工业中新的经济组织方法过渡,无疑会对整个国民经济产生积极的影响。这有可能将整个经营制度提高到一个崭新的水平。这可以进一步调动各种来源来增加我国的物质财富和提高苏联人民的生活水平。"会后,逐步实行了工业管理从地区原则向部门原则的过渡。从1966年起,转向新的工业管理体制的企业在增多。

9月全会开始的经济改革在1966年3月29日—4月8日的苏共第二十三次代表大会上得到了肯定,并最终体现在柯西金的报告和大会为此通过的《关于1966—1970年苏联发展国民经济五年计划的指示》之中。决议写明:"新的五年计划应该保证我国社会沿着共产主义建设的道路大大向前推进一步,保证进一步发展物质技术基础,加强国家的经济力量和防御力量。"

这次代表大会除了确定领导国民经济的新方法外,一个更为重大的决策是:取消中央主席团,重新设立中央政治局,以中央总书记来代替原来的中央第一书记。在大会闭会期间,由书记处负责日常的工作,主要是负责干部和组织工作。大会的最后一天,选出了中央政治局委员和苏共中央书记处书记,勃列日涅夫为总书记。随后,在8月2—3日的第七届苏联最高苏维埃第一次会议上,选举柯西金为部长会议主席,波德戈尔内为苏联最高苏维埃主席团主席。

第八个五年计划虽然保证要"大大增加农产品和畜产品的生产,以便更好地满足居民对食品以及工业对农业原料的日益增长的需求",在工业方面,要"更充分地供应居民品种繁多的商品,以满足苏联人民日益增长的需求",但是,在工农业发展的主要方向上并没有改变传统的、持续了数十年的路线,即在农业上以扩大耕地和粗放经营为主,在工业上以重工业为主的方针。在农业方面,苏共中央作出了《关于广泛开展土壤改良工作争取谷物和其他农作物高产稳产的决议》,但其实质是增加耕地面积,即在最近10年内使灌溉地面积增加700万—800万公顷,排干地面积增加1 500万—1 600万公顷,全国经过土壤改良的土地总面积要达到3 200万—3 900万公顷。所谓土壤改良,则是指灌溉和排干,而这些措施大都集中在黑土地区实施。对于非黑土地区,并没有给予充分的注意。在这种情况下,采取了一系列措施来进行水利工程的建设工作,其中包括水渠的开挖和水电站的建设。与此同时,政府加大了对农业土壤改良工作的投资。扩大集体农庄的自主性、提高集体农庄庄员的福利以及在国营农场等农业企业实行经济核算制,这一期间黑土区(即俄罗斯中部地区)的农业有了某种程度的发展,集体农庄庄员和工人的工资开始增加。

但是,非黑土区的农业情况却依然裹足不前。非黑土地区包括俄罗斯联邦的29个州和自治共和国,其农业用地占全国总农业用地的10%。据国家计划委员会工作人员的一份报告说,直到1975年,这一地区的"粮食产量仍然徘徊在革命前的水平,年产量约为1 600万吨,牛的存栏数甚至还没有恢复到战前水平"。农村的真实情况是:"该地区大约6万多个居民点坐落在距离汽车站6公里以外的地方,49 000多个村庄的孩子不得不跑到距离本村3公里或更远的地方上小学。1970年该地区大约16%的居民点没有无线电转播,26%的居民点没有电视接受设备,大约12%的村庄没有电……1974年,平均每个农村人口公有化住房面积为2.3平方米。而在布良斯克、奥廖尔、高尔基等州,以及楚瓦什和摩尔多瓦自治共和国则仅为1.2平方米,而且只有1/4的公

## 第十二章 从勃列日涅夫到安德罗波夫

有化住房安装了自来水、地下管道和中央供暖设备……1973年,该地区平均每人每年日常消费额农村只有13.9卢布,城市为27.8卢布。每117个居民点中只有一个修鞋部,每71个居民点中才有一家理发店。1973年,该地区1712家农村地区医院中就有546家(占32%)医院中没有一个正规医生……"这种情况在第九个五年计划执行期间没有得到多大改进,而到了第十个五年计划时,该地区农业的发展才稍有变化。

黑土区和非黑土区农业的发展存在很大的差异,但却有一个共同点,那就是农村人口日益减少和集体农庄庄员的年龄日益老化。在城市人口中年轻人数量增加的同时,农村年轻人数量急剧下降。这种片面发展工业和使农村及新开发地区城市化的路线成为苏联农业发展的严重障碍,也成为农业发展的致命之处。

在工业方面,特别强调经济改革要首先在"盈利较小的企业"进行。而在苏联,传统上的盈利较小的企业大多是重工业和国防工业。到1967年的年中,转到计划工作和经济刺激并存的新体制下运行的企业有3 600多家,它们的产量占全国工业总产量的26%。它们主要是生产计算机、航天需要的仪器设备的企业、有色冶金和黑色金属企业。还有部分是轻工业(主要是纺织工业)和农机制造企业。但是,在对非盈利企业的改革过程中,有两个最迫切的问题:一个是资金来源问题;另一个是工业品的价格问题。苏联工业发展的传统问题,就是工业品的价格是由国家统一硬性规定的。这种硬性规定涉及部门、集团和许多决策人的切身重大利益,要在放开工业品的价格问题上采取措施是非常困难的,再加上资金的短缺就使改革面临严重波折。但是,石油和天然气的大量开采、开发和输出给苏联的经济改革注入了生命力,使苏联经济几乎在一夜间就大为改观,死气沉沉的景象在瞬间变得花团锦簇起来。

在赫鲁晓夫时期,就对石油和天然气的钻探和开采进行了大量的投资。到1960年,石油的开采量就达到了将近1.5亿吨(1940年只有3 100万吨),天然气的开采量达到了450亿立方米(1950年只有58亿立方米)。除了传统的石油产地——巴库和北高加索地区外,在伏尔加河和乌拉尔一带(鞑靼自治共和国、巴什基尔自治共和国、古比雪夫州、伏尔加格勒州和彼尔姆州)开发出了蕴藏量丰富的大油田。天然气的产地集中在萨拉托夫州、乌克兰、北高加索和乌兹别克。这时,还开始了后来成为苏联石油和天然气工业重要基地的秋明油田等地区的钻探和试开采。勃列日涅夫执政后,继续了工业发展的这一方针,加快了石油和天然气开发工作,并且将西西伯利亚和北高加索作为发展的重点。1966年10月苏联第一条最大的输气管道——从乌兹别克的布哈拉地区的加兹利至秋明地区的伊格里姆管道开始送气。这条输气管道的投入运营,使这两个地区的天然气能输送到乌克兰、俄罗斯的欧洲地区和中亚地区。1967年,另一条从中亚至俄罗斯中部地区的输气管道投入运营。1979年8月,自石油产地苏古尔特至白俄罗斯波洛茨克的石油管道投入运营。到70年代末,出现了像西伯利亚的秋明油气田、哈萨克斯坦西部的曼格什拉克油气田、乌连戈伊、亚姆布尔克、扎波里雅尔和梅德韦日耶这样的庞大油气田。从1970年至80年代初,仅西伯利亚地区的石油产量就从3 100万吨增加到31 200万吨(增加了10倍多),天然气的开采量从95亿立方米增加到1 560亿立方米(增长16倍之多);在勃列日涅夫的整个执政时期,苏联的石油年开采量约为6亿吨,而西伯利亚占了一半。苏联有了总长度达将近6万公里的输油管道和近20万公里的输气管道。

石油和天然气的开采和输出促使其他工业部门,尤其是能源和交通运输获得了飞速的发展。在这一时期,水电站及其相配套的水利工程的建设获得了很大的进展。布拉茨克水电站(1966年9月)、扎波罗热水电站(1977年9月)、萨扬—舒申斯克水电站(1978年12月)、下卡马河水电站(1979年6月)、泽雅河水电站(1980年7月)等大型水电站先后投入运营。还开始建造新沃龙涅什、列宁格勒原子能电站。1978年开始建设切尔诺贝利原子能电站,同年第一台机组开始发电。迅速修建从油气产地通往加工地城市和工业区的铁路和公路。从1974年起开始建设从东西伯利亚至远东的第二条横贯西伯利亚的大铁路——"贝阿大铁路",并有部分地段开始通车。

石油和天然气的丰富蕴藏量是苏联独特的地利,而70年代生产石油的中东和阿拉伯世界的动荡不安,越南等地的战事,油价的上涨和供油的短缺则成了苏联得以向国际市场大量出口的天时条件。苏联的国库迅速充盈起来,黄金储备量增加:1967年为864.4吨,1972年为1 243.7吨,1973年为1 032吨,1975年为1 221吨,1976年为1 001吨。只是在1977年,黄金的储备量才开始下降,为774.4吨。由于农业发展依然迟缓,粮食和工业原料短缺,国家不得不继承赫鲁晓夫时期的做法:用储备的黄金去购买粮食。从1967年至1977年的10年间,苏联每年动用的黄金储备的数量都是很大的,1972年为458.6吨(占库存量的37%),1973年为382.5吨(占库存量的37%),1976年为362.8吨(占库存量的36%),1977年为390吨(占库存量的50%)。所有这些

## 第十二章 从勃列日涅夫到安德罗波夫

黄金都是用来购买粮食的,而且到了 1977 年,即第九个五年计划时,用库存黄金向国外购买粮食的数量非但没有减少,反而在增加。在其后的几年里,这种趋势并没有终止,用黄金购买粮食一直是勃列日涅夫的国策(1979 年动用库存黄金 168 吨,其中 158 吨用于购买粮食,占库存量的 31%,1980 年动用库存黄金 156 吨,全部用于购买粮食,占库存量的 31%)。

在这一时期,加速发展了航天事业。1965 年 3 月"东方二号"飞船上天。1966 年 1 月,自动控制站"月球-9"在月球软着陆,并传回了月球表面的照片。3 月,自动控制站"金星 3 号"到达金星表面,第一颗人造月球卫星——自动控制站"月球-10"发射成功。1967 年,"联盟-1"发射成功,进入轨道,到 1981 年,发射至"联盟-39"。1971 年 5 月,自动控制站"火星-3"在火星表面软着陆。同年 6 月,"联盟-11"和"礼炮"轨道站完成宇宙空间的对接。11 月发射人造火星卫星。与此同时,还发射了"宇宙"、"联盟 T"、"礼炮"和"进步"系列宇宙飞船和人造卫星。这些发射使苏联的航天事业发展到了一个十分发达的阶段,苏联的科学家取得了一系列重大成就。随着一颗颗宇宙飞船和人造卫星的上天,苏联和美国之间的争夺宇宙空间的竞赛就日趋激烈,到 1975 年 7 月,苏联的"联盟-19"就和美国的"阿波罗号"进行了试验飞行,顺利完成了空间对接。苏联自恃有了强大的实力,社会主义制度的优越性得到了充分的展示,一种大国霸主的气势油然而生。所以,每逢盛大节日或者国际国内局势发展的关键时刻,就要放卫星或者飞船,一是庆祝;二是向世界显示苏联国力的强大。1969 年 10 月 11—18 日,连续发射了 3 艘宇宙飞船,1976 年 6—10 月,发射了 3 艘宇宙飞船,等等。而且,飞船在宇宙飞行的时间愈来愈长:"联盟-26"在空间飞行 96 昼夜,"联盟-29"——140 昼夜,"联盟-32"——175 昼夜。苏联领导人关于研制和发射人造卫星和宇宙飞船的决策,首先并主要着眼于它的政治斗争和苏美两国的竞赛上,所以常常忽略了它的诸多技术因素。在取得巨大胜利的同时,也遭受了技术和人员上的重大事故和伤亡:1967 年,"联盟-1"在返回地面时,宇航员科马罗夫就死亡了,1971 年 6 月,"联盟-11"的宇航员全部死亡,等等。苏联全力发展航天技术的一个根本目的还是军事上的,尤其是要和美国争夺世界霸权。因此,勃列日涅夫时期的苏美宇宙航天之争是极其激烈的,据苏军总参谋部侦察总局 1969 年 9 月给苏共中央的报告:"到今年 9 月 1 日围绕地球轨道外层空间人造地球卫星有 303 个,其中 246 个是按军事计划发射的,7 个是为考察发射的。在苏联领土上空用于军事目的的有 170 个外层空间人造地球卫星围绕轨道运行,其中 93 个带有自动装置

(侦察的10个,领航的15个,通讯的1个,用于其他军事项目的67个)。"

石油的开采和输送都是一种粗放式的经营。开采时,要求快速,而输油管道的铺设也要求快,在开采和输送过程中,浪费掉许多的石油,石油流入河道、海洋和原野,输油管道常常发生泄漏和爆炸事故。西伯利亚是遭受石油污染最严重的地区,那里在输油管道沿线几乎随时都可看见积满石油的池塘沼泽。天然气也是这样,仅在秋明油田,每年都要白白烧掉大约100亿立方米的天然气。与此同时,苏联政府加强了对核能和核武器的研制、利用和生产制造。苏联的传统是,将核废料、石油和天然气的开采废料统统都挖深坑掩埋。从斯大林至赫鲁晓夫,所有的深坑几乎都挖在西伯利亚地区,其他地区就是乌拉尔地区、北方和远东地区。在乌拉尔大山中,有个叫"车里雅宾斯克—65"的保密城市,那里有个叫"灯塔"的化学联合企业。这个企业专门接受和处理从俄罗斯(还有其他国家的)各个核电站、原子破冰船和核潜艇送来的核废料,并对这些使用过的核燃料进行还原。还原过程中产生的废料、废水就全部投放到附近的卡拉恰依湖中。"灯塔"是1977年开始运转的,是苏联时期惟一一家核辐射化学的工厂。在北部的摩尔曼斯克和俄罗斯北方舰队司令部所在地——北莫尔斯克的北部不远处,越过科拉港就是位于巴伦支海中的基利金岛。这个小岛的面积只有5平方公里多,但是,它却是俄罗斯报废核潜艇的归宿之地。20世纪50年代,在这里建造了修理核潜艇的基地——"雪崩风",而在勃列日涅夫时期,随着核潜艇事故的增多,这里成了报废核潜艇的地方,它们都要在这里处理核反应堆、拆卸装备,并最后被解体成废铜烂铁。在这里,将反应堆上的用过的核燃料罐卸下来,再用火车运到遥远的乌拉尔的大山里去。拆卸反应堆和燃料罐并不是一件容易的事,每艘潜艇有1—2个反应堆,每个反应堆有248—252个核燃料罐。有一列神秘的火车定期从这里将588个核燃料罐运往乌拉尔,一年大概运10次,而它的目的地就是"车里雅宾斯克—65"。

1965年6月15日,苏联国家计委曾经披露:"因工业和产生废水造成地表及地下水源日益加剧的污染目前成为需要专门、彻底解决的严峻问题。"它所指出的地区包括伏尔加河、叶尼塞河沿岸、北方的水库和秋明油田地区,"现在完全处于弃置不顾状态的有莫斯科河、涅瓦河、伊谢季河、米阿斯河、卡泽尼河、托勒茨河、卡利米乌斯河、因古列茨河以及其他一系列河流"。1967年12月,石油工业部在检查了各油气田的生产情况后,得出结论:石油天然气污染大都是由于事故造成的,在秋明地区,"没有一个油井安装了必需的设备,致使鄂毕河—额尔齐斯河流域受到石油、泥浆和其他有害物质的严重污染",在阿塞拜疆地区,"由于石油管道和钻井发生事故,大量石油便周期性地流入里海","由于在油田发生油管事故而使桑纳恰拉海150平方公里的海面受到喷出的石油的污染……"由于在伏尔加河和乌拉尔河沿岸扩大建造石油开采、加工、冶金和机械加工等愈益庞大的企业以及修建大规模的水库和发电站,这两条河流遭到了严重污染。1972年3月17日,苏共中央和苏联部长会议通过了《关于防止未经净化处理的废水污染伏尔加河和乌拉尔河流域的措施》的决议。决议要求这两条河流流经的俄罗斯和哈萨克采取措施,禁止两河沿岸的城市向两条河流排放污水,期限直至1980年。但是,这两条河流的污染却愈益严重,直至今日也未能解决。

勃列日涅夫时期的"石油天然气繁荣"是和石油天然气的严重污染密不可分的。而整个经济的发展仍是继承了苏联的一贯传统——以重工业(军事国防工业)为主的方针,国家预算中的很大一部分用于加强国家的"防御"能力、研制导弹、运载火箭和其他新式武器并向其他国家尤其是"华约"国家出口。1968年6月14日,勃列日涅夫在会见捷克斯洛伐克国民议会代表团时,就说得十分清楚:"如果不再在国防上和加强华约上耗费大量资金,那么我们的人民会生活得更好一些。现在,用于这些目的的正式支出占苏联年度预算的23%,此外,还有追加的非正式的拨款。这里还要考虑到苏联给予发展中国家的援助,如果我们不这样做,如果我们没有建立起苏联这样强大的国家,那么帝国主义国家对付社会主义国家的态度肯定完全是另一种样子。"由此可见,这时期,苏联的预算有1/4左右的经费是用在国防上的。当然,这里勃列日涅夫并没有指出苏联预算中那些用于军事目的的"隐性拨款",如对所谓的"中型机械工业部"等部的大量拨款,而这样的部实质上都是为军事目的而从事研制和生产的。

### 三、奖章和荣誉,盛世和异见,意识形态问题,斯维特兰娜·阿利卢耶娃案件

勃列日涅夫认为,苏联在他的治理下繁荣起来了,苏联成了一个强国、大国,于是就该颁发奖章和勋章,来展现这种既属于执政者,也属于被执政者的荣誉了。而这种荣誉的确立和传扬是和重新确立斯大林领导苏联卫国战争的功劳密不可分的。勃列日涅夫执政后,曾在多种场合强调党的二十大、二十一大和二十二大的决议所确定的方针是正确的,苏共不会放弃这一方针,不会放

弃对斯大林个人崇拜的批判。党的机关报纸《真理报》和杂志《党的生活》也反复强调:"由党的二十大开始的进程是一个不可逆转的过程,不可能也不会重新回到老的做法上去。"

　　1965年是苏联卫国战争胜利20周年。4月26日,苏联最高苏维埃主席团发布命令,宣布5月9日为"胜利日",这一天为不工作的庆祝假日。5月7日,苏联最高苏维埃主席团再次发布命令,确立并颁发"伟大卫国战争(1941—1945)胜利20周年纪念章"。5月8日,勃列日涅夫在克里姆林宫庆祝第一个"胜利日"的大会上,首次提到了"以联共(布)中央书记斯大林为首的国防委员会"在对敌斗争方面所作出的巨大工作,赞颂了作为统帅的斯大林的功勋。但是,勃列日涅夫也强调:"我们始终不渝地实现反映在第二十次和第二十二次代表会议和苏共纲领中的总路线。"也就在这一天,苏联最高苏维埃发布一系列命令:设立"英雄城市"的荣誉称号,授予莫斯科"英雄城市"和布列斯特要塞"英雄要塞"的称号,授予伏尔加格勒、塞瓦斯托波尔和奥德萨"英雄城市"称号和"列宁勋章"及"金星奖章",授予列宁格勒和基辅"英雄城市"称号和"金星奖章"。

　　从此,对于卫国战争的颂扬和对于这场已经过去20年的战争的回忆成了一种特殊的对斯大林时代和斯大林本人的颂扬和回忆。而设立和颁发各种奖章和勋章,建立各种纪念碑就成了这一进程中带有时代特征的重要一环,而担当这些奖章和勋章颁发者的勃列日涅夫本人也就在这喜庆和荣誉的气氛中,具有了越来越多的神圣色彩和歌功颂德意义的光环。1967年2月,苏共中央和苏联部长会议联合决议,除"列宁奖金"外,增设"国家奖金",并在部长会议下设"列宁奖金和国家奖金委员会"。在第二个"胜利日"的前夕,在莫斯科克里姆林宫的墙角下、亚历山大花园中的"无名烈士墓"建成并向公众开放,一簇圣火在紫色大理石的中央燃烧,石上镌刻着一行大字:"你的名字无人知晓,你的功绩永世长存!"这一年又是十月革命50周年,10月31日,苏联最高苏维埃命令设立"十月革命勋章"。12月,又命令设立"苏联武装力量50年纪念章"。为纪念列宁100周年诞辰,1969年11月,苏联最高苏维埃命令设立"英勇劳动"和"军人英勇"纪念章。1972年是苏联成立50周年,苏联最高苏维埃命令设立了"各族人民友谊勋章"。1973年9月,授予诺沃罗西斯克和刻赤"英雄城市"称号。1974年1月,苏联最高苏维埃命令设立三级"劳动光荣勋章"和"老职工"纪念章。6月,授予明斯克"英雄城市"称号。10月,设立三级"在苏联武装力量中为祖国服务勋章"和两级"服兵役优秀"纪念章。1975年,设立"伟大

第十二章 从勃列日涅夫到安德罗波夫

卫国战争（1941—1945）30年"纪念章。1976年12月，授予土拉"英雄城市"称号。1978年6月，授予"英雄城市"明斯克"列宁勋章"和"金星奖章"。这些"英雄城市"的名字被镌刻在亚历山大花园中"无名烈士墓"两旁的碑石上。

勃列日涅夫执政的岁月成了苏联历史上设立和颁发勋章和奖章最多的年代。他

勃列日涅夫时期红场上的"5·1"游行

究竟给多少人、颁发了多少的勋章和奖章，已经是很难统计的事了。而他自己给自己颁发勋章和奖章的事却是有据可查的：他在自己的当政期间，4次（1966年、1976年、1978年、1981年）被授予"社会主义劳动英雄"称号（在赫鲁晓夫时期，他已经获得过一次这样的称号），一共得了3枚"列宁勋章"和19枚"金星奖章"！1966年12月19日是勃列日涅夫60岁生日，苏斯洛夫和波德戈尔内首先倡议给勃列日涅夫授予"社会主义劳动英雄"称号，随后苏共中央作出决议："鉴于12月19日是苏共中央总书记列·伊·勃列日涅夫同志60岁生日，兹授予勃列日涅夫同志社会主义劳动英雄称号，同时授予他列宁勋章和金星奖章。"1976年，勃列日涅夫70岁生日时，苏共中央书记处更是通过决议，大张旗鼓地庆祝他的寿辰，其中包括给他授予各种称号和奖章的盛大的授奖仪式、在克里姆林宫的格奥尔基大厅召开有600多人参加的（包括中央、地方、各加盟共和国的领导人、各兄弟党的代表团）招待会，在报刊、电视、电台播放有关这些活动的盛况。而所有这些活动的经费，决议明确规定"从党的预算开支"。这一年的早些时候，5月，苏联国防部呈文给中央，要求授予已经成为苏联最高统帅，但仍然只有少将军衔的总书记苏联元帅称号。不久，勃列日涅夫就有了这个元帅称号。

所以这样大张旗鼓地颁发各种名目的勋章和奖章，其目的就是他的战友和他在制造一种新的个人崇拜——勃列日涅夫崇拜。勃列日涅夫成了苏联社会主义和共产主义的惟一代表，惟一象征，勃列日涅夫似乎成了苏联和苏联人民的新的救世主。他的党证是"00000002号"（第1号是永远属于列宁的），甚

至共青团证也是第1号,他所得的"苏共50周年"纪念章也是第1号。勃列日涅夫的著作印了又印,几乎是人手一册。1986年8月6日,主管意识形态的雅科夫列夫在给苏共中央的报告中写明:在1969—1983年间,积压在仓库中的"勃列日涅夫的166部书计277.9万册","在图书贸易网中还有勃列日涅夫的肖像70万张以上"。

  颁发勋章和奖章的另一个主要目的就是要表明他治理下的苏联已经进入盛世。既然是盛世,那就是一个容不得异见的时代。当他借助于卫国战争而对斯大林进行大量的宣传和歌功颂德时,苏联社会中就出现了不同的意见并因此而纷争不断。这时,在文学、哲学和历史学领域中,对于新的领导人恢复斯大林时期的做法和可能为斯大林恢复名誉的趋向表示担心,陆续出现演讲和著作,对此提出异议,青年中的不满情绪也在增长。1965—1966年间,苏联国家安全委员会审理了作家西里亚夫斯基和丹尼尔的案件。起诉的理由是,他们将"诽谤苏联国家和社会制度"的作品送到国外去发表,因此用俄罗斯联邦刑法第70条——"从事旨在破坏和削弱苏维埃政权的鼓动和宣传",将他们判刑。这是勃列日涅夫执政后在意识形态领域中进行的第一次镇压案件,一方面改变了赫鲁晓夫时期对知识分子比较宽容的做法;另一方面表明将在意识形态方面加强监督和控制。这一案件在知识分子中间引起了震动和不安,时值二十三大期间,于是,一系列人士纷纷向代表大会和党的领导人上书,要求改变这种做法。由是,一种不满于当局的思潮酝酿而发展,集会游行的情况不断发生。

  当局没有就此作出什么答复,但是,1966年9月15日,中央政治局却作出了决议,同意俄罗斯联邦最高苏维埃的一项法令,在刑法中增加了190(1)、190(2)和190(3)条。在190(1)条中,增加了"有意识散布诽谤苏维埃国家和社会制度的谎言"的字样,规定"对以口头形式有意识系统散布诽谤苏维埃国家和社会制度,以及以书面形式创作同样内容的作品,处以剥夺自由的惩罚,期限在3年之内,或者劳改营改造,期限为1年之内,或者罚款,数额可至100卢布"。190(2)条规定,侮辱国旗和国徽者将受到惩处。190(3)条规定,对组织或者参加破坏社会秩序行动的人进行惩处。苏共中央政治局的这一决议显然是对日益强劲的反当局思潮和行动的回答。

  1966年11月10日,苏共中央政治局就意识形态问题进行了专门的讨论。勃列日涅夫在讲话中把国内出现的这些情况归结为是意识形态问题,指出在这个领域犯了错误。他强调指出:"这些错误并不像在某些其他领域中那样容易被我们克服","意识形态工作中的缺点和错误可能给我们带来无法克服的危害"。他所指出的主要问题是,"某些意识形态工作手段,诸如某些学术著作、文学作品、艺术、电影,以及报刊,在我们这里竟被利用来污蔑我们党和我国人民的历史"。因此,他要求编写一本"关于我们党的历史的真正的马克思主义教科书",目的是"有充分证据地、科学地证明列宁思想的正确性,不仅要制止反对列宁的此类言论,而且也不容许这种思想存在"。勃列日涅夫还特别要求:"要建立一个中心轴,我想就是一个核心,围绕着它我们意识形态工作的所有问题、所有各种形式,都会随之形成。"所有政治局委员都同意勃列日涅夫的说法,要求加强意识形态领域的工作,除了编写党史教科书外,还点名批评了一系列作家和作者,以及他们的作品。其中遭到最严厉批评的是在赫鲁晓夫时期活动最频繁的作家,例如,《新世界》杂志和特瓦尔朵夫斯基,索尔仁尼琴和他的《伊凡·杰尼索维奇的一天》,西蒙诺夫和他的《战争的一百天》,等等。会议还讨论了对这些人的处理意见,苏斯洛夫表现出了强硬的意见:"我不理解为什么要这样说:例如特瓦尔朵夫斯基,如果我们撤消了他的职务,他当即会成为一个英雄而离开。这是什么观念? 如果不能撤换他,那我们就派一个真正有党性的同志去当他的副手。"安德罗波夫也是持强硬态度的,他说:"刚才提到的和没有提到的犯有严重意识形态错误的人,都是共产党员。我们有没有权利对他们,作为共产党员追究责任? 他们是否同我们一起分担我们党的党章和党纲所要求的责任?"这次政治局会议的决议实质上是对赫鲁晓夫时期的意识形态工作作了全面的否定,并且在解决和处理这一问题的方式方法上回归到了斯大林时期的基本做法上来了。

  国家安全委员会是负责国内意识形态问题的主要机构,为了加强这一机构的工作,勃列日涅夫采取一个重大的行动。1967年6月,勃列日涅夫召开中央政治局会议,在没有经过政治局委员商讨的情况下,突然提出解除谢米恰斯内伊的国家安全委员会主席的职务,他被调往乌克兰去担任部长会议副主席,任命安德罗波夫为"克格勃"的新主席,并选举他为政治局候补委员。随后,曾经支持"倒赫鲁晓夫"的莫斯科市委第一书记叶戈雷契夫被解除职务,格里申接任。勃列日涅夫进一步巩固了自己的执政地位。由于解除谢米恰斯内伊的职务是突然的,所以他在会上当即责问勃列日涅夫:"为什么?"勃列日涅夫则怒气冲冲地责问:"'克格勃'工作中有许多不足,间谍和反间谍工作做得不好……还有阿利卢耶娃事件呢? 她是怎么能够跑到印度去的,又怎么从那里飞到了美国?"

安德罗波夫就任后,抓的第一个大案,事实上也是意识形态方面的大案,就是勃列日涅夫点名的"阿利卢耶娃事件"。反对斯大林个人崇拜和以后的种种事件也对斯维特兰娜·阿利卢耶娃产生了巨大的精神压力。1964年11月17日,她在写给柯西金的请求退还别墅和不再免费使用汽车的信件中,委婉地写过:"在我们总的说来还很困难、很朴素的生活背景下,拥有汽车和别墅,并且由国家付费,这一点使我在朋友们面前很难为情,总之,在所有人面前都感到很不自在。"她还向柯西金解释:"我也不想让人把我的行动理解为某种示威。"1966年11月3日,她在印度籍丈夫去世后,给勃列日涅夫本人写了一封信,全文如下:

尊敬的列昂尼德·伊里奇!

我的丈夫,印度共产党员布拉特热什·辛格,在长期身患重病后,于10月31日逝世。请您,恳求您,帮助我完成对他最后的义务——我应该将已故者的骨灰送往印度他的亲人那里。这是他们的民族传统。在此我还想再一次强调,他来到这里完全是为了我,如果在印度的话,他现在大概还能活着。这个事实使我在他的亲人面前负有特别的责任。

我知道,我到国外去是不合适的。尽管如此,在这些很特殊的情况下,我仍然向您提出请求,并坚持请您批准。

旅行只需要7—10天,不会再多。他们随时都可以给我办理护照和签证。我丈夫的侄子,印度外交部部长迪涅什·辛格在机场接我,从那里我直接去他们家。我还需要去恒河的卡拉甘尔卡,我丈夫的弟弟住在那里,我们将在那里将死者的骨灰撒到河里。除了这两个地方以外,我什么地方也不去。除了最亲近的亲属以外,我谁也不见。我向您保证,从政治立场方面绝不会发生任何可受指责的事情。

总书记同志,我请求您理解我并批准我在近期内完成我的义务。

敬礼

斯·约·阿利卢耶娃
1966年11月3日

第二天,中央政治局作出决议,"同意斯维特兰娜·阿利卢耶娃的请求,批准她赴印度逗留7天。责成谢米恰斯内伊同志派两名工作人员陪同她前往印度。责成别涅季克托夫同志在他们在印度逗留期间给予帮助"。这就是说,中央政治局同意阿利卢耶娃去印度,但却是要在"克格勃"和苏联驻印使馆的双重保护和监视下的。所以,后来阿利卢耶娃居然不再归来,这就是使勃列日涅夫勃然大怒,也就成了他解除谢米恰斯内伊职务的最好借口。

和历届"克格勃"主席不同,安德罗波夫来自知识分子层,在赫鲁晓夫执政时期又长期和"秀才们"打交道,所以他对各种各样与苏维埃思想不一致的思潮和流派甚至不同政见,是非常敏感的。尽管他同样主张坚决监控和处理的决策,但他却采取了表面上比较温和与宽容的方法。所以,他在接手"阿利卢耶娃案件"时,并没有去清查阿利卢耶娃是在哪些人(党政机构内的和"克格勃"内的)的保护下出走的,而是抓了她的一本书——《致友人的二十封信》。他同样感到,不管阿利卢耶娃的书写得如何,美国人肯定会利用它来进行反苏宣传。所以,他决定进行阻止。他根据多年的经验知道,阿利卢耶娃和其他的作家一样,在将自己的书稿送到国外的同时,一定还会将数份复印件藏在苏联境内。于是,他通过"克格勃"的各种渠道,用尽各种方法,终于在阿利卢耶娃的一位密友家查出了一份复印件,并且抢先在苏联国内出版。此书一出,美国一家预定要用多种文字出版此书的大出版社就失去了对苏联进行攻击的机会,另一方面,苏联国内围绕阿利卢耶娃出走事件的神秘、不安气氛马上就被冲淡了下来,一些文化界人士甚至赞扬安德罗波夫的宽宏大量。

安德罗波夫成功地解决了"阿利卢耶娃事件",既对勃列日涅夫有了交代,又安抚了那些骚动不安的人。从此,在苏联历史上开始了一个处理意识形态问题的新时代——安德罗波夫时代,这个时代的特征就是:在传统的审查、监视、控制的实体上披上了温和、宽容,甚至某种自由和民主的外衣。

## 四、杜布切克执政,"布拉格之春",苏联出兵捷克斯洛伐克

1968年1月5日,在捷克斯洛伐克共产党中央委员会全会上,原第一书记诺沃提尼被解职,任共和国总统,亚历山大·杜布切克出任捷共中央第一书记。这次全会还作出了制定当前时期的《捷共行动纲领》。其后,在整整3个月的时间里,捷克斯洛伐克全党全国都在讨论这个以党的领导和社会生活民主化为中心内容的行动纲领。1月18日,勃列日涅夫在政治局会议上说,现在应该帮助杜布切克,以免在这个国家发生"某种阴谋"。1月29日,杜布切克访问了苏联,勃列日涅夫在谈话中又提到要给捷克斯洛伐克提供所需要的帮助。此后,勃列日涅夫和杜布切克保持着密切的个人接触,多次重申在捷克斯洛伐

克不断出现反社会主义的言论和行动,在这方面苏联可以提供帮助,杜布切克回答说,国内没有让人可以担心的事,不断拒绝勃列日涅夫允诺的帮助。

但是,杜布切克访苏回国后,立即取消了作为社会主义意识形态控制主要手段的"检查制度"。随之,国内的群众舆论活跃起来,人们纷纷对捷苏之间的不平等的经济贸易关系、苏联在经互会中的霸道做法提出质疑。同时,还出现了对华沙条约应该重新审议的言论。这是苏联最为担心的问题,如果在罗马尼亚之后,捷克斯洛伐克也将对华沙条约提出异议的话,甚至退出华沙条约的话,社会主义阵营,也就是苏联将失去最西部的边界。另一个情况是,在捷克斯洛伐克等东欧国家中民主化思潮和反苏情绪的越来越强烈,是和苏联国内舆论的活跃和不同政见思潮的扩大同步并行发展的。因此,苏联的执政者面临着一个东欧国家可能会背离,而国内的民众可能会奋起反抗的危险局势。

3月,捷克斯洛伐克的改革局势在不断深化发展,但它被苏联领导人看成是局势越来越尖锐和严重。3月15日,苏共中央政治局讨论因捷克斯洛伐克而出现的国际和国内问题。安德罗波夫在会上说:"情况实际上是很严重的。现在,在捷克斯洛伐克工作的方法和形式很像匈牙利事件。"勃列日涅夫本人认为,杜布切克的作为是要脱离社会主义阵营,脱离苏联,而现在他又"难于控制局势"。会议期间,勃列日涅夫甚至给杜布切克去电话,把政治局会议进行的情况告诉他。杜布切克回答说:"无论在布拉格,还是在其他地方,都不会出现波兰那样乱糟糟的事情,他们需要帮助,而我们对付得了我们这里发生的一切事件。"在杜布切克任用一批改革派人士(斯姆尔科夫斯基等),诺沃提尼辞去总统职务的关键时刻,3月21日,苏共中央政治局再次召开会议,讨论捷克斯洛伐克局势。勃列日涅夫认为捷克斯洛伐克的局势正在迅速恶化,他说:"抗议集会、聚会、各种行动,而它们很多都有着反苏的趋势。事情越来越明显,引导这些行动的不是捷共中央,而是斯姆尔科夫斯基、希克和其他一些怨气冲天的人。看得出来,他们顽固地决定,或者至少预先就决定了要让诺沃提尼、列纳尔特、洛姆斯基同志和苏联的一些忠诚的好朋友下台。"勃列日涅夫还在会上说出了对另一个问题的严重关注。他说:"在我们这里,在所有重大的事情上,都有着令我们不能安心和不能不使我们警惕的事实和现象。在我们这里还有着各种各样的在讨厌地嗡嗡叫的人,尤其是在知识分子、大学生中间,当然,这一般说来,并不属于整个大学生层,不属于所有的知识分子,而只是属于一小拨人和某些地区。比方说,这种现象在西伯利亚、乌拉尔和顿巴斯就没有,而它们在利沃夫有,在莫斯科和列宁格勒有。"所以,他强调要关注这些现象并在群众中间做好工作,稳定国内局势。

1968年3月23日,苏共中央就捷克斯洛伐克事件向党的积极分子发出通报,将杜布切克执政后发生的事件描述得天寒地冻一般的苦寒。通报写道:"在捷克斯洛伐克,那些要求成立'正式反对派','容忍'各种反社会主义的观点和理论的不负责任分子的言论日益增加。他们错误地阐述以往的社会主义建设经验,提出关于与其他社会主义国家的经验相对立的走向社会主义的特殊的建设捷克斯洛伐克道路的建议,并强调必须实行'独立自主'的对外政策。他们号召成立私人企业,放弃计划体制,扩大同西方的联系。不仅如此,有些报纸、电台和电视台还不断宣传关于'党与政府完全分开',让捷克斯洛伐克社会主义共和国回到马萨利克和贝奈斯的资产阶级共和国,把捷克斯洛伐克变成'开放性社会'等呼吁。"通报还明确指出,"布拉格之春"的事件是帝国主义一手操纵的,它写道:"帝国主义集团不只限于宣传,而且企图积极影响事件的进程,使它朝他们所希望的方向发展。"

对于苏联的警告和勃列日涅夫本人的干预,杜布切克没有予以理睬。斯沃博达成了共和国的总统。1968年4月,捷共中央全会改组了捷共中央主席团、书记处、共和国政府和国民议会,斯姆尔科夫斯基被任命为国民议会主席,后又任命切尔尼克为总理。4月5日,这次全会还通过了《行动纲领》,《纲领》宣称将走"捷克斯洛伐克自己的社会主义道路"。杜布切克把它称为是一种以人为中心的社会主义改革的尝试。它在政治上,体现为要将现存的"变形的社会制度"(党包揽一切、行使国家机关、经济机构和群众团体的所有职能,中央集权制、践踏民主权利、破坏法制、专横跋扈、滥用职权)改革为能发扬社会主义民主和自由的新的政治体制,在经济上,要提高市场的作用,转行政命令为市场行为,保证企业和劳动者的经营和择业的自由。《行动纲领》还把1968年以前的时期称为是"个人迷信时期",要求为在这一时期中受到恐怖统治无辜迫害的人恢复名誉。随即,开始了大规模的平反工作。

苏共领导人对捷克斯洛伐克要走自己的道路深感忧虑,勃列日涅夫在苏共4月的中央全会上发表讲话,明确警告:"我们不能,也永远不会对其他国家社会主义建设的命运、对世界上整个社会主义和共产主义事业抱漠不关心的态度。"苏联还在事实上通过华沙条约组织来对杜布切克施加压力,该条约组织联合武装部队总司令、苏联元帅雅库鲍夫斯基两次去布拉格,要求在捷克斯洛伐克境内举行军事演习。5月4日,杜布切克等来到莫斯科和苏联领导人进行会谈,毫无结果。在6日的政治局会议上,勃列日涅夫再次强硬表态,提议一定要在捷克斯洛伐克的领土上进行军事演习,以便对杜布切克等捷共领导人施加压力。他甚至说了这样的话:"那有什么关系,这又不是第一次了。这样,一方面我们可以保住社会主义的捷克斯洛伐克;另一方面在这以后每个人就会明白,绝不能和我们开玩笑。"

杜布切克并不就范,捷共的改革在继续进行。6月11日,勃列日涅夫通过苏联驻布拉格大使,向杜布切克转达口信,指责捷共的改革:"现在,已经明显地看出,你们为达到这些目的的斗争是在反社会主义势力越来越露骨和加强反抗的条件下展开的","我们看到,你们大多数大众宣传机构(报纸、电台和电视台)仍然在从右派的、资产阶级自由主义的立场,有时还公然从反革命立场发表意见,根本不顾及捷共中央5月全会通过的决议"。因此,勃列日涅夫要求和杜布切克进行"秘密会晤"。但是杜布切克一直没有答应,只是在6月14日,一个以斯姆尔科夫斯基为首的国民议会代表团和勃列日涅夫等进行了座谈。在谈话中,勃列日涅夫一再表白苏联没有干涉捷克斯洛伐克的内政,并把苏捷之间目前紧张关系的原因推诿给捷克斯洛伐克和西方。他说:"现在,苏联人没有理由讲捷克斯洛伐克的任何坏话,但是由于捷克斯洛伐克报刊、电台和电视台刊登和播送反苏文章,用攻击和诽谤性语言企图丑化苏捷关系,苏联人开始感到委屈和纳闷。工人们不理解,为什么人们咒骂苏联。因此,苏联人也就有些戒备起来了","有人总想把什么干涉内政之类的罪名加在我们头上,指责我们在捷克斯洛伐克经济领域内犯了错误。难道能对我们提出这样的意见吗?所有这一切都是出于明显的挑衅目的"。

斯姆尔科夫斯基的代表团回国后,华沙条约的联合武装部队也就开始了在捷克斯洛伐克领土上的军事演习。6月27日,在捷克斯洛伐克的一系列报刊上同时出现了《致工人、农民、职员、科学家、艺术家和全体公民的2 000字宣言》,随即被简称为《2 000字宣言》。这篇宣言被苏共中央看作是旨在推翻捷克斯洛伐克的苏维埃政权,威胁到苏联和其他社会主义国家切身利益的反革命宣言。7月初,苏共中央政治局连续开会,商讨对策:究竟是采用政治还是军事方式解决当前的危机。在7月2日的会议上,军方负责人格列奇科主张采用军事方式,他说:"现在已经很清楚,若不采用武装干涉我们显然无法摆脱困境。"柯西金支持这种意见,多数的政治局委员虽坚持要在捷克斯洛伐克保留苏联的军队,但却倾向于用政治方式来解决危机。勃列日涅夫本人对捷克斯洛伐克施加强大压力的倾向性十分明显,他一方面要求东欧四国(波兰、匈牙利、保加利亚和民主德国)和苏联一起,联名致信给捷共,要它的中央主席团

## 第十二章 从勃列日涅夫到安德罗波夫

来参加华沙最高级会谈,试图在这次会议上要捷共就范;另一方面,他则在中央政治局里做工作,使大多数委员能在对捷问题上统一意见:"显然,我们将不得不占领捷克斯洛伐克。如果需要,我们将毫不犹豫地这样做。"

苏联领导人开始积极准备对捷克斯洛伐克进行军事干预。7月下旬的政治局会议上,通过了一份《告苏联人民书》,其中指出,"社会主义的捷克斯洛伐克处于生死存亡的危急关头","在如此的条件下,苏联只有作出必要的决定,命令苏联军队援助捷克斯洛伐克的革命政府"。它还同时提到,波兰、匈牙利、保加利亚也作出了同样的决定,将和苏联一起"尽自己的国际主义义务"。除了这种舆论准备外,苏联领导人还协同华沙条约国家,对捷克斯洛伐克施加进一步的压力,迫使它进行武力威胁下的"谈判",屈从于苏联认定的安排。7月29日,苏共代表团(勃列日涅夫、柯西金、波德戈尔内、苏斯洛夫、谢列斯特和谢列平等)和捷共代表团(杜布切克、切尔尼克、斯姆尔科夫斯基、克里格尔什、帕切克和斯沃博达等)在蒂萨河畔的切尔纳城举行谈判。勃列日涅夫首先向捷方宣读了报告(实际上是起诉书),指责捷共违背了苏联和社会主义大家庭的共同利益,"现在的问题是,或者是捷共领导人能有勇气来重新审视自己的看法,引导党和工人阶级采取坚决行动,粉碎反动派,保住社会主义阵地;或者是让我们共同的敌人来杀害共产党员"。勃列日涅夫明确要求捷共:禁止一切政治党派、组织和俱乐部的活动,恢复党对大众传媒的监督和控制,甚至要求解除捷共大批领导人的职务,等等。杜布切克十分坚定地表示,捷克斯洛伐克的局势是正常的,是在党的控制之下的,所出现的问题并不是改革的问题,而是过去积累下来的问题。他还强调,目前在捷克斯洛伐克进行的改革是一场社会主义性质的改革,它的惟一目的是建设"人道的社会主义"。苏捷双方的争论是激烈的,但是会谈的最后结果表面上并没有破裂,杜布切克为此作出了重大让步。8月3日,华沙条约国家首脑在捷克斯洛伐克的布拉迪斯拉发开会并发表宣言,强调了"所有兄弟党的国际主义义务"以及"苏共和其他兄弟党决心共同保卫社会主义成果,集体反击内外反革命分子的阴谋"。

对苏联领导人来说,在对捷克斯洛伐克采取强硬措施的关键时刻,有一个十分重要的问题迫切需要加以考虑和处理,那就是"保持自家宅院里的稳定"——平息国内民众的不满舆论。1968年8月8日,苏共中央向党内积极分子,发出了一份通报,其中对中央全会的决策和五国党的联名信件作出了详细的解释。这份通报把一个基本概念,即勃列日涅夫对捷克斯洛伐克问题的决策基点,向苏联的普通党员宣扬:"他坚定而清楚地宣布,捷克斯洛伐克人民社会主义成果的命运,捷克斯洛伐克作为同我国和其他兄弟国家有联盟义务的社会主义国家的命运,这不仅是捷共的内部事务,这是整个社会主义国际大家庭、整个共产主义运动的共同事业。"通报把苏联自己一再要求和安排的切尔纳城的会谈说成是"捷克斯洛伐克同志的再三请求","苏共中央政治局认为可以满足捷共领导的要求,在蒂萨河畔切尔纳城进行会谈"。通报以明显威胁的语气警告:捷克斯洛伐克事态的发展,"主要取决于捷克斯洛伐克领导能否按照在蒂萨河畔切尔纳达成的协议和在布拉迪斯拉发通过的宣言行事"。如果不是这样,苏共中央政治局将"采取一切必要的措施来帮助捷克斯洛伐克的工人阶级、劳动人民和捷共党员捍卫本国的社会主义成果"。

在经过兄弟党之间的密切协商、对国内的党员积极分子做过工作后,在勃列日涅夫对杜布切克本人多次所做的工作无效后,尤其是在得知美国将不干预苏联对捷克斯洛伐克事务采取行动之后,苏共中央政治局决定出兵捷克斯洛伐克。8月17日,在政治局会议上通过了《关于捷克斯洛伐克局势问题》的决议。决议指出:"苏共和其他兄弟党已经采取了一切政治手段,但也未能使捷共领导人起来反击右翼的、反社会主义的力量。有鉴于此,苏共中央政治局认为,采取积极措施捍卫捷克斯洛伐克的社会主义的时刻已经到来,并一致决定给捷克斯洛伐克共产党和人民以武装部队的援助和支持。"勃列日涅夫还在会上表示,采取派出武装部队的行动是捷克斯洛伐克"健康力量"的请求,并且指明在20—21日间行动是可行的。18日,华沙条约国家首脑在莫斯科集会,同意对捷克斯洛伐克采取行动。19日,苏联驻布拉格大使和驻联合国大使都接到了中央发出的有关即将出兵捷克斯洛伐克的指示和通报。21日,塔斯社发表声明:"应捷共中央主席团和捷克斯洛伐克政府的请求,鉴于社会主义面临威胁,苏联和其他社会主义国家已经给捷克斯洛伐克以刻不容缓的援助。"20—21日的午夜时分,苏联军队(名义上是华沙条约五国的军队)进入捷克斯洛伐克。在苏联的一支"特别小分队"占领了布拉格机场后,苏联的运输机降落,一辆辆坦克开出来,迅速驶往布拉格的各要害部门和重要的目标。瞬间来到捷克斯洛伐克土地上的军队数量是庞大的:苏联16个师,其中包括著名的"塔曼师"(约17万人),波兰3个师(约4万人),民主德国2个师(约1.5万人),匈牙利2个师(约1.5万人),保加利亚1个师(约0.5万人)。这瞬间占领一系列城市的情况,苏联军方曾经描述过:"我国出兵捷克斯洛伐克在军事方面是无可指责的,军队表现出高度的作战训练水平和出色的职业技能","实际上这些城市的街道和广场都塞满了坦克、装甲运输车和大炮"。

## 第十二章 从勃列日涅夫到安德罗波夫

在这被占领的午夜时分,捷共中央主席团正在开会,杜布切克等对国家的被占领感到愤慨。但是,大兵压境,捷克斯洛伐克失去了一切抵抗能力。所以,主席团通过的《告捷克斯洛伐克社会主义共和国人民书》呼吁"全国公民保持平静,不要抵抗前进中的外国军队"。但是,苏军的入侵显然遭到了捷克斯洛伐克人民的愤怒指责和普遍抵抗。苏联军方在一份报告中说:"在苏军进驻捷克斯洛伐克的头一周,捷克斯洛伐克居民的思想发生了急剧的转向过程。如果说在我军刚来时我们可指望大约50%—60%居民的支持和理解的话,那么到头一周的周末由于我们宣传工作的无所作为,该比例变得明显不利于我们,已经有75%—90%受反革命宣传恐吓而精神沮丧的居民开始把苏联出兵看作占领行动。"在抵抗中,捷克斯洛伐克人民遭受了很大的牺牲,情绪激昂。在苏联主管意识形态的负责人给中央的一份报告中清楚写明:"捷克斯洛伐克反动派挖空心思掀起一场宣传运动,大肆渲染对那些持枪反对我们部队时被打死的捷克斯洛伐克人的追悼活动,把那些人几乎捧为民族英雄和殉教圣徒(他们散发印有照片的传单,在死者照片四周装饰鲜花并点燃蜡烛,两旁日夜站立着守灵人,并降旗致哀,有些城市里还修建起了纪念碑,等等)。"

入侵捷克斯洛伐克的军队不仅控制了国家的各种机构并且行使执政和执法大权,而更为令人意想不到的是:竟然在21日凌晨逮捕了杜布切克、斯姆尔科夫斯基和切尔尼克等领导人,并将他们押送到苏联境内。8月23日,杜布切克被迫在囚犯的状态下和勃列日涅夫、柯西金及波德戈尔内等进行"谈判"。勃列日涅夫竟然表白,对于捷克斯洛伐克的内部事务"我们过去没有,今后也不想进行干预"。他明知杜布切克作为阶下囚的烦躁情绪,却说:"当然,我们不说你们心情愉快。但是,问题不在于情绪,应当在寻找解决办法方面理智地清醒地进行交谈",似乎问题的一切过错都在捷共方面。杜布切克当即回答说:"在苏军进驻的第一天,我和其余同志就被隔离起来,就来到了这里,所以什么情况也不了解","你们手持自动步枪的人们冲进了我的办公室,夺下了电话,其他也就没有再可说的了。从那时起,没有与任何人接触,我们也不知道发生了什么事情"。勃列日涅夫为军队入侵捷克斯洛伐克进行了辩解:"军队进驻时未放一枪,军队履行自己的天职。"勃列日涅夫根本没有提及捷克斯洛伐克人的伤亡,而是大谈苏联的军人如何遭到攻击和枪杀。谈判不欢而散。

此后几天,苏捷双方又进行了多次谈判,用斯姆尔科夫斯基的话来说:"我们是在占领我国的坦克和飞机的阴影下进行谈判和决定问题的。"在勃列日涅夫及其领导下的苏共中央政治局的强烈干预下,杜布切克所进行的改革最终失败,他和切尔尼克也最终被逐出政府和捷共。1970年12月,勃列日涅夫支持的胡萨克成为捷共和捷克斯洛伐克政府的新的领导人。

## 五、苏联人民的反映,未经检查的出版物,萨哈罗夫和索尔仁尼琴

苏联军队"进驻"捷克斯洛伐克引起了苏联老百姓的困惑和不满。当局不得不在工厂、工地、机关召开座谈会,不得不动用所有的传播工具来做解释和宣传工作。然后,在报刊、电台和电视台上报道的都是对"进驻"表示赞同和支持。但是,实际上,许多人对"进驻"不满,并公开表达了自己的意见。苏共莫斯科市委书记格里申在一份内部通报中列举了这些"忧虑和不安"、"反对苏联政府和兄弟国家政府所采取的措施"的言论。这些言论中最典型的就是对苏联出兵捷克斯洛伐克的权力和正确性的怀疑:人们不明白,"在捷克斯洛伐克是谁和用谁的名义请求苏联和其他国家援助的","我们的行动同原先的不干涉捷克斯洛伐克内政的保证是矛盾的","我国政府没有任何正式理由出兵捷克斯洛伐克","苏联政府干得不对。靠我们军队的刺刀是建不成国家政权的,我反对暴力",等等。而在苏联工作的捷克斯洛伐克专家也表示愤慨,他们说:"这是匈牙利事件的重演。你们的《真理报》不讲真话","我们被塔斯社的声明弄得目瞪口呆。为什么要这样做?为什么派波兰军队和德国军队?他们也算是来解救我们的"!

一位名叫莫罗戈夫的普通苏共党员几次写信给苏共中央,表达了自己对苏联出兵捷克斯洛伐克的不同看法。在1968年9月15日的信中,他再次陈述了出兵的不正确性:"我国党和政府关于(苏军和盟国军队)出兵捷克斯洛伐克的决定会给我们祖国的威望带来难以弥补的损失。我列举理由如下:1. 这个措施将被捷克斯洛伐克人民认为是外国军队占领他们的国家,并将会由此产生一切后果。2. 会给国际共产主义运动带来无法挽回的危害。意大利、法国和其他一些资本主义国家的共产党将陷入困境。3. 会给我国同罗马尼亚和南斯拉夫的相互关系造成困难。4. 会给资本主义国家和中国的敌对势力的反苏宣传提供有根据的材料。"莫罗戈夫总的结论是:"实施外交政策明智之举在于多争取一些强有力的朋友和少有些敌人。可现在却相反,我们会失去朋友和招来敌人。我们的后代将会把这看作是我们祖国历史上最可耻的一页。"他建议:"为了纠正已犯的错误,可能需要撤换党和政府的个别领导人。"

## 第十二章　从勃列日涅夫到安德罗波夫

莫罗戈夫因此信所受的惩罚结局是可想而知的,但是苏联出兵捷克斯洛伐克这一严重事件在全世界所引起的强烈反响却证明了他的分析和预言。美国等西方国家加强了对苏联的抨击,苏驻美大使多勃雷宁1968年10月3日的一封信中提到了这种抨击:"美国宣传机构向其他国家,特别是亚、非、拉国家的帝国主义和亲帝国主义的宣传机构提供材料(也是定调子)。至于欧洲,众所周知,那里的英国、西德和法国的宣传机构本来就很卖力,因此在这方面有着最为密切的'合作'。"12月17日,苏联国家安全委员会副主席扎哈罗夫援引了德国外交部公报中的一段话:"不能把苏联答应在捷局势正常化过程中给予援助的许诺,理解成为苏联给予捷克斯洛伐克以物质援助的真诚愿望。确切地说,应当把这种许诺看作是对捷内政的积极的大规模的干涉。"

勃列日涅夫执政后,加强了对意识形态的控制。控制的一个关键问题依然是对斯大林的评价,一段时期以来,出版了一系列回忆录(比如朱可夫的回忆录),多方面涉及对斯大林的评价。而朱可夫等人的对斯大林加以否定的回忆录是不受当局欢迎的。当局希望在对斯大林的评价问题上回到赫鲁晓夫以前的时期,至少也要使苏共二十大有关斯大林的决议不再深入发展和扩大下去。在捷克斯洛伐克事件的第二年,1969年正逢斯大林的90岁生辰。1969年12月17日,苏共中央政治局专门讨论了是否要为此发表和如何发表纪念文章的事。在这次政治局会议上,几乎所有的人都对已经出版的回忆录表示了不满。谢列斯特说:"近几年来,我们的元帅和将军们在回忆录中从各个不同的角度写到斯大林,其中有些地方是与原先通过的中央决议不相一致的。"柯西金说:"近年来关于斯大林写得太多了,如朱可夫和其他人等。这样,人们看了,拿来同中央的决议相比较,而我们什么正式的材料也不在报刊上发表。于是,便会产生各种各样的议论,得出各不相同的结论。"除了波德戈尔内,所有的政治局委员都同意发表纪念斯大林的文章,但是,他们都面临着两难的选择:既要发表纪念文章,又要使文章至少在表面上看来不违背苏共二十大和二十二大的决议。他们的倾向性实际上是要在某种程度上替斯大林恢复被赫鲁晓夫的反对"个人崇拜"所破坏了的形象和声誉。会议的结果是:为了写明历史,为了维护马克思列宁主义的纯洁性,要发表一篇纪念斯大林的文章。勃列日涅夫最后的结论是:"我想,如果我们发表一篇文章,好处毕竟还是更大一些。因为并没有人否认,也从来没有人否认过他的革命功绩。我们之中过去和现在也没有人怀疑过他的严重错误,特别是他后期的严重错误。当然,这不是说列举死了多少人的数字,等等。问题不在这里,问题在于,要以平静的语气发表一篇文章,并且是按照苏共中央对这个问题的理解水平和按照代表大会通过的决议和中央相应决议的精神发表这篇文章。那样,就不会对这个问题有两种或几种意见,像近年来某些回忆录和其他一些书籍所造成的后果那样。也许,会出现某些麻烦,但这也是无法避免的。我想,如果不发表这篇文章,麻烦也许还要多些。如果发表了这篇文章,那么每个人都会知道,我们并不怕直截了当和明白无误地说出斯大林问题的真相,指出他在历史上的地位,让人们不要以为,个别元帅、将军在回忆录中对这个问题的说明会改变党的中央委员会的路线。这篇文章中应当说明这一路线。"在这次政治局会议后,实际上加快了这种"写明斯大林功过"的进程。1970年,在克里姆林宫墙下的斯大林墓上,竖起了斯大林的半身胸像,一些城市恢复了斯大林的名称。

加强和完善对报刊和各种文艺形式的检查制度。早在1966年8月18日,柯西金就亲自签署了一份决议,将原先的"报刊保密委员会"升格为"报刊保密总局"。而在捷克斯洛伐克事件之后,随着当局对意识形态控制的进一步强化,苏联国内,在文学、历史、艺术和哲学等诸多领域出现了大量反对意识形态控制的事件。这种控制和反控制的斗争在20世纪60年代末、70年代初达到了十分激烈的程度。当局加强了对外国报纸杂志进入苏联的检查和没收工作。1969年年初,科学院院士贾丕才的三种美国和英国期刊被直属部长会议的"报刊保密年查总局"没收。贾丕才将此事反映到国家安全委员会,报刊保密检查总局的回复是:"贾丕才院士所订的资产阶级的政治性杂志经常刊载各种各样的污蔑性言论和反苏材料,而在我们看来,它们难道可以被贾丕才同志用于其科学和社会活动,这样的材料无论如何也不能保存在私人家中。"1969年4月28日,该总局扣押了美国艺术和文学科学院、国会艺术和文学院给索尔仁尼琴的印刷品邮件,扣押的理由就是信件的内容:这两个组织授予他荣誉院士的称号。这样的查抄和没收是司空见惯的事。另一方面,当局还加强了对出版物的各种检查。1969年1月7日,苏共中央书记处作出了一份绝密决议——《关于加强出版、广播、电视、电影制片厂和文化艺术机构领导人对出版物和剧目的责任》。决议中写明:苏联正处于意识形态斗争尖锐化的时期,因此,"必须强调出版机构、部门和编辑集体对出版物思想倾向性的特殊责任"。所以,苏共中央决议加强审查制度,尤其是对出版物的"预控"制度。决议写明:"在社会主义民主的条件下,预控机构的存在主要是为了预防组成国家和军事机密的材料以及形形色色的虚伪报道的公开出版。"

但是,预控制度的存在和严格的审查行为并未能阻挡"未经审查的出版物"的不断问世。1969年2月7日,安德罗波夫在给苏共中央的信中首先把"未经审查的出版物"称为"自行出版物"。这些出版物是私下传播的,"用打印机打印,照相复制或者用手摇印刷机印刷的文件","在这些材料中,共产主义建设的个别缺点被说成是典型的现象,歪曲苏共和苏联国家的历史,对党和政府在民族问题、在经济和文化的发展中所采取的措施表示不同意见,宣传各种各样'完善'苏联社会主义的机会主义理论,要求取消检查制度,为因反苏鼓动和宣传以及背叛苏联宪法而被判刑的人恢复名誉"。在这封信中,安德罗波夫指出出版和传播"自行出版物"的中心是莫斯科,其他城市有列宁格勒、基辅、奥德萨、诺沃西比尔斯克、高尔基、里加、明斯克、哈尔科夫、斯维尔德洛夫、卡拉干达、南萨哈林斯克和奥波连斯克等。在信件所列举的"著名人物"中,安德罗波夫特别关注萨哈罗夫院士、梅德维杰夫和索尔仁尼琴,说萨哈罗夫的《关于进步、和平共处和精神自由的思考》偷用现代资产阶级的"趋同"论,宣扬社会主义和资本主义的逐渐融合,梅德维杰夫关于评论"大清洗"所使用材料的选择是有倾向性的,帝国主义的宣传工具正在大肆宣传萨哈罗夫的文章、索尔仁尼琴的著作和其他文件。安德罗波夫要求采取措施,切断这些人的活动和"自行出版物的传播"。在信件的末尾,安德罗波夫还通报:"一些诋毁苏联国家和社会制度的居心叵测的人受到了刑事处罚。"

当局对意识形态的控制和文学、艺术、历史、哲学等领域的知识分子和高等院学生的反对控制的斗争在70年代末进入了一个新的阶段。1970年12月21日,安德罗波夫在给苏共中央的报告中说明了"自行出版物"的这种质的变化:"如果说5年前传阅的主要是一些思想上有毛病的文艺作品,那么现在具有政治纲领性的文件得到了越来越广泛的传播。"安德罗波夫认为,"自行出版物""从各个方面批评苏联社会主义建设的历史经验,对苏共的对外对内政策进行修正,提出了各种对立活动的纲领"。他所列举的纲领性思想包括:"从南斯拉夫领导人、捷克斯洛伐克的杜布切克分子和一些西方共产党政治纲领这里借用的思想和观点",罗·梅德维杰夫的"苏联社会已经出现新思潮政党和具有思想影响的中心"说,萨哈罗夫的"'民主社会主义'理论公式"等。安德罗波夫承认,在苏联出现了一种"运动"。他说:"在写作和传播'自行出版物'的基础上,志同道合者在某种程度上团结起来,明显地看出建立类似反党组织的意图。"安德罗波夫报告说:"安全委员会正在采取必要措施制止某些人企图利用'自行出版物'去散布诽谤苏联国家和社会制度的谣言。根据现行法律追究他们的刑事责任,而对受他们影响的人则实行预防措施。"

此后,在意识形态领域中实行了各种追究刑事责任和预防措施。一系列报刊收到检查或停刊的惩罚措施,其中有特瓦尔朵夫斯基任总编辑的《新世界》杂志、《消息报》的《星期周刊》等。1970年5月15日,苏共中央宣传部副部长雅科夫列夫在给中央的报告中,指责《星期周刊》"编辑部犯了错误,发表了艾森豪威尔的信件,而没有去解释美国统帅部决定的政治动机,没有强调苏联最高统帅部的国际主义立场"。一系列作家的"俄罗斯主义"、反苏倾向受到了强烈的指责,1973年7月8日,安德罗波夫指责作家列昂诺夫的一篇文章——《在高尔基家吃午饭》,说他指出了斯大林的"猜疑性格",并把伏罗希洛夫描绘成是一个"有局限的人",说他反对"将'俄国的'、'俄罗斯人民'、'俄罗斯'这些概念置诸脑后"。一系列的电影、美术作品都受到了查禁。甚至,对私人档案和个人的回忆录都作出了严格的限定措施。1976年12月8日,安德罗波夫在给中央的一份报告中谈到了李森科死后的档案,说在其中保存有他和苏共中央、苏联部长会议和苏联科学院的大量信件,其中有一份1948年8月他的报告《关于苏联生物科学的状况》的影印件,而这份文件是经过斯大林亲笔改动过的。因此,安德罗波夫写道:"鉴于上述文件如流失到西方可能被用于对苏联不利的方面,故这些文件被没收到国家安全委员会并报送苏共中央。"1977年7月4日,苏共中央书记处作出决议,对各种回忆录的写作和出版作了严格的规定,其中有:"有关苏共党史、苏联国家史、中央党政机构的活动、著名的党政领导人的回忆录,必须经苏共中央马列研究院以及苏共中央相应部的同意,由政治文献出版社出版",有关军事建设和军事行动的回忆录要经苏军总政治部和苏共中央相应部的批准,在国防部的军事出版社出版,有关苏联科学发展的回忆录要在《科学》出版社出版,等等。

在1968年至70年代中期,因意识形态问题遭到镇压和被采取预防措施的人数大增。根据1975年10月国家安全委员会的一份报告中的统计数字,1967—1974年间,受到刑事惩处的人总计为4 879人,其中因"背叛祖国"、"反苏鼓动和宣传"和"泄露国家机密"罪而被判刑的为1 539人,约占判刑总人数的31%。被采取预防措施的人更是大量的,为121 406人,其中因"发表了有害的政治观点"的人数为70 016人,因"参与了社会活动"的人数为50 690人。1975年和1976年,这样的人数急剧增加,尤其是在青年中间的不满情绪愈益强烈。1976年12月28日,安德罗波夫给苏共中央上报了一份有关青年学生情绪的报告,其中提到:"有些青年人在受到资产阶级思想的影响时,在许多情况下不能克服资产阶级思想的消极影响,表现在政治上进行蛊惑宣传,品头论足,有悲观主义情绪,并容忍思想上有害的和危害社会的表现。"报告着重指出:"发表诽谤性的、蛊惑性的、修正主义和其他政治上有害的意见,作为不良表现的一种形式,在数量上和参与者的人数方面都是第一位的。"报告指出的具体数字是:"不良表现"的数量:1 509起(占总数的45.4%),"不良表现"的学生人数:1 598人(占总数的36.3%)。对所有这些学生都进行了预防监控。报告把"预防犯罪,预防政治上有害的不良表现"称为是国家安全委员会管理组织工作的基础。这种预防措施在其后的年代一直持续了下去,成为苏联执政者进行统治的一项主要手段。在被采取预防措施的人中,萨哈罗夫院士和作家索尔仁尼琴是最具典型的人。

安德烈·萨哈罗夫因参与苏联第一颗氢弹的制造,在32岁时就成为苏联科学院院士,3次获得过社会主义劳动英雄称号,国家奖金和列宁奖金的获得者,时任苏联中型机械工业部实验物理科研所副所长,在绝密的原子能研制基地——"阿尔扎马斯—16"工作。1961年,作为自己领域的权威专家,他深知氢弹试验的放射性尘埃将对人类和世界造成不可挽回的影响,反对赫鲁晓夫要求的实验100万吨当量氢弹的计划。从此以后,他以主要的精力从事政治活动,要求公民自由、对苏联社会进行改革。在"布拉格之春"期间,他在安德罗波夫点名的手抄文件《关于进步、和平共处和精神自由的思考》中呼吁:"在今天,为了人类的利益对国家体制作出进步改革的关键就在于精神自由。这一点,现在在捷克斯洛伐克是被人们弄明白了,因此,我们应当毫不犹豫地支持他们勇敢的和对社会主义及全人类的命运极为珍贵的积极性。"事后,安德罗波夫通过他在阿尔扎马斯—16的领导人哈里顿劝说萨哈罗夫收回这一文件,萨哈罗夫回答说:"文件的内容符合我的信仰,而我对散布这一文件承担全部责任。"后来,在著名物理学家库尔恰托夫的干预下,萨哈罗夫回到了原子能研究所工作。1970年2月,萨哈罗夫再次撰写文章,要求苏联社会的民主化。安德罗波夫对此的回答是:"也许在15—20年后,我们才可以准许现在西方准许的一切:舆论、信息、社会和艺术多样性的大自由。"安德罗波夫认为,现在的苏联社会还没有成熟到可以有"大自由"的时候,原因是"人民的生活水平极低,文化水平也同样"。他说:"我认为,在15、20年后,我们的社会将会成熟起来,就像我已经说过的,那时,人们生存的条件将得到改善。而目前游戏只有一个规则:外交部来哄骗,国家安全委员会来收拾。"1972年6月26日,安德罗波夫在给书记处的信件中写道:"一切都证明萨哈罗夫的反社会活动在客观上越来越和反对派意识形态中心的破坏活动结合在一起了。在这种情况下,必须对萨哈罗夫的行为作出公开的反应。"9月6日,中央书记处通过了《关于安·季·萨哈罗夫院士的反社会活动》的通报。1977年1月8日,在莫斯科连续发生3起爆炸事件,萨哈罗夫将原因归罪于苏联当局的"镇压机构",苏联总检察长为此正式警告萨哈罗夫:他将因诽谤罪被逮捕。1979年12月,苏军入侵阿富汗后,萨哈罗夫加强了反对当局的言行。1980年1月8日,苏联最高苏维埃主席团发布了由勃列日涅夫签署的命令:《剥夺对安·季·萨哈罗夫的一切国家奖励》。22日,萨哈罗夫在大街上被捕,随后在总检察院向他宣读了一份决议:"将安·季·萨哈罗夫从莫斯科驱逐至切断他和外国公民联系的地点。"随后,萨哈罗夫被流放至当时的保密城市——高尔基市。

　　苏联当局对索尔仁尼琴的惩处是一个更为复杂的过程。在勃列日涅夫执政后的相当长一段时间里,苏共中央一直对以何种方式来处理索尔仁尼琴犹豫不定。最高领导人中有两派意见:一派是按照苏联的法律,把他送上法庭,作出严厉的判决;另一派意见是,将他放逐出国。1970年10月8日,瑞典文学院宣布索尔仁尼琴获得1970年度的诺贝尔文学奖,索尔仁尼琴表示一定要去斯德哥尔摩领奖并电告了瑞典科学院。10月10日和17日,安德罗波夫就向苏共中央连续送了两份有关文学界、科学界和艺术界对此事的反应。他在17日的报告中引用了索尔仁尼琴发给瑞典科学院的电报:"您的电报收到,表示感谢。我把授予诺贝尔奖看成是对俄罗斯文学和我国苦难历史的应有的尊重。我打算在这个传统的日子到斯德哥尔摩去亲自领奖。"

　　而苏共中央却从一开始就把这一事情看成是政治事件,是西方世界反苏运动的继续,不仅不让索尔仁尼琴去领奖,而且迅速采取了一系列应对措施。10月9日,苏共中央文化部和宣传部就向中央提交了一份"就授予索尔仁尼琴诺贝尔奖金的挑衅性行为采取措施"的决议草案,当天,掌管意识形态的苏斯洛夫就将这份草案变成了苏共中央书记处的决议签发了下去。这份决议所要采取的措施主要有三点:一是在《消息报》、《劳动报》、《共青团真理报》和《文学报》上发表文章,说明授予索尔仁尼琴诺贝尔奖金这一事件的性质不是文学的,而是政治的;二是发表文章和利用电视频道揭露和抨击西方利用索尔仁尼琴的名字和文章进行政治投机的行为;三是将此事口头通知地方党委。

　　10月14日,索尔仁尼琴给苏斯洛夫写信,要求苏斯洛夫过问他得奖的事。他提出了两点要求:一是在短期内大量刊印他的《癌病房》,并承认过去禁止这本书"纯属误会";二是取消对他小说的禁令,不得对阅读他的小说的人进行惩罚。他写道:"在颁奖之前还有8周,国家有可能积极地改变我的文学处境,这样颁奖程序便可在比现在要适宜得多的情况下进行。"然而,索尔仁尼琴的弦外之音却是很强烈的,那就是要苏联当局彻底给他平凡,并明显借助于获奖而对苏联最高执政者施加压力。

这样的条件苏联当局自然根本是不会同意的。苏共最高领导人事实上并不是害怕索尔仁尼琴这样个别的甚至是有很大名声的知识分子,而是时刻在考虑自己的处境。这时,苏联正在大力调整和西方国家的关系,在"布拉格之春"事件后正在世界上力图改变自己的穷兵黩武的形象。因此,处置索尔仁尼琴这位声名在外的人对苏联最高执政者来说就变得犹豫不定,成了一个在政治局例行会议上总要讨论一番的非常棘手的问题。对知识分子的处理这时是由国家安全委员会进行的,安德罗波夫自己说过这样的话:"为什么是'克格勃',而不是文化部和中央的部(本该是它们来与文化和文学家打交道的)?为什么它们总是把一切都推给我们?因为它们什么也干不好。"

安德罗波夫坚持对索尔仁尼琴采取"放逐"的措施:既惩罚了索尔仁尼琴,又要让受惩罚者自己承担责任。10月29日,安德罗波夫在致苏共中央的报告中写道:"国家安全委员会认为,如果索尔仁尼琴正式提出申请要到瑞典去领取诺贝尔奖金,可以满足他的这一要求。至于说到他返回苏联的问题,这要看索尔仁尼琴在国外的行为再作决定,如果索尔仁尼琴决定留在国外,那么,在我们看来,采取某些让他返回苏联的措施未必是合理的。"11月20日,安德罗波夫和苏联总检察长鲁坚科在联名给苏共中央的信中说,他们在分析了有关索尔仁尼琴的材料后不能不确认,"我们是在和苏维埃国家和社会制度的政治敌人打交道"。他们承认,索尔仁尼琴的问题具有双重的复杂性:一是在国外,人们在利用他的名字从事反苏活动,他成了敌视和反对苏联的"一面旗子";二是国内有相当多的有修正主义观点的知识分子在支持他,把他看成是"天才作家"。于是,他们提出了一个问题:"在何种情况下,索尔仁尼琴活动的危害性较小:让他留在国内还是将他逐出我们的国界之外?"他们的回答是:"在对索尔仁尼琴颁发诺贝尔奖金后,他若居留在国内,将会加强他的立场,使他能更积极地宣传自己的观点。在索尔仁尼琴对作家的要求没有作出答复的情况下,授予和颁发奖金的行动将会在社会各界人士中间被看作是国家政权的无力和从事反对社会主义国家的敌对活动是不会受到惩罚的。他将在国外出版自己的著作,继续起到一个国内侨民的作用,而他的名字也将被敌对分子用作反苏的旗子。而将索尔仁尼琴逐出苏联将使他失去这一立场——国内侨民的立场和与此相联系的一切优势。"

他们还建议了三种"放逐"索尔仁尼琴的办法：一是在索尔仁尼琴到瑞士领奖时注销他的签证,禁止他返回苏联；二是对索尔仁尼琴自行到国外去领奖不作阻拦；三是颁布苏联最高苏维埃命令,剥夺索尔仁尼琴的公民权,强行将他逐出苏联国境。他们还提到,在必要时不排除因他的妻子列舍托夫斯卡娅自杀一事可对索尔仁尼琴提起刑事诉讼。总之,安德罗波夫是想尽一切办法要让索尔仁尼琴"出国"。为此,他们还代最高苏维埃起草了一份剥夺公民权和"放逐"令。

但这一次并没有能将索尔仁尼琴放逐出去,正在苏共最高领导人犹豫不决时,索尔仁尼琴自己的决定使他暂时免于被放逐。在11月24—26日间,他频繁地和西方记者接触,并且在27日拜会了瑞典大使馆。同一天,他给瑞典科学院和诺贝尔基金会写去一封信,表明"我宁愿认为现在不要申请去斯德哥尔摩旅行",虽然他列举了一些理由,但都是表面上的。"克格勃"截获了他的另一封信,真正的理由写在这封信里。这是索尔仁尼琴写给他的在瑞士的国外稿酬代理人赫勃先生的,发信的日期也是27日。他写道："我已经写信给诺贝尔基金会,说我放弃去斯德哥尔摩的旅行,因为我害怕不让我返回我的祖国。"这封信收在国家安全委员会副主席茨维贡11月28日给苏共中央的情况报告中。

1972年年初,苏共中央就连续开会研究索尔仁尼琴的问题。在1月7日的中央政治局例会上,仍然坚持以前的立场,不同意索尔仁尼琴在莫斯科接受诺贝尔奖。在注明只有一份和绝密的会议记录上写下的是这些文字："经过交换意见后,认为目前准予索尔仁尼琴接受诺贝尔奖是不适宜的。"16日,在中央书记处的例会上,一致同意要采取相应的强制措施来制止索尔仁尼琴的敌对活动。12日,索尔仁尼琴突然给苏联文化部部长福尔采娃写信,说是听到了她讲的苏联政府不反对在莫斯科给索尔仁尼琴颁奖的话,要求她提供莫斯科的一个公共场所为给他颁发诺贝尔奖金之用。他还说,颁奖活动即使在大庭广众之下不行,在家庭式的小圈子里也可以。最后,索尔仁尼琴写道："您作为文化部部长和您的专家们会懂得,在莫斯科找不到一处地方来为一个俄罗斯作家颁发诺贝尔奖金这个事实,即使不是现在,那在10—15年后,也一定会被看作是我们文化史上的国耻。"

17日,福尔采娃给中央政治局写了一封信,表明了自己的态度。她在列举了索尔仁尼琴的敌对活动和文化艺术界人士对他的指责后,十分坚决地要求"放逐"索尔仁尼琴。她写道："因此我请求审议将索尔仁尼琴逐出苏联国境的

## 第十二章 从勃列日涅夫到安德罗波夫

问题。我认为,比起索尔仁尼琴居住在国内和从事瓦解性反苏活动来说,这一措施所带来的损失将要少得多。"她还建议了"放逐"的方式:"这一决定可以通过著名的文学、艺术活动家和科学家发表文章、举行国内大企业的劳动者集会提出来。我相信,苏联的社会舆论要求将索尔仁尼琴收拾到国外去。"

这期间,安德罗波夫加紧了对索尔仁尼琴的监视和侦察工作,没有放过索尔仁尼琴的每次会见、每次谈话和每件琐事。3月27日,安德罗波夫和鲁坚科再次联名给中央写信,列举了索尔仁尼琴作为国家政治和社会制度敌人的大量罪行后说:"这种情况就提出了一个问题:是对索尔仁尼琴追究刑事责任呢,还是将其逐出苏联国境?"他们建议将索尔仁尼琴逐出苏联国境,具体行动由"克格勃"负责。他们还再次起草了"放逐"令。

3月30日,苏共中央政治局例会讨论了知识界的现状,着重的是当时正在兴起的"持不同政见者的运动",所涉及的重要人物是雅基尔、萨哈罗夫和索尔仁尼琴。在会上介绍情况的是安德罗波夫,主持会议的是勃列日涅夫。勃列日涅夫定下的总的调子是:这些人是在工人阶级、劳动农民和知识分子的背后,从事阴谋活动,违背了他们的利益、社会主义国家和党的利益。几乎所有的人都支持对这些人,尤其是索尔仁尼琴,进行惩罚。绝大多数都同意将索尔仁尼琴逐出莫斯科,逐出苏联。只有两个人的态度是与众不同的。一个是波德戈尔内,另一个是柯西金。波德戈尔内是强硬派中的强硬者。他说:索尔仁尼琴"也不是一个普通人,而是出身于有产阶级,所以他是不可能放过苏联政权的这一切的"。所以,他主张:"他是个有敌对情绪的人,所以他不能待在莫斯科。但是我认为,也不应当将他放逐到国外去。他自己也没有表示出要到瑞典去领奖的愿望。我想,不应该将他放逐。在苏联有的是他不能与外界接触的地方。当年我们不是放逐了李维诺夫,做得不错嘛。也一定要这样来对待雅基尔和索尔仁尼琴"。而柯西金所表的态则是:"索尔仁尼琴越出了可以容忍的所有框框,所有界限,安德罗波夫同志本人就可以根据我们已有的法律来解决这一问题。而我们要看一看他是如何解决这一问题的。如果他解决得不正确,那我们来纠正他。"

在会议结束时,勃列日涅夫的结论是:"至于说到雅基尔和索尔仁尼琴,我同意同志们的意见。毫无疑问,应当将他们逐出莫斯科。"但是,这次会议并没有就索尔仁尼琴问题作出任何决议,只是责成波德戈尔内和安德罗波夫去研究并提出具体建议。4月14日,政治局例会又一次讨论了索尔仁尼琴的问题。尽管勃列日涅夫说了如下一段严厉的话,但因波德戈尔内出差未回,所以仍然没有对索尔仁尼琴的问题作出最后的裁决。勃列日涅夫说:"索尔仁尼琴的表现越来越厚颜无耻了,到处写诽谤的信件,在记者会上发言。他太令人可恨了。应当对他采取坚决的措施。"安德罗波夫仍然坚持"放逐"索尔仁尼琴,他说:"让瑞典人把他接受过去吧。"这一次,柯西金明确同意放逐的措施。

当索尔仁尼琴创作了《古拉格群岛》之后,当局就采取一切手段要防止这本书的流传和刊印。"克格勃"在监控索尔仁尼琴的同时,集中力量监视了与索尔仁尼琴有关的人员。其结果是,1973年8月初,索尔仁尼琴在列宁格勒的两个熟人——帕赫图索娃和沃罗尼扬斯卡娅的家被查抄,在后者的家中查抄出了《古拉格群岛》的手稿。沃罗尼扬斯卡娅先被"克格勃"审讯,后被送进精神病院,8月23日出院后回到家中上吊而死。对于苏共领导人来说,《古拉格群岛》是个很严重的问题,于是如何处置索尔仁尼琴的问题又一次提上了议事日程。

10月19日,安德罗波夫在专门汇报萨哈罗夫和索尔仁尼琴的活动的给中央的信件中,重申了这个建议。12月12日,他在给中央的长篇报告中先是这样详细地写道:"现有的关于索尔仁尼琴的反苏和反宪法的活动材料足以根据俄罗斯联邦刑事法第70条对其追究刑事责任。这一条规定:为了破坏或者削弱苏联政权所进行的鼓动或宣传,或者犯有特别危险的国家罪行,为了污蔑的目的,诋毁苏联的国家和社会制度,进行扩散,以及为了同样的目的,扩散、印刷和收藏这样内容的作品——判处徒刑6个月至8年和流放2—5年,或者没有流放,或者流放为期2—5年。追究索尔仁尼琴的刑事责任会在下述一点上有积极的意义,即这将结束他的活动不受惩罚的状态,而这种不受惩罚曾令苏联公民困惑不解并引起了不必要的议论。"

但是,安德罗波夫并不同意这种处理,他说:"为了避免一切的投机行为,并且根据苏联社会各界著名人士在不同时期所提出的建议,可以用剥夺索尔仁尼琴苏联公民权和将他逐出苏联国境的办法来代替这一措施。"他还建议将索尔仁尼琴放逐到瑞典、瑞士、丹麦或黎巴嫩去,由苏联大使出面正式向有关政府提出。关于如何向各国政府解释放逐索尔仁尼琴的原因,安德罗波夫草拟了一段文字:"过去从事文学活动的索尔仁尼琴,近年来在西方宣传的影响下,尤其是在他获得诺贝尔奖金后,开始走上了从事根据苏联的法律应该按刑法的相应条款来问罪的活动的道路。所以,苏联的主管机构在近期内将提起对索尔仁尼琴刑事案的诉讼,并考虑到了由此可能引起的一切后果。苏联政府遵循人道主义的考虑,注意到索尔仁尼琴有4个年幼的儿子要抚养,因此认

## 第十二章 从勃列日涅夫到安德罗波夫

为可以将追究他的刑事责任变为逐出苏联国境。如果索尔仁尼琴愿意，他的家庭成员可以自由地随他而去。众所周知，贵国的报刊、电视和电台系统地、抱有好感地大量传播过索尔仁尼琴的观点。所以，苏联政府请求你们为索尔仁尼琴及其家属居住在贵国领土上提供可能。否则，苏联当局将不得不根据苏联的法律来行事。"

安德罗波夫在信的末尾点出了这种做法的弦外之音："并不排除，以我国大使的名义发出的这种呼吁并不能达到目的。但是，在各国拒绝给索尔仁尼琴提供居留权的情况下，我们将会拥有绝对的优势。第一，这将再一次向全世界的舆论表明苏联政府对已经走上了刑事犯罪道路的索尔仁尼琴的人道主义，并有可能在追究他刑事责任时利用这一情况；第二，索尔仁尼琴在知道这一步后，会担心离开苏联（他认为，可以在国外在肉体上把他干掉），从而可能在某种程度上减少其敌对活动和缩小与国外反苏人士的联系。"为了强调自己建议的分量，安德罗波夫还特别注明，这一建议是"和柯西金与苏斯洛夫同志协商过的"。

1974年1月7日，苏共中央政治局例会又一次讨论了对索尔仁尼琴的处理的问题。这显然是苏共政治局历史上讨论索尔仁尼琴最长的，也是最激烈的一次会议。放逐，还是追究刑事责任，两种意见在会上针锋相对，形成了两大派：一派是追究派——强硬派；一派是放逐派——缓冲派。会上，勃列日涅夫首先表明了态度："根据我们的法律，有一切理由把索尔仁尼琴送进监狱。"之后，安德罗波大再次中述了自己的放逐建议。赞成放逐的有乌斯季诺夫、卡图舍夫、格里申、基里连科等，而赞成追究刑事责任的有波德戈尔内、卡皮托诺夫、索洛曼采夫、谢列平和柯西金等。这次政治局会议的结果是"追究责任"派取胜。勃列日涅夫在总结发言中说："我们如何对待索尔仁尼琴？我认为，较好的办法是根据苏联的法律来审判他。"他还声色俱厉地补充说："我们当年并没有害怕去反对捷克斯洛伐克的反革命。我们也没有害怕将阿利卢耶娃放出国去。所有这一切我们都经受过来了。这一次我们也会经受得住。"会议最后通过了坚决禁止索尔仁尼琴的反苏活动的决议，责成安德罗波夫和鲁坚科就审判索尔仁尼琴一事提出具体的意见，供中央再作决定。

在此期间，安德罗波夫派出经验丰富的"克格勃"高级间谍维亚切斯拉夫·克沃尔科夫着手和西德联系将索尔仁尼琴放逐到该国的可能性，其中细节目前难以得知。但是，1974年2月2日，西德总理勃兰特突然在一次公众集会上表示，索尔仁尼琴可以自由地、毫无困难地在西德生活和工作，他在西德不会遇到他在自己国内所碰到的那些麻烦。安德罗波夫得知此消息后,7日,马上派克沃尔科夫去了西德,就索尔仁尼琴移居一事进行秘密谈判。正是在这一天,安德罗波夫给勃列日涅夫写了一封绝密信件。他在信中说:"如果勃兰特在最后一分钟不动摇,克沃尔科夫的谈判顺利结束的话,那么在9—10日,我们就会有一个共同的决定,到时我会立即呈报您知。如果上述协议达成,我认为,不迟于2月9—10日,苏联最高苏维埃应通过关于剥夺索尔仁尼琴苏联公民权和将他逐出我国境内的命令(附命令草案)。在这种情况下,逐出索尔仁尼琴的行动可能在2月11—12日进行。重要的是这一切应当迅速办完,因为从我们的业务文件来看,索尔仁尼琴已经开始猜到了我们的意图,可能发表公开的文件,这会使我们和勃兰特陷入困难的境地。"当然,安德罗波夫也考虑到了克沃尔科夫谈判的失败,对此他说:"如果由于某些原因放逐索尔仁尼琴的措施告吹的话,我想,应当不迟于2月15日对他提起刑事诉讼。检察院已经准备好这样做。"

结果是,一切都如同安德罗波夫所安排的:1974年2月12日,索尔仁尼琴被捕,13日被宣布剥夺苏联国籍,随即被强制押解出境,去了当时的西德。

## 六、苏联和美国的争夺与缓和:"援助",越南战争,和平共处

从20世纪60年代末起,苏联加强了与美国在全世界范围内的争夺。勃列日涅夫和赫鲁晓夫的想法事实上是一样的:要用苏联的军事力量,来保卫其他国家的革命和社会主义成果,为了苏联的利益,应该主动展示社会主义制度的优越性。因此,苏联积极插手社会主义阵营以外地区的事务,试图更多地扩展自己的势力范围和对各地区的发展进程施加影响。这项工作是由安德罗波夫领导的国家安全委员会来进行的,它的工作范围包括了美国和英国等西方国家中的共产党和各种左派组织以及印度、伊拉克、巴勒斯坦、乌拉圭和尼加拉瓜等"第三世界"。1970年4月28日,安德罗波夫在报告中请求准予给美国的"黑豹"组织以支持。他写道:"近来,激进的黑人组织'黑豹'成了以美国联邦调查局为首的美国当局残酷迫害的对象,美国当局认为'黑豹'是对国家安全的严重威胁","有鉴于此,我们认为采取一系列旨在加强和扩大这一运动的措施是适宜的",为此安德罗波夫要求通过"克格勃"在非洲国家的机构、"在纽约和华盛顿的机构来影响'黑豹'","从而促使'黑豹'更积极地进行斗争"。

## 第十二章　从勃列日涅夫到安德罗波夫

1974年4月26日,安德罗波夫请求苏共中央支持和援助"巴勒斯坦人民解放阵线"组织。他写道:"'巴勒斯坦人民解放阵线'特别行动的目的是要提高巴勒斯坦反抗运动反对以色列、犹太复国主义和美帝国主义的斗争效率。"安德罗波夫所指的这些"特别活动"主要是在阿拉伯国家进行"石油战",并从事各种破坏、暗杀和恐怖活动。安德罗波夫写道,这种支持和援助"将使我们在某种程度上可以控制'巴勒斯坦人民解放阵线'对外行动部的活动,对其施加有利于苏联的影响,并在保密的情况下利用其组织的力量实现有利于我们的积极措施"。所有这些请求最后都得到了苏共中央的批准。

勃列日涅夫一开始执政,苏联政府就积极卷入了对越南民主共和国土地上的战争。越南的这场战争是约翰逊政府发动的,1964年8月,以"北部湾事件"为借口,美国对越南民主共和国进行轰炸。1965年3月,美国地面部队在岘港登陆,直接参与越南战争。越南方面多次请求苏联政府的援助。1965年3月23日,勃列日涅夫在红场欢迎宇航员归来的大会上公开表示了对越南民主共和国的支持,他说:"我们的中央机构收到不少苏联公民的呼吁,表示准备参加越南人民争取自由和独立的斗争。我们很理解苏联人民在这些呼吁中亲自表达的兄弟团结和社会主义的国际主义的感情。"1965年3月10日,莫斯科的报刊发表了《关于在莫斯科举行的共产党和工人党代表协商会晤的公报》,会晤还通过了《关于越南事件的声明》。3月26日,苏共中央全会通过了《关于1965年3月1日至5日共产党和工人党代表协商会晤结果的决议》,其中关于越南问题,是这样写的:"苏共中央主席团根据同越南劳动党领导的协商所采取的进一步援助和支持越南人民的英勇斗争、加强越南民主共和国的防御力量以击退美帝国主义侵略的措施是正确的,并且完全赞同这些措施。"4月17日,苏越公报中也写明:"如果美国强化反对越南民主共和国的侵略,苏联政府在必要的情况下,并在越南民主共和国政府请求时同意苏联公民前往越南,因为他们遵循无产阶级国际主义的感情,表达了为越南人民的正义事业,为保卫越南民主共和国的社会主义成果而战斗的愿望。"

关于对越南的支援,1966年7月,苏联外交部东南亚司在一份背景材料中写道:"关于派遣苏联志愿人员去越南的问题,主要是在苏联党和政府代表团谈判过程中按照越方的倡议曾不止一次地秘密讨论过。越南同志的观点基本上是:他们首先需要的是军事技术装备和军事技术物资方面的援助,至于人力资源,越南并不缺。有人曾向越南劳动党领导人提示过:在紧急需要的时候,越南方面可以请求派志愿人员。"事实上,苏联一直在向越南派遣各种船只,1966年7月18日,苏联海运部部长的一份报告里就承认:"海运部未曾中断从苏联的各港口派遣装载货物的苏联船只开往越南。约有20—22艘船只不断地从事向越南的运输活动,这不仅为苏联的对外运输,而且也为北越同其他各国的外贸联系提供保障。"据此时的苏联驻越大使谢尔巴科夫的记载,到1970年,苏联的90多家企业向越南提供了大量的设备。仅在1970年,就提供了约3.16亿卢布。有600名苏联"非军事专家"在越南工作,其数量是军事专家的两倍。

1971年3月30日—4月9日,苏共第二十四大召开,大会通过了《给印度支那人民自由与和平!》的声明。关于这一声明,谢尔巴科夫在1971年5月21日的一封政治信函中写得十分清楚:"苏共二十四大对越南和整个印度支那的形势十分关注。在我们党的历史上由党的最高机关——党代会就个别国家的问题作出特别决议,还是为数不多的。"苏联对于越南关注和援助的根本目的是:"对于我们,重要的是预见印度支那所有事件今后将向什么方向发展,我们能对这一地区施加什么样的影响。"其中影响之一,一方面就是在排挤和减少中国对越南的影响的情况下,扩大苏联对越南和印度支那的影响;另一方面则是试图通过越南来实行一种方针:"有针对性地向越南人通报苏中关系的情况;请越南劳动党继续起到我们与中国人之间的中介作用。"

此后,苏联政府多方面积极参与了美越之间的谈判、停战和交换俘虏等工作。1972年5月27—28日,苏联外交部部长葛罗米柯和美国国务卿基辛格就解决越南和印度支那问题进行会谈。此后,苏美间建立了就越南问题进行经常接触的机制,举行过多次谈判。但是,在苏共二十四大上,苏共领导人开始谈及国际局势缓和的问题。1971年11月的中央全会上,作出了关于国际活动的决议,其中提到当前国际关系中的一个中心问题就是"确保欧洲紧张局势的缓和、继续在实践中运用欧洲各国和平共处和互利合作的原则而进行的活动"。尽管这时,苏联领导人仍然强烈反对美帝国主义,仍然强调"社会主义国际大家庭过去是,现在依然是对抗世界资本主义的主要力量,是当代解放运动的强大支柱",但却试图减弱与美国的武力对抗。苏联与美国及其他西方国家的接触、就军备控制和限制战略武器方面的谈判在不断发展。1972年4月10日,苏、美、英签署了禁止研制、生产、储存和销毁生化武器的协议。5月,尼克松总统访问莫斯科,苏美间签署了贸易、科技和空间合作的双边协议,并且签署了第一阶段限制战略武器协议。苏美间的关系打破了战后的"冷战"僵局,得到了一定程度的缓和。1972年5月的苏共中央全会又一次作出《关于国际形势的决议》,再次强调"列宁主义的对外政策"——"不同社会制度国家的和平共处"。为此,在整个6月份,苏共中央在全国范围内召开党的积极分子会议,对这种和资本主义世界的缓和进行解释工作,但同时说明与西方国家间的和平共处并不意味着"思想上的和平共处"。

1973年1月27日,关于越南问题的巴黎和谈终于取得结果,签署了在越南停止战争和恢复和平的协定,不久,越南战争结束。4月27日,苏共中央全会在自己的决议中作出了反应:"作为不同社会制度国家关系准则的和平共处原则得到了广泛承认,正在发生由'冷战'向和缓紧张局势的转变,帝国主义对越南的战争已经停止。"5月1日,勃列日涅夫获得了加强国际和平列宁奖金。

在实行"和平共处"政策、缓和与美国及其他西方国家关系的同时,苏联和中国的关系一直处于恶化阶段,1969年3月2日、15日和17日,苏联军队和中国边防军在珍宝岛上3次进行激战。3月16日,苏联《真理报》发表苏联声明,声称:"如果苏联的合法权利遭到践踏,如果有人再次企图破坏苏联领土不可侵犯的原则,苏维埃社会主义共和国联盟及其各族人民将坚决捍卫自己的领土,并对这类侵犯边界的行径给予毁灭性打击。"中国外交部发表声明,对此表示强烈抗议,认为珍宝岛无可争议的是中国的领土,苏中关系继续恶化。1970年5月8日,勃列日涅夫在庆祝战胜德国法西斯25周年大会的讲话中说:"必须从远东的军事和政治形势的变化中得出最严肃的结论,我们已经采取、今后仍将采取一切必要的措施,使我们的国防,无论在西部,还是在东部,都是坚固和牢不可破的。"1973年4月,在《关于苏共中央为实现党的第二十四大代表大会决议而展开的国际活动》的决议中,再次指责中国的外交路线是"北京的反苏方针,给和平与国际社会主义事业带来危害"。

在这期间,苏联总参谋部侦察总局不断对包括中国在内的国家进行侦察。根据该总局给苏共中央的报告,对中国侦察到的材料包括中国铀的生产地点和情况、中国和日本的贸易情况和水平、中国军队在北部边界的部署情况、中越关系和中国领导人之间的情况,等等。1974年11月,勃列日涅夫访问蒙古时,在群众集会上公开表示准备恢复同中国的友好与合作,但不承认中苏之间的边界争端问题。1979年6月,勃列日涅夫和卡特总统在维也纳的会谈中,涉及中国问题,勃列日涅夫要卡特总统保证不利用与中国的关系来损害苏联的安全和利益。同年7月,对于苏中关系正常化的问题,《真理报》作出了反应:"如果中国方面表现出真正的诚意和现实态度的话,苏方是不成问题的。"但是,直到勃列日涅夫去世,苏中关系并没有得到实质性的改善。

与此同时,勃列日涅夫强化了个人外交行动,多方面展开了与美国和欧洲国家的缓和工作。勃列日涅夫先后与美国的卡特总统、里根总统和福特总统建立了私人接触。1975年8月1日,在经过数年的争议和筹备后,东西方35个国家在赫尔辛基召开欧洲安全和合作会议,并签署了最后文件——《赫尔辛基协议》,协议各国保证尊重人权和基本自由,在经济、科学、人道主义和其他方面进行合作。尽管协议中罗列了双方的观点,这为以后东西方在诸多问题上留下了无穷争执的依据,但是这一协议毕竟表明国际关系的发展进入了一个新的阶段,国际局势得到了某种程度的缓和。勃列日涅夫对《赫尔辛基协议》十分赞赏,在国内和在与保加利亚、匈牙利、民主德国、波兰、捷克斯洛伐克和蒙古党的领导人的会晤中多次要求,要对如何履行这一协议进行研究,并要对反对这一协议的行动"给予坚决的回击"。1976年4月,安德罗波夫也在纪念列宁诞辰106周年的报告中说:"从'冷战'向不同社会制度国家和平共处的重大转变是最近这些年的标志。"

从1977年年底开始,苏联政府向美国和西方各国展开了有关军备问题的另一轮的外交行动。1977年11月,勃列日涅夫在纪念十月革命60周年的大会上,建议就各国同时停止生产核武器——原子弹、氢弹和中子弹问题达成协议。他声称核武器是"惨无人道的武器"。1978年1月,他写信给北约各国首脑,要他们不要在本国部署中子武器。1979年6月,勃列日涅夫和卡特总统在维也纳会晤,签署了苏美第二阶段限制战略武器条约。但是,1979年12月27日,苏军入侵阿富汗后,苏联与美国及北约国家的关系明显紧张和复杂化,苏美间新的一轮军备竞赛悄然而起,而勃列日涅夫却指责是美国和北约国家使国际局势尖锐化。

## 七、苏共二十四大,"发达社会主义",身兼二职,1977年宪法

1971年3月30日—4月9日,苏共召开第二十四次代表大会。从经济上讲,这次代表大会的主要任务是通过第九个五年计划(1971—1975年),也是试图继续"柯西金改革"的五年计划。柯西金在关于第九个五年计划的报告中提出,实行新体制,即"国民经济管理机构的进一步合理化"是极其重要的任务之一。这个"合理化"就是从1965年开始的对旧管理体制的改革和新管理体制的建立:取消国民经济委员会管理体制,建立二级或三级的部级管理体制,成

立生产联合公司。还有一个重要之点,就是取消根据总产量的指标来评价企业活动的做法,代之以另一项指标——生产出的产品的销售总量。从这点出发,第九个五年计划的年平均增长的各项指标都是很高的,国民收入、工业产值的增长都定在40%—45%之间,在工业生产上把希望寄托于钢和石油产量的增加上,惟有农业的增长定在20%—22%之间。

尽管大会以后,采取了一系列措施来实施这些目标,但是国民经济的发展仍然遭遇了问题和困难。一个最主要的问题是,旧管理体制消除后,企业的管理权限集中到了党的机构的手里,而实际上却无人进行管理。于是在企业的生产和销售中都出现了巨大的脱节现象。在部的管理体制下,原材料的供应规律被打破。苏联的实践是,工厂企业一般要有足够一两个月的备料储存。但是,在改革中,大量的企业的备料储存远远低于这个数字,使生产面临中断的危机。另一方面,产品的销售也很困难。柯西金原本希望对新科技的采用能够促使新管理体制的顺利建立和工业生产率的提高,但是各工业企业的资金短缺,无法对旧设备、旧技术进行改造。他的改革被人指责为是"放弃社会主义",1970年6月9日,柯西金在对选民发表讲话时不得不为自己辩护:"改革并不意味着放弃社会主义的经营方式,放弃对国民经济的计划领导,这种想法是完全没有根据的。"在被称为"黄金计划"的第八个五年计划之后,第九个五年计划的执行遭遇了一系列困难。苏联国家计划委员会主席巴伊巴科夫在11月苏共中央全会上的报告也承认了这一点。1973年8月28日,《真理报》发表社论,指责轻工业部、化学工业部、轻工业、食品工业机器和日用机械制造部"产品不符合规格"、"品种不符合市场要求"、"许多产品没有销路"、"许多工厂中生产纪律和工艺纪律的水平还很低",等等。对于柯西金的改革,领导层内意见也不一致,波德戈尔内就是持反对态度的一个。面对改革的问题,他说过:"我们搞这种改革何苦呢?难道我们发展得不好?"柯西金的改革面临严重挑战和危机。

在实施第九个五年计划时,苏联政府加强了两方面的工作,一是面对农业的依然困境,不断通过决议发展农业和畜牧业,采取措施刺激农业生产。1972年12月,苏共中央、苏联部长会议、工会中央理事会和共青团中央联合发出《关于争取1973年增加粮食和其他农产品的生产和收购,开展全苏农业工作者社会主义竞赛》的决定,决定对优胜者进行各种精神和物质的奖励。为了扩大在黑土区已经无法扩大的农业生产,1974年4月,决议加强对非黑土区农业生产的发展。二是在改善居民的物质福利方面做了一系列工作。1971年10

月,提高了大中学生的奖学金,扩大了高中等学校的学生宿舍的建筑面积;1972年6月,开始实施向青年普及中等教育的措施;1972年9月1日起,增加教育和卫生部门职员的工资,等等。

1972年是苏联成立50周年。苏共中央在2月22日发出的《关于筹备庆祝苏联成立50周年》的决议中,强调苏联是各族人民的"具有历史意义的新的共同体"。决议提出,苏联的民族对抗已经消失,民族问题已经不复存在。应当庆祝这个节日并大力展现和宣传民族团结的伟大胜利。所以,在二十四大召开后不久,即在6月,苏共中央和苏联部长会议就批准了莫斯科发展的总体规划,要求在1985—1990年间要将莫斯科建成为现代化的"共产主义模范城"。为此,莫斯科市委展开了一系列"对劳动者加强共产主义教育"的强硬措施。取缔了555名妓女,分别给予强制治疗、监禁、放逐和监控的处罚;将2 385名"躲避社会有益劳动"的"寄生虫"劳动教养或监禁,将2 809名"破坏身份证制度"者逮捕或行政监控。鉴于酗酒者的人数自1967年以来迅猛增加,苏共中央发布了《关于加强同酗酒作斗争》的决议,并实际上开始了苏联历史上的第三次反酗酒斗争。仅莫斯科一地,酗酒致病者的人数在1972年就有46 884人(1967年为35 307人),而处于"不清醒状态"中的人有36万之多。所有这些人在把莫斯科建设成为"共产主义模范城"的过程中都受到了严厉的惩罚。莫斯科几乎在瞬间就变得"模范"起来,1972年的犯罪率下降4%。这种盛世景象正是庆祝苏联50周年所需要的。

就在二十四大后不久,当勃列日涅夫等新的领导人忙于新的五年计划和盛典时,1971年9月11日,赫鲁晓夫因心力衰竭猝死于自家园地里的树下。苏共中央和苏联部长会议发表讣告,称他是"领取特别养老金者"。赫鲁晓夫葬于莫斯科埋葬非领袖名人的新圣母公墓,下葬那天,没有一个国家领导人和他生前的"战友"来向他告别。他只是遗嘱过,要自己责骂和与之争吵过的雕塑家涅伊兹维斯特内伊为自己雕塑墓碑。涅伊兹维斯特内伊完成了这个嘱咐:这墓碑像是一堵墙,一半是白色的,一半是黑色的。黑白两色的墙矗立在灰色大理石之上,呈长方形,上端有一窗户般的方孔,赫鲁晓夫圆圆的脑袋从那里窥视着面前的大千世界。这墓碑显示了赫鲁晓夫的孤独无助,也给后来者留下了无尽的思考。

苏共二十大后,加强了关于苏联进入发达社会主义阶段的宣传。主管意识形态的苏共中央委员苏斯洛夫频繁在各种场合讲话,对发达社会主义作出解释。他认为,苏联已经处于发达社会主义阶段,已经是一个有充分民主的全民国家。任务是在经济、政治、社会和国际事务等方面,采取一切措施从发达社会主义逐步长入共产主义。1972年正逢苏联成立50周年,在对发达社会主义的宣传上,民族问题成了宣传的重点。在苏共中央的《关于筹备庆祝苏联成立五十周年》的决议中,提出苏联已经成为一个"具有历史意义的新的共同体"的概念,其根据是,苏联的决策一直强调民族问题是建设社会主义的根本问题。正确的民族政策保证了对民族问题的彻底解决。8月28日,勃列日涅夫在哈萨克的阿拉木图说:"哈萨克过去是沙皇俄国荒芜的、落后的民族地区,现在已经成为发达的社会主义共和国。"进入12月,各加盟共和国就相继召开大会庆祝苏联的成立。12月21日,在全国的庆祝大会上,勃列日涅夫发表长篇讲话,宣称民族问题已经全部解决,苏联已经建成发达的社会主义社会,已经成为一个全民国家。因此,他认为应当修改1936年宪法,把苏联建成发达社会主义社会的事实写进去。为此,成立了以勃列日涅夫本人为首的新宪法起草委员会,并决定新宪法草案要在苏共二十五大前提交全民讨论。

而就在苏共中央和勃列日涅夫本人大力宣扬民族问题已经全部解决时,关于民族地区动荡和骚乱的报告却

发达社会主义时期,打猎后饮宴的勃列日涅夫(左前)

不断呈报国家安全委员会。这期间,车臣和北高加索地区的民族问题是最为严重的。1973年2月13日,安德罗波夫在一份报告中就详细地描述了车臣地区持续的民族骚乱。他承认:在车臣—印古什地区,"在1958年至1972年间,因各种犯罪行为被内务部机关依法追究刑事责任的有115 455人,也就是每六个城市居民中就有一个人"。安德罗波夫指责骚乱的原因是"民族主义分子"、"培养对伊斯兰教法典、教长和民族主义传统狂热忠诚的穆里德派"和"土匪"的破坏。但他也不得不承认:"对发生在格罗兹尼市的群众性闹事原因初步分析表明,它在很大程度上是由于以前从北高加索自治共和国境内迁出去的车臣人、印古什人和其他少数民族1956年后返回原居住地这一形势造成的",

"此外,北高加索各民族之间的关系,由于车臣—印古什的强制迁移使局势变得更为复杂"。安德罗波夫虽然也提到"车臣—印古什苏维埃社会主义自治共和国在生产和文化建设中个别缺点和疏忽",但是他仍建议中央采取强硬措施解决北高加索地区的民族问题:加强侦查活动,由肃反干部来加强北高加索的国家安全,驻扎特种部队,并研究重新部署苏联军队的事宜。3月13日,苏共中央通过决议,"授权苏联国家安全委员会(安德罗波夫同志)采取措施,由肃反工作干部巩固车臣—印古什和北奥塞梯苏维埃社会主义自治共和国的国家安全机关和加强它们的现有技术准备","授权苏联内务部(萧洛科夫同志)审核关于加强车臣—印古什苏维埃社会主义自治共和国和北奥塞梯苏维埃社会主义自治共和国的身份证制度"。5月25日,安德罗波夫报告了执行中央决议的情况:增加了这两个自治共和国国家安全委员会的编制,并给它们装备"特种技术手段",在共和国安全委员会内增设了由中央指派的"第二副主席"。

在经济发展中,仍存在相当大的问题。1970年2月12日,苏共中央、苏联部长会议、苏联工会中央理事会和苏联共青团中央联名发表公开信,指出燃料、电力、冶金、农机等一大批工业部门以及建筑运输机构没有完成五年计划的指标,一系列地区的肉、蛋、奶减产,整个国民经济的增长率低于五年计划的规定。农业存在的问题更大。1970年7月苏共中央全会专门讨论了农业问题,勃列日涅夫在报告中承认不仅谷物的生产情况不能令人满意,而且居民对畜产品,尤其是对肉类的需求还远远没有得到满足。1974年4月,为了增加农产品和畜产品的产量,政府决定加强对非黑土地的开发。一年后,国家计委报告了决议执行的情况:"第九个'五年计划'期间,本地区农产品的增长速度减慢","这期间,非黑土带农业生产的发展水平远远落后于白俄罗斯苏维埃社会主义共和国和波罗的海沿岸各国","在单位面积土地上该地区农业生产所投入的资金量、机械设备、化肥仍少于白俄罗斯和波罗的海沿岸各国1975年所制定的计划"。

1973年,是执行第九个五年计划的关键性一年,以柯西金改革为主要内容的经济发展遭遇了更大的困难和阻力。柯西金不得不在《共产党人》杂志上发表文章,呼吁坚持改革,坚持执行加速发展西伯利亚和远东生产力的方针。1973年年初,各加盟共和国都举行中央全会讨论经济问题,而得出的结论竟然是完全相同的:劳动生产率没有达到计划规定的增长指标,消费品的生产数量和质量都达不到要求,未完成的工程项目逐年增多。而与此同时,身居关键职务的领导人滥用职权、营私舞弊、侵吞国家财产、贪污腐败的现象日益严重。

社会的犯罪率在上升,苏共中央和部长会议认定是敌人和坏分子的破坏,不得不连续作出关于改善"人民志愿纠察队"的活动、进一步完善苏联公民证制度的措施以及选举"人民法官"等的决议。

1973年6月和7月间,勃列日涅夫数次发表讲话,依然强调,苏联建成了发达成熟的社会主义社会和全民国家,走上了共产主义建设的康庄大道。他还说,苏联人这个名称就意味着人民的新的共同体,苏联人具有了在举止、性格和世界观方面不受社会和民族差异影响的共同特征。1974—1975年间,包括勃列日涅夫本人在内的苏联领导人竭尽全力宣扬"发达、成熟社会主义",纷纷在各个报刊和集会上颂扬苏联的"发达、成熟社会主义社会"的伟大成就。在1976年2月24日—3月5日举行的苏共第二十五次代表大会上,"发达社会主义"成为一种主旋律,而在这个旋律下,通过了《1976—1980年苏联发展国民经济基本方针》,也就是第十个五年计划。

1977年5月苏共中央全会上,勃列日涅夫在《关于苏联宪法草案》的报告中再次重申了苏联已经建成发达的成熟的社会主义社会和全民国家的结论。他说,新宪法的新内容有两个重要的特点:一是扩大和加强了社会主义民主,即加强和保证了统一的国家权力机构——苏维埃的作用;二是对国家机关和公职人员进行经常性监督。他讲到苏联历史上的个人专权和破坏法制的行为,并许诺不允许这样的事重演。但是,就在这次中央全会上,波德戈尔内被解除了中央政治局委员的职务。随即,在6月16日的苏联最高苏维埃会议上解除了波德戈尔内的最高苏维埃主席团主席的职务,同时选举勃列日涅夫为主席团主席。勃列日涅夫重演了苏联历史,从此他一身兼任中央总书记和最高苏维埃主席团主席的职务,集党政大权于一身。而在约13年前,他和他的波德戈尔内等战友就是以"身兼第一书记和主席团主席两职"而将赫鲁晓夫赶下台的,而再早一些赫鲁晓夫也是举起这面旗子对马林科夫发难并将他赶下台的。但是,勃列日涅夫对此很快作出了自己的解释。他说,党中央关于由总书记兼任最高苏维埃主席团主席的决定具有深刻的历史意义,因为这将加强对苏维埃的领导,加强全民国家的政治基础,保证发达的成熟的社会主义能顺利进入共产主义。

同年10月3日,苏共中央通过了关于新宪法的决议。随后举行的苏联最高苏维埃会议通过了新宪法。勃列日涅夫胜利地宣告:世界上第一个全民社会主义国家的根本大法通过了,苏联建成发达社会主义社会的事实已经由宪法固定了下来。这一年也是苏联的国家安全机构成立60周年,而安德罗波夫

勃列日涅夫发达社会主义时期的食品商店门口

已经被授予"克格勃"大将军衔。12月19日,安德罗波夫穿上军服,在国家安全委员会大会的报告中,赞扬了勃列日涅夫的新宪法:"我国在人类历史上第一次建立了发达社会主义,形成了新的历史性共同体——因利益一致、马克思列宁主义意识形态一致而团结起来的苏联人民。无产阶级专政的国家已经成长为全民的社会主义国家。"

在筹备和宣传发达成熟社会主义的过程中,对勃列日涅夫个人的宣传和崇拜在苏联也达到了新的高潮。1976年5月,勃列日涅夫被授予苏联元帅的称号,他的第一尊半身铜像在其家乡——第聂伯罗捷尔任斯克竖立。1977年,他被授予苏联社会科学领域的最高奖赏——"卡尔·马克思金质奖章"。1978年,他获得最高军功章——"胜利勋章"。由别人捉笔操刀的勃列日涅夫言论集《遵循列宁主义的方针》几年间出了6集。表明他是卫国战争真正英雄和统帅的回忆录——《小地》、《再生》和《荒地》大量刊印。1980年,他甚至因此获得文学方面的列宁奖金。

## 八、阿富汗——可能的"盟国",艰难的决策,兵发喀布尔

1978年4月后,以塔拉基为首的阿富汗人民民主党执政阿富汗。这使苏联很高兴,因为在苏联领导人看来,在国家的南部有了一个"盟国",这个"盟国"将可能成为社会主义国家,从而有可能使它成为苏联南部与美国争夺地区霸权的桥头堡。所以,苏联对阿富汗进行了大量的援助,试图使这个国家置于自己的牢固控制之下。但是,由于人民民主党内部的争斗以及国内的动荡,1979年3月17日,赫拉特的驻军哗变,反对政府。塔拉基紧急要求苏联干预、支援和出兵。当天,苏共中央政治局紧急开会,讨论阿富汗局势。葛罗米柯道出了苏联对阿富汗关注的真实意图:"我们在任何情况下都不能失去阿富汗。我们同它和平睦邻相处已经60年,一旦离开苏联,必将对我们的政策带来沉

重的打击。"柯西金说:"我们大家都有一个共同的意见——不能交出阿富汗。"会议同意给予阿富汗以各种支援,但是决定不派遣军队。主持这次会议的基里连科说:"假如我们把我们的军队派到那里去,就产生一个他们同谁作战的问题。同叛乱分子,而同他们联合在一起的有大批宗教狂热分子,这是些穆斯林,他们之中还有大批平民百姓。这样一来,我们在很大程度上不得不同平民作战。"柯西金也提出了同样的问题,建议"不应当催促阿富汗政府呼吁我们出兵",由阿富汗建立自己的特种部队"到比较尖锐的地区去镇压叛乱分子"。乌斯季诺夫也说:"我认为,假如我们出兵到那里去,我们无论如何也不应该将我们的部队同阿富汗的混在一起。"所以,委员们倾向于政治解决。

　　会后,柯西金与塔拉基通话。塔拉基"请求苏联从坦克部队中派塔吉克人坦克手和装甲车手,让他们换上阿富汗服装后派来"。柯西金回答说:"我们军队参加作战行动的事实是根本掩盖不住的,是会很快被揭露的,记者们会向全世界传播说苏联坦克手在阿富汗作战。"18日,苏共中央政治局再次开会讨论阿富汗局势。全体委员再次同意不派兵,契尔年科说:"如果我们出兵阿富汗去打阿富汗人民,我们就必定会被谴责为是侵略,那就罪责难逃了。"在19日的政治局会议上,勃列日涅夫表态:"我们的军队的介入阿富汗不但会给我们带来损害,而且首先会给阿富汗带来损害。"安德罗波夫也明确说:"我想,我们不应该通过有关出兵的决议。出兵就意味着对人民作战,镇压人民,向人民开枪。我们将被看成是侵略者,因此我们不能容许这么做。"

　　苏共中央政治局委派部长会议主席柯西金、外交部部长葛罗米柯、国防部部长乌斯季诺夫和苏共中央国际部长波诺马廖夫组成一个专门委员会,来研究和采取对阿富汗的措施。所以,3月19日,当塔拉基来到莫斯科时,首先是他们4人会见了他。柯西金对塔拉基明确表示:"如果我们出兵,贵国的局势不仅不能改善,反而会复杂化。不能不看到,如此一来,我们的军队不但要同外国侵略者作斗争,而且还要同你们的一部分人民作斗争,而人民对这样的事情是不会饶恕的。"在随后的接见中,勃列日涅夫也对是否出兵讲了这样的话:"不应该做这件事。如果做了,就等于帮了敌人(无论是你们的,还是我们的)的忙。"

　　这时,苏联对阿富汗的局势是能够控制的,所以苏联领导人并不想在有利的情况下,因出兵阿富汗而失去这个国家。在其后的10个月中,苏联领导人坚持了一条由葛罗米柯、安德罗波夫、乌斯季诺夫和波诺马廖夫所制定的路线——"尽我们的能力帮助阿富汗民主共和国回击反革命势力,稳定国内形势,加强自己的影响,引导人民群众走社会主义改造之路"。随之,苏联对阿富汗进行了大量的援助,其中包括提供战斗直升机、价值5 300万卢布的包括大炮、迫击炮和火箭筒在内的"特殊物资"、粮食、提高从阿富汗进口的天然气的价格、建设水电站、养禽场、医院,等等。为了从舆论上支持阿富汗,苏联利用世界和平理事会和亚非人民团结组织等发表"不许干涉阿富汗"的声明,帮助建设广播电台、印刷厂等。为了扩大苏联在阿富汗的影响,不断在阿富汗境内组织电影周等"友好"活动,增加苏联新闻社阿富汗分社的人员,建设"苏联文化中心大楼"(苏联科学文化宫),帮助阿富汗人民民主党建立苏共式的党校。苏共中央甚至决议帮助阿富汗制定宪法。通过所有这一切,苏联领导人就是希望阿富汗能成为苏联事实上的盟国,按照苏联的模式走"社会主义改造之路"。

1979年7月和8月间,阿富汗人民民主党内部的矛盾和争斗日趋激化,塔拉基的影响和控制力在下降,而作为他的副手并担任政府总理的阿明的势力在增强。9月14日,阿明的军队攻下总统府,逮捕了塔拉基。第二天,阿明召开政治局会议和内阁会议,会议宣布开除塔拉基出党,选举阿明为总统。阿明还担任了阿富汗人民民主党的总书记。10月,阿明下令处死了塔拉基。他和苏联的关系日益疏远,而苏联领导人也感到对阿明愈来愈难以控制。为了不失去阿富汗这块阵地,10月,苏共中央政治局开会,重新确定了对阿富汗的方针——派特种部队进入阿富汗,坚决制止阿明可能背离苏联的任何行动。特种部队是由国家安全委员会的第八局派出的,进驻阿富汗首都喀布尔的郊区。12月12日,苏共中央政治局再次开会讨论阿富汗局势,会议得出的结论是:绝不能失去阿富汗,必须保住苏阿边界的和平,防止在阿富汗出现一个敌对苏联的政权,以免在苏联的中亚地区出现分裂主义趋势。同时要针对美国等国家对阿富汗的染指,绝不能让原教旨主义者插手阿富汗事务。会议讨论了出兵的问题,最后决议"同意尤·弗·安德罗波夫、德·费·乌斯季诺夫、安·安·葛罗米柯同志提出的看法和措施",并责成他们3人"承办实施"。

12月26日,苏共中央政治局会议同意了"近期行动的计划",即向阿富汗派遣苏军的行动计划。27日,苏共中央书记处以《关于处理阿富汗问题的第177号记录》的形式,下发了8份文件(1. 批准给苏联驻柏林、华沙、布达佩斯、布拉格、索菲亚、哈瓦那、乌兰巴托、河内的大使的指示草案;2. 批准因阿富汗周边形势发展给所有苏联大使的指示草案;3. 批准给驻纽约苏联代表的指示草案;4. 批准塔斯社的报道草案;5. 批准给革命委员会主席、阿富汗人民民主党中央委员会书记、阿富汗民主共和国总理卡尔迈勒同志的致敬电;6. 批准关于对阿富汗所采取的行动如何进行宣传的建议;7. 批准中央给苏联共产党各级党组织的信;8. 批准苏共中央给非社会主义国家共产党和工人党的信)。这8份文件有两个关键的问题,一是规定了如何向党内外和国内外解释苏联出兵阿富汗的行动。政治局提出的格式化的理由是:"目前,外来干涉和哈·阿明在国内开展的恐怖活动,对于4月革命在阿富汗取得的成就已经构成了威胁。在这种条件下由现在在国内或由于某种原因处在国外的忠于革命事业的人组成的阿富汗部队正在采取措施,消灭篡权者,保卫4月革命的成果,保卫阿富汗的独立。有鉴于此,并考虑到阿富汗新领导人关于要求援助反击外来侵略者的请求,苏联遵循自己的国际主义职责,决定派遣有限数量的苏联军队进驻阿富汗,一旦导致这种行动的理由不复存在,苏联军队就立即撤出阿富汗。"为此,文件强调了苏联是"应刚刚组成的阿富汗国的新领导集体的请求这样做的。新的集体领导请求苏联帮助反对外来侵略。"同时还强调了苏联的行动是"根据联合国宪章第51条条款的","该条规定一个国家为反击侵略,恢复和平,有不可剥夺的集体防卫和单独防卫的权力"。二是当苏军还没有攻下阿明的总统府——达鲁拉曼宫,苏联认定的阿富汗的新领导人巴布拉克·卡尔迈勒还在莫斯科时,苏联领导人就拟好了他当选为阿富汗人民民主党总书记和国家总理的贺信。这两个关键问题表明,所谓"应新的集体领导的请求"完全是个托词,出兵阿富汗和扶持卡尔迈勒上台完全是苏联领导人的单方面的意愿和行动。

12月27日,苏军兵发喀布尔,当夜攻下总统府,阿明全家遇难。随即,电台播发了卡尔迈勒的讲话,宣布"真正的人民政权成立了,我向全国的同胞表示祝贺"。而他本人此时仍待在莫斯科,等待苏联军队把阿富汗的局势平定下来。12月28日,卡尔迈勒当选为阿富汗人民民主党总书记,组成新内阁,卡尔迈勒兼任总统、总理和武装部队总司令。31日,安德罗波夫、葛罗米柯、乌斯季诺夫和波诺马廖夫给苏共中央写信,其中提到苏联出兵的一条理由是:"阿富汗民主共和国政府过去曾提出了这样的要求",另一条理由是:"根据1978年苏阿条约原则"。他们坚信,阿富汗将克服一切困难,因为在阿富汗"对苏联军人和专家继续表示欢迎。国家形势正在变得正常","人们坚信,阿人民民主党在苏联帮助下能克服这些困难。卡尔迈勒是阿人民民主党较有理论造诣、能冷静和客观评价阿富汗形势的领导人之一,他对苏联总是抱有诚挚的感情,在党和国家中享有崇高的威望。因此,可以相信,阿富汗民主共和国的新领导能够找到有效途径完全稳住国内形势"。

苏联出兵阿富汗引起了世界各国政府的抗议和反对,各国政府纷纷谴责苏联对阿富汗的入侵。就在出兵前夕,葛罗米柯给苏联驻联合国大使特罗扬诺夫斯基发出机密电报,指示他:如果安全理事会讨论苏联出兵阿富汗的问题,必须引用联合国宪章第 51 条(即集体防卫和单独防卫),来为苏联的立场进行辩护。特罗扬诺夫斯基深知,这一条款根本无助于辩护苏联的出兵立场,于是他预感到:"对苏联驻联合国的代表来说,发愁的日子来到了。"1980 年 1 月 9 日,联合国召开第六届紧急特别会议讨论 24 个不结盟国家提出的《阿富汗局势及其对国际和平与安全的影响》的决议草案。这一决议草案的主要之点是对苏军入侵阿富汗表示遗憾,要求苏军立即撤出阿富汗。会议的结果是通过了这一决议。关于这一结果特罗扬诺夫斯基后来写道:"我们使尽浑身解数进行抵挡,但是所有这一切都无济于事。最后还是通过了受到 100 多个国家支持的决议。我们好不容易才弄到 30 多张反对票或弃权票。"可见,苏联的处境是如何的尴尬,但是苏联领导人并不想就此止步。为了证明自己出兵是有理的,苏共中央通过中央国际部出面,要卡尔迈勒补写一封信件,其中强调了阿富汗人民民主党领导集体对苏联的请求:"我们向你们,尊敬的朋友们,请求你们给予帮助和支持。"但是,在这封信中,卡尔迈勒还是没有使用"请求派遣军队"的字样。他在信中的语气也表明这封请求信是写在 12 月 27 日之后:"我国处于外国反革命武装干涉不断威胁的条件之下。在这样的条件下,我们才请求我们的忠实朋友——苏联给予援助。苏联根据苏阿之间签订的友好、睦邻与合作条约第 4 条文字精神规定的义务给予了这种援助,包括向我国派出有限的军队。"1980 年 1 月 23 日,苏共中央国际部也在给苏共中央的报告中提到收到此信,并建议将此信修改后,发往喀布尔,由卡尔迈勒签字后再发往各共产党和工人党。

与此同时,苏联政府加强了对阿富汗的"苏化"工作——要把阿富汗党和国家搞成苏共和苏联这样的国家。苏共中央组织和党务工作部已经把阿富汗人民民主党视为"兄弟党",说"苏联公民"在阿富汗"总是最受欢迎的人。阿富汗人把苏联看作是自己最可靠和最真诚的朋友"。因此,1980 年 1 月 16 日,它提出应该按照苏共的党的建设和干部路线来改造阿富汗人民民主党:"在我们看来应该在彻底实施民主集中制原则的基础上完成党的建设",配备苏联顾问,"经验证明,哪里有我们党的顾问,那里的阿富汗人民民主党的党务工作就开展得井然有序,就有效果。最恰当的是随着时间的变化每一个省都应该有党的顾问"。它还借阿富汗人之口提出:"阿富汗的同志不止一次的请求过把科学共产主义奠基人的著作,苏共中央总书记勃列日涅夫同志的论著,马克思列宁主义哲学、政治经济学、科学社会主义、党的建设方面的参考书、马克思、恩格斯、列宁和勃列日涅夫的照片,以及能反映苏联人民在共产主义建设中所取得成绩的宣传画,作为礼物寄给他们。"

1980年1月23日,苏共中央政治局决议向临时驻阿富汗苏联军队派遣军事人员、工人和职员,并授权国防部可自行进行这种派遣。为了保证进入阿富汗的苏军能合法地、长期地驻留下来,1月25日,苏共中央政治局决议要卡尔迈勒与苏联签署苏军临时驻防阿富汗领土的条约,并把机密信件给驻喀布尔大使,要他向卡尔迈勒转告:"最近资产阶级的宣传加强了反对阿富汗和反对苏联的运动,歪曲苏联军队进驻阿富汗的意义",因此最好签署这一条约。"在条约中指出这一措施的临时性质,并强调苏联军队是应阿富汗政府的请求,为防御外来侵略而进驻阿富汗民主共和国领土的,不干涉阿富汗的内政,苏军将遵守阿富汗国内的法律"。苏共中央政治局还关照大使,如果卡尔迈勒原则上同意,就将准备好的条约草案交给他。这份草案首先强调,苏军是应阿富汗的请求进驻的,"暂时驻在阿富汗民主共和国领土上的苏联军队依然受苏军指挥"。除了生活费用外几乎其他一切费用皆由阿富汗支付。苏军人员及其家属均可自由来往于各苏军驻地和出入阿富汗国境,并且"免检护照和签证",他们所携带的货物过界时,"不纳税,不受海关和边防的检查"。条约要求的驻军数量多达6万人,部队包括步兵、炮兵、装甲兵和航空兵等。苏联要求的驻军地区分布在阿富汗各地,阿富汗的所有机场都要被苏军"共同使用"。所有这些措施都被葛罗米柯、安德罗波夫、乌斯季诺夫和波诺马廖夫称为是"在阿富汗事件之后确保苏联国家利益的进一步措施"。这实质上是一个让苏联人在阿富汗享有特权的不平等条约。

随后,苏军的正规部队就进入阿富汗,开始与阿富汗的那些不顺从苏联的"暴民"作战。具体的作战事务由国家安全委员会(克留奇科夫)、国防部(阿赫罗梅耶夫)和外交部(科尔尼延科)的代表组成的工作组负责。1980年2月初,安德罗波夫访问了喀布尔,就实施这些措施与卡尔迈勒等进行了会晤。在2月9日,苏共中央政治局讨论安德罗波夫出访阿富汗情况的会议上,涉及了苏军是否撤出的问题。乌斯季诺夫表示:"我想,阿富汗的局势还需要一年,或者一年半才能稳定下来,而在这之前我们是不能考虑撤军问题的,否则我们会惹出许多不愉快的事。"葛罗米柯说:"我认为,我们应该稍微往前看。毫无疑问,经过一定的时间,军队是要撤出阿富汗的,因为军队现在是根据阿富汗领导的请求和根据条约进驻的。"但他坚持了一种有条件撤军的立场:"假如中国、巴基斯坦以及其他等方面停止敌对宣传,在这种情况下,没有其他交换,我们能说彻底撤军吗? 在我看来,我们应该考虑的是,在出现可以撤军的条件之后,双方之间应规定双方应承担什么条约义务,我们不能做绝对的保证。"勃列日涅夫不仅不同意撤军,反而要求:"我想,我们应该再增加一些驻阿富汗的军队数量。"

苏联军队在阿富汗面对的是武装起来的阿富汗人民。局势应了安德罗波夫当年说过的话:"出兵就意味着对人民作战,镇压人民,向人民开枪。我们将被看成是侵略者。"不仅阿富汗国内的政治、经济和民族局势每况愈下,而且苏联本身的处境越来越艰难。1980年正是在莫斯科举行奥运会的年份,有37个国家和地区为抗议苏联入侵阿富汗,抵制这次奥运会。7月19日,当勃列日涅夫登上开幕式的主席台时,他看到了一片抗议的景象:16个队没有举本国的国旗,10个队只有队旗,而没有运动员。

苏联军队在各处都遭到阿富汗游击队的致命性打击,陷入了深不可拔的政治泥沼之中。到了1982年的秋冬之际,对于苏联来讲阿富汗战争仍是个无底之洞。而这时,勃列日涅夫已经垂垂老矣,整个苏共中央政治局成了一个"老人班子"。他的参与重大决策的同事柯西金因苏联经济发展不力(表面措辞是"因病")在1980年10月24日被解除部长会议主席的职务,由尼古拉·吉洪诺夫继任。"柯西金改革"告终,他本人也没有活过1980年。1981年2月23日—3月3日,苏共第二十六大召开,通过了《苏联1981年至1985年和1990年前经济和社会发展基本方针》,即第十一个五年计划。在中央全会上,一批年轻的领导人被提升为中央领导,其中包括当选为政治局委员和中央书记的戈尔巴乔夫。1982年1月25日,勃列日涅夫的另一个重要助手——长期掌管意识形态问题的苏斯洛夫病逝。最后,轮到勃列日涅夫本人了。

1982年11月9日晚餐时,勃列日涅夫说嗓子疼得厉害,甚至连松软的奶渣都无法下咽。随即连每天必看的新闻节目也没有看,就上楼去睡了。走时对自己的妻子说:"晚安。维齐,你不去睡?"维克多莉娅·彼特罗夫娜回答说:"不呢,廖尼亚,我还要看一会儿电视!"第二天早晨,他的卫队长梅德维杰夫发现这位执政18年、宣告苏联已经建成发达社会主义并正在建设共产主义的领导人已经在睡梦中死去。第一个赶到的是安德罗波夫,他只是说了句:"看来,什么也帮不了了。"

11月12日,在苏共中央非常全体会议上,安德罗波夫当选为苏共中央总书记。这一年他68岁。15日,在红场举行勃列日涅夫的追悼会。安德罗波夫在大会上致悼词,称勃列日涅夫是"在苏联人民为巩固伟大十月革命的成果,为实现列宁的遗训,为在我国建成社会主义,为我国的自由和独立而忘我斗争的那些年代里成长和锻炼出来的杰出政治领导人之一"。他还声称"将坚定不移地执行在列昂尼德·勃列日涅夫的良好影响下制定的国内外政策中的战略路线"。在勃列日涅夫生前,就已经宣传和制造出了"从伊里奇到伊里奇"的"勃列日涅夫个人崇拜"。安德罗波夫的悼词重复了这种崇拜,但实际上他也在一定程度上宣告了这个崇拜的消亡。

## 九、勃列日涅夫的遗产,艰难的 15 个月,安德罗波夫去世

1982 年 11 月 22 日,安德罗波夫主持了勃列日涅夫之后的第一次中央全会。他在报告中坦率地承认,"五年计划头两年的计划任务没有完成",问题是:"经济效率的主要指标——劳动生产率的增长速度不能使我们满意。"他提出了一个勃列日涅夫不愿也不敢承认的问题:"计划依然是用消耗大和生产费用高的代价来完成的。"因此,安德罗波夫要求加强工作者的责任心,要"整顿秩序"。在这次会上,进行了一些人事调整,最突出的是契尔年科地位的上升。他主管国家安全委员会、内务部、党中央的行政机构,并分管意识形态、文化和科学事务。更重要的是,他在安德罗波夫缺席时,负责主持中央书记处的会议。这在安德罗波夫生病并且病情在发展时,就具有了决定性的意义。

安德罗波夫(中)和戈尔巴乔夫(左)在斯塔夫罗波尔边疆区

从这次会议起,安德罗波夫就接受了勃列日涅夫留下的遗产——一个不是苏联的宣传机构所宣传的那个形势大好的苏联。无论在国际事务还是在国内政策上,勃列日涅夫留给安德罗波夫的遗产都是极为沉重的。在国际事务上,有陷入泥沼的阿富汗战争、和美国的争夺,其中重要的有旷日持久的战略

武器的谈判、社会主义大家庭中东欧国家,尤其是波兰的背离倾向。

首先是苏军对阿富汗的临时驻扎变成了长期的占领。苏军成了在阿富汗掠夺各种资源的工具和促使阿富汗各民族分裂和争斗的催化剂。而苏联领导人在处理阿富汗问题时,其主要的斗争矛头是指向美国和中国的。负责处理阿富汗问题的"四人委员会"在给中央的报告中就明确写道:"事态的发展证明,美国及其盟友和中华人民共和国的目的就是最大限度地利用阿富汗事件以扩大反苏气氛和证明他们旨在改变力量平衡以求有利于自己的长期敌视苏联的对外政治活动是正确的。"因此,他们建议,利用法德和美国的矛盾,对美国的北大西洋公约盟友施加影响,长期采取措施,使美中日三国同盟关系复杂化,积极揭露美国及其盟友和中国的反苏和反阿富汗阴谋。这些建议被苏共中央所接受。但是,实际上,随着阿富汗战争的深入,"四人委员会"也感到了由阿富汗问题而承受的越来越巨大的压力。1982年7月,葛罗米柯和美国国务卿赫格就阿富汗问题进行了谈判,双方都同意阿富汗应是一个独立自主的国家,但严重的分歧是在苏军的撤军问题上。葛罗米柯要求美国保证不干涉阿富汗的内部事务后才能撤军,而美方要求苏联应立即撤军。

安德罗波夫执政后,试图在保全苏联对阿富汗的控制和当地局势稳定的条件下,考虑撤出苏军的问题。但是,毫无结果。苏联和中国的对立关系是安德罗波夫一直十分担心的问题,他并不期望短期内苏中关系会得到改善。但是,他曾指示苏联驻联合国大使特罗扬诺夫斯基在联合国寻找机会与中国外交官进行有益的接触。1983年8月27日,安德罗波夫在回答《真理报》记者问时,谈到勃列日涅夫时期的苏中关系是不正常的,虽然目前这种关系有了某种积极的趋势,但远远不符合两个大国之间应有的水平。他提到,在贸易、经济、技术、文化和体育等的合作与交往以及边境地区的相互信任方面有许多工作可做。他放出的信号是,准备和中国进行对话。然而,在他执政期间,苏中关系毕竟没有得到根本性缓和。

在社会主义大家庭中,在80年代初最使苏联领导人担心的是波兰。1980年7月1日,波兰因为经济发展中的诸多困难,不得不宣布提高部分肉类的销售价格,引起人们强烈反对。7月31日,勃列日涅夫对波兰事务进行干预,在克里米亚会见了波兰统一工人党第一书记盖莱克,声称反社会主义分子已经渗透到波兰的一些企业中,他们正利用国家的经济困难达到反革命的目的。8月,波罗的海沿岸的格但斯克和什切青等城市的750家工厂的70余万工人举行大罢工,并建立了罢工委员会。格但斯克、格丁尼亚和索波特的罢工委员会联合,成立了统一组织,随即命名为"团结工会",由罢工运动的主要领导人、格但斯克列宁造船厂的电工莱赫·瓦文萨任主席。罢工的结果是引发了政府危机,波兰党政治局、部长会议和工会中央理事会不得不进行改组。政府接受了团结工会的全部条件,9月1日罢工结束。9月3日,苏共中央在关于同波兰领导人谈话的提纲(由8月25日中央政治局会议上为处理波兰问题专门成立的"苏斯洛夫委员会"起草)中,称波兰政府接受工人的条件是一个"沉重决定","协议意味着使反社会主义的反对派合法化"。苏联领导人对今后怎么办,给波兰领导人定下了方针:"当前的任务是准备反攻和夺回在工人阶级和人民中失去的阵地。"对于团结工会,苏共领导指示,"对工会的活动实行根本的改造","努力限制所谓的'自治'工会在群众中的活动和影响","考虑到反社会主义势力的活动所造成的危险,从国家系统要采取必要的措施加强社会主义法制"。9月5日,自1970年取代哥穆尔卡的盖莱克被解除第一书记职务,由斯·卡尼亚接任。

10月30日,卡尼亚和新的部长会议主席平科夫斯基访问莫斯科,同苏联领导人商讨对策。为了这次访问,政治局在29日专门开会,确定了对"波兰同志"的方针:明确告知他们必须实行战时状态。安德罗波夫说:"在波兰,现在出现了反革命,但是波兰领导人无论在报刊上、广播里,还是电视上都没有谈到这一点。"乌斯季诺夫说:"如果不实行战时状态,事情就会复杂化并将更加复杂。"葛罗米柯说,实施战时状态"是为了拯救革命成果"。戈尔巴乔夫也支持实行战时状态。苏联还为此在莫斯科召开了华沙条约国家党政领导人会议,讨论波兰问题。1981年2月,波兰国防部部长雅鲁泽尔斯基取代平科夫斯基任部长会议主席,并继续担任国防部部长。苏联领导人就在波兰实行战时状态的问题上继续对波兰领导人施加压力。4月上旬,安德罗波夫和乌斯季诺夫与卡尼亚和雅鲁泽尔斯基甚至在布列斯特举行了秘密会晤。"波兰同志"仍是以各种借口不准备实行战时状态。

4月23日,苏共中央政治局会议对波兰局势的估计是:"波兰国内的政治危机具有缓慢、持久的性质。波兰统一工人党在相当大的程度上丧失了对社会中发生的过程的控制,同时'团结工会'变成了有组织的政治势力,它能使党和国家机关的活动瘫痪,并实际上把政权掌握在自己手里",因此结论是:必须"捍卫社会主义在波兰的成果"。为了实现这一意图,苏斯洛夫率领代表团访问了波兰,并在那里谴责帝国主义势力干涉波兰内政。7月,苏共中央委员格里申率领代表团出席波兰统一工人党第九次特别代表大会,在会上公然声称"当问题涉及社会主义在一个兄弟国家的命运时,苏联不能漠然置之"。8月19日,勃列日涅夫在祝贺雅鲁泽尔斯基当选为波兰党的第一书记的通话中,要求他以"另一种方式""反对反革命"。9月,团结工会举行全国代表大会,瓦文萨任主席。在10月29日的苏共中央政治局会议上,谈到了苏联出兵波兰的问题。但是,鉴于苏军在阿富汗的困境,这个问题很快被否决掉了。会上,安德罗波夫说:"我们必须坚持我们自己的路线——决不把我们的军队派到波兰去。"乌斯季诺夫也说:"决不能把我们的军队派到波兰去。他们波兰人没有准备接受我们的军队。"

11月21日,苏共中央政治局又一次专门研究波兰局势,勃列日涅夫要苏联驻波大使向雅鲁泽尔斯基转达他的口信,再次反对雅鲁泽尔斯基对"团结工会"、"对社会主义反对者的让步"。勃列日涅夫对雅鲁泽尔斯基明确说:"现在已经非常清楚,不同阶级敌人作坚决斗争,要在波兰挽救社会主义是不可能的。"在这次会议上谈到了苏联要求波兰实行的"X"计划。苏联领导人一直对雅鲁泽尔斯基迟迟在国内不宣布苏联支持的"X"计划——实行战时状态,坚决反对反革命的行动计划严重不满。在12月10日的政治局会议上,葛罗米柯在提及雅鲁泽尔斯基等人的表现时说:"如果他们在同反革命的斗争中继续表现出动摇,那么社会主义的波兰将什么都剩不下了。"安德罗波夫说:"在这些情况下,波兰同志应当迅速准备'X'行动并实现这个行动。但雅鲁泽尔斯基却宣布,我们将在'团结工会'逼迫我们时才实行'X'行动。这是一个令人非常不安的征兆。"所以,他建议通过经济援助施加压力,迫使雅鲁泽尔斯基实行"X"计划。

1981年12月13日,雅鲁泽尔斯基发表告人民书,宣布全国实行战时状态。几乎与此同时,苏共中央政治局给各兄弟国家领导发出了关于波兰局势的通报,其中提到:"在执行预定计划的前夕,沃·雅鲁泽尔斯基把此事通知了莫斯科。我们转告他,苏联领导对波兰同志的这个决定表示理解。当时,我们的出发点是,波兰朋友将依靠内部的力量来解决这些问题。按照我们事先的估计,波兰朋友的行动是回击反革命的积极步骤,在这个意义上也符合兄弟国家的共同方针。"在这里,苏联领导人按照传统的做法,将自己策划的对波兰事务的干涉说成是波兰人"把此事通知了莫斯科"。

勃列日涅夫留给安德罗波夫的这份"波兰遗产",在阿富汗战争远未结束的情况下,显然使安德罗波夫处于十分微妙的困难处境。在他执政期间,波兰问题和东欧其他兄弟国家的局势依然朝着苏联领导人不愿看到的方向继续深

## 第十二章 从勃列日涅夫到安德罗波夫

化发展。

与美国的关系,尤其是两国在以核武器为主要内容的谈判上,安德罗波夫做了更多的工作,或者说是向美国抛出了更多的橄榄枝。1982年是苏联建立60周年,安德罗波夫在庆祝大会上强调了"不能允许爆发核战争"的这个概念。第二天,他通过对美国政治评论员金斯伯里·史密斯问题的回答,向美国和北约提出了"同时冻结"和"绝对零点"的方案。所谓"同时冻结"就是苏美双方将战略武器同时冻结在现有的水平上,不再增加,然后在对等的水平上同时削减。所谓"绝对零点"就是苏联和北约国家在欧洲地区都不部署中程核武器和战术核武器,使那里成为一个零点地区,或者同等削减中程核武器和导弹的数量。此后,他不断重申苏美应保持核均势的这种看法。但是,一架韩国客机被苏联空军击落的悲剧使苏美间的这种对话骤然停止,苏美双方的空前尖锐起来的指责具有了强烈的"冷战"气氛。

1983年8月1日早晨,苏军飞机发射导弹击落了一架军方声称越过了苏联国界、已经进入萨哈林岛上空的间谍飞机——P135。但是,安德罗波夫本人很快就得知,被击落的是韩国的一架民航客机,上有乘客269人。9月1日,在苏共中央政治局会议上,决定由塔斯社发表一项官方声明,通报有一架不明国籍的飞机闯入苏联萨哈林岛的上空。但没有提是什么样的飞机以及结果如何。9月2日,政治局再次讨论此事。所有的委员都认为击落这架飞机是完全正确的,国防部部长乌斯季诺夫说:"我们的行动是完全正确的,因为美国制造的南韩飞机深入我国领土达500米之远。"部长会议主席吉洪诺夫说:"我的观点是,这是有预谋的、蓄意的挑衅,其目的就是要使国际局势复杂化和尖锐化。"国家安全委员会主席切布里科夫承认:"根据我们的情报,失踪的飞机和美国飞机没有联系过,总的说来它一直像是在隐蔽飞行。"但他坚持说,这架飞机一定和美国有关,因为美国最早有这架飞机的消息并一直在追踪观察。对于是否要向公众报道这架飞机是被苏联的导弹击落的,委员们略有分歧。葛罗米柯说:"否认是我们的飞机击落的,这是绝对不行的。"罗曼诺夫和格里申都提出了一种"分阶段公布"实情的办法。罗曼诺夫说:"首先,要指出很难区分南韩的飞机是民航机还是战机;其次,应当强调破坏了最重要的国际协议;第三,需要说明,这架飞机对询问和信号都没有作出回答。"格里申说:"先通报在进行侦查,往后再说飞机是被击落的。"所以,在9月8日的政治局会议上,决定"就南韩飞机入侵一事举行新闻发布会",所以代替安德罗波夫主持会议的契尔年科总结说:"当前主要的是要成功地举行新闻发布会。"尽管如此,苏联政府在对待"南韩飞机事件"的立场,对待外国"入境飞机"上的立场一直是十分强硬的,尤其是军方。乌斯季诺夫在1983年11月24日的政治局会议上说过这样的话:"我们怎能知道飞机里面的乘客是间谍还不是间谍。为了保证我国边境的安全,我们有总的规章。首先向这种飞机发出警告,然后把它击落。"

"南韩飞机事件"使苏美关系迅速恶化。9月1日,美国国务卿舒尔茨就发表声明指责苏联用导弹击落民航飞机。在联合国大会例会期间,美方拒绝给葛罗米柯提供安全保障,因此葛罗米柯也就拒绝出席这次例会。苏美双方掀起了一轮又一轮的宣传攻势,两国的关系在瞬间具有了更强烈的"冷战"气氛。苏美之间关于限制战略武器的谈判进入死胡同。安德罗波夫在解决"南韩飞机事件"中没有参加过一次政治局会议,理由是他抱病在身。但是,就在这一年,安德罗波夫却加强了国内导弹核武器系统的管理和指挥,在苏联历史上第一次建立了由总书记随时掌控的"核指挥箱",并数次进行过核指挥和快速反应的演习。

在国内事务上,勃列日涅夫留给安德罗波夫的遗产同样艰难复杂,难以解决。而安德罗波夫给予国内事务的关注和努力是他执政的更为重要的一方面。

在勃列日涅夫的末年,苏联的社会运转就呈现了一片不祥的景象。由于阿富汗战争,无数的苏联人被征召去打仗,许多人死于异乡,更多的人拖着残疾之躯回到故乡,带回了战友的噩耗、骨灰和对于这场战争的恐惧、不满和难以实现的要求。从此,"阿富汗人"成了这一代人的代名词,他们没有工作,取不到对伤残的补偿,只能流落街头,有的甚至乞讨为生。而更为严峻的是,他们对于停战的呼吁和对于政府发动这场战争的谴责成了一种新的政治潮流,给苏联社会注入了更多的动荡不安的因素。而对那些战死者的葬礼在苏联各地日复一日的举行,悲观、失望、阴霾的气氛遍布全国,对战争的谴责,对和平的渴望,对人道主义的呼喊成了支配苏联普通人言行的思维。"人道社会主义"的愿望在逐渐演变成一种政治口号和改革的呼声。

由于对战争的难以计数的投入,由于苏联自认为是社会主义大家庭的首脑和世界反对帝国主义力量的带头人而承担的大量"国际主义义务",由于把越来越多的资金用于生产火箭、导弹、战略武器和日益膨胀的国防需要,同时也由于连续4年的农业歉收,80年代初,苏联又一次出现了"计划经济"特有的危机征兆——商品一天比一天短缺,为了弥补商品的不足,不得不采取以"分

## 第十二章  从勃列日涅夫到安德罗波夫

配"代替销售的办法。"内部分配"和"特供"又一次成为解决危机的途径,一系列城市实行凭证供应制度。对于执政者来说,他们可以在特供商店获得他们所需要的一切,而对于老百姓来讲,他们获得所需商品的途径就只有套购、市场贸易和各种非计划的手段。一时间,对于进口商品和特供商品的追求和获得就成了苏联经济的一道特别风景线。在1980年奥运会期间,苏联政府把莫斯科布置成为展示苏联社会主义制度优越性和成就的大橱窗,所有的商店里货物都琳琅满目,所有的商品都是"计划经济"的低价,全城没有一处有排队的景象。但是奥运会刚一结束,所有的商店又都空空如也,又都在门前排起了长队。所以,在勃列日涅夫执政时期盛行的政治笑话,这时就变得更为辛辣了。老百姓讽刺勃列日涅夫是用奥运会代替了发达社会主义,人们对苏共、苏联领导人和政府的信任感急剧下降,苏联领导人面临着经济和政治信任的双重危机。

在这种情况下,首先是执政者贪污腐败成风。掌权者手中的美元多起来了,多得无法计数。自己享受,则建造豪华别墅,购买高级消费品,收藏汽车、珍宝古玩;敬奉他人,则送礼送物送人。而这一切却都是在国家的名义下、通过国家的手段进行的,所有这一切就都变得无比神圣和神秘莫测。勃列日涅夫喜欢钓鱼和行猎,于是上行下效,州委书记、区委书记、县委书记都钓鱼打猎成瘾,于是到处建打猎场和钓鱼场。官员们之间盛行"饮宴"和"馈赠"之风。中央大员下去,地方必盛宴款待。盛宴过后,必有馈赠。而下级官员被召见,到上级或者中央去时,必定要带上礼物。对于这些善于逢迎并时刻窥视晋升机会的下级官员来说,最主要的工作就是把比自己大的官员伺候好了,其他的一切事情就好办了。而上级官员们也照收不误。而最能接受馈赠和接受馈赠量最大的却偏偏是党的总书记勃列日涅夫,连外国人也知道他的这一癖好,给他赠车赠猎枪。所以,勃列日涅夫拥有的馈赠汽车装了几个车库,他收的猎枪是整整一个大房子。他自己在75岁生日时,则接受了达吉斯坦自治共和国送的纯金制作的茶炊和雅库特自治共和国送的猛犸象牙等世所罕见的礼物。

其次是走私和黑市交易成风,洋货的非法入境与交易、洋文化的泛滥猖獗。而首先进入的是和苏维埃文化意识形态格格不入的西方录音带和各种影像制品。曾经有官员建议苏联自己来生产这种音像制品,但政治局的反应是,干什么这么复杂,让海关卡住,不让进关就是了。但是,海关已经卡不住了。于是,地下生产各种洋货的作坊、车间和企业就应运而生。很快,这种地下企业就从生产洋货转向生活必需品和工业品的各个领域,并逐渐地形成了一种包括原材料供应、生产、运输、批发、销售和洗钱的巨大网络——"影子经济"。在70年代中后期,在这种有操纵性和黑社会性质的"影子经济"中最有影响的是:垄断莫斯科市场供应的"第一食品店集团",其头头是一个绰号叫"小叶利谢耶夫"的人,他的真名是索科洛夫。因为他曾是莫斯科市委书记格里申的司机,在集团的经营和买卖上与这位把莫斯科变成独立王国的书记有着说不清道不明的关系。"黑鱼子酱集团",这个集团从事非法捕捞珍贵鱼种,生产、销售和向境外走私黑鱼子酱,非法利润达到数千万美元,并且从事洗钱勾当,在西方国家银行立有多个账户。而负责这个集团运行的却是渔业部的高级党政人员。"圣像和古玩走私集团",这个集团的首领向国外走私了大量的圣像、珍宝和古玩,在他的屋里还保存有专门留给内务部部长萧洛科夫的圣像和古玩,这位商人毫不隐讳他与部长的关系。"珍宝走私集团",这个集团将极其大量的价值连城的瓷器、油画、金银首饰,甚至沙皇宫廷的收藏走私到国外,其首要人物是以演员鲍里斯·布里亚策为首的黑帮势力,其同谋者和保护者的线索很深很远,直接保护人是文化部马戏管理局局长科列瓦托夫、勃列日涅夫的女儿和女婿加林娜和丘尔巴诺夫。"梅都诺夫集团",这个集团大量贪污、腐败,是克拉斯诺达尔州委的违法乱纪和"影子经济"的核心和后台,而这个集团的首领就是该州州委第一书记梅都诺夫。他是勃列日涅夫的老下级,和勃列日涅夫有着很深的官宦关系,因此梅都诺夫的势力延伸到许多共和国,成为这一时期"影子经济"和黑势力的关键人物。

再次,各个集团和"影子经济"势力为了自身的安全和顺利运行,组成了一张大的网络。这个网络的特点是:他们结帮拉派,官官相护,相互利用,相互包庇;他们都在护法和执法机构里有后台靠山,他们和有权势的人物有默契,或者有勾搭,沆瀣一气,狼狈为奸;他们都运用有组织的犯罪手段进行活动和积累财富。而更为重要的是,他们寻求庇护的手一直伸进国家领导的最高层,善于并巧妙地利用勃列日涅夫的"保持领导干部的团结和稳定"的要求,使自己不受任何的惩罚。

对于这种局面,最敢于讲话的政治局委员也只能无可奈何地表态:"我只能保证自己不贪污!"于是就有了一则在勃列日涅夫时期最典型的笑话:当列宁知道在修建铁路时,他就扛起一根枕木,和战友们一起把它抬到工地上去了。斯大林什么也没有抬,他只是沿着新铁路线巡视。当赫鲁晓夫得知钢轨用完了,他就下令把已经铺好的路轨拆下来,再铺到前面去。而勃列日涅夫却躲在车厢里,让把窗帘放下来,同时命令卫队摇晃车厢,装着是火车在行进。

## 第十二章  从勃列日涅夫到安德罗波夫

这则笑话尖锐地讽刺了勃列日涅夫的"发达社会主义"建设,并且表达了对领袖蜕变的愤慨和谴责。

安德罗波夫也深知这些情况。在"克格勃"的内部多次讨论过这一问题,一个重要的结论是,贪污腐败之风所以如此盛行,全是上行下效的缘故。关于这一点,他的副手鲍勃科夫记载过:"不,不是组织社会生活的社会主义原则是错误的,而是罪在贪污和钻营这些几十年来附着于国家船体上的毒瘤……贪污,欺诈,露骨的阿谀奉承在权力的高层发生,并且像地火一样在权力的各个阶层游荡。"安德罗波夫敏锐地感觉到,这种普遍的贿赂和贪污,这种普遍的腐败必将导致严重的骚乱和政治动荡。他觉得遏制这种贪污腐败之风已成为当务之急,于是他下令进行侦查。但是,安德罗波夫惟一能做的是在1982年10月将莫斯科第一食品集团的索科洛夫逮捕,其他的人就动不了了。对于梅都诺夫,他处理得更是无奈。1982年8月,他打电话告诉无论体力和权势都处于衰败阶段的勃列日涅夫,说是要起诉梅都诺夫,要把他送交法庭来审理。勃列日涅夫知道已无力阻挡安德罗波夫的行动,但又不愿任凭他把自己宠信的部下送上法庭,就只好作最后一搏:"尤拉,不能这样做。他是这么一个大的党组织的领导人,人们信任他,跟着他走,而现在我们要把他送上法庭?而他们那个边区的事还是搞得不错的。我们不要因一个不诚实的人就给这么一个好的边疆区扣屎盆子。先给他挪挪地方吧,然后再看看该把他如何办。"安德罗波夫问:"把他挪到哪里去?"勃列日涅夫说:"去当个副部长什么的,怎么样?"这时,安德罗波夫还在抓首都大夏天没有蔬菜水果供应的事,试图冲破格里中在莫斯科的一统地位。他为梅都诺夫的事征询戈尔巴乔夫的意见。戈尔巴乔夫的回答是:"我建议他担任蔬菜果品采购部副部长。克拉斯诺达尔斯克边疆区是蔬菜水果的一个主要供应者。"梅都诺夫的命运就这样被决定下来了。

1982年12月起,安德罗波夫展开了大规模的反对贪污、反偷盗国家财产的斗争。随之,莫斯科、高加索和中亚等地区的地下"影子经济"遭到了严重的打击。也就在这个月,安德罗波夫还决定公开出版《苏共中央政治局周报》,通报政治局会议讨论的问题、决议和执行情况。他的目的显然是要借助于这种向民众通报内部情况的办法,来加强执法的权威和力度。这种诉诸民众的做法,他在勃列日涅夫在世时曾经使用过,那时他曾经以苏共中央的名义起草过一份关于反贪污腐败致全体党员的一封信,但结果被中央机构的官僚主义审批束之高阁。从12月起,苏联的报刊上就对反贪污、反偷盗国家财产的事进行大量的报道,当然这场斗争是在"整顿纪律"的名义下,由"国家安全委员会"

负责进行的。12月16日,以苏联最高苏维埃主席团的名义发布了解除勃列日涅夫的亲信、任职17年的内务部部长萧洛科夫的命令,并同时任命费多尔丘克为内务部部长,切布里科夫为国家安全委员会主席。但是,萧洛科夫没有受到起诉。1983年5月的苏共中央全会上,萧洛科夫和梅都诺夫被开除出中央政治局。在6月的政治局会议上,契尔年科指责萧洛科夫"为自己的私利滥用权利"、梅都诺夫"违反党的纪律"。不久,萧洛科夫在家中自杀。在"整顿纪律"的运动中,大批勃列日涅夫时期的中央、各加盟共和国的干部被撤换或遭到查处。

根据苏联的官方统计,因贪污贿赂罪而被判刑的人,在1975年约为3 000人,1980年则超过了6 000人。这个数字一方面表明,苏联这期间,贪污贿赂现象日益严重;另一方面表明,这数千人中,多是没有靠山的"小巫"罪犯,而真正的贪污贿赂腐败的"大巫"却身在云雾中,难见真面目。安德罗波夫清楚贪污腐败的严重腐蚀作用,想借清查几个案件,处理几个要员,来对整个官员起个警示作用。但他却根本没有想到对孳生这种现象和毒瘤的机制采取有效措施,无法估计那种借国家的名义来行私利的权力运转的危害性。

安德罗波夫的整顿经济领域里的纪律是和整顿生产领域中的领导纪律并行的。在工业方面,寄希望于通过对新科技的高速利用、完善和改革经济机制和管理方法以提高经济效益。在农业方面就是普遍推行农业集体承包制以提高农业和畜产品的产量。关于计划的未能完成和建设中存在的巨大困难,安德罗波夫不只是归罪于经济效益的不高,他还认为存在更重要的原因。1983年2月,他在纪念马克思逝世100周年的文章《卡尔·马克思和苏联社会主义建设的若干问题》中明确提出了这个重要的原因:"在20世纪的最后几十年中,党和人民面临着巨大的任务。一言以蔽之,可以把这些任务归纳起来,称之为完善发达社会主义,并随之逐步过渡到共产主义。我国处于这一长期历史阶段的起点,当然这个阶段有着自己发展的各个时期和步骤。只有经验和活生生的实践才能表明,这些时期和步骤将持续多久和采取哪些具体形式。"在这里,安德罗波夫显然对勃列日涅夫的在苏联已经建成发达社会主义,进入共产主义的说法提出了批评和修正。问题是勃列日涅夫的这些说法已经被写进了苏联宪法和苏共纲领。6月,在苏共中央全会上,安德罗波夫又一次对此作出了更清晰的解释:党纲中的某些论点,"应当直言不讳地说,没有完全经受住时间的考验,因为里面有些内容脱离现实,超越了时间的发展,写得琐碎又缺乏根据。况且,20年来,无论在苏联的社会生活中,在其他社会主义国家

## 第十二章 从勃列日涅夫到安德罗波夫

的生活中,还是在整个世界的发展中,理所当然地出现了许多重要的变化"。他决心要作出变动,所以强调说:"政策上犯了错误,就要付出代价。"1983年7月,苏共中央决定从1984年年初开始实行改革,进行建立以扩大企业权利和加强企业责任制的试验,以达到遏制劳动纪律遭破坏和生产下降的趋势。在农业方面,支持农民的私人副业,以期达到刺激农民生产的积极性,促进农业的发展。

安德罗波夫一直是十分关注意识形态问题的。正是他用"流放"和"精神治疗"的方法替代了传统的惩罚"异端"的镇压措施,但是,也正是他名正言顺地将意识形态问题划归国家安全委员会来处理。在他执政后,尽管他强调要将意识形态的工作适应于"完善发达社会主义"这个任务,但是他未能在这方面做出许多事。对于历史问题的处理,也没有什么重大变化,只是在1983年为93岁高龄的莫洛托夫秘密恢复了党籍(直到1984年7月才由苏联外交部新闻司发言人所证实)。在7月的中央全会上,再次讨论了给马林科夫和卡冈诺维奇恢复党籍的问题,几乎所有的委员都同意给他们恢复党籍,其中最坚决的是戈尔巴乔夫和乌斯季诺夫,但由于国家安全委员会主席切布里科夫持有异议而被搁置了下来。

8月15日,安德罗波夫会见了苏共老党员。他向他们讲述了国家面临危机的真情:苏共最近几次代表大会提出的任务都远没有完成。他向他们表达了一种宏愿:"现在应当弥补失去的一切。这就首先要求对计划、对经济机制作出改变。"然而,安德罗波夫长期患有肾功能不全症,1982年年中,他就不断地靠透析和人工清血来维持生命。当上总书记后,他的肾病加重。1983年6月6日,他按照苏共的惯例,当选为苏联最高苏维埃主席。但他已经不能走上讲台致辞,只是在自己的座位上稍稍起身致谢。安德罗波夫基本上不去主持政治局的会议,而由契尔年科代劳。到了12月底,安德罗波夫已经不能出席苏共中央全会了,他只能以书面发言,最后一次强调改善计划经济及其管理是发展苏联国民经济的战略任务。这是他留给他的继任者的遗言。作为知识分子型的执政者,安德罗波夫在去世前读书、读报,朗诵诗,谈巡回展览派画家的画,甚至还准备要在病榻上发表的电视讲话稿。然而,天不借年于他,他再也没有"克格勃"主席的那种雄风了,他对那个为贪污腐败等毒瘤所缠绕的国家再也无能为力了。1984年2月9日16时50分,安德罗波夫去世。

安德罗波夫的遗体告别仪式在红场附近的工会圆柱大厅举行。15个月前,安德罗波夫正是在这里向勃列日涅夫的遗体致的悼词。

2月13日，苏共中央非常全会选举同样重病在身的契尔年科为总书记。作为第二书记，戈尔巴乔夫受命主持书记处会议并在契尔年科缺席的情况下主持政治局会议。

## 作者点评：

勃列日涅夫执政时期是一个特殊的时期，是苏联走到了十字路口的时期：在政治上，认为赫鲁晓夫的反对斯大林个人崇拜像是打开了"潘朵拉的盒子"，一切反社会主义、反苏联的妖魔鬼怪都跑出来了，因此要刹车，甚至要倒退到斯大林时期去。在经济上，传统的"五年计划"的高消耗低效益使领导人坐立不安，因此要求提高生产效益和改进管理体制，要求打破旧传统、旧体制，面向未来。勃列日涅夫的统治就是在这种冲撞和斗争中开始的。

冲撞和斗争本身就是一种机遇，而对苏联来讲，这种机遇是千载难逢的。因为整个世界在新的形势下已经发生并在继续发生许多变化，那种新的科技因素给历史进程带来的冲撞和推动使世界的面貌日新月异，而苏联的独特条件是：它已经开始了终结国家长期封闭于世界的行动，而促使这种封闭状态出现和持续的多重因素也在悄然松动。在这个机遇的门口，苏联若是随机而变，顺时应势，那这个世界上的第一个社会主义国家肯定会在改革的道路上真正体现出自己的优势和优越性，已经滑向衰落之路的苏联将重新充满生机和活力。然而，苏联的历史进程并没有朝机遇开门。

承认不承认有机遇，愿意不愿意去抓住机遇，对于执政者来讲，这是明智者和昏庸者的区别。勃列日涅夫是属于不承认有机遇之说的执政者。他认为他执政下苏联的一切都是在按照规律发展的，是朝气蓬勃的，是光明的和充满无比优越性的。在苏联这个社会里不会有，不可能有，也不应该有任何问题，更不用说是阴暗面和黑暗面了。对这个苏联说的任何一个不是，都是破坏党的团结、社会稳定和苏联的前途，罪莫大焉。于是，勃列日涅夫自己为自己制造了一个天下第一的盛世，自己歌功颂德，也让人们歌功颂德。这个盛世的唯一标志就是勃列日涅夫所说的"发达社会主义"，就是他自己和他让别人也说的，在勃列日涅夫的领导下苏联已经建成了"发达社会主义"，并正在向共产主义过渡。装点这个盛世的是勋章、纪念日、庆功会和赞美词。

在勃列日涅夫执政的前期，这种盛世是建立在源源不断产出的石油和天然气的基础之上的。从历史角度而言，经过多年的勘察和钻探，苏联地下的石油和天然气终于在勃列日涅夫上台前不久开始喷涌，这是赫鲁晓夫多年梦寐

## 第十二章　从勃列日涅夫到安德罗波夫

以求而终不能所得的东西。从世界局势的需求而言,这源源不断产出的石油和天然气正赶上世界科技新浪潮发展的急需和石油天然气市场价格的平衡之求。于是,源源流入的美元使苏联一时间灯红酒绿起来,到处是颂歌和欢乐气氛,到处是贸易和消费的繁荣景象,也到处是贪污、贿赂、贪赃枉法和营私舞弊。石油和天然气成了一注"强心剂",于是,成为消耗和挥霍源泉的石油和天然气得到了非常的开发,工厂企业建了许多,输送管道延伸数千公里,结果使这些宝贵的资源日复一日、日甚一日地被消耗和挥霍掉。工厂周围,管道沿线的居民,尤其是那些农村居民还不得不依然靠水井汲水、砍柴烧火过日子。于是,执政阶层的日子和老百姓的日子就渐渐地鸿沟般隔离开来。对于勃列日涅夫等人来说,确实是"发达的社会主义",甚至是共产主义,而对老百姓来说,他们还在过渡,还在需求远远得不到满足、排队购物、凭证供应,甚至贫穷的阶段上渴望社会主义,瞭望共产主义。

勃列日涅夫执政下的苏联因石油和天然气而暴发起来,而由石油和天然气财富滋生的大国霸主愿望就愈益强烈、贪污腐败就愈益地侵蚀着这个"全民国家"。勃列日涅夫对社会主义阵营的控制和内部事务的干涉达到了苏联历史上前所未有的程度。而贪污腐败之风也席卷了从中央到地方的各级掌权者。自认的阵营首脑和世界霸主地位在日益削弱,结党营私的官僚网络使国家和人民处于不幸和动荡之中。于是,那种"发达的社会主义"之说,那种"进行共产主义建设"的许诺就成了一纸空文,一种人为的盛世的宣传,于是也就成了一种口头上坚持社会主义的谎话。国家安全委员会中专管意识形态问题的第五局负责人鲍勃科夫就说过:"分析我们的生活,根据我们掌握的可信情报来判断,我相信,在决定我们生活的根本问题上,党的领导只是口头上坚持列宁的学说,而实际上是把国家引向相反的方向。"对于勃列日涅夫所宣传的所谓社会主义阵营的团结的话,鲍勃科夫也说得一针见血:"越来越明显的是,社会主义阵营内部的分裂在发展。"

这一时期中,勃列日涅夫和安德罗波夫的关系是一个十分重要而又极其微妙的问题。勃列日涅夫是借助于"克格勃"的势力搞掉赫鲁晓夫的,因此他很担心一个不受自己控制的"克格勃"也将是对自己的威胁。此外,历次政治运动中受到迫害和镇压的人们及其家属要求平凡、知识分子的不同意见和反抗、纷繁复杂的民族问题以及社会主义阵营国家的愈益发展的背离倾向等所造成的政治动荡同样令勃列日涅夫不安。还有一点也是勃列日涅夫担心的,那就是不希望"克格勃"在新的形势下成为众矢之的。于是,他就想有一个自己的"克格勃"。他选中了安德罗波夫,因为安德罗波夫具有多种优势。第一,他不是军人,不是"克格勃"内部的人。因此他和这个机构内部多年形成的各种派别没有具体的利害关系。第二,他不是党内哪个集团的核心人物,他面面俱到,人缘很好。第三,他不保守,由于多年从事国际问题的调查和研究,了解世界发展的真实情况,尤其了解先进的科学技术在当代历史进程中的作用。他对社会主义阵营中的争斗和矛盾、对苏联和西方国家间的争斗和矛盾了如指掌,虽不是决策人,却始终处于决策的旋涡之中。第四,他不是某个政治派别的领袖,虽拥有一批才华横溢的"秀才"朋友,却无自己的政治势力和亲信。

总的来说,安德罗波夫没有辜负勃列日涅夫的信任。他把"克格勃"改造成为一个新型的机构:由以"契卡工作法"为主转变为以"驱逐出境"、"心理和精神治疗"为主的国家安全机构。这个机构无论在国内问题还是国际问题的处理上都发挥了极大的作用,尤其是在苏联出兵捷克斯洛伐克和入侵阿富汗的行动上。但是,安德罗波夫也在某种程度上背离了勃列日涅夫。一是他修正了勃列日涅夫的"发达社会主义"说,代之以"完善发达社会主义"说,力图使苏联立足于一个他认为的真实的基础之上;二是他在苏联存在的普遍的贪污腐败中看到了国家的危机,因此他要利用"克格勃"主席的权力,力图在惩治贪污腐败中寻找机遇而挽狂澜于既倒,拯救苏共,拯救苏联。但是,他在这两方面都无功而终。

但是,在安德罗波夫自己执政15个月后,他已经没有了"克格勃"主席的那种叱咤风云的雄风了,他对那个为贪污腐败等毒瘤所缠绕的国家再也无能为力了。死亡在等待着他,他坦然地迎接了死亡,但他却不会想到他为之奋斗并在危机中时刻想要挽狂澜于既倒的国家会在他死后的几年中进一步沉落,并最终彻底解体。

# 第十三章 最后的戈尔巴乔夫，最后的苏联

## 一、契尔年科去世，1985年3月11日

**1984**年4月，契尔年科当选为苏联最高苏维埃主席团主席，与他的前任一样完成了身兼两职的安排。吉洪诺夫再次被任命为部长会议主席。在阿富汗问题、苏美、苏中关系上，契尔年科一再讲话表示苏联的立场没有改变。对于安德罗波夫的"整顿纪律"的运动，表面上加快了一些重大案件的审理工作，并且随即将一些当事人枪决，案件随即结案。这实际上使一系列重大案件的线索中断，当事人背后的更大的贪污腐败分子被保护了起来。在这之后，"整顿纪律"的运动就悄然消失，苏联继续在下降的道路上滑行。

但对于苏联的实际状况，契尔年科却在讲话中基本上都持续了安德罗波夫的说法。他说："我国的整个经济机制都需要进行认真的改造"，"发达社会主义是一个漫长的历史阶段，我国正处在这个阶段的开端"。他要求修改苏共纲领，对起草委员会的人说过这样的话："在当前条件下，我们的纲领应该是完善发达社会主义的纲领。正是在完善发达社会主义的过程中，逐步向共产主义迈进。"他还说："两种革命——科技革命和社会革命融合的思想，应在苏共纲领中得到

最后的契尔年科，左为雷日科夫，右为戈尔巴乔夫

应有的反映。"

12月10日,戈尔巴乔夫在全苏意识形态工作学术实践会议上作报告,强调了"人民生气勃勃的创造"。他指出"党要把关心人置于自己全部政策的中心","对实际工作中的任何一个决定和任何一个步骤,首先都应当从这样一种观点来给予评价:它们将使人们得到什么,它们的社会和意识形态结果如何"。

总的说来,契尔年科的13个月的短暂执政使安德罗波夫的苏联大大地放慢了改革的速度。这是苏联历史进程中一个转瞬即逝的怪现象,也预示着苏联传统的老年人的执政时代即将结束。

1985年3月10日,康斯坦丁·乌斯季诺维奇·契尔年科病逝。

3月11日,戈尔巴乔夫主持召开了苏共中央政治局会议。在恰佐夫院士报告了契尔年科的病因后,会议的惟一议题是推举总书记的候选人。葛罗米柯首先发言,推举戈尔巴乔夫任总书记。他说:"我直话直说。当我琢磨苏共中央总书记这一职位的候选人时,我自然而然地就想到米哈伊尔·谢尔盖耶维奇·

克里姆林宫里的老人执政者

戈尔巴乔夫。在我看来,这是个绝对正确的选择。我们大家都很了解米哈伊尔·戈尔巴乔夫。我们和他一起工作了7年。我还记得,当谈到将米·谢·戈尔巴乔夫调到莫斯科来工作时,列·伊·勃列日涅夫是如何关注我的意见和其他同志的意见。我不怀疑,我们大家当时都正确地支持了这一提议。当评价候选人米哈伊尔·戈尔巴乔夫时,首先注意到的是什么样的特点呢?首先就是他精力充沛,创造性才华横溢,渴望做更多的事情和把事情做得更好。其次,是他的人际关系。因为地位越高的人,他的善于处理人际关系,那种原则性的和严格的关系的能力就起到了越大的作用。我从来没有听说过,米哈伊尔·戈尔巴乔夫自以为是。不,在他那里居第一位的是党的利益、社会

## 第十三章 最后的戈尔巴乔夫，最后的苏联

的利益、人民的利益。第三，米·谢·戈尔巴乔夫具有丰富的党的工作经验。既有在边疆区工作，也有在中央工作的经验。他当过中央书记、政治局候补委员，最后是政治局委员。他主持过书记处会议，后来在康斯坦丁·乌斯季诺维奇缺席时主持政治局会议。对于这项工作不仅需要知识，而且需要自制力。这是很珍贵的品质。"

所有的政治局委员都同意葛罗米柯的推荐，甚至连一度对戈尔巴乔夫有意见的吉洪诺夫和格里申都表示支持。在所有的支持者中，国家安全委员会主席切布里科夫的发言具有实际上使戈尔巴乔夫最后成为总书记的重要力量。他意味深长地说："今天我来参加全会时，我和我的同事们商量过。我们的部门是这样一个部门，它不仅要精通外交政策问题，而且还有内部的、社会性质的问题。正由于考虑到所有这些情况，契卡工作人员委托我推荐米·谢·戈尔巴乔夫同志为苏共中央总书记一职的候选人。你们知道，契卡工作人员的声音，我们的声音——这就是人民的声音。"切布里科夫没有用国家安全委员会的工作人员，而用了领导人已经多年不用的"契卡工作人员"，并且强调了他们的声音就是"人民的声音"，话虽温和，但其中的威慑力量铿锵有力。这不能不使所有的人都想到，在苏联的历史上，国家安全委员会在领袖的上台和下台中起过多少神秘的、决定性的作用。

在这次会议上，政治局委员实际上对苏联的现状和前景十分担忧，困扰他们的是国家经济的迟缓发展、人民生活状况的不能令人满意、意识形态的纷繁复杂和外交政策上的多事之秋。委员们都渴望走出目前的困境，苏联能有一个好的未来。葛罗米柯说："当我们展望未来时，我坦率地说，我们中的许多人对前瞻是难受的，而我们应该清晰地感觉到未来"，"我们应该注视未来，我们丝毫也不能抛弃历史的乐观主义，要相信我们理论和实践的正确性"。切布里科夫也含蓄地表示："这种善于向前看的能力也许在今天是最为重要的。"多尔基赫说："现在，国家比任何时候都更需要一位精力充沛、善于通晓问题的实质的领导人，一位真诚的、勇敢的和严格的领导人。"针对勃列日涅夫的老迈、安德罗波夫和契尔年科的长期患病以及整个政治局委员的高龄状态，他的话并不是无的放矢。

所有的政治局委员还都盛赞戈尔巴乔夫通晓经济事务，吉洪诺夫甚至说："这是中央书记中第一位通晓经济的人。"所有的政治局委员都承认戈尔巴乔夫的精力、才华、创造精神和善于倾听他人和群众的意见，都寄希望于他能将苏联带出困境，进入一个光明的新世界。此担子之重是所有的人都明白的，所

以雷日科夫不无担心戈尔巴乔夫未来的处境:"我们理解,他将难,非常难。"

对于政治局委员的推荐,戈尔巴乔夫的表白是:"我认为我的任务首先在于和你们在一起寻找新的解决办法,进一步把我国推向前进,提高祖国经济和国防实力、改善我国人民生活的道路","我们不需要改变政策。它是可靠的,正确的,真正列宁主义的政策。我们应当加快速度前进,揭露缺点并克服它们,清晰地意识到我们光辉的未来"。

30分钟后,在苏共中央紧急全会上,戈尔巴乔夫当选为总书记。他在就职演说中,提出了"加速社会经济进步"的路线。这种"加速"就是要在短期内使苏联科学技术处于世界最先进的地位,劳动生产率要达到世界最高水平,为此要将国民经济转到集约化发展的轨道上来,要改善经济机制和整个管理体制。

## 二、4月中央全会,"加速发展"战略,重组领导班子

1985年4月23日,在苏共中央全会上,戈尔巴乔夫在报告中实际上将"加速发展"制定成了一种战略路线。他认为,这种战略之所以必要是因为它在很大程度上决定着国家的历史命运、社会主义在当代世界的地位。他认为,所谓"加速"并不单纯是一种数量上的激变,而且是要求一种质的飞跃。他说:"生活及其发展促使我们要继续变化和改革,争取达到社会的新的质状态,而且是最广泛意义上的新的质的状态。"

戈尔巴乔夫认为治疗沉闷的苏联病症的惟一药方就是"加速",但他坚持他在3月11日政治局会议上的说法:"我们不需要改变政策","加速"并不是要来一场革命,而是"要改善这个制度"。用戈尔巴乔夫的话来说就是:"只要给社会输输氧气,它就会振作起来。"为了贯彻这条"加速"路线,4月全会决定在1986年2月召开苏共第二十

列宁墓上的戈尔巴乔夫(左)、葛罗米柯(中)和雷日科夫

## 第十三章　最后的戈尔巴乔夫，最后的苏联

七大，并且对政治局成员和中央领导班子进行实质性的调整。苏共中央书记利加乔夫、雷日科夫和国家安全委员会主席切布里科夫成为政治局委员；国防部部长索科洛夫成为政治局候补委员，尼科洛夫为苏共中央书记。其中，利加乔夫被戈尔巴乔夫建议主持书记处会议。按照苏共的惯例，利加乔夫事实上成了位居总书记之后的第二位人物，戈尔巴乔夫把他称为自己的"左膀右臂"。由于这样的人事安排，在苏共中央政治局里，"年轻人"占了多数，老年人执政的局面在苏联的发展中第一次受到严重冲撞。与此同时，戈尔巴乔夫还进行了两项重大的人事变动：第一，改组了党的中央机构，由卢基扬诺夫负责苏共中央总部，拉莫莫夫斯基负责党的组织工作部，扎伊科夫负责党的国防部；第二，拥有一个理论顾问、秘书和助手班子，其中包括世界经济和国际关系研究所所长雅科夫列夫、梅德维杰夫、办公厅主任博尔金和各方面的专家。

戈尔巴乔夫面临的是一个"问题成堆"的苏联，他成为总书记后的 3 月和 4 月份，首当其冲面临了三方面的问题。一是外交问题，其中有日内瓦会谈、苏美关系、苏中关系。关于阿富汗问题，他在自己的工作笔记中写道："必须逐步调解冲突"，但"十分重要：不得全面放弃阵地"。二是人事安排，尤其是有关苏联最高苏维埃主席团主席及外交委员会主席的人选，党中央主管国防的书记人选和外交部部长的人选。三是关于意识形态部门的改革问题。他在工作笔记中写道："老广场机关脱离了领导层根据新任务进行宣传的安排"，"马克思主义宣传搞得很枯燥。青年人对其失掉兴趣"，"要对历史进行科学和客观的研究：必须搞清历史，包括我国的现代史"，"如果我们希望新政策获得支持，就应当恢复对社会主义理想的概念"，"文学和创作界中宗派主义的泛滥：对过去的美化。需要支持那些立场分明的人。有发展前途的文学应该与新任务配合一致"。

总之，为了这个新任务，戈尔巴乔夫需要新人来参政和辅助自己。他成为总书记后，就立即继续了安德罗波夫开始而被契尔年科中断了的"整顿纪律"的工作。他下令将一系列贪污腐败和其他刑事案件继续侦查和审理下去，并在此过程中撤换了一批勃列日涅夫时代的老人，任用了一批新人。在这批新人中，斯维尔德洛夫斯克州第一书记叶利钦的被提升是有非常意义的。此人毕业于乌拉尔工业学院，当过工长、施工员、工地主任、总工程师、建设局局长、房屋建筑联合企业经理，从基层一直做到州委书记。由于父亲在 30 年代中被确认是"富裕农民"，遭到了迁移和监禁，叶利钦在苏共二十大后 30 岁时（1961年）才入党。在当州委书记时，他敢说敢为，经常没有任何事先安排地到工厂、

学校、机关和工地去,和普通人谈话,并十分关心他们的工作和生活情况。因此,叶利钦在斯维尔德洛夫斯克的基础和威信都是很好的。所以,叶利钦成了戈尔巴乔夫需要的人。此外,在勃列日涅夫时期,为展示"进入共产主义"的繁荣景象,到处开工建设,但是限于资金的日益短缺,全国又到处是未完工的工地。新工厂建设不起来,大量的资金被积压。建筑部门成了一个吞噬国家财富的、永远下沉的旋涡,急需整顿。1985年4月4日,叶利钦被调到了莫斯科,担任苏共中央建筑部部长。关于叶利钦的任职和戈尔巴乔夫建议他担任苏共中央书记职务的问题,在苏共中央1985年6月中央全会上遭到了吉洪诺夫等人的反对。戈尔巴乔夫为叶利钦进行了有力的辩护。戈尔巴乔夫说:"在建筑领域有许多事情要做。需要一个精力充沛的人。"

在这次全会上,叶利钦被选为苏共中央书记,同时被选为书记的还有列宁格勒州委第一书记扎伊科夫,谢瓦尔德纳泽成为政治局委员。一个更重要的事件是全会讨论了最高苏维埃主席团的主席和外交部部长的人选问题。戈尔巴乔夫在全会上建议由葛罗米柯担任苏联最高苏维埃主席团主席。他的理由是:"苏共中央总书记要集中精力于党对社会的领导问题,要更关注那些今天在发展中决定国家命运的部门。"他建议由谢瓦尔德纳泽任外交部部长。他说,外交部有不少可以担当外交部部长的人选,"但我们的思绪还是走向了另一个方向。外交部部长的职位上需要一个强有力的人物,这个人是我们和你们当中的一个,我们对他很了解并且我们也信任他"。他对谢瓦尔德纳泽的赞语是:"这是个成熟的活动家,有原则,理解党的利益。爱德华·阿姆夫罗西维奇是个久经考验的人,坚定,善于寻找解决问题的出路。尤其需要指出这样一个重要的原因:我们的国家是个多民族的国家,因此需要把这一情况反映到党的中央机构中来。"最后,他的两项提议都得到了全会的赞同。在7月举行的第11届苏联最高苏维埃第三次会议上,葛罗米柯被选为主席团主席,利加乔夫为苏联最高苏维埃联盟院外交委员会主席,雷日科夫为联盟院法案委员会主席。谢瓦尔德纳泽被任命为外交部部长。戈尔巴乔夫重复了苏联历史上最高领导层变动的一种做法:凡是期望对现状进行改革的领导人总是要把党的总书记和最高苏维埃主席团主席的职位分开,以示一种决心和新气象。

1985年9月,吉洪诺夫"因健康原因"退休,雷日科夫被任命为部长会议主席。12月23日,戈尔巴乔夫亲自动员莫斯科市委书记格里申辞职,并建议由叶利钦继任。他认为,叶利钦是个"有着在大的党组织中工作的经验,了解经济、科学和文化问题"。他说:"首都毕竟是首都。这是行政、经济、科学和文艺

## 第十三章 最后的戈尔巴乔夫，最后的苏联

的中心。"到此，戈尔巴乔夫基本上完成了他实施"加速发展"的组织准备工作。一切情况都表明，戈尔巴乔夫继承的是安德罗波夫的政策。

在此过程中，戈尔巴乔夫表现出了与以前领导者完全不同的领导风格，一是走出党中央所在地的"老广场"办公大楼，频繁地到外地、工厂和老百姓中去。最早也是最具有戈尔巴乔夫风格的是他5月15—17日的访问列宁格勒。正是在这次访问中，戈尔巴乔夫作为总书记第一次走进人群，和他们进行了对话，他的行动令人们刮目相看并得到了群众的欢迎和支持。也正是在列宁格勒的党员积极分子大会上，戈尔巴乔夫提出了苏联需要进行"改革"的问题。他说：现在苏联需要改革，舍此别无出路，"而最困难的改革就是心理状态的改革"，"即将进行社会意识的重大改革，干部应该认清形势，改变工作方式。谁没有改革的愿望，特别是阻挠解决新任务的人，就应该走开，不要碍事"。随后，6月底在乌克兰，戈尔巴乔夫要求乌克兰为全苏联作出榜样，更快地提高劳动生产率和生产效益，9月在秋明油田和托木斯克州，他指出秋明已经3年没有完成石油开采计划，但只要执行新任务，"秋明将获得新生"。二是，他频频通过媒体、参加会议和接见外国记者，传达有关新任务的信息，谋求与西方国家的更密切的关系。7月14日，他在会见争取禁止核试验国际学术会议的代表时强调："我们大家都生活在核宇宙时代，生活在复杂的、相互制约的和矛盾的世界上。不管我们多么的不同，必须学会和平共处。"一个多月后，他在会见美国《时代》周刊的总经理和主编时进一步解释了和平共处政策："不管我们彼此喜欢还是不喜欢，我们只能一道生存下去，要不就一起死亡"，"我们有句俗话：自己活着，也要让别人活。我们把这称为和平共处"。9月，他在访问法国前夕，对法国电视台的记者又重复了这些话。三是，戈尔巴乔夫期望在第二十七大上，他的以改革为主要内容的新任务、新路线能得到全党的支持。因此，他一方面通过政治局决议提出一些加速发展的具体措施，如旨在广泛推广新的经营方式和加速科技进步的决议，旨在提高苏联人民福利的发展消费品生产和服务行业的1986—2000年综合纲要；另一方面是加快了党纲和党章的修订工作。在10月的中央全会上，戈尔巴乔夫指出，现有的党纲中存在没有经过时间检验的提法，不考虑社会的物质和精神成熟的程度，采取了实现共产主义的冒进措施。他要求在新的党纲中要写明对人、对人民福利的关心，对和平与进步的关心，他还明确提出了在国家的组织和领导活动中，要实行公开的原则。

戈尔巴乔夫的这种关心人、关心国家活动公开性和关心和平与进步的路

线都归结为要首先在政治上进行一次重大的改革,这在计划年年得不到完成、社会缺乏生机、人们对前途担忧,甚至失望的苏联,不能不引起激烈的动荡。戈尔巴乔夫就在这样的多事之秋开始了他的艰难的执政。

1985年11月5日,在十月革命68周年的前夕,在莫斯科的十月革命广场,举行巨大的列宁像的揭幕仪式,戈尔巴乔夫亲自为纪念像揭幕剪彩。这对于说过"我们不需要改变政策"的戈尔巴乔夫来说,也许这是极具象征意义的:他和他的领导集体将坚定不移地沿着列宁的道路走向共产主义。

## 三、反酗酒斗争,苏共二十七大,<br>切尔诺贝利核发电站事故

酗酒是苏联历史发展中的怪胎,也是一个切不断的毒瘤。自赫鲁晓夫以来,所有的领导人都对此头疼不已,都欲采取措施加以禁止或限制,而结果都无功而返,酗酒反更加猛烈地发展起来。到了戈尔巴乔夫执政时,社会上的酗酒现象就变得异常普遍和严重。在他的笔记中列了5项首先要解决的社会任务,酗酒位居第二:"1985年3月27日:1.质量。2.向酗酒开战。3.居民中生活中少有保障的人。4.用作果园和菜园的土地。5.医疗。"

在勃列日涅夫执政的末期,上层统治者因贪污腐败、裙带关系、因循守旧和官僚机制而运转不灵,下层人民因社会动荡、制度的牵制、生活的艰难而意志消沉、心情郁闷。整个社会惶惶不可终日,于是,有权势者的豪饮和无钱财者的烂饮交织成了一种普遍的社会现象——酗酒。统计数字表明,在1983年,苏联人年均消费伏特加酒30升。酗酒使包括职务犯罪和有组织犯罪的犯罪率大幅度上升,劳动纪律遭到严重破坏,生产率下降,离婚现象增多,人口寿命缩短等。在1984年中,苏共中央接到了大量的"群众来信",反映了这种预示凶恶的社会酗酒现象。1985年上半年,对莫斯科地区的酗酒情况进行了调查。结果表明,酗酒最严重的是40—49岁的公民,其中男性公民最多,在1 000人中占268.5人,"在所考察的人口中,因酗酒进过防治所的(14.1%),进过醒酒所的(66.6%),因酗酒叫过救护车的(19.8%)。1964—1982年间,苏联酗酒人数增加,每人每年消耗酒精量达10升"。所以,戈尔巴乔夫执政伊始就决定禁酒,加上他的主要顾问利加乔夫是个禁酒主义者,在来中央工作前就曾发誓要把自己领导的地区建成"清醒区",这就使戈尔巴乔夫的禁酒动议更加坚决。1985年4月6日,在苏共中央政治局会议上专门讨论了禁酒问题。戈尔巴乔

## 第十三章 最后的戈尔巴乔夫，最后的苏联

夫坚持一定要禁酒，他说若现在不禁酒，人民的生态和遗传都将出现严重问题；如果现在不解决这个问题，就谈不上什么共产主义了。会上许多人都不赞成，理由也各不一样。国家计划委员会副主席提出了一个至关重要的问题：禁酒将使国库减少50亿卢布的收入。他说，现在一禁酒，就无法弥补这50亿卢布的缺口。但戈尔巴乔夫的回答很坚定，甚至带有火气："你想泡在伏特加酒里进入共产主义吗？"会议经过两个多小时的漫长讨论后终于通过了禁酒的决议，并提请苏联最高苏维埃和苏联部长会议发布相关的法令。

5月16日，苏联最高苏维埃主席团发布了关于加强同酗酒作斗争的命令，苏联部长会议通过了相应的决议和法令，决定采取以惩罚为主的措施：将准予公民饮酒的年龄从18岁提升为21岁；在工作场所、公共场所、正式宴会和招待会上都禁酒；饭馆和商店在下午2时前不得供应任何酒类制品；对上班时饮酒或不清醒者、在上班时与工作人员一起饮酒，或者对饮酒人员没有采取措施及隐瞒不报的领导人处以罚款；禁止私酿和非法买卖伏特加酒等。不久，政府也提高了伏特加酒和"科涅亚克"（俄罗斯生产的威士忌酒）的价格，上涨30%。

禁酒令一方面产生了积极的效果。在最初的时间里，酗酒现象大幅度下降，劳动纪律好转，犯罪率也得到了一定程度的控制，尤其是深受酗酒之苦的妇女赞同禁酒令。但是，禁酒也产生了戈尔巴乔夫没有预见到的问题。一是，大批的酒类酿造厂、商店纷纷关闭停业，员工失业。二是，私自酿酒和售酒的现象猛增，尤其是在农村。俄罗斯有着伏特加酒国家专卖的悠久传统，私酒的泛滥表明国家对酒生产和销售的失控。三是，私酒的酿造造成了食糖、土豆等可酿造酒的物资的严重短缺。四是，对伏特加酒的禁令扩展至葡萄酒和香槟酒上，这促使葡萄种植业蒙受了重大损失。五是，进口酒大幅度下降，这使大量向苏联出口酒类产品的东欧社会主义国家面临重大的生产危机。所有这一切都导致国家税收锐减，市场供应短缺，商店门口排队、抢购现象重复出现。最终，使酗酒的变异现象更严重：酗酒者在无法获得酒和酒精的情况下，就滥饮香水、剃须水等一些哪怕稍为含有酒精的物质，并诉诸非法的私酒集市和地下交易，于是，通货膨胀、黑市交易、犯罪现象和有组织犯罪再度更严重的出现。

9月，戈尔巴乔夫在秋明访问时，依然坚持禁酒，他说："在戒酒的问题上不能有任何动摇，我们一定要坚决地、无条件地完成这项任务。"而实际上，领导层是不禁酒的。在戈尔巴乔夫的智囊班子为其准备二十七大的报告时，在扎

维多沃别墅的餐桌上就摆满了伏特加、"科涅亚克"和葡萄酒。从传统上讲,在苏联禁酒和不禁酒的实质,并不是禁止人们去饮酒,而是禁止人们私自造酒、买卖私酒。由于"伏特加酒"的私酿和私卖都和农村与农民有关系,因此禁酒的矛头实质上是指向农村和农民的。

另一方面,由于禁酒而蒙受重大损失的恰恰是国家。部长会议主席雷日科夫指出过,从1985年起,因禁酒国库的收入逐年遭受重大损失,每年的数额在数百亿卢布之巨。到1988年年底,戈尔巴乔夫不得不承认禁酒失败,同时指出国家因禁酒损失了约500亿卢布的收入。不过,这是后话了。

1986年开始了。在新年伊始,戈尔巴乔夫就发表声明,宣布把于1985年12月31日到期的苏联单方面暂停核试验的期限再延长3个月,并提出了苏美双方应在2000年前的裁军计划。2月25日,苏共二十七大开幕,30年前的这一天赫鲁晓夫主持的二十二大宣告了斯大林时代的结束。戈尔巴乔夫寄希望于这次代表大会能制定出改革的战略和策略。他在政治报告中,首先谈到了当代世界的主要趋势和矛盾,一个被历代苏共领导人所回避,而又十分令人注目的结论是:尽管资本主义世界存在危机,但是"总危机的现阶段并不会带来资本主义的绝对停滞,而且不排除其经济增长的可能性"。因此,在外交政策方面,他提出了这种思维:"军备竞赛,还有核战争本身都是绝对赢不了的。"在国内政策方面,他指出了苏共在自己的活动中存在一系列问题和缺点:"党和国家机构的实际活动落后于时代和生活本身的要求。国家发展中的问题增加的比解决的要多。国家管理形式和方法的因循守旧和僵化,工作中活力的减弱,官僚主义的增长——所有这一切都给事业带来了不小的损失。在社会生活中开始出现停滞现象。"因此,国内的"战略路线就是加速国家的社会经济发展"。为此,戈尔巴乔呼吁要在媒体的参与下实现"公开性"的原则。他说:"没有公开性,也就不可能有民主、群众的政治创造性以及他们的参与管理","因此我们应当使公开性成为不停顿运动的体制"。

但是,报告中并未提出改革的具体做法,没有一条明确的道路。戈尔巴乔夫改革的思维在许多方面还停留于对停滞现象的批判、加速发展和公开性等口号上。这正如博尔金所记录的:"社会上人心惶惶,因为党的指导思想不明确,经济状况非常糟。领导者仍在探索究竟什么是改革,仍在喋喋不休地说空话,指责自己的前任,而人们却在越来越多地思考着:领导者究竟要把我们引向何处,现在应该做些什么?这也许是令人难以置信的,但当时确实没有人知道具体该做什么。当时正处于理论上混乱不堪、组织上软弱无力的时期,今天说一样,明天说一样,而干的又是另一个样子。"

苏共二十七大给予苏联人民的是一个暧昧不清的未来,但是,它却在组织上进一步巩固了戈尔巴乔夫的政治地位。大会改组了中央委员会,3月13日的政治局会议上,选举了新的政治局委员和候补委员,叶利钦等新人成为政治局候补委员。戈尔巴乔夫掌握了一个可以控制和推行改革思维的书记处:中央科学部部长梅德维杰夫(兼任苏共中央社会主义国家共产党和工人党联络部部长),中央组织部部长拉祖莫夫斯基,中央宣传部部长雅科夫列夫,负责农业的尼科诺夫,国际联络部部长多勃雷宁以及分别负责重工业和轻工业工作的扎伊科夫和比柳科娃。利加乔夫负责主持书记处会议,并分管意识形态的工作,在戈尔巴乔夫缺席时也主持政治局会议。按照苏共的领导传统,利加乔夫成了苏共的第二号人物。

苏共二十七大的路线虽然说还是笼统的,但是戈尔巴乔夫改革的矛头指向党的领导上层,指向党的官僚机构的意向已经十分明显。这不能不引起中央机构和各级党政机构负责人的担心和"怠工",甚至中央委员会本身也在敷衍了事。戈尔巴乔夫后来记载过:"困惑和不满我在党的'决策层'中也有所发现。当时许多人将未来的改革与切身的利益相权衡,琢磨精简多余的机关部门以及与管理机构工作中的人浮于事、环节重复作斗争会带来什么样的后果。"他注意到了一个严重的警告:"赫鲁晓夫被机关碰得头破血流,现在也会发生同样的事情。"但是,一场空前的核灾难暂时阻缓了这一进程。

1986年4月26日,星期日凌晨1时23分,离乌克兰首府基辅100公里的切尔诺贝利原子能电站的第四台机组发生爆炸。该电站共有4台机组,第四台机组是1984年才投入运行发电的。爆炸发生在核反应堆上,随即起火,整个大厅被毁,喷发出的白色烟柱高达数百米,数百人遭到核辐射,2人当即死亡。26日,在雷日科夫和戈尔巴乔夫得知事故的报告后,并没有立即采取特别行动,因为多年的办事习惯使事故的真相报告迟迟不能上达,随即成立了以部长会议副主席、主管燃料动力综合体工作的谢尔比纳率领工作组前往切尔诺贝利了解情况。这种不确切了解事故真相的情况在4月28日的紧急政治局会议上依然十分明显。会上,多尔基赫汇报了几种说法,说有人死了,居民在撤离,核辐射云层在扩散,直升机在扔装有沙子、红土和铅块的麻袋灭火,等等,并且多次强调"这只是说法"。倒是参加会议的国防部副部长阿赫罗梅耶夫说得很肯定:"到昨天晚上,辐射程度在增高。辐射扩散面积达到600平方公里,而云层还在向南和西方移动。"对于这一严重事态,国家安全委员会主席切布里科夫主张按照传统的做法——隐瞒。他说:"根据我们的线报,暂时没有什么令人不安的。居民平静。但是需要考虑,事故暂时只能由小圈子里的人知道。"但是,戈尔巴乔夫不同意这样的做法:"应当尽快地通报,绝不能拖延。应当讲发生了爆炸,正在采取制止后果扩散的措施。这是第一。第二,需要继续消除放射性污染的工作。还需要采取必要的措施,保护公民财产,防止趁火打劫。必须为撤离的人创造必要的物质生活条件,关心他们的生活、劳动安排和孩子的学习,等等","首先我们需要向社会舆论通报。在最终评估事故时,需要注意原子能电站的部署问题,再一次研究它们需要部署在什么地方"。他还谈到:"我们有18座原子能电站。需要彻底弄清切尔诺贝利核电站事故的原因。应当检查一下,我们的原子能监督机构都做了些什么。是不是为了安全在切尔诺贝利核电站所有的工作都做到家了?要知道我们正是为此目的才设立原子能监督机构的。这次事故发生在第四台反应堆需要转为维修的时候。这就是说,那里应该有原子能监督机构的代表。需要把这一切彻底弄清楚。需要最严肃的、最公正地弄清这件事。"

这次政治局会议根据戈尔巴乔夫的建议通过了相应的决议。当日晚上,在电视上播发了简短的有关事故的新闻消息。4月29日,政治局再次开会,成立了处理切尔诺贝利事故后果的行动小组,也就是"雷日科夫委员会",其中包括利加乔夫、切布里科夫、雅科夫列夫、多尔基赫、索科洛夫和内务部部长弗拉索夫。同时通过了一份有关事故的部长会议通报。这份通报当天见报,其中简述了所发生的事故,但回避了它的严重性,只是说:"正在采取刻不容缓的措施消除事故。目前,电站及其附近地区的辐射情况稳定","污染程度稍微高于允许指标"。与此同时,加紧了对电站附近地区居民的撤离工作,其撤离范围囊括了电站30公里的周边的居民点。5月14日,戈尔巴乔夫就切尔诺贝利事故发表了电视讲话。他认为这次事故是一个悲剧,由此应该吸取的教训是:核时代需要有新的思维和新的政策,需要在核动力的发展上进行国际合作。

6月3日,政治局会议听取了谢尔比纳的报告。谢尔比纳的结论是,事故的原因有二:一是操作人员违规操作,严重破坏技术规程,缺少技术监督;二是20世纪50年代中期设计的这种反应堆有缺陷,而这种缺陷是垄断的军工综合体的特权所致。6月4日,政治局就如何在新闻发布会上解释切尔诺贝利事故作出了指示,要求要严格按照戈尔巴乔夫的口径来讲话:"切尔诺贝利事故再一次表明,如果核战争猝然降临人类,将会面临何等的深渊。因为现在积聚的核武器隐藏着难以计数的比切尔诺贝利事故可怕得多的灾难。"

切尔诺贝利核电站事故的后果还要蔓延扩散很长的时间,但是它的骤然出现毕竟打乱了戈尔巴乔夫"加速"发展的步骤。

## 四、改革,公开性,批评"禁区",叶利钦开始较量

戈尔巴乔夫原本设想在传统办法(计划加动员、组织工作、社会主义优越性的鼓动和宣传、提高劳动者的自觉程度、加强劳动纪律等)基础之上,加快前进的速度,来消除停滞状态,加速发展,但是,切尔诺贝利事故等事件使他的"加速"战略的实行受阻。1986年年中,从"加速"战略转向改革成了戈尔巴乔夫的新的决策。"公开性"成了戈尔巴乔夫这种转向的第一个信号和动作。对戈尔巴乔夫而言,公开性首先就是国家领导人直接面对公众、媒体,面对世界,将原本要在执政者的高层、按"内部方式"讨论和逐层传达的事直接公布出去,以期借助群众的力量、来自下层的力量,直接地、快速地推动改革的进行。

在积极分子集会、记者采访和中央的会议上,戈尔巴乔夫加速了这种公开性的进程。他在所有的讲话中,一是对改革加以解释;二是对阻碍改革的势力加以抨击。4月,他在陶里亚蒂城访问时,宣布要进行"社会生活所有领域里的改革,思想、事务、工作中的改革"。6月,在中央全会上,他说,因为改革涉及所有的人,因此要使改革成为全民的事业。他呼吁要同妨碍改革的一切人和事作坚决斗争。7月,戈尔巴乔夫在远东地区讲话中强调"改革"和"革命"这两个词之间是可以画等号的,并再次批评了那些"因循守旧"的人们。9月,他在克拉斯诺达尔边疆区和斯塔夫罗波尔边疆区访问时,重申了改革的实质:实现生活各个领域中的革命变化。在一系列讲话中,戈尔巴乔夫都表示,改革要在社会主义的制度内来进行,对改革的答案要在苏联社会的自身中来寻找。他还明确指出,要反对传统的老框框,用具有新内容和革命实质的理论来加以保证。10月,他提出了"发展中的社会主义"这一概念,并且认为在这一进程中,民主是关键。

在戈尔巴乔夫倡导的公开性、民主化的进程中,"批评禁区"成了一项实质性的措施。他所指的"禁区",一是以"为了国家的稳定"为理由,不得批评中央领导,对那里的贪污腐败现象不得过问,任何领导人都不得撤职;二是国防预算、军工综合体的情况、军费开支和军队的总体情况,不仅老百姓,就连政治局委员也无权过问;三是不仅是军事预算,就是国民经济发展的真实情况也是对公众保密的,长期存在的预算赤字秘而不宣;四是对外贸易,尤其是军火贸易

的情况是国家的绝对机密;五是"克格勃"的活动操纵于少数人之手,严格拒绝报道和批评。戈尔巴乔夫说,所有这些"禁区"都是在"维护国家最高利益"的旗号下存在的。他还强调,所有这些"禁区"在勃列日涅夫时期发展得尤为封闭。戈尔巴乔夫寄希望于媒体和知识分子,要他们成为批评和打破"禁区"的主要力量。在这种情况下,长期遭禁的书籍和影片开始出版和上映,对历史上的"空白点"进行了越来越激烈的揭露和重新审视,而其中的焦点则是对十月革命和斯大林时期(党内斗争、大清洗、农业集体化和工业化、二战的初期失利和民族关系等)的重新评价。尤其是长期存在的报刊检查制度遭到了猛烈的抨击,报刊从意识形态部门的严格控制下走了出来,发表了大量的"批评禁区"的文章和解密的档案材料。随之,再度出现了为历史上遭到镇压者恢复名誉的运动。社会舆论分成了两派:一派是支持戈尔巴乔夫改革的人们;另一派则是维护传统意识形态和统治方法的人们。前者意气风发,认为潮流所趋,势在必行,而后者认为,这是挖社会主义墙角,给自己抹黑,给社会主义的敌人提供武器,将大祸临头。舆论上的分派逐渐导致了组织上人们的相向而立。

"批评禁区"的矛头指向了传统的历史和对传统历史的解释,同时也指向了那些对戈尔巴乔夫的改革持反对态度的上中层领导者。尤其是在各州区,戈尔巴乔夫的以"批评禁区"为主要内容的政策遭到了抵制和怠工。1986年10月27日,葛罗米柯在政治局会议上清晰地表明了自己强烈的反对立场,他说,在意识形态问题上绝不能放任自流,"要记住,在意识形态问题上,没有比党、中央委员会及其政治局更高的法官了。当然,警察方式在这里已经不合适了,需要首先用劝说和解释的力量来工作。但是,毕竟绝不能忽视,在我们这里那些想重新去评价过去,重新怀疑斯大林、工业化、农业集体化的人们并没有绝迹。这是绝不能允许的"。他还坚决反对为因反对集体化政策而遭镇压的经济学家恢复名誉:"难道可以这样做?这是些坏透了的富农卫道士,列宁曾经反对过他们,尽管他们自己说他们的思想被利用于制定我国的合作化计划。当我执教政治经济学时,曾揭露过这些倒霉的理论家,他们主要是在保卫富农和自由农庄经济的旗号下行动的。然而,您瞧,现在竟然有人建议为这些资产阶级的伪学者恢复名誉。当然,绝不能这样做。总体来说,在解决这些问题时,我们需要极为谨慎和小心。应当善于正确地对过去作出评价。"这是葛罗米柯和戈尔巴乔夫发生的公开冲突。这种冲突表明,"禁区"是葛罗米柯他们这一代人活动的历程,也是他们生命的一部分,对这些"禁区"进行批评就等于是否定了他们自己。葛罗米柯的发言也是一个信号,它表明他们支持戈尔巴乔夫的总书记人选,并不意味着他们将支持他的改革政策,并进而表明葛罗米柯等老一代人让戈尔巴乔夫上台并不是为执行新政,而是为了拥有一个年轻的新书记,以便更好地走老路。

戈尔巴乔夫着手组建自己的干部队伍,以便加快改革。在这一问题上,支持戈尔巴乔夫改革的叶利钦表现出了分歧。1987年1月底,在中央全会上,戈尔巴乔夫作了《关于改革和党的干部政策》的报告,从实践和理论上全面说明了他对改革现状的评价和坚持改革的决心。他认为,苏联社会中仍存在着危机现象增长的危险,而造成这一状况的原因一是中央和国家领导未能真正认识到改革的必要性和危机增长的危险性;二是有关社会主义的理论还停留在20世纪40年代的水平。他提出,改革就是要打破障碍机制,克服停滞不前的进程,要依靠群众的创造力,发扬民主,尊重人的价值,要集中经济中的集约化因素,坚决地转向科学,要充分地满足人民的需求,发扬社会主义道德,使社会主义具有最现代化的组织形式和人道主义性质。他在报告中还详述了干部政策,而今后选人用人的标准将首先取决于这些人是否贯彻执行改革的政策。全会最后赞同了这一报告,并对政治局和中央书记作了必要的人事调整:苏共中央书记、中央宣传部部长雅可夫列夫为政治局候补委员,斯柳尼科夫和卢基扬诺夫为苏共中央书记。

戈尔巴乔夫的这份报告事实上成了他的"改革宣言"。1987年的苏维埃选举就贯彻了这种选拔干部的路线。但是,国家的经济状况却在继续走下坡路。在1987年4月23日的政治局会议上,雷日科夫就承认,经济增长的速度在下降,赤字在增加,国家还不得不在很大程度上依靠粮食的进口;而曾经一度靠石油的输出来刺激的经济转向了以举借外债来维持的经济,国家的外债额在1987年达到了394亿美元。整个6月是在研究"经济管理体制的根本改革"中度过的。中央政治局的总的构思是提高企业的独立自主性,将企业转向完全的经济核算和自筹资金。6月25—26日的中央全会赞同了阐述这一内容的戈尔巴乔夫的报告《关于党的根本改革经济管理的任务》,并通过了《根本改革经济管理基本准则》的决议。在这次全会上,还作出了相应的人事变动:雅科夫列夫、斯柳尼科夫和尼科诺夫晋升为政治局委员,亚佐夫为政治局候补委员。全会还决定在1988年6月28日召开苏共第十九次全联盟代表会议。

对戈尔巴乔夫的干部政策已经持有异议的叶利钦在这次全会上又就经济问题对他提出了指责。他说:"已经过去两年了,而改革还是深入不下去。"叶利钦尤其反对领导书记处的叶·库·利加乔夫,说书记处的工作一切都没有改变,一切都是纸上谈兵,一切都是老套子。而叶利钦却认为自己在莫斯科的工作中大有进展,因此他对利加乔夫以书记处的名义组织一个委员会来检查莫斯科的工作十分恼火。他还首开了在莫斯科不能进行群众集会和游行示威的禁令,准予在事先报告了游行示威的人数、时间、地点和路线后,可以进行游行示威。这种先斩后奏的做法虽令戈尔巴乔夫不快,但还是默认了。9月10日,戈尔巴乔夫去休假,在利加乔夫主持召开的政治局会议上,利加乔夫指责叶利钦目无中央私自行动,这使叶利钦和利加乔夫的矛盾急剧表面化。12日,叶利钦给戈尔巴乔夫写了一封申诉信,表面上是对利加乔夫的工作作风提出了批评,而实质上发泄了对戈尔巴乔夫改革的不满——对莫斯科的不关心。他写道:"最初一些里程碑过去了。当然,做得还很少。但是,我想,主要的(我不列举其他的了)是大多数莫斯科人的精神、情绪发生了变化。当然,这在总体上来说也是国家环境的影响。但是,不管如何的奇怪,而我个人的不满意却是越来越多。"叶利钦所列举的"不满意"之处是"党的组织总是落后在所有重大事件的后面。在这方面,改革(除了总的政策)实际上是没有的。而且是整个的链条。结果是令人奇怪的,为什么改革在基层组织搁浅了?这是按照革命方式的思考和表述。而现实,恰恰是在党内,尽管外表上大大地前进了,却依然是老一套、论资排辈、做应景文章、抓些鸡毛蒜皮的事、高高在上。文件多得数不清(数数吧,每天都是西红柿、茶叶、车皮……而实质的推进却没有),会议也尽讨论的是些小问题,吹毛求疵,寻找消极的东西作为材料。是一些为了自己的'威信'的问题"。叶利钦还以惟一清醒者的角色提出警告:"我始终赞成严格要求,严格责任,而不赞成恐吓,但现在许多党的委员会和它们的第一书记却是在恐惧下工作的。在中央机构和各党的委员会之间既没有原则性,也没有党的同志式环境,而只有在这种环境中才能产生创造和信任,以及工作中的献身精神。"信的末尾,叶利钦写道:"我请求解除我的苏共莫斯科市委第一书记的职务和苏共中央政治局候补委员的职责。请认为这是正式的声明。我想,我没有必要直接向苏共中央全会提出。"戈尔巴乔夫对叶利钦的辞职信没有作出答复。

1987年10月21日,在苏共中央讨论十月革命70周年和当前任务的全会上,戈尔巴乔夫谈到改革取得的成就,分析了存在的问题,表达了将改革进行下去的决心和信心。但是,叶利钦不同意这种主要的分析,要求上台发言。他首先表示人们对改革信任程度在下降,其中一个历史原因就是党的权力集中在一个人的手里,他不受任何批评,而现在在政治局里尽管还没有个人崇拜的现象,但是对总书记已经说了许多好话。叶利钦认为党在改革中的许诺——在两三年内解决改善人民生活的提法是不正确的,它无法实现。最后,叶利钦声明他在政治局里主要由于没有得到利加乔夫的支持而无法工作,因此他请求解除他的政治局候补委员和莫斯科市委第一书记的职务。

叶利钦的发言遭到与会者的猛烈指责,全会作出决议,认为他的发言是政治错误,并责成中央政治局和莫斯科市委进一步处理此事。10月31日,叶利钦出席政治局会议,在会上承认改革有了相当的进展,并表示:"我出于自负,出于自尊心(这是我的主要错误)回避了同利加乔夫、拉祖莫夫斯基和雅科夫列夫的正常合作。但市委的同志们没有抛弃我,尽管他们也指责我的做法,但还是请我留下来。"11月3日,叶利钦给戈尔巴乔夫写信,请求给他继续工作的机会,继续担任莫斯科市委第一书记。11月9日晨,叶利钦在办公室里用剪刀在胸肋上划破了一条口子,于是戈尔巴乔夫得到了"叶利钦自杀"的报告。11月10日,政治局决定由扎伊科夫出任莫斯科市委第一书记。12日,在政治局会议上,戈尔巴乔夫称叶利钦的行动是"对改革的攻击","总的来讲,这是个纯粹的冒险家"。会后,戈尔巴乔夫亲自通知叶利钦要在当晚召开莫斯科市委全体会议讨论他的问题。在电话中,叶利钦说:"干脆我退休吧",但戈尔巴乔夫希望他仍然工作,说正在考虑让他去国家建委的安排。

当晚,戈尔巴乔夫出席了莫斯科市委全会,并作了与政治局会议精神相一致的报告。会议决定解除叶利钦的莫斯科市委第一书记的职务,由扎伊科夫接任。1988年1月14日,叶利钦被任命为苏联国家建委第一副主席。叶利钦和戈尔巴乔夫第一回合的较量以叶利钦的失败而结束。

## 五、平反,国营企业法,戈尔巴乔夫与世界,《改革与新思维》

1987年9月28日,苏共中央政治局作出决议,为了详细研究与20世纪30—40年代和50年代初的镇压有关的文件和事实,成立一个专门委员会——"进一步研究与30—40年代和50年代初进行的镇压有关材料的委员会"。委员会主席为索洛曼采夫,委员有切布里科夫、雅科夫列夫、季米切夫、卢基扬诺夫、拉祖莫夫斯基、博尔金和斯米尔诺夫。决议规定将苏共中央、中央检察委员会、中央马列研究院、国家安全委员会、苏联检察院和最高法院保存的有关这方面的文件移交该委员会,并且准予该委员会查用中央和地方各个机构有关这方面的材料档案。

1988年7月4日,政治局作出了另一项决议:在莫斯科建立在个人崇拜年代中遭违法行为和镇压的牺牲者纪念碑。在1988年7月11日的政治局决议中,使用了"为在30—40年代和50年代初被无端镇压的人恢复名誉"的概念。这一决议要求苏联检察院和苏联国家安全委员会下发指示,不管有没有公民的申请和申诉,均要重新研究这方面的案件;检察院要依法起诉,法院要依法审理。

1988年10月11日,政治局决议因"退休"原因解除索洛曼采夫的委员会主席的职务,季米切夫的委员,由雅科夫列夫任主席,委员会中增加了苏共中央书记梅德维杰夫、苏共中央党的监察委员会主席普戈和新的国家安全委员会主席克留奇科夫。1989年1月5日,政治局作出了《关于为在30—40年代和50年代初镇压牺牲者恢复公正的补充措施》的决议。该决议指出:"在30—40年代和50年代初,存在过大规模镇压和恣意妄为的事实。违法行为的极点是专门成立的非司法机构——所谓的'三人小组'、'特别会议',以及编制和审批受镇压者名单的事实。类似的事实给千百万苏联人带来了悲惨的后果,对国家社会经济的发展造成了极有害的影响,在人们的意识中确立了对法律和人的生活准则的蔑视。这给苏联社会的进步、社会主义事业和党的威信带来了惨重的损失。恢复法律的、司法的公正现在具有巨大的政治意义。我们沿着形成社会主义法制国家道路的前进、社会意识的发展在很多方面都取决于它。"该决议要求取消当年的非法审讯的裁决,为遭受镇压的所有公民恢复名誉,并建议苏联最高苏维埃主席团颁布相应的法令。该决议还明确指出,对于卫国战争期间的叛国者、讨伐队员、纳粹匪徒等真正的罪犯不予平反。

随之,开始了一系列平反工作。在1952年10月至1956年1月1日对历史案件重审的基础上,该委员会着重于至今一直未能得到重审的一些重大案件。1988年6月,苏联最高法院取消了对"马列主义者联盟"及马·尼·柳亭的判决,12月,柳亭被恢复党籍。1988年9月,苏联最高法院取消了对"工人反对派"组织的判决,其成员施里亚普尼科夫等人被恢复党籍。1988年6月取消了对"托洛茨基平行反苏总部"及其成员皮达可夫、索科里尼科夫和拉迪克等人的判决。1988年1月21日,苏联最高法院和检察院举行全体会议,重审"反苏右派托洛茨基集团"一案。2月4日,由最高法院院长捷列比洛夫签署了平反决定:取消1938年3月13日苏联最高法院军事庭对布哈林、李可夫、罗森戈尔茨、切尔诺夫、拉科夫斯基、布拉诺夫、列文、卡扎科夫等人的判决和

1941年9月8日对拉科夫斯基的判决。8月4日,塔斯社全文播发了该委员会的公告,宣布为"马列主义者联盟"、"莫斯科中心"、"托洛茨基—季诺维也夫反苏联合总部"和"托洛茨基平行反苏总部"平反。1989年,重新审议了"斯列普科夫等右派反党反革命集团",苏共中央党的监察委员会恢复了他们的党籍。至此,30—40年代和50年代初的重大历史积案清理完毕。

1990年7月7日,苏共中央书记处就平反工作作出总结,并决议将此总结通报全党。这份通报指出,到1990年9月初,有807 288名根据"三人小组"、部务会议和特别会议的决议被镇压的人和31 342名被判刑的人被恢复名誉。其中,俄罗斯联邦为534 573人,乌克兰为154 754人,白俄罗斯为53 513人,乌兹别克为11 878人,哈萨克斯坦为29 183人,格鲁吉亚为11 486人,阿塞拜疆为5 607人,立陶宛为3 910人,摩尔达维亚为7 520人,拉脱维亚为4 452人,吉尔吉斯为4 870人,塔吉克为3 512人,亚美尼亚为4 029人,土库曼为6 063人,爱沙尼亚为3 280人。

在平反过程中,要求对被平反者进行经济赔偿和精神赔偿的问题越来越尖锐,而地方当局对于平反问题往往敷衍了事和走走过场。遭到镇压的家属则要求知道自己亲人当年遭镇压的真正原因、他们的死期和埋葬地点,而执法机构大多无法准确回答。不少信件要求"对斯大林及其一小撮人的行动作出准确的政治结论"。平反工作在少数民族地区,如车臣—印古什、北高加索,以及爱沙尼亚、塔吉克和吉尔吉斯共和国促进了当地民族矛盾的加深。

1990年8月13日,戈尔巴乔夫发表《关于恢复20—50年代所有政治镇压牺牲者的权利》的总统令。全文如下:

> 斯大林的领导层以革命、党、人民的名义进行的大规模镇压、恣意妄为和无法制是过去时代留下的沉重遗产。从20年代中期开始的对同胞的荣誉和生命本身的凌辱极其残酷地持续了几十年。数十万人遭到了精神上和体力上的残酷折磨,其中许多人被消灭。他们的家庭和亲人的生活变成了一连串暗无天日的屈辱和痛苦。
>
> 斯大林及其周围的人攫取了实际上无限的权力,剥夺了苏联人民的自由,而这种自由在民主社会里被认为是天生的和不可剥夺的。
>
> 大规模镇压的绝大部分是通过所谓的特别会议、部务委员会、"三人小组"和"两人小组"以法庭外判决的方式进行的。然而,即使在法庭上,所依靠的也是诉讼程序的起码的准则。

苏共二十二大开始的对公正的恢复并没有持续进行下来,它实际上于60年代下半期停止了。

进一步研究与镇压有关材料的专门委员会为数十万无罪的犯人平了反;取消了反对被从故土迁移出去的民族的非法法令;承认30—50年代奥格布、内务人民委员部和国家安全部的非司法机构就政治案件作出的决定是非法的;还通过了恢复恣意妄为的牺牲者权利的其他法令。

但即使在今天,还有数十万司法案件没有得到重审。不公正的污点仍没有从那些苏联人身上清除掉,他们在强制的农业集体化时期无端遭受过苦难,被判刑,被和家庭一起迁移到边远的地区去,没有生存的手段,没有选举权,甚至没有向他们宣布被剥夺自由的期限。还需要为宗教界的人士和因宗教原因而遭迫害的公民平反。

我们所有的人,我们的整个走上道德复兴、民主和法制道路的社会都需要尽快地克服由于滥用权力而出现的无法制和政治罪行的后果。

我对这些大规模镇压表示原则性的谴责,认为它们是不符合文明的准则的,并根据苏联宪法第127条7款和第114条决定:

1. 承认在农业集体化时期对农民所进行的镇压,以及在20—50年代因政治、社会、民族、宗教和其他原因对所有其他公民所进行的镇压是非法的,是违反人的基本公民和社会经济权利的,并且完全恢复这些公民的权利。

责成苏联部长会议、各加盟共和国政府依据本命令,在1990年10月1日前将有关恢复遭镇压公民权利的程序建议提交立法机构。

2. 本命令不适用于在伟大卫国战争期间,以及战前和战后年代犯下背叛祖国和苏联人民罪行的被证据确凿地判刑的人员。

责成苏联部长会议向苏联最高苏维埃提交立法命令的草案,该命令要确定这些罪行的清单和由法院鉴定因犯下这些罪行而被判刑、根据本命令不应予以平反的人的程序。

3. 考虑到完全解决恢复在20—50年代遭到非法镇压公民权利的所有问题所具有的政治和社会意义,责成总统委员会对这一过程进行监督。

苏维埃社会主义共和国联盟总统

米·戈尔巴乔夫

1990年8月13日于莫斯科克里姆林宫

## 第十三章 ● 最后的戈尔巴乔夫，最后的苏联

1987年的上半年，在苏共中央政治局的例会上多次讨论了对经济管理体制的改革问题。6月上旬，苏共中央还邀请企业、联合公司的领导以及各部负责人和学者开会，商讨这一问题。戈尔巴乔夫的总的思维是：改变苏联社会经济领域目前的现状是惟一现实的决定。而改革管理体制的第一步，一个基本环节就是要制定国营企业法。中央管理机关的一切工作都不能违背企业法，而最迫切的问题就是要把中央集权同发挥企业的主动性结合起来。随后，政治局开会，作出了关于联合公司、企业和组织过渡到完全经济核算制和自筹资金问题的决定，认为完成这种过渡将为国营企业法的实施创造必要的条件。6月25—26日的苏共中央全会通过了《根本改革经济管理基本准则》的决议，赞同了苏联国营企业法草案。这种向经济核算和自筹资金过渡的具体内容是：提高企业和联合公司对最终结果的责任，确立收入水平取决于工作效率的原则；提高集中领导的质量；根本改革从计划、价格、财政信贷到贸易等方面的工作；从过分集中的指令性管理体制向民主化体制过渡。9月17日，政治局会议最后通过了《国营生产联合公司条例草案》，并且通过了《关于科研单位改行完全经济核算制和自筹资金的决定》。

1987年正是十月革命70周年，戈尔巴乔夫在一系列讲话中，都强调了改革的社会主义方向。2月25日，他在苏联工会第十八次代表大会的讲话中说："我们选择的道路是正确的。我们不是背着社会主义方向走，而是通过改革发挥社会主义制度的潜力。我们不是背着民主的方向走，而是为了劳动者的利益朝着发扬民主的方向走。"3月13日，苏共中央在《告苏联人民书》中指出，正在进行的改革的目的就是为了加快社会主义社会的进步。11月2日，他在纪念十月革命70周年的大会上所作的报告的题目就是《十月革命与改革》。他的这些论点和主张也是党的其他领导人所持有的共同看法。关于这一点，他的办公厅主任博尔金描述的是实情："我想重申一下，戈尔巴乔夫在1985—1987年间的讲话一直坚持这样一个观点：我们的社会主义是人民的大业，应该继续建设它。社会主义的原则没有改变，而且将来还要实现主要目标——建成共产主义社会。最初，这些公理就是戈尔巴乔夫所有构想的基础，而且我认为，他当时也没有别的什么想法。对过去遗留下来的东西的态度无疑也是符合大多数人的心愿的，国内所有的人确实盼着转变，而且是彻底的转变。他们期待着经济、外交、社会主义民主化方面发生重大变化，他们希望有新的刺激办法，希望解除对各级党委和党组织活动的束缚，但又不想失去早已享受惯了的种种社会保障。党是支持戈尔巴乔夫最初的工作的，况且他说过要保留

社会主义的宝贵财富和已取得的各项成就。"

在平反和向经济核算和自筹资金过渡的过程中,戈尔巴乔夫更多地把目光转向了外部世界。这是苏联的历届领导人没有做到的。一方面,他频繁到社会主义阵营的欧洲国家去作"亲善"访问,解释自己的改革政策和前途。1985—1987年间,他先后访问了波兰、捷克斯洛伐克、罗马尼亚和民主德国,加强了与这些国家在政策和方针上的协调。数次召开了经互会成员国会议、华沙条约国首脑会议、社会主义国家(保、匈、越、东德、古、老、蒙、波、罗、捷)共产党和工人党主管经济、国际和意识形态工作的中央书记会议。

另一方面,戈尔巴乔夫为了使其国内的改革有个缓和的国际环境,以各种形式展开了对西方国家的外交活动,首先是改善和美国的关系。戈尔巴乔夫后来自己说过:"我本人和我的一些国际事务中的同道,都认为应当从美国着手。美国既是一个超级大国,又是公认的西方世界的领袖,没有它的首肯,任何企图求得东西方关系突破的尝试都将无果而终,甚至会被看成是'阴谋'、'离间',等等。"早在契尔年科的葬礼上,戈尔巴乔夫就接受了由美国副总统布什转交的里根邀请他会晤的信件。6月,双方确定里根和戈尔巴乔夫的会晤将于11月在日内瓦举行。在此期间,戈尔巴乔夫和里根每隔几周就要交换一次信件。8月,戈尔巴乔夫对美国时代出版公司和《时代》周刊负责人的谈话中这样论述了苏美关系:"我认为,一个不容置疑的事实是:不管我们彼此是否喜欢,我们只能一起生存下去,要不就一起死亡。我们应该回答的一个主要问题是:我们是否最终愿意承认,除了彼此和平共处就别无出路,是否准备把我们的思维和行为方式从战争轨道转到和平轨道上来?我们有句俗话,那就是自己活着,也让别人活着。我们把这称为和平共处。"9月底,戈尔巴乔夫访问法国。行前,他在接受法国电视台的采访时,向美国发出了信号:苏联愿意在人权问题上,在任何地方、任何时候,同任何代表进行讨论;为了减弱核浩劫的威胁,建议暂停核试验。

1985年11月19日,戈尔巴乔夫和里根在日内瓦会晤。这次会晤是苏美两个大国历届领导人会晤的转折——用戈尔巴乔夫自己的话来说,就是从"头号共产党人"和"头号帝国主义者"的大辩论到两个最大强国领导人的务实的对话。会晤的结果是,苏美双方承认了一个共同的概念:不可能赢得核战争,决不要打核战争。双方还确认,对于苏美两国来说,重要的不是"保证不首先使用核武器"的问题,而是要防止苏美两国之间爆发任何战争,无论是核战争还是常规战争的问题。

## 第十三章  最后的戈尔巴乔夫,最后的苏联

1986年1月15日,戈尔巴乔夫发表声明,建议到2000年分阶段销毁所有的核武器。他还宣布,将1985年12月31日到期的暂停核试验延长3个月。他在声明中强调,要摈弃"石器时代思维","进行新的政治思维"。这种新思维的实质就是避免核浩劫、防止核对抗、苏联和美国在这个问题上的双方让步和协调。为了实现这种新思维,外长谢瓦尔德纳泽改组外交部,任命了一批新的外交官,并要求外交官能用新思维来进行活动,学会与对手进行直接和坦率的对话。

1986年10月11—12日,戈尔巴乔夫和里根在冰岛的雷克雅未克再次会晤。会晤中,戈尔巴乔夫同意将削减50％的重型洲际导弹并同意对削减结果进行现场视察;里根同意到2000年销毁所有核武器的建议,但在有关战略防御计划的试验方面没有作出让步。雷克雅未克会晤只达成了军备控制的协议,而未能就整个苏美关系的正常化取得实质性的进展。戈尔巴乔夫未能取得希望的结果,10月14日,他在苏联电视台就这次会晤批评了里根。他说:"我们的伙伴视野不够开阔,不懂得机会难得,归根结底是在解决世界上极其重要的迫切问题时缺乏十分必要的勇气、责任感和政治决心。"他指责美国人犯了两大错误:一是策略性错误,误认为苏联会听从美国发号施令;二是战略性错误,指望通过航天及其武器的竞赛战胜苏联。这一年的最后一天,戈尔巴乔夫在发表新年祝词时再次声称,世界仍然面临核对抗的灾难,因此要求在国际事务中采取新的思维和做法。

1987年2月,戈尔巴乔夫在"争取无核世界,争取人类生存"的国际会议上讲话时,又一次解释了"摈弃石器时代思维"的理论。他说:"有人试图继续用武力和用石器时代遗留下来的办法解决已经发生根本变化的世界问题","核战争之后,什么问题都将不存在了,也没有人坐下来谈判了,不用说坐在谈判桌前,就是坐在树桩旁,或石头旁都是不可能的了"。2月底,戈尔巴乔夫发表声明,建议苏美就中程导弹问题单独缔结协议。他还保证,只要这一协议签署,"在同民主德国和捷克斯洛伐克政府协商后,苏联就将从这两个国家撤出加大射程的战役战术导弹"。4月上旬,戈尔巴乔夫在捷克斯洛伐克布拉格的群众大会上,再次重申这一立场,提出了两项裁军建议:一是就削减和消除部署在欧洲的战术核武器(射程为500—1 000公里)进行会谈;二是召开35国外长会议,讨论削减欧洲常规部队和常规武器问题。

戈尔巴乔夫的这种以防止核浩劫的决策思路最终反映到了他的顾问班子和他亲自参与撰写的《改革与新思维(为了我们国家也为了全世界)》一书之

中。这本书名义上是应美国出版商的邀请而写的,但实际上这正符合了他的直面人民的公开性的要求,目的是为了争取直接来自民众的支持和以改善苏美关系为出发点争取一个缓和的国际环境。因为,这时他的改革在国内遭到了越来越强大的阻力。所以,他在该书的前言中就开门见山地说:"我写这本书的愿望就是直接向人民呼吁。向苏联人民,美国人民,任何一个国家的人民。"

《改革与新思维》实质上是戈尔巴乔夫对执政两年来改革的总结和对改革前途的展望与决策。在"改革"一篇中,他论述了改革的起因、实质及其性质,并概述了改革进展的情况、成绩和问题。他强调,改革是一种"成熟的需要",它来自社会主义社会深层的发展。一个首当其冲的问题是,经济增长的受阻碍。在最近的3个五年计划期间,国民收入增长的速度下降了一半以上,尤其是在80年代初,实际上降落到了接近经济停滞的状况。"为'总产值'的竞赛,特别是在重工业,成了'最高任务',干脆就是目的本身"。经济发展的迟缓也反映到社会生活的各个方面。总的结论是:"国家处于危机前的状态。"戈尔巴乔夫认为他的改革不是唱高调的宣言,而是详细制定的纲领。"改革的实质恰恰也就在于,它将社会主义和民主连接在了一起,在理论和实践上完全恢复了列宁关于社会主义建设的学说"。因此,他呼吁"多一点社会主义,多一点民主"、"多一点公开性的光亮"。尽管改革"没有现成的药方",但是改革的标准只有一个:"一切都是为了巩固社会主义。"在"新思维与世界"一篇中,戈尔巴乔夫提出:"谁也无权对社会主义世界、发展中世界或者发达资本主义世界视而不见。"他承认面对这样一个五花八门的世界,苏联没有能力去单独解决一切的问题,需要一种新的政治思维。他说:"新政治思维的基本的、起始的原则是简单的:核战争不可能成为达到政治的、经济的、意识形态的目的的手段,不管这种目的是什么","新思维的核心就是承认全人类财富的优先权,更确切地说是人类生存下去的优先权"。戈尔巴乔夫还说:"是时候了,应该结束从帝国立场考虑外交政策的观念。苏联无法将自己的东西强加给他人,美国也做不到。"但是,他考虑问题的出发点依然是苏美两个大国的争霸。因此,相互削减核武器和裁军就成了戈尔巴乔夫调整和改善苏美关系的基础和主方向。他说:"核武器基本上集中在苏联和美国。只要这两个国家拥有的10%,不,即使是1%,就足以给整个星球和全部人类文明带来无可挽救的损失。"

在书的末尾,戈尔巴乔夫说:"从怀疑和敌视到信任,从'恐惧均衡'到理智和善良意志的均衡,从狭隘的民族利己主义到合作——这就是我们所要呼吁的,我们和平倡议的目标所向,为此我们将继续不倦地工作。"戈尔巴乔夫还相信"改革的幼芽还将在国际关系,包括苏美关系中成长。掌握新的政治思维——这是时代的绝对命令"。

在《改革与新思维》中,戈尔巴乔夫相当广泛地总结了他执政后的改革状况,但是,他对改革前景的预言却是狭隘的,而这种狭隘将使他在未来的岁月中碰到更多的麻烦。

## 六、民族纷争之火:哈萨克,纳戈尔诺—卡拉巴赫

在苏联的体制内,建立有加盟共和国、自治共和国和民族自治区,中央政权对民族共和国和地区的控制是建立在三项重大措施之上的。一是,自治共和国的主体大都是两个民族,比如车臣—印古什自治共和国、卡巴尔达—巴尔卡尔自治共和国等,这种建制便于中央政府利用两个民族的矛盾对该地区加以治理;二是,将自治共和国中的某一个民族地区划归另一个自治共和国,这同样是为了利用民族的矛盾来进行控制;三是,自治共和国的党政"第一把手"都由俄罗斯人担任,在由本民族人士任职时,他的周围也必须有数量可观的俄罗斯人相掣肘。所以,长期以来,苏联国土上的民族问题并没有得到解决,相反,民族矛盾和纠纷却频起。在戈尔巴乔夫实行改革后,本来被掩盖和控制住的矛盾和纠纷日渐表面化,各自治共和国对中央政府的质疑和诉求也就激烈起来。在独特的历史背景和现状下,民族矛盾和纠纷就集中表现为"反俄罗斯化"的民族主义情绪的滋长和发展。

1988年3月4日,国家安全委员会主席切布里科夫在给戈尔巴乔夫的一份秘密报告中,把自1957年以来国内发生的各类事件统称为"群众骚乱"。在他所列举的24件"群众骚乱"中,发生在非俄罗斯民族地区和共和国的占13起,而中亚和北高加索地区又位列榜首。他所列举的最近的两件"群众骚乱",一是1986年4月2日发生于雅库特自治共和国雅库茨克市的大学校园里;二是1986年12月17—18日发生于哈萨克共和国阿拉木图市。按照切布里科夫的说法,雅库茨克的冲突是"俄罗斯族和雅库特族中的流氓分子多次发生集体斗殴事件",但实际上它是有600人参加的雅库特年轻人反俄罗斯情绪的大爆发。游行示威者喊出了"雅库特是雅库特人的雅库特","俄罗斯人滚出去"的口号。而1986年12月18—19日的阿拉木图事件,切布里科夫界定为是"该市一些高校有民族主义情绪的大学生出于挑唆目的要求修改共和国共产

党中央全会审理组织问题的决议",但实际上,它是由于中央解除了哈萨克党中央第一书记库纳耶夫、任命一个俄罗斯人科尔宾接任而引发的大规模民族抗议。哈萨克一直被认为是苏联的没有民族问题的"后院",自从在这里试验了第一个原子弹后,北部的塞米巴拉金斯克地区就成了苏联的核试验和宇航基地。农业集体化时期,一部分被剥夺的"富农"被迁移到这里,成为"特殊移民"。第二次世界大战期间,有相当一部分被从北高加索地区迁出的"危险的"少数民族移居在这里。而赫鲁晓夫的垦荒运动又把这里作为重点,火热和荒凉把这里搅得鸡飞狗跳。随着这些轰轰烈烈的运动,大量的俄罗斯人移居到这里。哈萨克人在阿拉木图事件中喊出了"俄罗斯人滚出去"、"哈萨克是哈萨克人的哈萨克"的口号。哈萨克"后院"的起火,表明了苏联的民族问题的深重和民族纷争的加剧。夏天,在克里米亚半岛,当地的鞑靼人和俄罗斯人发生严重冲突,鞑靼人要求返回自己的故地,因而要求俄罗斯人回家去,要求成立鞑靼自治州,而当地居住的俄罗斯人则反对这样做,并且要求取消赫鲁晓夫当年将克里米亚赠予乌克兰的决定,并将该半岛重新划归俄罗斯。

所以,从1986年起,苏联境内的民族问题就日趋表面化和激烈化,而其核心就是反俄罗斯的思潮和行动。1988年3月21日,国家安全委员会主席切布里科夫在一份关于"国内不安定情况的汇报"中,指出在1987年的"反苏、民族主义和政治敌视内容的匿名材料"中,"民族主义的,主要是反俄罗斯的言论有309起",占了第一位。在对制作和散发匿名材料的原因进行分析时,也指出怀有"民族情绪的为248人",同样也占第一位。

1988年的春天,纳戈尔诺—卡拉巴赫自治州所发生的民族冲突惊雷一般滚过了苏联大地。1987年的冬天到1988年初春,该自治州的亚美尼亚人代表团3次来到莫斯科,向苏共中央和苏联最高苏维埃提出,要求取消20年代作出的将纳戈尔诺—卡拉巴赫划归阿塞尔拜疆的决定,并要求和亚美尼亚联合。亚美尼亚当局支持这一要求。2月,在该自治州的首府斯捷帕纳凯尔特的集会上,人们要求脱离阿塞拜疆,要求完全的自主。2月20日,在纳希切万举行的纳戈尔诺—卡拉巴赫州委非常会议通过决议,要求阿塞拜疆最高苏维埃将该地区转交给亚美尼亚。阿塞拜疆方面立即作出了反应,先后在巴库和一些工业城市出现了游行示威活动,阿塞拜疆人喊出的口号是:"纳戈尔诺—卡拉巴赫是阿塞拜疆不可分割的一部分。"阿塞拜疆和亚美尼亚两个共和国的领导人在这个问题上各不相让,都坚持该地区是属于自己共和国的。

第二天,苏共中央政治局立即召开会议,确认不能改变纳戈尔诺—卡拉巴赫目前的地位，要求两个共和国局势正常化，以改革和复兴的精神来解决历史积累的具体经济、社会、生态及其他问题。然而，问题并没有解决，在阿塞拜疆和亚美尼亚两国依然不断发生游行、集会、骚乱。在亚美尼亚首都埃里温50多万人涌上了大街，发言者认为斯大林时代对这个问题的决定是错误的，是强加给当地人民的，有的发言者甚至要求人们拿起武器，同阿塞拜疆人斗争。在斯捷帕纳凯尔特，仍有1000多人在广场上示威。戈尔巴乔夫把这种局势称为"炭火还在烧，羊肉串还在烤"，并要求内政部部长"一定要控制住局面，可别让'炭火真烧起来'"。26日，发表了戈尔巴乔夫致阿塞拜疆和亚美尼亚两国居民的呼吁书，其中重申了政治局会议对解决纳戈尔诺—卡拉巴赫问题的立场。但是，局势却愈来愈严重。居住在埃里温和亚美尼亚土地上的阿塞拜疆人开始出走，而居住在纳戈尔诺—卡拉巴赫的居民的反阿塞拜疆情绪也日趋激烈。双方都有传说，有大量的人遭到对方屠杀。27日，当两名阿塞拜疆人被亚美尼亚人杀害的消息传到阿塞拜疆时，巴库附近的苏姆盖特城出现了大规模的游行集会，并随即发生了阿塞拜疆人向亚美尼亚人报复的流血事件。

2月29日，苏共中央政治局开会专门讨论了纳戈尔诺—卡拉巴赫的局势。戈尔巴乔夫对苏姆盖特事件的反应是："这是暴徒在行凶，在这些暴徒中有不少是惯犯、累犯，都是他们在兴风作浪。而苏姆盖特的警察却熟视无睹。也就是说，这是有预谋的报复亚美尼亚人的行动，他们是要给亚美尼亚人一点'颜色'看。总之，如果我们不采取措施，随时都可能爆发种族屠杀。"他认为必须立即结束阿塞拜疆和亚美尼业事件，但政治局在当前没有必要单独就纳戈尔诺—卡拉巴赫局势作出决议。他承认了事态的严重和危险性："在这两个共和国相互关系中所发生的事情是关键，它关系着许多问题。类似的摩擦、矛盾随处可见，而如果不予以制止（我们在这方面采取了正确立场），那么到时候内讧将会在全国蔓延。"除了现实问题外，他要求解决历史上积累下来的民族问题，"这方面积累下来的问题太多了"，"在卡拉巴赫，过去和现在都给人留下了把柄"。戈尔巴乔夫还明显指责亚美尼亚知识分子在民族骚乱中起了不好的作用。尽管如此，戈尔巴乔夫并不赞成彻底改变传统的民族政策，而只是要控制住局势，解决现实生活所提出来的问题。对于苏姆盖特和斯捷帕纳凯尔特等地的骚乱事件的处理办法，政治局委员的意见并不一致。内政部部长弗拉索夫、国防部部长亚佐夫等要求实行戒严，采取强硬镇压措施。亚佐夫说："应该派军队去维持秩序。反正这是一个孤立的地区，不是有数百万人口的亚美尼亚。顺便说一句，这或许对别人还能起到清醒的作用。"雅科夫列夫说："应该派军队到苏姆盖特去,有必要在那里显示一下'权力之手'。"利加乔夫甚至建议采用当年镇压新切尔卡斯克事件的办法,他说:"当时,一个师的部队被派到那里。我当时同弗拉基米尔·伊里奇·斯捷潘科夫在那里,还有几位中央书记也在。我当时是副部长。那次,行动极为庞大,一切,一下子都结束了。"戈尔巴乔夫也同意用传统的方法来控制局势,"就像当时在阿拉木图一样",但他毕竟还是和以往的领导人不同。他只同意实行宵禁,而不是戒严,可以派军队去,但"先做他们的政治工作,而不要动用部队驱散他们","如果他们表现得一直平静,那么政治工作就要做到底。难道我们还非要动用军队不可"!

苏共中央随即又采取了人事调动的办法来解决阿塞拜疆和亚美尼亚两个共和国的民族问题。但是,这两个共和国依然坚持自己的立场,在6月14日和17日,亚美尼亚和阿塞拜疆的最高苏维埃先后通过法令,确认纳戈尔诺—卡拉巴赫是属于自己的领土。民族问题成了政治局会议的连续不断的议题,政治局委员对于反映在具体措施上的民族政策的分歧也日渐扩大。在中央政令无法解决问题,军队干预也无效的情况下,政治局曾试图以"民间"形式来解决亚美尼亚和阿塞拜疆的民族问题。在11月的中央全会讨论过民族政策问题后,雅科夫列夫授意安德烈·萨哈罗夫去那些地区进行斡旋。12月,萨哈罗夫偕夫人在埃里温、巴库和斯捷帕纳凯尔特与当地有关人士进行了商谈。但是,萨哈罗夫得出的结论却是:既然纳戈尔诺—卡拉巴赫的大多数居民是亚美尼亚人,那就应该满足他们归属亚美尼亚的要求;如果阿塞拜疆对此不满并发生骚乱,政府就该用武力来制止。这一结论不符合戈尔巴乔夫的意愿,因为从出现纳戈尔诺—卡拉巴赫事件的开始,他就偏向于阿塞拜疆。他在2月29日的政治局会议上就说过:"所有紧张局势都在亚美尼亚方面",指责斯捷帕纳凯尔特的骚乱人群"是在受亚美尼亚方面的指使,并一直保持着联系","简短地说,现在应该控制住亚美尼亚,以免他们有过激的反应"。此外,这时戈尔巴乔夫显然也考虑到,如果改变自治共和国领土的划分,将势必要改变宪法、引起更大的骚乱。在他的改革面临动荡不安的时刻,他是不愿意冒如此大的风险的。总之,萨哈罗夫的斡旋使他自己和戈尔巴乔夫第一次发生分歧;政治局委员对待阿塞拜疆和亚美尼亚民族问题的不同立场实际上导致了苏共党内的最初的分裂;而整个苏共高层领导对纳戈尔诺—卡拉巴赫事件的认识不足也促使苏联的民族问题很快就由个别的领土争端向呼吁民族独立、自决的道路上发展。

## 七、安德烈耶娃和改革,第十九次全苏党代会,苏联第一次人民代表大会

戈尔巴乔夫的改革在20世纪80年代末期进入了一个非常时期,这个时期的实质按照他自己后来的表述是这样的:"如果想要简要地说明政治改革的意义,它是怎样构思的,又是怎样实施的,可以说,就是把权力从独家操纵的共产党手中交到按宪法本应属于通过自由选举产生的人民代表的苏维埃手里。因此,完全可以理解,改革的成败,尤其是在初始阶段,完全取决于苏共对待改革的态度,因为苏共实际上本应自动舍弃原来的独裁专制。这是一场极其复杂、痛苦而又特别严重的政治战役,可以说对于党内的高官阶层来说,那是'致命的结局'。'退位',意味着这批人将逐步失去他们原先所享有的特权,意味着他们将从当今世界的强者地位下降为平民百姓。"

这样一种政治改革在苏联的高层领导人中间引起了慌乱,尤其是在政治局中分歧在继续扩大,而非领导层的苏联人也纷纷作出了反应。其中最为激烈的反应是发表于《苏维埃俄罗斯》报的一篇短文《我不能放弃原则》,作者是列宁格勒化工学院的一名女教师尼娜·安德烈耶娃。全文如下:

> 大概不只是我一个人已经注意到,党的领导人正在号召把"揭露者"的注意力转移到社会主义建设各阶段的实际成就上来,然而这号召却命令般引发了一批又一批新的"揭露者"。以约·维·斯大林在我国历史上的地位为例吧。在我看来,与他的名字相联系的所有批判性攻击都是发狂的行为,而这与其说是在评说历史人物本身,倒不如说关系到整个最复杂的过渡时代。在这个与整整一代苏联人的丰功伟绩相联系的时代里,今天,有些人却在逐步放弃积极的活动,强行把工业化、集体化、文化革命这些把我们国家引向世界伟大强国的概念塞入"个人崇拜"的公式。所有这一切都令人怀疑。事情已经发展到坚决要求"斯大林分子"(人是随心所欲而定的)进行"忏悔"的地步。我拥护党的号召,捍卫社会主义先驱者的光荣和尊严。我想,我们应该从党的、阶级的立场来评价党和国家的所有领导人,其中包括斯大林的历史作用。"左派自由社会主义"的追随者们形成了一种伪造社会主义历史的倾向。他们闭口不谈国家过去和现在所取得的最伟大的成就,却向我们暗示,在过去的年代里,国家做的都是

错事，犯下了罪行。他们在追求历史真理完备的同时，却用伦理学范畴的不切实际的理论来偷换社会发展的社会政治标准。"左派自由主义者"观念的另一个特点，就是公开的或隐晦的世界主义倾向，某种没有民族主义的"国际主义"。现在，培养青年人的工作所以变得更为复杂，还由于在"新左派自由主义者"和"新斯拉夫主义者"的基础上出现了非正式的团体和联盟。挑拨离间的极端分子在他们的领导层中占了上风。最近，这些自发形成的组织开始呈现多元化的政治色彩。这些组织的领袖们经常谈论在"议会制度"、"自由工会"、"出版自治"等基础上的"权力分配"。以我之见，从所有这一切得出的结论是：现在，在全国范围内正在进行的这些讨论的主要目的和最基本的问题，就是承认不承认党和工人阶级在社会主义建设和改革中的领导作用。毫无疑问，由此可以对政治、经济和思想得出全部理论和实践的结论。正如米·谢·戈尔巴乔夫在苏联共产党中央委员会全体会议上所说的那样："我们应该在遵循马克思—列宁主义原则的同时，首先应该在精神方面采取行动。同志们，我们不应该用任何借口放弃这些原则。"我们现在和将来都捍卫原则。原则不是来自别人的恩赐，而是在祖国历史急剧转变时刻，由我们流血牺牲换来的。

这篇名义上出自一位教师之手的文章，其抨击的矛头不仅指向了戈尔巴乔夫的改革，而且从根本上否定了对斯大林"个人崇拜"的批判和在此基础上的整个苏联的历史进程。这篇文章的内容和口气都完全超出了一个普通教师的水平。事实表明，这是当时负责意识形态工作的两书记之一利加乔夫在所欣赏的一篇群众来信基础上加工而成的。它一方面反映了利加乔夫和另一位意识形态书记雅可夫列夫的争斗；另一方面也反映了政治局内部在改革问题上的严重分歧。戈尔巴乔夫是在去南斯拉夫访问的飞机上读到这封信的，他意识到，对安德烈耶娃文章的看法实际上反映了政治局内部在改革等一系列问题上的分歧。他回国后，24—25日召开政治局会议专门讨论了这一问题，他说："不是发表这一事实令人惊讶。而令我不安的是，政治局的某些同志们把这篇文章评价为是'标准'，是当代改革过的政论作品的典范。我对这一评价的不同看法引起了某个人的某种不理解。"他还说："安德烈耶娃的文章非常全面，实际上没有忽略今天令社会不安的任何问题。应当把它看作是一篇反改革的政纲。因此，我的一些同事要在其他报纸上转载这篇文章的呼吁是无法理解的。总的来讲，我们在对这篇文章的发表上出现了分歧，因而在对待我们

## 第十三章　最后的戈尔巴乔夫，最后的苏联

这里正在发生的一切的态度上意见也就不一致。令人怀疑的是，安德烈耶娃——一个化工学院的教师写文章所陈述的材料，某些结论和信息也证实了这一点，它们是她了解不到的，因为只有较小圈子的人知道这些情况。"

　　会议上的发言证实了戈尔巴乔夫的判断，政治局委员基本上分成了三派。一派是支持戈尔巴乔夫的分析和立场的，其中雅科夫列夫抨击得最激烈："我认为，它从标题到所有的论点和前提都是反改革的。从语调上看，文章明显是在追求某种纲领性的意义。按其内容、语调和陈词的慷慨，文章都不是旨在促使我们社会在改革的基础上的同心同德和团结，而是要使社会的各个集团和阶层分化、分开和相互对抗。"雅科夫列夫显然是在批评利加乔夫。持相同观点的有雷日科夫、谢瓦尔德纳泽等。另一派正是雅科夫列夫的对立面——利加乔夫。他说："今天让我不安的是什么呢？这就是：许多历史事实叙述得不准确，有时甚至是歪曲的评价。对我国历史上无论是英勇的还是悲剧的一页，都不总是能作出客观的描述。存在这样的出版机构，它们允许倾斜，干脆就是追求负面的东西，把过去只看成黑暗一片。一些作家、电影工作者甚至试图要给我国人民的那些丰功伟绩抹黑。在《苏维埃俄罗斯》上对类似的事实给予了评说。这是对抹黑的反应。"利加乔夫实际上在这里承认了安德烈耶娃的文章得以发表的背景和他对这一行动的支持。沃罗特尼科夫是提出"标准"说的人，他在会上说："而我有自己的判断，其理由是许多出版物在给列宁及其战友抹黑，诋毁其他的人。看来，这是恢复真相的尝试并且吸引人们对《苏维埃俄罗斯》的兴趣。我觉得，在文章中对诽谤者的回击，所以它对我产生了正面的印象。"第三派可以说是抹稀泥的调和派，他们不谈文章本身而只是呼吁政治局的团结。最典型的发言是葛罗米柯。他说："我想，在我们现在讨论的这个问题上，我们应当相互理解。我们有责任保持团结。改革的实质，我们所面临的任务和我们准备解决这些任务所要走的道路已经确定。所有这一切都写在代表大会、全会的决议里了，成了关于十月革命79周年报告的基础。我们讨论了这个报告，一致同意它的评价。如果在这些问题上各执己见，就将很快分崩离析。"

　　戈尔巴乔夫最后说，这篇文章是"要纠正总书记、中央全会的决议"，因此一定要在《真理报》上作出回答。他说，文章的"主旨就是要为与个人崇拜相关的一切'辩护'。如果出现这样的问题的话，那还要改革干什么"？

　　尽管在这次政治局会议上，委员们都讲述了各自的意见，大家都呼吁团结，尽管戈尔巴乔夫最后还是要求"对文章的反应要平静，但要严肃"，但是，政

治局委员对改革的分歧不仅没有消除,反而在加深。它实际上成了苏联最高层领导不久即将分道扬镳的第一个信号,埋下了葛罗米柯所预言的国家即将"分崩离析"的种子。4月5日,《真理报》发表了《改革的原则:思维和行动的革命性》的编辑部文章,其中指出安德烈耶娃的文章是为斯大林辩护的,而为斯大林辩护就是为专横武断的权力辩护,这是一份"反改革势力的宣言书"。事后,利加乔夫十分尴尬地跑到戈尔巴乔夫面前辩白,说此信不是他的暗箱操作,不信可以调查。戈尔巴乔夫对他的回答是:"放心吧,不会有任何调查的。我们不要用自己的手在中央和政治局制造分裂。"

  1988年6月28日,全苏第十九次党代会召开。按照戈尔巴乔夫的想法,要改变过去多年的由党的机构来确定代表的做法,而代之以选举的办法,以检查党的领导的威信。此外,要将党的第一书记的职务和苏维埃主席团主席的职务合并起来,其目的是将党的权力转交给苏维埃。这是戈尔巴乔夫设想的总的原则,用他的话来说就是:"如果我们只有一个执政党的话,那就应该用这种方式将其置于人民的监督之下。"党代会的筹备就是根据这个原则进行的,因而在党内,尤其是在高层遭到了极大的异议和反对。"安德烈耶娃事件"是这种"原则"和"反原则"斗争的第一个高潮,其后,随着党代会筹备工作的深入,斗争也就愈益激烈和表面化。这次党代会的代表大部分是由选举产生的,这在苏联历史中是第一次。但是,一些积极支持戈尔巴乔夫改革的人士却落选了,于是又以各社会组织代表的名义,使那些落选的人成了会议的代表。

  在党代会的报告中,戈尔巴乔夫系统地讲述了进行政治改革的任务,其中最主要的就是两点,一是改革权力机构。恢复人民代表大会制,使其成为代表国家权力的最高机构,并使代表权力的机构(苏维埃)和执行机构分开。苏共应该成为对国家权力机构进行监督的政党。苏维埃的改革应该包括地方苏维埃在内,而党组织的第一书记应该担当苏维埃主席的职务。二是进一步发扬党和社会生活的民主化。在这方面,戈尔巴乔夫提到了"民主的和人道的社会主义"的概念,它包括经济制度的活跃和有效、社会的公正、真正的民主、有高度素养和道德、各民族真正平等、社会和精神的繁荣以及相互的充实、国家关系的正常、民主和文明等内涵。总之,戈尔巴乔夫在报告中所宣告的就是要进行一场政治改革,他通过报告试图打开一条政治改革之路,人民的参与和自由选举是这种改革的核心。他期望沿着这条政治改革之路将解决苏联历史遗留的和现在频频出现的一切问题。

  戈尔巴乔夫的报告引起了激烈争辩。反改革的"保守悲观派"和支持他改

## 第十三章 最后的戈尔巴乔夫，最后的苏联

革的激进派在会上公开对垒。对垒的实质就是对改革的评价，会上两位代表的对话典型地反映这种对垒。作家邦达列夫说："改革就像架飞机，它升上了天空，但却不知道该在何处降落。"斯维亚托斯拉夫·费奥多罗夫说："当邦达列夫同志说，我们起飞了，而不知道何处降落时，他也许不知道他是个作家，而我，比方说，我知道。我们的目的是明确的，我们应该把我们的飞机降落在一个极好的机场上。"而在这种对垒战中，却意外地杀出了叶利钦这个已经被贬下去的人物。叶利钦在讲话中指责改革没有取得什么进展，尤其是在党的改革上。他猛烈抨击党的特权，把党的特权阶层称为"饥渴的权贵"，指责他们以"特殊"的名义、用各种特殊的手段强抢人民的财富。他要求废除这些特权。叶利钦在讲话的最后，甚至要求为他在前一阶段所受到的不公正处理作"政治平反"。这引起了利加乔夫的激烈反对，他嘲讽叶利钦说："鲍利斯，你错了。"

全苏第十九次党代会是戈尔巴乔夫改革的重大转折，原本属于他的营垒明确地、尖锐地分成了界限分明的两派。他本人和由利加乔夫及雅科夫列夫等人支持的一派决意要通过将"权力归还苏维埃"的途径，改造党，加快使这个党具有"民主的和人道的社会主义面貌"的改革，而叶利钦这一派却强调的是"改革应先从党内开始"，也就是要将苏共和执政机构加以彻底的改造，加快民主化和平民化的进程。会后，戈尔巴乔夫加快了党的机关的改革，也就是要大量缩减党机构的工作人员。9月，戈尔巴乔夫向政治局提交了《改革党机构问题》的信件。按照利加乔夫的计算，应缩减的数字为70万—80万人，州、共和国、区和市委应缩减的人数为55万人。这在戈尔巴乔夫的队伍中也引起了分歧，支持他的是雅科夫列夫和谢瓦尔德纳泽等人，而对此改革方案持有异议的则是利加乔夫、雷日科夫等人。

尽管如此，党机构的改革还是全面推行了，一是缩减中央机构的工作人员；二是采取了反对特权的措施。这种改革显然遭到了很大的阻力，党的机构，尤其是中央机构工作人员中的不满情绪在增加。9月下旬，苏共中央机关党组书记莫奇利尼琴科曾就此问题给戈尔巴乔夫写了一封信，其中提到，苏共中央机关将裁减一半，"在这种情况下，尚不包括已到退休年龄的225人，需要重新安置的干部将近700人。这一数字还将随着彻底更新机关措施的实施而增加。"这位书记表示了对这种精简的担忧："部分领导干部仍然对因机关整编而带来的个人命运的变化而担忧。他们担心，在各部门普遍裁员的情况下，如果得不到相应的帮助，被裁减的人员将很难找到工作。许多人还担心自己被中央机关'精简'到别的部门，工作起来会遭到某种程度的不信任。更为严重

的是,由于最近一些大众媒体非客观报道的结果,已发现对党的机关产生了一定的不友好态度。"信中还提到,工作人员还担心会因此失去"苏联卫生部第四总局第一门诊部就医的权利"和无法获得"别墅"用地。因此,写信人建议戈尔巴乔夫防患于未然:"现在就应该着手统计苏联部长会议、国家计委、苏联人民监察委员会、各部委、大众传媒等一些部门的空缺职务,我们的很多同志可以向这些地方流动,也可以在苏共中央内部组建一个权威性的委员会,安置'下岗'人员。"他提议的这些预防措施实际上是以改革之名阻碍改革,将那些戈尔巴乔夫要精简掉的人换一个名目安置下来,以达到裁人不裁员的目的。

1988年9月30日,苏共中央召开了9月全会,戈尔巴乔夫重申了从中央机构的改革做起的改革步骤。会上,戈尔巴乔夫宣读了葛罗米柯的辞职书。葛罗米柯在简短的讲话中说:"年龄是个顽固的家伙,不考虑它是不行的。"全会解除了一批老的领导人的政治局委员的职务,建议他们退休,并将一批支持戈尔巴乔夫改革的人提拔为政治局委员和候补委员:瓦·梅德韦杰夫为政治局委员,阿·卢基扬诺夫等为候补委员,政治局委员切布里科夫晋升为苏共中央书记。10月1日,苏联最高苏维埃举行非常会议,选举戈尔巴乔夫为苏联最高苏维埃主席团主席。戈尔巴乔夫又一次重复了苏联历史进程中政治现象:在改革和时代需要的旗帜下,将党政权力掌控于一人之手。这次非常会议还根据戈尔巴乔夫的提议选举卢基扬诺夫为最高苏维埃第一副主席,并对政府领导人的任命作出了一系列安排,其中包括由克留契科夫担任国家安全委员会主席。

1988年的最后的一些日子对戈尔巴乔夫本人和对苏联都是异常重要的。10月下旬,公布了修改和增补宪法和选举法的草案,其中重要的一点就是对选举制度的改革。苏共中央11月全会通过了《关于在国家建设领域实行政治体制改革措施的决定》,决议召开苏联人民代表大会,并按新方式组织选举运动,将候选人的竞争引入国家政治生活。

1989年1月,苏共中央全会决定了即将进行的选举程序,发表了《致党、苏联人民呼吁书》和《关于从苏共中选举苏联人民代表》的决议。3月选举运动结束后,在当选的人民代表中苏共党员占了85%。这一结果对于习惯于100%这个数字概念(全部代表应为苏共党员)的中央高层领导人来说,简直就是一场失败,不得不在3月下旬召开政治局会议来讨论此事。后来,戈尔巴乔夫对这次会议作过描述:"大多数人的情绪很压抑,一派天快要塌下来的气氛","有些人'像心脏病发作一般',在我讲话的过程中无法控制自己",许多人"一脸的

## 第十三章 最后的戈尔巴乔夫，最后的苏联

阴沉"。一些政治局委员气恼，甚至愤怒的原因，一是党机构没有提名的人，诸如布尔布利斯、索布恰克、萨哈罗夫、叶甫图申科和波波夫等人都被选为人民代表，而叶利钦也获得了大量的选票；二是一批他们原先估计该当选的苏共党员落选了，尤其是在莫斯科、列宁格勒这些大城市和波罗的海三国。雷日科夫说："在莫斯科，90％的票投给了叶利钦，这不是因为肉的短缺，在首都有的是肉。我们接受的是可怕的遗产，而我们自己也犯了错误。"利加乔夫说："我们在政治上严重失算。我指的是波罗的海三国，那里选出的不是那些人。"落选的有列宁格勒的党政军领导人、莫斯科市委等市委和州委书记，沃罗特尼可夫说是"有14名军区司令员落选"，拉祖莫夫斯基说是"有30名州委和市委书记落选"，卢基扬诺夫说是"有1/5的党组织的书记落选"。这些委员们感到事态的严重性，认为这是对党的进攻，并且强调大众媒体起了恶劣的作用。利加乔夫说："主要原因就在于大众媒体对党史、党的工作持怎样的立场。它们在人们意识中积累起了消极的立场。这是很可怕的。"扎伊科夫说："实质上，存在着反对当局的情绪。应当要求大众媒体停止对党机构的歧视。"普戈说："对党的攻击是很多的。有一种危险，那就是选举的结果将会被说成是苏共的失败。"

但是，还有一派是支持戈尔巴乔夫的。其中，尤以雅可夫列夫说得十分明确："不可能也不应该谈什么失败。84％的选民参加了投票，选出了85％的苏共党员。这是对改革的公民投票。我们有些惊慌了。事实上苏联人民投票反对停滞和行政命令体制，反对经营不善和坑忽职守。选举——这是忠于民主社会主义的显示并证明在一党制的条件下民主是可能的。"谢瓦尔德纳泽说："应当对所有被选出的人表示欢迎。和过去划清了界限。不如此就不能拯救党的威信。"

经过这次选举，苏共党的最高层领导进一步相向而立。这种情况正如戈尔巴乔夫后来所记述的那样：在领导层中"已经区分出左翼和右翼，尽管离直接论战和公开分裂还很远。一些人把选举看作是民主的胜利，另一些人则看作是党的失败。前者竭力要使改革向前推进，而后者则越来越强烈地怀念原先的秩序"。

1989年5月25日，苏联第一次人民代表大会就在这种左右翼争夺日趋激烈的情况下开幕。大会在3个问题上发生了严重分歧并产生混乱。一是，大会一开始就进入了选举苏联最高苏维埃的日程。但是，这一日程遭到了萨哈罗夫和其他反对者的干扰。他在发言中对人民代表大会是否有权选举国家元

首表示怀疑,他说:"在就涉及我国命运的一系列问题进行讨论和争论之前,我们是否能够,是否有权选举国家的元首——苏联最高苏维埃主席。"他认为,应该废除国家安全委员会的特权。因此,他建议,人民代表大会要通过决议确认国家最高领导人任命的各项法律,确立人民代表大会的最高权限。尽管在当天的选举中,戈尔巴乔夫以2 123对87票当选为最高苏维埃主席,人民代表大会也确认将总书记和最高苏维埃主席的职位合二而一是合理的,但是一系列反对派的未被选进最高苏维埃和叶利钦先是落选又最终成为最高苏维埃代表的事实,使戈尔巴乔夫和反对派之间的裂痕加深。二是,民族问题成为一个争执的焦点。格鲁吉亚和亚美尼亚之间的民族冲突,拉脱维亚和俄罗斯民族之间的争议,波罗的海三国要求经济独立和重审《莫洛托夫—里宾特洛甫条约》的呼声极高。这正如萨哈罗夫所说的:"我们从斯大林主义继承了民族—宪法制度,这种制度具有'分割、控制'这样的帝国思维和帝国政策的印记。小的加盟共和国和遵循行政管理原则进入加盟共和国的民族小国是这一遗产的牺牲品。它们在漫长的几十年中遭受了民族压迫。现在这些问题戏剧性地浮到了表面","一些大的民族也成了这一遗产的牺牲品,其中包括主要承担着帝国的傲慢和内外政策中的冒险主义与教条主义重负的俄罗斯民族"。三是,一切的争执最后导致了反对派的密切结盟和集团的正式出现。会后立即出现了以阿法纳西耶夫、叶利钦、帕尔姆、波波夫和萨哈罗夫为共同主席的"跨地区代表小组"。

6月9日,第一次人民代表大会闭幕。戈尔巴乔夫在闭幕词中提出,这次人民代表大会标志着一个新阶段的开始,它将使苏联走上进一步民主和公开性并深化改革的道路。但是,事实上在这次大会后,不仅改革者队伍中的反对派更高地举起了反戈尔巴乔夫的旗帜,而且从根本上反对戈尔巴乔夫改革的人们所进行的活动也就更明显更强劲了。1985年被迫退休的前苏共莫斯科州委第一书记科诺托普在人代会闭幕后不久,即1989年6月15日就给戈尔巴乔夫和苏共中央政治局写了一封信件,它反

萨哈罗夫退出苏联第一次人民代表大会

## 第十三章 最后的戈尔巴乔夫，最后的苏联

映了这种彻底反对戈尔巴乔夫改革者的立场和意愿。他的这封信还是对人代会上卡里亚金首次提出将列宁遗体迁出红场陵墓的最强烈的反对。该信全文如下：

尊敬的米哈依尔·谢尔盖耶维奇，
尊敬的中央政治局委员们：

我同意，我们社会中的进程正不可逆转地行进着，当然现在谈这一切已经晚了，但不过我还是要向你们提一个问题：为了看清我们的国家要向何处运动，难道"经验"，比方说波兰的，对你们还不够用吗？让我们感到不幸的是，目前这种样子的民主化和公开性已经使犹太复国主义者、民族主义分子、布哈林分子和托洛茨基分子、形形色色的贪赃枉法者、新法西斯主义分子以及其他牛鬼蛇神都死而复活并猖獗活动起来。世界主义者在利用几乎所有的传媒手段，特别是报刊和电视、诸多文化机构，以种种颓废的无稽之谈、对党的不信任来欺骗劳动群众，完全将苏联人所受的自古有之的爱国主义情感教育抛至脑后，而萨哈罗夫和卡里亚金（我羞于提到这一点），是苏联的人民代表，但却心怀鬼胎，居然向最最神圣的弗拉基米尔·伊里奇·列宁动手了。他们及其"战友"的许多活动都已"得手"，如果你们这次对他们的挑衅依然视而不见的话，他们将继续得逞。现在他们还没有受到官方的正式驳斥，而人民已经忧心如焚。

正如你们所知道的，现在对军队、行政机构，其中包括"克格勃"的公开的和恶毒的攻击发展得很是广泛。年轻人的处境尤为糟糕，他们不断地被灌输这样一种思想，即我们社会主义国家的历史是一部肮脏的历史，没有任何人性，没有任何的英雄和卓越人物。在这种情况下，那些没有良知和荣誉感的人肆意歪曲事实，而将发达资本主义国家依靠掠夺殖民地和落后国家的行径而发展起来的发家史精心地隐瞒起来，即使现在它们仍在榨取那里人民的血汗，要他们支付难以承受的债务。而俄罗斯，同其他兄弟共和国一道，总是先人后己，先援助别人，后再来补自己的窟窿。为避免希特勒法西斯主义的奴役，俄罗斯也给发达资本主义国家提供了援助。如此大规模的和背叛的蛊惑煽动是世所未见的。当人们将苏共中央总书记和萨哈罗夫相提并论时，是难以目睹和耳听的，这个人从来没有对苏共和社会主义说过一句好话，而是相反。西方的大亨们正兴高采烈地拍着我们的肩膀，百般地夸奖我们的改革，满意地搓着双手，而在我看

来,他们现在已经预感到,他们将在吞噬波兰之后把我们也吞噬掉。当然,他们也可能被噎住,但那些与他们有共同思想的人正在这样梦想着,他们中有我们国家的人,甚至还有部分人民代表。因此,叶甫图申科在会上谈到新的"不流血的卫国战争"并不是偶然的,但他明显犯了一个错误:我们的人民是不会轻易地、心甘情愿地将自己的历史战果拱手相让的。

同志们,请相信我说的话,今天苏联人正在遭受他人的百般侮辱,被人们称为"奴隶",不仅自愿劳动的热情荡然无存,甚至失去了在这个世界上正常生活的乐趣,因为改革的最初几年给他们带来的痛苦多于欢乐。现在,民族间的争斗猛烈发作,而在未来,它们会因为日益强烈的社会分化和苏联人物质与精神状况中不公正的急剧扩大而可能成为更为悲惨的社会风暴。目前,费多罗夫们以及与他们类似的在我们这个"坏制度"下为自己捞好处的活动家,已经许多次在重复"聪明和能干"人的论调,而我觉得那些坚定地宣布"水火不相容"的最最聪明的人们现正在民主德国生活和工作。而在我们这里,意识形态和哲学领域中的风派人物所支持的貌似科学、实质混乱的阿巴尔金谬论却在大行其道。

我觉得,我们不可饶恕地早早地将计划体系在其尚未完善前就予以抛弃,而去指望"超资本主义的自我调节经济",太早抛弃的还有党的领导作用,首先是其干部政策,而去指望荒诞无稽的、缺乏应有的纪律和严格秩序的自愿民主政治。将我们的"议会"倒腾成资产阶级的——这是极危险的事,因为在这种议会中,在任何时候、任何问题上都只有"美元"和富豪们才能行使真正的权力。也可以这样形象地说,他们愿意饶恕谁就饶恕谁,愿意将谁处死就处死谁。人民代表中出现了如此之多的蛊惑人心者,而人代会有时就像个大戏台,这绝非偶然。

我想,你们不难想象,我是以何等的忧虑和惶惑的心情给你们写这封信的,但潜意识告诉我,你们的反应很可能是西方心理式的——"我们不要激化事态"。我之所以说出这样的意见,是因为你们现在特别相信蛮不讲理的《星火》和《观点》杂志和尤·阿法纳西耶夫、格·波波夫等人,而不愿相信那些一辈子也不热衷于名利地位的普通人——他们在最艰苦的年代经受住了考验,为了祖国和人民奋不顾身,忘我牺牲。

如果仅我一个人或是与我同时代的一小部分人这样想的话,那我将会很幸福,但实际上却远非如此。

致以真诚的、同志式的敬礼!

В. И. 科诺托普

1989年6月15日

## 八、经济危机,民族危机,兵撤阿富汗

戈尔巴乔夫执政以来,困扰他的一个重要问题就是经济的改革和发展问题。但是,直到第一次人民代表大会,经济的艰难处境非但没有得到缓解,反而愈来愈严重。在这次人民代表大会上,不得不决定成立一个专门的经济改革委员会来加速处理这一棘手的问题。在部长会议主席雷日科夫的建议下,由副主席阿巴尔金担任此职。阿巴尔金是科学院经济研究所所长,久有"积极主张市场经济者"的名声。

1987年上半年,经济增长的速度就在放慢,财政赤字在增加,抵偿债务的支付能力在下降。在4月举行的政治局会议上,对解决经济发展迟缓的问题就出现两派意见:一派的代表是雷日科夫,他主张加强经济杠杆的作用,将所有生产部门转为经济核算制,改变财政、银行和价格委员会的传统职能;另一派的代表是国家价格委员会主席(不久成为财政部部长)帕甫洛夫,他认为,苏联的资源和劳动力的价格很低并且在不断下降,石油、天然气和煤的开采是大量消耗的、没有利润可言,在这种情况下将生产部门转向经济核算是不可能的。从1987年6月起,苏共中央就组织了专门的班子来起草经济改革的方案,正是此时,包括阿巴尔金、阿甘别吉扬在内的一批经济学家成为戈尔巴乔夫经济改革的顾问和计划起草人。

在随后的6月中央全会上,戈尔巴乔夫在会上所作的《关于党的根本改革经济管理的任务》就是由这个班子起草的。这次全会所通过的决议,即在将企业转为经济核算和自筹资金制的基础上实现根本改革,建立完整的、有效的和灵活的管理体制的决议(其主要精神就是"加速发展"),事实上并没有得到贯彻。那种在高度集中和命令式的管理体制下所形成的"为指标而生产"、"为政治而生产"、"为生产而生产"的恶性循环变得愈益难以根治,生产的无效益性和亏损性愈益严重。到了1989年,经济的"加速"就发展成为一种危机状态:一是国家的生产愈益脱离国民的生活所需,在整个工业生产中,"为指标而生

产"、"为政治而生产"、"为生产而生产"、"为苏美竞赛而生产"的工业,即钢铁、煤炭、石油、天然气、拖拉机等的生产仍然占绝大的比例,而日常生活必需品生产的份额在逐年下降,不足1/4;二是国家预算收入和支出的比例在拉大,支出的增长大大超过收入的增加。与1985年相比,1988年的国家预算支出增加730亿卢布,增长18.9%,而国民收入才增加了465亿卢布,增长11.1%;三是,预算赤字急速增加。1989年,苏联的国家预算赤字为1 200亿卢布,达到总产值的11%,占国民收入的15%。四是,货币发行量陡增,工资的增长额远远高于生产率的增长,通货膨胀迅速发展。1989年3月苏联财政部宣告,苏联的年通货膨胀率为2%—4%,1988年的货币发行量为第十一个五年计划年发行量的4倍(这个数字是非常保守的,苏联科学院经济研究所宣布的年通货膨胀率为10%—11%)。

而农业问题是经济危机中最具爆炸性的问题。尽管历年来对农业加大了投入,农业生产也有所扩大,但是增长率并不高。和1977年相比,1986年的农业总产值只增长了5.7%。这种增长率对极需粮食和原材料供应的粮食市场并未产生实质性的影响。不仅许多产品在数量上不能满足需求,而且质量上也不高。因此,居民花费在食品方面的支出是很大的。无论从劳动力的结构、农业的机械化和电力化程度,还是农村的道路和运输来说,农业还是相对落后的。苏联是世界上土豆生产的最大国家之一,人均产量为267公斤,但是城市的土豆供应仍然经常短缺,这和土豆生产的机械化程度不足密切相关。据最保守的统计数字,有15%以上的产粮地区不通车或者道路情况恶劣,因此因运输造成的损失达到整个生产成本的40%。农村处于落后状态,约60%—75%的农村没有学校、医疗点和医院、学龄前儿童教育机构,40%—45%的农村没有商业网点、固定的和流动的文化服务,一些地区甚至没有电和广播。

经济危机导致了社会局势的动荡不安。群众的不满事件频频发生,1989年7月中旬在巴库、纳戈尔诺—卡拉巴赫和摩尔达维亚的许多企业和煤矿接连发生罢工事件,国内局势更趋紧张起来。7月23日,戈尔巴乔夫就此事在电视台发表讲话,承认这是老百姓不满于生活现状的反映。对此他认为这正是改革之所以必要,改革的目的就是要改善人民的生活条件。他呼吁矿工停止罢工,支持政府的改革,说如果紧张局势持续下去,将对国家经济的发展产生严重影响。

经济危机促使戈尔巴乔夫从"加速发展"转向"改革"。按照阿巴尔金的意见,这种改革"就是将目前结构落后、欠缺灵活性和低效率的经济转向质量上

## 第十三章 ● 最后的戈尔巴乔夫，最后的苏联

全新的状态"。他提出了"稳定的方针"，认为"社会在期待着在稳定经济、扭转消极过程中采取坚决的行动"。首当其冲的就是要减少预算赤字，他提出在1990年将预算赤字从1989年的1 200亿卢布减至600亿卢布，并以同样的比例大幅度减少货币的发行量。与此同时，包括将工资增加5.7%和提高退休金在内的全部货币支出计划增长10%。零售商品周转额达到4 350亿卢布。农业方面，负责农业的中央书记尼科诺夫明确要求改变所有制关系，终结农业领域里的"国家经济"，消除集体农庄和国营农场的"停滞僵化的结构"，扩大农民经济，发展租佃关系。苏联部长会议主席雷日科夫把这种经济改革总结为是："政府在1989年选择了一种方案，它将深化改革的有力措施和权衡在方向的所有水平上的行动结合起来。我们走向市场，希望首先能稳定住局势，然后再向前进，向较为发达的市场货币关系体制前进。"

但是，戈尔巴乔夫的经济改革遭到了民族问题的巨大干扰。民族矛盾和纷争最激烈的地区是格鲁吉亚和波罗的海三国，首先是在立陶宛。1989年3月18日，格鲁吉亚境内的阿布哈兹自治共和国的雷赫纳村居民集会，通过了有32 000人签名的宣言书。宣言书谴责建立民族共和国的"等级制度"，它写到："那种把所有民族划分为等级，并使一些加盟共和国服从于另一些加盟共和国的中世纪等级制度要存在到何时？甚至在党内的机构也形成了这样一种状况，把阿布哈兹州的党组织变成令人费解的受双重管辖的体系。今天极其重要的任务是必须改善民族关系，巩固阿布哈兹、格鲁吉亚和生活在阿布哈兹地区的所有民族间的兄弟般的团结。这只有在列宁联邦思想的范围内通过恢复阿布哈兹政治、经济和文化主权来实现。"宣言的结论是："终于到了坚决改造错误的政治制度的时候了。"宣言的目的是使阿布哈兹脱离格鲁吉亚独立："阿布哈兹苏维埃社会主义自治共和国的社会经济和文化的进一步发展直接依赖于它的政治权力的扩大。只有把阿布哈兹苏维埃社会主义自治共和国变成苏维埃社会主义共和国，它的国民经济才有可能完全按全苏劳动分工的原则发展。只有这样，才能保证合理地综合利用独一无二的自然、气候条件，物质和劳动资源。"

在雷赫纳村事件后，在阿布哈兹境内的3 000—5 000名格鲁吉亚人集会，反对将阿布哈兹从格鲁吉亚独立出去。4月初，在格鲁吉亚的首府第比利斯，在政府大楼附近的广场上连续举行成千上万人的集会，主要口号是："退出苏维埃社会主义共和国联盟，成立独立的格鲁吉亚。"格鲁吉亚共产党中央委员会书记帕季阿什维里在4月7日给苏共中央报告，要求中央同意采取四项措

施:"1)立即追究那些打着反苏维埃、反社会主义、反党旗号的极端派分子的刑事和行政责任(对此有法律依据);2)借助于内务部和荣膺红旗勋章的外高加索军区的补充力量在第比利斯实行特殊制度(宵禁);3)依靠党、苏维埃、业务部门积极分子的力量采取一系列政治、组织和行政措施以稳定局势;4)制止以联盟和共和国的大众媒体发表使形势复杂化的报道。"当天,苏共中央政治局开会讨论格鲁吉亚局势。根据苏联人代会关于第比利斯事件的决议所记述,这次政治局会议"事实上曾同意了共和国领导关于调拨内务部队和苏联军队小分队的口头请求。在此基础上颁发了苏联国防部总司令的指示和苏联内务部关于派遣适当的部队小分队前往格鲁吉亚的命令",会后,"苏联国防部部长亚佐夫大将立即口头命令科切托夫将军和罗季奥诺夫将军赶赴第比利斯市,按照当时形势自己决定如何行动。就在同一天(1989年4月7日16时50分),总参谋长莫伊谢耶夫大将以国防部名义发布命令,派伞兵陆战队前往第比利斯,去警戒一些最重要的目标并在进出第比利斯市的一些主要道路上组织稽查,同时命令第比利斯驻防军三支部队处于完全戒备状态。按照苏联内务部副部长什洛夫的命令,还从各地区调来内务部队小分队和特种警察分队,总人数2 000余人"。

当晚,戈尔巴乔夫从国外访问归来,建议派谢瓦尔德纳泽和拉祖莫夫斯基赴第比利斯解决问题。在第二天举行的政治局会议上,帕季阿什维里密电告知第比利斯局势已经稳定。于是,谢瓦尔德纳泽等前往一事就作罢。但是,4月9日凌晨4时,在第比利斯开始了镇压集会者的军事行动。据帕季阿什维里4月9日给苏共中央的电报:"凌晨4时作出决定,使用武力清除政府大楼广场上参加集会的群众。按照权威机关预先制定的计划,动用了共和国内务部和外高加索军区小分队的力量。"在这次行动中动用了3419和3219部队,据"3419部队驱散和清理小组"组长巴克拉诺夫中校的作战命令,"根据上级作战首长的命令,采用17P-73型准备"。除此之外,在苏联人代会关于第比利斯事件的决议中指出,"在第四摩托射击团的队伍中有一个使用特殊武器'稠李'的炮手班"。"稠李"是一种含有化学成分的有毒物质,"内务部队为了反击被挤到鲁斯塔维利大街上集会群众的奋力反抗,竟使用了特殊手段'稠李'"。此外,"巴克拉诺夫中校擅自发出使用不能动用的К-51产品的命令,该产品含有有毒物质Сц—Эс,使用了4个手榴弹,其中一个未爆炸"。

4月9日这一天,第比利斯的"骚乱"被镇压了下去,格鲁吉亚局势的正常化问题成为政治局关心的问题。10日,政治局决议由戈尔巴乔夫向格鲁吉亚

## 第十三章 ● 最后的戈尔巴乔夫，最后的苏联

的共产党员和全体人民发出呼吁，制止局势的再一次恶化。苏共中央政治局对"第比利斯事件"的总结论是：这是反苏联、反社会主义的行动，因此下发文件要求各加盟共和国、边疆区和州，"必须对每个地区正在形成的局势进行深入而全面的分析，必须进行有效的、杜绝各种反社会现象的工作"，"护法机关必须集中注意力对那些违反社会主义的法律、以自己教唆性行为挑起民族纷争、把群众推向无政府主义和混乱道路的人采取及时而果断的措施"。

波罗的海三国的民族问题与北高加索及格鲁吉亚等地的民族问题有着明显的不同之处。这三国民族问题一开始的倾向便是要脱离苏联而独立，倾向的倡导者和推势者是三国党和国家的领导人，而民众的心愿和情绪是整个脱离大潮中的浪花和水流。当纳戈尔诺—卡拉巴赫事件、第比利斯事件发生时，波罗的海三国的民族运动也在迅猛发展。第比利斯事件后不久举行的苏联第一次人代会上，代表们普遍对民族问题担忧，不少人对动用军队镇压民族"骚乱"表示异议。在大会最后的关于内外政策基本方针的决定中，不得不承认民族问题使国内状况复杂而紧张，改革举步维艰，国家面临危机，并且声明要确保大小民族在联盟国家范围内得到自由全面的发展，要永远不再使用暴力手段来解决民族问题。7月1日，戈尔巴乔夫就民族问题在电视台发表讲话，8月17日，苏共中央公布《党在目前条件下的民族政策》。1989年8月23日是斯大林苏联与希特勒德国签订互不侵犯条约50周年的日子。前一天，8月22日，立陶宛最高苏维埃宣布苏德互不侵犯条约和立陶宛加入苏联的法律为非法。早在这一年的2月12日，在1918年成为独立国家时的立陶宛首都考纳斯城的团结广场上就出现过独立纪念日的示威游行。8月23日，这种局部地区的行动扩大为声势浩大的立陶宛全国和波罗的海三国的统一行动。从爱沙尼亚的塔林经拉脱维亚的里加到立陶宛的维尔纽斯，100多万人组成一根长链，长达557公里，同呼"要自由"、"脱离苏联独立"的口号，最后在维尔纽斯举行了最大规模的群众示威活动。与此同时，在塔林第一次出现了俄罗斯人和当地居民之间的公开冲突，一些工厂和船坞的俄罗斯工人罢工，抗议爱沙尼亚人对他们的"歧视"，随后波及整个波罗的海三国。这里的民族关系急剧复杂和尖锐化。

8月26日，苏共中央就波罗的海三国出现的"脱离"倾向发表强硬声明，认定那里的活动是分裂苏联的有害趋势，呼吁这些共和国的工人、农民、知识分子和共产党员要认清形势，制止事态向坏的方向发展。28日，波罗的海三国共产党中央分别召开紧急会议，商讨对策。结果是，三国领导人决定在表面上缓

和与苏共中央的关系,但却在实际上依然坚持"脱离"、独立的立场。他们举起了列宁民族自决权和戈尔巴乔夫公开性的旗帜,来为自己的目的服务。苏共内部的持强硬立场的领导人,这时纷纷出来表态,要求结束波罗的海三国的混乱局面。切布里科夫发表电视讲话,要求采取果断行动结束民族分裂活动。利加乔夫也在电视上发表威胁性的讲话,要以"政治和法律方式"解决问题。正在克里米亚休假的戈尔巴乔夫迅速回到莫斯科,9月9日,他也在电视上发表讲话,但没有说波罗的海三国发生骚乱和分裂,而是说那里的局势十分复杂。13日,戈尔巴乔夫将三国领导人召进克里姆林宫商谈。三国领导人指责苏共中央声明是局势复杂化的根源,戈尔巴乔夫以守为攻,承认中央声明过分强硬,但他提出解决问题的3个必须遵守的原则:苏联的统一、苏共党的统一和各民族权利平等与统一。这个"三统一"使三国领导人暂时和戈尔巴乔夫握手言和。

9月19—20日,苏共中央召开了专门讨论民族问题的中央全会。戈尔巴乔夫在《党在当前条件下的民族政策》的报告中,承认民族问题极为尖锐,这是几十年所犯错误积累的严重后果。他把波罗的海三国等地方的"脱离"和独立倾向委婉地称为"追求自给自足的趋势"、"自我孤立"和"断绝来往的企图"。他要求制定新的民族政策,保证要满足各民族的特殊利益和权利,但是他依然使用了威胁性的语言说,在此情况下,苏共将不会放弃以政治、法律的力量和方法解决问题的途径。为了适应新的民族政策,政治局和书记处进行了大幅度的改组。切布里科夫、谢尔比茨基、尼科诺夫、索洛维约夫和塔雷金分别被解除政治局委员、候补委员和书记处书记职务。克留奇科夫和马斯柳科夫晋升为政治局委员,普里马科夫和普戈被选为政治局候补委员。作为拉脱维亚人又曾负责过拉脱维亚"克格勃"工作的普戈进入政治局明显是戈尔巴乔夫控制和解决波罗的海三国问题的一张王牌。此时,表面上似乎一切就绪,但实际上苏联领导人加强了对波罗的海三国的监视和控制。

令戈尔巴乔夫困惑和苦恼的另一个问题是从阿富汗的撤军。到1986年11月,阿富汗战争从1979年12月27日苏军兵发喀布尔起,已经打了将近7年。而苏联迫于内政和外交的困境,从1982年起就在不断地与有关方面(巴基斯坦和美国等)商谈从阿富汗撤出苏联军队的问题。在1983年3月10日的苏共中央政治局会议上讨论从阿富汗撤军的问题时,显然有两个障碍,一是以撤军谈判为手段,来继续维持对阿富汗的控制,这正如葛罗米柯所说的:"这个过程将是很漫长的。这里有些问题应该专门讨论。只是值得注意,目前不

## 第十三章 最后的戈尔巴乔夫，最后的苏联

能同巴基斯坦说死我们军队撤出的具体日期。"二是领导人谁也不敢单独承担撤军的责任，安德罗波夫说："你们都记得，当年我们决定向阿富汗派出军队的问题时是多么困难和谨慎。勃列日涅夫坚持要政治局委员们用签名的方式表决。这个问题在中央全会上讨论过。"戈尔巴乔夫执政后，在他的面向西方的、"新思维"外交政策的框架下，加快了从阿富汗撤军的决策和谈判过程。1985年10月，戈尔巴乔夫在政治局会议上提出"要调整阿富汗问题的路线"，"我们提出的目标是：要尽快把我们的军队从阿富汗撤出来，同时确保阿富汗对我们友好"。1986年11月13日，苏共中央政治局讨论阿富汗局势。苏联国防部副部长阿赫罗梅耶夫的话真实地反映了苏联在阿富汗的窘境："阿富汗的军事行动快7年了。这个国家没有一寸土地不曾被苏联士兵占领过，但是现在大部分领土都掌握在造反派手中。阿富汗政府拥有大批军事力量：军队16万人，边防部队11.5万人，国家安全机构2万人。提出的军事任务没有一项能够完成，毫无结果。事情完全在于没有用政治来巩固军事成果。在中央有政权，到各省里就没有了。我们控制着喀布尔和各省中心，但在占领的地区不能建立政权。在争取阿富汗人民的斗争中我们失败了。只有少数人支持政府。"

戈尔巴乔夫也承认这种失败，并建议尽快结束战争："我们在阿富汗已经打了6年了。如不改变态度，我们还得打20—30年。这给我们影响事态发展的能力罩上了阴影。应该告诉我们的军人，他们在这场战争中干得不好。也许，总参谋部没有施展身手的空间？一般说来，我们没有解决这些问题的办法。我们为什么一方面承认我们的部队没有能力控制局势，另一方面又要无休止地打下去呢？在近期我们要结束这一过程。"但是，苏联并不愿意放弃阿富汗，所以政治局的决策就像葛罗米柯所申述的那样："我们的战略目的——使阿富汗中立，不让它转到敌对一方。当然，重要的还有尽量保持社会不变，但重要的是停止战争。"

阿富汗战争使苏联国内反战情绪高涨，从而促使整个社会日益动荡不安。除了军事和政治原因外，在经济上，阿富汗战争成了苏联的日益沉重的负担。1988年1月8日，雷日科夫在给戈尔巴乔夫的报告中，列举了从1984—1987年苏联在阿富汗的开支(1984年为15.785亿卢布，1985年为26.238亿卢布，1986年为36.504亿卢布，1987年为53.74亿卢布)。在这期间，每昼夜的平均支出：1984年为430万卢布，1985年为720万卢布，1986年为1 000万卢布，1987年为1 470万卢布。

在关于解决阿富汗问题的日内瓦协议的推动和压力下，1988年5月15

日,苏联和阿富汗发表联合声明,宣布苏军从即日起开始撤离阿富汗,9个月内完成,也就是说要在1989年2月15日前撤离完毕。苏联一方面急于撤军,另一方面又不愿意彻底放弃阿富汗,所以在1989年1—2月间,政治局会议多次讨论在苏军撤离阿富汗后如何对阿富汗施加影响和在会后采取哪些措施可以控制阿富汗的局势。1月23日,在谢瓦尔德纳泽、切布里科夫、雅科夫列夫、亚佐夫、穆拉霍夫斯基和克留奇科夫联名的一份报告中,建议了4种以各种名义将苏军留在阿富汗的方案。"第一种方案。以和平居民处境艰难为借口,把一个师,也就是大约12 000人留在海拉屯到喀布尔的道路干线上"。"第二种方案。以喀布尔和其他城市受到饥饿威胁为借口,呼吁联合国立即采取措施保障向这些城市运送食品和石油制品,并派出联合国军队保持道路干线的运行。在联合国军队到来之前,把我们的部队分队留下一些,以实施人道主义职能——向居民供应食品和石油制品。同时宣布,苏军撤军已经开始,并且宣布我们的分队在联合国军队来到后会立即返回苏联"。"第三种方案。按原定计划在2月15日前撤出所有军队。由苏联政府和阿富汗共和国发表声明,在国际范围内宣布这一点。之后,根据阿富汗政府向世界各国提出的请求,开始护送运送民用物资的车队,同时派出苏军部队担任车队的警戒任务。可以要苏联军队撤出后两个星期左右开始护送车队。在此之前大造舆论,谴责反对派要把阿富汗城市居民饿死的行为。在这样的社会舆论背景下,我们参加护送车队就会显得是自然而然的人道主义行动"。"第四种方案。在2月15日之前撤出几乎全部苏联军队,同时发表相应的声明,宣布撤出苏军。但是,以要把海拉屯到喀布尔道路干线上的某些哨所移交给阿富汗方面为借口,在一些最重要的地点,其中包括在萨朗格山口留下一些苏军分队"。苏共中央政治局在1月24日的会议上同意了这份报告,"认为有必要确保海拉屯到喀布尔的道路干线正常发挥作用,并给阿富汗的同志以全面的帮助,使他们依靠自己的力量守护这条道路干线,也包括在特定时间内由我们向这些阿富汗警卫分队提供给养","为了对当前的军事形势进行补充分析,并解决阿富汗方面的防务问题,其中包括解决有关喀布尔到海拉屯战略道路上的警卫问题方面提供实际帮助,委托德·季·亚佐夫同志前往喀布尔",等等。

  苏联领导人为苏军的滞留阿富汗费尽心机,但结果还是不得不兵撤喀布尔。尽管如此,苏联和阿富汗政府的关系却是"明撤暗留"。1989年3月12日,苏共中央政治局决定向阿富汗提供紧急军事援助,"包括首先向阿富汗方面移交苏-22飞机和米格-21飞机,短期内重新装备和提供P-17型导弹发射装置,并加快提供这种导弹的弹头"。1989年5月19日,政治局又一次决定、苏联部长会议主席雷日科夫发布命令向阿富汗提供军援,包括P-300型导弹、"飓风"式齐射火箭炮、"箭-2"式防空导弹综合系统等。7月22日,政治局再次决定、苏联部长会议主席雷日科夫发布命令,向阿富汗"提供特种物资"——近百种武器装备:P-17Э型导弹综合系统发射装置、T-62型坦克、"飓风"式220毫米齐射火箭炮系统、航空炸弹、燃烧箱以及各种型号的弹药等。

## 九、新思维在行动,立陶宛脱离苏联,俄罗斯联邦第一次人民代表大会

1985年11月,戈尔巴乔夫和里根在日内瓦的会晤促使苏美关系开始缓和。1987年12月8日,苏美签订了"第一个核裁军条约"——《中短程导弹条约》。对此,戈尔巴乔夫感到很兴奋,他说:"可以引以为荣的是,我们栽下的树苗将会长成和平的参天大树。不过现在就相互赠送桂冠大概还为时过早。伟大的美国诗人和哲学家爱默生说过,'对于一件做得很漂亮的事的最佳奖赏就是做成这件事'。让我们把事情做起来,奖赏我们自己吧。让1987年12月8日这个日子被写进历史教科书吧,让它成为核威胁增长的年代和人类生活非军事化的时代的分水岭吧。"所有这一切事实上也为苏联从阿富汗撤军造就了必要的国际环境。1988年12月7日,戈尔巴乔夫在联合国大会上发表演说,宣布苏联将在今后一两年内裁军50万人,在1991年以前从民主德国、捷克斯洛伐克和匈牙利撤出6个坦克师并解散它们,将驻扎在这些国家的苏联军队削减至5万人,裁减在蒙古的苏军。而在这时,亚美尼亚发生了里氏7级以上的大地震,戈尔巴乔夫不得不中断对纽约的访问,匆匆回国。与此同时,苏军总参谋长阿赫罗梅耶夫元帅宣布辞职。1989年7月,戈尔巴乔夫和美国总统布什在三大洲交会处的马耳他会晤,谈判轮流在附近海面的苏美军舰上进行。布什支持戈尔巴乔夫的改革,他说:"如果改革成功,世界将会变得更加美好……美国政府和美国国会,他们希望你们的改革获得成功。"核裁军是这次会谈的主要议题,双方还表示不干涉东欧正在发生的急剧变化。这次会晤被戈尔巴乔夫称为是"'冷战'终结的开始"。

1988年10月,德意志联邦共和国总理科尔访问莫斯科后,苏德关系揭开了新的一页。这正如戈尔巴乔夫自己所说的:"我们闯过了两国关系长期发展

中的一道难关。"1989年6月,戈尔巴乔夫在当上苏联最高苏维埃主席后不到一个月的时间,就访问了德意志联邦共和国。苏德间的这种"解冻"行动促使东欧土地上发生急剧变化。关于这种变化戈尔巴乔夫自己就描述过:"数月之后,1989年的秋天,欧洲的'社会主义部分'发生了使整个局面急转直下并彻底改变的事件。由于首次实行自由选举的结果,共产党人在波兰和匈牙利失掉了政权。昂纳克下台。柏林墙倒塌。""柏林墙",这道于1961年8月12—13日夜间快速修筑起来的隔离墙的目的就是阻挡东西德之间居民的自由来往,用"冷战"的语言来说,就是"防止和阻止居民向西德、向西方叛逃"。但叛逃事件经常发生,1970年,东德政府又将墙加高到3米,到1980年,设有电网和堡垒的隔离墙长达1369米。此后,东西德关系有所缓和,但叛逃事件仍然不断发生。1989年11月9日,东德政府宣布开放柏林墙,此后的四五天内,约500多万人越过此墙前往德意志联邦共和国。作为"冷战"实际存在的一道人为隔离带,禁锢和封锁了28年之久的"柏林墙"终于不得不结束它的历史,轰然倒塌。

　　东欧的变革始于波兰,随后是匈牙利、东德、保加利亚、捷克斯洛伐克。12月下旬,轮到了罗马尼亚。12月26日,齐奥塞斯库及其夫人、政府第一副总理埃列娜下令镇压民众的反政府"暴徒"的示威游行。12月29日,齐奥塞斯库打死不听命于自己的国防部部长米列亚,携埃列娜仓皇出逃。不久,他们被捕并被枪杀。苏联政府对东欧接连发生的巨大变化都采取了旁观、不干涉的政策,这正如戈尔巴乔夫自己所表示的:"匈牙利、捷克斯洛伐克以及后来罗马尼亚和保加利亚发生的事当然引起我们极大的不安。但是,我们头脑中从未想过违背'新思维'的基本政治原则——选择的自由和不干涉内政。"对在东欧土地上出现的新政府,苏联政府和戈尔巴乔夫本人都表示了支持。谢瓦尔德纳泽参加了华沙的波兰新政府的庆典,在罗马尼亚救国阵线政府成立后,戈尔巴乔夫发去贺电:"罗马尼亚爱国者为把国家从专横和恐怖势力下解救出来,为在自己的土地上确立真正的民主秩序而采取了坚决的行动。我理解爱国阵线面临任务的全部复杂性和重要性,我想请您相信,友好的罗马尼亚人民在革新的道路上会得到来自苏联各族人民和领导人的支持。"

　　联邦德国的极大变化曾使戈尔巴乔夫想到了路·艾哈德的一句名言:"对外政策始于国内。"但是,戈尔巴乔夫却没有想到外交政策的结果和东欧发生的巨大变化会反过来冲击和深刻影响苏联国内的政策及状况。在苏联国内,戈尔巴乔夫倡导的改革在1989年年底进入了一个非常微妙的阶段:经济改革

## 第十三章 ● 最后的戈尔巴乔夫，最后的苏联

没有明显成果，政治改革陷入混乱状态，社会改革使各种问题频出，尤其使民族关系明显复杂化和恶化。在国家经济一蹶不振的情况下，私有经济在迅速扩大。私有资产的集中和强化首先表现在银行金融界，出现了一系列以私人资本为主体的合作银行，其中尤以"首都银行"、"莫斯科信贷银行"、"桥银行"、"英科姆银行"、"瓦斯汽车银行"、"梅纳捷普银行"等势力最为强大。那些未来的俄罗斯的新财阀，如别列佐夫斯基、斯摩棱斯基、古辛斯基、霍多尔科夫斯基等都在银行的中上层从事着"创业"的工作。在对改革的行动和未来前景上，意见的对峙和行动的分裂在深化，一个必定会产生严重后果的情况是：叶利钦加强了与戈尔巴乔夫的对抗，那个在第一次人代会上形成的反对派——跨地区组织日益扩大反戈尔巴乔夫的活动。随着十月革命72周年的到来，取消苏联宪法第六条，即有关苏共党的领导作用的条文，实行多党制的要求成为各派人士所面临的愈益严重的问题。

戈尔巴乔夫最早对此作出答复是在1989年11月5日的全苏大学生会议上。他说，苏联现在已经走上了深刻改革的道路，对现有的宪法作出必要的修改是必然的，这也许要涉及第六条。但是，他强调如果有人以这一条为借口，来贬低党的威信，散布对党的怀疑，这是在打击改革。对于实行多党制，他说，多党制未必能表达各个不同派别的利益，如果有人这么想，这在一定程度上是一种误解。11月26日，《真理报》发表戈尔巴乔夫的《社会主义思想和革命性改革》的文章，这是以戈尔巴乔夫为首的改革派就苏联社会主义前途、多党制和修改宪法第六条等问题，对各方各派作出的一个系统解释。他的总的结论是："如果说在初期，我们认为改革基本上指的是纠正社会机制的部分扭曲现象，只是完善过去几十年间形成的、已经完全定型的制度的话，那么，现在我们说必须根本改造我们的整个社会大厦：从经济基础到上层建筑。"他提出了一个口号："为了改造我们的社会，我们要依靠社会主义思想的巨大智慧和道德潜力，以建设一个人道的、自由的、理智的社会。"他对于这一口号的解释有三个主要之点，第一，苏联社会长期处于不合理的状态之中，不是"人道社会主义"，"为达到'伟大的目的'，任何没有人性的手段都被证明是对的。'政治的合理性'正式被置于'形式上的法制'之上，从而使政治失去道德基础，践踏了人类道德和公正的准则与原则，专横的官僚主义制度努力巩固自己的地位，顽固地在社会意识中灌输'特殊的'、有别于全人类的生活和行为的准则"，"为了虚构的集体主义精神，蔑视人的个性，阻碍个性的发展，在社会优越于个人的借口下，大大缩小了自由的合理界限，阉割了社会主义社会结构的人道本质。

换句话说,从社会主义理想中抽掉了主要的东西——人本身,人的需求,人的利益和活生生的生活","结果是,国家变成了一个伟大强盛的国家,可是并没有为人民群众创造生活条件,而这种条件对任何一个文明国家来说是很自然的"。第二,"我们正在建立人道主义的社会主义",民主和自由这一人类文明的伟大价值观正是人道主义的社会主义的核心。这一切是建立在人的理智和人的权利的基础之上的,"这样的社会,其经济结构和政治结构要保证整个社会制度面向人的转折,经济结构和政治结构是手段,人是目的,博爱的要求和道德至高无上的要求是准则"。第三,为了形成真正民主的、自治的社会机制,"在组织方面,党不能对国家和社会结构发号施令,应当保持独立性,在宪法和其他法律范围内进行活动"。

就在戈尔巴乔夫全力筹备第二次人民代表大会,试图摆脱改革所面临的危机时,自称为"民主派"的反对派也加强了对戈尔巴乔夫及其改革的抨击。人民代表大会前夕,这些人以"苏联人民代表"的名义发表了关于政治改革的声明。声明指责"苏联共产党最高领导拒绝放弃执行新的极权方针",国家正面临"两大危机,即民族危机和经济危机明显地呈几何级数增长,两大危机在某种程度上又互相影响、互相刺激"。声明明确提出,苏联共产党是"与真正的改革不相容的",因为"他们不占大多数,而主要是作为一个拥有至高无上权力系统的机关,其中包括国家机关,按起源和职能而言属于极权机构"。因此,声明要求"从宪法中取消可耻的第六条",但有个附加语:"拒绝承认苏联共产党这支后卫先锋队成为永恒的官方指导者和社会监督者,但丝毫不意味着要求从国家政治生活中取消共产党。"声明还宣称,"没有反对派就不能有正常的政治生活",因此要求在苏联实行多党制。这些民主派人士期望散布于苏联各地的反对派——民主阵线、运动、选民俱乐部、劳动者联盟等联合起来,组成立陶宛"萨季尤斯"("立陶宛争取改革运动")那样的全国性组织来推进改革。

1989年12月12日,苏联第二次人民代表大会开幕。会上,各地区的反对派代表对戈尔巴乔夫施加强大压力,要求修改宪法中的第六条。萨哈罗夫建议修改会议议程,就土地和财产私有权、企业和第六条进行辩论。他认为人代会不应该设置宪法上的障碍,苏维埃有权通过必要的法令。戈尔巴乔夫十分恼火,几乎是将萨哈罗夫轰下了讲台。戈尔巴乔夫在讲话中指出,宪法中的任何一条都可以修改,但是在目前第六条并不妨碍实行自由选举,因此特别强调修改第六条,就是在搞政治投机,别有用心。14日,安德烈·萨哈罗夫在睡梦中去世,这给人代会蒙上了阴影,也暂缓了大会上的激烈争斗。3年前,几乎就

## 第十三章 ● 最后的戈尔巴乔夫，最后的苏联

在同一天，戈尔巴乔夫亲自打电话把萨哈罗夫从流放地召回莫斯科。而在萨哈罗夫去世前，他就更多地站在了叶利钦一边，成为反戈尔巴乔夫营垒中的人。

人道主义的社会主义的口号并未能使戈尔巴乔夫的处境有所改善，立陶宛的脱离苏联以及随之而来的波罗的海三国的风云突变，叶利钦对戈尔巴乔夫的反动所导致的俄罗斯的背离苏联，成了戈尔巴乔夫执政的最大威胁和危险。12月31日，戈尔巴乔夫在新年祝词中，不得不承认"1989年是从1985年4月开始的改革中最困难的一年"。

1989年12月20日，立陶宛共产党举行第二十次代表大会，通过了《立陶宛共产党独立宣言》《关于立陶宛共产党地位的决定》以及立陶宛共产党纲领和章程。苏共中央当即召开中央非常全会，戈尔巴乔夫报告中的结论是：立陶宛共产党脱离苏共实质上是对正在进行的改革和以人道主义和民主精神改革社会主义计划的打击。全会认为决不能允许联盟国家解体，于是决议派以戈尔巴乔夫为首的代表团亲赴立陶宛做解释和调解工作。1990年1月11日，戈尔巴乔夫到达立陶宛首都维尔纽斯，他面对的是"萨季尤斯"所组织的30万人的集会示威，要求"给立陶宛以自由和独立"。"萨季尤斯"的领导人陶塔斯·兰茨贝吉斯邀请戈尔巴乔夫参加这一集会，戈尔巴乔夫拒绝了，而是去了一家电器设备制造厂，并在那里发表了长篇讲话。他认为，苏联是个多民族的国家，分裂将导致民族的冲突和流血；立陶宛宣布独立是涉及苏共、苏维埃联盟和苏联改革命运的大事，如果在目前困难的情况下这样做，将葬送改革，因此他奉劝立陶宛领导人要顾全大局，三思而后行。13日，戈尔巴乔夫在立陶宛共产党积极分子会议上发表长篇讲话，明显改变了对宪法第六条和实行多党制的立场。他说：是否实现多党制，"这要取决于政治进程的发展。如果出现多党制并且符合社会的实际利益，我不认为它是件坏事。因此不应当像魔鬼害怕神香一样害怕多党制，但也不应当人为地强加于人"。戈尔巴乔夫在离开维尔纽斯时，当着立陶宛领导人的面表现出了一种和解与宽容的样子说："我们已经奠定了继续对话的良好基础。"但是，立陶宛共产党领导人阿尔吉尔达斯·布拉藻斯卡斯当即清晰地回答："立陶宛共产党退出苏共已经不可挽回。"两天后，布拉藻斯卡斯当选为立陶宛最高苏维埃主席。

就在戈尔巴乔夫访问维尔纽斯的同一天，民族冲突在南疆再起。在阿塞拜疆第二大城市连科兰发生大规模游行集会。两天后，在巴库发生了阿塞拜疆人袭击和屠杀公寓中亚美尼亚人的暴力行动。1月18日，"人民阵线"宣布

处于紧急状态,次日,夺取了该共和国的领导权。1月19日,莫斯科发布戒严令,苏联军队进入这一地区,镇压了暴乱,摧毁了"人民阵线"掌权的企图。这是苏共领导人确认共产党在阿塞拜疆已经丧失政权而作出的决策和行动。26日,国防部部长亚佐夫在声明中就这样说:"我们的任务不是要扣留所有这些非法分子,而是要摧毁他们在所有企事业单位和机关设立的政权组织机构。"

1990年2月25日—3月8日,立陶宛举行了选举,"萨季尤斯"获得了绝对多数的选票。立陶宛新的最高委员会(立陶宛不再使用苏维埃的字样)计划在3月10日召开第一次会议,宣布立陶宛独立。3月5日,苏共中央的政治局委员和书记们:梅德韦杰夫、马斯柳科夫、拉祖莫夫斯基和吉连科联名给中央报告,要求采取紧急措施反对立陶宛脱离苏联:"有根据地认为,在重新当选的立陶宛苏维埃社会主义共和国最高苏维埃第一次会议上,将通过建立独立自主的立陶宛国家的决议。分裂主义势力打算在苏联人民第三次紧急代表大会召开前就召开会议,企图最大限度地促使这一决议通过。根据苏共中央政治局《由于立陶宛苏维埃社会主义共和国形势复杂化而采取紧急措施》的决定,已在立陶宛开展有准备的反对分裂主义倾向的工作。拟在近几周内实行这一决定所规定的以及由于立陶宛苏维埃社会主义共和国出现的紧急形势补充采取的措施。"3月6日,苏共中央通过了《关于采取紧急措施反对立陶宛脱离苏联的决定》——"反对立陶宛脱离苏联一揽子紧急措施"。3月11日,立陶宛最高委员会以124票赞成,6票弃权,0票反对,宣布恢复立陶宛的独立共和国的地位,取国名为"立陶宛共和国",兰茨贝吉斯当选为主席和国家首脑。几天后,普隆斯基涅当选为立陶宛总理,布拉藻斯卡斯为第一副总理。

以莫斯科为中心的苏联中心地区,也出现了日益严重的政治危机进程。从2月初起,在红场上开始出现反对当局的大规模示威游行。到了5月1日,在红场传统的游行中,竟然出现了"打倒苏共"、"政治局下台"、"打倒马克思列宁主义"和"戈尔巴乔夫下台"的标语口号,结果是站在列宁墓检阅台上的戈尔巴乔夫不得不愤然离去。反对当局的有组织的游行示威持续发生,这表明苏联出现了政治反对派。在俄罗斯联邦出现了随即对苏联政局的发展起到决定性影响和作用的"民主俄罗斯"。这些后来被称为"民主派"的人士成了俄罗斯第一次人民代表大会的骨干力量。一个更为严重的政治现象是,叶利钦和戈尔巴乔夫的长期的较量变成了有组织的公开对抗。1990年5月16日,俄罗斯第一次人民代表大会召开。叶利钦在开幕式上无情地抨击了戈尔巴乔夫的改革政策,明确提出:"不拥有完全的政治主权,俄罗斯的问题是绝对不能得到解

## 第十三章 最后的戈尔巴乔夫,最后的苏联

决的。"5月29日,叶利钦当选为俄罗斯联邦最高苏维埃主席,他宣布俄罗斯的宪法和法律应优先于苏联的宪法和法律,俄罗斯联邦应有自己的内政外交政策,并一定首先和其他加盟共和国缔结条约。这些内容写进了6月12日大会通过的《俄罗斯联邦国家主权宣言》。所有这一切都表明,俄罗斯联邦在法律和事实上都成了一个独立于苏联以外的"主权国家"。随后,6月19日成立的俄罗斯联邦共产党扩大和加深了俄罗斯联邦的主权地位。戈尔巴乔夫出席了这次会议并在会上作了长篇讲话,但是他对叶利钦和俄罗斯所表现出的强大的独立离心倾向无能为力,言语无奈:"我们在使用'俄罗斯'这个词时,应当永远记住同样令人憧憬的一个词——'联盟'。"

1990年3月14日,苏联第三次非常人代会通过《关于设立总统职位和苏联宪法(基本法)修改补充法》,从苏联宪法的序文中删去了"共产党——全体人民的先锋队的领导作用"这句话,将第六条表述为:"苏联共产党、其他政党以及工会、共青团、其他社会团体和群众组织通过自己选入人民代表苏维埃的代表并以其他形式参加制定苏维埃国家的政策,管理国家和社会事务。"而且苏联共产党也发生了分裂,在1990年7月上旬召开的苏共第二十八次代表大会上,就有3个独立的"纲领派"发表了各自的纲领,它们是"民主纲领派"、"马克思主义纲领派"和"俄罗斯共产党人倡议代表大会纲领派"。在这次代表大会上,戈尔巴乔夫反击反对派,高举的旗帜便是"走向人道的、民主的社会主义"。

戈尔巴乔夫加速推行经济改革,实施由部长会议主席雷日科夫和苏联部长会议副主席阿巴尔金院士制定,并有时任国家经济改革委员会主席的亚夫林斯基和阿巴尔金助手沙塔林等人参加工作的经济改革计划,期望在未来的500天内,转向市场经济,稳定形势,再向发达的商品货币关系前进。随后这个计划被称为"雷日科夫—阿巴尔金经济改革纲领",即"500天纲领"。这个"500天纲领"引起了强烈的争议,尤其是在中央和地方权利的划分和协调上,并从而引发了有关苏联是继续保留目前的联盟政体还是转为松散的实体的争议和政治争斗。为此,戈尔巴乔夫在1990年12月上旬的中央全会上发表了《为革新我们的联盟国家而奋斗》的讲话。他指出,这种革新的基础就是按联邦制原则把国家改造成为主权苏维埃共和国联盟。他的总的倾向性是在削减和分裂苏联中央集权的实际进程中,加强中央集权和作为国家领导人总统的集权。

对戈尔巴乔夫来说,1990年12月中下旬举行的苏联第四次人民代表大会是一次危机大会。许多代表要求戈尔巴乔夫应对国家目前混乱的状况负责并

戈尔巴乔夫（右）和叶利钦在苏联第四次人民代表大会上

因此辞职。叶利钦等人没有同意这一倡议，但是他激烈批评戈尔巴乔夫的独裁，说发号施令的时代已经过去，不能恢复"克里姆林宫的专制"。会上，最令戈尔巴乔夫难堪的事是一直支持他改革并紧随其左右的外交部部长谢瓦尔德纳泽的辞职。他说："民主主义者们，你们在临阵退缩。改革家已经躲在幕后。独裁统治即将来临！我是以完全负责的态度讲这番话的。谁都不知道那将是怎样一种独裁，也不知道谁将成为独裁者，或出现什么样的王朝。因此，我准备辞职，如果你们愿意，就让这成为我的贡献，成为我对独裁统治进击的抗议吧。"对于谢瓦尔德纳泽的这种"告别"方式，戈尔巴乔夫指责说："我本来是要推荐您当副总统的。在国家最困难的关头这样的离去是不可饶恕的。"

在这次代表大会上，该部长会议体制为"内阁"，亚纳耶夫当选为副总统。作为戈尔巴乔夫行使总统权力、"集权"的机构——苏联总统顾问委员会改组为国家安全委员会，其成员有：现任内务部部长巴卡京、别斯梅尔特内赫、克留奇科夫、普戈、普里马科夫、亚佐夫和亚纳耶夫。

1991年1月中旬，在苏联最高苏维埃会议上，戈尔巴乔夫推荐瓦·帕夫洛夫为总理。别斯梅尔特内赫为外交部长。不久，普戈被任命为内务部长。

## 十、全民公决，"8·19"事件，新奥加廖沃会谈，苏联解体

1991年伊始，为了保持住苏联在立陶宛的地位，戈尔巴乔夫命令国防部部长亚佐夫和内务部部长普戈在维尔纽斯使用军队。特种部队"阿尔法"及其他行动部队的行动与居民发生冲突，引起伤亡。军事行动在全国激起不安的浪潮。叶利钦就此对戈尔巴乔夫发动了更猛烈的进攻，要求他辞职，要求与维尔纽斯事件有关系的亚佐夫、普戈、克留奇科夫等人辞职。戈尔巴乔夫也加强了对"民主派"的反击。他指责说："打着民主旗号的团体，形形色色，五花八门，

## 第十三章 最后的戈尔巴乔夫，最后的苏联

但是看一看他们的领导人的思想纲领便会一目了然，真相大白。这些'新出现的人民的朋友'究竟要把我们带往何处？他们的第一条纲领——解散联邦，这意味着将我们伟大的多民族国家分解为40—50个国家，意味着诸多民族的大迁徙，意味着重新划定各共和国之间的疆界。"他警告说："分崩离析，各奔前程——这是非常危险的。"

3月15日，戈尔巴乔夫就"是否有必要把苏维埃社会主义共和国联盟作为被革新的平等的主权共和国联邦保留下来"，也就是说"是否保留苏联"的问题发表电视讲话。从这一讲话中，可以看出，无论是从苏联改革的前途，还是他个人政治命运的前途，戈尔巴乔夫都不同意苏联的解体。他说："亲爱的同胞们，我呼请你们所有的人都要去参加全苏的公民投票，对提出的问题作出'肯定'的回答。我们的'肯定'是对一个大国的尊重，它曾经不止一次地证明过它能够捍卫联合在一起的各民族的独立与安全。我们的'肯定'将会保存一个千年国家的完整性，它是世世代代由无数人的劳动、智慧和牺牲创造的。各个民族的命运，千百万人的命运，你我等人的命运，都密不可分地交织于这个国家之中。我们的'肯定'是一种保证，它永远将不会使战火烧到我们的国家，过去我们经历过不少的考验。我们的'肯定'不是要保持旧的秩序——中央大权独揽，各共和国处于无权状态。公民投票的肯定结论将会打开一条迅速革新联盟国家，将它变成一个拥有主权的各共和国的联盟，这个联盟一定会保障各民族公民的权利和自由。我们在公民投票中的'肯定'回答和联盟协议的签订将会终止我们社会所发生的破坏过程，坚决恢复生活和工作的正常环境。"

公决于3月17日举行。结果是，苏联全国有70%的居民，俄罗斯联邦有71.34%的居民投票"肯定"。

但是，苏联国内局势十分严重，面临新的政治和经济危机，不得不加快了谈判和制定联盟条约草案的工作。1991年4月23日，在莫斯科郊区的政府别墅总统别墅——"新奥加廖沃别墅"中，举行了有关联盟条约的新的一论谈判和协商。参加的有俄罗斯、乌克兰、白俄罗斯、阿塞拜疆、哈萨克斯坦等9个加盟共和国。这次会晤持续了9个半小时，会上叶利钦和乌克兰的克拉夫丘克提出，条约所要创立的应是一个主权国家的联盟，而不是一个联邦国家。戈尔巴乔夫在这方面作出了明显的让步，但是他坚持不同意给予以前的"自治共和国"以与新的联盟共和国相同的地位。这个后来被称为"9+1"的新奥加廖沃会晤终于以"9+1"领导人的表面协调和签署一份联合声明而结束。对于前者，戈尔巴乔夫后来有过记述："事情办完后，开始吃晚饭。大家举杯庆贺，无

论是我,还是我的同事们,像人们常说的,都松了一口气。"关于后者,4月24日,由塔斯社和《真理报》公布了这份声明,它呼吁制定新的主权国家联盟条约,采取紧急措施来控制和稳定正在崩溃的经济。

俄罗斯联邦第四次人代会于1991年5月21—25日召开,批准了《俄罗斯联邦总统法》。6月12日,举行俄罗斯总统大选,叶利钦以57.3%的选票当选为俄罗斯联邦第一任总统。7月10日,叶利钦在莫斯科克里姆林宫中的克里姆林宫大会堂举行了就职典礼。这次典礼通过电视的直播传遍了俄罗斯和世界各地。这个典礼十分具有象征意义,在大会堂里展示了从16世纪以来俄国和苏联的最高奖章和各个宗教的神圣纪念品,奏响的是俄国著名作曲家格林卡1834年所创作的国歌。这个国歌在20世纪40年代,曾以"爱国者之歌"的名字广为传播。莫斯科建城800周年时,它又以"你好,光荣的首都"再次被奏响。1990年11月23日,在俄罗斯联邦最高苏维埃的会议上,苏联国防部军乐队演奏了这支歌曲,27日,在俄罗斯第二次非常人代会上作为俄罗斯联邦的国歌来演奏。典礼上的演奏只有旋律,没有文字,但当年的歌曲中有这么一段歌词:"光荣啊,光荣,我们的俄罗斯沙皇!上帝赐予我们君主——沙皇。你沙皇的家族万古流芳,俄罗斯人民也永享天光。"此外,全俄大牧首也讲话祝福,苏联总统戈尔巴乔夫致贺词。所有这一切表明了两点:一是叶利钦想用这些来显示他、他的总统职权继承了俄国的千年传统;二是在传统上象征俄罗斯国家最高权力所在地的克里姆林宫里,出现了两个政权并存的局面,一个是实际上控制了俄罗斯并且在继续扩大这种控制的叶利钦政权,另一个是事实上已经丧失对俄罗斯,从而对整个苏联控制并正在继续丧失这种控制的政权——戈尔巴乔夫政权。历史经验表明,两种政权并存的局面是不会持续很久的,争斗的结果只能是某一个政权替代另一个政权,执政者以一个头戴桂冠,另一个屈辱下台而告终。

当选总统后,叶利钦于20日签发了关于俄罗斯联邦国家机关非党化的命令。这命令实质上是对苏联整个国家机关"共产党化"的一种摧毁性攻击,这自然引起了苏联共产党内的严厉批评和指责。苏共中央就此发表声明,因实际上宣布退党、自动停止党籍等原因而撤消了谢瓦尔德纳泽等人的中央委员的资格。但是,"非党化"的进程已经是不可控制的事了,尤其是在莫斯科,市长波波夫坚决执行,"非党化"进展迅速。

在戈尔巴乔夫政权里,戈尔巴乔夫本人现在已经是个空架子,实际的权力操纵在总理帕夫洛夫、国防部部长亚佐夫、内务部部长普戈、国家安全委员会

## 第十三章 最后的戈尔巴乔夫，最后的苏联

主席克留奇科夫的手中。他们也加入了指责戈尔巴乔夫的行列。从东欧的撤军、军队力量的削弱、国内刑事犯罪案件的增加、美国情报机构力量的渗透、经济的面临危机以及法律的得不到执行，是他们指责的主要问题。

1991年7月23日，新奥加廖沃会谈取得成果，最终确认了新的联盟条约——苏维埃主权共和国联盟条约草案。参加这次会议的除了各共和国的首脑外，还有苏联最高苏维埃的全体领导人、总理帕夫洛夫、国防部部长亚佐夫、外交部部长别斯梅尔特内赫和副总理谢尔巴科夫。7月29日，戈尔巴乔夫和叶利钦、纳扎尔巴耶夫在新奥加廖沃再次会晤并商讨了新联盟的领导人选及安排问题。8月2日，戈尔巴乔夫发表电视讲话，宣布将在8月20日签署新的联盟条约。随后他就到黑海边上的福罗斯别墅休假去了，预定19日返回莫斯科。

这时，叶利钦在签署新的联盟条约上出现摇摆不定的状态。戈尔巴乔夫为此从福罗斯给他打电话，做工作："鲍里斯·尼古拉耶维奇，我们不能从商定的立场后退一步，不管他们从哪个方面对我们的立场进行攻击，必须保持沉着冷静，继续准备签字。"与此同时，来自戈尔巴乔夫政权内部反对叶利钦、对新的联盟条约的抵制和反抗在与时俱增，那些"强力机构"的代表在密切磋商对策并开始采取行动。8月17日，克留奇科夫、帕夫洛夫、亚佐夫、总统办公厅主任博尔金、苏共中央书记舍宁和巴克拉诺夫、国防部副部长瓦连尼科夫和阿恰洛夫将军、国家安全委员会副主席格卢什科将军齐集一堂，分析形势，一致同意阻止8月20日新的联盟条约的签署，以便保留原来形式的苏联。8月18日晨8时，亚佐夫下令莫斯科军区司令加里宁将军和空降部队司令格拉乔夫将军向莫斯科调动军队。11时，克留奇科夫下令向波罗的海三国派兵，并制定了逮捕戈尔巴乔夫支持者的名单，封锁叶利钦的别墅。下午5时左右，他们派出的一个小组到达福罗斯，有苏共中央政治局委员舍宁、苏联国防会议第一副主席巴克拉诺夫、苏联陆军总司令、国防部副部长瓦连尼科夫以及总统办公厅主任博尔金和国家安全保卫局局长普

紧急状态委员会宣布戈尔巴乔夫退休

列汉诺夫等人。

　　戈尔巴乔夫会见他们时说的话是："你们代表谁,以谁的名义讲话?"戈尔巴乔夫记录了这些人对他的"晋见"："他们表现得很没有礼貌,好像他们是主人似的。把他们让进屋后,我问他们有何贵干。巴克拉诺夫说,成立了紧急状态委员会。国家正濒临灾难,其他方法已经无济于事,我必须在紧急状态的命令上签字。"但是,戈尔巴乔夫既拒绝在紧急状态命令上签字,也拒绝辞职。于是,紧急状态委员会于19日清晨,通过广播和电视,以苏联副总统亚纳耶夫的名义发布命令,全文如下："鉴于米哈依尔·谢尔盖耶维奇·戈尔巴乔夫因健康原因无法履行苏联总统的职务,根据苏联宪法第127条第7款,自1991年8月19日起由我履行苏联总统职务。苏联副总统根·伊·亚纳耶夫。"随后,以亚纳耶夫、帕夫洛夫和巴克拉诺夫3人的名义发表了《苏联领导声明》,宣布从1991年8月19日4时起,在苏联的部分地区实行为期6个月的紧急状态,并宣布成立"苏联国家紧急状态委员会",成员有亚佐夫、亚纳耶夫、巴克拉诺夫、克留奇科夫、帕夫洛夫、普戈、苏联集体农庄联盟主席斯塔罗杜布采夫、苏联国营企业和工业、建筑、运输及通讯业联合会主席季贾科夫8人。

　　紧急状态委员会的命令使国家在瞬间停止运转,动荡不安的局势随时有剧变的可能性。戈尔巴乔夫对紧急状态委员会的抵制使"两个并存政权"中的戈尔巴乔夫政权迅速解体,而另一个政权——叶利钦政权却随机扩大和增强。就在紧急状态委员会宣布成立后不久,俄罗斯联邦政府的领导人:总理西拉耶夫、暂理俄罗斯最高苏维埃主席职务的哈斯布拉托夫、国务秘书布尔布利斯、俄罗斯人民代表沙赫莱以及莫斯科副市长卢日科夫和彼得堡市长索布恰克来到俄罗斯部长会议的别墅——阿尔汉格尔斯克别墅,起草了《告俄罗斯公民书》。其中写道:"在1991年8月18日夜间和19日,合法选出的国家总统被解除了权力。无论以什么样的理由来解释这种解除权力,我们所遇到的都是一场右派的、反动的、反宪法的政变。"

　　因此,叶利钦实际上和远在福罗斯的被软禁在那里的戈尔巴乔夫站到了一条战线上。戈尔巴乔夫暂时被甩在了一边,斗争双方变成了叶利钦和紧急状态委员会。紧急状态委员会向俄罗斯议会大厦——"白宫"派出了"阿尔法"特种部队的小分队,准备用武力镇压以叶利钦为首的"民主派"。叶利钦求助于空降部队司令员格拉乔夫和驻扎在土拉的空降师师长列别德将军。而正是他们奉命包围"白宫",于是他们静观事变。8月19日上午10时,除了紧急状态委员会控制的第一频道,莫斯科的所有电视频道都被切断。叶利钦政府采

## 第十三章 最后的戈尔巴乔夫，最后的苏联

取了先发制人的行动，它请来了外交使团、外国和俄罗斯本国的记者，由总理西拉耶夫宣读了《告俄罗斯公民书》。从阿拉木图访问中匆匆赶回的叶利钦在会上用这样的话对外交官说："你们赶快离开白宫，因为坦克已经在包围大楼。"12时10分，叶利钦签署了59号总统令，全文如下：

> 鉴于宣称自己是国家紧急状态委员会的那批人的行动，我决定：1. 认为委员会的声明是反宪法的并确认其组织者的行动是一场国家政变，是真正的国事罪。2. 以所谓的紧急状态委员会的名义所作出的一切决议都是非法的，在俄罗斯联邦的土地上不具有效力。在俄罗斯联邦领土上，以总统、最高苏维埃和部长会议主席、俄罗斯联邦的所有国家和地方权力和管理机构为代表的合法选出的政权在行使权力。3. 执行上述委员会决定的公职人员的行动应按俄罗斯联邦刑法治罪并应按法律进行侦查。本命令自签字时生效。俄罗斯联邦总统鲍·叶利钦。

随后他在亲近的簇拥下上到一辆坦克上去发表激烈批评紧急状态委员会的讲话。

当晚，中央电视台播放了叶利钦在坦克上的讲话片段。"总统"亚纳耶夫也出现在电视屏幕上，竟然宣称他们将继续奉行戈尔巴乔夫的方针，并说："我希望，我的朋友，戈尔巴乔夫总统将康复，我们还将在一起工作。"随之，反紧急状态委员会的浪潮遍及莫斯科、圣彼得堡和各大城市。8月20日，从清晨起，莫斯科的局势就发生重大的转向变化：难以计数的市民聚集在"白宫"的周围，叶利钦向苏联最高苏维埃主席呼吁，要求与戈尔巴乔夫会见并要求将军队撤回原驻地，11时，列别德将军指挥围困"白宫"的坦克撤离，苏联总理帕夫洛夫突发高血压住院，阿尔法特别行动部指挥官拒绝在晚上攻打"白宫"，最后是叶利钦下令撤销了亚佐夫和克留奇科夫自18日以来所下达的一切命令。

亚纳耶夫发表讲话

21日，紧急状态委员会开始走上失败之途，"白宫"发生了流血事件，3名年轻人在与军队的冲突中死亡，最高苏维埃主席卢基扬诺夫、苏共中央副总书记伊瓦什科、克留奇科夫、亚佐夫和季贾科夫

飞往福罗斯去见戈尔巴乔夫。与此同时,俄罗斯最高苏维埃也派出代表团去福罗斯,其成员有副总统鲁茨科伊、总理西拉耶夫和司法部部长费奥多罗夫。与他们一起去的还有普里马科夫和巴卡京。

戈尔巴乔夫对紧急状态委员会代表团的答复是:"将他们监护起来。告诉他们——只要政府的联系不恢复,我谁都不接见。"俄罗斯代表团一到,戈尔巴乔夫就接见了他们。随后接见了卢基扬诺夫和伊瓦什科,拒不见亚佐夫、克留奇科夫和季贾科夫。8月22日凌晨,戈尔巴乔夫回到莫斯科,随即发表了电视讲话,赞扬叶利钦在"8·19政变"中的卓越作用并下令解除了紧急状态委员会所有成员的职务。所有这些人都被拘留,接受审讯。至此,"8·19政变"以完全失败而告终。22日,被拘禁的克留奇科夫给戈尔巴乔夫写了一封短信:"尊敬的米哈伊尔·谢尔盖耶维奇!有必要把我们关进牢里吗?一些人快70岁了,另一些人健康欠佳。需要进行这样大规模的诉讼程序吗?顺便说一句,能否考虑采取其他的强制措施,比如严格的家庭软禁。总之,我感到非常愧疚!我昨天(有机会)听了部分您关于我们几个的答记者问,不管是否罪有应得(总体上),但都造成了巨大的伤害。可惜是咎由自取。一如既往地致以深切的、富有人情味的敬意。克留奇科夫,1991年8月22日。"

"8·19政变"后,两个政权并存的局面结束,戈尔巴乔夫政权名存实亡。23日,戈尔巴乔夫发布命令撤销了紧急状态委员会成员的职务,任命了新人。但很快在叶利钦的压力下,重新任命——沙波什尼科夫为国防部部长,巴卡京为国家安全委员会主席,潘金为外交部部长。当戈尔巴乔夫在俄罗斯议会上发表讲话时,站立在他身旁的叶利钦不断地对他颐指气使,指责正是苏联共产党自己背叛了他这个总统,迫使他自己来宣读紧急状态委员会的记录,而戈尔巴乔夫则显得理屈词穷,卑躬屈膝。他说出的话既无可奈何,又充满悲伤之情:"我从福罗斯来到了另一个国家,而我自己也不是原来的我了,我成了另外一个人。"这另一个戈尔巴乔夫已经无权和无力来阻止叶利钦想要做的一切了。叶利钦要求戈尔巴乔夫下令对苏共进行审判,对此戈尔巴乔夫还是进行了

叶利钦(右)教训戈尔巴乔夫

最后一搏——不同意,他反复声明的一个理由是:禁止共产党活动将是一个错误。戈尔巴乔夫虽然还是尚存的苏联的元首,但实际控制这个国家和他本人的则是叶利钦了。

各个加盟共和国也纷纷转向,模仿叶利钦的作为。爱沙尼亚于8月20日,拉脱维亚于8月21日,乌克兰于8月24日,白俄罗斯于8月25日,摩尔多瓦于8月27日,阿塞拜疆于8月30日,乌兹别克斯坦于8月31日,吉尔吉斯于8月31日,塔吉克斯坦于9月9日,亚美尼亚于9月23日,土库曼于10月27日先后发布独立宣言,宣布独立。早在1991年4月就宣布独立的格鲁吉亚于9月6日宣布断绝与苏联的一切关系。至此,苏联实际上已经分崩离析。

8月25日,戈尔巴乔夫发表声明,辞去苏共中央总书记的职务,并建议"苏共中央委员会应该作出一项艰难但却是诚恳的决定:自行解散。各共和国内的共产党和地方党组织自行决定自己的前途"。作为总统,他最后签署了两份命令:一份是在苏维埃名义下冻结苏共的财产,交由苏联及共和国的法律加以处理;第二份是停止苏联军队、内务部、国家安全委员会、一切执法机构和党政军机构中共产党的活动。至此,苏联共产党和权力机构名存实亡。戈尔巴乔夫还签署命令解除了苏联部长会议所有领导人的职务,任命俄罗斯联邦政府总理西拉耶夫领导一个委员会来处理苏联的经济事务,亚夫林斯基成为西拉耶夫的助手。9月9日,叶利钦正式从戈尔巴乔夫的苏联残存政府中取得了对武装力量、"克格勃"和内务部的控制权。至此,叶利钦成为事实上的苏联的统治者。

1991年11月6日,叶利钦颁布法令,任命他自己为俄罗斯联邦议会主席,布尔布利斯为第一副主席。同一天,叶利钦颁布命令,禁止共产党的活动。他在命令中写道:"苏共从来就不是一个政党。这是一个以与国家机构融合在一起或者这些机构直接服从于苏共的方式来形成和实现政治权力的特殊机制。"命令中的两个重要之点是:"停止苏共、俄罗斯共产党在俄罗斯联邦领土上的活动,而它们的组织机构将予以解散","将俄罗斯联邦领土上的苏共和俄罗斯共产党的财产转为国家财产"。而4年前的这一天,戈尔巴乔夫在中央委员会的发言中猛烈抨击了叶利钦并要求将他开除出政治局。现在,叶利钦终于以停止共产党的一切活动报了当年的受辱之仇。

1991年10月11日,重开新奥加廖沃谈判。苏联总统戈尔巴乔夫主持会议,他在发言中提出了三点:就起草主权共和国联盟条约进行协商,在主权共和国联盟中保持武装力量的统一,就各共和国之间的经济协议进行谈判。10月18日,8个共和国签署了主权共和国经济共同体条约,随后乌克兰和摩尔多瓦也签署了,只有格鲁吉亚和阿塞拜疆一直没有签署。在几次谈判中,叶利钦在主权共和国联盟问题上和戈尔巴乔夫保持着一致的意见。11月14日,在又一次会谈中,戈尔巴乔夫坚持新的联盟应是一个统一的国家,而叶利钦拒绝接受"联盟"这个词。戈尔巴乔夫生气至极,说:"如果不准备建立任何有效的国家机构,我们何必还要总统和议会呢?如果你们作出那样的决定,我准备辞职!"11月25日,当各共和国的领导人齐聚新奥加廖沃别墅,准备签署新联盟条约时,叶利钦突然拒绝签署,理由是俄罗斯最高苏维埃没有批准这一条约。他还建议用"民主国家邦联"一词来代替"联盟"一词。戈尔巴乔夫几乎是控制不住自己了:"我不明白你们这是要干什么!你们这是在搞一个贫民窟,而不是建立一个统一的国家,你们将使人民遭受苦难。如果你们拒绝联盟的想法和做法,那你们干吧,我走!"叶利钦等人最后与戈尔巴乔夫妥协,同意在各共和国立法机构批准后,于年底签署这一条约。但是,年底并未能签署这一条约,这次会晤成了新奥加廖沃的最后一次会晤,一次有望签署新的联盟条约而始终未能签署的会晤。

1991年12月1日,克拉夫丘克在乌克兰全民公决中当选为乌克兰总统。12月5日,他宣布乌克兰退出1922年建立苏联的联盟条约,并决定不签署任何联盟条约。12月7日,叶利钦、克拉夫丘克和白俄罗斯总统舒什克维奇在白俄罗斯布列斯特附近一个叫"别洛维日密林"的地方举行会晤。会晤的结果是签署了三国联合声明,全文如下:

> 白俄罗斯、俄罗斯联邦、乌克兰共和国国家元首声明
> 我们,白俄罗斯、俄罗斯联邦、乌克兰共和国的领导人
> ——指出,有关新的联盟条约的谈判进入了死胡同,三个共和国脱离苏联和组成独立国家的客观进程成了现实的因素;
> ——确认,中央政府无远见的政策导致了深刻的政治和经济危机、生产的崩溃、实际上所有社会各阶层生活水平的灾难性下降;
> ——注意到,在前苏联的许多地区社会紧张局势在增长,这导致了使无数人死亡的民族冲突;
> ——认识到在自己的人民和世界大家庭面前所承担的责任和在实际上实现政治及经济改革中不可避免的需求,我们声明组建独立国家联合

## 第十三章　最后的戈尔巴乔夫，最后的苏联

体，并于1991年12月8日签署了有关该共同体的协议。

　　由白俄罗斯、俄罗斯联邦、乌克兰三个共和国组成的独立国家联合体对苏联的成员国，以及同意本协议的目的和原则的其他国家的加入都是敞开的。

1991年12月8日于明斯克

　　"别洛维日协议"事实上宣布了苏联的解体并用"独立国家联合体"——"独联体"取而代之。无论是会晤还是最后的协议都是撇开苏联名义上的元首戈尔巴乔夫进行的，因此戈尔巴乔夫在当天得知这一消息后，有气无力地说："对我怎么办？我辞职？"除了默认，戈尔巴乔夫别无出路。"别洛维日密林"的意思是"野牛森林"。叶利钦、克拉夫丘克和舒什克维奇达成的"别洛维日协议"无疑是莽林中突然奔跑出的一头野牛，它成了只有名分的苏联解体的终结者。12月21日，苏联的11个共和国（波罗的海三国和格鲁吉亚除外）在阿拉木图签署宣言，同意参加和组成"独联体"。宣言主要内容如下：

　　阿塞拜疆共和国、亚美尼亚共和国、白俄罗斯共和国、哈萨克斯坦共和国、吉尔吉斯共和国、摩尔多瓦共和国、俄罗斯联邦（俄罗斯苏维埃联邦社会主义共和国）、塔吉克斯坦共和国、土库曼斯坦共和国、乌兹别克斯坦共和国和乌克兰共和国力图建立民主法制国家，其相互关系的发展应建立在相互承认和尊重国家主权平等、不可剥夺的自由权、权力平等和不干涉内政、放弃使用武力和武力威胁、经济及其他方式的压力、和平解决争端、尊重人权和人身自由包括少数民族的权利、认真履行国际法的义务及其他公认的原则和准则的基础上。

　　承认和尊重彼此的领土完整，现有国界不可侵犯。

　　认为巩固具有深刻历史根源的友好睦邻关系和互利合作符合各国人民的根本利益，并有利于和平和安全事业。

　　意识到自己对捍卫国内和平和民族和睦的责任；

　　忠于建立独立国家联合体协议的目的和原则：

　　特作如下声明：

　　联合体各成员国的相互作用应在平等的原则、对等的基础上，并按照既不是国家，也不是国家同盟的联合体，而是按照各成员国之间的协议确定的程序发挥作用的协调法规实现。

为保证国际间战略稳定和安全,各方将相互尊重保留联合指挥战略军事力量的联合指挥部并统一控制核武器。各方将相互尊重成为无核和(或)中立国地位的愿望。

独立国家联合体经所有成员国同意可向前苏联的成员国以及其他赞成联合体的目的和原则的国家敞开大门。

确认忠于在建立和发展统一经济区、全欧和欧洲市场中的合作。

随着独立国家联合体的成立,苏维埃社会主义共和国联盟不再存在。

联合体的参加国根据自己的宪法程序保证履行前苏联的条约、协议所规定的义务……

从这个独立国家阿拉木图宣言,不难看出,这时对这11个苏联加盟共和国来说,"苏维埃社会主义共和国联盟不再存在",苏联的前面已经加了个"前"字。此时此地,戈尔巴乔夫实际上面对的是一个事实上已经解了体的苏联。

戈尔巴乔夫的总统生涯走到了尽头,他和叶利钦长期的较量以他的彻底失败和叶利钦的最终胜利而结束。叶利钦迫使戈尔巴乔夫辞去总统职务,并商定苏联保存到1991年12月31日,戈尔巴乔夫在1992年1月1日辞职。但是,他的辞职提前到了12月25日,叶利钦也没有按照他们事先的约定来参加辞职仪式,而是派了国防部部长沙波什尼科夫来代表自己。戈尔巴乔夫也只好灰溜溜地将象征总统最高权力的发射核武器的"密码箱"交给了这位苏联时期的最后一任国防部部长。

1991年12月25日戈尔巴乔夫发表辞职讲话

1991年12月25日,戈尔巴乔夫签署命令辞去苏联总统的职务。这是他作为苏联总统签署的最后一份命令。在这个全世界的平安夜来临的时刻,晚上7时正,戈尔巴乔夫出现在所有电视频道上,脸色沮丧。他正在离总统办公室不远的一间豪华的外宾接待室中面对摄像机,以总统身份最后一次发表文告。他不像平时那样侃侃而谈,几乎是在背诵一篇早已准备好的讲

## 第十三章 ● 最后的戈尔巴乔夫,最后的苏联

话稿。他讲了20分钟,但所宣布的只是一件事:"我将停止执行苏联总统这一职务所赋予我的一切职责。"这是戈尔巴乔夫的告别辞,全文如下:

亲爱的同胞们:

鉴于独立国家联合体成立后的情况,我终止自己以苏联总统身份进行的活动。我作出这个决定,是出于原则性的考虑。

我坚决主张各族人民的独立自主,主张各共和国拥有主权。同时又主张维护联盟国家和国家的完整性。

事情已沿着另一条道路发展下去。主张国家肢解、国家分离的路线占了上风,这是我无法同意的。

即使在阿拉木图会晤和会晤通过决定之后,我在这个问题上的立场也始终未变。

此外,我确信如此重要的决定本应在人民表达意志的基础上作出。

尽管如此,我将竭尽所能,以使所签署的协议导致社会的实际和谐、减轻摆脱危机和改革过程的困难。

我这是最后一次以总统的身份在大家面前发表讲话,我认为有必要说出自己对1985年以来所走过的道路的评价。更何况这方面有不少无法自圆其说的、肤浅的、不客观的见解。

命运作了这样的安排,就是我当上了国家元首之时就已经很清楚:国家情况不妙。我们什么都多:土地、石油和天然气、其他资源;智慧和才能也都不错。我们的生活却比发达国家差得多,愈来愈落在他们的后面。

原因已经清晰可见:社会在官僚命令体制的束缚下几近窒息。它注定要为意识形态服务,注定要承受军备竞赛的重负,已经筋疲力尽。

所有局部的改革(已为数不少)均先后以失败告终。国家没有前途可言。再也不能这样生活下去了。一定从根本上改变一切。

正因如此,我从不后悔自己没有仅仅为了利用总书记的职务在数年的时间里"称王称霸",我认为那是不负责任的和不道德的。

我明白,开始一场如此规模的改革而且是在我国这样的社会里,那是极其困难,甚至是冒着风险的事情。然而我却至今对1985年春天开始的民主改革的历史正确性确信不移。

国家复兴和国际社会发生根本变化的过程,其复杂程度大大超过了

原先的一切预料。不过业已完成的事情应当得到应有的评价：

——社会获得了自由，政治上和精神上得到了解放。这是最主要的成就，我们却没有充分意识到，因此也尚未学会利用自由。尽管如此，已经完成了具有历史意义的工作。

——消灭了那个早已使我国无法成为富足安康、繁荣昌盛国家的极权主义体制。

——在民主变革的道路上实现了突破。自由选举、出版自由、代表制政权机构、多党制均已成为现实。

——开始走向多种成分经济，确立了一切所有制形式的平等地位。在土地改革的范围内农民阶级得到复兴，出现了私人农场，数百万公顷的土地交给农村居民、市民使用。生产者的自由已经合法化，企业家活动、股份制、私有化方兴未艾。

——在将经济转向生产时，必须记住这是为了人。当此困难的时期一切均应从人的社会保障出发，这特别与老人和孩子有关。

我们生活在一个新时代：

——已经结束"冷战"，曾对我国经济、社会意识形态和道德起破坏作用的军备竞赛和国家极度军国主义化已经停止。世界大战的威胁已经解除。

我想在此再次强调，我在过渡时期将竭尽全力，继续对核武器进行可靠的监督。

——我们已经对世界开放，不再干涉别国事务，并放弃在国外使用武力。我们得到的回报是信任、团结一致和尊重。

——我们已成为按照和平、民主原则重建现代文明的主要支柱之一。

——各国各族人民均已获得选择其自决道路的实际自由。对多民族国家进行民族改革的探索使我们已经接近于签署一项新的联盟条约。

所有这些变化都需要作出巨大的努力，都是在尖锐的斗争中进行的，都曾遭遇到旧的、过时的、反动的势力日益严重的反抗，这里既有过去的党和国家机构与经济机构，又有我们的习惯、思想偏见、平均主义和坐享其成的心理。这些变化遭遇了我们的偏执、政治文化水平低下、对变革的恐惧心理。因此我们才损失了许多时间。旧体制瓦解之时，新体制尚未开始运作。于是社会的危机更加深重。

我知道对目前严重局势的不满情绪，知道对各级行政当局和对我本

## 第十三章 最后的戈尔巴乔夫，最后的苏联

人活动的尖锐批评。不过我想再次强调指出：在我们这样一个幅员广大又拥有如此遗产的国家里，根本性变革不可能在毫无痛苦、毫无困难和动荡的情况下进行。

8月政变使总危机达到顶点。这次危机中最致命的是国家的解体。今天我所担心的是我国的人们失去伟大国家的国籍——对每个人来说后果都将十分严重。

我认为保住近年来的民主成果至关重要。那都是通过我们的整个历史、我们的痛苦经验获得的。无论在任何情况下都不得以任何借口随意抛弃。否则一切美好的希望都将化为泡影。这一切我都是直抒胸臆，如实道来。这是我的道义责任。

今天，我向所有支持革新政策、参与实施民主改革的公民表示谢意。

我要感谢国外那些懂得我们的意图并予以支持、协助我们并与我们真诚合作的国务活动家、政治活动家和社会活动家以及数以千百万计的人们。

我离开自己的岗位时忧心忡忡。不过同时也抱有希望，我相信你们的智慧和精神力量。我们是伟大文明的继承人，如今伟大文明能否振兴，我们能否过上现代化的名副其实的新生活，完全取决于大家，取决于我们每一个人。

我想衷心感谢那些近年来与我一起坚持正义而美好事业的人们。也许某些错误本来是可以避免的，许多事情可以做得更好。但是我相信我们的共同努力迟早会结出果实，我国各族人民迟早会生活在一个繁荣而民主的社会里。

祝大家万事如意。

1991年12月25日晚7时38分，苏联的国旗从克里姆林宫政府大厦的顶端降落下来，在灯光的照射下，恰似一片晚霞飘落在黑暗的深处；自沙皇时代就使用的红白蓝三色的俄罗斯国旗随之升起。在这片土地上行使了74年权力的苏维埃政权戏剧般地落幕，一个更改了名称的国家——"俄罗斯联邦"匆匆登上了世界的舞台。

## 作者点评：

戈尔巴乔夫的上台并不是一场悲剧，也并不意味着一场悲剧的开始。他

# 俄罗斯通史（1917—1991）

上台执政是当时老一代的苏共领导人所竭力推荐并寄予深切希望的。葛罗米柯等人要他尽全力将苏联带出困境，而这个困境集中表现为双重的危机：一是苏联的经济发展不仅迟缓，而且到了沉降的危险边缘；二是老一代执政者思想的僵化、行动的保守和权力的过度集中。中央全会上是热烈推举戈尔巴乔夫的，这种现象至少说明老一代领导人已经无人无力无愿将苏联带出困境。

因此，这里首先出现的一个问题是，在戈尔巴乔夫执政伊始时的苏联究竟是一个"好端端的"、"繁荣的"、"发展的"苏联，还是一个不好端端的、不繁荣的、不发展的苏联？显然，这是一个出发点，它是判断戈尔巴乔夫执政时期成败得失的一个极其重要的标志。前者会使人们得出一个结论：戈尔巴乔夫所做的一切都是使好端端的、繁荣的、发展的苏联走向衰落、分崩离析直至解体。而后者则会得出另一种结论：戈尔巴乔夫未能将苏联带出困境，未能挽狂澜于既倒。

戈尔巴乔夫执政6年，他所做的一切使苏联经受了历史上从未经受过的撞击。这种撞击也曾给苏联人民带来新生活的希望，给苏联带来在新条件下发展的机遇，带来普通苏联人对政府的强烈支持。6年中，戈尔巴乔夫的思想是在不断变化的，从加速发展经济、走出困境到加速对党政制度的改革，最后到否定"极权主义"体制。

对于苏联的解体，人们常常归罪于戈尔巴乔夫的"改革"及其本人对社会主义事业的"背叛"。从事实上讲，戈尔巴乔夫的改革并不具有真正的反社会主义性质。从计划经济转向市场经济，使多种经济成分（包括私有经济）并存和发展，打开国门面向世界，将因军备竞赛而背负重荷的国家经济转向和平发展的经济，这是戈尔巴乔夫以后的世界历史进程所证明为无误的东西。至于说到戈尔巴乔夫对苏联共产党的改革，他的矛头是指向掌权的，尤其是掌握重权的共产党领导人的。随着他的改革进程的愈来愈深入，这些掌握重权者对他的改革的阻力，甚至破坏力就愈来愈大，于是戈尔巴乔夫对这些人的冲击就愈频繁愈猛烈，这些人对戈尔巴乔夫的对抗、离心和反叛就愈强烈。苏联共产党的分裂首先是这些营垒中人们的分裂，而这种分裂确实是导致苏共自己垮台和苏联解体的决定性原因。

在戈尔巴乔夫执政时期，苏联共产党内的两种人始终左右着，甚至控制着戈尔巴乔夫的改革。一是上面提及的这些掌握重权的共产党人，他们身处高位，享有"Номенклатура"（意即"内定官员升迁名录"，亦译成"权贵录"）政治和生活上的特权。他们惧怕任何一种改革，害怕失去现有的权力、权利和地位。

## 第十三章　最后的戈尔巴乔夫，最后的苏联

因此他们对戈尔巴乔夫的改革冷眼旁观，盘算而行，他们的言行始终牵制着戈尔巴乔夫的改革。第二种人是叶利钦这样的共产党员。叶利钦从开始就十分明确地将反抗的矛头直接指向苏联共产党的领导和体制。他在和戈尔巴乔夫斗争的全部过程中，就是以更激进的改革为名，来削弱、破坏、瓦解苏联共产党的领导层和各级组织。从宣布退出共产党、坚决要求从苏联宪法中取消有关共产党领导作用的条款、禁止共产党的活动，到下令解散苏联共产党，叶利钦的全部活动都是指向戈尔巴乔夫的改革的。叶利钦成了戈尔巴乔夫改革的"丧门星"。

在改革进程中，戈尔巴乔夫完整、系统地提出了一个概念——"民主的、人道的社会主义"。这是他针对苏联的特定情况下，提出的政治口号。这个口号的核心是尊重人和为了人。事实上，这个口号从在苏联土地上出现改革这一需求时起，就出现过。比如，赫鲁晓夫搞改革时，他就提出过类似的口号，"我为人人，人人为我"，这也是俄罗斯民间传统的话语。后来，勃列日涅夫和安德罗波夫也在不同程度上利用过这一口号。当戈尔巴乔夫重提这一口号时，单纯的"人"的意思就变成了多重含义的"民主的、人道的社会主义"。乍一听来，怎么社会主义还会要"民主和人道"，社会主义本身不就是民主和人道吗？于是，大逆不道、背叛就事出有因。

俄罗斯联邦的宣布独立，叶利钦当选为俄罗斯联邦总统，在"两个政权并存"的状态中叶利钦政权实际控制一切的事实，直到"别洛维日"会晤，"独联体"协议的签署，其他共和国效法俄罗斯纷纷宣布独立时，苏联实际上已经解体，所等待的只是一个向世人展示的仪式，一份必须签署的官样文件。

最后促进了这种既成事实加速出现的又恰恰是苏联共产党，也就是那些阻挡戈尔巴乔夫改革的最高权贵阶层的人们干的事，这就是人们现在普遍称谓的"8·19政变"。1991年8月19日出现的这件事，是苏联共产党最终彻底分裂的表演。它表明苏联共产党已经不可能团结一致去领导人民走向明天，同时也无力拯救自己。在"8·19政变"之前，苏联尽管已经濒临危机边缘，但仍不是没有机遇、没有能力去挽狂澜于既倒的。只要苏联共产党人团结一致，放弃权力和利益之争，能真正承认苏联现有的政治和经济等体制完全有深入改革的必要，摒弃那种持续了多年的极权思想、意识形态和行为，敢于面对现实世界所出现和提出的一系列新问题，苏联仍然不至于最终解体。苏联共产党人可以抛弃戈尔巴乔夫，但是苏联却不能抛弃改革，不进行改革，苏联是没有出路的。这是一个惨痛的事实，即使在苏联解体20年后的今天，仍不能不

是人们需要深思和探索的问题。

现在,有人不愿意说8月19日出现的事是政变,但是事实表明它毕竟是一场政变,一场未遂政变。因为,国家紧急状态委员会所要达到的目的是彻底否定戈尔巴乔夫的改革,恢复戈尔巴乔夫改革以前的国家体制。他们把自己看作是一个未来新政权的代表人物,紧急状态委员会的胜利将是一个新政权,既不同于戈尔巴乔夫,也不同于叶利钦政权的建立。

"8·19政变"为苏联的解体敲起了丧钟,也轻易地使叶利钦获取国家最高权力的既成事实得到了确认。苏联和俄罗斯联邦政权的更迭,国家领导人的交替却是在"8·19政变"进程中最终完成的。而苏联共产党也恰是在自己敲响的丧钟声里退出执政的舞台的。人们可以不喜欢,也可以别有自己的理解和解释,而悲剧性的事实却是无法不去顾及的。

至于戈尔巴乔夫本人,愈到后来,他愈没有实权,在"8·19政变"前后简直就成了傀儡,但是作为苏联党政最高领导人,他对苏联共产党的退出执政舞台和苏联的解体,应负他自己的一份责任。如果把苏联共产党的退出政治舞台和苏联解体的全责,甚至最主要的责任都加在他的身上,这是不符合历史事实的。不过,戈尔巴乔夫的下台毕竟是一场悲剧,不仅就他个人的命运,而且就苏联国家的命运而言,都是一场悲剧。

# 参考资料

## 一、苏联解密档案资料

1. Дневники императора Николая II / Под общей ред. и с предисл. К. Ф. Шацилло. — М. : Орбита, 1991.

2. "ГОРЯЧЕШНЫЙ И ТРИУМФАЛЬНЫЙ ГОРОД". ПЕТРОГРАД: ОТ "ВОЕННОГО КОММУНИЗМА" К НЭПУ: ДОКУМЕНТЫ И МАТЕРИАЛЫ / СОСТ., АВТ. ПРЕДИСЛ. И КОММЕНТ. М. В. ХОДЯКОВ. — СПБ. : ИЗД - ВО С. - ПЕТЕРБ. УН - ТА, 2000.

3. Крестьянское восстание в Тамбовской губернии в 1919—1921гг. «Антоновщина»: Документы и материалы. Тамбов, 1994.

4. Документнты свидетельствуют (1927—1929, 1929—1932), политиздат. 1989.

5. В. П. Данилов, О. В. Хлевнюк - Как ломали НЭП. Стенограммы пленумов ЦК ВКП(б) 1928—1929 гг. 5 томов.

6. «Сталинское Политбюро в 30 - е годы». М. : АИРО - XX, 1995.

7. «Большевистское руководство. Переписка. 1912—1927 гг.». М. : РОССПЭН, 1996.

8. СОВЕТСКОЕ РУКОВОДСТВО Переписка. 1928—1941 гг. / Часть I.

9. «Письма во власть. 1917—1927». М. : РОССПЭН, 1998.

10. Россия, которую мы не знали. 1939—1993: Хрестоматия / Под ред. М. Е. Главацкого. — Челябинск, 1995.

11. История Отечества в документах. 1917—1993. В 4 томах. М. ИЛБИ. 1995г.

12. советсккая политическая цензура. М. РОССПЭН, 1997.

13. *Венгерские события 1956 года глазами КГБ и МВД СССР. Сборник документов. Составители А. А. Зданович, В. К. Былинин, В. К. Гасанов, В. И. Коротаев, В. Ф. Лашкул. М. : Объединенная редакция МВД России*, 2009.

14. *Коллективизация сибирской деревни. Январь-май 1930 г. Сборник документов. Ответственные редакторы: В. А. Ильиных, О. К. Кавцевич. Новосибирск: Институт истории СО РАН*, 2009.

15. Никита Сергеевич Хрущев. Два цвета времени. Документы из личного фонда Н. С. Хрущева. Гл. ред. Н. Г. Томилина. Сост. : А. Н. Артизов, Л. А. Величанская, И. В. Казарина, М. Ю. Прозуменщиков, С. Д. Таванец, Н. Г. Томилина — М. : МФД, 2009.

16. "Никита Хрущев. 1964." Стенограммы пленумов ЦК КПСС и другие документы / Сост. А. Н. Артизов, В. П. Наумов, М. Ю. Прозуменщиков, Ю. В. Сигачев, Н. Г. Томилина, И. Н. Шевчук — М. : МФД: Материк, 2007.

17. "Памятник победы. История сооружения мемориального комплекса Победы на Поклонной горе в Москве. Сборник документов 1943—1991 гг. ". М. 2004 г. Комитет по телекоммуникациям и средствам массовой информации Правительства Москвы.

18. Доклад Н. С. Хрущева о культе личности Сталина на XX съезде КПСС: Документы. — М. : РОССПЭН, 2002.
    Социология и власть. Сборник 3. Документы. 1973—1984. Под редакцией проф. Л. Н. Москвичёва. — М. : РЦ ИСПИ РАН, 2003.

19. Реабилитация: как это было. Документы Президиума ЦК КПСС и другие материалы. В 3-х томах. М. : Международный фонд "Демократия", 2003.

20. Кронштадт 1921. Документы о событиях в Кронштадте весной 1921 г. РОССПЭН, 1997.

21. Катынь. Пленники необъявленной войны. Документы и материалы. РОССПЭН, 1999.

22. Гулаг: Главное управление лагерей. 1918—1960. РОССПЭН, 2002.

23. Лаврентий Берия. 1953. Стенограмма июльского пленума ЦК КПСС и

другие документы. Яковлев，А. Н. Материк，1999.

24. Молотов，Маденков，Каганович. 1957. Стенограмма июньского пленума ЦК КПСС и другие документы. РОССПЭН，1998.

25. Георгий Жуков. Стенограмма октябрьского（1957 г.）пленума ЦК КПСС и другие документы. РОССПЭН，2001.

26. Голод в СССР. 1929—1934. Т. 1. 1929-июль 1932：В 2 кн. РОССПЭН，2011.

27. Трагедия советской деревни. Коллективизация и раскулачивание. 1927—1939. Документы и материалы. В 5 - ти тт. / Под ред. В. Данилова，Р. Маннинг，Л. Виолы. — М. :

28. «Российская политическая энциклопедия». РОССПЭН，М. : 1999.

29. Советское военно-промышленное производство(1918—1926). М. : 2005.

30. Советское военно-промышленное произвщдство(1927—1932). М. : 2008.

31. Культура и власть от Сталина до Горбачёва. Идеологичесие комиссии ЦК КПСС(1958—1964). М. : РОССПЪН，1998.

32. Сталинские депортации(1928—1953). Материк. М. : 2005.

## 二、苏联和俄罗斯杂志文献

1. «Извастия ЦК КПСС»1989—1990гг.
2. «Источник»（1989 年及以后相关期号，下同）
3. «Исторический архив»
4. «Вопросы история»
5. «Отечественная история»
6. «Военно-исторический журнал»
7. «Новая и новейшая история»
8. «Международная жизнь»
9. «Родина»

## 三、专著

1. Утопия у власти. М. геддер и А. Некрич. London，1986.
2. Лекции по советской истории(1917—1940). Мосгорархив，1995.
3. Советский Союз(История власти. 1945—1991). М. РАГС，1998.
4. отечественная история. Под общей редакцией Р. Г. Пихои. РАГС，2005.
5. История современной России(конец 1970-х—1991гг.)，Р. Г. Пихоя и А.

К. Соколов. 2008. РОССПЭН.

6. История современной России（1991—1999гг）. Ельцин—центп，Новый хронограф，2011.

7. История России（от Рюрика до Ельцина.）В. Я. Хуторский. М. Новый Век，1998.

8. История России. Под редакцией М. Н. Зуева и А. А. Чернобаева. М. Высшая школа，2004.

9. Голод в СССР. 1946—1947 годов：происхождение и последствия. ИРИ РАН 1996.

10. Гимпельсон Е. Г. НЭП и советская политическая система 20-е годы. М. 2000.

11. «Слово пробивает себе дорогу»，М.，«Русский путь»，1998.

## 四、文集和回忆录

《列宁全集》，中文版有关卷集。

《斯大林全集》，中文版有关卷集。

Горбачев М. С. Перестройка и новое мышление для нашей страна и для всего мира. М.：ИПЛ. 1988.

Горбачев М. С. Жизнь и реформы. М：Новости. 1995.

Ельцин Б. Н. Записки президента. М：Огонёк，1994.

《赫鲁晓夫文集》有关卷集（俄文版）。

《勃列日涅夫文集》有关卷集（俄文版）。

*Хрущёв Н. С.* Время. Люди. Власть. （Воспоминания）. М.：ИИК "Московские Новости"，1999.

Горбачев М. С. Августовский путч（причины и следствия）. — М.：Изд-во "Новости"，1991.

Рыжков Н. И. Трагедия великой страны — М.：Вече，2007.

Черняев А. С. 1991 год：Дневник помощника президента СССР. — М.：ТЕРРА；Республика，1997.

# 跋

我感到高兴和欣慰的是,上海社会科学院出版社将《俄罗斯通史(1917—1991)》列入世界历史文化丛书,我要感谢出版社领导的安排和本书的责任编辑张广勇先生的工作。

至于说到本书的照片,因它们多是历史照片、老照片,所以清晰度自然就不尽如人意。收集这些照片本身就挺费劲的,再加上我远在俄罗斯之外,查找到很清晰的照片的机会和途径有限,所以现在用在书中的这些照片是从数以千计的照片里挑选出来的。仍然,有的不免差强人意,但也无处可觅更好的了。

在这本书出版之际,再次向上海社会科学院出版社、张广勇先生表示诚挚的谢意并希冀坦诚友好的合作持续下去。

闻 一
2013年3月于北京南横陋室

图书在版编目(CIP)数据

俄罗斯通史：1917～1991 / 闻一著．— 上海：上海社会科学院出版社，2013
（世界历史文化丛书）
ISBN 978 - 7 - 5520 - 0253 - 9

Ⅰ.①俄…　Ⅱ.①闻…　Ⅲ.①俄罗斯—历史—1917～1991　Ⅳ.①K512.0

中国版本图书馆 CIP 数据核字(2013)第 063859 号

俄罗斯通史(1917—1991)

作　　者：闻　一
丛书策划：张广勇
插　　图：闻　一
责任编辑：张广勇
封面设计：陆红强
技术编辑：裘幼华
出版发行：上海社会科学院出版社
　　　　　上海顺昌路 622 号　邮编 200025
　　　　　电话总机 021 - 63315947　销售热线 021 - 53063735
　　　　　https://cbs.sass.org.cn　E-mail:sassp@sassp.cn
排　　版：南京展望文化发展有限公司
印　　刷：上海颛辉印刷厂有限公司
开　　本：710 毫米×1010 毫米　1/16
印　　张：35
插　　页：1
字　　数：610 千
版　　次：2013 年 6 月第 1 版　2025 年 8 月第 8 次印刷

ISBN 978 - 7 - 5520 - 0253 - 9/K · 201　　　　定价：118.00 元

版权所有　翻印必究